高速铁路膨胀土路基服役性能演变规律及其长期动力稳定性

杨果林　胡　敏　邱明明　王亮亮　著

科学出版社

北　京

内 容 简 介

本书结合云桂高速铁路膨胀土工程实际，通过调研、理论分析、室内外试验、数值分析等手段，对高速铁路膨胀土路基服役性能演变规律及其长期动力稳定性问题开展研究。主要内容包括：云桂铁路路堑段膨胀土工程特性试验；基于 SAWI 层的铁路膨胀土路堑基床结构设计；铁路路基非饱和膨胀土湿度场-变形场演化规律；高铁膨胀土路堑基床结构换填厚度的确定；膨胀土路堑基床结构足尺模型激振试验；云桂铁路膨胀土路堑基床现场激振试验；环境与动载共同作用下膨胀土路基服役性能演变规律；高速铁路膨胀土路基荷载传递规律及动力稳定性分析；高速铁路膨胀土路基系统可靠度分析方法。

本书可供从事岩土工程、道路与铁道工程、结构工程的工程技术人员参考。

图书在版编目(CIP)数据

高速铁路膨胀土路基服役性能演变规律及其长期动力稳定性/杨果林等著.—北京：科学出版社，2018.8
　　ISBN 978-7-03-056361-3

Ⅰ.①高… Ⅱ.①杨… Ⅲ.①高速铁路-铁路路基-研究 Ⅳ.①O213.1

中国版本图书馆 CIP 数据核字 (2018) 第 012055 号

责任编辑：刘凤娟／责任校对：邹慧卿
责任印制：张　伟／封面设计：无极书装

科学出版社 出版
北京东黄城根北街 16 号
邮政编码：100717
http://www.sciencep.com

北京建宏印刷有限公司 印刷
科学出版社发行　各地新华书店经销
*

2018 年 8 月第 一 版　开本：720×1000　1/16
2018 年 8 月第一次印刷　印张：28 1/2　插页：1
字数：560 000
定价：189.00 元
(如有印装质量问题，我社负责调换)

前　　言

　　中国高速铁路的快速发展和大规模修建以及膨胀土工程问题难处置的客观事实，决定了对膨胀土及其相关工程问题深入研究的必要性和紧迫性。本书结合国家自然科学基金资助项目"高速铁路膨胀土路堑新型防排水基床结构研究"(编号：51478484)，"高速铁路路基长期动力稳定性评价方法研究"(编号：51278499)，国家"2011计划(高等学校创新能力提升计划)"，轨道交通安全协同创新中心经费资助项目"轨道交通工程结构经时行为理论与性能提升技术"(编号：CY-22)，原铁道部科技研究开发计划重点资助项目"云桂铁路膨胀土(岩)地段关键技术研究"(编号：2010G016-B)以及中央高校基本科研业务费专项资金资助项目"高速铁路膨胀土路堑基床结构动力行为及可靠度理论研究"(编号：2016zzts063)，以云桂高速铁路路基工程为依托，通过理论分析、模型试验、现场测试和数值仿真等研究手段，对高速铁路膨胀土路堑基床进行结构设计，揭示铁路路基非饱和膨胀土湿度场–变形场分布特征，探究高速铁路膨胀土路基结构动力特性和服役性能演变规律，评价云桂铁路膨胀土路堑基床的长期动力稳定性，并运用结构可靠度理论，对高速铁路膨胀土路基结构系统的可靠度进行探索性研究。主要内容如下。

　　(1) 通过膨胀土室内土工试验、化学成分分析、阳离子交换量分析，确定了云桂铁路南(宁)百(色)段膨胀土的膨胀等级，获得了不同膨胀等级膨胀土的物理力学参数；通过室内动三轴试验，获取了不同含水率和压实度条件下膨胀土的临界动应力，为基床结构设计和长期动力稳定性评价提供参数。

　　(2) 利用平衡加压法，在云桂铁路典型弱—中、中—强膨胀土路段，分别进行了膨胀土大型原位水平、竖向膨胀力试验，分析了膨胀土在原位约束条件下水平、竖向膨胀力与含水率增量、变形量之间的关系。

　　(3) 针对传统铁路路基复合防水土工材料在实际应用中存在的问题和不足，结合膨胀土路堑基床病害特点，开展了新型半刚性防水结构层的研发工作。通过大量配比优化试验，获得了中低弹模抗渗水泥基防水结构层。研究了防水结构层与接触立柱、侧沟以及其他基床附属结构接触位置的密封技术，设计了膨胀土路堑基床地表降雨全封闭防排水系统，并针对边坡裂隙渗流、毛细水渗流以及地下水发育等工况设计了相应的基底防排水系统，为膨胀土路堑基床的长期动力稳定性提供了保障。

　　(4) 基于膨胀土物理、力学、渗透特性及对工程结构影响等方面的研究成果，对铁路膨胀土路基病害作用机制、防治措施以及基床结构设计研究成果进行了归纳和总结；从理论计算、模型试验、现场测试和数值仿真方面对高速铁路轨道–路基动力学研究进展进行了总结分析，并对国内外高速铁路路基动力稳定性分析方法进行了评述；提出了高速铁路膨胀土路基结构设计和稳定性计算中亟待解决的问题，同时阐述了对高速铁路膨胀土路基结构进行可靠度计算和可靠性设计的必要性。

(5) 基于非饱和土渗流–变形耦合理论，借助数值模拟方法建立铁路路基非饱和膨胀土渗流–变形耦合计算模型，揭示非饱和膨胀土地基增湿条件下的湿度场–应力场–变形场演化规律；通过膨胀土地基现场浸水试验，获得了膨胀土地基浸水响应动态发展变化特征，给出了不同类型膨胀土的膨胀压力设计建议值，并结合现场试验结果验证了数值模拟方法的合理性和可行性；在此基础上，对膨胀土路堑新型基床结构的防排水效果和抗变形性能进行对比和验证，并提出了膨胀土路堑基床防排水设计建议及措施。

(6) 开发了铁路路基足尺动力模型试验平台，针对弱—中、中—强两种类型地基膨胀土，分别填筑了新型膨胀土路堑基床。全面系统地研究了不同基床换填厚度、不同服役环境 (干燥、降雨和地下水位上升) 下，新型基床结构的动静力特性、改性沥青复合材料防水结构层的防水效果和抗疲劳性，试验成果对指导高速铁路膨胀土路基结构设计与施工具有重要意义。

(7) 基于有砟轨道–路基–膨胀土地基系统足尺动力模型试验，对路基各结构层内动应力、速度、加速度和湿度变化进行动态监测，研究环境与动荷载耦合重复作用下的高速铁路膨胀土路基结构动态特性、路基内部荷载分布特征和服役性能演变规律，掌握 SAWI 层在列车荷载作用下的振动特性及对基床结构动力响应的影响，并结合现场试验结果对新型基床结构的防排水效果和服役性能进行验证和评价。

(8) 借助数值分析方法和路基动力学理论，建立了三维轨道–路基–膨胀土地基系统动力仿真模型，获得了列车荷载作用下膨胀土路堑新型基床的动力行为分布特征，结合试验结果验证了数值仿真模型和计算方法的合理性，继而揭示了列车荷载作用下新型基床和传统基床的受力变形机制，并针对 SAWI 层参数变化对基床结构动力响应的影响进行了分析。研究成果为数值仿真技术应用于高速铁路膨胀土路基动力行为分析提供了有效手段。

(9) 在弱—中、中—强膨胀土路堑现场试验段，针对不同防水层类型和换填厚度，选取 4 个典型试验断面，埋设动土压力盒、速度计、加速计和湿度计，利用高速铁路路基原位动力试验系统 (DTS-1)，对每个试验断面在干燥和浸水两种极端服役环境下分别进行 100 余万次的激振试验。全面检验服役环境下膨胀土路堑基床降雨全封闭防排水系统的工作性能，研究新型基床结构的动力响应特性和变形规律，为其在云桂铁路的全线推广应用提供数据支撑。

（10）基于有砟轨道–路基–地基动力现场试验结果，对不同激振频率条件下的路基动响应的时频特征进行分析，探讨膨胀土路基系统的共振特性和荷载传递规律，建立路基动力响应沿深度衰减的统一预测模型；总结路基填料和地基土的动力稳定性评价指标，并结合室内试验建立膨胀土的动强度经验预测公式。

（11）基于膨胀土铁路路基荷载传递预测模型和路基动力稳定性理论，分别采用临界动应力法、有效振速法和动剪应变法对新型基床结构设计的合理性和动力稳定性进行了验证和评价。针对临界动应力法和振动速度法两种铁路路基长期动力稳定性评价方法中存在的问题展开探索和研究，提出修正临界动应力法和修正临界振动速度法评判准则，并分别利用两种修正动力稳定性评判准则对云桂铁路膨胀土路堑基床的长期动力稳定性进行了评价。给出了弱、中、强膨胀土地基对应的新型基床结构合理换填厚度设计建议值，其下限值依次为 0.5m，0.8m，1.0m，上限值依次为 1.4m，1.6m，1.8m。

（12）基于云桂铁路膨胀土物理力学指标试验成果，对膨胀土常规参数进行统计分析；运用结构可靠度理论对高速铁路路基可靠度计算进行应用探索，建立基于强度和变形控制的三种膨胀土路基稳定性失效模式，借助 MATLAB 语言平台编写膨胀土路基可靠度计算程序；结合云桂铁路工程实例，对膨胀土路基可靠度分析模型和计算方法进行对比验证，探讨随机变量。服从不同分布和不同变异程度对路基可靠度指标的影响，给出基于路基长期动力稳定的目标可靠度建议值；同时，对膨胀土路基结构的系统可靠度进行计算分析。

本书是在课题组邱明明、王亮亮等的博士学位论文，汪鹏福、林超、房以河、徐亚斌、黄伟、谢兰芳、秦朝辉、杨天尧等的硕士学位论文，以及几个课题研究成果报告的基础上进一步整理而成的。

在此感谢国家自然科学基金、原铁道部、中国铁路总公司、中国中铁二院工程集团有限责任公司、中铁十九局集团有限公司、中铁十四局集团有限公司、云桂铁路广西有限责任公司等的大力支持；感谢中铁十九局集团有限公司何旭总工，云桂铁路广西有限责任公司翟建平，中国中铁二院工程集团有限责任公司冯俊德、薛元、封志军等的通力合作。

作　者
2017 年 6 月

目　　录

第1章 绪 论

1.1 我国高速铁路发展概况

随着社会经济的快速发展和人们对出行速度要求的日益提高,高速铁路以其速度快、运量大、节省能源、安全经济以及与环境友好等诸多优势,在世界各国获得了广泛的发展,并取得了巨大的社会效益和经济效益。

我国高速铁路的发展相对较晚,2004 年,中国《中长期铁路网规划》明确了中国铁路网的中长期建设目标,即到 2020 年,中国铁路运营里程达到 10 万千米,其中时速 200 km 及以上的高速客运专线达到 1.2 万千米以上。2007 年,我国铁路成功完成了第六次大面积提速,提速后既有线列车最高运营速度提高至 200 km/h,部分区间达到了 250 km/h,标志着中国铁路迈入了高速化运行的时代。2008 年,我国 "四纵四横" 客运专线以及三个城际客运系统基本形成,至此高速客运专线增至 1.6 万千米,使得我国成为世界上高速铁路运营里程最长的国家。2008 年 8 月,我国首条运行时速达 350 km 的高速铁路——京津城际铁路建成通车,最高试验速度达到了 394.3 km/h。2009 年 12 月,全长约 1069km 的武广客运专线正式开通,创造了两车重联情况下的世界高速铁路最高运营速度 394 km/h。2011 年 6 月,全长 1318km 的京沪高铁建成通车,"和谐号" 380A 高速列车以 486.1 km/h 的试运营速度再次刷新世界纪录。2012 年 12 月哈大高速铁路、2014 年 12 月兰新高速铁路、2016 年 12 月沪昆高速铁路相继建成通车。经过了近十年的不懈努力,中国 CRH 系列的高速铁路的运营里程已达到 1 万千米以上,运营里程和运营速度均已位居世界第一,且形成了以北京为中心的全国铁路快速客运网,通过乘坐高铁在 8h 内可抵达除乌鲁木齐、拉萨及海口外的所有省会城市和绝大部分 50 万人口以上的城市,覆盖全国 90% 以上人口,"人便其行、货畅其流" 的目标正在逐步实现。

1.2 云桂铁路膨胀土路基工程概况

膨胀土及其工程灾害问题一直是国内外岩土工程和工程地质领域未能妥善解决的世界性技术难题。膨胀土是一种具有吸水膨胀、失水收缩和往复胀缩变形性质的黏性土,且其工程性质具有较大的反复性,对工程建设和结构耐久性危害极大,全世界每年因膨胀土造成的经济损失高达百亿美元，且我国是其中受灾最严重的国家之一。

我国的膨胀土分布广泛，遍布广西、云南、河南、湖南、湖北等 20 多个省区，对我国的工程建设造成了极为严重的经济损失和生态环境破坏。随着我国高速铁路的快速发展，涌现出大量的膨胀土工程，给膨胀土及其相关工程问题的深入研究提供了强大的发展动力，同时也提出了严峻的挑战。因此，膨胀土工程问题再次受到学术界和工程界的关注。膨胀土是自然地质过程中形成的一种多裂隙并具有显著胀缩性的地质体，分布十分广泛，对各类浅表轻型工程建设具有特殊的危害作用。其黏粒成分主要由强亲水性矿物蒙脱石及其混层黏土矿物组成，具有超固结性、裂隙性、吸水显著膨胀软化、失水收缩开裂且反复胀缩变形等与正常固结黏土不同的工程性质，加上土体中裂隙杂乱分布，修筑在典型膨胀土地区的膨胀土路基经常是 "逢堑必滑，有堤必坍"，而且这种破坏作用常具有多次反复性和长期潜伏性，因此，被称为 "工程中的癌症"。

膨胀土的不良工程特性导致的工程问题、地质灾害的频繁发生及其在世界各国的广泛分布，使得膨胀土问题成为困扰各类浅表层轻型工程建设的世界性技术难题，也是当今岩土工程和工程地质领域中国内外学者研究的重点难点问题之一。诸多学者通过对膨胀土膨胀力的测试，从干湿循环劣化行为、强度特征、细观结构及演化规律、处置方法等方面来研究膨胀土的特性。研究结果表明，膨胀土具有显著的超固结性、胀缩性、裂隙性、区域性特点，其对大气环境的温/湿度变化极为敏感，若暴露在大气环境中则极易引起吸水膨胀、风化干裂、卸荷张裂，表现出极差的工程性质。例如，修筑在膨胀土地区的路基由于膨胀土干湿效应，旱季土体失水收缩，微裂隙张开，为地表水渗入提供通道；雨季土体充水膨胀、强度降低，使得膨胀土路基出现路基下沉外挤、路肩隆起、侧沟胀裂、道床翻浆冒泥等病害。膨胀土地区的铁路路基基床结构，由于列车循环动荷载和大气环境条件 (降雨、地下水、温度等) 的耦合作用诱发其发生隆起或沉陷，产生不均匀沉降，轻则影响行车的舒适性，重则引起路基过大变形，导致路基失稳或发生安全事故等。以既有南昆铁路膨胀土路堑地段为例，运营后路基病害 (如基床下沉、隔水层失效等) 不断，整治速度远跟不上病害的发展速度。因此，对于膨胀土地区的铁路路基，水是产生膨胀土路堑基床病害的直接原因，有效的防排水结构将成为膨胀土路堑基床避免产生病害、过大变形、失稳等的关键，同时基床结构还需具有较好的变形协调性能以充分保证基床结构的长期动力稳定性。

广西、云南两省区是我国膨胀土危害最为严重的地区。以既有南昆铁路为例，自 1998 年运营至今，投入了近亿元资金整治那 (厘) 百 (色) 段膨胀土路基病害 551 件，其中基床病害 279 件，挡护工程 272 件；江西村—那厘段共整治膨胀土路基病害 143 件，其中基床病害 59 件，挡护工程 84 件，尽管如此，整治速度仍跟不上病害的发展速度。既有南昆铁路膨胀土路堑基床采用"两布一膜"复合防水层进行防水,但在运营后调查发现,土工布防水路段多处不断出现下沉变形、排水不畅、翻浆冒泥等病害 (图 1-1),且屡治无效。这些病害呈现出"极难治、发展快、易反复"的特点,产生病害的主要原因与列车振动荷载、地质条件、气候条件、结构类型和防排水措施等因素相关,严重影响线路正常运输及行车安全。综上所述,对于膨胀土路基工程问题,如果不采取处置措施或处置措施不合理,不仅无法保证工程质量和安全,还会给铁路运营安全和后期维护留下极大隐患,甚至会给人民生命安全和国家经济带来巨大的危害和损失。

(a)膨胀土裂隙　　　　　(b)路堑溜坍　　　　　(c)基床下沉

(d)基床冒泥　　　　　(e)侧沟外挤　　　　　(f)侧沟胀裂

图 1-1　膨胀土路基结构破坏特征

云桂高速铁路是国家《中长期铁路网规划》干线铁路,东起广西南宁,经平果、田东、田阳、百色、富宁、丘北、弥勒、澄江等县市进入云南昆明,全线地势由西北向东南倾斜。沿线地形起伏剧烈,山势巍峨,重峦叠嶂;线路自广南县以后,基本进入云贵高原一带,高原地貌由低中山、丘陵和高原盆地及熔岩组成。云桂铁路是目前国内艰险山区极端复杂地形地质条件下的铁路,区域地质作用剧烈,碳酸岩分布广泛,不良地质特别发育,地质灾害发生频繁。

云桂高速铁路是国家 I 级双线铁路,东起广西南宁,西至云南昆明,全长710.30 km。南宁—百色段按 250 km/h 双线有砟轨道设计,百色—昆明段按 200 km/h(预留 250 km/h 客专条件) 双线有砟轨道设计。沿线存在无法完全绕避的膨胀土 (岩) 地区,膨胀土地段长约 129.71 km,占线路总长的 18.26%,其中路基 (含站场) 通过膨胀土地段长度约 66.20 km,占线路总长的 9.32%,膨胀土路堑 144 处,长约 23.70 km,占线路总长的 3.34%。全线弱、中、强等级膨胀土均有分布,具有很大的不连续性，所经地区属亚热带湿润季风气候区，降雨量和蒸发量均较大，全年呈现明显的季节性干湿循环特点。

目前，云桂高速铁路是膨胀土地区修建技术等级最高的铁路工程，为确保云桂铁路膨胀土路基工程质量和行车安全，并为指导膨胀土地段高速铁路路基设计及施工，制定的具体技术标准如下。

(1) 铁路等级：Ⅰ级。

(2) 正线数目：双线。

(3) 路段旅客列车设计行车速度：百色—昆明段 200 km/h，预留 250 km/h 条件；南宁—百色段按 250 km/h 客专线标准。

(4) 最小曲线半径：最小曲线半径一般 5500 m，困难地区为 4500 m。

(5) 限制坡度：南宁—百色段 12 ‰，百色—昆明段 9 ‰，加力坡 18.5 ‰。

(6) 沉降控制标准：工后总沉降 15.0 mm，桥头路基工后沉降量 8.0 mm，沉降速率 4.0 mm/a。

云桂高速铁路南宁—百色段与南昆铁路线路走向基本一致，沿线存在大量的膨胀土 (岩) 路堑地段。结合膨胀土工程特性和既有南昆铁路病害特点，当前迫切需要解决的主要问题有：①膨胀土的静动力特性和参数取值；②膨胀土地段路基工程处置方法与加固技术；③膨胀土路堑基床结构型式和合理参数；④膨胀土路堑基床结构的强度、防水、防渗、抗变形性能等能否满足服役要求；⑤列车荷载和大气因素耦合作用下膨胀土路基服役性能演变规律；⑥服役条件下的高速铁路膨胀土路基稳定性 (主要指列车振动荷载和气候环境作用下的路基静动力稳定性)。

本书针对云桂高速铁路膨胀土路基工程问题，设计适用于膨胀土路堑地段的新型基床结构，开展全比尺轨道-路基系统动力模型试验，并与现场试验结果进行对比分析，再结合室内外膨胀土静动力特性试验、理论分析和数值仿真等手段，对高速铁路膨胀土路基结构的静动力响应特征、荷载传递规律、动力稳定性及服役性能等问题开展研究工作，并运用结构可靠度理论，对高速铁路膨胀土路基结构系统的可靠度计算进行探索性研究。以期为云桂铁路膨胀土路堑基床结构的设计提出具有实际工程意义的建议，为类似高速铁路路基工程的建设提供实践经验和理论基础。

1.3 膨胀土膨胀性判别和膨胀力测定

1.3.1 膨胀土膨胀性判别

准确判别膨胀土的膨胀性是保证工程建设质量和安全的前提。受母岩构造、差异风化、淋滤作用等复杂成土过程影响，膨胀土的膨胀性物质种类和分布情况、风化程度以及裂隙分布等具有显著的离散性和各向异性的特点,从而增加了膨胀土膨胀性准确分级的难度。能够反映土体膨胀性的指标有自由膨胀率、液塑限、蒙脱石含量、阳离子交换量 (NH_4^+)、黏粒 (粒径小于 $2\mu m$) 含量等,膨胀土的膨胀性主要是利用单个或多个胀缩性指标进行分级,分级方法大致可分为三类:

(1) 作图法,工程上使用较多的主要有三种,即南非威廉姆斯分类法、风干含水率分类法和《土的分类标准》(GBJ 50145—2007) 中采用的塑性图分类法,但南非威廉姆斯分类法的分级结果往往偏高,风干含水率分类法由于含水率测定受试验条件影响较大,导致分类结果离散性大,而塑性图分类法采用 10mm 液限使工程应用不便。

(2) 单指标法,即利用某一胀缩性指标进行膨胀性分级,其中自由膨胀率指标因简单易测而在工程得到广泛应用,但由于我国现行规范没有对自由膨胀率试验中过 0.5mm 筛后土样的颗粒级配、搅拌次数等进行统一要求,试验结果存在一定程度的差异,容易产生膨胀性误判,其他单胀缩性指标,如离子交换量、某一种膨胀性物质含量等也存在易产生误判的问题。

(3) 多指标法,为提高膨胀性分级的准确度,各国基本上都采用多个胀缩性指标进行分级,如美国垦务局 USBR 法、印度黑棉法和最大胀缩指标法,但这三种多指标分级方法也存在不足,原因是膨胀土的各膨胀性指标并非独立因子,而是彼此间存在不同程度的内在联系,易出现膨胀土胀缩等级随服役环境而变化的情况。

为了消除膨胀性判别过程中各指标间交叉干涉和评判人为主观因素的影响,学者们利用神经网络、灰色理论、模糊数学等方法从不同角度对膨胀土的膨胀性进行综合分析。

张百一和赵祥模[1] 将液限、塑性指数、黏粒含量、自由膨胀率和体缩率作为基本参数,建立了膨胀土膨胀潜势分类的 Kohonen 神经网络模型。

李玉花等[2] 将自由膨胀率、胀缩总率、膨胀力、液限、塑性指数和残余内摩擦角等 6 个指标作为膨胀土的代表性分类指标,利用灰色系统理论中的灰色聚类分析法先构造各指标的权函数和权系数计算方程,并将 6 个分类指标值代入,获得各指标权系数矩阵,再根据各指标与膨胀土胀缩性的相关程度赋予其相应的指标权重,计算加权平均后的综合权系数矩阵,最后根据样本行向量最大值判别其所属灰类。这种分类方法的优点是解决了指标间的交叉或关联而导致的无法归类问题,使膨胀土膨胀等级的划分数字化和定量化。

丁加明和王永和[3] 将用于研究不完整数据或信息归纳分类的粗糙集理论应用于膨胀土的分类中,建立了膨胀土膨胀性分类决策系统。

史秀志等[4] 将液限、胀缩总率、塑性指数、天然含水率和自由膨胀率等 5 个指标作为膨胀土的胀缩等级评价基本指标,利用未确知测度理论建立各指标的未确知函数,再利用信息熵理论确定各指标的权重,最后将二者进行耦合,建立膨胀土胀缩等级分类评价和排序模型，有效地解决了评价过程中的评判指标不确定性问题和人为的主观因素影响。

方崇等[5] 将自由膨胀率、塑性指数、黏粒 (粒径小于 0.002mm) 含量和液限 4 个指标作为膨胀土膨胀性判别指标，利用初等突变模型中的蝴蝶型突变系统模型，通过计算总突变隶属函数值进行膨胀性模糊综合分析与评判。

郭昱葵等[6] 选用自由膨胀率、最大体缩率、塑性指数、黏粒 (粒径小于 0.002mm) 含量、液限、比表面积、阳离子交换量、蒙脱石含量以及内摩擦角等 9 个能够反映土的成分和结构性的指标进行膨胀土胀缩性分析，根据模糊数学理论先分别计算 9 个指标各自的线性隶属度和权重，再利用模糊变化进行膨胀性综合判别，判别结果虽然略高于规范法分类结果，但增加了工程建设的安全性。

张慧颖和曾建民[7] 选用与文献 [4] 相同的指标作为膨胀土膨胀等级分类的评价指标，将用于解决不相容问题的物元分析理论应用于膨胀土胀缩等级评价中，并构造了新关联函数，改进了物元可拓模型，解决了指标间的互不相容问题，使膨胀等级分类更加合理有效。

马文涛[8] 将用于解决模式识别问题的支持向量方法应用于膨胀土膨胀等级的分类中，采用黏粒含量、粉粒含量、液限、塑性以及塑性指数等 5 个指标为膨胀性评价指标，构建了膨胀土分类的支持向量机模型。

夏连学和张慧颖[9] 选用液限、胀缩总率、塑性指数、天然含水率和自由膨胀率等 5 个评价指标，通过构建一种区间关联函数，将各指标关联函数的最大值作为评价类靶心坐标，根据样本与靶心的贴近度进行样本分类，这种分类方法能够较好地解决评价指标间的互不相容问题。

高卫东和刘永建[10] 基于熵权可拓模型，利用自由膨胀率、总膨胀率、液限、塑性指数和黏粒 (粒径小于 0.005mm) 含量等 5 个指标进行膨胀等级判别。

卢国斌和张瑾[11] 以黏粒含量、粉粒含量、液限、塑限和塑性指数等 5 个评价指标，通过构建 Fisher 判别模型对膨胀土的膨胀等级进行判别，这种判别方法能够减小人为因素的干扰，使判别结果更准确。

上述研究工作对提高膨胀土膨胀性分类准确性具有重要意义，但由于此类分析方法涉及的数理统计、计算机应用软件或其他相关理论知识过于复杂，不便于工程从业人员掌握和应用。

姚海林等[12] 从工程应用角度出发，通过大量试验研究发现，膨胀土的标准吸湿含水率与各胀缩性指标具有良好的线性相关性，能够反映膨胀土的本质属性，将其作为膨胀性分级指标是合适的，并纳入《公路路基设计规范》(JTG D30—2015)。铁路部门根据行业建设的需要，选择了反映膨胀土胀缩性本质的自由膨胀率、蒙脱石含量和阳离子交换量作为膨胀性分级的判别指标[13]，详见表 1-1。

表 1-1 膨胀土膨胀潜势分级

分级指标	弱膨胀土	中等膨胀土	强膨胀土
自由膨胀率 $F_s/\%$	$40 \leqslant F_s < 60$	$60 \leqslant F_s < 90$	$F_s \geqslant 90$
蒙脱石含量 $M/\%$	$7 \leqslant M < 17$	$17 \leqslant M < 27$	$M \geqslant 27$
阳离子交换量 $CEC(NH_4^+)/(mmol/kg)$	$170 \leqslant CEC < 260$	$260 \leqslant CEC < 360$	$CEC \geqslant 360$

注: 当有两项指标符合时, 即判定为该等级

1.3.2 膨胀土膨胀力测定

膨胀土地区经常会出现建筑物开裂、边坡支挡结构破坏、地下管道变形、铁 (公) 路基床膨胀等病害, 产生这些病害的主要原因是膨胀土遇水膨胀变形时产生的实际膨胀力大于构筑物设计时采用的膨胀力设计值。因此, 能否准确测定膨胀土的膨胀力直接关系着构筑物的使用效能和寿命, 国内外学者为此开展了大量的研究工作。

Kayabali 和 Demir[14] 将膨胀力的确定方法归纳为以下两类。

(1) 间接测定法, 通过研究初始含水率、干密度、液塑限、阳离子交换量以及膨胀性物质含量等与膨胀力之间的关系, 建立各指标与膨胀力之间的经验拟合方程, 进行膨胀力的预测和计算, 这种方法确定的膨胀力与实际值之间存在较大误差, 主要用于膨胀土膨胀性的定性判断或构筑物的初步设计。

(2) 直接测定法, 膨胀土增湿膨胀变形时, 在其膨胀方向上施加约束反力, 膨胀变形达到稳定状态时的最大约束反力就是膨胀力。直接测定法又可细分为以下三种: ①一维膨胀力试验, 采用刚性侧向约束, 只允许膨胀土在竖直方向 (z 方向) 上产生膨胀变形。例如, Pejon 和 Zuquette 进行了膨胀土体积不变条件下的膨胀力试验, 但 Steiner[15] 和 Chen 和 Huang[16] 研究表明体积不变法测得的膨胀力偏大, Ofer[17] 和 Kabbaj[18] 发现若允许膨胀土产生较小变形, 则膨胀力会显著减小, 李献民等[19] 研究了膨胀力与膨胀变形量之间的关系, 并给出二者的拟合关系式。②二维膨胀力试验, Franklin[20] 指出侧向约束刚度会影响膨胀力试验结果, 并采用柔性侧限仪研究了膨胀土的胀缩特性。柔性侧限仪是将传统膨胀力试验仪的刚性侧壁用柔性环代替, 当膨胀土膨胀变形时, 利用应变计测定柔性环的应变, 然后根据柔性环的应力–应变标定曲线推算侧向 (x 和 y 方向) 膨胀力, 通过改变柔性环的刚度, 可以研究不同侧向变形条件下的轴向和侧向膨胀力。但该设备的缺点是不能准确反映 x 方向和 y 方向的侧向膨胀力差异。③三维膨胀力试验, 我国铁道部科学研究院 (现名中国铁道科学研究院, 简称铁科院) 西北分院研制了三向胀缩特性仪, 中国人民解放军后勤工程学院在此基础上进行了改进, 使其可量测 x, y, z 三个方向的变形和膨胀力, 谢云和陈正汉[21] 利用改进后的三向胀缩仪进行了典型膨胀土三向膨胀力试验, 研究了竖向膨胀力和水平膨胀力的关系, 以及侧向变形

对膨胀力的影响，李海涛等[22] 针对原状膨胀土膨胀力测试需求，研制了具有刚性环刀系统、测量采集系统和真空饱和系统的新型膨胀力测试仪。

随着试验技术和设备的不断发展，室内膨胀力试验在一定程度上可以模拟构筑物的工作环境，但受到试样尺寸效应、边界条件、扰动等影响，试验结果依然不能真实反映构筑物在实际工作中的受力状况，因此，开展膨胀力现场试验是必要的，国内外的学者们都非常重视现场试验研究。如 Tang 等[23] 对法国 Saint-Marcel(圣马赛尔) 至 Marseille(马赛) 城市间高速铁路的轨枕和基床进行了长期监测，并结合室内试验成果，研究了膨胀土路段出现基床膨胀、边坡滑塌等病害的原因和治理措施。

目前，关于膨胀力的现场试验资料较少，对于现场试验中试验体的形状、尺寸、饱和方法、加荷方式等还没有形成统一的认识。杨庆[24]、丁振洲等[25]、柳堰龙[26] 对膨胀土膨胀力的测试方法进行了总结，其中适用于现场膨胀力测试的方法有以下三种。

(1) 膨胀反压法，即先让试验体进行膨胀变形直至稳定，然后再加压使试验体的变形回到初始位置，这种方法测定的膨胀力实际上是 "固结压力"，所以使用较少。

(2) 加压平衡法，即使试验体在每一级荷载作用下达到变形稳定后，施加下一级荷载，直至试样在某一级荷载作用下膨胀变形量为 0。这种方法的优点是能够得到不同荷载作用下膨胀土的膨胀变形特性，而缺点是最后一级荷载难以确定，膨胀力测定的准确性与最后一级荷载增量大小有关。加压平衡法又可细分为 "单试样" 法和 "多试样" 法，由于单试样法试验中每一次加载都会对膨胀土的内部结构造成一定程度的损伤，累积损伤会严重影响试验结果的准确性。因此，周博等[27] 和李凤起等[28] 均选择多试样法，采用 "加压平衡法" 进行膨胀力现场试验，试样为直径约 30cm 的圆柱体，研究了不同荷载作用下膨胀力的发展规律，试验结果为工程建设提供了数据支持。但 "多试样" 法也有不足之处，即样本之间的密实度、颗粒组成等差异会影响试验结果，这种影响在现场试验时更加显著，原因是现场膨胀土的微观裂隙、膨胀物质分布情况、周边土体侧向约束能力大小等具有更大的离散性和不均匀性。

(3) 平衡加压法，通过实时监测试样变形情况，随时调整平衡压力，使试样在试验过程中始终保持竖向变形为 0，从而测得膨胀土的膨胀力，试验结果与真实值最接近，同时可以避免 "加压平衡法" 现场试验的不足之处。但该方法的缺点是工作量大，且需要置备能够施加连续反力的装置，特别是原位试验，需要设置大型反力系统，成本较高。

1.4 动力荷载作用下土体的强度和变形特性研究现状

1.4.1 动力荷载作用下土体微观结构变化试验研究

土的微观结构是在漫长的成土过程中，土体在内外营力共同作用下形成具有相对稳定状态的微观形态和结构特征，主要包括物相组成、颗粒形态、粒间排列和胶结方式、孔隙大小和分布情况等。它是土体物理力学等性质的基础，因此，开展微观结构研究是探索和揭示土体复杂工程性质机理的有效途径。微观研究采用的主要方法有 X 射线衍射、压汞试验、电镜扫描、显微镜、CT 透射、颗粒分析、化学分析、离子交换等。

自 Desai 等[29~31] 首次将材料破坏时的微观结构特征应用于砂土液化机理分析中以来，微观结构变化对土体强度和变形特性的影响受到了研究人员的高度重视。Nemat-Nasser 和 Takahashi[32]、Ibrahim 和 Kagawa[33]、Ishibashi 和 Capar[34]、Motoharu 等[35] 研究了试样初始组构 (颗粒定向、孔隙特征等) 在振动荷载作用下的变化规律以及初始组构对砂土强度、变形和液化过程的影响。龚士良[36] 分析了土体孔隙特征、孔隙溶液中离子种类和含量对饱和软黏土的固结变形特性影响。周宇泉和洪宝宁[37] 用河海大学自行研制的黏土微细结构定量分析系统，采用分布性指标分布分维和有序性指标定向度对黏性土在荷载作用下变形过程中微细结构的变化进行了定量分析研究。单红仙等[38] 通过电镜扫描研究了水动力作用下粉土的颗粒等效直径和颗粒丰度变化等，探讨了黄河三角洲土层分布规律的产生机理。唐益群等[39~41] 采用 GDS 循环三轴试验、电镜扫描和压汞分析对地铁行车荷载作用下饱和软黏土微观结构进行了定量化研究，发现土体在振动过程中多个微观结构会压密形成更大的架空结构，使得土体比表面积有减小趋势，而总孔隙度反而有增大趋势，并进一步分析了软黏土微结构变化与宏观变形的相关性[41]，找到了孔隙微结构参数的临界循环应力比。杨永香等[42] 在 CKC 型动态三轴仪基础上，研制了可视化动三轴试验系统，为进行土体细观研究提供了新试验设备。河海大学刘敬辉等[43] 将三轴试验与土体微观结构测试相结合，研制了一种能获得荷载作用下土体微观结构变化实时图像的测试系统，利用图像处理技术得到土颗粒的微观位移场，从而为建立土体的微观本构模型提供试验条件和试验数据。陈正汉等[44] 研制了能够动态追踪膨胀土试样损伤演化过程的非饱和土三轴仪，西南大学孙世军[45] 利用该设备研究了不同损伤程度的膨胀土在剪切过程中的宏细观演化规律，其试验结果为进一步建立重塑膨胀土的弹塑性损伤本构模型提供了数据支持。东南大学崔颖和缪林昌[46] 利用电镜扫描研究了膨胀土渗透过程中的微观结构变化，研究发现经过不同应力状态下的渗透试验后，土样宏观孔隙减小且分布更加均匀。张丹等[47] 通过在膨胀土中埋设光纤布拉格光栅 (FBG 传感器)，研究膨胀土在干缩过程中裂隙附近的应变分布特征及其时空演化过程,试验结果表明膨胀土在干缩过程中,先整体收缩,然后出现应变状态分异,张拉区和收缩区交替出现。贾景超等[48] 建立了利用膨胀土晶层表面电荷密度进行膨胀力预测的模型。刘清秉等[49] 根据水分子的极性特点及其与黏土颗粒间的结合能态差异,提出利用红外辐射获得水分子振动能级信息对膨胀土吸附结合水类型进行分类的方法。孙世永等[50] 通过 X 射线衍射试验发现羟基铝与蒙脱土之间可以发生离子交换、包裹、胶结等相互作用,进而有效地降低了膨胀土的活性,为膨胀土的改良应用提供了试验参考。

随着光学仪器、电子设备以及成像技术的不断发展和应用,关于荷载作用下土体微观结构变化规律的研究工作取得了很大进展,研究成果对揭示土体在不同服役环境下的强度和变形发展机理具有重要意义,但现有研究设备仍具有一定的局限性,例如,电镜扫描试验中在试样进行高压抽真空时会破坏土体的结构性,CT 透射设备造价昂贵,且对微细颗粒的结构变形观察精度有限等。微观结构观察设备和方法还有待进一步的发展。

1.4.2 加载方式对土体动力特性影响的研究现状

1. K_0 固结黏土的循环动力特性研究现状

在漫长的成土过程中,地基土是在自重和上覆荷载作用下固结形成的,且固结过程中土体不产生侧向变形,即静止土压力系数 $K_0 \neq 1$。土体的初始应力状态对其动静强度和变形特性存在重要影响,因此,试验时应尽可能模拟土体的实际赋存应力状态,即 K_0 固结状态。由于传统静、动三轴试验中试样在固结过程中,压力室内的固结应力往往取土层的竖向土应力或平均应力,不仅应力状态与天然土实际应力状态存在差异,而且在固结过程中还会产生一定程度的侧向变形,导致三轴试验获得的土强度和变形与真实情况也存在差异。为了克服土样固结过程中的侧向变形问题,Bishop 和 Henkel[51] 建议在三轴仪压力室内增设内筒,试样固结时,向内筒和试样之间注入水银,通过保持水银液面不变来解决试样的侧向变形问题。由于水银是重金属且有剧毒,试验时使用不便且存在安全隐患,Okochi 和 Tatsuoka[52] 在压力室外设置与内室连通的静水压管,通过控制静水压管中的水位来控制试样侧向变形。1971 年,Lewin[53] 提出了将伺服机构与土工三轴仪结合从而实现 K_0 固结的设想,1973 年,Berre 和 Bjerrum[54] 指出在利用重塑试样测定土体的实际抗剪强度时,应先对试样进行 K_0 固结,使试样的固结状态回到原有状态。20 世纪 80 年代初,我国浙江大学土木工程系在 Lewin 设想的基础上研制了可进行 K_0 固结的剪切试验装置。1986 年,河海大学艾英钵和薛先棣[55] 研制了 GS-1 型自动控制 K_0 固结三轴仪,该设备利用光纤液位传感器自动控制双筒压力室的水位,从而实现试样在固结过程中的无侧向变形控制。1991 年,姜朴等[56] 利用光纤位移传感器控制压力室水位,研制了能够实现 K_0 固结的三轴仪。1994 年,袁聚云等[57] 在同济大学真三轴仪的基础上研制了 K_0 固结真三轴仪,可以进行在三个方向上独立施加不同主应力的 K_0 固结试验,能够模拟更真实更复杂的土体原始应力状态。

随着岩土工程的发展,动力荷载作用下土体的强度和变形问题逐渐得到研究人员和工程建设者的重视。Andersen 等[58,59] 在保持围压不变的条件下对 K_0 固结黏土进行了动三轴试验,并获得了循环剪切强度与平均剪应力、破坏振动次数之间的一系列关系曲线,但 Andersen 等没有对 K_0 固结黏土在循环动力荷载作用下所满足的破坏强度准则、围压变化对循环强度的影响等进行深入研究。Aziz[60] 利用循环单剪仪先对 Boston 黏土进行 K_0 固结,然后在排水条件下施加初始静应力,最后在不排水条件下向试样施加频率为 0.1Hz 的循环应力。通过一系列不同静、动应力组合条件下的循环剪切试验发现:循环周期内应力方向改变时,黏土强度会显著降低,且循环剪应变随着振次增加而迅速增大直至破坏;循环周期内应力方向保持不变时,循环剪应变随振次增加变化较小,试样最终破坏以累积平均剪应变为主。Hyodo[61] 在 Andersen 等的动力试验基础上,进行了不同静、动应力组合 (应力反向和不反向两种情况) 条件下日本 K_0 固结 Itsukaichi 黏土的循环动三轴试验和循环剪切试验,同样发现应力反向会导致黏土强度的大幅度衰减。王常晶和陈云敏[62] 研究了静偏应力对饱和软黏土循环动强度、孔压以及变形发展规律的影响。

前述研究人员从不同角度对 K_0 固结黏土在循环荷载作用下的强度和变形特性开展了大量试验研究,获得了丰富的试验成果,但这些研究工作都没有阐明 K_0 固结黏土在循环荷载作用下所遵循的破坏强度准则。为此,王建华和廖智[63] 通过对饱和黏土进行大量不同固结压力和增量静偏应力条件下的循环三轴试验,研究无应力反向时土体的动力特性和破坏强度准则。试验发现:循环强度随增量静偏应力比的增加而增大;当增量静偏应力比保持不变时,围压变化基本不影响循环强度;无应力反向时,循环荷载作用下试样破坏遵循莫尔–库仑强度准则。谢定义[64] 将瞬态极限平衡理论用于土的动力特性研究中,形成了能够定量定性研究土动力特性的理论体系。

2. 加载频率对黏土动力特性影响的研究现状

关于加载频率对黏土动力特性的影响目前还没有定论,如 Hardin 和 Black[65] 认为当土体循环应变幅值小于 10^{-4} 时,频率变化不影响其剪切模量的大小。Yasuhara 等[66] 由经过等压和偏压固结后的饱和黏土动三轴试验结果发现,荷载频率对黏土动强度和变形的影响不明显,但孔压随频率增加而增大。Procter 和 Khaffaf[67] 发现等压固结后的饱和黏土动强度与加载频率呈正相关性,动强度随着频率增大而增大,加载频率从 1/120Hz 增加到 1Hz 时,动强度增大约 30%。Ansal 和 Erken[68]

对饱和黏土进行了循环剪切试验，从试验结果中发现饱和黏土剪应变随频率增大而减小。Chen 等[69] 研究发现当频率从 0.05Hz 增加到 0.1Hz 时，经过等压固结的原状饱和黏土动强度增加近 50%。张茹等[70] 对坝体防渗黏土进行了动三轴试验，试验结果表明：当加载频率从 0.1Hz 增加到 4Hz 时，动强度随加载频率的增加而增大，并在 4Hz 时达到最大值，之后，动强度随着频率的增加而减小。Hyodo[71]、蒋军[72] 和刘添俊和莫海鸿[73] 的研究成果都发现在低频范围内 (小于 1Hz)，加载速率对应变速率的影响不明显。周建等[74] 研究发现：当加载频率小于 0.1Hz 时，频率对累积应变发展规律具有显著影响，试样在较小的加载周期内就产生大幅度的累积应变；当频率位于 0.1~1.0Hz 时，累积应变与振次之间呈线性增长关系，且频率越大，累积应变增长率越小；当频率大于 1.0Hz 时，累积应变基本不再随振次的增加而变化。王军等[75] 从饱和黏土循环三轴试验结果中同样发现：当加载频率小于 1Hz 时，试样的动应变和孔压随振动次数的增加而迅速增大；当加载频率大于 1Hz 时，加载频率越大，土样动应变和孔压随振动次数增加的增长速率越小并趋于稳定。王建华等[76] 对饱和黏土进行了不同频率下的循环动三轴试验，试验结果表明加载频率从 0.1Hz 减小至 0.01Hz 后，加载过程中存在应力反向时，循环动强度降低约 3%，而不存在应力反向时仅减小 1%，所以低频范围内的频率波动对土体动强度影响不显著。

目前，国内外研究人员结合各自面对的工程建设项目需要，对不同频率作用下土体的强度和变形特性进行了相关研究，但由于不同研究人员在试验过程中采用的试样土质条件、初始应力状态、应力或应变幅值、有无应力反向问题等方面存在差异，频率变化对同一土体动力参数的影响规律不尽相同，有时甚至得到相反的试验结果，所以应根据黏土地基的实际服役条件和承受的动力荷载特点，有针对性地开展加载频率变化对其动力特性的影响研究。

3. 循环应力比对黏土动力特性的影响研究现状

Idriss 等[77] 应用塑性理论给出了循环应力比 r_c 的计算式。Sangrey[78] 和 Matsui 等[79] 发现：在循环动荷载作用下饱和软黏土存在临界循环应力比，当土体受到的实际循环应力比小于临界循环应力比时，土体的累积变形率将逐渐减小，累积变形趋于稳定，而大于临界循环应力比时，土体的塑性累积变形将迅速发展，直至破坏。Ohara 和 Matsuda[80] 研究发现正常固结和超固结土都存在临界循环应力比。王军等[81,82] 发现：饱和黏土的循环应力比与土样初始剪应力、超固结比等有关，随着轴向和径向循环应力比的增大，残余应变也增大。祝龙根和吴晓峰[83] 将低幅应变条件下土的临界应变问题细化为轴向临界应变和扭剪临界应变两部分，为进一步深入分析土的动变形特性提供了思路。刘功勋等[84] 利用大连理工大学研制的土工静力-动力液压三轴-扭转多功能剪切仪，对长江口海洋饱和软黏土进行轴向-扭转双向耦合循环试验, 研究发现: 循环剪切模式、初始偏应力比和初始大主应力方向角对黏土临界循环应力比有显著影响, 土体受到双向耦合 (轴向和扭剪) 剪切作用时的临界循环应力比会明显降低。唐益群等[85] 研究了振次、频率、围压以及初始固结状态对南京淤泥质粉质黏土临界动应力比和动应变的影响。从上述研究可知, 循环应力比与动力荷载作用下土体的变形发展规律密切相关, 探索将临界循环应力比作为高速铁路路基动力稳定性评价指标之一具有重要的实际意义。

1.4.3 动力荷载作用下黏土本构模型研究现状

动力荷载 (短时地震荷载或长期循环荷载) 引起的土基附加永久变形是公 (铁) 路路基沉降过大、堤坝垮塌、边坡支挡破坏等病害的主要原因之一, 因此, 建立合理的土体动本构模型是定量分析和预测岩土构筑物地基在特定动力荷载作用下的变形发展规律的基础, 从而为岩土构筑物在设计和施工过程中实现变形控制提供理论依据, 目前, 国内外关于黏土动本构模型大致可归纳为两大类。

1) 隐式模型

隐式模型即解析本构模型, 是利用黏弹性理论和数学工具等建立的能够反映动力荷载影响的土体应力与应变 (或应变率) 关系的数学模型。Prevost[86] 建立了循环荷载作用下土体的三维非线性应力应变解析模型, 并结合有限元和离心机模型试验结果对循环荷载作用下土体的变形特性进行了分析。熊玉春和房营光[87] 在 Prevost 模型基础上将弹塑性等向硬化、运动硬化和各向同性损伤结合起来, 建立了动荷载作用下饱和软黏土的损伤模型。Iwan[88] 利用理想弹塑性元件描述土的动本构关系, 并推导出了 Iwan 解析弹塑性模型。李小军和廖振鹏[89] 在 Iwan 并联模型基础上, 引入一种既能拟合土体阻尼比随应变变化又能消除土层地震反应的高频振荡黏性元件, 建立了黏–弹–塑物理模型。郑大同和望惠昌[90] 考虑了固体颗粒内摩擦引起的滞后阻尼, 通过引入能够代替 Iwan 模型中的 Coulomb 滑块的塑性元件, 拓展了 Iwan 模型的适用范围, 并在此基础上提出了动荷载作用下应力应变的分析模型。蔡袁强等[91] 在 Iwan 模型的基础上引入土体软化模型和模拟累积应变的刚性元件, 建立了饱和软黏土的本构关系。Dafalias 和 Herrmann[92] 和 Bardet[93] 建立了允许塑性变形和材料硬化在同一边界面内发展的边界面模型以及反映材料非线性的零弹性域模型。杨超等[94] 将软黏土在动荷载作用下的能量耗散分为两部分: 与应变大小无关但与应变率有关的黏性部分, 在塑性变形加卸载过程中耗散的非黏性部分, 并在边界面模型基础上建立了黏–弹–塑性动力本构模型。

Valanis[95] 用能够反映材料特性变化、变形程度的内蕴时间来代表变形历史, 首先提出了内时动本构模型, 该模型因不需要确定屈服面, 且能较好地反映土体变形的非线性和滞后性等优点而得到广泛应用; Mroz[96,97]、Prevost[98] 及 Roscoe 和 Burland[99] 在硬化模量场理论基础上建立了适用于饱和软黏土的多屈服面模型，该模型能够描述循环荷载作用下土体的加卸载非线性、反向加载过程中的塑性变形等动力特性；高广运等[100]结合塑性硬化模量场理论、动孔压模型、各向同性硬化和移动准则，建立了不排水动荷载作用下饱和黏土的多屈服面弹塑性本构模型。

周成等[101]为研究动荷载作用下结构性土的强度和变形规律，建立了次塑性扰动状态弹塑性损伤模型。杨强等[102]为研究均质材料局部剪切变形发展过程，在细观损伤力学基础上，利用宏观和细观结合的方法，通过对动荷载作用下材料的损伤和塑性进行耦合，建立了弹–塑性损伤模型。熊玉春和房营光[103]利用各向同性弹–塑性损伤和 Prevost 多屈服面模型，推导了动荷载作用下不排水饱和软黏土的动力损伤模型。王建华等[104~106]建立了拟静力弹–塑性循环强度和蠕变模型。钟辉虹等[107]采用弹塑性边界面模型来分析振动荷载作用下软黏土的累积变形规律。胡存等[108]通过在有效应力空间中引入能够反映土体结构损伤和重塑程度的损伤变量，在广义各向同性硬化准则的基础上建立饱和软黏土循环软化的损伤模型。

上述各种隐式模型都具有较为完整的理论依据和严格的数学推导过程，能够从不同角度考虑循环动力荷载作用下土体的复杂变形特性，但缺点是模型涉及的理论知识复杂，工程建设人员难以理解和掌握。此外，动力荷载模型的计算工作量大，特别是在分析长期振动荷载作用下土体的变形规律时，需要高性能的计算设备和较长的计算时间，更增加了工程应用的难度。

2) 显式模型

显式模型又称为经验拟合模型，是基于试验数据和工程经验而建立起的土体累积变形与动应力幅值、振动次数或静偏应力等物理力学指标之间的经验拟合方程。Bonin 等[109]研究了波浪循环荷载对建筑地基承载力的影响，随后，Cathie[110]提出了循环荷载作用下地基变形和孔压估算模型。Monismith[111]给出了软黏土累积应变与振次之间的指数型关系式，但公式没有考虑荷载组合情况和土体状态，计算结果离散性大。Li 等[112]通过引入静强度参数对 Monismith 指数模型进行了改进，Chai 和 Miura[113]又在 Li 和 Selig[112]的模型基础上，考虑了荷载组合对累积变形的影响，提出更接近工程实际的土体累积变形预测模型。黄茂松等[114]通过引入相对偏应力水平参数建立了饱和软黏土累积变形计算模型，但这种计算模型不适用于粉细砂的累积变形计算。为此，姚兆明等[115]参考 Niemunis 等[116]的建模方法，采用文献 [114] 中提出的动偏应力水平概念，在大量粉细砂动三轴试验的基础上，建立了粉细砂累积变形计算模型，该模型的优点在于其模型参数具有明确的物理意义。姚兆明和黄茂松[117]利用自行研制的原状软黏土空心圆柱制样设备对上海软黏土进行动态空心圆柱剪切试验，分析了恒定主应力轴偏转角对软黏土循环累积变形规律的影响，并验证了显式模型的合理性。

Puzrin 等[118]指出，由于软黏土在动荷载作用下存在软化特性，利用 Masing

准则描述动应力–应变关系时会产生一定的偏差。Idriss 等对软黏土的软化特性进行了研究，并建立了软化指数和动荷载循环次数之间的数学模型，但该模型只能反映骨干曲线上刚度的发展规律，而无法体现每次循环过程中土体的软化特性。王军等[119] 利用修正 Masing 准则对动力试验资料整理后，建立了能够反映每次循环振动过程中土体刚度软化规律的应力–应变关系模型，并通过动三轴试验研究了初始静剪应力、循环应力比对杭州软黏土软化特性和孔压变化规律的影响，建立了各向异性固结条件下软黏土软化系数与孔压之间的关系模型。

除反映土体动变形特性的本构模型外，建立长期循环荷载作用下地基土的承载力发展规律模型也是土动力学研究的重点。目前，使用较广泛的两种循环荷载作用下软土地基承载力的确定方法为 Andersen 和 Lauritzsen[120] 的滑动面法和 Wang 和 Liu[106] 的有限元法。但这两种方法都没有考虑循环应力历史对土单元的动静耦合效应。为此，谢定义和张永华[121] 研究了循环荷载与静应力耦合变化对孔隙压力发展规律的影响。王建华等[122] 提出应进行变静应力的循环动三轴试验，并在试验结果的基础上，引入能够记忆循环应力历史的参数，首次建立反映土单元动静耦合效应的动强度变化模型、动强度与弹性模量间的对应关系，然后由增量弹塑性有限元法获得考虑土单元动静耦合效应的 p-s 曲线，再确定地基土的极限循环承载力。

显式模型的优点是相对于隐式模型要简单易懂，计算简单，易于工程应用，但不足之处是显式模型由试验数据或检测结果拟合而来，模型中诸多参数的物理意义不明确。

1.5 饱和–非饱和膨胀土工程特性研究现状

对典型膨胀土而言，1969 年，第二届国际膨胀土研究会议上对膨胀土 (expansive soil) 一词提出正式的定义：“膨胀土是一种对于湿热等环境变化非常敏感的土，在湿热变化下，土体随着湿度的增加或者减少而发生膨胀或收缩，并产生膨胀压力或收缩裂缝，其影响胀缩性的主要成分是其所含的蒙脱石黏土矿物。”

20 世纪 70 年代以后，我国文献中主流定义为：膨胀土是一种具有吸水膨胀、失水收缩和往复胀缩变形的黏性土，其主要成分是蒙脱石和伊利石。与国际上的定义相比，少了产生膨胀压力的内容。黏土矿物伊利石在许多情况下同样具有膨胀性，吸水膨胀和失水收缩是黏性土的共性，也是区别非黏性土的主要特征之一，故不能将所有的黏性土都说成是膨胀土。只有当黏性土的胀缩性增大到一定程度，产生膨胀压力或收缩裂缝，并足以危害建筑物稳定与安全时，才将其作为一种特殊土从中独立出来，称为“膨胀土”，这是膨胀土的定性含义。

膨胀土在天然状态下，通常强度较高，压缩性较低，在地面以下一定深度取样时难以发现宏观裂纹。当膨胀土暴露在大气中时，其含水率发生变化，很快出现大小各异的裂纹，土体结构迅速崩解，透水性不断增大，强度迅速衰减。故在我国修建铁路工程实践中就有 "逢堑必滑，无堤不塌" 之说。我国南方流传 "晴天一把刀，雨天一团糟" 和 "天晴张大嘴，雨后吐黄水" 之说，这是对膨胀土工程问题的真实写照。

膨胀土具有强亲水性、多裂隙性、超固结性、强膨胀性、收缩性、强度衰减性、弱抗风化性以及快速崩解性等独特的性质。自发现以来，随着经济建设的发展，膨胀土问题日益凸显，被工程界称为工程 "癌症"，逐渐引起研究者足够的关注和重视。许多国家都已制定膨胀土地区建设的规范文件，我国也于 1987 年制定了《膨胀土地区建筑技术规范》(GBJ 112—1987)。下面将从膨胀土的物理性质 (判别、分类、组成、结构特征)、静力学性质 (强度、变形、膨胀力、胀缩特性、地基承载力)、动力学特性 (动强度、临界动应力、动本构关系) 和非饱和膨胀土 (渗透特性、本构关系) 等方面总结其研究成果和现状。

1.5.1　膨胀土的物理性质

1) 膨胀土成分与结构特性

膨胀土成分与结构特性的研究大多是遵照从宏观结构到微观结构，从颗粒组成到矿物化学成分的趋势发展，掌握膨胀土的矿物成分、化学成分、结构特性是控制膨胀土工程特性的内在因素，见表 1-2。目前，膨胀土矿物成分的鉴定方法[123]主要有差热分析 (TDA)、X 射线衍射 (XRD)、红外光谱 (IE)、扫描电子显微镜 (SEM)、透射电子显微镜 (TEM) 等。膨胀土化学成分的研究主要是通过全化学分析和微量元素分析等方法。膨胀土矿物成分研究主要是土体中黏性矿物成分和非黏性矿物成分的测定。Al-Rawas 等通过对阿曼地区膨胀土进行成分分析，发现主要成分为蒙脱石，且其含量增加会使土体膨胀性逐渐增强。Mohamed 等采用 X 射线衍射法获得了膨胀土矿物成分组成，分析了膨胀土承载性能衰减的原因。冯玉勇等通过百色盆地膨胀土试验分析发现其主要矿物成分包含蒙脱石、伊利石和伊利石混层，并对南昆铁路膨胀土路堤病害机理进行了分析。

膨胀土结构包括宏观结构和微观结构，是影响膨胀土工程性质的一个重要因素。膨胀土宏观结构主要体现为土体多裂隙性，膨胀土在形成过程中由于温度、固结、湿度及不均匀胀缩效应产生原生裂隙和软弱面，是宏观结构决定膨胀土强度最主要的因素。膨胀土的微观结构是指膨胀土在一定的地质环境和条件下，由土粒孔隙和胶结物等所组成的整体结构。现有的研究成果表明膨胀土的结构特征对其胀缩特性与强度特性影响显著。随着测试技术的发展，人们对土体微观结构有了更深的认识。

2) 膨胀土判别与分类标准

膨胀土的判别与分类是处置膨胀土工程问题的首要任务，误将膨胀土当作

表 1-2 我国部分省区膨胀土分布及矿物成分

省区	膨胀土分布地区	矿物组成
广西	主要分布在宁明盆地、百色盆地和南宁盆地,如南宁、贵港、百色等,以及南(宁)梧(州)公路、南(宁)友(谊关)公路、南昆铁路、云桂客运专线等沿线	主要为伊利石(大于 60%)、高岭石、蒙脱石,含石英、绿泥石或蒙脱石–伊利石混合层
云南	全省均有分布,砚山、建水为成片分布,东到昭通,西至大理、丽江等。在宾川、楚雄、昆明、蒙自、弥勒、开远等地亦有局部分布	主要为水云母,高岭石次之,含少量绿泥石
湖南	主要分布在花垣、慈利、吉首、怀化、涟源、冷水江、邵阳、衡阳、长沙、岳阳、汨罗、益阳、耒阳、郴州等地	主要为伊利石、蒙脱石、高岭石
陕西	主要分布在陕南,沿汉水河谷的汉中盆地和安康盆地,呈带状分布,如汉中、安康、南郑、城固、洋县、西乡、石泉、汉阴、紫阳、平利、旬阳、白河等地	主要为蒙脱石散、伊利石,含少量高岭石、蒙脱石
湖北	江汉平原、鄂东北与鄂西低山丘陵及山间盆地广泛分布膨胀土,如襄阳、荆门、十堰勋阳区、十堰、宜昌、武昌、孝感、枝江等,襄荆高速公路、蒙华重载铁路等沿线	主要为伊利石、高岭石、蒙脱石,含少量石英、钙质结核等
河南	主要分布在南阳盆地、鹤壁地区、平顶山地区和驻马店地区,如南阳、驻马店、三门峡、邓州、方城、内乡等地;焦枝铁路、南水北调中线、蒙华重载铁路等沿线	主要为蒙脱石、伊利石,含高岭石、蒙脱石晶层矿物、钙质结核和锰质结核
贵州	主要分布在山间盆地和丘陵缓坡地段,如毕节、贵阳、遵义、金沙、息烽、修文、思南、江口、镇远、铜仁、务川、德江等地	主要为绿泥石、伊利石和高岭石,含少量蒙脱石散、伊利石、蒙脱石或高岭石、伊利石
四川	川西平原、川中丘陵、涪江、岷江、嘉陵江及安宁河等谷阶地区,如成都、资中、内江、自贡、资阳、广汉、德阳、南充、西昌等地,全省几乎均有分布	主要为伊利石,蒙脱石次之,含少量高岭石和石英
安徽	主要分布在丘陵的河谷平原,如安庆、枞阳、桐城、和县、来安、合肥、马鞍山、滁州等地	主要为伊利石,含蒙脱石、石英、蛭石和褐铁矿
江西	主要分布在宜春、宜丰、德安、乐平、景德镇、南丰、广昌、南昌、新余、赣州、泰和、安福、吉安等地	主要为伊利石、蒙脱石、高岭石,含少量蛭石、绿泥石等

普通非膨胀土,将会带来安全隐患,甚至引发重大事故;而如果将非膨胀土误当作膨胀土来处理,不仅会带来不必要的麻烦,还会增加工程成本,造成经济浪费。然而,膨胀土的判别一般通过定性现场观察与定量室内试验相结合的方法,从宏观结构特征、黏粒矿物成分与土体特征三个方面进行判别。膨胀土按膨胀势主要可分为弱、中、强三类,而进行膨胀土工程建设首要解决的问题是其判别与分类,对此各国规范和学者提出了不同的判别方法。

国内外关于膨胀土的分类方法层出不穷,其标准也各不相同,新的分类标准也不断出现。其中代表性的分类标准方法有:最大胀缩性指标分类法,塑性图判别法,规范判别分类法,按液限、塑性指数、自由膨胀率、颗粒含量、膨胀总率为指标的分类法。随着模糊数学和灰色理论的发展,对膨胀土的分类判别采用多个指标综合进行判别,如灰关联分析法、灰色聚类法、模糊数学判别法、BP 人工神经网络法、物元分析法、可拓学等，它们均采用多个指标综合判别分类，并采用权重法描述各指标的重要性，避免因单个试样不同导致指标出现不同等级的情况。杨果林等介绍了美国垦务局标准、印度标准、南非威廉姆斯标准、柯尊敬标准、杨世基标准、原建设部标准、交通部标准和多元线性函数标准等对膨胀土的分类。由此可以看出，膨胀土的分类方法和标准不统一，采用不同的方法和标准分类结果差异较大。

1.5.2　膨胀土的力学性质

膨胀土的灾害主要是由其吸水膨胀、失水收缩引起的不均匀的胀缩使土体拉裂，破坏土体的完整性；而吸水膨胀，使土体密度降低。不论是收缩还是膨胀均可致膨胀土的强度和承载力降低。另外，受限制的强烈胀缩会造成建筑物拉胀破坏等。膨胀土产生胀缩的原因很复杂，它是膨胀土的特殊内因在外部适当的环境条件下共同作用的结果，也就是说，膨胀土之所以产生膨胀与收缩，其一是必须具备土本身能够膨胀与收缩的内因，主要取决于膨胀土的矿物成分、化学成分、阳离子交换量和结构类型等因素；其二是要有水分转移的外部条件。国内外诸多学者从抗剪强度、膨胀力、胀缩变形、承载特性等方面对膨胀土的力学特性展开了研究，也获得了许多有益的成果。

1) 膨胀土的强度特性

膨胀土特有的矿物成分组成和结构特征，使得膨胀土的强度特性比一般黏性土复杂得多。膨胀土在自然状态下往往表现出较强的抗剪强度，但是当土体遇水后会软化崩解，这会导致膨胀土强度的大幅度衰减。由此可见，膨胀土的强度与各种外界条件有很大关系，这种不确定性增加了膨胀土强度研究的复杂性。

膨胀土的强度变化与其结构、吸力等因素的变化密切相关，与一般黏土相比，既具有共性，又表现出其独特性，这与膨胀土所处的状态、外部压力及环境有关。目前，理论界一些学者尝试采用非饱和土理论来研究膨胀土的强度特性，由于非饱和土本身固有的复杂性，试验与测试都很困难，而且一般工程单位也不具备这方面的条件。针对这种现状，一般采用常规方法进行膨胀土强度特性的研究。

在膨胀土强度的理论研究方面，国内外不同学者从各自的研究基础出发，提出了不同的强度理论，主要有渐进性破坏理论、滞后破坏理论、极限平衡-弹性理论、气候作用层理论、胀缩效应理论、分期分带理论、分段取值理论和非饱和强度理论。

膨胀土强度的试验研究方面，通过大量现场和室内试验来研究膨胀土的强度与含水率、吸力、饱和度、干密度等的关系。柯尊敬等分析了膨胀土强度与胀缩性能的关系，并讨论了湿密状态、压力、填筑条件及膨胀土混合土对强度的影响。Drumright 和 Rohm 研究了膨胀土的有效黏聚力和有效内摩擦角与吸力和饱和度的关系。徐永福提出了非饱和膨胀土的结构性黏聚力和结构性内摩擦角的概念。缪林昌通过对膨胀土的强度与含水率进行试验,获得了非饱和膨胀土的吸力强度与饱和度之间的关系,研究结果表明膨胀土的含水率对其峰值强度、稳态强度影响显著。易顺民通过研究裂隙分维,对强度与裂隙的关系进行了综合评价。李献民等通过对湖南邵阳的三种膨胀土进行胀缩试验发现,膨胀土的胀缩特性主要与初始含水率和初始干密度有关,并拟合了膨胀力和膨胀量的变化规律。谭罗荣等系统地对膨胀土的胀缩特性与干密度、饱和度、含水率以及蒙脱石矿物含量等的关系进行了研究。杨庆等用黑山土和梅山土的重塑试样进行试验,得到了黏聚力和内摩擦角与含水率的关系。杨果林等[124]通过对室内试验和原位试验对比方法,获得了强度与含水率的关系。杨和平等[125]和郑健龙[126]以南宁外环膨胀土原状样与重塑样开展对比试验,结果表明,上覆荷载对抑制强度衰减作用明显;无论是原状还是重塑土样经干湿循环后的强度衰减主要是黏聚力大幅降低,内摩擦角值降幅相对不显著。肖宏彬等通过室内试验发现,膨胀率与初始干密度和初始含水率呈线性关系,与垂直压力呈半对数线性关系。因此,研究膨胀土在不同压力、不同含水率以及不同干密度条件下的膨胀变形规律具有普遍和实用意义。

以云桂高速铁路膨胀土路基工程为研究背景,选取典型工点膨胀土进行抗剪强度试验,探讨不同含水状态和密实度条件下膨胀土的抗剪强度特性,试验结果如图 1-2 和图 1-3 所示。由图可得,膨胀土抗剪强度与初始含水率密切相关,初始含水率越大,土体抗剪强度明显减小;在低应力状态下,膨胀土密实度越大,抗剪强度略有提高;在高应力状态下,膨胀土密实度对抗剪强度影响不显著。

图 1-4 和图 1-5 为不同试验条件下含水率和密实度对膨胀土抗剪强度参数的影响。由图可得,在初始含水率高于 20% 的条件下,膨胀土强度指标随初始含水率的增加而降低,且黏聚力下降比内摩擦角下降更显著,此结论与文献 [126] 的研究成果均一致;在初始含水率低于 20% 的条件下,土体内摩擦角随初始含水率增加而降低,但黏聚力却先提高后减小;同时,土体密实度越大,黏聚力显著增大,但

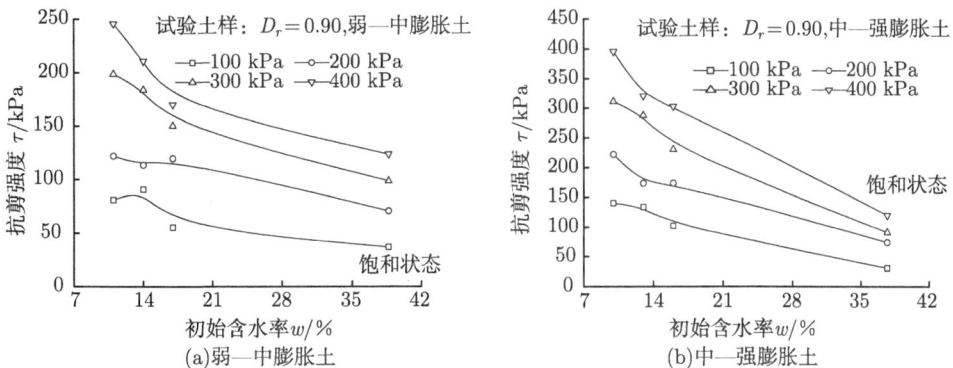

图 1-2 膨胀土含水率 w 对抗剪强度 τ 的影响

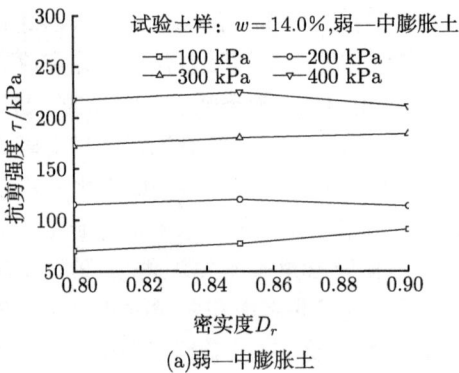

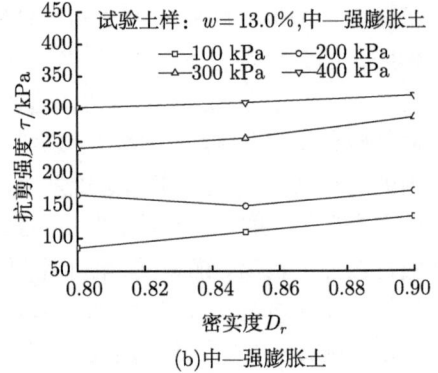

图 1-3 膨胀土密实度 D_r 对抗剪强度 τ 的影响

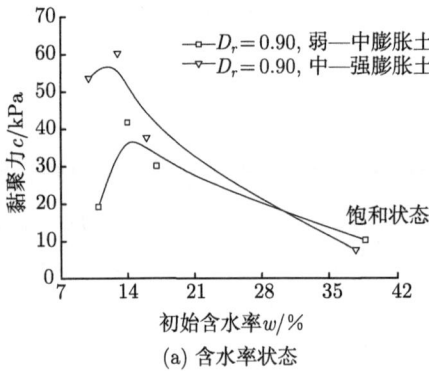

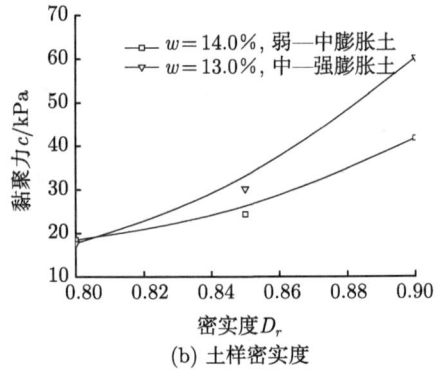

图 1-4 不同试验条件下饱和/非饱和膨胀土黏聚力试验结果

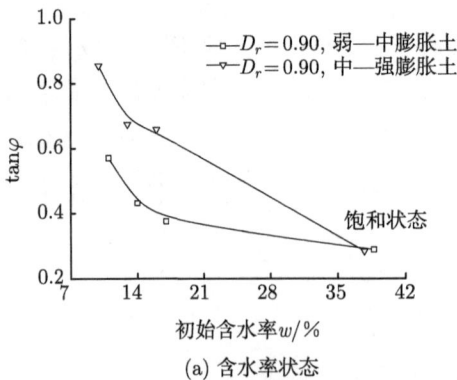

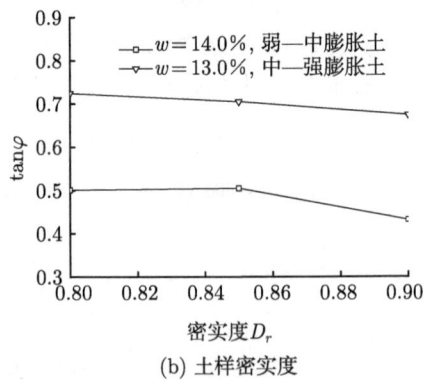

图 1-5 不同试验条件下饱和/非饱和膨胀土内摩擦角试验结果

内摩擦角变化不显著。由此说明,对于膨胀土工程,控制膨胀土中的含水率状态显得尤为重要,含水率过高或过低,强度均会出现 "软化" 现象。在特定的含水率状态 (状态含水率区间) 条件下,膨胀土具有相对稳定的强度,这种稳态强度状态对工程安全具有积极意义。因此,对于膨胀土相关工程,采取有效的防水保湿措施维持膨胀土体中的含水率平衡是治理膨胀土工程问题的关键。

图 1-6 为不同基质吸力 $(u_a - u_w)$ 状态下非饱和膨胀土有效内摩擦角和有效黏聚力的试验结果。随着吸力减小,有效黏聚力显著降低,但有效内摩擦角变化不明显。基于此,文献 [126] 通过对黏聚力和吸力关系进行拟合,得到了重塑非饱和膨胀土抗剪强度理论公式:

$$\tau = c' + (\sigma - u_a)\tan\varphi' + (u_a - u_w)\tan\varphi^b \tag{1-1}$$

式中: τ 为抗剪强度; c' 有效黏聚力; φ' 为有效内摩擦角; $(u_a - u_w)$ 为基质吸力; $\tan\varphi^b$ 为斜率, $c = c' + (u_a - u_w)\tan\varphi^b$。

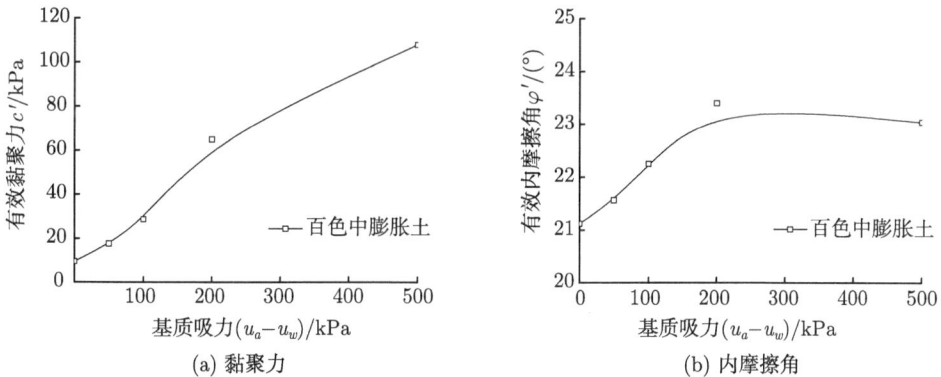

(a) 黏聚力　　　　　　　　　　(b) 内摩擦角

图 1-6　不同基质吸力状态下非饱和膨胀土抗剪强度指标

文献 [125] 和文献 [126] 对广西膨胀土原状样与重塑样进行了不同荷载、不同干湿循环次数条件下的试验研究,非饱和原状膨胀土样抗剪强度试验结果见图 1-7。试验结果表明,原状和重塑样经干湿循环后的强度呈现劣化效应,且 c 值降低较 φ 值显著,上覆荷载对干湿循环过程中膨胀土的胀缩幅度及强度衰减具有明显的抑制作用。随着干湿循环次数的增加,膨胀土的结构性由于裂隙的发展而破坏,基于此提出干湿循环条件下重塑非饱和膨胀土抗剪强度理论公式:

$$\tau = \left(1 - \frac{n}{4}\right)c' + (\sigma - u_a)\tan\varphi' + (u_a - u_w)\tan\varphi^b \tag{1-2}$$

式中: n 为干湿循环次数, $n = 0, 2, 4, 6, 8$。

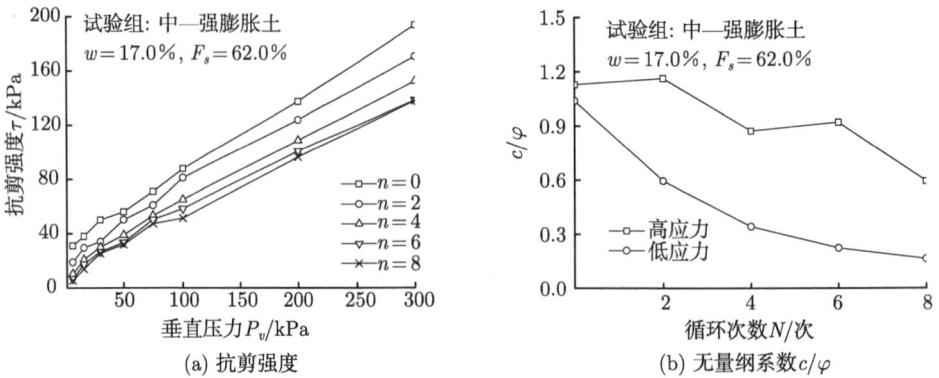

(a) 抗剪强度

(b) 无量纲系数c/φ

图 1-7　不同试验条件下原状非饱和膨胀土抗剪强度

2) 膨胀土的胀缩特性

膨胀土吸水后体积增大、失水后体积缩小的现象称为膨胀土的胀缩特性，当土体膨胀受到约束时便会产生膨胀力；当土体不受约束时，土体便会产生膨胀变形，膨胀力和膨胀变形是膨胀土最本质的特性之一。总而言之，膨胀土产生膨胀的原因比较复杂，其膨胀特性由其内部固有因素决定，同时又受外部条件的影响。膨胀土的矿物成分和结构特征是其产生膨胀变形的内因，而水分则是土体发生变形的最主要诱发因素，土体在隔水状态下不会发生膨胀变形。此外，其他环境条件如气候条件、地形地貌、水文特征和植被等也是促使土体内部结构变化和外部湿度变化的间接因素，对膨胀土膨胀变形也起着重要作用。

根据《岩土工程基本术语标准》(GB/T 50279—2014) 中定义，膨胀力是土体在不允许侧向变形条件下充分吸水，保持土体不发生竖向膨胀所施加的最大压力值。一些学者认为膨胀力与初始含水率、干密度等因素有关。陈正汉等[127,128] 通过大量室内试验，研究了南阳盆地原状膨胀土和重塑膨胀土膨胀力随含水率和干密度的变化规律。刘斯宏等根据不同干密度和不同初始含水率条件，采用恒体积试验法对南阳膨胀土膨胀力特性展开了研究，得到了土体膨胀力的对数与土体干密度及初始含水率间的线性关系。杨果林等[129~131] 采用现场试验方法对广西百色地区膨胀土膨胀力进行了测试，获得了竖向/侧向膨胀力随时间、含水率增量的变化关系，并建立了相应的经验关系式。唐朝生和施斌[132] 开展了膨胀土干湿循环试验，获得了干湿循环过程中膨胀土的胀缩变形特征，研究表明膨胀土的胀缩变形并不完全可逆，干缩路径对膨胀土的胀缩特征有重要影响。

结合试验研究成果，膨胀率 (力) 与含水率的变化关系如图 1-8 所示。由图可知，膨胀土在整个吸水过程中应力和应变的变化同步且变化趋势相似，膨胀力与膨胀率之间呈递减函数关系。膨胀力是因膨胀土吸水要产生应变而受到外界刚性荷载抑制所受到的反作用力，因此膨胀力实际属于内力，对于试验测试膨胀土的膨胀模量一直是一个难以实现的复杂课题, 在试验中一般很难同时测试到膨胀土的膨胀应变值和膨胀应力值。

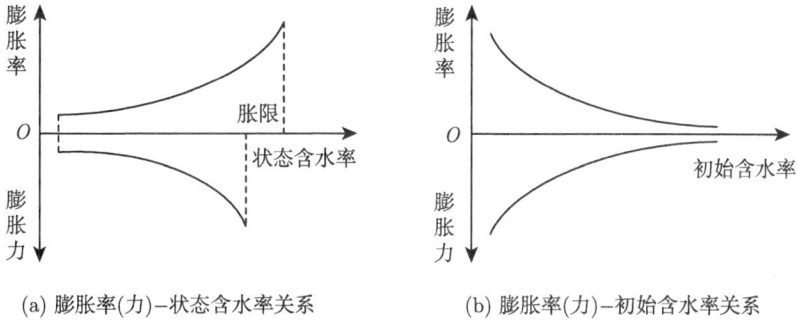

(a) 膨胀率(力)–状态含水率关系　　　　(b) 膨胀率(力)–初始含水率关系

图 1-8　膨胀率 (力) 与含水率关系曲线

文献 [133] 基于大量试验数据和工程经验对膨胀土的判别分类、胀缩特性、强度特性等进行了讨论。研究结果表明, 膨胀力大小与含水率状态、干重度、应力状态、矿物成分和结构特征等因素密切相关, 膨胀力与膨胀率之间呈线性关系, 同时给出了膨胀应力、膨胀力、膨胀率和膨胀变形的关系: $\varepsilon^{\delta} = A \ln P_{\max}/\sigma$。

图 1-9 和图 1-10 为膨胀土膨胀率和膨胀率衰减系数与垂直压力的变化关系。由图可知, 垂直压力越大膨胀土膨胀率越小, 由此也证明在工程中采用增加覆重的措施减小膨胀土地基的膨胀量是可行的。膨胀率与垂直压力关系符合指数函数型衰减, 其关系式可表示为

$$\delta = A + Be^{-P/C} \tag{1-3}$$

式中: P 为垂直压力 (kPa); A, B 及 C 为拟合常数, 反映了膨胀土的膨胀变形特征。

假定膨胀土地基为均质地层, 取膨胀土地基的膨胀影响深度为 H。在地基深度 z 处的垂直压力为 $P(z) = \gamma z$, 则任意深度处膨胀率可表达为

$$\delta(z) = A + Be^{-\gamma z/C} \tag{1-4}$$

对式 (1-4) 在 $z \sim H$ 范围内进行积分, 可得 z 深度处膨胀土地基的最终膨胀变形量为

$$S(z) = \int_{z}^{H} \left(A + Be^{-\gamma z/C} \right) dz = A(H-z) - \frac{BC}{\gamma} \left(e^{-\frac{\gamma H}{C}} - e^{-\frac{\gamma z}{C}} \right) \tag{1-5}$$

当 $z = 0$ 时, 为地基面膨胀变形量。

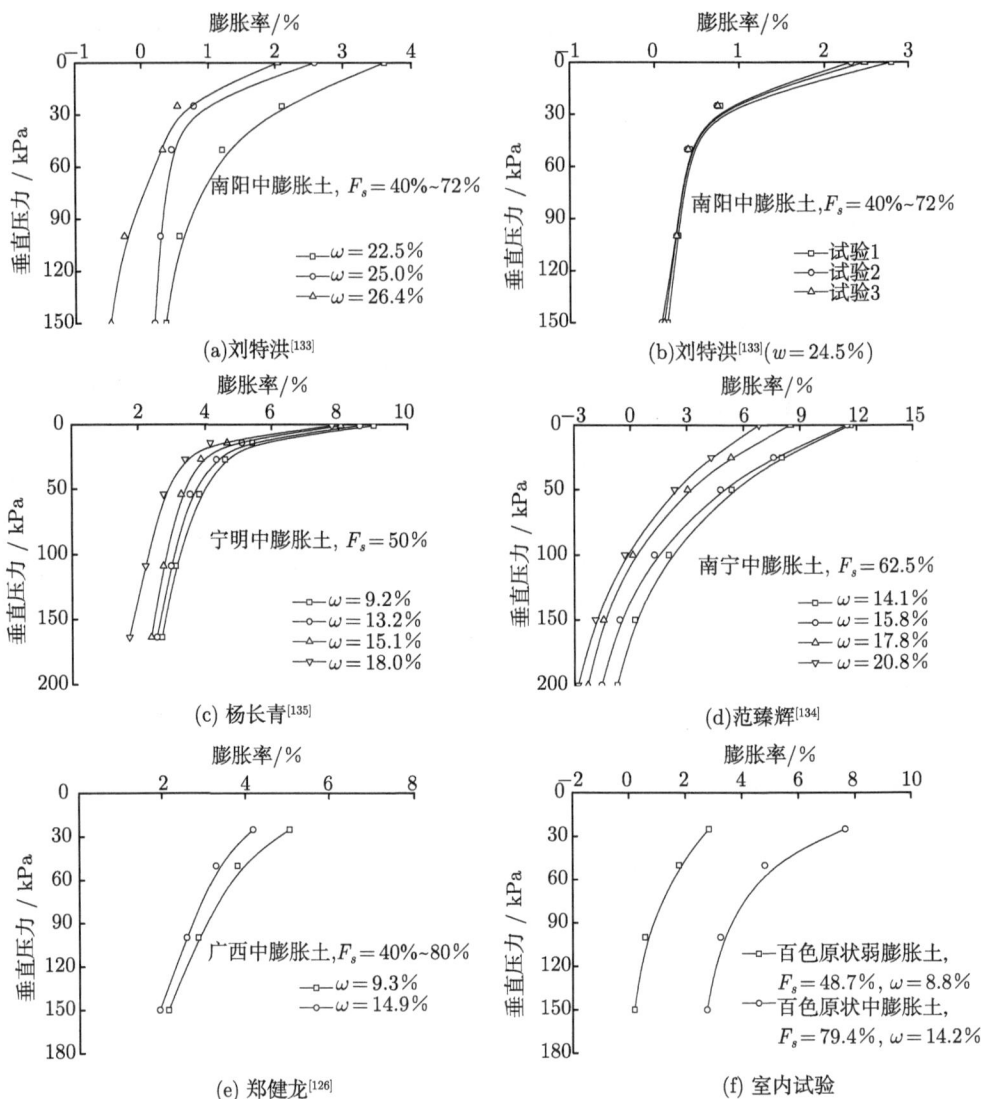

图 1-9 膨胀率与垂直压力的关系曲线

3) 膨胀土的承载特性

地基承载力是工程地质的基本问题之一。对于膨胀土承载力的确定,国内过去一直沿用一般地基土的承载力及其测定方法,这显然是不合理的。因为其未能反映膨胀土地基的特点,膨胀土对温湿度非常敏感,当自身含水率发生变化时,它不仅有显著的胀缩变形,而且还伴随着强度的劣化行为。无论是膨胀土的胀缩变形,还是其强度变化,均对建筑物极为不利,而二者的相互关系还不能完全掌握。因此,

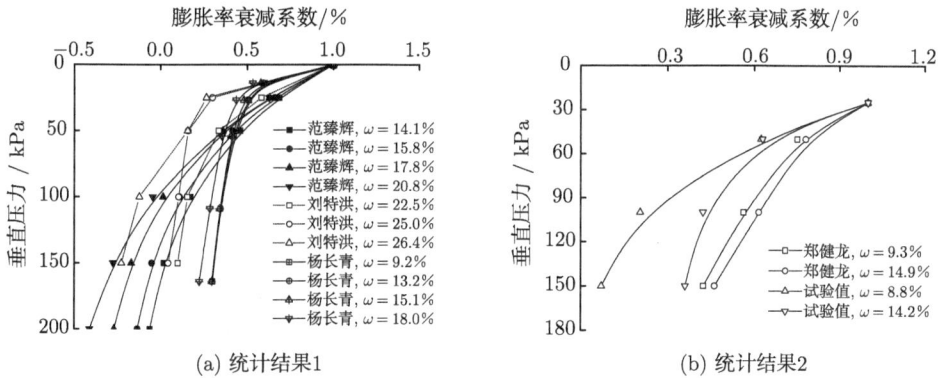

图 1-10　膨胀率衰减系数与垂直压力的关系曲线

研究膨胀土的承载性能，不仅有迫切的实际意义，而且有深刻的理论意义。

　　瞿礼生等[136]借助荷载试验、旁压试验、标准贯入试验和室内抗剪强度试验等，对我国邯郸、合肥、荆门和昆明等地区的典型膨胀土进行了承载力的系统试验研究。研究表明，中国膨胀土的承载力具有较强的区域性特点，提出了膨胀土基本承载力与含水率的关系数值，为膨胀土地区地基承载力的确定提供了参考。徐永福[137]对非饱和膨胀土的强度特性进行了理论分析，基于极限平衡理论提出了膨胀土地基承载力的简化计算方法，并结合邯郸和宁夏膨胀土地基承载力实测值进行了对比分析，证明了该计算方法的可行性。吴礼年[138]通过对原位测试数据进行分析对比，并基于载荷试验结果对合肥地区膨胀土的地基承载力进行了分析探讨。王年香等[139]借助大型模型试验，研究了不同干密度膨胀土地基浸水前后承载力的变化情况，结果表明浸水将显著影响膨胀土地基的承载力；浸水后膨胀土地基极限承载力为浸水前的 12%~14%。蓝日彦等[140]基于静力载荷试验和旁压试验对膨胀土的地基承载力进行了探讨，研究表明，膨胀土地基承载力的确定应考虑膨胀土所处状态和服役期的衰减特性双重因素，并给出南宁地区膨胀土地基承载力的衰减规律。魏永幸[141]以铁路工程为研究对象，从变形控制出发，研究了柔性路堤荷载作用下的地基承载力问题，指出现行规范法确定的承载力特征值偏于保守。汪莹鹤等[142]对我国建筑、港口、公路、铁路等行业地基承载力设计方法进行了评述，对铁路地基处理极限状态设计方法的研究具有指导意义。郑健龙[126]认为膨胀土的承载力与膨胀土的矿物成分、含水率和干密度等因素密切相关；同时，对不同含水率、不同膨胀等级的膨胀土试样进行了击实试验，探讨了不同含水率状态下的膨胀土承载力和水稳性，试验表明含水率和压实功对膨胀土压实效果影响显著。

　　膨胀土的浸水膨胀性和承载力与黏土矿物、含水率和干密度显著相关。因此对于膨胀土填料，为了使土保持较高的强度和较低的膨胀性，应控制填土的压实度，而含水率控制宜略高于最优含水率。选取云桂铁路代表工点的膨胀土，对不同含水率状态的膨胀土试样分别进行击实试验, 通过对试验数据绘制膨胀土的击实曲线, 确定其最大干密度与最优含水率, 试验结果见图 1-11。根据 ρ_d-ω 关系曲线图可以计算得出, 弱—中膨胀土 (红色土样), 最优含水率 ω_{opt} =14.06%, 最大干密度 ρ_{opt} =1.78 g/cm³; 中—强膨胀土 (黄色土样), 最优含水率 ω_{opt} =12.83%, 最大干密度 ρ_{opt} =1.94 g/cm³。根据文献 [4] 对膨胀土的击实试验结果可知, 膨胀土的最大干密度 ρ_{opt} 范围为 1.61~1.83g/cm³, 最优含水率 ω_{opt} 范围为 15.0%~22.0%。由此说明, 将膨胀土的含水率控制在某一恒定范围, 使膨胀土的强度和变形性质处于相对稳定状态, 对膨胀土路基的承载性和稳定性均是有利的。

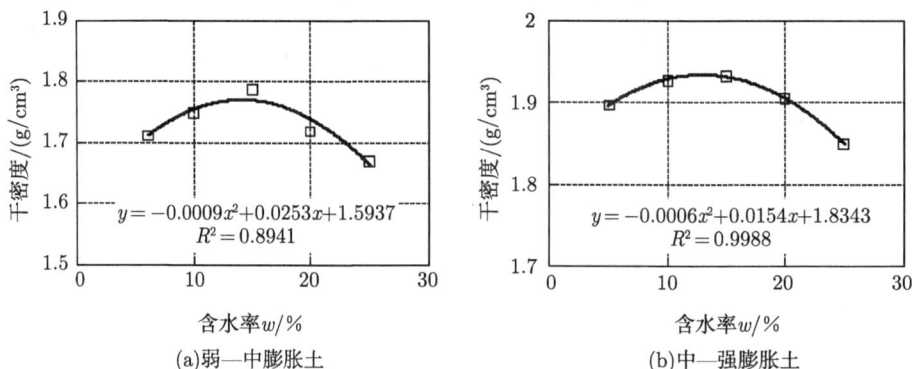

图 1-11   不同类型膨胀土击实曲线

根据上述分析, 对于膨胀土承载特性的研究, 虽然取得了一些进展, 但由于膨胀土自身的复杂性和我国膨胀土的区域性、多样性等诸多因素, 目前的研究成果仅反映局部地区的大多数的情况, 因此, 对极端条件下膨胀土地基承载力仍需进一步开展试验研究, 不断地积累实测资料和完善理论基础, 才能更好地为工程建设服务。

1.5.3 膨胀土的动力特性

土动力学是土力学的一个重要分支, 它将传统的以静荷载为主来研究土的基本特性和土体稳定性的土力学, 扩展到动荷载作用下, 使荷载随时间的变化与土的基本特性和土体稳定性变化相联系, 其基本任务在于探求动荷载作用下土体的动强度及动变形特性, 在此基础上用近代土力学原理分析建筑物地基或土工建筑物在各类动荷载下的强度及变形稳定性。因此, 土动力学研究的基本内容为动荷作用下土的强度变形特性及土体的强度变形稳定性。

目前关于膨胀土静力学方面的研究已取得了丰硕的成果, 得出了许多有价值的结论和经验公式, 为膨胀土的深入研究和工程实践奠定了良好的基础。但有关膨胀土在动荷载作用下的强度及变形特性研究成果相对较少。实践证明, 土体在动力荷载作用下发生破坏与土体的动力特性有直接关系, 而动强度及动变形是土动力特性研究的基本内容, 是动力荷载作用下进行工程设计的依据。因此, 通过试验分析研究不同初始条件下膨胀土动强度及动变形特性是十分必要的。Au 和 Chae[143] 对膨胀土动剪切模量进行了测试。Fahoum 等 [144] 对石灰改良含有蒙脱石和高岭土的膨胀土动力特性进行了研究。郭志勇[145]、雷胜友和惠会清[146]、白颢[147] 和周葆春等[148] 对石灰改良膨胀土进行了动力试验。陈伟[149] 通过室内原状弱膨胀土动力试验发现，膨胀土的动强度随着含水率的减小而增大；随着动荷载频率的增大，动强度指标中的黏聚力会增大，摩擦角有小幅的减小。王飞[150] 借助动三轴仪研究了主应力方向、含水率、干密度和围压对膨胀土动力特性的影响，获得了不同试验条件下膨胀土的动强度和变形变化规律。黄志全[151] 利用 GDS 共振柱试验系统对非饱和膨胀土进行动力特性试验，研究了自由膨胀率不同时非饱和膨胀土动剪切模量和阻尼比的变化规律，以及动剪切模量和阻尼比随着剪切应变增加的变化趋势。李庆鸿[152] 采用现场试验和数值模拟方法，通过对新建时速 200km 的合肥—南京铁路改良膨胀土路基进行动力试验，获得了膨胀土路基的合理刚度以及换填厚度。周小生[153] 通过对重塑膨胀土进行单向与双向动三轴试验，获得了膨胀土的动应变骨干曲线及动弹模量随动应变变化的关系曲线。杨果林等[154,155] 基于模型试验和现场试验，通过对循环动荷载下高速铁路膨胀土基床进行动力测试，得到了不同服役条件下膨胀土路基的动力响应演化规律。

综上所述，目前关于膨胀土的动力特性研究成果相对较少，且主要是单纯地对膨胀土自身动强度特性的研究，因此，基于工程应用角度，并结合工程实际，开展列车振动荷载作用下膨胀土的动力特性及稳定性参数研究仍十分必要。

1.5.4　非饱和膨胀土渗流–变形特性

自然界中的土多数属于非饱和土，完全依靠试验手段研究非饱和膨胀土的水分入渗和体积变化是不全面的，也是不经济的。因此，如何结合试验研究成果等完善膨胀土渗流和变形理论研究已经成为一个重要课题。

1) 土–水特征曲线模型

非饱和土的土–水特征曲线 (soil-water characteristic curve, SWCC) 是含水率与基质吸力之间的相关曲线，它反映了土体的结构特征。它主要取决于含水率，也与土体结构、受力状态等因素有关。国内外诸多学者对估算非饱和土的土–水特征曲线的数学模型进行了研究，具有代表性的土–水特征曲线的数学模型可归纳为 van Genuchten 数学模型、Fredlund & Xing 数学模型、基于对数函数的数学模型、Aubertin 改进粒径数学模型、基于分形理论的数学模型，以及基于幂函数的数学模型等。

在膨胀土土–水特征曲线测试方面，周葆春等[156,157] 以荆门弱膨胀土为研究对象，探讨了水力耦合状况下非饱和膨胀土的体变特征与持水特性规律，建立了吸力–饱和度–孔隙比关系的本构方程，研究表明：不同吸力下重量含水率变化存在较大差异。袁俊平等[158] 采用滤纸法进行了裂隙膨胀土的吸力测定试验, 得到了裂隙膨胀土的土–水特征曲线。试验结果表明, 滤纸法可获得任意状态下土体的吸力, 不干扰土体的初始状态, 可作为测量裂隙膨胀土等特殊性土吸力的一种有效方法。谭晓慧等[159] 通过不同初始孔隙比条件下的土–水特征试验及增湿试验, 研究了膨胀土的土–水特征曲线拟合参数及体积膨胀曲线拟合参数与初始孔隙比的关系。黄志全等[160] 采用滤纸法测定非饱和膨胀土任意循环路径下对应的总吸力和基质吸力, 得到了任意含水率变化下的总吸力曲线和土–水特征曲线。张连杰[161] 基于土–水特征试验和各种常用数学模型, 对延吉非饱和膨胀土土–水特征曲线进行了对比分析, 并采用 van Genuchten 模型和 Mualem 模型对延吉非饱和膨胀土渗透系数进行了计算分析。

2) 渗透系数预测模型

土–水特征曲线与非饱和土的渗流密切相关, 是预测非饱和土渗透系数的基础, 而渗透系数是衡量土体渗透特性的一项重要物理力学指标, 是气候环境条件下土体渗流分析的必要计算参数。对于具有裂隙性、胀缩性和超固结性的非饱和膨胀土来讲, 其渗透特性较一般土体要复杂得多, 渗透系数的准确测定也十分困难。

非饱和土的渗透系数是很难通过试验的办法来准确测定的, 很多研究者主要利用土–水特征曲线来预估非饱和土的渗透系数。根据现有的研究成果, 其预测模型可归纳为经验预测模型、力学预测模型和统计预测模型。Childs 和 Collis[162] 根据土体充水孔隙空间的形状, 建立了非饱和渗透系数的预测模型。Green 和 Corey[163] 给出了通过含水率或负孔隙水压力计算的渗透系数计算模型。van Genuchten 给出了基于非饱和土体积含水率和基质吸力两者的幂函数形式关系的渗透系数预测模型。Fredlund 和 Xing 在土体的土–水特征曲线的基础上提出了采用对数积分方式的渗透系数预测模型。

当膨胀土处于饱和状态时, 其渗透系数与其所受的应力状态和密实度显著相关; 当其处于非饱和状态时, 渗透系数还与基质吸力的大小密切相关。一些学者基于室内/现场渗透试验对膨胀土的渗透系数进行了测试, 得出了较多有益的成果。沈珠江和米占宽[164] 基于枣阳膨胀土渠坡工程, 通过原位渗透试验测得饱和膨胀土的渗透系数在 $10^{-12} \sim 10^{-7}$ m/s, 考虑膨胀土的裂隙性, 饱和渗透系数可取 6.0×10^{-4} m/s。姚海林等[165] 对裂隙性膨胀土饱和–非饱和渗流进行了分析, 给出的膨胀土饱和渗透系数为 6.833×10^{-8} m/s, 饱和体积含水率为 0.39。李雄威基于室内渗透试验, 对南宁强膨胀性的灰白色膨胀土渗透系数进行了测试, 获得的灰白色膨胀土饱和渗透系数约为 6.3×10^{-7} m/s。杨果林基于广西南友高速公路膨胀土路基工程, 采用室内试验对原状膨胀土的渗透特性进行了测试, 获得的非饱和膨胀土渗透系数为 $7.52 \times 10^{-8} \sim 1.01 \times 10^{-6}$ m/s。郑健龙对广西宁明膨胀土进行了渗透试验, 研究表明, 膨胀土的渗透系数随吸力增加、含水率减小急剧降低, 从饱和状态的 10^{-8} m/s

到非饱和状态的 10^{-13}m/s,渗透系数与含水率可采用函数 $K_s(\theta) = A\exp(B\theta)$ 拟合。张连杰基于变水头渗透试验,测得吉林延吉饱和膨胀土渗透系数为 2.18×10^{-8}m/s,并对延吉非饱和膨胀土渗透系数预测模型进行了推导。

3) 渗流与变形计算分析

近年来,国内外学者结合室内试验、数值模拟和渗流理论等方法对饱和–非饱和渗流与变形进行了深入的分析研究,并取得了许多有益的成果。L. Lam 和 D. G. Fredlund [166] 提出了饱和–非饱和渗流方程,并采用有限元法对复杂的瞬态渗流问题进行了二维的数值模拟。姚海林等[167] 通过对比分析,认为考虑裂隙影响的膨胀土边坡降雨入渗和稳定性分析更合理和实用。包承纲和詹良通[168] 基于非饱和土理论,以南水北调中线膨胀土渠坡工程为背景,对降雨入渗和裂隙影响下的非饱和膨胀土及其边坡稳定进行了研究。陈正汉等[169] 采用 SEEP/W 和 SLOPE/W 软件对膨胀土渠坡工作期间水位快速升降、降雨入渗以及自然蒸发等可能工况进行了系统分析,并考虑了裂隙的影响。吴礼舟等[170,171] 基于达西 (Darcy) 渗流定律、流体质量守恒及 Fredlund 的弹性非饱和本构方程,推导了一维渗流与变形耦合控制方程,并通过傅里叶 (Fourier) 积分变换得到了控制方程的解析解。范臻辉等[172] 基于膨胀土弹塑性本构模型与流固耦合理论,建立起渗流–变形耦合分析模型,仿真模拟了膨胀土室内有荷膨胀试验的渗流与变形。陈伟志结合云桂高速铁路低矮路堤下膨胀土地基现场浸水试验,并采用考虑耦合和不考虑耦合两种数值模拟方法,分析了低矮路堤下膨胀土地基的膨胀变形特性,研究表明,考虑耦合影响的数值模拟方法与现场实测值吻合较好,可以用于分析增湿条件下膨胀土地基的膨胀变形规律。丁金华基于有限差分 FLAC 程序平台,建立了膨胀土边坡的渗流–膨胀变形–应力耦合分析模型,对非饱和膨胀土边坡湿度场–膨胀变形场–应力场的演化过程进行了分析,揭示了膨胀土边坡由湿度变化引起膨胀变形相伴随的应力应变场变化过程以及浅层滑动的破坏机理。

综上所述,岩土中的流–固耦合研究主要集中于非膨胀性非饱和土领域,而膨胀性非饱和土流–固耦合研究的基础相对薄弱。近年来,流–固耦合理论逐渐应用于非饱和膨胀土边坡的稳定性分析,研究目标均以强度控制为主,而以地基胀缩变形为控制目标的流–固耦合研究则相对较少,且基于流–固耦合理论的胀缩变形分析方法均未能采用现场实测数据进行对比验证。

1.6 铁路膨胀土路基灾害、防治与设计研究现状

1.6.1 膨胀土路基灾害防治措施研究

1) 膨胀土路基灾害类型及作用机制

膨胀土具有显著的胀缩特性,使得膨胀土地区的主要工程地质问题突出表现

在膨胀土的不良物理特征方面。由于膨胀土地基受大气作用的影响,造成路基基础结构及构造物的开裂和破坏。根据工程经验和现场调研,膨胀土路堑基床病害可归纳为下沉、上膨、开裂、翻浆、冒泥、道砟囊、侧向挤压破坏、排水不畅等。

(1) 基床下沉:残积类天然膨胀土块体因具有较高的结构强度,特别是风干后块体强度增大而难以压实。施工或运营期间,在雨水的渗入软化和列车静动荷载交替作用下,常发生基床下沉,这与膨胀土高含水率、高孔隙比、高塑性、中等压缩性等因素密切相关。

(2) 路基开裂:膨胀土因含有大量的膨胀性黏土矿物,在气候干湿交替作用下具有强烈的干燥收缩和吸水膨胀效应。特别是在表层 1.0~1.5m 范围内的基床表层,这种胀缩作用极为明显,旱季常形成纵向裂缝,雨季降雨沿裂缝入渗,坡体表层含水率增加,土体强度劣化,从而造成浅表层滑塌。

(3) 翻浆冒泥:未经换填稳定土处理或封闭的膨胀土基床,旱季失水收缩,雨季吸水膨胀,加之列车振动荷载的作用,造成基床表层松弛,刚度降低。雨水浸泡后基床表层泥化,发生翻浆冒泥。道砟陷入泥化的基床中形成道砟囊结构,而道砟囊又成为渗水通道和储水载体,进一步使深层土体膨胀泥化,加剧道砟囊的发展,形成恶性循环。

(4) 路堑病害:膨胀土路堑是通过开挖膨胀土地层而形成的构筑物,开挖改变了边坡土层的初始水文地质条件,暴露在外的膨胀土受气候环境的影响,膨胀土路堑出现严重的变形破坏,从而其边坡发生剥落、冲蚀、膨胀、溜塌、滑坡等灾害。

(5) 路堤病害:膨胀土填料含水率较高,一般接近塑限,土块很难碾碎,利用重型碾压设备也难以达到设计压实度,常形成“橡皮土”,初始强度低。干燥的膨胀土块因强度较高,夹在碎土中也不易碾碎。因此,利用膨胀土填筑路堤,很容易造成大块硬土形成架空骨架,使碎屑土粒松散地充填其间的现象。当大气降雨或地表径流沿裂隙渗入土体,土体强度急剧衰减,发生溜塌、滑坡等病害。

膨胀土路基病害的影响因素主要包括:①膨胀土的干缩湿胀特性和强亲水性是导致膨胀土路基发生病害的主要内因,在雨水、温度等外界因素的作用下,膨胀土体将反复变形,强度不断大幅衰减;②外界自然条件是膨胀土路基产生病害的外因之一,在水、气候等外界自然条件作用下,膨胀土的裂隙发育、胀缩变形和风化碎裂十分显著;③列车动荷载作用是膨胀土路基产生病害的又一外因,膨胀土路基湿胀软化后,在列车荷载作用下路基不断产生塑性变形,路基明显下沉的同时,道砟被压入路基基床,形成道砟陷槽、道砟囊,基床土与槽内积水形成泥浆,进一步发展为翻浆冒泥病害;④设计技术标准低,施工控制不严,在工程项目实施过程中,人们对膨胀土特性的认识不全面,对于基床换填、路基密实度和边坡防护等所采用的设计技术标准相对较低,在工程施工过程中,又没有严格控制重点部位及工程施工流程,最终导致路基病害的发生。

2) 膨胀土路基防治措施

近年来，随着我国交通工程的全面建设，涌现出较多的膨胀土路基工程，而膨胀土是否适用路基填筑及其防治问题备受关注，对此国内外学者也开展了一些研究工作，包括石灰改良膨胀土性能及适用性、膨胀土路基填料分类及控制标准、膨胀土路基结构型式、膨胀土路堤防护技术、加筋膨胀土路堤、膨胀土路堑边坡防治、铁路膨胀土路基病害机理及整治措施等。同时，以控制膨胀土地基胀缩变形为目标的地基处理加固技术在国内外也得到了迅速发展，根据膨胀土地基处理方法的应用情况可归纳为夯实法、换填法、物理改良法、化学改良法、防排水技术、复合桩基法等。

(1) 换填法：采用非膨胀土将膨胀土替换，是一种简易可靠且常用的地基处理办法，该法适用于膨胀土厚度较浅的情况，可根治膨胀土病害；当膨胀土较厚时采取部分挖除的方法，同时在膨胀土上铺设砂、碎石垫层来抑制膨胀土的升降变形。例如，田海波等基于膨胀土的强度、刚度及变形要求，结合膨胀力平衡原理与轨道变形控制，研究了膨胀土路堑换填厚度的计算方法及结构设计型式。

(2) 物理改良法 (土工合成材料法)：通过在膨胀土中加入一些土工材料来改善膨胀土的物理、力学性质。杨果林、雷胜友、Al-Omari 的研究表明，加筋可有效约束土体膨胀变形，降低土层的膨胀力；孙树林等掺入废弃轮胎胶粉、高炉水渣和碱渣等改良膨胀土，试验结果表明改良膨胀土方法可行，为膨胀土地基改良提供了新途径；杨俊等认为化学改良膨胀土具有明显不足，提出采用风化细砂改良膨胀土胀缩特性的方法。

(3) 预浸法：在施工前对膨胀土地基进行预浸水，使膨胀土土体充分膨胀，在结构物或构筑物使用期间地基维持高含水率，使土体体积保持不变。例如，徐永福认为膨胀土地基处理可采用暗沟保湿法、预湿法、帷幕保湿法。同时，预湿法受外界环境的影响较大，在我国全面应用具有局限性。

(4) 化学改良法：在膨胀土中掺入石灰、水泥、粉煤灰、氯化钙和磷酸盐等化学物质，通过膨胀土与掺入剂之间的化学反应改良膨胀土的性质，其中以掺入 4%~6%石灰的改良方法应用最为普遍，且效果好、成本低、易施工。周葆春、James、Calik、Mir 等通过试验发现石灰改良膨胀土效果显著。

(5) 复合桩基法：适用于大气影响深度和地下水位都较深的膨胀土地区，目前膨胀土地基中桩基承载力取值以及膨胀力对桩基的上拔力确定仍没有统一的方法，在设计过程中计算结果过于保守。

(6) 综合治理法：整治路基病害的关键是做好防排水措施，以保证膨胀土中的含水率保持稳定状态。利用复合土工材料、防渗土工布/膜等隔水材料铺设在路基结构中，隔断地表水的入渗途径，并且减少水分蒸发，减弱干湿循环，防止路基膨胀土发生胀缩变形；在路基含水率较丰富的地点铺设水平排水盲管，使膨胀土中的积水能及时排出,同时根据物探显示含水层深度,为防止土体的再次泥化,应改善路基土体的排水能力。

1.6.2 有砟轨道路基基床结构及防排水措施研究

高速铁路对轨道结构提出了高平顺性、高稳定性的要求。严格控制路基工后沉降,为轨道结构提供一个坚实、稳固的基础,是实现轨道结构长久保持高平顺性和高稳定性的先决条件,也是高速铁路保持其长期服役性能的关键问题之一。作为路基结构上部的基床部分,直接承受列车长期动荷载作用和气候环境变化的影响。我国既有铁路的基床病害相当严重,而且年复一年不断发展,在对病害防治的不断研究和实践中,逐渐认识到在道床和土路基之间设置保护层是消除病害的根本措施。国外高速铁路修建技术的发展起步较早,其中以日本、德国和法国技术最为成熟。

1. 日本有砟轨道高速铁路基床结构

日本有砟轨道高速铁路基床采用强化基床表层,并按照填料材质的不同又可划分为级配碎石强化基床表层和水硬性高炉矿渣基床表层两类。两类强化基床表层的具体结构如图 1-12 所示。

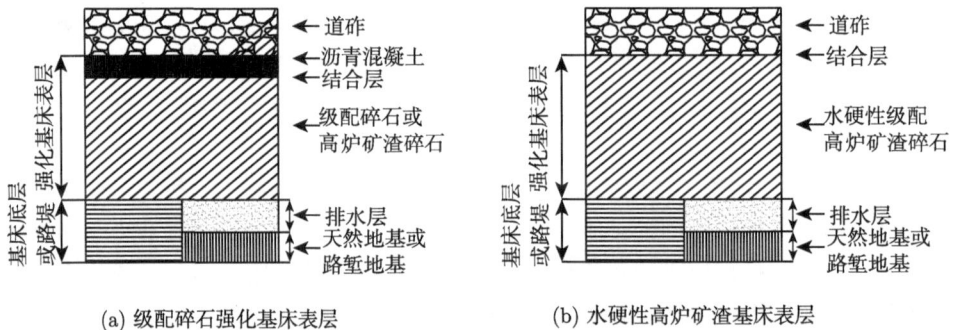

(a) 级配碎石强化基床表层   (b) 水硬性高炉矿渣基床表层

图 1-12 日本有砟轨道高速铁路基床表层的具体结构图

1) 日本有砟轨道高速铁路基床防排水措施

日本铁路为了防止地表水或降雨下渗导致基床出现翻浆冒泥、冻胀、基床软化下沉等病害,在道砟和基床表层之间设置了基床防水封闭层,封闭的具体设置又与基床表层填料材质有关。

(1) 当基床表层填料为级配碎石时,首先在级配碎石表面设置 3%~5% 的横向排水坡度,然后在基床表层表面全断面铺设高强隔水的塑料胶结合层,结合层施工结束后,再铺设 5cm 厚的防水沥青混凝土层,防水沥青混凝土层表面同样设置 3%~5% 的横向排水坡度。

(2) 当基床表层填料为水硬性级配高炉矿渣时,仅在基床表层表面设置高强隔水的塑料胶结合层，同时要求基床表层顶面设置 3%~5% 的横向排水坡度。

(3) 在部分特殊路段或对基床防水有特别要求的线路区间，当基床表层填料为水硬性级配高炉矿渣时，也可在高强隔水塑料胶结合层上再铺设防水沥青混凝土层。

2) 关于基床表层填筑材料的质量要求

(1) 级配碎石：不应含有软 (脆) 石片、条石和片石；不应混有垃圾、泥土、有机物；级配碎石应具有合适的硬度和良好的耐久性，比重应在 2.45 以上，吸水率应在 3.0% 以下，磨耗量应在 30% 以下；应具有良好的粒径级配，能够保证基床的压实度。

(2) 高炉矿渣碎石：可以用作有砟轨道高速铁路基床表层填料的高炉矿渣碎石有两种，即级配高炉矿渣碎石和水硬性高炉矿渣级配碎石。矿渣中不应含有条 (片)状物，不应含有垃圾和有机物，不含黄色污水且无硫化物气味等。两种矿渣的强度和单位体积质量应满足相关规范要求。

2. 德国有砟轨道高速铁路基床结构

德国铁路基床的防排水和防冻胀主要是通过合理设置基床表层来控制的。如图 1-13 所示。根据德国铁路路基规范 (DS 836)，有砟轨道高速铁路基床表层包括路基保护层 (PSS) 和防冻层 (FSS) 两部分，各部分的任务和填筑要求如下。

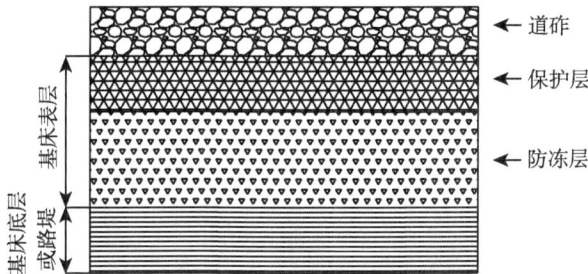

图 1-13 德国有砟轨道高速铁路基床结构示意图

1) 路基保护层

设置路基保护层的目的是防止在长期铁路动力荷载作用下道砟颗粒和路基细粒土在二者接触界面上发生相互侵入或迁移，从而形成道砟囊或降低线路平顺性。因此，路基保护层材料的性能和颗粒级配应能在道砟和路基填料之间形成良好的过渡作用。路基保护层材料的具体要求如下。

(1) 当路基保护层的矿物材料不均匀系数 $\geqslant 15$，压实系数为 1.0 时，渗透系数 $k \leqslant 1 \times 10^{-6}$m/s。

(2) 路基保护层的矿物材料对霜冻应是不敏感的。 对保护层材料应进行

Casagrande 冰冻标准验证，即当不均匀系数不小于 15 时，0.02mm 以下粒径颗粒所占比例应小于 3%；当不均匀系数小于 15 时，0.02mm 以下粒径颗粒所占比例应小于等于 10%。

(3) 路基保护层所需厚度不小于 20cm，具体厚度还应根据下层基床填料的变形模量 E_{v2} 和路基保护层表面应达到的变形模量 E_{v2} 来确定。

2) 防冻层

防冻层填料应为抗冻性土或满足级配要求的土、石混合填料。具体要求如下：

(1) 能够消除毛细水产生的可能，根除冻害的根源；

(2) 材料颗粒间应具有一定的空隙，保证防冻层中即使滞留有少量雨 (雪) 水时，也不会发生明显的体积冻胀；

(3) 防冻层厚度必须根据线路的类别、所在区域的霜冻作用深度等综合确定，但新建干线路段的防冻层厚度不小于 40cm。

3) 基床横向排水坡度

为了使渗入基床中的雨水或其他地表水能够迅速排出，德国有砟铁路基床的保护层顶面、防冻层顶面以及基床底层顶面均设置了同样的横向排水坡度 (3%~4%)。

3. 法国有砟轨道高速铁路基床结构

法国有砟轨道高速铁路基床结构由垫层和基床底层 (或路堤) 组成，如图 1-14 所示。其中，垫层是位于道砟和土质路基之间的调整层，设有 3%~5% 的横向排水坡度，根据其下路基状态 (不良、中等或优良) 的不同而呈单层或多层，垫层总厚度应结合列车动力荷载大小、路基状态、路基土冻害敏感性等综合确定。

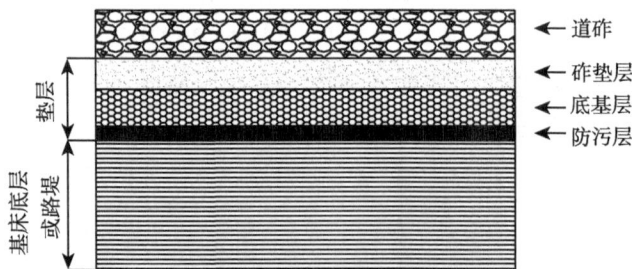

图 1-14 法国有砟轨道高速铁路基床结构示意图

法国铁路基床中的垫层具有多重作用：在道砟和路基土之间形成过渡层，避免二者在接触界面上产生颗粒迁移或侵蚀；消除轨下冻胀融沉病害；均布列车动力荷载。垫层又细分为砟垫层、底基层和防污层三部分，各部分的功能和相关要求如下。

(1) 砟垫层：由级配砾石组成，法国铁路规范要求所有有砟轨道均设置砟垫层，即便是石质路基也需要设置砟垫层，此时的主要作用是平整路基面和调整轨道刚度。砟垫层的厚度随运输条件、轨枕类型和路基类型的不同而变化。

(2) 底基层：由级配砾石组成，压实系数 $k_h \geqslant 0.95$，最小厚度为 15 cm。当路基填料较好时可不设底基层。

(3) 防污层：也称为封堵层，指在基床底层顶面铺设的隔水复合毡垫或砂 + 毡垫层，其主要作用是防止地表水 (降雨或雪融水) 入渗或滞留在基床底层中，避免基床产生软化变形或冻胀病害等。

4. 我国有砟轨道高速铁路基床结构

1) 基床结构及其压实控制标准

我国有砟轨道高速铁路基床由表层和底层组成 (图 1-15)。其中基床表层和底层厚度与线路设计速度有关，当线路设计速度为 200km/h 时，基床表层厚度为 0.6 m，对应的基床底层厚度为 1.9m；当线路设计速度不小于 250km/h 时，基床表层厚度为 0.7m，基床底层厚度为 2.3m。我国高速铁路基床表层均采用级配碎石填筑，基床底层采用 A、B 组填料填筑，其填筑标准详见表 1-3~表 1-5。

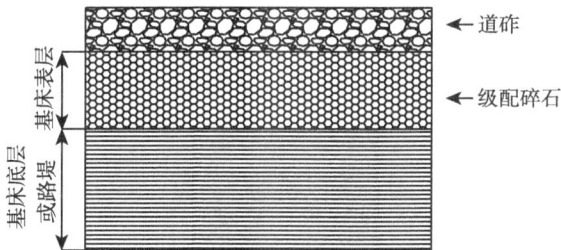

图 1-15　我国有砟轨道高速铁路基床结构示意图

表 1-3　基床表层级配碎石压实标准

填料	压实标准		
	地基系数 K_{30}/(MPa/m)	动态变形模量 E_{vd}/MPa	压实系数
级配碎石	$\geqslant 190$	$\geqslant 55$	$\geqslant 0.97$

注: 无砟轨道采用 K_{30} 或 E_{v2} 控制，当采用 E_{v2} 时，$E_{v2} \geqslant 120$MPa 且 $E_{v2}/E_{v1} \leqslant 2.3$

表 1-4　基床底层填料压实标准

压实标准	化学改良土	砂类土及细砾土	碎石类及粗砾土
压实系数	$\geqslant 0.95$	$\geqslant 0.95$	$\geqslant 0.95$
地基系数 K_{30}/(MPa/m)	—	$\geqslant 130$	$\geqslant 150$
动态变形模量 E_{vd}/MPa	—	$\geqslant 40$	$\geqslant 40$
7d 饱和无侧限抗压强度/kPa	$\geqslant 350(550)$	—	—

注: (1) 无砟轨道可采用 K_{30} 或 E_{v2}，采用 E_{v2} 时，其控制标准为 $E_{v2} \geqslant 80$ MPa 且 $E_{v2}/E_{v1} \leqslant 2.5$;

(2) 括号内数字为寒冷地区化学改良土考虑冻融循环所需强度值

表 1-5　基床以下路堤填料及压实标准

压实标准	化学改良土	砂类土及细砾土	碎石类及粗砾土
压实系数	$\geqslant 0.92$	$\geqslant 0.92$	$\geqslant 0.92$
地基系数 K_{30}/(MPa/m)	—	$\geqslant 110$	$\geqslant 130$
7d 饱和无侧限抗压强度/kPa	$\geqslant 250$	—	—

注：无砟轨道可采用 K_{30} 或 E_{v2}，采用 E_{v2} 时，其控制标准为 $E_{v2} \geqslant 45\text{MPa}$ 且 $E_{v2}/E_{v1} \leqslant 2.6$

我国有砟轨道高速铁路基床表层级配碎石压实标准应符合表 1-3 中的要求。

基床以下路堤宜选用粒径级配符合压实性能要求的 A、B 组填料和 C 组碎石类、砾石类填料。当选用 C 组细粒土填料时，应根据填料性质进行改良。

2) 我国高速铁路基床防排水措施

(1) 基床表层顶面和基床底层顶面均设置 4% 的横向排水坡度，将基床中的雨水汇入侧沟或线间排水沟；

(2) 对于受洪水或河流冲刷、长期浸水、雨季滞水及排水不畅地段的基床底层或路堤填料应采用渗水性材料填筑，并采取排水疏导措施；

(3) 对于路堑基床，特别是膨胀土、黄土等特殊土路堑基床，应视具体情况进行挖除换填、设置隔水防渗等措施，基床以下地基土应在变形分析基础上，采取封闭防水、排水或地基处理措施。目前，铁路上常用的基床全封闭防排水材料是复合土工膜或复合防排水板。

5. 国内外有砟轨道高速铁路基床防排水措施对比

(1) 日本有砟轨道高速铁路基床封闭防排水措施为：在基床表层顶面全断面铺设隔水的高强塑料胶结合层和沥青混凝土，同时设置一定的横向排水坡度，使降雨或雪融水能够迅速排出基床范围，其防排水效果能够满足有砟轨道高速铁路的运营需求。日本铁路基床防排水层的长期有效工作是建立在严格控制沥青混凝土的施工质量和良好的后期维护技术基础上的。我国部分学者和建设单位也曾尝试将沥青混凝土应用于我国高速铁路路基的防水处置，但实际应用效果并不理想，沥青混凝土存在易老化、易产生离析等问题，因此，目前我国的隔水沥青混凝土质量、施工设备、施工工艺以及后期维护技术等尚无法满足高速铁路建设的要求。

(2) 德国属于温带海洋性气候，雨水较多，大气湿度高，德国有砟轨道高速铁路基床主要考虑基床中的凝结水冻害影响，且德国铁路保护层和防冻层填料仍具有一定的透水性，在长、大降雨期，防冻层底面以下基床底层或路堑换填层仍然有浸水、藏水的可能，因此，德国铁路基床的防排水措施无法满足我国广西膨胀土地区铁路建设的需要。

(3) 法国铁路基床垫层中由隔水复合毡垫或砂 + 毡垫组成的防污层，能够隔断地表水下渗的通道，其防排水效果好于德国铁路基床的防排水效果。但法国铁路基床防污层或封闭层仍属于柔性防水结构层，若将其应用于膨胀土地区铁路路堑基床，柔性防水结构层无法抵抗地基膨胀土在气候影响下产生的小幅胀缩变形，从而引起横向排水路拱破坏，进而导致基床排水不畅，诱发基床病害。

(4) 我国铁路常用的基床防水材料为复合防排水板或复合防水土工布，与法国铁路基床封闭层中的毛毡类似，也属于柔性防水材料，无法抵抗地基膨胀土的胀缩变形。

综上所述，国内外现有铁路基床结构及其相应的防排水措施能够满足各国常规高速铁路建设的需求，但对于膨胀土路堑基床，现有的基床结构和防排水措施能否保证其长期动力稳定性还有待进一步研究。

基床结构的设计大都是基于弹性理论框架下的强度和变形控制条件。强度控制条件是以填料不被破坏为前提确定的，变形控制条件主要是以列车运行的平顺性和舒适性来评价的。随着列车运行速度的不断提升以及高速铁路的大量修建，对高速列车荷载作用下的基床结构强度和变形控制标准也越来越严格。因此，基床结构的动力稳定性和科学设计方法问题逐步得到关注。

基于弹性层状体系理论的路基结构设计方法包括递推回归法、传递矩阵法、刚度矩阵法和有限元法等。基于路基长期动力稳定性的设计方法包括临界动应力法、有效振动速度法、动剪应变法以及长期累积变形方法。Vucetic[173]、Hu 等基于大量室内剪应变控制式共振柱试验成果，采用动剪应变参数来控制和评价路基动力稳定性，为基床结构的设计提供了新方法。钟阳、阳恩慧、刘晶磊等基于弹性层状体系理论，采用传递矩阵和刚度矩阵法对路基静动力进行求解，为层状路基结构力学响应计算提供了参考。张千里等[174]基于 Boussinesq 弹性解，提出了以强度和变形为控制条件的基床结构设计方法，该方法在我国高速铁路基床结构设计中应用广泛。詹永祥、王亮亮等结合理论分析、模型试验和现场测试等手段，对有砟/无砟轨道路基结构设计方法和稳定性控制指标进行了研究。刘钢、阮红风等基于土体变形状态理论和力学分析原理，结合解析计算和有限元分析方法，构建了基于长期累积变形演化状态控制的高速铁路基床结构设计方法及设计流程，提出了与有砟轨道和无砟轨道基床结构循环应变水平状态相适应的填料参数取值原则。

结合目前高速铁路的发展和工程实践需求，建立基于力学分析和满足功能要求的基床结构设计方法不仅是对现有基床结构设计理论的完善与发展，对已建高速铁路基床结构在未来数十年内是否能保持其长期良好服役性能的评价也具有重要意义。

1.7 铁路路基系统动态性能演变研究现状

明确铁路路基结构受力变形特性及路基内动响应分布特征，是掌握路基结构服役性能演变规律的基础,更是对路基结构科学分析与设计的重要前提。高速列车动荷载对路基结构产生了较大的冲击作用,对路基结构的服役性能和使用寿命有重要影响。为更明确地掌握轨道–路基系统动力响应及相互作用特征,国内外诸多学者从列车振动荷载模拟、理论解析、模型试验、现场测试及数值仿真等方面对铁路路基动态特性、荷载传递规律以及服役性能进行了研究。

1.7.1   铁路路基动力反应特性研究

铁摩辛柯 (Timoshenko) 应用文克勒 (Winkler) 弹性地基梁研究了移动荷载作用下钢轨的静、动力反应问题,并由此奠定了铁路动力耦合分析的基础。随着铁路建设的发展,特别是以 1954 年法国最高试验时速 330km 的高速铁路的出现为标志,车辆在高速运行状态下的安全性、平稳性以及轮轨动力作用问题更加突出。Matthews 等和 Fryba 等建立了弹性地基上无限长梁单元在移动荷载作用下的动力耦合模型,Gakenheimer 等研究了移动点荷载作用下弹性半空间动力响应问题,Sneddon 等研究了弹性半空间上作用有简谐线性荷载时的动力反应特性,Alabi 建立了移动荷载作用下三维弹性空间的动力模型,但该模型中没有考虑轨道模型。Jones 等研究了矩形移动荷载作用下弹性半空间的振动特性。de Barros 等和 Shengd 等利用传递矩阵法分别研究了移动点荷载和移动简谐荷载作用下层状弹性地基的振动问题。Lyon 和 Jenkins 等将轨道看作弹性基础上的欧拉 (Euler) 梁,考虑单系悬挂体系和 Hertz 非线性轮轨接触模型,建立了车辆轨道动力耦合模型,并首次分析了车辆质量、轨道刚度等参数对轮轨动力反应特性的影响。Yang 等利用 ABAQUS 建立了有砟轨道二维有限元模型,分析了列车速度、加速/减速、轨面褶皱以及单根轨枕悬空等因素对基床、地基动应力/应力路径的影响。Krylov 等建立了轨道地基体系理论模型,研究了列车以不同速度,特别是以接近或超过地基瑞利波速运行时的地面振动问题。Jones 等将列车荷载简化为沿轨道运行的非简谐振动荷载,建立了可用于预测货运列车激发的低频振动的钢轨–轨枕–道床–基床–地基动力耦合模型。Takemiya 等进一步将车辆荷载细化为移动非简谐振动荷载、移动简谐荷载和固定动力荷载三个部分,研究了地基土中振动波的传播规律。Namir 等利用室内模型试验研究了道砟变形与循环动力荷载大小和作用次数之间的关系。为提高道床的整体稳定性,增加高速列车运行的平稳性和安全性,Keith 等在轨下基础振动特性研究成果的基础上,利用聚亚安酯合成物对有砟轨道道床进行加固处置。

20 世纪 80 年代,国内学者们开展了轮轨间相互作用方面的动力模型研究工作,并取得了一系列研究成果。进入 20 世纪 90 年代后,以翟婉明为代表的科研工作者们开展了大量轮–轨耦合、轨道–路基耦合以及车辆–轨道–路基耦合等动力耦合模型的研究工作,研究成果为既有线路提速改造和高速铁路建设提供了理论依据和数据支撑。数值分析的不足之处是动力耦合模型涉及弹塑性力学、数学求解以及算法研究等，需要研究人员具有深厚的力学、数学以及计算机程序设计等方面的知识储备，并能熟练掌握大型工程数值分析软件，理论分析和计算工作十分繁重，使其无法简单方便地应用于铁路路基设计和计算工作中，所以开展便于工程应用的路基动力反应特性计算模型研究工作是必要的。

实测法是获得铁路路基动力反应特性最直接的方法，国内外学者、院校及科研院所利用在路基中埋设动力监测元器件的方法进行了大量的现场测试工作，并根据监测结果对动力参数分布规律及其影响因素进行了全面的分析研究。Dawn 等根据英国某铁路的原位测试数据，研究了车辆类型和轨道型式对路基动力反应特性的影响。Melke 等在对列车激发的轨下路基振动实测数据进行频谱分析时，发现频域内存在 "双峰现象"，其中一个峰值频率与列车速度对应，另一个峰值频率则为路基的自振频率，路基动应力与两个频率峰值之间的关系有关，当列车峰值频率由小逐渐接近路基自振频率时，动应力逐渐增大，但当列车峰值频率超过路基自振频率时，动应力便基本上保持稳定。Fujikake 对日本铁道技术研究所在新干线上的现场测试数据整理后也发现了类似规律，即存在临界列车车速 v_{cr} 和临界频率 f_{cr}，当 $v \leqslant v_{cr}$ 或 $f \leqslant f_{cr}$ 时，路基动应力随速度或频率的增大而增大；但当 $v > v_{cr}$ 或 $f > f_{cr}$ 时，速度或频率的变化对路基动应力的影响不大。Schwarz 等在分析德国汉诺威—威尔斯堡有砟轨道路基动应力与列车车速的实测关系时，发现存在 150km/h 和 320km/h 两个临界列车车速，当车速小于 150km/h 时，路基动应力随车速增大而小幅增加；当车速位于 150~320km/h 区间时，路基动应力随速度增大而呈线性大幅度增加；当车速大于 320km/h 后，路基动应力的增加幅度迅速减小并逐渐趋于稳定。Okumura 等根据日本 8 条铁路沿线共 79 个监测点的实测数据回归分析结果，认为列车速度、列车编组长度、轨道结构型式、地基自振频率等因素对路基振动幅度具有重要影响，当车速小于 100km/h 时，路基振动幅度与列车车速关系不明显，这一现象与 Schwarz 等的观测结果是一致的。Madshus 等根据瑞典—挪威高速铁路现场测试结果建立了路基半经验低频振动模型。

中华人民共和国成立以后，随着国民经济的发展，以蒸汽机为动力牵引设备已经无法满足运力要求，牵引能力和运行速度更大的内燃机车开始出现并批量生产，但随着车辆轴重和速度的提升，轨下路基受到的动力作用也显著增加，出现了大量基床病害。为研究基床病害产生的机理和列车动力作用规律，1963 年，铁科院针对多条既有线路进行了 2000 多趟列车以不同车速通过时路基动应力、振动速度和加速度的实测工作，并将实测统计结果与美、苏路基面动应力计算公式计算结果进行了对比分析，提出了美、苏公式的适用条件和我国路基面动应力设计值的计算公式。随着内燃机车的不断改进，我国客、货列车运行速度均不断提高，特别是电力机车的研制和应用，为我国建设准高速铁路创造了条件。1992 年 3 月至 4 月，铁科院利用北京环形铁道实验基地进行了准高速列车运行条件下的基床动力响应实测工作，1994 年 9 月至 10 月，在广深准高速铁路联调联试期间开展了大量路基面动应力实测工作，研究了列车速度、车辆类型和轴重对路基面动应力的影响，周神根对铁科院长期以来的路基动力反应特性实测数据进行了统计分析，研究了不同车速对应的路基面动应力平均值和均方差，建立了车速和实测动应力平均值间的回归方程，并结合三维有限元动力分析结果，最终提出了我国铁路路基面设计动应力计算公式，解决了长期以来我国铁路基床设计荷载条件不明确的问题，该公式随后成为我国传统铁路、准高速铁路和高速铁路路基设计动应力计算的基础。蔡英等对大秦线重载铁路路基动应力进行了现场测试，结果表明，当万吨级重载列车速度不超过 70km/h 时，路基动应力基本不随车速变化而改变，路基面动应力实测值波动区间为 60~120kPa，动应力沿基床深度增加而减小，路基面下 0.6m 动应力衰减率约为 60%。

2003 年 10 月，我国首条客运专线——秦沈客运专线开通运营，关于优质线路条件下高速列车激发的路基动力反应特性成为后续高速铁路路基设计和动力稳定性分析的迫切需要，孙常新等在秦沈客运专线 DK243+400~900 段设置了三个动态试验剖面，实测结果表明，秦沈线路基面动应力随车速和车辆轴重的变化率均小于传统铁路，当车速大于 180km/h 时，路基动应力反而出现减小的现象，说明良好的路基综合性能和轨道平顺性能够有效地改善轨下路基的动力反应特性。李献民等在秦沈客运专线"微超高"路桥过渡段，即竖向线性呈微"凸"弧形的过渡段，对高速列车通过时过渡段的动应力分布及变化规律进行了测试，测试结果表明，每个轮对通过都会在基床表层上部范围内引起一次加卸载过程，但在距轨枕底 1.2~2.5m 范围内应力加卸载循环主要影响因素为转向架；路基动应力随车速的增加而减小，说明在过渡段进行合理范围内的超高填筑，可以有效地减小路基动力响应。聂志红等在整理秦沈线路堑段的实测结果时发现，随着车速的增大，路基动应力呈线性增大，在车速为 250km/h 时达到最大值。张泉等在分析遂渝铁路桥隧间刚性短路基的动应力响应现场测试数据时发现，与传统过渡段相比，刚性短路基在解决桥隧间的线路刚度差异过大而导致的平稳过渡问题上具有明显优势。董亮等对比分析了无砟轨道和有砟轨道两种轨道型式下路基动应力的实测结果，发现无砟轨道路基面动应力小于有砟轨道路基面动应力，但无砟轨道下动应力沿路基深度方向的衰减速度相比有砟轨道较慢。童发明、周镇勇、刘晓红等对武广客运专线无砟轨道路基动应力分布规律进行了现场激振试验和实测工作，获得了基床动力参数和动应力衰减规律。

1.7.2   轨道-路基系统动力相互作用研究

1) 高速铁路列车振动荷载模拟

列车荷载受车辆轴重、悬挂体系、行车速度、轨道组成、线路平顺等诸多因素影响, 因此是一个较为复杂的问题, 故对该问题的简单解析求解存在很大困难。目前, 列车荷载的模拟方法有很多种, 主要有 3 类: 第 1 类是理论解析法, 假定轮轨为绑定接触, 建立简化轮轨振动分析模型, 通过解析求解列车荷载, 该类方法有轨道实测加速法和轨道不平顺法; 第 2 类是数值仿真法, 采用半车或整车模型, 引入耦合轨道不平顺的非线性轮轨接触的列车-轨道系统动力有限元分析, 通过研究列车-轨道系统的动力响应来模拟列车荷载; 第 3 类是经验公式法, 利用波动的可叠加性, 考虑轨道不平顺、频率、轴重等影响因素, 采用一函数来表达列车动荷载, 由于此类公式能在一定程度上模拟列车荷载, 且简单实用, 在工程中应用较为广泛。

根据英国铁路技术中心多年来的大量理论研究和试验表明, 产生竖向轮轨力的主要原因是车轮缺陷和轨道不平顺, 竖向轮轨力主要出现在三个频率范围: 低频范围 (0.5~10Hz), 几乎全由车体对悬挂部分的相对运动产生; 中频范围 (30~60Hz), 由簧下轮对质量对于钢轨的回弹作用产生; 高频范围 (100~400Hz), 由钢轨的运动受到轮轨接触面的抵抗所产生。同时, 研究表明, 低频范围主要影响路基动力响应, 中频范围主要影响轮轨相互作用, 高频范围主要影响车体的动力响应。目前我国高速和重载铁路快速发展, 路基已发挥出越来越重要的作用, 而列车荷载的模拟是列车-轨道-路基系统动力分析的关键环节, 因此, 实际列车动荷载的准确计算和模拟仍是研究重点。

2) 轨道-路基系统动力理论解析

在理论计算方面, 诸多学者借助振动理论将轨道-路基系统简化为集总质量模型和叠合梁模型 (弹性支承和弹性点支承), 采用模态法、传递矩阵法和有限单元法等进行求解。de Barros 等基于传递矩阵法对列车荷载作用下层状弹性路基结构的振动响应进行了求解。Krylov 等将钢轨简化为欧拉-伯努利梁, 路基为弹性半空间体, 建立了考虑高速列车作用的轨道振动分析模型, 采用格林函数的近似表达式研究了钢轨变形和路基振动反应。翟婉明等对车辆-轨道耦合动力学进行了系统研究, 为铁路路基动力学分析方法奠定了良好的基础。雷晓燕、梁波、苏谦等建立了车辆-轨道-路基结构空间耦合动力模型及其分析方法, 对轨道、路基振动特性、路基合理刚度及沉降控制进行了研究。刘学毅系统地总结了轮轨系统动力学目前的主要研究成果及进展, 全面地构建了车辆-轨道-路基系统动力学的基本原理、计算模型、计算参数及计算方法, 建立了列车-轨道垂向耦合动力学模型和理论体系。Pedro 等考虑土的非线性对高铁路基动响应进行了分析。刘晶磊等针对重载铁路路基四层结构体系, 采用基于传递矩阵的层状理论分析方法针对其不同深度处的应力变形进行了求解。Cai、巴振宁建立了考虑轨道不平顺性的轨道-路基-地基耦合系统模型, 对列车移动荷载作用下的路基动力响应进行了研究。

3) 轨道-路基系统动力模型试验

在模型试验方面, Madshus 对高速列车运行时软土地基的速度和加速度反应进行了测试, 发现列车以某一速度通过时, 轨道–路基–场地动力系统的振动反应作用出现放大现象, 这一速度即土体的临界速度。Al-Shaer 等对高速列车荷载作用下的路基动力行为进行了模型试验, 研究了有砟轨道路基内动力响应和沉降分布特征。蒋关鲁等开展了无砟轨道路基基床模型和现场试验, 在分级静载和分级循环加载条件下进行了分析, 获得了降雨前后基床的静态、动态特性。Ishikawa 等修筑了1:5 有砟轨道路基激振模型, 采用移动加载方式对路基模型进行加载测试, 揭示了列车荷载下路基内部应力的分布特征与沉降发展规律。张家生等为研究不同轨道结构下路基在不同列车运行速度下的动力响应特性, 建立了高速铁路无砟轨道路基实尺模型试验系统。杨果林等以云桂铁路为研究背景, 开展了膨胀土路基动力模型试验, 获得了循环荷载作用下新型基床结构动态土压力、振动速度和加速度的分布规律。Bian、Chen 等采用模型试验方法, 对列车移动荷载作用下的高速铁路板式轨道路基振动和动应力特性进行了研究, 提出了用于预测板式无砟轨道路基动应力的经验计算式。姜领发等基于模型试验对列车荷载作用下高铁无砟轨道路基速度传递规律进行了探讨, 得到了不同频率激振力作用下路基不同层位的速度时程变化曲线及幅值空间分布特征; 揭示了列车荷载作用下路基速度幅值传递及衰减规律。

4) 轨道–路基系统动力现场测试

在现场试验方面, 国外学者主要对英国铁路、日本新干线、法国铁路、德国铁路 (ICE 列车) 和西班牙铁路等铁路路基动力响应进行了实车测试。国内高速铁路的大规模建设为现场测试提供了较好的基础, 也取得了丰富的测试成果。聂志红等对秦沈客运专线路堑段基床表层的动态测试, 得到了不同时速条件下动应力和加速度沿基床横向与深度方向的分布规律及其与速度的关系。王智猛等以达成铁路路基为研究对象, 对试验段路基进行了现场循环加载试验研究, 模拟了不同轴重列车的动力作用, 分析了路基的动态特性及沉降规律。屈畅姿等对武广线武昌—咸宁综合试验段路基进行了现场实车测试, 获得了试验段路基动力响应的分布规律和路基的固有频率, 并结合小波分析方法对路基的振动特性进行了频域分析。郭志广等对武广高速铁路典型路基断面进行了动力响应现场测试, 分析了路基动力响应与列车速度的关系、动力响应沿路基深度的变化规律和路基动力特性在运营前后的变化规律。罗强等[175] 结合京沪高铁先导段综合试验, 开展了 CRTS Ⅱ 型板式无砟轨道路桥过渡段振动特性测试, 获得了振动响应沿线路纵垂向的空间变化特征及与行车速度的关系。杨果林等[176,177] 基于现场试验方法, 对高速铁路膨胀土路堑全封闭基床动力特性进行了研究, 获得了不同服役条件下基床振动速度和加速度随深度的分布变化规律。徐翔等针对沪杭高铁和宁杭高铁路基段的地基及场地进行了现场动力测试, 测试结果表明, 列车运行速度越大路基振动越强烈, 且地基及周围场地对高频部分的振动衰减明显。

5) 轨道–路基系统动力数值仿真

在数值仿真方面，国内外学者主要采用有限元、离散元、边界元和颗粒流元等方法对轨道路基系统动力学进行研究。Obrien 等采用有限元和边界元结合的方法建立了车辆–轨道–路基耦合动力分析模型，并对列车荷载作用下的轨道、路基振动响应进行了分析。陈铁林等基于非饱和土固结理论，采用有限元法分析了降雨入渗条件下膨胀土路基变形过程。张千里等借助 ABAQUS 有限元软件建立有砟轨道–路基系统三维动态有限元模型，分析高速和重载列车荷载作用下的路基空间动应力、路基面横纵向动变形和剪应变特性。郑立宁等利用颗粒流元方法建立了膨胀土路基数值分析模型，揭示了干湿胀缩循环作用下的路基浅层滑塌破坏特征及过程，但未对路基动响应进行分析。孔祥辉等借助数值仿真模拟平台，建立了有砟轨道–路基系统三维动力分析模型，探讨了列车荷载和行车速度对土质路基动力性质的影响。张建民等基于多尺度和精细化建模技术，建立了 350 km/h 的双线高速铁路无砟轨道–路基–地基系统非线性三维数值分析模型，得到了轨道–路基–地基系统各部分的振动加速度在时间和空间上的分布特征，验证了实体单元模拟轨道空间振动响应的优势。郭抗美等根据弹性理论建立了轨道–路基三维有限元模型，分析了不同荷载水平和基床结构形式下的路基动应力分布和衰减规律，提出以动强度作为设计控制指标确定不同轴重下重载铁路路基基床厚度。周颖等采用有限元软件建立了高速铁路无砟轨道路基结构计算模型，研究了不同轴重、扣件刚度和间距、路基和地基刚度、作用位置情况下的列车荷载传递模式，获得了多种工况下扣件系统的荷载分配比率以及路基内部应力变化规律。

迄今为止，在车辆与轨道结构动力性能方面已取得了较多的成果，而铁路路基系统动态性能演变方面的研究还远不能满足工程实践的要求，尤其在轨道–路基–地基系统耦合动力学或相互作用方面的研究还远落后于高速铁路的发展形势。因此，研究高速列车荷载作用下轨道–路基–地基系统耦合动力学及相互作用，明确高速铁路路基各结构层的动应力水平、荷载传递特征和服役性能演变规律是高速铁路路基结构设计、安全运行和养护维护的基础保证。

1.7.3 高速铁路路基动力稳定性研究

1) 高速铁路路基散粒体填料填筑标准

高速铁路基床除结构要求外，还要有刚度、密实度要求才是完整的，高速铁路路基应满足变形和强度两方面的要求，尤其应该满足在高速行车过程中的路基稳定性要求。在设计及施工方面，应从填料选择、压实系数以及刚度指标要求等方面进行综合考虑。因此，高速铁路路基填料填筑质量是控制路基强度和变形的关键因素，而路基基础结构满足强度和变形的要求又是路基静动力稳定性的基本指标。

高速铁路路基填料应具有易压实、密度大、强度高、变形小、稳定性和耐久性

好、经济实用等特点。总体上，填料压实后应具有足够大的干密度，足够小的孔隙
比，以防止发生过大的残余变形，因此对填料的级配与不均匀系数有相应要求；还
要具有较高的动 (静) 强度，以防止发生强度破坏；高速铁路路基受环境的影响较
大，特别是降水、温差等气候因素，因此研究压实填料的水稳定性具有重要的意义，
应注意路基土体浸润后强度的折减情况、膨胀特性等，以及土体性质改变后对路基
稳定性与变形的影响，同时采取合理的防排水措施，将降水与地下水等与路基填土
有效隔离也是提高路基耐久性的重要方法；路基表层填料压实后应具有一定的抗
渗性，防止雨水浸湿下部的土体。

我国《新建时速 200~250 公里客运专线铁路设计暂行规定》规定按照表 1-6 对
基床表层和基床底层填料进行压实。该规定要求路基底层应采用 A、B 组填料或改
良土，即除易风化的块石和粉砂外，细粒含量小于 50% 的粗粒土，液限小于 26% 的
细粒土均可使用；路基本体可用 A、B、C 组填料或改良土，即除有机土和高液限
细粒土外，均可使用。级配碎石 (或砂砾石) 是我国铁路建设中常用的优质填料，如
表 1-6 所示。为增加级配碎石的强度与模量等材料参数，有时在其中加入适当的水
泥。级配碎石或级配砂砾石等材料的规格及压实标准应符合相关规定及标准。

表 1-6 客运专线铁路路基填料及压实标准 $(v = 200 \sim 250 \mathrm{km/h})$

结构类型	材料	厚度/m	地基系数 K_{30}/ (MPa/m)	压实系数 K	动模量 E_{vd}/MPa	孔隙率 n/%	备注
基床表层	级配碎石	0.70	$\geqslant 190$	—	$\geqslant 55$	<18	路堤易风化的软质岩、风化严重的硬质岩及土质路堑
	级配碎石	0.55	$\geqslant 190$	—	$\geqslant 55$	<18	
	中粗砂	0.15	$\geqslant 130$	—	$\geqslant 45$	—	
基床底层	A/B 组填料及改良土	2.30	细粒土 $\geqslant 110$ 粗粒土 $\geqslant 130$ 碎石土 $\geqslant 150$	细粒土 $\geqslant 0.95$	—	粗粒土 <28 碎石土 <28	—

根据我国《高速铁路设计规范》(TB 10621—2014)(下文简称《规范》) 规定，基
床表层应填筑级配碎石，基床表层级配碎石的粒径级配应符合规范规定，且不均匀
系数 C_u 不得小于 15，0.02 mm 以下颗粒质量百分率不得大于 3%，基床表层压实
标准应符合规范规定。基床底层应采用 A、B 组填料或改良土，A、B 组填料粒径
级配应符合压实性能要求，寒冷地区冻结影响范围填料应符合防冻胀要求，基床底
层压实标准应符合规范相应的规定。基床以下路堤宜选用 A、B 组填料和 C 组碎
石、砾石类填料，其粒径级配应符合压实性能要求；当选用 C 组细粒土填料时，应
根据填料性质进行改良。基床以下路堤压实标准见表 1-7。

表 1-7   高速铁路路基填料及压实标准 ($v = 250 \sim 350\text{km/h}$)

结构类型	材料	压实系数 K	地基系数 K_{30}/(MPa/m)	动模量 E_{vd}/MPa	泊松比 ν
道床	道砟	—	—	150~350	0.25
基床表层	级配碎石	$\geqslant 0.97$	$\geqslant 190$	$\geqslant 55$	0.30
基床底层	A/B 组填料	$\geqslant 0.95$	细粒土 $\geqslant 130$ 粗粒土 $\geqslant 150$	$\geqslant 40$	0.30
基床以下路堤	A/B/C 组填料	$\geqslant 0.92$	细粒土 $\geqslant 110$ 粗粒土 $\geqslant 130$	—	0.30

为了确保路堤的稳定, 减少压密下沉, 增加耐久性, 除应选用优质填料外 (含改良土), 对填料的压实也有明确要求。日本标准为路堤下部的压实系数应不小于 0.90(重型击实, 下同), 粗颗粒孔隙比不大于 30% (细颗粒含量 >50% 时) 或不大于 15%(细颗粒含量为 20%~50% 时), K_{30} 不小于 70MPa/m; 德国规范要求压实系数不小于 0.95~0.97, 粗粒土的孔隙比不大于 12%; 法国规范要求压实系数不小于 0.95。由此可见, 控制路基填料密实度和弹性参数对控制路基稳定具有重要意义。

2) 循环动荷载作用下路基土动力特性

Vucetic、Hu、Namir 等的研究成果表明, 路基填料和地基土体的动力性能直接影响路基的整体服役性能。若荷载动应力大于填料临界动应力将对路基造成破坏, 故需进行加固或者采用优质填料以保证路基动力稳定。土体材料临界动应力受围压影响较大, 二者之间近似为线性增大关系。考虑到围压对临界动应力的影响, 在设计时应注意对路基基床部分的加固, 因为基床一般埋置较浅, 周围土体作用的侧向压力较小, 使基床土的临界动应力也较小, 由前面的分析知道基床部分承受了绝大部分的动力荷载, 故容易产生较大的动变形。现有研究表明, 路基填土的临界动应力不仅与填土本身的物理力学性质, 如含水率、重度、颗粒级配等有关, 而且还与列车重复荷载的特征有关, 例如, 列车荷载的重复次数、荷载频率和动应力幅值等。

蔡英针对路基填土成都黏土 (A/B 组填料), 试样天然含水率 25.60%, 干容重 1.52g/cm^3, 利用动三轴试验, 研究了不同加载条件下 (加载频率 2~15Hz, 围压 20~100kPa) 土体的临界动应力和永久应变随加载次数、加载频率和围压变化的规律, 试验结果见图 1-16。试验结果表明: ①重复加载次数与永久变形的试验曲线可分为三类, 即衰减型曲线、临界状态曲线、破坏型曲线, 临界动应力在某一范围内变动, 但是从工程实际出发, 应选取其低限值; ②土体的临界动应力随加载频率提高而逐渐降低并存在一条渐近线, 相同动应力水平时, 低加载频率的试样更易被破坏, 相同加载次数时, 其永久应变也较高频加载试样的大; ③在低围压下, 临界动应力与围压近似为线性关系, 相同动应力水平和加载次数时, 高围压下试样产生较大的永久应变。

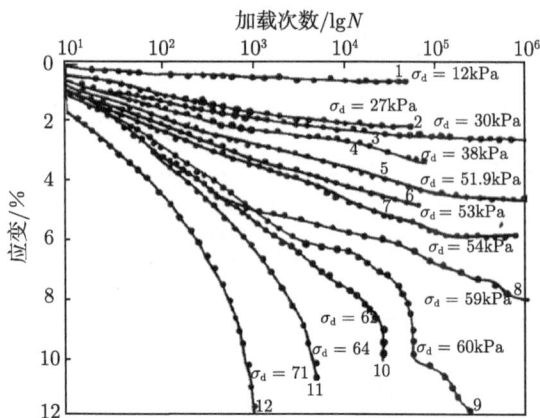

图 1-16　不同试验条件成都黏土 ε_{p}-lg$N$ 曲线 (加载频率 5Hz)

同时，根据试验结果提出了三点建议：①列车荷载循环作用下产生的路基动应力是路基产生变形的根源，只有控制路基动应力在填土的临界动应力以下，才能控制路基的永久变形和防止路基长期缓慢下沉；②路基基床是路基最薄弱的部位，由于侧向压力小，临界动应力小，而列车荷载产生的动应力较大，故容易产生较大的永久变形，因此，应对路基基床加强强度控制；③列车的运行速度反映路基动应力的作用频率，路基的临界动应力随运行速度的提高而降低，因此，高速铁路的路基应注意这个问题。

雷胜友等通过膨胀土的静动三轴试验，对不同试验条件下 (压实系数、含水率、围压、频率) 的膨胀土及其改良土静动力特性进行了研究。膨胀土土样参数：压实系数 0.90、0.95，固结比 1.2，内摩擦角 32°，黏聚力 64kPa，天然含水率 22.5%，干容重 1.62g/cm³；加载参数：围压 0~100kPa，频率 1~10Hz。试验结果表明两类土的动应力都存在一个门槛值，由此将土体的变形分为稳定型及破坏型，得到了累积塑性变形与循环荷载次数间的关系表达式，未发现动荷载频率对土体变形有显著影响，试验结果见图 1-17。

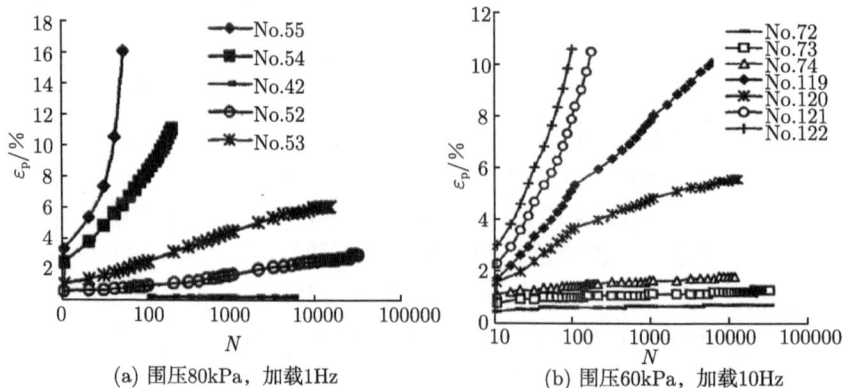

(a) 围压80kPa, 加载1Hz
(b) 围压60kPa, 加载10Hz

(c) 应力−应变关系，加载1Hz

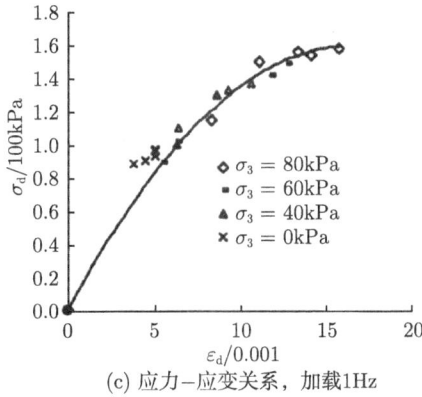

图 1-17 不同试验条件膨胀土动力特性

刘晓红[178]、杨果林针对武广线原状结构红黏土，基于应力控制式疲劳动三轴试验，试验条件加载频率为 8.0Hz，围压为 35~55kPa，如图 1-18 所示。获得了不同

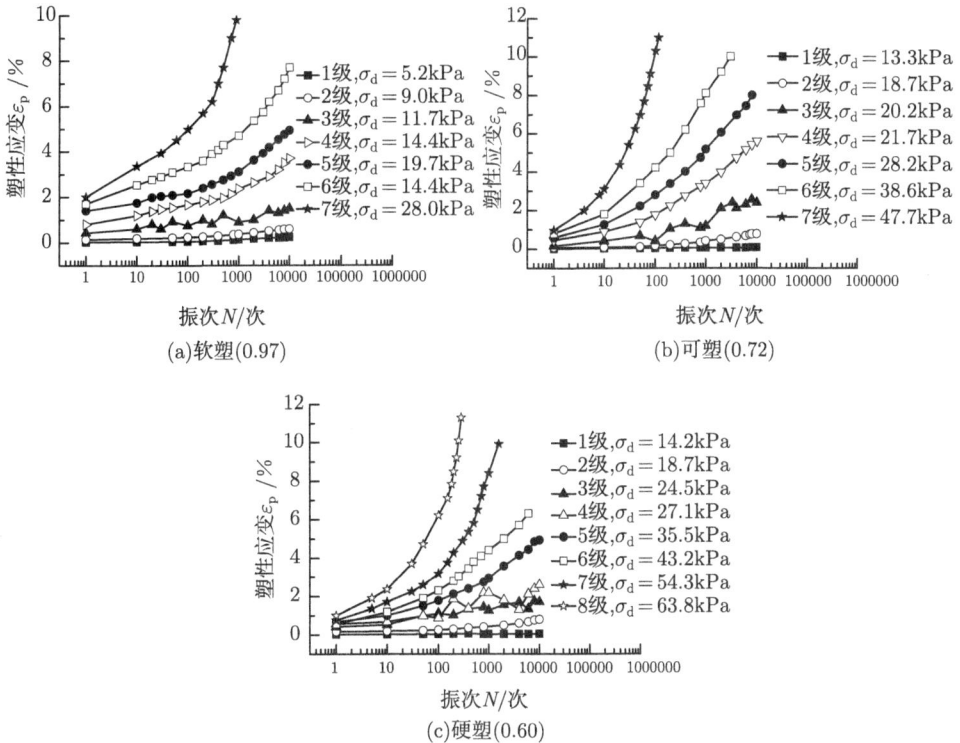

(a)软塑(0.97)

(b)可塑(0.72)

(c)硬塑(0.60)

图 1-18 不同试验条件原状结构红黏土 ε_p-lg$N$ 曲线

(围压 55kPa，固结比 1.0，加载频率 8.0Hz)

动应力水平下原状结构红黏土累积塑性应变 ε_{p} 随振次 N 的变化曲线、临界动应力范围值, 并给出了临界动应力的回归公式 (式 (1-6)); 探讨了累积塑性应变的影响因素及变化规律, 给出了稳定型和破坏型 ε_{p}-$\lg N$ 曲线的经验公式及拟合参数, 试验结果见表 1-8。

$$\sigma_{\mathrm{dc}} = -66.95\omega + 0.81\sigma_{3\mathrm{c}} + 36.70K_{\mathrm{c}} + 4.98, \quad R^2 = 0.98 \tag{1-6}$$

表 1-8　原状结构红黏土动力稳定性参数试验值

试验组	含水状态	固结比	围压/kPa	短时动剪应变门槛	疲劳动剪应变门槛	临界动应力/kPa 范围	均值
1	软塑	1.0	35	7.50×10^{-4}	1.60×10^{-4}	$9.0\sim 14.4$	11.7
2	(0.97)	1.0	45	9.00×10^{-4}	1.90×10^{-4}	$10.6\sim 18.5$	14.6
3		1.0	55	1.07×10^{-3}	2.31×10^{-4}	$16.9\sim 20.3$	18.6
4	可塑	1.0	35	2.83×10^{-4}	7.10×10^{-5}	$18.7\sim 21.7$	20.2
5	(0.72)	1.0	45	3.75×10^{-4}	9.04×10^{-5}	$23.0\sim 29.6$	26.3
6		1.0	55	5.25×10^{-4}	1.21×10^{-4}	$34.0\sim 38.4$	36.2
7	硬塑	1.0	35	1.65×10^{-4}	4.38×10^{-5}	$24.5\sim 27.1$	25.8
8	(0.60)	1.0	45	2.35×10^{-4}	5.90×10^{-5}	$33.6\sim 37.4$	35.5
9		1.0	55	4.00×10^{-4}	7.78×10^{-5}	$44.4\sim 50.6$	47.5
10	坚硬状态	1.0	50	3.87×10^{-4}	1.08×10^{-4}	$49.6\sim 62.0$	55.8
11	(0.50)	1.5	50	6.50×10^{-4}	1.36×10^{-4}	$65.0\sim 76.0$	70.5
12		2.0	50	8.62×10^{-4}	1.55×10^{-4}	$80.0\sim 88.0$	94.0

屈畅姿[179]、王永和基于电液伺服动三轴试验, 对用于过渡段路基填筑的级配碎石和普通路基填筑的 A、B 组填料分别进行了动三轴试验, 进行了在最优含水率状态下压实系数分别为 0.92, 0.95 和浸水状态 (浸水 12h) 下压实系数为 0.95 的 3 种状况下的试验, 加载频率为 5Hz, 围压为 20~60kPa, 试验结果见表 1-9。

表 1-9　路基填料的临界动应力试验结果 (kPa)

围压/kPa	A/B 组填料			级配碎石		
	$K=0.92$	$K=0.95$	浸水条件, $K=0.95$	$K=0.92$	$K=0.95$	浸水条件, $K=0.95$
20	119	147	88	150	192	131
40	145	190	124	169	229	—
60	193	212	176	216	265	211

孔祥辉、蒋关鲁针对达成线工点红层泥岩填料 (A/B 组填料), 采用英国 GDS 三轴试验系统, 在围压 25kPa、50kPa、100 kPa 条件下进行了动三轴试验加载, 土体压实度为 0.95, 加载频率为 5Hz, 试验结果如图 1-19 所示。获得了不同试验条件下红层泥岩填料的路基动应力与围压的关系式为 $\sigma_{\mathrm{dc}} = 1.62\sigma_{3\mathrm{c}} + 179.00$; 考虑实际加载频率 15.0Hz 的影响, 土体的临界动应力随加载频率的提高而降低; 同时考

虑到红层泥岩遇水很容易软化和安全储备因素,对填料路基临界动应力进行折减,即乘以折减系数 0.25,则表达式为 $\sigma_{dc} = 0.405\sigma_{3c} + 44.75$。

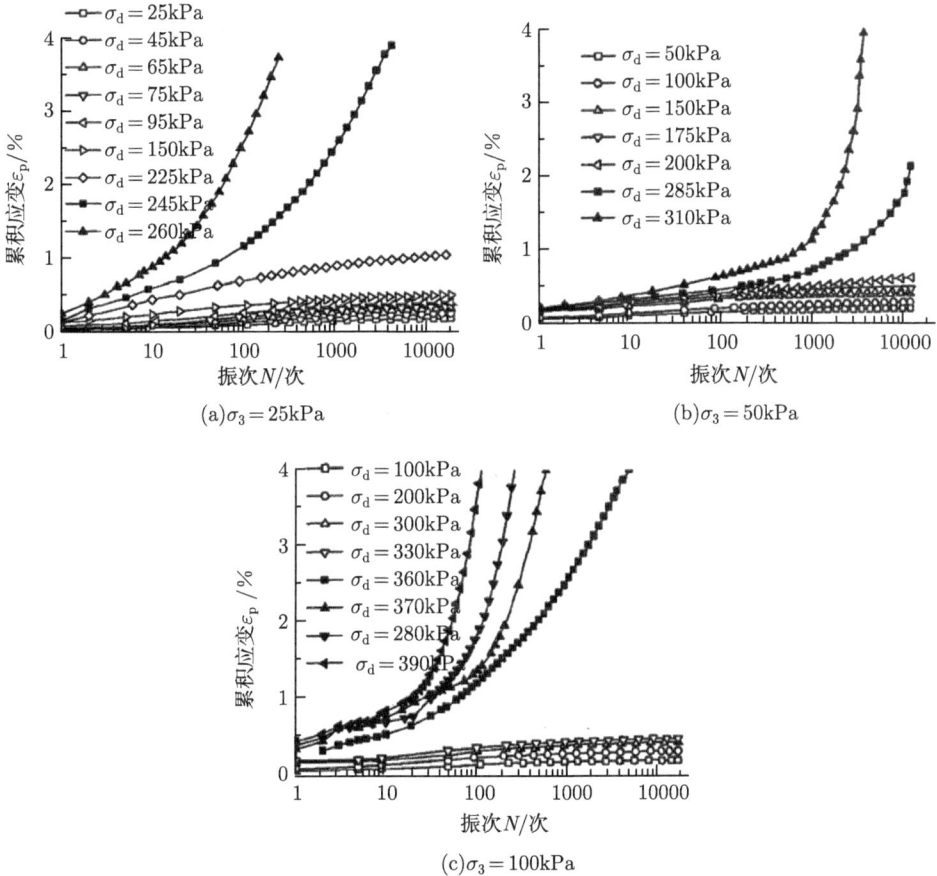

(a)$\sigma_3 = 25$kPa

(b)$\sigma_3 = 50$kPa

(c)$\sigma_3 = 100$kPa

图 1-19   不同试验条件红层泥岩 ε_p-lg$N$ 曲线 (压实度 0.95,加载频率 5Hz)

冷伍明等为探究行车荷载对基床粗颗粒土动力变形特性的影响规律,进行了一系列粗粒土填料持续振动条件下的大型动三轴试验,包括不同动应力幅值、不同围压和不同含水率等多种条件,获得了路基粗粒土填料的临界动应力和累积应变随围压和含水率变化的系列关系数据和变化规律。试验基本参数:A/B 组填料,压实度 0.97,固结比 1.0,加载频率 1.0Hz,围压 15~60kPa。获得的不同试验条件下的轴向累积动应变随振次 N 的发展关系曲线如图 1-20 所示。由图可得,围压为 15kPa,30kPa,60kPa 条件下的临界动应力范围依次约为 50.0kPa,56.25kPa,68.75 kPa,二者的关系可采用线性方程表示为 $\sigma_{dc} = 0.417\sigma_{3c} + 43.75$。

刘钢、罗强基于室内静、动三轴仪对 A/B 组填料和级配碎石两种路基填料进行了三轴试验。试验条件为:土体压实度 0.90~1.00,围压 20~60kPa,加载频率

1~5Hz。研究了压实度、含水状态、荷载频率和初期轴向力对轴向累积变形的影响及相应的动强度的变化。根据循环荷载作用下粗/细粒土的单元结构填土模型试验得出其长期累积变形演化状态特性，通过测定长期稳定变形状态下的地基系数 K_{30}，采用线性回归建立了基床结构处于长期稳定变形状态的荷载阈值 $[\sigma_{\mathrm{d}}]$(kPa) 与地基系数 K_{30}(MPa/m) 的关系，试验结果见表 1-10。

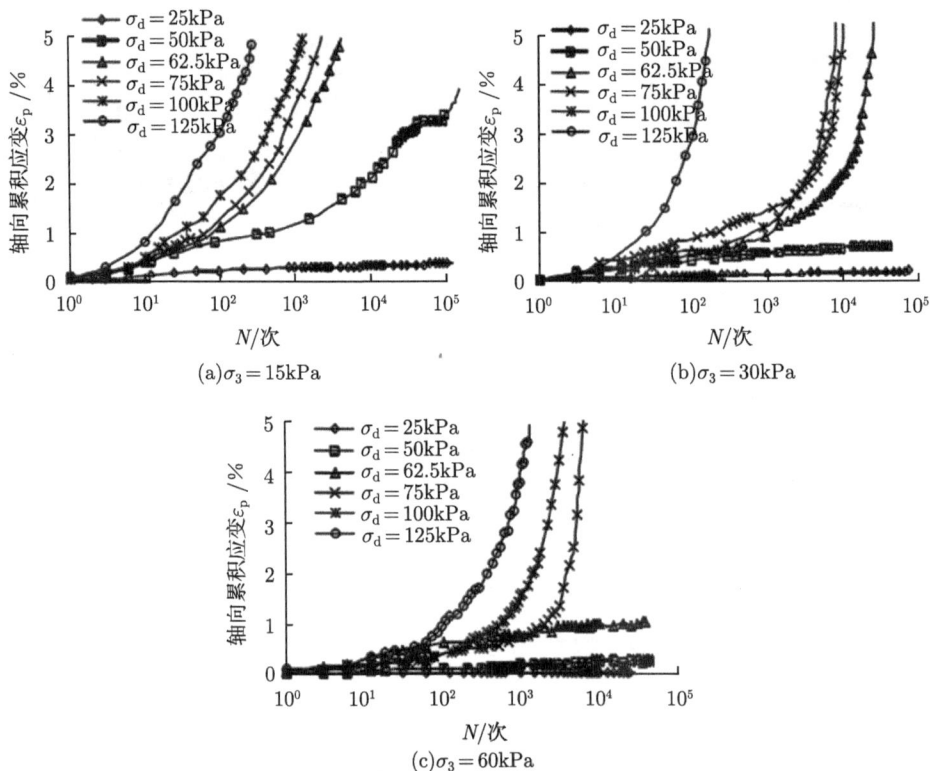

(a)$\sigma_3=15$kPa　　　　　　　　　　　(b)$\sigma_3=30$kPa

(c)$\sigma_3=60$kPa

图 1-20　不同试验条件粗颗粒土 ε_{p}-lg$N$ 曲线 (压实度 0.97，加载频率 1.0Hz)

表 1-10　K_{30} 值对应的粗/细颗粒路基填料的动应力值 (kPa)

地基系数 K_{30}/(MPa/m)		90	110	130	150	170	190	210
经验值	静应力	231	279	327	375	423	471	519
	动应力	104	126	147	169	190	212	234
试验值	粗颗粒	61	69	76	84	92	99	107
	细颗粒	118	134	150	166	182	199	215

3) 高速铁路路基长期动力稳定性分析方法

铁路路基的动态响应及动力稳定性直接决定了列车运行的安全性和平顺性。因此，岩土散粒体在周期性循环荷载作用下是否会出现颗粒重分布、颗粒破碎以及由此产生的塑性变形，是决定其能否保证长期动力稳定性的关键。颗粒重分布和颗粒粉碎现象是指同一材料内部土结构对动力作用的反应和结果。不同材料的界面在动力荷载作用下也可能发生接触侵蚀，导致土结构发生变化而产生附加变形。如果在动力荷载和恶劣服役环境 (降雨、地下水) 共同作用下，路基结构受力会更加复杂。路基的动力稳定根据动载作用时间的长短可分为短期动力稳定和长期动力稳定两类。一般情况，路基的长期动力稳定性问题可分为以下三大类。

第 1 类问题，在动力荷载作用下，土体反复受剪，其骨架发生变化 (颗粒重分布)，使路基发生相应的体积变化及塑性变形，导致附加沉降。第 1 类问题，在上部结构为无砟和有砟轨道条件下都可能发生。

第 2 类问题，土颗粒在长期强振作用下发生持续的颗粒击碎，包括颗粒形状的变化和颗粒变细，导致路基发生明显的附加变形。这类问题在有砟轨道的道砟结构内，特别是在高速、重载运营条件下显得十分突出。对路基基床表层，德国根据长期的研究和工程经验，通过控制同批级配碎石样品连续进行 5 次轻型普氏击实试验前、后的细颗粒含量来解决这类稳定问题。对基床表层以下的天然土和填料，一般不必考虑颗粒击碎引起的长期动力稳定问题。

第 3 类问题，动力接触稳定，即不同材料界面在动力荷载作用下发生的颗粒迁移、侵蚀现象，引起附加变形。第 3 类问题一般只对有砟轨道的道床与其下基床的接触面有意义，在规范中，这类动力稳定性问题一般是通过限制上下不同材料的颗粒级配和粒径或设置起隔离作用的土工合成材料来解决的。

从试验方法来讲，评价路基动力稳定性主要有两种方式：①通过现场动力试验直接检验路基的长期动力稳定性；②通过室内共振柱试验，分析运营荷载条件下土样动剪应变长期作用时其结构的稳定性。从理论方法来讲，评价铁路路基动力稳定性的方法主要有三种，即临界动应力法、有效振速法和动剪应变法。我国在铁路路基设计中采用临界动应力法，德国、法国、美国等国的路基设计中主要采用后两种方法，但后两种方法还需进一步完善和实践验证，故均未纳入设计规范。

关于铁路路基的动力稳定性分析方法主要有临界动应力法、有效振速法和动剪应变法，诸多学者对这一问题进行了讨论和研究。Vucetic 基于大量室内剪应变控制式共振柱试验成果，得出短时动力荷载作用引起的动剪应变超过某一门槛值时，土骨架将发生不可恢复的塑性变形，动剪应变门槛大小与土的种类有关，粗颗粒土的短时动剪应变门槛低于细颗粒土的相应值，并给出了各类土的动剪应变门槛统计值，为路基动力稳定性评价提供了研究基础。刘建坤等基于室内试验，提出路基动强度和累积变形双重控制参数，对提速条件下粉土铁路路基动态稳定性进行了研究。胡一峰等提出了以疲劳动剪应变门槛作为土质路基动力稳定性评判准则，该准则认为，当路基动剪应变小于路基土疲劳动剪应变门槛时，路基基床是处于长期动力稳定状态的。刘晓红、杨果林等基于室内疲劳动力试验所获得的临界动应力、疲劳动剪应变门槛及现场动响应测试成果，采用临界动应力法和动剪应变法，对武广高速铁路无砟轨道红黏土路堑基床的长期动力稳定性进行了评价，给出了同时满足动强度和动变形条件的基床换填厚度建议值。陈湘亮根据室内试验及现场测试结果，采用干湿循环击实、共振、临界动应力、动剪应变等参数对武广高速铁路中弱—强风化泥质粉砂岩物理改良土路基长期动力稳定性进行了综合评价。研究表明，动剪应变法对路基的长期动力稳定性评价要求更高，是一种较优的评价方法，采用综合方法进行评价分析可以更全面反映路基填料的长期动力稳定性。

综上所述，现有的高速铁路路基动力稳定性分析方法，从试验到理论，均十分不完善，仍需进行更广泛深入的试验、理论等方面的研究，并在工程实践中不断地检验和完善。

由于铁路属于带状构筑物，线路沿线地质条件复杂多变，路基灾害诱因多样化，我国王小春基于工程风险管理的基本原理，系统研究了膨胀土路基稳定性的风险因素及其权重，给出了膨胀土地区路基的风险等级和相应的防范措施，研究成果为加强路基设计和施工过程中的风险控制和管理提供了理论依据，对提高路基工程建设质量和长期稳定性具有重要意义。虽然风险管控分析能够使工程建设人员针对不同风险影响因素采取相应的防范措施，从而尽量减少路基病害发生的概率，但无法对路基设计结果进行定量的稳定性评价。国内外关于高速铁路路基长期动力稳定性评价方法的研究仍处于起步阶段，目前可用于路基长期动力稳定性评价的方法主要有临界动应力法、临界振速法和临界动剪应变法 3 种。

1) 临界动应力法

临界动应力法认为，当地基土体受到的实际动应力 σ_{df} 小于其自身临界动应力 σ_{crs} 时，土体的累积变形将随着荷载作用次数的增加而逐渐趋于稳定，从而使路基累积永久变形得到有效的控制，该方法是国内外铁路路基长期动力稳定性评价的主要方法。

中南大学刘晓红在对武广高速铁路无砟轨道红黏土路基动力稳定性的研究过程中，给出了利用临界动应力法评价路基长期动力稳定性的基本步骤：

第一步，利用动三轴或现场疲劳激振试验确定地基土的临界动应力 σ_{crs}；

第二步，开展现场测试工作，获得基床中动应力沿深度的衰减曲线；

第三步，按照实测动应力衰减曲线计算地基面的动应力 σ_{df}，并根据 $\sigma_{df} < \sigma_{crs}$ 的要求评价路基的动力稳定性。

上述临界动应力评价方法中，采用实测动应力沿深路基深度衰减曲线的拟合方程推求地基面动应力，再根据求得的动应力和地基土临界动应力的关系评价路基长期动力稳定性。路基中实测动应力往往受动土压力盒埋设方法、埋设坑洞回填密实度、试验人员测试经验等因素影响，使得实测动应力未必能够真实反映监测点基床的动应力大小，若直接用于基床长期动力稳定性评价，易引起误判。为此，有必要对临界动应力法中路基面动应力取值、动应力衰减规律等进行深入研究，从而使评价结果更加合理可靠。

2) 临界振速法

临界振速法认为不同状态下的土体都存在相应的临界振动速度 v_{crs}, 即当土体的实际振动速度 v 大于该临界振动速度 v_{crs} 时, 土体将产生不可恢复的塑性变形、液化或破坏, 从而导致修建在其上 (中) 的构筑物出现过大变形、倾斜或破坏, 影响构筑物的正常使用。对于铁路路基而言, 受轨道型式、列车类型、基床结构或现场激振设备等影响, 路基实测振动波形较为复杂, 在利用临界振速法进行路基动力稳定性评价时, 应结合路基结构特点和实际服役工况等, 采用实测振动速度波形中对路基动力稳定性具有控制作用的速度值, 即有效振动速度。因此, 临界振速法又称为有效振速动力稳定性评价法。

临界振速法作为高速铁路路基长期动力稳定性评价方法之一, 最早出现在 1997 年德国铁路路基规范 (DS 836) 草案中, 该方法是以振动基础下砂土地基的动力响应模型试验结果为基础的, 拓展至一般土体, 虽然在一定程度上能够反映土体的振动疲劳特性, 但其理论依据尚有待进一步深入研究, 工程应用经验不多。2008 年版德国铁路路基规范指出: 对于时速 200km 以上的线路, 在传统强度控制 (临界动应力法) 基础上, 还应以振动速度为控制指标进行路基长期动力稳定性分析, 但规范没有给出具体评判准则。我国刘晓红在德国铁路路基规范草案的基础上, 给出了振动速度法评价路基长期动力稳定性的详细步骤, 并应用该方法对武广客运专线红黏土路堑基床的长期动力稳定性进行了评价。

临界有效振速法将地基土划分为两大类, 一类为无黏性土地基, 另一类为黏性土及有机土地基, 并根据地基土类型的不同给出了三种临界状态, 分别表示移动列车动力作用下地基土的服役状态。

(1) 无黏性土地基:

$$K_{d1} = v_{eff,z} < v_{crs1} \tag{1-7}$$

$$K_{d2} = v_{eff,max} < v_{crs2} \tag{1-8}$$

当振动速度满足式 (1-7) 时, 表示地基土处于弹性状态, 在长期动力荷载作用下不产生累计塑性变形; 当振动速度满足式 (1-8) 时, 表示地基土处于失稳临界状态。

(2) 黏性土及有机土地基:

$$K_{d3} = v_{eff,z} < v_{crs3} \tag{1-9}$$

式中: $K_{d1} = 1.4$, $K_{d2} = 1.2$, $K_{d3} = 1.5$ 为动力安全系数; $v_{eff,z}$, $v_{eff,max}$ 分别为有效振速、有效振速最大值; v_{crs1}, v_{crs2}, v_{crs3} 分别为地基土的临界振动速度, 通常 $v_{crs1} \approx v_{crs2}$, v_{crs3} 可由下式计算:

$$v_{crs3} = \varepsilon \times \left(\frac{w_L - w}{w_L - w_p} \right)^{1.5} \tag{1-10}$$

式中：ε 为参考速度，正常固结黏土取 $\varepsilon=40\text{mm/s}$，欠固结黏土取 $\varepsilon=25\text{mm/s}$。

振动速度动力稳定性评价方法中的关键指标是土体的临界振动速度 v_{crs}。以黏性土为例，德国铁路路基规范草案给出了正常固结黏性土和欠固结黏性土临界振动速度 v_{crs3} 的经验计算公式，但计算公式中只含有唯一变量稠度指数 I_c，显然不能完全反映不同类土的本质特性，特别是特殊土 (如膨胀土、湿陷性黄土、冻土等) 的物理力学性质随环境气候周期性波动导致的长期强度衰减，因此，本书结合云桂铁路膨胀土路堑基床研究工作，在德国铁路路基规范草案和刘晓红的研究基础上，针对特殊土–膨胀土，对临界振动速度计算公式进行新的探索和完善，使完善后的临界振动速度计算公式能够在一定程度上反映膨胀土的反复胀缩变形导致的强度衰减等影响，从而为我国膨胀土地区新建铁路和提速改造线路的动力稳定性评价提供依据，也为湿陷性黄土、盐渍土、冻土等特殊土地区高速铁路路基长期动力稳定性评价方法研究提供思路和参考。

3) 临界动剪应变法

随着列车速度的不断提高，线路对运营期间路基变形提出了严格限制，特别是无砟轨道甚至要求路基 "零工后沉降"。为适应高标准铁路建设的需求，胡一峰博士在纽伦堡—英戈尔施特线第三纪沉降黏土路堑基床长期动力稳定性研究的基础上，结合应变控制式共振柱试验、现场动力测试及理论分析，首次将能够反映土体变形特性的临界动剪应变作为控制指标进行铁路路基长期动力稳定性分析，该方法此后被纳入 2008 年版德国铁路路基规范。临界动剪应变法需要进行土 (岩) 体试样的应变控制式共振柱试验和以运营状态剪应变幅值为控制指标的疲劳动力试验，试验过程复杂，且国内缺乏精确微应变控制式疲劳动力试验设备，限制了该方法在我国的推广应用。

1.8   铁路路基结构可靠度研究现状

铁路路基边坡、支挡结构、基床结构等应用工程结构可靠性理论，推行结构概率设计方法以取代传统的安全系数设计法是当今国内外结构设计发展的必然趋势。岩土工程结构可靠性研究涉及的参数较多，具有相当的研究难度。尽管如此，经过国内外学者多年来的不懈努力，也取得了一些开创性的研究成果。龚文惠针对膨胀土路基沉降的不稳定性和随机性等特点，运用可靠度理论对膨胀土路基沉降可靠度进行了计算分析。Taejun 等采用改进的响应面法对高速铁路桥梁系统的可靠度进行了计算分析。赵新益总结了极限状态设计方法的基本理论，阐述了岩土工程不确定性原因，论述了铁路路基设计转轨的思路，分析了软土路基地基处理极限状态设计的关键问题。Kim 等基于神经网络法对路基回弹模量进行了预测。Salcher 等基于可靠度理论对高速列车荷载和温度变化影响下的铁路桥梁结构可靠性进行了研究。高波等基于可靠度理论,建立了 5 种极限状态方程,对铁路隧道洞门结构的可靠指标进行了计算分析,给出了各极限状态下的目标可靠度指标和抗力分项系数。王飞等针对一般高速铁路路基结构 (时速 250km),基于 Boussinesq 理论解和可靠度理论,以路基面动变形为控制标准,建立了列车荷载作用下路基面动变形的极限状态方程,对路基面动变形进行了可靠度计算分析。陈仁朋等基于列车荷载作用下路基循环累积变形的预测模型,引入路基动应力及路基填料参数的变异性,建立路基循环累积变形的极限状态方程,对高速铁路路基循环累积变形的可靠度进行了计算分析,并确定了变异程度的控制范围。由此可见,对于铁路路基可靠度的研究还处于初步探索阶段,还有很多问题亟待解决,将可靠度理论应用于铁路路基结构设计和指导工程实践仍需不断探索。

综上所述,尽管国内外学者对膨胀土特性及其相关工程进行了不少研究,也得出了一些有益的研究成果,但还远不能满足日益发展的工程实践需求。目前针对膨胀土边坡和公路膨胀土路基工程的研究成果较多,也有大量的工程实践参考,但对于膨胀土地质条件下的高速铁路路基工程还鲜见报道,而对其设计和理论研究还很不完善,实践资料也更为匮乏。针对本课题,目前亟待解决的主要问题包括以下几个方面:①膨胀土静动力特性及稳定性参数;②高速铁路膨胀土路堑合理基床结构型式和设计参数;③非饱和膨胀土增湿条件下湿度场–变形场演化规律;④高速铁路膨胀土路基系统服役性能演变规律;⑤轨道–路基–地基系统动力相互作用及荷载传递模型;⑥高速铁路膨胀土路基系统的可靠度计算;⑦基于极限状态法的铁路路基结构设计及工程应用。

第2章　云桂铁路路堑段膨胀土工程特性试验

膨胀土的强度和变形特性不仅与孔隙比、密实度、含水率等有关，还与其膨胀变形约束条件、湿化方式、加载方式等密切相关。例如，徐彬等研究发现影响膨胀土强度的三个主要因素是含水率、密度和裂隙；周葆春等通过试验研究发现膨胀土的变形约束条件和水化条件会影响其孔隙比分布特征和剪切变形特性等。为了准确掌握云桂铁路沿线膨胀土的物理性质和动 (静) 力学性质，本章将利用常规室内试验、动三轴试验以及现场膨胀力试验，确定膨胀土基床结构设计所需要的膨胀土强度和变形特性参数。

2.1　云桂铁路膨胀土地质特征及基本性质

2.1.1　云桂铁路膨胀土地质特征

云桂铁路在广西境内主要经过广西盆地和云贵高原两大地貌，南宁至百色段走行于广西盆地间，广西盆地是由一系列北西向排列的构造盆地组成的，先后包括南宁盆地、杨美镇盆地、隆安盆地、雁江盆地及百色盆地等五个盆地。线路与既有南昆铁路走向基本一致，走行于盆地内的邕江、右江宽谷中，以开阔的冲积平原为主，盆地边缘有缓丘谷地或丘陵分布；百色至省区界段，线路进入高原与盆地间的斜坡地带，即两大地貌单元的过渡区——云桂山地，沿线地质构造复杂、地形起伏剧烈，山势巍峨，重峦叠嶂。

1) 南宁盆地地层特征

云桂铁路穿越南宁盆地沿线的地层，表层是第四系残坡积层，主要是灰黄色、黄色的腐殖土、亚黏土、黏土并夹少量碎石，厚度在 0~1.0 m，具有膨胀性。下伏地层为第三系上新统上段泥土 (岩) 及其风化层，遇水后具有不同的胀缩性质，按风化层的颜色、风化程度可将其分为三层：第一层为强风化层，肉红、橙黄夹灰白色的亚黏土及黏土层，裂隙发育，厚度在 2~3 m；第二层为全风化层，砖红、土黄、灰白色斑状黏土，厚 2~5 m；第三层为青灰色泥土 (岩)，母土 (岩) 构造上发育有近直立和近水平两组裂隙，裂隙面光滑，有蜡状光泽，天然状态下呈坚硬状态，遇水后极易崩解、膨胀、坍塌、呈泥状，风干后表面形成大量龟裂。

2) 百色盆地地层特征

云桂铁路穿越百色盆地沿线的地层，以第三系地层为主，少部分走行于盆地西北边缘的线路地段可见中三叠纪地层。地表广为第四系土层覆盖。南昆铁路百色盆地段的膨胀土是一种棕色、棕黄色残积型膨胀土,其母土 (岩) 为下第三系黄绿色、灰白色、紫色泥土 (岩) 类土 (岩)。由于卸荷和化学风化作用,特别是亚热带风化淋滤作用,残积层不仅发生黏土矿物转化,而且造成密度的强烈降低,形成了残积型膨胀土所特有的低密度 (孔隙比 0.75~1.78)、高含水率 (25%~41%)、高分散性 (粒径小于 $2\mu m$ 的颗粒含量 >50%)、强收缩 (体缩 >50%) 等一系列不良工程性质。膨胀土黏土矿物是伊利石/蒙脱石混层矿物,主要以蒙脱石为主,其有效含量超过 20%。蒙脱石晶间胀缩作用导致了膨胀土一系列不良工程特性的产生,按国际标准,南昆铁路百色盆地膨胀土具有中、高、很高的膨胀势,而不是以往按国内标准认为的弱—中膨胀土。

云桂高速铁路南宁—百色段与南昆铁路走向相近,均通过广西盆地大量膨胀土地段,分布有大量膨胀性红黏土、膨胀土及膨胀性泥岩或砂岩。岩性一类是下第三系 (E)、部分三叠系 (T) 地层中的黏土、泥岩及风化层或残积土,具有弱—中等膨胀性,局部为强膨胀性,主要分布于断陷盆地边缘地带;另一类是碳酸盐岩风化残积型红黏土及经后期搬运形成的次生红黏土,具弱—中等膨胀性,主要分布于沿线碳酸盐岩地区。膨胀土多为坡残积 (Q_4^{dl+el}) 和坡洪积 (Q_4^{dl+pl}) 膨胀土,土体呈坚硬至硬塑状,棕红—灰白色,土体膨胀性不一;其母岩多为上第三系 (N)、下第三系那读组 (E_{2-3n}) 和红色岩组 (E_{1-2}) 泥岩或泥质砂岩,岩体成岩性较差,易软化崩解,多具有膨胀性。其地质特征具体如下所述。

(1) 典型弱—中膨胀土。

膨胀土 (Q_4^{dl+pl}),褐红、褐黄色,硬塑状,黏性较差,土质不均,局部含少量砂岩碎石及角砾,自由膨胀率为 26%~45%,具有弱膨胀性。分布于整个测区地表,土层厚 2~6m,膨胀土对工程影响较大。

膨胀土 (Q_4^{dl+el}),土质为粉质黏土,褐红色、灰褐色,硬塑状,夹有少量的泥岩质角砾,自由膨胀率为 28%~46%,具有弱膨胀性,土层厚 0~3m,局部稍厚。

膨胀性泥岩夹砂砾岩 (E_{1-2}),紫红色—棕红色,泥质结构,厚层构造一块状构造,暴露后很快风化碎裂,具有中等膨胀性,饱和吸水率为 18%~47%,自由膨胀率为 23%~42%,遇水易软化崩解,岩质较软。

膨胀性泥质粉砂岩 (E_{2-3n}),灰黄色、灰绿色,自由膨胀率为 30%~45%,饱和吸水率为 12%~48%,具有弱—中等膨胀性,遇水易软化崩解,岩质较软。

(2) 典型中—强膨胀土。

膨胀土 (Q_4^{dl+el}),浅黄—灰黄色,硬塑至坚硬状,含铁锰质结核,自由膨胀率为 60%~65%,具有中、强膨胀性,土层厚 0~3m,2~6m 不等。

膨胀性泥质粉砂岩 (E_{2-3n}),黄绿色、灰绿色、黄褐色,泥质、粉砂质结构,中厚层状构造,钙质、泥质胶结,岩质软,遇水易软化、崩解,局部砂质含量高段,岩性相变为泥质粉砂岩，且偶夹不稳定褐煤层。

2.1.2　云桂铁路膨胀土参数统计特征

针对云桂铁路膨胀土路基工程，为了更加深入地掌握膨胀土物理力学特性及其统计指标，本书通过对云桂铁路沿线的弱、中、强等级原状膨胀土室内或现场试验结果进行整理和统计分析，根据工程需求和实验所测指标，重点分析天然密度 ρ、天然含水率 ω、黏聚力 c、内摩擦角 φ、压缩模量 E_s 和自由膨胀率 F_s 六个物理力学指标，统计结果见表 2-1～表 2-5。由表 2-1～表 2-5 可知，在不同地域、不同含水状态、不同组成成分等影响因素下的膨胀土物理力学参数存在较大差异，参数变异系数变化范围为 $[0.03, 0.50]$，由此也进一步说明，膨胀土物理力学参数的变异性给工程结构设计和安全带来极大隐患。因此，对膨胀土地区的工程结构需进行全方位或专项的考虑和设计优化，确保工程结构安全和减小直接经济损失。

表 2-1　广西段弱——中膨胀土物理力学性质指标统计

类别	$\rho/(\mathrm{g/cm^3})$	$\omega/\%$	c/kPa	$\varphi/(°)$	E_s/MPa	$F_s/\%$
均值	1.875	31.900	49.070	12.810	9.051	47.970
标准差	0.109	9.618	21.89	2.698	3.792	6.140
变异系数	0.058	0.302	0.446	0.211	0.419	0.128
偏度	0.389	0.141	0.482	-0.115	0.591	0.659
峰度	-0.508	-0.759	0.289	1.002	0.561	-0.309
95%置信区间	1.853～1.896	30.27～33.53	45.13～53.01	12.33～13.30	8.30～9.80	46.94～49.01
98%置信区间	1.849～1.900	29.96～33.84	44.37～53.76	12.23～13.39	8.15～9.95	47.74～49.20

表 2-2　广西段中——强膨胀土物理力学性质指标统计

类别	$\rho/(\mathrm{g/cm^3})$	$\omega/\%$	c/kPa	$\varphi/(°)$	E_s/MPa	$F_s/\%$
均值	1.874	29.910	57.781	12.069	9.810	74.770
标准差	0.139	11.17	23.675	3.040	3.250	7.191
变异系数	0.074	0.373	0.410	0.252	0.331	0.096
偏度	-0.177	0.881	0.671	-0.633	0.633	0.150
峰度	-1.834	-0.447	-0.221	0.574	0.555	-1.195
95%置信区间	1.81～1.94	25.81～34.01	48.22～67.34	10.84～13.30	8.40～11.22	72.14～77.41
98%置信区间	1.80～1.95	24.98～34.84	46.24～69.32	10.59～13.55	8.11～11.51	71.60～77.95

表 2-3　云南段弱膨胀土物理力学性质指标统计

类别	$\rho/(\mathrm{g/cm^3})$	$\omega/\%$	c/kPa	$\varphi/(°)$	E_s/MPa	$F_s/\%$
均值	1.918	28.597	37.580	13.860	7.0658	52.770
标准差	0.083	3.936	9.947	3.006	2.623	7.168
变异系数	0.043	0.138	0.265	0.217	0.371	0.136
偏度	-0.646	0.267	0.505	0.490	0.548	-0.020
峰度	1.229	0.159	0.128	1.294	0.146	-1.284
95%置信区间	1.907～1.930	28.07～29.12	36.20～38.95	13.45～14.28	6.70～7.43	51.82～53.73
98%置信区间	1.908～1.932	27.98～29.12	35.94～39.21	13.37～14.35	6.63～7.50	51.64～53.91

表 2-4   云南段中膨胀土物理力学性质指标统计

类别	$\rho/(\text{g/cm}^3)$	$\omega/\%$	c/kPa	$\varphi/(°)$	E_s/MPa	$F_s/\%$
均值	1.866	33.035	47.590	14.045	8.682	75.980
标准差	0.058	3.937	11.591	2.573	2.695	7.039
变异系数	0.031	0.119	0.244	0.183	0.310	0.093
偏度	−0.043	0.148	0.168	−1.183	0.400	0.200
峰度	−0.359	−0.125	−0.151	−0.042	0.471	−1.061
95%置信区间	1.858~1.874	32.52~33.55	46.04~49.14	13.70~14.39	8.32~9.04	75.06~76.91
98%置信区间	1.857~1.875	32.42~33.65	45.74~49.43	13.64~14.45	8.25~9.11	74.88~77.08

表 2-5   云南段强膨胀土物理力学性质指标统计

类别	$\rho/(\text{g/cm}^3)$	$\omega/\%$	c/kPa	$\varphi/(°)$	E_s/MPa	$F_s/\%$
均值	1.821	36.550	48.120	13.490	9.185	95.550
标准差	0.060	4.196	12.844	2.273	2.705	5.729
变异系数	0.033	0.115	0.267	0.168	0.295	0.060
偏度	−0.082	0.253	0.079	−0.202	0.328	1.300
峰度	0.384	0.116	−0.897	−0.842	−0.272	1.101
95%置信区间	1.803~1.838	35.32~37.78	44.26~51.97	12.80~14.17	8.38~9.99	93.87~97.24
98%置信区间	1.799~1.842	35.08~38.03	43.49~52.74	12.67~14.31	8.22~10.15	93.54~97.57

2.2   膨胀土基本物理力学特性试验

2.2.1   膨胀土胀缩性判别

1. 蒙脱石含量检测

1) 检测设备

为测定云桂铁路典型膨胀土路堑工点弱—中膨胀土和中—强膨胀土的蒙脱石含量,利用中南大学有色金属材料教育部重点实验室的 Rigaku D/max 2500 型全自动 X 射线衍射仪,对取自两个工点的膨胀土进行矿物物相鉴定与定量分析,衍射仪器基本参数见表 2-6。

表 2-6   检测设备基本参数

检测条件	射线源	扫描速度	电压	电流	滤波方式
	$CuK\alpha$	$0.5/(°/\text{min})$	40kV	300mA	石墨单色器

2) 检测方法

(1) 将土样研磨至 300 目后,在 D/max 2500 型 X 射线衍射仪上扫描;

(2) 用 X 射线衍射数据确定样品中的矿物组成及各矿物相的质量分数。

3) 检测结果

根据检测结果,两个典型膨胀土路堑工点矿物含量见表 2-7。

表 2-7   膨胀土矿物含量表(%)

土样类别	蒙脱石	伊利石	高岭石	方解石	石英
弱—中膨胀土	7.2	15.5	19.6	20.1	57.7
中—强膨胀土	17.1	20.1	11.1	27.1	24.5

2. 自由膨胀率试验

依据《铁路工程土工试验规程》(TB 10102—2010),对取自弱—中膨胀土和中—强膨胀土两个工点的膨胀土进行自由膨胀率试验,每个工点均进行 47 组平行试验,试验结果见表 2-8。

表 2-8   各工点膨胀土自由膨胀率分布情况及统计值

土样类别	试验组数	自由膨胀率落在各区间的个数			均值
		$F_s<60\%$	$60\%\leqslant F_s<90\%$	$F_s\geqslant90\%$	
弱—中膨胀土	47	24	15	8	46.8%
中—强膨胀土	47	8	27	12	79.4%

3. 典型路堑工点膨胀土胀缩分级

1) 弱—中膨胀土工点

该工点膨胀土中蒙脱石含量为 7.2%,属于弱膨胀土,自由膨胀率试验结果中小于 90% 的有 39 组,占总试验组数的 83.0%,大于 90% 的有 8 组,因此,为了安全起见,将该工点的膨胀土膨胀性定性为弱—中膨胀土。在实际设计施工过程中,一般性路堑工程构筑物按弱膨胀土考虑,而对路堑边坡或基床长期稳定性有重要影响的构筑物按中膨胀土考虑。

2) 中—强膨胀土工点

该工点膨胀土中蒙脱石含量为 17.1%,属于中等膨胀性膨胀土,自由膨胀率试验结果中小于 60% 的有 8 组,位于 60%~90% 的有 27 组,大于 90% 的有 12 组,因此,将该工点膨胀土的膨胀性定性为中—强膨胀土。

2.2.2 基本物理力学性质

依据《铁路工程土工试验规程》(TB 10102—2010),分别对弱—中、中—强膨胀土进行常规室内土工试验,测定其基本物理力学参数,试验统计结果见表 2-9、表 2-10。

表 2-9 膨胀土化学分析结果

土样类别	SiO₂ 含量 /%	Fe₂O₃ 含量 /%	Al₂O₃ 含量 /%	CaO 含量 /%	MgO 含量 /%	K₂O 含量 /%	Na₂O 含量 /%
弱—中膨胀土	61.81	6.75	14.67	0.36	0.39	1.31	0.23
中—强膨胀土	44.11	6.59	18.66	13.89	0.89	1.67	0.25

表 2-10 膨胀土基本物理力学参数

土样类别	密度/(g/cm³)	含水率/%	孔隙比	塑性指数	黏聚力 /kPa	内摩擦角 /(°)	自由膨胀率 /%
弱—中膨胀土	1.53~1.87	14.1~22.0	0.69~0.9	15.1~23.4	28~83	9.3~29.0	42~81
中—强膨胀土	1.60~1.96	13.0~26.9	0.74~0.8	22.0~38.3	33~73	11.0~16.7	65~100

2.3 膨胀土竖向膨胀力原位试验

膨胀土的膨胀变形受到约束时会产生很大的膨胀土压力，从而导致边坡支挡结构失效、路基排水侧沟破坏、基床膨胀等病害。膨胀力的测试途径主要有室内试验和原位试验两种，其中室内试验结果受试样尺寸、试验条件等因素的影响而无法真实地反映现场情况，而原位试验不受场地、环境等因素影响，试验结果更真实可靠。为满足膨胀土地区铁路的建设需要，借鉴平板载荷试验，利用千斤顶提供连续反力，按照"平衡加压法"原理，在云桂铁路典型弱—中膨胀土 (DK168+580 断面)、中—强膨胀土 (DK200+510 断面) 路堑地段分别开展原位竖向膨胀力试验，研究膨胀力随时间、含水率增量、变形量的变化规律。试验工点弱—中膨胀土、中—强膨胀土的具体情况如下。

弱—中膨胀土试验点：土体 (Q_4^{dl+pl}) 呈褐红、褐黄色，硬塑状，遇水易软化、崩解，黏性较差，分布不均，局部含少量砂岩、碎石及角砾，土层厚 2~6m。物理力学指标：天然密度 ρ=1.87 g/cm³，天然含水率 ω=15.9%，天然孔隙比 e=0.62~0.90，液限 w_L=33.2%，塑性指数 I_p=15.1，黏聚力 c=28.0~83.0kPa，内摩擦角 φ=9.3°~29.0°，自由膨胀率 F_s=24%~55%。

中—强膨胀土试验点：土体 (Q_4^{dl+pl}) 呈棕黄色，硬塑—坚硬状，富含铁锰质结核，局部富集成层，分布不均，一般厚 0~3m、2~6m 不等。物理力学指标：天然密度 ρ=1.96 g/cm³，天然含水率 ω=23.4%，天然孔隙比 e=0.74~0.80，液限 w_L=44.4%，塑性指数 I_p=22.2，黏聚力 c=33.0~73.0kPa，内摩擦角 φ=11.0°~16.7°，自由膨胀率 F_s=45%~76%。

2.3.1 现场试验方案设计

为获得膨胀土的竖向膨胀力，为云桂铁路膨胀土路堑基床设计提供合理的膨胀力参数，在典型弱—中、中—强两个膨胀土路堑工点分别进行竖向膨胀力原位试验,每个工点进行两组平行试验。

1) 试验体制作

(1) 在弱—中膨胀土和中—强膨胀土试验工点各开挖 2 个 3m×6m 矩形试验场地,共 4 个试验场地,场地开挖后进行人工整平 (图 2-1)。为避免平行试验之间的相互干扰,要求每个试验工点的两个试验场地相距 20~30m;

(2) 载荷试验中的堆载板面积通常为 0.25~0.5m²,最小不应小于 0.1m²,本次试验中选用正方形堆载板,面积为 0.5m²,则堆载板边长为 0.707m;

(3) 在场地中心下挖 5cm 后制作试体 (下挖 5cm 的目的是防止注水向四周流散),结合广西地区膨胀土的强烈大气影响深度,确定试验体深度为 150cm;

(4) 由于膨胀土的渗透系数小,为了增加土中渗水速度,在试验体表面上开挖深度和宽度均为 7cm 的渗水砂沟,纵横各三条等间距布置 (图 2-2),并在 9 个交点位置钻直径为 5cm,深度为 150cm 的竖向辅助渗水孔,砂沟和竖向渗水孔内充填粗砂并压实。

图 2-1　试验场地平整

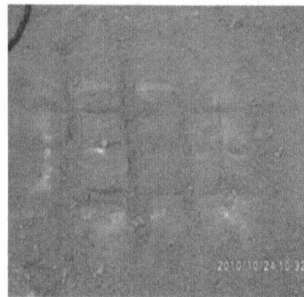

图 2-2　渗水砂沟设置

2) 试验设备

(1) 反力系统支柱:预制 20 根截面尺寸为 0.30m×0.30m×1.5m 的钢筋混凝土柱,4 根 0.40m×0.40m×1.5m 的钢筋混凝土柱,分别配 4ϕ10 主筋,箍筋 19ϕ8@80,并在一端将主筋伸出弯成吊钩,便于起吊;

(2) 承压板:预制 2 块钢筋混凝土板,尺寸为 0.707m×0.707m×0.15m,要求配上、下双层双向钢筋 9ϕ10@80,保护层厚度为 2.5~3.0cm,上下表面平整,并在一端预留吊钩,用于起吊;

(3) 堆载板:6mm 厚钢板 2 块;

(4) 其余试验设备:16t 螺旋千斤顶 4 个,大量程百分表 8 个,土压力盒 8 个,JMZX-3001 综合测试仪 1 台。

3) 土压力盒埋设

砂沟将试验体表面分成 16 块小正方形,将中心 4 个对称分布的小正方形作为竖向膨胀力监测点,按图 2-3 所示埋设土压力盒;土压力盒埋设后,在整个试验体上方覆盖无纺布,保证试验体表面能够均匀浸水,再盖上混凝土承压板。

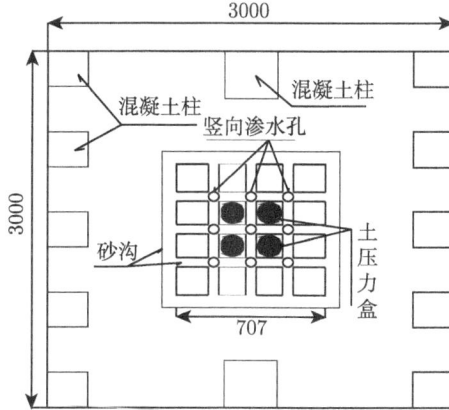

图 2-3 土压力盒平面布置图 (单位:mm)

4) 反力构架设置

按图 2-4 所示布设反力系统支承柱,在混凝土柱上架设工字钢梁,在梁上搭设堆载板,安装千斤顶。堆载重量确定:根据膨胀土室内试验结果,试验点膨胀力为 90~480kPa,试验体表面积为 $0.707 \times 0.707 = 0.5\text{m}^2$,所以,堆载量不应小于 24.5t,实际堆载量为 30t。

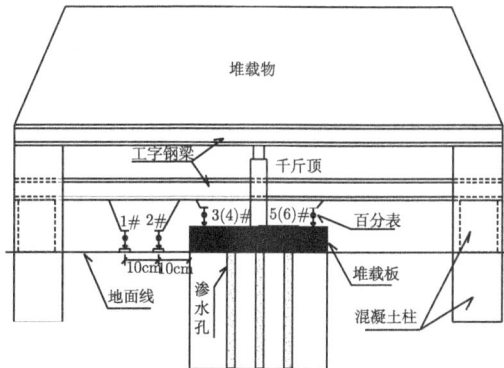

图 2-4 竖向膨胀力原位实验示意图

5) 变形观测系统

为准确监测膨胀土的浸水膨胀变形,单独架设钢梁,在钢梁上按照图 2-4 安置 6 个百分表,其中垫板上的百分表用于监测试体的竖向膨胀变形量,并根据监测结果随时调整千斤顶压力,保持试体竖向变形量始终为零;另外两个百分表分别布设在距离试体为 10cm 和 20cm 的位置,监测试验过程中试体周边地表的变形情况。

6) 试验过程

竖向膨胀力试验过程如图 2-5 所示,其具体步骤如下:①试验正式开始前,先用千斤顶施加预压力,使试验系统各部分紧密接触,记录土压力盒、百分表的初始读数;②向试验体注水,随时记录注水时间和注水量,试验过程中,试验体上方应始终保持有薄层水覆盖;③膨胀土浸水初期膨胀变形较快,因此,在试验开始阶段需要两名试验人员密切配合,其中一人负责调节千斤顶,当堆载板上百分表读数变化时,及时调节千斤顶,使百分表指针回到初始值,另一人负责读数,记录每次千斤顶调节前后的百分表和土压力盒读数,随着试验时间的增加,膨胀土的膨胀变形将逐渐放缓并趋于稳定,观测时间间隔可适当延长,当膨胀土竖向变形和膨胀力均保持不变时试验结束;④试验结束后分级卸载,并记录土压力盒读数及百分表读数,得到饱和状态膨胀土的变形规律。

(a)立柱埋设　　　　　　　　(b)堆载板设置　　　　　　　　(c)堆载

图 2-5　竖向膨胀力试验概况

2.3.2　试验结果对比与分析

1. 竖向膨胀力变化规律

1) 竖向膨胀力随浸水时间的变化规律

(1) 图 2-6、图 2-7 分别给出了弱—中膨胀土和中—强膨胀土竖向膨胀力的时程曲线。由图可知,中—强膨胀土竖向膨胀力与时间关系曲线呈现明显的"阶梯"式变化,而弱—中膨胀土竖向膨胀力与时间关系曲线则相对平滑。原因是中—强膨胀土具有强烈的膨胀性,加水后试验体在短时间内产生大幅度的膨胀变形,为使试体竖向变形保持不变,在试验过程中较大幅度地调整千斤顶反力,即曲线发生"跳跃"的地方为调节千斤顶反力的时间点。而弱—中膨胀土试验体加水后膨胀速度相对较慢,调整千斤顶反力幅度也相对较小,故试验曲线较为平滑。

(2) 弱—中膨胀土的竖向膨胀力随时间的变化曲线总体上呈缓变形,可划分为四个阶段,如图 2-6 所示。①初始快速膨胀阶段,试验开始后 0~1h,该阶段膨胀力的增加主要是由土压力盒下试验体表面膨胀土浸水后膨胀变形产生的。②过渡阶段，1~20h 期间，膨胀力随时间的增长继续增大，但增长速率不断减小，原因是：(a) 随着浸水时间的增加，表层膨胀土的晶格和粒间扩张逐渐完成，膨胀潜势逐渐减弱；(b) 膨胀土的渗透系数小，自地表下渗的水分有限，导致试验体内部发生膨胀变形的膨胀土相对减少；(c) 通过竖向辅助渗水孔入渗的水分主要集中在孔周边膨胀土内，主要产生径向膨胀变形，对竖向膨胀力的贡献不大。③二次线性增长阶段，20~200h 期间，该阶段膨胀力增长的主要原因是：(a) 水分通过试验体表面继续向内部缓慢渗透引起的土体膨胀变形；(b) 竖向辅助渗水孔周边土体的径向膨胀变形逐渐完成，水分以稳定速率向土体内部缓慢渗透，引起试验体内部膨胀土发生膨胀变形，因此，膨胀力的增长速率小，持续时间长，且该阶段产生的膨胀力增量在四个阶段中最大。④渐趋稳定阶段，随着浸水时间的不断延长，试验体范围内膨胀土膨胀变形逐渐趋于稳定，相应的膨胀力也逐渐趋于稳定。

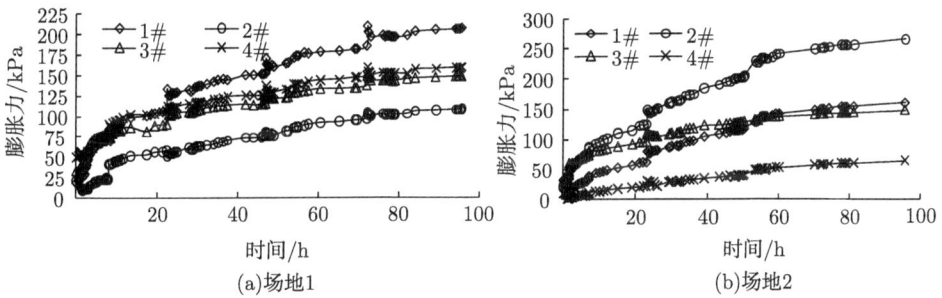

图 2-6　弱—中膨胀土竖向膨胀力时程曲线

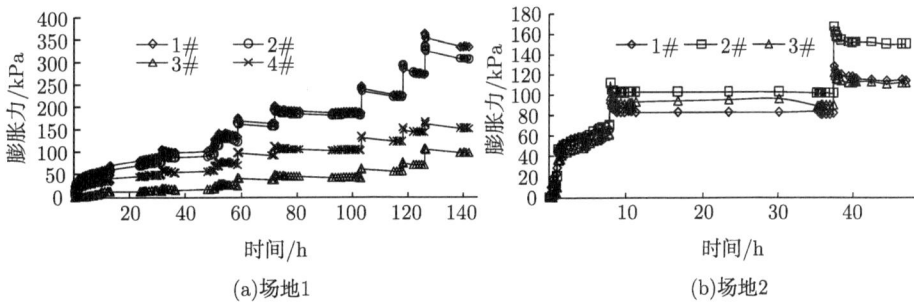

图 2-7　中—强膨胀土竖向膨胀力时程曲线

(3) 中—强膨胀土两组平行试验中竖向膨胀力随浸水时间的变化规律总体上相似，即随着浸水时间的增长，膨胀力逐渐增大，并最终趋于稳定，如图 2-7 所示。但场地 2 和场地 1 的变形规律也存在着明显差异，即场地 1 的膨胀力在浸水初期和中期基本呈线性缓慢增长，在后期逐渐趋于稳定，而场地 2 的膨胀力在浸水初期迅速增大，浸水 10h 时产生的膨胀力约占最大膨胀力的 70%，后期膨胀力增量相对较小，试验总用时明显少于场地 1。出现这种差异的原因是：场地 2 试验是在场地 1 试验开始 2d 后才进行的，在场地 1 的试验过程中发现竖向辅助渗水砂沟的渗水效果比预想的差，为此，在进行场地 2 试验时，在渗水砂中先埋设塑料导水管，管中充填粗砂，管壁上钻有均匀分布的出水小孔，导水管外再用粗砂填充，从而加快水分进入试体内部的速度。从试验结果可知，埋设导水管后大大缩短了试验时间，说明原位大体积膨胀土的膨胀力发展规律与渗水通道的畅通情况密切相关，渗水通道畅通，膨胀初期阶段膨胀力增长速度快，反之亦然。

从上述分析可知，现场试验中膨胀力的发展过程与室内试验不同，室内试验中膨胀力主要增长阶段是初始阶段，且"二次线性增长阶段"不存在或不明显。作者认为出现这种差异的原因是室内试验所用试样体积较小，加水后土样吸水并很快达到饱和，其膨胀变形相当于现场试验中试验体表层土体的膨胀变形过程，无法反映大体积膨胀土或膨胀土地基浸水后深层膨胀土的膨胀变形影响，因此，本书采用的现场试验方法是合理的，试验结果能够真实地反映现场膨胀力的大小和发展规律。

根据图 2-6 和图 2-7 的结果，不同类型膨胀土在浸水状态下，膨胀土压力随时间的变化特征如图 2-8 所示。由图可得，随着时间的增长，膨胀土中的湿度状态发生改变，膨胀土压力逐渐增加；当达到一定的时间之后，膨胀土中的含水状态趋于稳定，而膨胀土压力也逐渐稳趋于一稳定值；膨胀土压力随时间的变化特征可采用指数函数拟合，见公式 (2-1)。图 2-8(b) 中曲线 NO.4 相对于曲线 NO.1~NO.3，膨胀土压力较快达到了稳定值，主要原因是：在试验过程中为加快膨胀土地基的浸水状态，试验前预先在地基中设置渗水砂井，故曲线 NO.4 达到稳定时间较快。

$$指数函数拟合: p = p_0 + Ae^{-t/B} \tag{2-1}$$

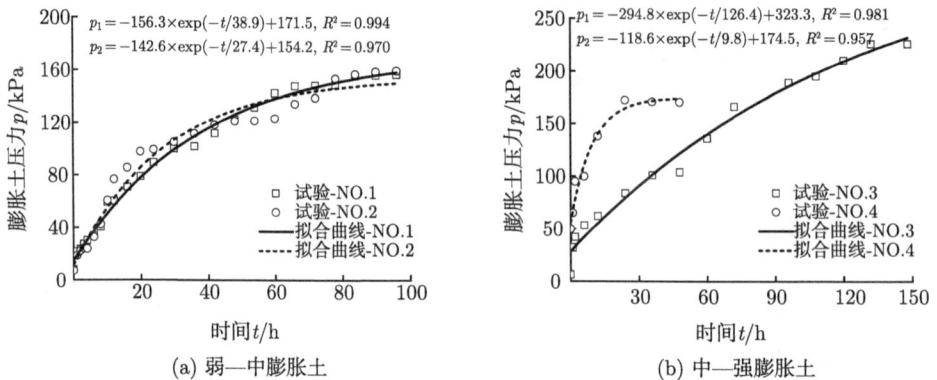

$p_1 = -156.3 \times \exp(-t/38.9) + 171.5, R^2 = 0.994$
$p_2 = -142.6 \times \exp(-t/27.4) + 154.2, R^2 = 0.970$

$p_1 = -294.8 \times \exp(-t/126.4) + 323.3, R^2 = 0.981$
$p_2 = -118.6 \times \exp(-t/9.8) + 174.5, R^2 = 0.957$

(a) 弱—中膨胀土　　　　　　　　(b) 中—强膨胀土

图 2-8　竖向膨胀土压力随时间变化曲线

2) 竖向膨胀力与含水率增量的变化关系

由于此次试验要求尽可能不扰动膨胀土试验体的自然状态, 所以没有对试验体四周及底面采取隔水措施, 试验过程中可能存在部分水分通过膨胀土裂隙向试验体外渗漏的现象, 这里给出的试验体含水率增量是根据每次的加水量, 在忽略渗漏情况下的理论计算值, 其计算模式如下:

$$\Delta\omega = \frac{\Delta m_\mathrm{w} + m_\mathrm{w}}{m_\mathrm{s}} \times 100\% - \omega_0 \tag{2-2}$$

式中: $\Delta\omega$ 为试验体含水率增量; Δm_w 为加水质量; m_w 为天然状态下试验体中水的总质量; m_s 为试验体干土质量; ω_0 为试验体初始含水率。

以中—强膨胀土试验组场地 1 为例, 试验结束后测得试验体膨胀土的含水率平均为 29.93%, 而按式 (2-2) 计算的试验体含水率增量为 15.05%, 则试验结束时试验体膨胀土的理论计算含水率应为 $\omega_0 + \Delta\omega$=16.45+15.05=31.5%, 理论计算值略大于实测值, 说明采用式 (2-2) 计算试验体含水率增量的方法是可行的, 因此, 按照式 (2-2) 计算试验工程中试体的含水率增量, 并绘制竖向膨胀力与含水率增量之间的关系曲线, 如图 2-9 和图 2-10 所示。

(1) 由图 2-9 中可知, 对于弱—中膨胀土试验点的两组平行试验, 当含水率增量为 0~2% 时, 膨胀力基本保持不变, 这是因为该工点膨胀土的膨胀性较小, 试样平均含水率增加 2% 时土体的膨胀变形不显著; 随着加水量的增多, 膨胀土膨胀变形幅度增大, 膨胀力随之增大; 膨胀力随含水率增量的发展过程为缓变形, 与弱—中膨胀土竖向膨胀力随时间 (图 2-7) 发展过程基本相似。

(2) 由图 2-10 中可知, 中—强膨胀土竖向膨胀力随含水率增量的变化过程基本呈四个明显的变化阶段: ①初始快速增长阶段, 含水率增量为 0~2.0%; ②过渡阶段, 含水率增量为 2.0%~6.71%; ③二次线性增长阶段, 含水率增量为 6.71%~14.26%; ④稳定阶段, 含水率增量为 14.26%~15.05%。

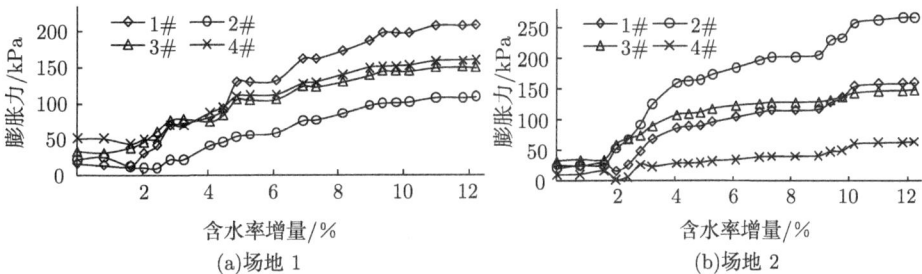

图 2-9 弱—中膨胀土竖向膨胀力与含水率变增量关系曲线

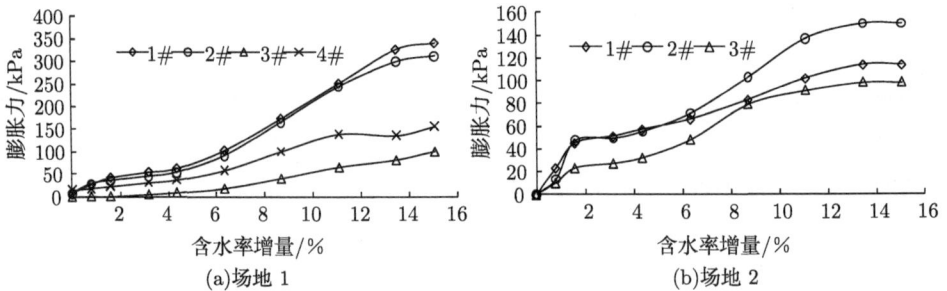

(a)场地 1　　　　　　　　　　　　(b)场地 2

图 2-10　中—强膨胀土竖向膨胀力与含水率增量关系曲线

根据图 2-9 和图 2-10 结果,不同类型膨胀土在浸水状态下,膨胀土压力随体积含水量的变化特征如图 2-11 所示。由图可得,膨胀土压力随体积含水率的变化特征近似呈倒 S 形分布,其发展过程可分为三个阶段:I 缓慢增长期,II 迅速增长期,III 平稳增长期;膨胀土压力随体积含水率的变化特征可采用 Slogistic 函数拟合,见公式 (2-3)。

$$\text{Slogistic1 拟合}:p = \frac{A}{1 + e^{-K(\theta_w - \theta_0)}} \tag{2-3}$$

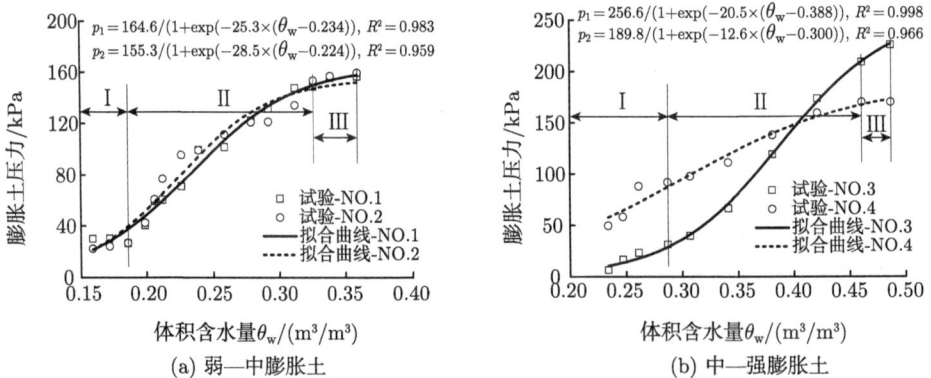

(a) 弱—中膨胀土　　　　　　　　(b) 中—强膨胀土

图 2-11　竖向膨胀土压力随体积含水率变化曲线

3) 竖向膨胀力原位试验结果离散性内因分析

试验前在试验体表面布设 4 土压力盒,并按顺时针方向分别标记为 1#, 2#, 3#, 4#, 目的是得到尽可能多的测量竖向膨胀力,同时 4 个土压力盒的监测结果也可形成互相校正。表 2-11 分别给出了中—强、弱—中膨胀土的竖向膨胀力最终试验结果:①中—强膨胀土试验段场地 1 的膨胀力试验结果为 100~338kPa,平均值为 225.8kPa,场地 2 的膨胀力试验结果为 112~150kPa,平均值为 125.3kPa;②弱—中膨胀土试验段的两组竖向膨胀力变化区间分别为 109~208kPa,64~266kPa,但二者的平均值基本相等。

表 2-11　竖向膨胀力试验结果 (kPa)

元器件编号	W-1	W-2	W-3	W-4	均值	仪器编号	S-1	S-2	S-3	S-4	均值
弱—中膨胀土地基 -NO.1	208	109	149	160	156.5	中—强膨胀土地基 -NO.3	338	311	100	155	225.8
弱—中膨胀土地基 -NO.2	160	266	148	64	169.5	中—强膨胀土地基 -NO.4	114	150	112	—	125.3
弱—中膨胀土计算值			160			中—强膨胀土计算值			230		

结合竖向膨胀力随时间、含水率增量的变化规律，经分析后认为引起竖向膨胀力试验结果出现较大离散性的主要原因是：①原状试验体中的胀缩裂隙、夹杂砾石等分布不均匀性，导致浸水后试验体的膨胀变形具有不同步性；②侧向约束条件对膨胀土的膨胀变形具有显著影响，若侧向约束能力强，试体侧向变形小，竖向膨胀力大；③试验中采用两个千斤顶提供反力，而两个千斤顶布置的对称性、试验工程中的调节量不可避免地都会存在差异，从而导致堆载板下的土压力盒受力不同。

在工程设计和计算中，对于重要的、主要承受膨胀力作用的构筑物，竖向膨胀力取最大值，即中—强膨胀土 338kPa、弱—中膨胀土 266kPa；而对于一般构筑物，则可取试验结果平均值，即中—强膨胀土 125.3~225.8kPa、弱—中膨胀土 156.5~159.5kPa。

2. 周围土体隆起变形规律

膨胀土的浸水膨胀变形与侧向约束条件密切相关，而试验体周边地表隆起情况是侧向约束力大小的重要反映，地表隆起量大，则试验体侧向变形大，说明试验体受到的侧向约束力小，反之亦然。为此，在距试验体 10cm 和 20cm 的位置布设 2 个百分表，监测地表隆起变形情况。

图 2-12 和图 2-13 给出分别给出了弱—中、中—强膨胀土试验段各试验体周边地表变形时程曲线。经分析可知：试验体周边地表的变形量随着试验时间的增长而增大，当竖向膨胀力逐渐趋于稳定时，试验体周边地表的变形也随之趋于稳定。

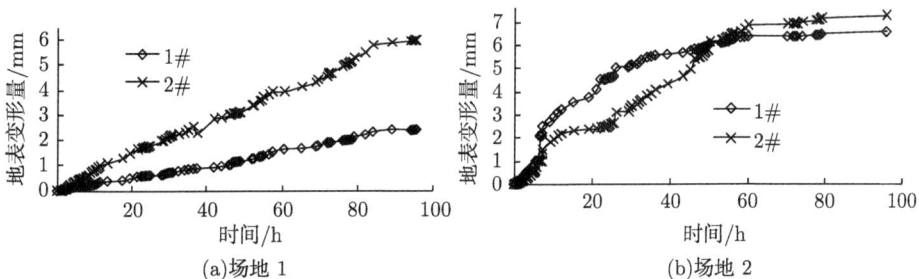

图 2-12　弱—中膨胀土试验体周边地表变形时程曲线

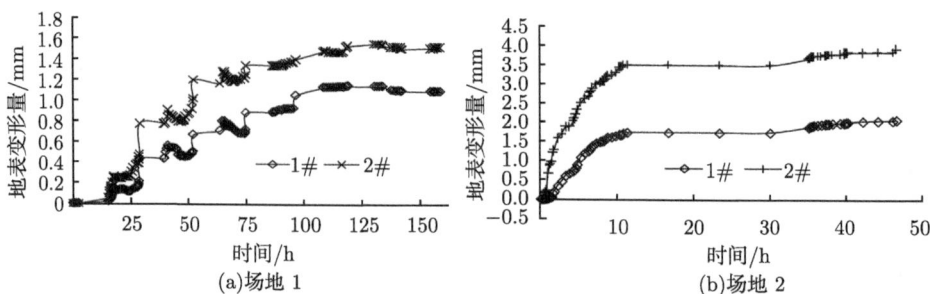

(a)场地 1　　　　　　　　　　　(b)场地 2

图 2-13　中—强膨胀土试验体周边地表变形时程曲线

　　试验体周边地表产生隆起的原因是：①试验过程中部分水分通过渗透、胀缩裂隙等方式向试验体周边膨胀土中渗透，引起相应的膨胀变形，由于竖向辅助渗水孔距离试验体侧边最近尚有约 20cm，渗透水量有限，因此这部分隆起变形量可忽略不计；②试验体膨胀土浸水后产生膨胀变形，但在上覆反力荷载作用下，竖向膨胀变形受到约束，试体内部膨胀压力不断累积增大，当膨胀压力大于周边土体的侧向约束力与试验体内结合力之和时，试验体开始发生侧向膨胀变形，并导致地表隆起，可以将这种现象定义为"膨胀变形的侧向转移"。因此，工程中在抑制膨胀土某方向上的膨胀变形时，必须考虑到可能发生膨胀变形侧向转移，从而对周边其他构筑物造成破坏。

3. 膨胀力与变形量的关系

　　目前，针对膨胀土原位竖向膨胀力变形量与关系的研究资料较少。为此，此次竖向膨胀力试验结束后，两名试验人员对堆载板上的两个千斤顶同步分级卸载，当每级荷载下膨胀土变形稳定后，测定对应的变形量，然后再次卸载，直至荷载为零。

　　弱—中膨胀土膨胀力与变形量关系曲线则基本呈非线性，特征不显著(图 2-14)，场地 1 和场地 2 的最大变形量分别为 0.77mm 和 0.54mm。中—强膨胀土试验段两组膨胀力与变形量之间的关系曲线如图 2-15 所示。由图可知，膨胀力与变形量关系曲线基本呈线性或指数曲线型。随着上覆荷载的减小，膨胀土试验体的竖向变形量逐渐增大，场地 1 和场地 2 的最大变形量分别为 0.77mm 和 0.44mm。由此可知，如果允许膨胀土发生较小的膨胀变形，即可大幅度地减小构筑物受到的膨胀力，工程中可以利用这一点，通过在膨胀土与构筑物之间设置减胀层或使构筑物具有一定的变形能力，从而达到以柔治胀的目的。

　　根据图 2-14 和图 2-15 结果，图 2-16 为不同类型膨胀土在浸水状态下，膨胀土压力随累积膨胀变形的变化特征。由图可得，随着膨胀变形量的增加，膨胀土土压力逐渐减小而趋于稳定，其衰减变化过程可采用指数函数拟合，见式 (2-4)。

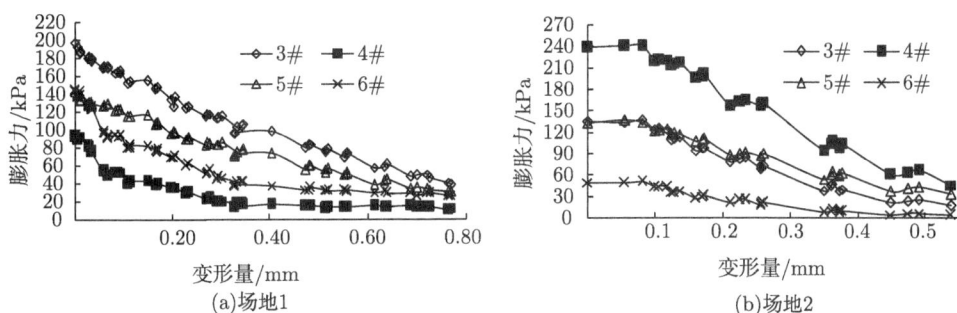

图 2-14　弱—中膨胀土卸荷时膨胀力与变形量关系曲线

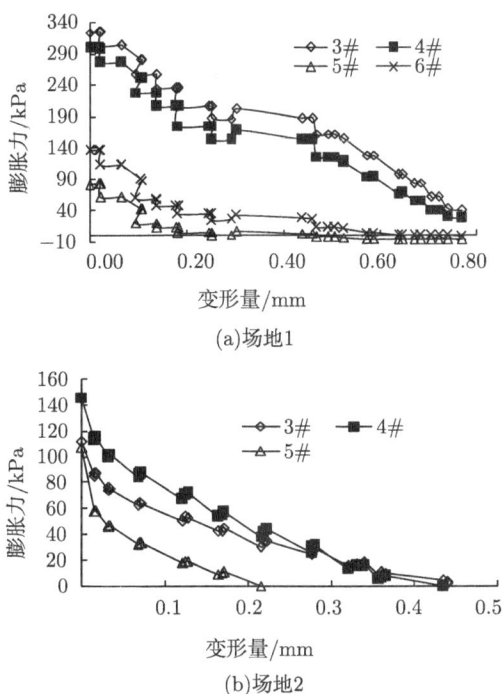

图 2-15　中—强膨胀土卸荷时膨胀力与变形量关系曲线

此结果表明,若要约束膨胀土浸水后引起膨胀变形,就需要较大的竖向压力;相反,若允许膨胀土发生一定的变形量,则所需的竖向约束力就显著降低。在满足工程要求的前提下,允许一定的变形量,降低被动加固措施,这一思想被用于膨胀土工程处置中将具有重要意义。文献 [152] 在新建时速 200km 合肥—南京客货共线铁路大区域改良膨胀土路基施工中就是采用了此理念——容许微变形法,在允许路堑与低路堤产生微小膨胀变形量的情况下,由于膨胀力在一定程度上得到了释放,在平衡残余膨胀力时,对路堑与低矮路堤自重荷载值的要求也相应降低,故能减小路堑

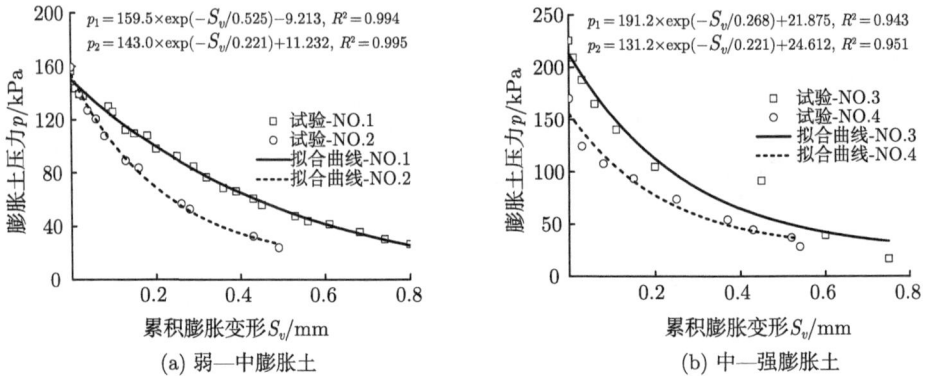

图 2-16 竖向膨胀土压力随累积膨胀变形变化曲线

与低矮路堤基床范围内改良膨胀土的换填厚度。

$$指数函数拟合: p = p_0 + Ae^{-S_v/B} \tag{2-4}$$

2.4 膨胀土动三轴试验

2.4.1 试验方案设计

选取云桂铁路典型膨胀土样进行动三轴试验, 其中: 弱—中膨胀土呈褐红色, 粉质黏土质, 硬塑状, 土质不均匀, 夹有少量泥岩, 天然密度 ρ=2.04 g/cm³, 天然含水率 ω=12.6%, 液限 w_L=46.7%, 塑限 w_P=23.6%, 塑性指数 I_p=23.1, 最优含水率 $w_{最优}$=14.1%, 最大干密度 $\rho_{d,max}$=1.78g/cm³; 中—强膨胀土呈黄褐色、砖红色夹灰白色, 硬塑至坚硬状, 土质较纯, 天然密度 ρ=1.89 g/cm³, 天然含水率 ω=15.8%, 液限 w_L=48.6%, 塑限 w_P=25.2%, 塑性指数 I_p=25.2, 最优含水率 $w_{最优}$=12.8%, 最大干密度 $\rho_{d,max}$=1.94 g/cm³。

本次试验采用全自动应变控制式三轴仪 (DDS-70 型应力控制电磁式振动三轴试验系统): 包括反压力控制系统、围压控制系统、压力室、孔隙压力测试系统、数据采集系统和试验机等。试验仪器主要技术参数: ①试验尺寸: Φ9.1 mm×80 mm; ②最大轴压: 1.37 kN; ③最大围压: 0.6 MPa; ④反压: 0.3 MPa; ⑤加载频率范围: 1~10 Hz; ⑥最大轴向位移: 200 mm。

采用 DDS-70 型应力控制电磁式振动三轴试验系统, 进行不同压实度和不同膨胀性 (弱—中、中—强) 膨胀土的动三轴试验 (表 2-12), 获得相应的临界动应力 σ_{dcr}, 并利用其对云桂铁路路堑基床的长期动力稳定性进行评价。本次试验中的基本加载参数为: 加载频率 7.0Hz, 围压 35.0kPa, 固结比 1.5, 加载次数 10000 次。试验的终止条件为：①某级动应力作用下轴向动应变幅值达到 10%；②轴向动应变幅值尽管小于 10%，但试件已破坏。

表 2-12 膨胀土样参数与加载条件

试验组	土样类型	含水率	压实系数	加载频率 f/Hz	固结比 K_c	围压 σ_{3c}/kPa
NO.1		饱和	0.80	7.0	1.5	35.0
NO.2	弱—中膨胀土	饱和	0.91	7.0	1.5	35.0
NO.3		天然含水率	0.91	7.0	1.5	35.0
NO.4	中—强膨胀土	饱和	0.80	7.0	1.5	35.0
NO.5		饱和	0.91	7.0	1.5	35.0

2.4.2 试验结果分析

1) 密实度为 0.80 时饱和膨胀土的临界动应力

图 2-17 给出了密实度为 0.80 时饱和膨胀土的轴向动应变随振动次数的变化关系曲线，图 2-17(a) 可得：①1~6 级动应力 (幅值为 3.81~15.38kPa) 时，曲线为稳定型曲线；②7~8 级动应力 (幅值为 16.89~19.31kPa) 时，曲线为过渡型曲线；③9~10 级动应力 (幅值为 20.12~25.86kPa) 时，曲线为破坏型曲线；因此，饱和弱—中膨胀土在临界动应力为 16.1kPa。同理，由图 2-17(b) 可得饱和中—强膨胀土临界动应力为 10.9 kPa。

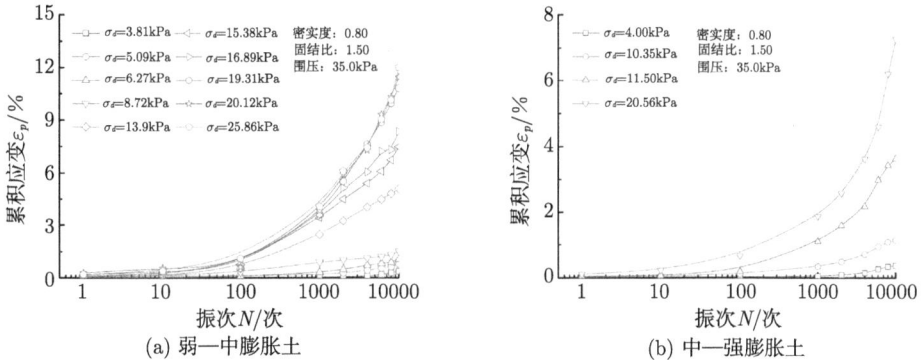

(a) 弱—中膨胀土   (b) 中—强膨胀土

图 2-17 密实度为 0.80 时饱和膨胀土应变随振动次数变化规律

2) 密实度为 0.91 时饱和膨胀土的临界动应力

图 2-18(a) 给出了密实度为 0.91 时饱和弱—中膨胀土轴向动应变随振动次数的变化关系曲线。由图可知：①1~6 级动应力 (幅值为 18.5~36.4kPa) 时，曲线为稳定型；②7 级动应力 (幅值为 40.3kPa) 时，曲线为过渡型；③8~10 级动应力 (幅值为 43.8~54.5kPa) 时，曲线为过渡型；因此，密实度为 0.91，饱和弱—中膨胀土的临界动应力取稳定性曲线族第 6 级 36.4kPa。

图 2-18(b) 给出了密实度为 0.91 时饱和中—强膨胀土轴向动应变随振动次数的变化关系曲线。由图可知：①1~2 级动应力 (幅值为 25.9~27.8kPa) 时，曲线为稳定型曲线；②3~7 级动应力 (幅值为 29.2~41.4 kPa) 时，曲线为过渡型曲线；③8~10 级动应力 (幅值为 43.8~51.6 kPa) 时，曲线为破坏型曲线；因此，密实度为 0.91 时饱和中—强膨胀土的临界动应力采用稳定性曲线族第 2 级 27.8kPa。

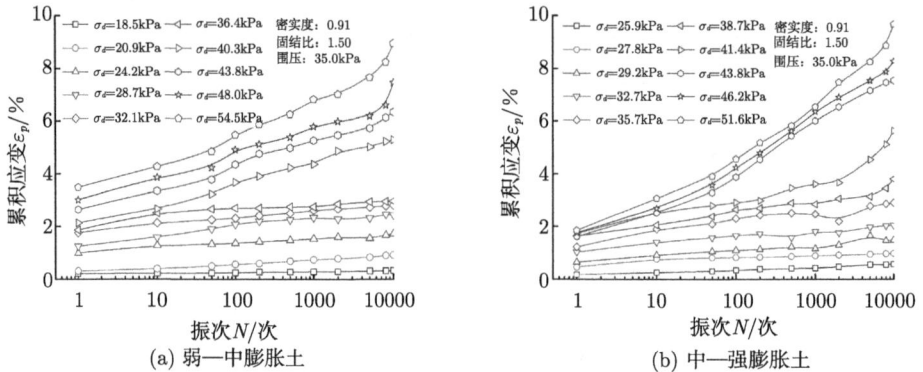

图 2.18　密实度为 0.91 时饱和膨胀土应变随振动次数变化规律

3) 密实度为 0.91 时天然含水率弱—中膨胀土临界动应力

图 2-19 给出了密实度为 0.91 时天然含水率弱—中膨胀土轴向动应变随振动次数的变化关系曲线。由图可知：①1~6 级动应力 (幅值为 28.6~59.4kPa) 时，曲线为稳定型；②7~10 级动应力 (幅值为 62.6~71.0 kPa) 时，曲线为破坏型；因此，密实度为 0.91，天然含水率弱—中膨胀土的临界动应力取稳定性曲线族第 6 级 59.4kPa。

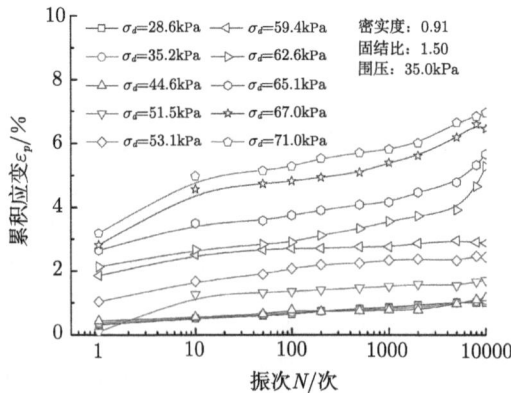

图 2-19　密实度为 0.91 时天然含水率弱—中膨胀土应变随振动次数变化规律

根据上述分析表明，膨胀土的临界状态介于衰减型和破坏型之间，即临界动应力在某一范围内变动。结合图 2-17~图 2-19 试验结果可知，不同试验条件下的重塑膨胀土样临界动应力见表 2-13。由表可得,饱和状态下的中—强膨胀土临界动应力值较弱—中膨胀土小,由此也反映了膨胀土强度等级越高,其受湿度状态变化影响越大,强度衰减响应越显著。

表 2-13 膨胀土临界动应力统计表

试验组	土样类型	含水率	压实系数	加载频率 f/Hz	固结比 K_c	围压 σ_{3c}/kPa	临界动应力 σ_{dc}/kPa 范围	均值
NO.1	弱—中膨胀土	饱和	0.80	7.0	1.5	35.0	8.7~16.1	16.1
NO.2		饱和	0.91	7.0	1.5	35.0	28.7~36.4	36.4
NO.3		天然含水率	0.91	7.0	1.5	35.0	53.1~62.6	59.4
NO.4	中—强膨胀土	饱和	0.80	7.0	1.5	35.0	10.9~11.5	10.9
NO.5		饱和	0.91	7.0	1.5	35.0	27.8~32.7	27.8

2.5 本章小结

膨胀土的胀缩变形是引起膨胀土地区铁路基床病害的根本原因,因此,开展膨胀土原位竖向膨胀力试验、室内模型试验等对于掌握云桂铁路沿线膨胀土变形特性具有重要的意义,也为铁路基床结构设计提供试验数据支撑,研究结果如下所述。

(1) 借鉴平板载荷试验,按照“平衡加荷法”原理,进行了竖向膨胀力现场试验,测试结果说明该方法能够真实地反映膨胀力的实际值;弱—中膨胀土压力设计建议值为 160 kPa,中—强膨胀土压力设计建议值为 230 kPa。

(2) 膨胀土地基浸水后产生膨胀土压力,呈现先增大后逐渐稳定分布,且膨胀土压力随时间的变化特征可采用指数函数拟合,其表达式为 $p = p_0 + A\exp(-t/B)$;膨胀土压力随体积含水率的变化特征近似呈倒 S 形分布,其发展过程可分为缓慢增长期、迅速增长期和平稳增长期三个阶段,并可采用 Slogistic 函数拟合,其表达式为 $p = A/[1+\exp(-K(\vartheta_w-\vartheta_0))]$;膨胀土压力随膨胀变形量增加先减小而后逐渐趋于稳定,其衰减变化过程可采用指数函数拟合,其表达式为 $p = p_0 + A\exp(-S_v/B)$。

(3) 当膨胀土的竖向膨胀变形受到刚性约束时,试验体产生侧向膨胀变形,对周边土体形成膨胀压力,并导致地表隆起。因此,工程中在抑制膨胀土某方向上的膨胀变形时,应特别注意可能发生膨胀变形侧向转移,从而对周边构筑物造成破坏。

(4) 竖向膨胀力试验中的膨胀力与变形量之间的关系与土体的膨胀性强弱有关,若允许膨胀土发生小幅膨胀变形,可大幅度减小构筑物所受到的膨胀压力。

(5) 通过膨胀土动三轴试验,给出了不同试验条件、不同状态的重塑膨胀土样临界动应力稳定参数界限指标。

第3章 基于 SAWI 层的铁路膨胀土路堑基床结构设计

随着我国高速铁路的快速发展,涌现出大量的膨胀土工程,给膨胀土及其相关工程问题的深入研究提供了强大的发展动力,同时也提出了严峻的挑战。根据现有的研究成果表明,膨胀土基床病害的三个主要因素分别为水、基床填料种类、动力荷载,并指出膨胀土基床病害整治原则应针对这三个主要因素采取主攻其一,兼顾其他的综合措施。动力荷载在基床病害产生和恶化过程中的贡献与基床填料种类和基床防排水系统密切相关,而基床填料种类可以根据铁路相关设计规范,选用符合相关铁路等级标准要求的材料,因此,膨胀土基床长期稳定性最关键的问题是基床的防排水措施。

膨胀土地区的铁路地基常因干湿循环作用而产生不均匀胀缩变形,严重影响路基结构安全及列车的正常运营。因此,高速铁路对膨胀土路堑基床结构功能的要求也更为严格。既有南昆铁路膨胀土路堑地段,采用复合防排水板封闭基床或膨胀土改性换填等方法进行了路基整治,但运营后路基病害 (如基床下沉、隔水层失效等) 不断,且屡治无效,严重影响着线路正常运输及行车安全,由此说明采用传统柔性防水措施处置膨胀土路基效果并不理想。云桂高速铁路与既有南昆铁路走向基本一致,所经之处存在大量的膨胀土路堑地段,为解决膨胀土基床病害难题,研发了一种半刚性改性沥青复合防水材料,铺设在膨胀土路堑基床中,设置一道应力吸收–防水层 (stress-absorbing waterproof interlayer,SAWI),以增强基床防排水性能及协调基底膨胀土产生的不均匀变形,从而提高气候因素与列车动荷载共同作用下基床结构的适应性和耐久性。

3.1 铁路膨胀土路堑基床病害作用机制

3.1.1 既有南昆铁路路基服役破坏特征分析

近年来,我国西部地区交通工程快速发展,涌现出大量的膨胀土工程。既有南昆铁路膨胀土路基病害以百色盆地与南宁盆地最为典型。南昆铁路百色工务段管内的膨胀土 (岩) 路基病害主要分布在那厘—百色区段和那厘—江西村区段局部地区,其中那厘—百色区段 (下称那百段) 膨胀土病害最为集中。南宁盆地膨胀性红土的天然含水率、天然孔隙比、液限、塑限、塑性指数、缩限较百色盆地膨胀土 (岩)

高，但胀缩性却比百色盆地膨胀土 (岩) 低，且膨胀岩比膨胀土具有更强的膨胀性，对路基工程危害更大。那百段全段长 112.034km，其中膨胀土 (岩) 路基长度 59km，占总长度的近 60%。那百段的膨胀土含有大量蒙脱石、高岭土和伊利石，具有高膨胀、高含水、高碎裂等特性。南昆铁路自运营后膨胀土的路基病害逐步暴露出来，基床下部的膨胀土 (岩) 在地下水和地表水的反复作用下发生胀缩变形，加之铁路路基上部直接承受列车动力荷载作用，造成了南昆铁路路基基床病害严重。现场调查发现，仅 DK038+050~DK207+750 膨胀土路段共发生路基病害 78 处，其中基床病害 25 处，路堤病害 22 处，路堑病害 11 处，路肩病害 6 处，边坡病害 6 处，护坡病害 2 处，挡墙病害 3 处及其他病害 3 处，其典型病害工点如图 3-1 所示。

(a) 膨胀土裂隙　　(b) 膨胀岩外观　　(c) 雨水冲蚀
(d) 路堑边坡滑塌　　(e) 路堑边坡溜坍　　(f) 路堤边坡滑塌
(g) 基床下沉　　(h) 基床翻浆　　(i) 基床冒泥
(j) 侧沟外挤　　(k) 侧沟塌陷　　(l) 侧沟胀裂

图 3-1　膨胀土路基结构破坏特征

1) 典型病害工点 I——翻浆冒泥、基床下沉

林逢车站位于百色盆地低矮的丘陵上，路基在该段路堑通过。基床土体为下第三系 (E_{2-3n}) 的绿色、灰黄色及灰白色泥土 (岩)，矿物成分中蒙脱石含量达 32%，自由膨胀率 F_s 为 82%~92%，属中—强膨胀土 (岩)，其强度指标远低于一般膨胀土。铁路初建时对该处膨胀土 (岩) 的胀缩性能认识不足，仅对基床进行一般的处理，如上覆土工布等，导致运营后该段线路病害十分严重，表现为钢轨变形严重、翻浆冒泥、基床下沉及侧沟外挤等，严重影响行车安全。

针对病害原因采取的整治措施：针对那读组膨胀土 (岩) 低强度高膨胀性的特点，先后对站场内三股道进行大揭盖，用不同的方法进行整治，其中 I 道采用石灰桩加砂垫层；II 道采用换填二灰改性土；III 道采用换填中粗砂与塑料排水板的处置措施。

2) 典型病害工点 II——基床下沉外挤

本病害工点位于南昆铁路坡圩—六塘区间，路堑高 4m、$R=1000m$ 的曲线上。该处位于右江二级阶地，属于下第三系那读组 E_{2-3n} 地层。基床表层为换填的弱膨胀土，底层为原状的中—强膨胀土，无隔水层。施工中为防止路肩墙外倾，在路肩墙与边坡挡墙间增设了钢筋混凝土撑。通车不久，DK195+692~DK195+750 段基床土从道床坡脚挤出，DK195+692~DK195+724 段最为严重。部分路肩墙也被挤坏，线路下沉，轨道几何尺寸不能保证，工务段以紧急补修维持通车，曾被迫限速 15~25km/h。

病害原因分析：膨胀土基床浸水软化后抗剪强度骤降，在列车动荷载作用下逐渐下沉外挤。现场开挖发现其破坏为土力学中典型的地基整体剪切破坏形式。DK195+695~DK195+724 段下沉外挤最为严重，与线路纵断面有关。DK195+724 为变坡点，向南宁方向为平坡，向昆明方向为 0.4% 上坡，本段位于坡道下方，由于地表水的纵向汇集，故积水和病害最为严重。

针对病害原因采取的整治措施：①强化防排水措施，基床中铺设塑料排水板加强防排水；②膨胀土换填；③两端设横向截水盲沟，为截断基床中纵向地表水，在两端各设一条横向盲沟。

3) 典型病害工点 III——基床下沉

本病害工点位于南昆铁路 (DK127+718~DK128+270) 思林—林逢区间，线路平面为左向曲线。线路运营后出现基床下沉、片石路肩倾倒等，其中，路堤地段 DK127+775~DK127+825，DK128+160~DK127+200 左侧路肩挤坏，路堑地段 DK127+970~DK128+155 右侧路肩挤出。

原因分析：①根据挖探取土表明，基床病害段的基床内均有陷槽，土质呈软塑状，土样试验自由膨胀率为 46%~50%，属弱膨胀土；②基床内铺设的土工布未能

发挥隔水的作用，使得基床内土体浸水软化、强度降低而逐渐发生下沉外挤；③在膨胀土路堑地段，基床下地下水丰富，而原基床未设置有效的排水措施，导致基床内积水严重，加剧了基床病害的发展。

针对病害原因采取的整治措施：①隔水排水，上层采用塑料排水板隔排水，路肩下设纵向渗水盲沟加强排水；②换填基床膨胀土。

3.1.2 膨胀土路堑基床灾害类型及作用机制

基床是路基上部直接承受列车动力荷载作用的一层，也是受水文、气候变化影响最大的一层。根据上述分析，膨胀土路堑基床病害可归纳为下沉、上膨、开裂、翻浆、冒泥、道砟囊、侧向挤压破坏、排水不畅等。列车荷载与气候环境共同作用下的膨胀土路堑基床病害作用机制如图 3-2 所示。

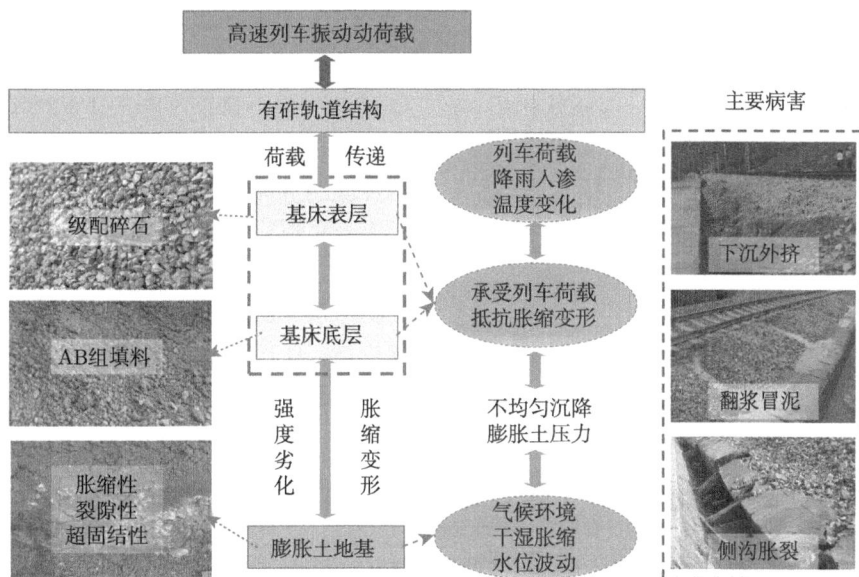

图 3-2　列车荷载与气候环境共同作用下基床病害作用机制

下沉外挤：在土体自重、列车静/动荷载和气候影响的胀缩变形共同作用下产生的不均匀沉降，使基面出现反坡和起伏，甚至产生裂隙和变形等，并往往伴随着向侧沟外挤出。

开裂：由于膨胀土 (岩) 的干湿胀缩作用，在气候干湿交替作用下极易产生胀缩变形，一般沿轨道延伸方向产生纵向裂缝。

翻浆冒泥：基床膨胀土由于水的浸湿软化，在动荷载作用下形成液化泥浆，沿道砟孔隙向上翻冒，使泥浆侵入道床。

道砟陷槽与道砟囊：膨胀土基床中土体软化后，道砟被压入基床土体中形成凹陷道槽；碎石等道砟易陷入或被挤入泥化的基床土体中而形成囊状结构，即道砟囊，而道砟囊又成为渗水通道和储水载体，进一步使深层土体膨胀泥化，加剧道砟囊的发展，形成恶性循环。

通过大量的工程实践证明，导致膨胀土路堑基床产生病害的主要原因有以下几点。①自身因素：由于膨胀土中含有蒙脱石、伊利石和高岭石等黏土矿物组分，具有干缩湿胀、强亲水性和裂隙特性，这些特性是导致膨胀土路基发生病害的主要内因，在干湿环境作用下，膨胀土体将反复胀缩变形，强度劣化特征显著。②气候因素：膨胀土的性质对湿度变化十分敏感，气候因素将引起膨胀土的含水率变化而导致膨胀土的物理力学特性极不稳定，因此，外界自然条件是膨胀土路基产生病害的外因之一；在水、气候等外界自然条件作用下，膨胀土的裂隙发育、胀缩变形和风化碎裂十分显著；降雨、地下水位变化、基床内部长期积水和地表水下渗等的反复作用，导致基床中的膨胀土不断发生胀缩变形、强度衰减进而造成累积损伤。③列车因素：列车运行过程中产生的静/动力荷载反复作用是膨胀土路基产生病害的又一外因，膨胀土路基湿胀软化后，在列车荷载作用下路基不断产生塑性变形，路基明显下沉，并伴随有基床开裂、翻浆、冒泥等病害。④设计因素：基床结构型式、防排水措施、设计技术标准等不科学或不合理的设计。对膨胀土特性的认识不全面，对基床结构应力状态、换填厚度、路基密实度等关键参数控制标准不足，导致基床结构性能不能满足服役条件下的要求。⑤施工因素：在路基施工过程中，施工质量控制不严，施工流程不合理，最终导致路基病害的发生。特别是在雨季施工时，基床长时间未能封闭，使基床下部含水率增加，且不能及时排出，导致基床产生病害。⑥其他因素：如考虑影响因素不全面、轨道平顺性、防排水措施失效、材料耐久性、极端荷载 (强降雨、地震) 等因素。

3.1.3　膨胀土路堑基床防排水设计对比

膨胀土 (岩) 广泛分布于我国广西、云南、四川、贵州等 20 多个省 (区) 的 180 多个市、县，总面积在 10 万平方千米以上。西部的广西、云南省又是我国膨胀土危害最为严重的地区，尤其是百色地区膨胀土具有极其复杂的特性。

1) 膨胀土基床对既有南昆铁路的影响

从南昆铁路所受到的膨胀土基床病害来看，膨胀土基床病害的主要特点是难整治、发展快、易反复。产生基床病害的原因主要是列车的重复荷载、水和土质条件。百色工务段目前基本上采用封闭换填的方法整治基床病害，病害整治完工后初期 (2~3 年内) 效果较为良好，之后便陆续出现病害迹象，如路基下沉、变形，路肩及侧沟外挤，轨道几何尺寸频繁变化等。部分地段即使换填材料和换填厚度达到设计要求，整治后亦再次发生了基床病害；部分地段采用了土工布封闭，但因封闭后整道施工，或因土工材料本身问题，封闭层局部被破坏，失去封闭作用，地表水下渗后再次引发基床病害。

自1998年起，南宁铁路局已陆续投入了上亿元资金整治路基病害，其中那厘—百色膨胀(岩)土基床病害279例，江西村—那厘膨胀土基床病害59例，尽管耗费巨资采用了挖除换填、全封闭等整治措施，但基床病害问题仍不断发生。百色地区的既有南昆铁路运营至今虽然历经多次整治，但膨胀土基床病害问题始终未有效解决。因此，既有南昆铁路膨胀土(岩)基床病害整治实践证明，本地区膨胀土具有复杂的工程地质特性，对结构安全极为不利，如果不采取措施或措施不当，不仅无法保证施工质量和施工工期，还将给铁路后期运营留下巨大隐患。因此，对于膨胀土(岩)地区的路堑基床结构，能够保持良好的防排水能力是非常关键的，而且防水结构层还需具备良好的抗裂性能和协调变形能力，保证在列车动荷载和气候因素共同作用下能够协调变形而不发生开裂。

2) 膨胀土基床对云桂高速铁路的影响

云桂高速铁路与既有南昆铁路走行在同一个走廊带，地质条件相同。可行性研究报告和初步设计阶段针对南宁—百色段的膨胀土(岩)问题，采取了"尽量绕避"的选线原则，如实在无法绕避则尽量拉高坡度以桥通过。但由于南宁—百色段建设标准高(250km/h客运专线)，受曲线半径、线路坡度、站位等诸多因素控制，仍有较多线路通过膨胀土(岩)地区，仅南宁—百色段膨胀土路基长度就达66.2km，占云桂高速铁路线路总长的9.32%。

综上所述，膨胀土对工程结构安全影响极大，引发一系列工程难题。目前，针对防排水材料在工程中的应用情况对比见表3-1。由表可知，表中防排水材料各具

表 3-1 各种防排水材料优缺点的比较

防排水材料	优点	缺点	适用范围
混凝土材料	抗压强度高；抗渗性能好；耐久性好；施工工艺简单；造价低	脆性较大，易开裂；结构缝的位置易成为渗水通道；抗冲击和抗疲劳荷载作用差与基层黏结性差；施工缝易成为渗水通道	对抗裂性要求低或无要求的工程，如屋面防水、无砟轨道基面防水等
复合防排水板/土工膜	防水性能好；断裂伸长率大；变形性能强	容易形成水囊；机械强度低；施工复杂；造价高	铁路工程路基基床防水，受冲击荷载小的区域
沥青混合物	防水性能好；变形适应性较好；抗压强度高	对原材料质量要求高；施工复杂、质量不易控制；耐水性能差；造价高	道路工程路面防水，无砟轨道路基面防水，铁路工程基床防水
复合防排水材料	防水性优；变形适应性好，抗裂性强；抗疲劳性好；施工工艺简单；耐久性好	新材料、新工艺；造价高于混凝土防水材料	铁路工程路基基床防水，可满足有冲击和膨胀作用的地区

优缺点,但复合防排水材料以其防水性能优、变形适应性好及抗裂性能强的特点,逐渐在工程中被重视和广泛应用。在膨胀土路基工程中,如何处理水与膨胀土之间的矛盾,采取何种技术措施,不仅是维持基床长期稳定和减少病害发生的关键,也是膨胀土铁路基床设计的关键。基于此,为解决膨胀土基床病害难题,拟研发一种半刚性复合防水材料,铺设在膨胀土路堑基床中设置一道 SAWI 层,以增强基床防排水性能及协调基底膨胀土产生的不均匀变形,从而提高气候因素与列车动荷载共同作用下基床结构的适应性和耐久性。

3.1.4　膨胀土路堑基床结构设计准则

水是引发膨胀土 (岩) 地区铁路基床病害的重要因素,建立完备的防排水系统,隔断地表水进入基床的途径,是维持基床长期稳定和减少病害发生的关键。为保证膨胀土 (岩) 地区铁路路堑基床的长期动力稳定性,在做好基床防排水的同时,还要控制基床的强度和变形,使基床在长期列车荷载作用下不产生影响列车正常运行的变形。因此,膨胀土 (岩) 全封闭路堑基床结构设计过程中按应以下准则进行设计。

(1) **强度准则**。循环列车荷载传至不同基床深度位置时,列车动应力小于该位置基床填料的临界动应力,从而保证基床的长期动力稳定性。

(2) **防渗准则**。能够有效地防止地表水下渗进入基床下部和膨胀土 (岩) 地基中,最大限度地减小膨胀土 (岩) 地基由于地表水下渗引起的胀缩变形;路堑基床应采用全断面封闭技术措施,防止地表水下渗。在地下水发育地段,采取 "防、导、排" 措施,有效地控制膨胀土 (岩) 地基中地下水的波动幅度和范围,尽量消除地下水波动导致的膨胀土 (岩) 地基胀缩变形对基床长期稳定性的影响。

(3) **消能准则**。能够减小高速列车荷载作用下引起路基结构的振动,加快基床结构内振动响应的衰减,增强路基结构系统的整体稳定性。

(4) **抗变形准则**。在列车荷载作用下,路基面不产生影响列车正常运行的弹、塑性变形,增强基床结构对膨胀土路基不均匀增湿变形的适应性和抗变形能力。

在进行膨胀土 (岩) 路堑基床结构设计时,应遵循 "**强度、防渗、消能和抗变形**" 的理念进行基床结构设计,使膨胀土路堑基床在服役过程中能够保持长期动力稳定性。

3.2　新型 SAWI 层材料研发与力学性能试验

目前,我国铁路系统通常采用的基床降雨防排水措施是在基床中全断面铺设复合土工膜或复合防排水板,将渗入基床的雨水直接排出基床或汇入侧沟,这种降雨防排水措施存在的主要问题是:①复合土工材料采用搭接或焊接,施工缝多且焊接质量难以控制,导致施工缝难以密封,容易成为地表水或雨水入渗点;②接触网基础施工时需要穿过复合土工膜或防排水板构成的防水层,不可避免地会造成接触网基础周边的复合土工膜或复合防排水板破损,导致接触网基础周边防水失效;③由于列车动荷载在基床水平面上的分布是不均匀的(单线呈单马鞍型,双线呈双马鞍型),随着线路运营时间的增加,基床会逐渐产生不均匀变形,形成道砟囊,而复合土工膜或防排水板为柔性材料,抵抗竖向变形能力差,会随着基床的变形而变形,导致基床排水横坡失效,基床排水不畅或藏水,使基床产生翻浆冒泥病害。为此,本节依托云桂铁路,开展新型基床防水材料研发工作,以期解决传统柔性复合土工防排水材料在实际使用过程中存在的问题。

3.2.1 新型 SAWI 层基本要求

综合考虑膨胀土地区铁路基床病害调研成果、铁路基床柔性复合防水土工材料在实际应用中存在的问题、膨胀土的工程特性、新型防水结构层的实际服役条件、高速铁路基床刚度和变形要求等因素,课题组认为膨胀土路堑基床新型防水结构层应与基床表层级配碎石和换填层填料之间能够形成有机整体,所以新型防水结构层不仅应具有良好的防水性,还应有合适的刚度和适当的变形能力。当换填层产生小幅不均匀工后沉降或地基膨胀土受气候环境影响产生不均匀小幅反复胀缩变形时,新型防水结构层应能够利用自身的刚度和变形能力吸收和调整这种小幅不均匀变形,使防水结构层顶面横向排水坡度保持不变。因此,以中低弹模、高韧性和高抗渗性为目标,提出研制中低弹模抗渗水泥基防水结构层的技术方案进行膨胀土路堑基床降雨防排水处置,新型防水结构层的具体要求如下所述。

(1) 抗压强度:在线路通车运营过程中,防水结构层要受到来自轨道、道砟、基床表层的静荷载以及列车动荷载的共同作用,因此,必须具备较高的抗压强度,保证在上述荷载作用下不发生压缩破坏。根据《新建时速 200～250 公里客运专线铁路设计暂行规定》(铁建设 [(2005)140 号]) 和《规范》,基床表面最大动应力为 98.8kPa,轨道、轨枕、道砟和基床表层静压力为 25kPa,新型防水结构层承担的最大压应力为 123.8kPa,取安全系数为 2,则新型防水结构层的抗压强度应不小于 248kPa。

(2) 弹性模量:《规范》要求基床表层 K_{30} 不小于 190MPa,当基床底层为砂类土和细砾土时,K_{30} 不小于 130MPa;为碎石类及粗粒土时,K_{30} 不小于 150MPa。按照《规范》6.5.2 条,将 K_{30} 换算为弹性模量 $E=0.2\times K_{30}$,则基床表层的弹性模量 E 应不小于 43.7MPa,当基床底层填料为砂类土及细砾土或碎石类及粗砾土时,其弹性模量 E 应不小于 29.9MPa 或 34.5MPa,此外,规范指出当采用 E_{v2} 评价时,基床表层 E_{v2} 不小于 120MPa,基床底层 E_{v2} 不小于 80MPa。

新型防水结构层设置于基床表层和底层之间,为满足高速铁路的弹性模量要求，新型防水结构层的弹性模量 E 应不小于上述各计算值的最大值，即 E 不小于 120 MPa。

(3) 动弹性模量：《规范》要求基床表层 E_{vd} 不小于 55MPa，基床底层 E_{vd} 不小于 40MPa，而新型防水结构层位于基床表层和基床底层之间，防水结构层应有适合的动弹模，使基床各结构层动刚度在竖直方向上保持一致。因此，新型防水结构层的 E_{vd} 变化范围宜为 40~55MPa，取安全系数为 2，则新型防水结构层的 E_{vd} 应为 80~110MPa。

(4) 抗渗性：新型防水结构层的抗水渗透系数小于等于 10^{-10}m/s。

(5) 耐久性：耐久性采用软化系数控制，要求软化系数大于等于 0.85。

软化系数是材料耐水性性质的一个表示参数，计算公式为

$$K = f/F \tag{3-1}$$

式中：K 为材料的软化系数；f 为材料在水饱和状态下的无侧限抗压强度 (MPa)；F 为材料在干燥状态下的无侧限抗压强度 (MPa)。

(6) 抗疲劳性：参考《普通混凝土长期性能和耐久性能试验方法标准》(GB/T 50082—2009)，对新型防水结构层进行疲劳性试验，试验循环应力幅值不小于 50kPa (路基面动应力扩散至防水结构层顶面时的最大值，取值偏于安全)，循环次数应不小于 200 万次。

(7) 新型防水结构层组成材料的原材料选择和施工方法都应符合技术经济性和可持续发展的要求，原材料组分应尽可能就地取材或选购方便，易拌和、成型、强度发展快，不产生材料组分离析等不良问题，施工质量易于控制。

(8) 新型防水结构层应能够实现连续摊铺，施工缝少，且施工缝的抗渗性和强度能够得到保障；新型防水结构层应不需要设置伸缩缝，气温变化 (热胀、冷缩) 引起的材料变形较小，不会引起材料挤压变形、破坏或拉裂。材料搅拌、运输、摊铺等机械设备应尽可能利用常用工程设备。

3.2.2　SAWI 层复合材料试验方案设计

根据云桂铁路膨胀土 (岩) 路堑基床对防水材料要求的中低弹模、抗渗性强、高变形性和高韧性性能，并结合当地实际情况，课题组以砂和土作为骨架系统，以橡胶和乳化沥青为改性组分，以水泥和纤维混合体系为增强组分，通过优化各组分间的配比来实现新型防水结构层材料的研制。

1) 技术方案

根据云桂铁路膨胀土基床对新型防水结构层的基本要求，拟采用的技术方案为水泥 + 砂 + 土 + 胶凝组分 + 弹性组分 + 纤维混合体系，通过优化各组分间的配比来实现新型防水结构层的研制。技术方案中各部分的具体功能为：骨架系统，

水泥、砂土提供新型防水结构层所需要的刚度和抗渗性要求；弹性组分，改善新型防水结构层的韧性和动弹性变形性能；纤维组分，提高新型防水结构层的抗裂性能和弯拉变形能力；胶凝组分，改善新型防水结构层各组分之间的黏结力。材料具体组成如下所述。

(1) 水泥：湖南南方水泥厂生产的兆山新星牌 P.O 42.5 水泥，28d 抗压强度 48.0MPa，表观密度 3.10g/cm^3，烧失量为 2.3%，其技术指标如表 3-2 和表 3-3 所示。

表 3-2　水泥和粉煤灰的化学组成 (%)

类型	SiO$_2$	Al$_2$O$_3$	Fe$_2$O$_3$	CaO	MgO	SO$_3$	烧失量
水泥 (C)	21.3	5.8	3.9	59.7	3.4	2.3	2.3
粉煤灰 (FA)	54.0	25.1	9.3	3.7	1.2	0.3	2.48

表 3-3　水泥的物理力学性能指标

比表面积/(m^2/kg)	标准稠度用水量/%	抗折强度 (28d)/MPa	抗压强度 (28d)/MPa
338	27.1	9.2	59.3

(2) 粉煤灰：湖南湘潭电厂提供的 II 级粉煤灰，比表面积为 465m^2/kg，45μm 方孔筛的筛余为 3.6%，烧失量为 2.48%，其化学成分如表 3-2 所示。

(3) 砂：湖南湘江河砂，中砂，细度模数 2.6，II 区级配合格，堆积密度 1595kg/m^3，表观密度 2650kg/m^3。

(4) 硅灰：青海产硅灰，比表面积大，约 20000m^2/kg，SiO$_2$ 含量 ≥92%。

(5) 石灰石粉：湖南省益阳桃江县石料厂产重质石灰石粉，表观密度 2650kg/m^3。

(6) 橡胶粉：粒径为 5~8 目的橡胶粉。

(7) 乳化沥青：壳牌乳化 SBS 改性沥青，其技术指标如表 3-4 所示。

表 3-4　乳化沥青的性能指标

恩氏黏度 (25°C)(无量纲)	筛上剩余量 (1.18mm)/%	蒸发残留物		
		固含量 /%	针入度 (25°C,100g)/(0.1mm)	延度 (15°C)/cm
5.8	0.01	60.1	106	52

(8) 土颗粒：云桂铁路膨胀岩地区的弱—中膨胀土，和长沙本地红黏土进行对比试验，并磨细至粒径 ≤1.5cm。

(9) 纤维：聚丙烯纤维，长度 15~20mm。

(10) 水：自来水。

(11) 减水剂：萘系高效减水剂，外观为棕黄色粉末，样品检验执行《混凝土外加剂标准》(GB 8076—2008) 的检测标准。检验的主要技术指标如表 3-5 所示。

表 3-5　　减水剂的主要技术指标

减水率	含气量	含固量	净浆流动度	pH
18%	<3.0%	>92%	>220mm	7~9

2) 试验方法

(1) 通过应力–应变曲线研究各组分配比对材料韧性和弹性变形性能的影响;

(2) 通过土工渗透性试验研究材料的抗渗性能;

(3) 通过软化试验测试材料的耐久性能;

(4) 在材料的强度、变形性能和抗渗性基本满足要求后, 在实验室进行试铺, 通过 E_{vd} 测试仪测定动态变形模量, 并根据测试结果调整材料弹性组分配比。

3.2.3　SAWI 层材料物理力学特性

在试验配合比设计方面, 主要考虑了采用将水泥、粉煤灰、硅灰和石灰石粉作为胶凝材料体系, 将橡胶粉、乳化沥青和玻璃纤维等作为改性组分, 通过掺入外加剂调节混凝土的工作性能, 从而研究胶凝材料 + 弹性组分 + 外加剂组分 + 碎石混合体系的强度与变形性能之间的关系。基于上述材料组分, 在中南大学建筑材料实验室中成型了不同配合比、不同尺寸的材料试件 (100mm×100mm×300mm, 40mm×40mm×160mm, 150mm×150mm×150mm), 测试了各条件下材料的密度、抗压强度、抗折强度、抗渗透性能、应力–应变关系等物理力学特性, 并进行材料配比的优化设计。

1. 复合材料的强度特性

图 3-3 为砂土掺量对复合材料强度的影响。由图可得, 随着砂土质量比的增大, 材料抗压和抗折强度逐渐提高; 当砂土质量比为 1:1 时, 材料抗压和抗折强度达到最大。由此说明, 合理地设置砂土的掺入比可使材料的力学性能和经济性能均达到最优状态。

图 3-4 为橡胶粉掺量对复合材料强度的影响。由图可得, 随着橡胶粉掺量的增加, 材料的抗压和抗折强度均降低, 而当橡胶粉掺量超过 30kg/m^3 后抗折强度降低不显著; 橡胶粉的掺入会降低材料强度, 但可以提高材料抗变形性能, 建议橡胶粉掺量范围为 $30\sim80\text{kg/m}^3$。

图 3-5 为乳化沥青掺量对复合材料强度的影响。由图可得, 随着乳化沥青掺量的增加, 材料的抗压和抗折强度均降低, 而当乳化沥青掺量超过 40kg/m^3 后抗折和抗压强度降低均不显著; 乳化沥青在该复合材料中能起到较好的黏结性能和增强变形能力, 建议乳化沥青掺量范围为 $20\sim60\text{kg/m}^3$。

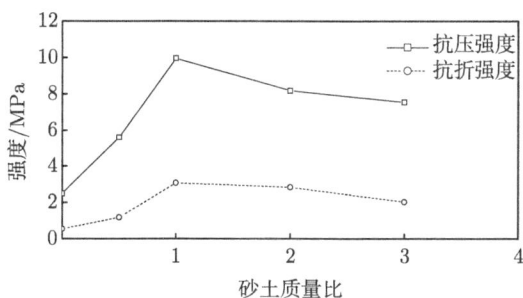

图 3-3　砂土掺量对复合材料强度的影响

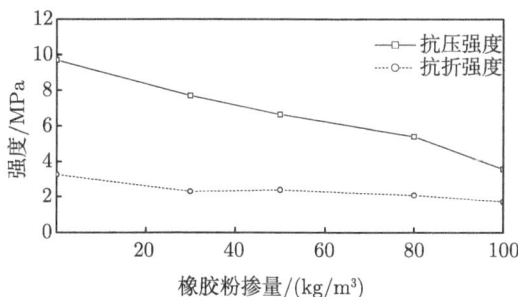

图 3-4　橡胶粉掺量对复合材料强度的影响

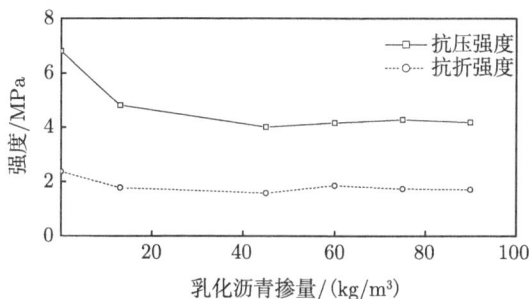

图 3-5　乳化沥青掺量对复合材料强度的影响

图 3-6 为聚丙烯纤维掺量对复合材料强度的影响。由图可得,复合材料掺入聚丙烯纤维后,其抗压和抗折强度均出现小幅度降低,但是掺入聚丙烯纤维可提高复合材料的韧性,具有较好的抗裂能力。

在路基施工过程中,防水层施工完成后将受到上层土体荷载、设备荷载等其他荷载作用,故防水层施工后的强度须满足一定的要求。因此,分别对两种配比的试件养护 1d, 3d 和 7d 对应的强度进行了测试,研究龄期对防水材料强度的影响,测试结果如图 3-7 所示。由图可得,随着龄期的增加,材料强度先快速提高,而后逐渐处于稳定状态;材料强度随龄期的发展过程中,存在一个典型龄期 3d,超过该龄

期材料强度进入缓慢增加阶段。因此，建议实际施工中，防水层铺设后应养护 3d
以上。

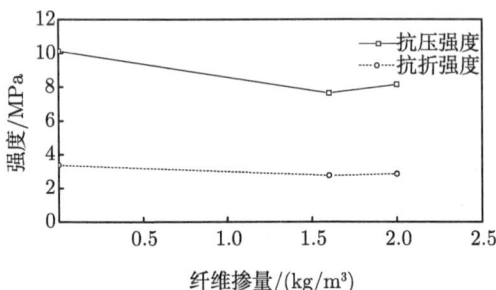

图 3-6　聚丙烯纤维掺量对复合材料强度的影响

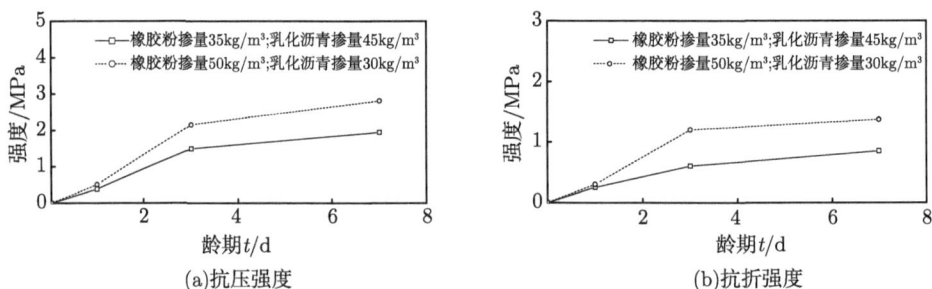

(a)抗压强度

(b)抗折强度

图 3-7　龄期对复合材料强度的影响

2. 复合材料的应力-应变关系

图 3-8 为砂土掺量对复合材料应力-应变曲线的影响。由图可得，砂土的含量
不同，材料的应力-应变关系曲线差异明显；配比 1(砂土比为 1:1) 的材料应力-应
变关系曲线下降段较配比 2 曲线缓和，说明掺入适量土可提高材料变形能力。

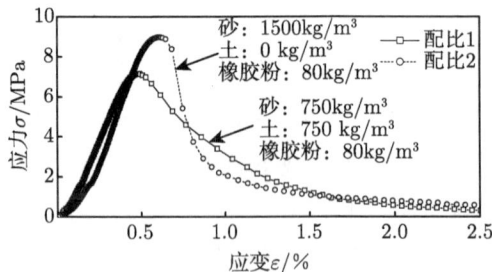

图 3-8　砂土掺量对复合材料应力-应变曲线的影响

图 3-9 为橡胶粉掺量对复合材料应力-应变曲线的影响。由图可得，配比 1(未
掺入橡胶粉) 材料的应力-应变曲线呈现明显的脆性；橡胶粉掺入量增加后，材料

的应力–应变曲线下降段逐渐变缓,当橡胶粉掺量为 $80\,\mathrm{kg/m^3}$ 时,材料的变形性能明显增强,但橡胶粉的掺入会降低其抗压强度。

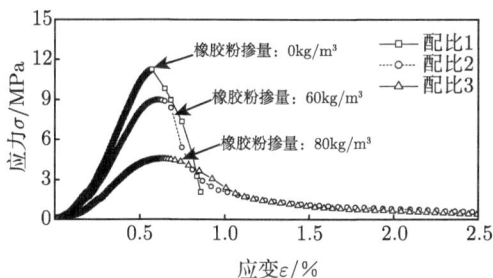

图 3-9　橡胶粉掺量对复合材料应力–应变曲线的影响

图 3-10 为乳化沥青掺量对复合材料应力–应变曲线的影响。由图可得,乳化沥青对改善材料抗变形性能效果显著,材料的应力 应变曲线随乳化沥青掺量的增加而逐渐变缓,但会降低材料强度,且其价格较高,大量使用不经济;图 3-9 和图 3-10 对比发现,单掺橡胶粉对复合材料应力–应变曲线的影响较乳化沥青显著。

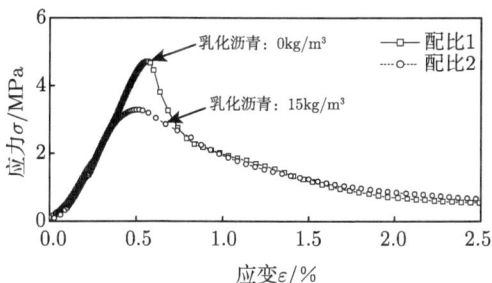

图 3-10　乳化沥青掺量对复合材料应力–应变曲线的影响

考虑橡胶粉与乳化沥青均对材料应力–应变关系影响较明显,特对橡胶粉与乳化沥青双掺配比试件进行试验,对比分析其应力–应变关系曲线差异。图 3-11 为橡胶粉与乳化沥青双掺对复合材料应力–应变曲线的影响。由图可得,以应力–应变关系曲线缓和程度为参照,各配比材料对应的大小关系依次为配比 1> 配比 2> 配比 3,说明橡胶粉与乳化沥青双掺材料变形性能优于单掺材料。

3. 复合材料的弹性模量

图 3-12 为不同配比材料标养 28d 的静弹性模量测试结果。由图可得,材料配比对弹性模量影响显著。增加砂土比对材料弹性模量影响不显著,掺入橡胶粉或乳胶粉能有效降低材料的弹性模量,见图 3-12(a);在不掺入乳化沥青条件下,掺入橡胶粉可有效降低材料弹性模量,且材料弹性模量随橡胶粉掺量的增加而降低,

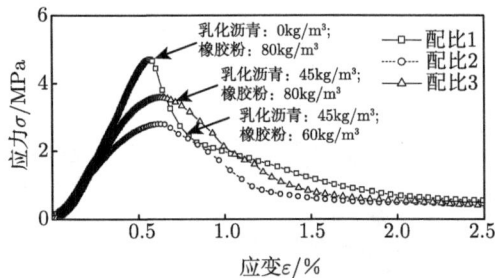

图 3-11   橡胶粉与乳化沥青双掺对复合材料应力–应变曲线的影响

见图 3-12(b)；当橡胶粉掺量保持一定时，掺入乳化沥青能够降低材料弹性模量，但在掺量低于 40 kg/m³ 条件下，对材料弹性模量影响不显著，见图 3-12(c)。

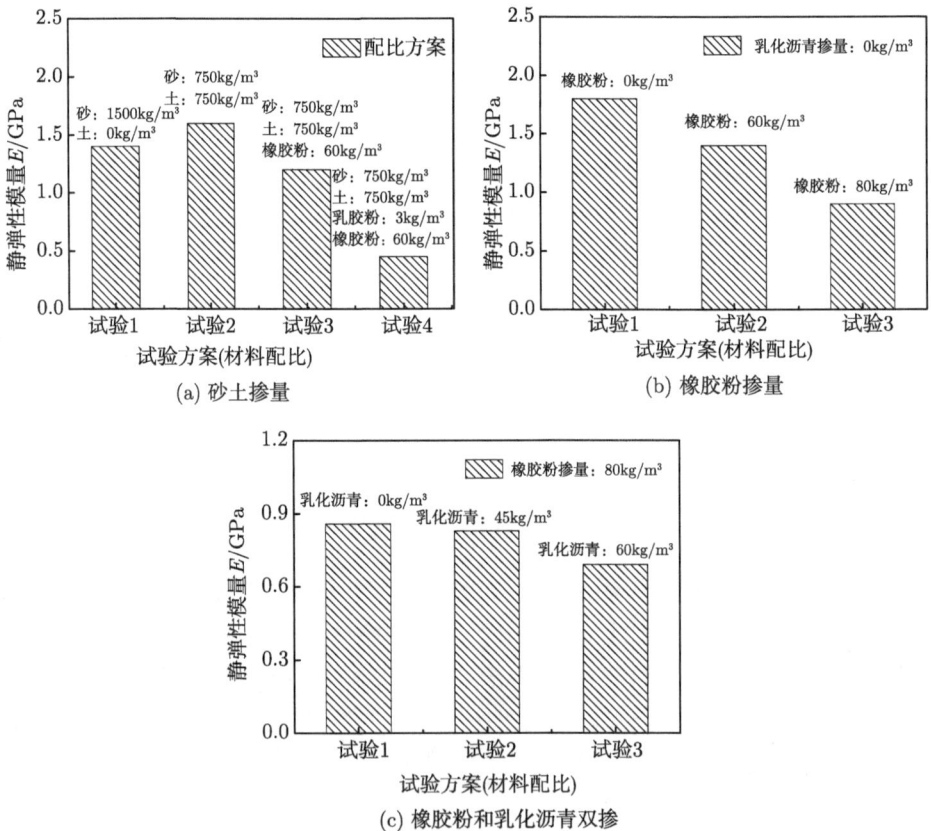

(a) 砂土掺量

(b) 橡胶粉掺量

(c) 橡胶粉和乳化沥青双掺

图 3-12   材料组分掺量对弹性模量的影响

4. 复合材料的浸水稳定性

砂土混合体系是复合材料的重要组成部分，根据 3.2.3 节 2. 试验结果可知，砂土比为 1:1 情况下材料性能较优越, 可见土在复合材料中作用和占比较大。由于膨胀土的浸水体积膨胀特性, 会增加复合材料浸水条件下体积稳定性的风险。为此, 特采用广西百色弱膨胀土、长沙红黏土和砂三种土制备复合材料试件, 在浸水状态下, 对不同时间条件下的试件收缩变形率进行了测试, 并对其体积稳定性进行对比分析。浸水条件下的材料收缩变形率测试结果如图 3-13(a) 所示。由图可得, 三种试件在浸水条件下均发生收缩, 且在 28d 以后基本趋于稳定; 根据三种试件收缩变形率对比可得, 采用广西弱膨胀土所配制的防水材料体积收缩率最小, 这说明所采用的配合比对弱膨胀土起到了较好的改性作用。

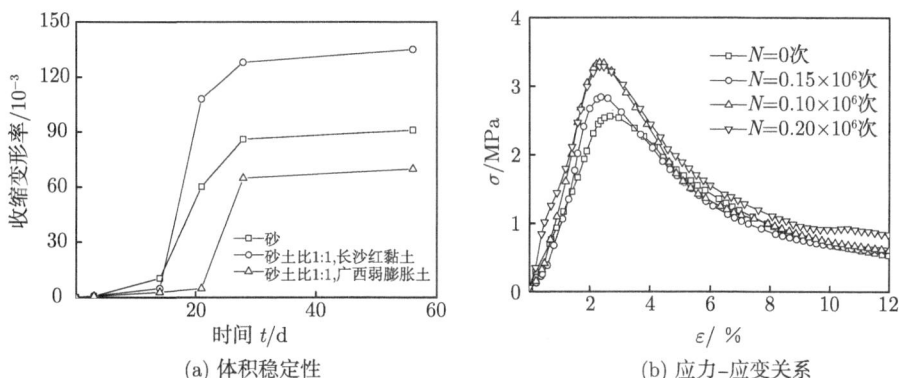

图 3-13 浸水条件下材料的静动力稳定性

采用 SPW 微机控制气动伺服疲劳试验系统对复合材料的疲劳性能进行测试, 试件为边长为 7.07mm 的正立方体, 采用正弦波加载方式, 加载频率为 5.0 Hz, 加载应力范围为 0.2~1.0MPa。 浸水 7d 条件下复合材料应力-应变关系曲线如图 3-13(b) 所示。由图可得, 各疲劳试验条件下复合防水材料应力-应变关系曲线未发生明显衰减; SAWI 层在实际服役过程中受到的最大列车动荷载幅值不超过 0.10 MPa, 仅为疲劳试验动力变化幅值 0.80 MPa 的 1/8; 疲劳试验结束后试件的累积变形最大值约为 0.08 mm/m。说明该材料有较强的抗疲劳性能, 可以满足在长期浸水和实际列车荷载共同作用下的要求。同时, 新型复合防水材料施工方便、连续性好, 可避免传统复合土工防水材料在施工中出现的易变形、破损及接缝多等缺点。

5. SAWI 层材料物理力学性能指标

根据上述试验, 防水层复合材料配合比设计宜采用绝对体积法, 选定水泥基弹性防水材料的配合比参数应符合以下规定: ①胶凝材料用量不宜小于 280kg/m³; ②用水量不宜大于 230 kg/m³; ③橡胶粉掺量不宜小于 40 kg/m³; ④乳化沥青掺量不宜小于 25 kg/m³; ⑤砂土比例宜在 0.9~1.1。当混凝土原材料、施工环境温度等发生较大变化时, 应及时调整水泥基材料配合比, 其基本物理力学控制指标如下所述。

(1) 密度 $\rho \geqslant 1.9$ g/cm^3, 抗压强度 $q_u \geqslant 2.5$MPa, 抗折强度 $R_b \geqslant 0.6$ MPa;

(2) 静弹性模量 (E): $0.7 \sim 1.5$GPa, 平均约 1.0GPa;

(3) 收缩变形率 $\eta \geqslant 7.5\%$, 软化系数 $R \geqslant 0.85\%$, 抗渗系数 $k_s \leqslant 10^{-10}$ m/s, 可视为不透水;

(4) 动弹性模量 (E_{vd}): $50 \sim 80$MPa;

(5)SAWI 层材料基本成分为胶凝组分、弹性组分、河砂 (细度模数 2.6)、膨胀土 (最大颗粒不大于 15mm), 材料中不含大颗粒料, 可避免组分离析, 施工简单方便, 质量易于控制, 满足要求。

根据上述 SAWI 层复合材料物理力学试验结果可知, 防水结构层的刚度、防水性、强度等各项指标都达到了预期目标。此外, 新型防水层材料易于拌和, 具有一定的流动性, 可实现连续摊铺施工, 施工缝少, 从而有效地解决了传统复合土工防水材料易变形、破损, 以及施工缝多等问题。

3.3　膨胀土路堑基床结构防排水系统设计

在我国传统铁路膨胀土路堑基床建设过程中, 基床防水材料施工缝密封技术, 防水材料与侧沟、接触网立柱等附属构筑物之间的接触缝防水技术, 以及膨胀土侧沟平台防护层与侧沟壁之间的防水密封技术等, 至今没有得到有效解决, 使得这些施工缝和接触缝往往成为地表降雨的渗漏点。在遇到长时间降雨, 如南方地区的梅雨季节时, 部分雨水会从渗漏点进入基床底层 (或换填层), 而入渗雨水的不均匀分布又会使基床底层 (或换填层) 填料湿度在空间上也呈现不均匀分布, 在反复列车动力荷载作用下基床底层填料将产生不均匀变形, 进而导致防水结构层产生相应的变形或破坏, 降低基床结构的长期稳定性。另外, 处于膨胀土风化层内的路堑工程, 路堑边坡中存在大量风化裂隙, 降雨期间膨胀土裂隙中充满了雨水, 这些裂隙水不仅会降低路堑边坡稳定性, 还会通过贯通裂隙逐渐向路堑基床基底方向渗流、汇集, 造成基底软化或膨胀变形, 导致路基产生下沉或失稳病害。为此, 本书将结合 3.2 节新型改性沥青复合材料防水结构层材料研发成果, 开展施工缝和接触缝防水关键技术, 边坡裂隙渗流、地下潜水毛细渗流等的防排水措施研究工作, 为膨胀土路堑基床的长期稳定性提供保障。

3.3.1　接触缝和施工缝防水关键技术

1) 接触缝防水涂层材料选择

建筑防水涂料施工简单, 适用于任何形状的基面, 并可形成致密无缝的涂膜。因此, 按照与新型防水结构层黏结效果好、防水、耐疲劳、变形能力强并具有环保性的要求，对多种建筑防水材料进行了比选试验 (图 3-14)，最终确定将双组分高分子沥青防水材料作为接触缝防水涂层材料。

2) 立柱施工要求和接触缝防水处理

新型防水结构层设置在基床底层顶面，电网接触立柱需要穿过防水结构层，为避免立柱施工时造成防水结构层损伤，要求在防水层施工时，先用全站仪对立柱位置精确定位，然后立模预留立柱位置，待防水结构层强度达到要求后，撤模，并用砂子填满预留空间，再进行基床后续填筑工序。立柱施工结束后，在立柱和防水结构层的接触位置设置双组分高分子沥青防水涂膜 (图 3-15)。

图 3-14 接触缝密封材料比选试验

图 3-15 接触缝密封处理

3) 新型防水结构层施工缝防水处理

新型防水结构层不连续施工时，应将搭接表面削成与水平方向成 θ 角度的斜面 ($70° \leqslant \theta \leqslant 90°$)，如图 3-16 所示，凿毛，清理松动砂子和浮土，用水浸湿；后续防水结构层铺设时，在施工缝位置应严格控制压路机行驶速度，严禁在施工缝正上方制动或掉头；施工结束后做好施工缝所在位置标记，待防水结构层养护 3d 后在施工缝位置刷双组分高分子沥青防水涂膜，涂膜厚度不小于 3mm；施工缝与电网立柱错开 1m 以上。

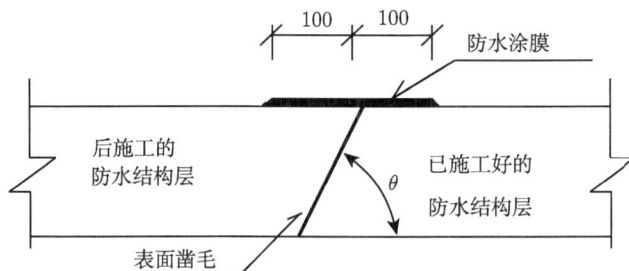

图 3-16 施工缝处理 (单位：mm)

3.3.2　接缝位置防水处理关键技术

在南昆铁路侧沟病害考察调研过程中，发现膨胀土路堑段基床侧沟壁胀损破坏病害很多都发生在侧沟平台一侧。经分析认为，其原因是侧沟和侧沟平台表面防护层通常是各自独立施工，二者之间存在纵向贯通施工缝 (图 3-17(b))，局部施工缝防水密封处置不当，成为降雨渗漏点；我国铁路侧沟平台表面通常采用浆砌片石或素混凝土进行防护，当防护层下膨胀土在气候环境或边坡渗水作用下发生胀缩变形时，易导致浆砌片石之间隆起错位、素混凝土开裂或素混凝土与侧沟壁之间的施工缝防水失效，从而形成新的降雨渗漏点。大量雨水入渗又引起侧沟平台膨胀土发生膨胀变形，导致侧沟壁胀损破坏，同时进一步加剧侧沟平台防护层的破损。

(a) 整体浇筑　　　　　　　　　　　(b) 非整体浇筑

图 3-17　侧沟与侧沟平台防护层不同浇筑方式效果图

为彻底隔断地表降雨的入渗通道，对侧沟和侧沟平台防水层进行整体设计，拟采用如下技术方案。

(1) 考虑到膨胀土在气候环境影响下会发生一定幅度的胀缩变形，侧沟必须具有足够的强度和刚度抵抗来自沟壁或沟底膨胀土的膨胀压力，因此，膨胀土路堑基床侧沟与侧沟平台表面防护层采用如图 3-18 所示的钢筋混凝土整体浇筑，侧沟靠近基床一侧沟壁顶面设置钢筋混凝土翼板，翼板沿基床横断面方向宽度为 50cm，厚 20cm。

(2) 侧沟、侧沟翼板与侧沟平台防护层钢筋布设：以侧沟平台宽度 $L=1.0$m 为例，①沿侧沟横断面方向通长布设 $\Phi16$ 钢筋，纵向间距 20cm；②沿侧沟纵向设置 $\Phi10$ 构造钢筋，间距如图 3-19 所示。

(3) 侧沟与基床新型改性沥青复合材料防水结构层连接处处置措施：①侧沟翼板顶面必须和换填层顶面齐平并保持相同的横向排水坡度，基床新型改性沥青复合材料防水结构层铺设于侧沟翼板上方，要求二者搭接宽度不小于 30cm；②带翼板侧沟和改性沥青复合材料防水结构层养护结束后，清除养护膜和杂土，在二者搭接缝位置用双组分高分子沥青防水涂膜进行密封防水。

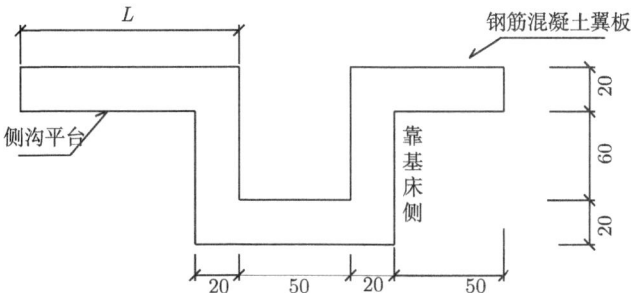

图 3-18 带翼板侧沟及侧沟平台防护层整体设计图 (单位：cm)

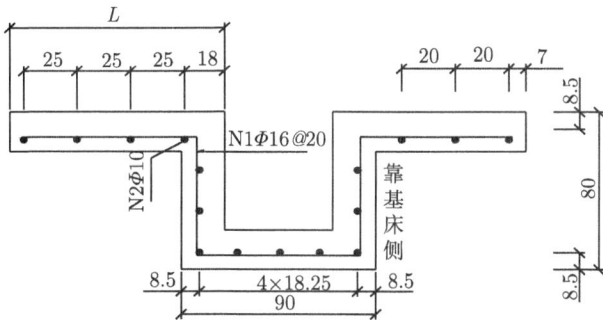

图 3-19 带翼板侧沟及侧沟平台防护层横断面布筋图 (单位：cm)

　　为了充分保障改性沥青复合材料防水结构层的施工质量和防水效果，要求必须在基床防水结构层全断面铺设和养护结束后，才能进行下一阶段 (基床表层) 的施工，考虑到路堑基床表层施工时，运料车、平地机、压路机等会在改性沥青复合材料防水结构层表面反复行驶和碾压，为了减小或避免机械设备对防水结构层表面的直接破坏，在基床表层施工前，先在基床表层摊铺厚度约为 5cm 的中粗砂垫层。因此，经过基床新型改性沥青复合材料防水结构层、新型防水结构层施工缝和接触缝密封技术、带翼板侧沟与侧沟平台整体设计等研究工作，膨胀土路堑基床的地表降雨全封闭防排水系统如图 3-20 所示。

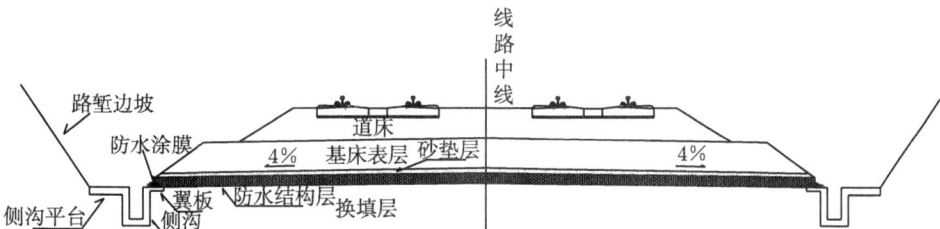

图 3-20 膨胀土路堑基床的地表降雨全封闭防排水系统

3.3.3　膨胀土路堑边坡裂隙渗流防排水措施

膨胀土具有敏感的湿胀干缩特性，在大气影响范围内的膨胀土随气候环境变化反复胀缩变形，导致土体中形成了大量纵横交错的胀缩裂隙。裂隙发育程度与膨胀土的膨胀性有关，膨胀性越大，膨胀土裂隙数量和宽度越大，并且裂隙延伸深度也越深。广西地区膨胀土胀缩裂隙发育程度沿深度方向大致划分为三层：①极发育层，位于膨胀土表层范围内，裂隙宽度较大，且纵横交错；②较发育层，与表层膨胀土相比，膨胀土裂隙数量和宽度都减小，裂隙宽度沿深度逐渐减小或尖灭；③不发育层，该范围内膨胀土裂隙数量进一步减少，并且以细微裂纹为主。

实际工程建设中，部分膨胀土路堑工程位于裂隙发育区内，土体内胀缩裂隙数量和宽度较大且基本呈贯通型，是良好的雨水渗流通道，降雨首先通过地表裂隙渗入膨胀土内部，再经过贯通裂隙网络向周边渗流，雨水入渗从单一垂直入渗方式变为空间入渗方式，使得裂隙区膨胀土的渗透系数往往比膨胀土本身的渗透系数大 2~4 个数量级，甚至更大。殷宗泽等在对河南某膨胀土边坡滑坡 50d 后进行现场考察时，在坡底开挖了深约 20cm 的小坑，结果不到 10min，坑内积水深度竟超过 10cm，膨胀土的渗透系数很小，能在短时间内汇集如此多的水，只有一种可能，那就是裂隙渗流水。在南昆铁路路堑基床病害调查过程中也发现了类似现象，一些路段虽然地下水位较深，基床复合防排水板也完好无损，但复合防排水板下换填层湿度较大或基底藏水。经分析，出现这种现象的原因是工程建设和设计人员在进行膨胀土路堑基床防排水设计时，主要关注基床垂直入渗雨水的防、排问题，以及基底地下水的引排和降低问题，而对雨水通过路堑边坡裂隙向基底渗流的问题重视不足。

综上所述，边坡裂隙渗流水对路堑基床的稳定性影响必须受到足够重视，为保证路堑基床的长期稳定性，在新型膨胀土路堑基床降雨全封闭防排水系统和换填厚度设计成果的基础上，结合膨胀土裂隙分布特点，建议采取如下防排措施。

1) 膨胀土裂隙发育区底面高于路堑基床侧沟平台防护层

当新型膨胀土路堑基床侧沟平台防护层位于膨胀土风化层以下时，边坡中的入渗雨水先通过水平贯通裂隙和路堑边坡排水系统 (如倾斜渗水管) 向基床方向渗流，渗流出的裂隙水再经侧沟平台防护层表面进入侧沟排走，如图 3-21 所示，这种情况下，边坡裂隙水主要对边坡的稳定性有影响，而对基床和基底膨胀土影响不大，可不在基底采取专门防排水措施，但前提条件是工程所在位置膨胀土裂隙的发育深度要勘察准确。

2) 膨胀土裂隙发育区底面位于侧沟平台防护层以下

路堑基床盲沟通常设置在换填底面侧沟正下方位置，由于新型膨胀土路堑基床侧沟和侧沟平台防护层为整体浇筑的钢筋混凝土结构，侧沟总高度为 0.8m，为

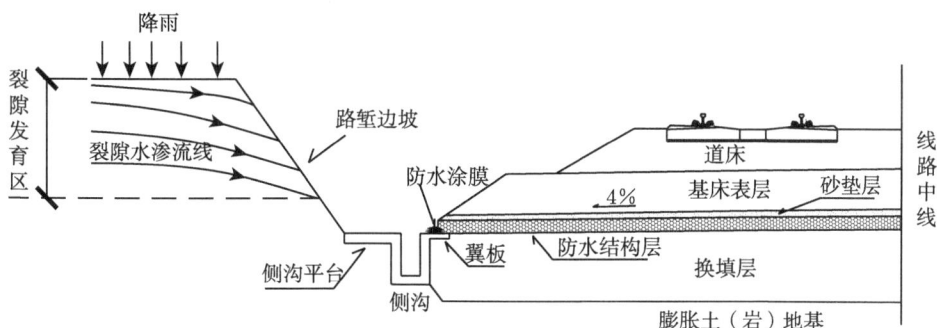

图 3-21 边坡裂隙水渗流示意图

了确保裂隙水不会渗流至基底长期积聚，需根据基床换填厚度和裂隙发育区底面标高与侧沟高度的关系，分别采用以下两种防排水措施。

(1) 当基床换填厚度不超过 0.8m，且膨胀土裂隙发育区底面位于侧沟平台防护层以下和侧沟底面之间时，路堑边坡中的入渗雨水一部分通过坡面渗流出，再经侧沟平台防护层表面进入侧沟排走，而另一部分则会通过侧沟平台下裂隙向基底方向渗流，如图 3-22 所示。因此，建议在侧沟底面设置盲沟，盲沟一般采用透水土工布包裹式，其中过滤材料必须是洁净的砂、卵石、砾石或碎石；透水管应采用高强、耐久的管材，如高强复合管、钢管或混凝土管等。

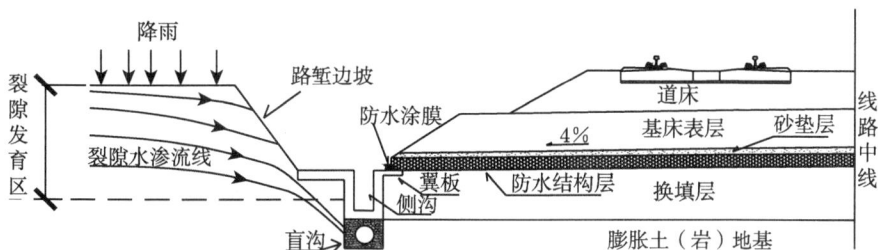

图 3-22 盲沟设置在侧沟底面的情况

(2) 当基床换填厚度大于 0.8m，或膨胀土裂隙发育区底面位于侧沟底面以下时，应以基底标高和裂隙发育区底面标高中最低者为盲沟标高控制因素，并在盲沟与侧沟底面之间设置混凝土防渗侧壁 (图 3-23)。

3.3.4 毛细水上升时基底防排水措施

云桂铁路新型膨胀土路堑基床结构设计了全封闭地表降雨防排水系统，并根据膨胀土裂隙发育区厚度与侧沟位置、基床换填厚度三者间的不同关系，分别设计了相应的基底防排水措施，彻底解决了大气降雨入渗导致的基底膨胀土湿度变化或强度降低的问题。因此，膨胀土路堑基床的变形稳定性将取决于地下水水位高度和

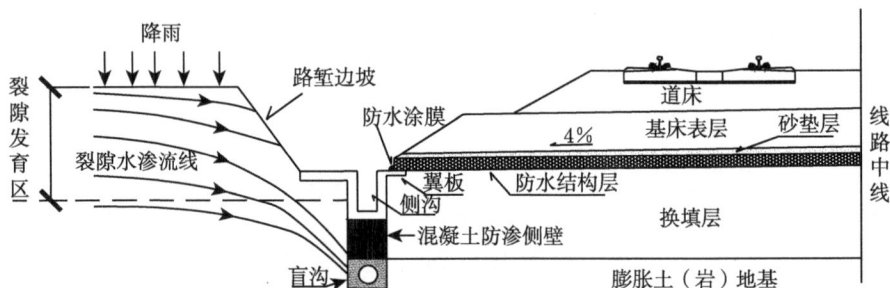

图 3-23　混凝土防渗侧壁设置示意图

发育程度。由于非饱和膨胀土基质吸力较大，毛细作用强烈，毛细水上升将导致地基膨胀土和换填层湿度增加，当毛细水理论上升高度大于地下水位与地基面之间的距离时，会形成稳定毛细渗流，地下水将在毛细作用下不断向基底迁移和积聚，引起基床膨胀变形或地基浸水软化变形，过大膨胀或下沉变形将导致新型改性沥青复合材料防水结构层破损或轨道平顺性降低。综上所述，无论是膨胀土路堑基床变形计算和稳定性分析，还是基底防排水系统设计，都需要确定膨胀土中毛细水的上升高度。

研究人员按照土体中毛细水的形成条件将毛细水细分为正常毛细水带、毛细网状水带和毛细悬挂水带，其中正常毛细水带与地下潜水面相连，是地下水在毛细力作用下向上迁移的结果，并随地下水位的波动而变化，对路基稳定性具有较大影响；毛细网状水带是由地下水下降后残留在土壤孔隙中的水分形成的；悬挂毛细水是由地表降雨入渗而形成的，对于新型膨胀土路堑基床而言，工程上更关心的是正常毛细水的上升高度，原因是正常毛细水带中土壤孔隙充满自由水，且在地下水埋深不足时会发生稳定毛细水渗流，此时需要在基底设置合适的防排水措施，及时将毛细渗流水排出基底。

1. 毛细现象及其机理

1) 毛细现象

如图 3-24 所示，分别将微细玻璃管插入水和水银中，可以观察到以下现象：插入水中的细玻璃管内水面会升高，且管径越小管内水面越高，而插入水银的玻璃管内水银面却会降低，且管径越小管内水面越低，这种类似微细玻璃管内水银面升高或水银面降低的现象就叫毛细现象。

2) 毛细现象与接触角的关系

毛细管中液体液面是上升还是下降取决于毛细管材料与液体之间的浸润性，若液体是浸润性液体，则毛细管内液面将升高，且浸润性越强液面越高，相反，若液体是不浸润液体，则毛细管内液面将下降，且不浸润性越强液面越低。表示毛细管材料与液体之间的浸润关系及浸润强度的指标是接触角。如图 3-25 所示，将液体滴在材料表面，待液滴铺展稳定后，在气–液–固三相交点处固–液交界线之间的夹角 θ 就是接触角。接触角的大小与材料及其表面平整度、液体种类和性质等因素有关，其变化范围为 $0° \sim 180°$。当 $\theta \leqslant 90°$ 时，表明固、液体间的润湿性较强，液体将沿毛细管上升；当 $\theta > 90°$ 时，表明固、液体间润湿性较低，液体将沿毛细管下降。

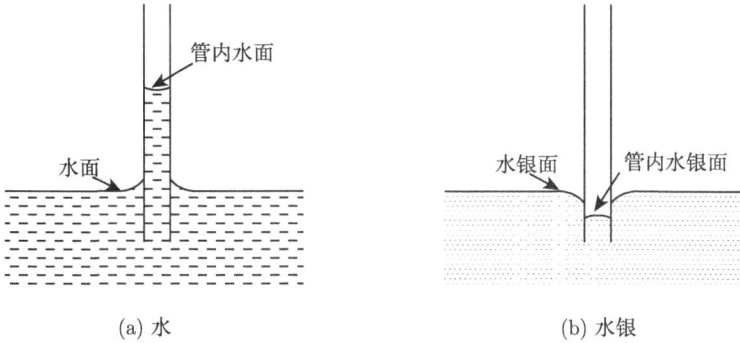

(a) 水   (b) 水银

图 3-24 毛细现象示意图

图 3-25 接触角示意图

3) 毛细作用机理

表面科学中的物理界面层模型认为，在固、液两相的接触界面上存在厚度约为一个分子作用半径的薄层液体界面层，界面层上的液体一侧受到固–液体分子之间的静电力作用，宏观上表现为 "黏着力 F"，另一侧受到液体内部分子之间的相互作用力，即 "内聚力 P"。

若材料和液体之间是浸润关系，则 $F > P$，液体内部分子被拉向界面层方向，界面层液体有沿固体表面不断铺展的趋势，毛细管中液面不断升高直至黏着力、内聚力和毛细水重力等达到力学平衡状态。

若材料和液体之间是不浸润关系，则 $F < P$，界面层液体分子被拉向液体内部，界面层有不断收缩的趋势，毛细管中则表现为液面不断降低直至达到力学平衡状态。

2. 毛细作用主要影响因素

土是由土颗粒、粒间胶结物、水 (含结合水和自由水)、孔隙气体等组成的复杂散体材料, 土中毛细作用强弱或毛细水上升高度与土颗粒大小、土的密实程度、粒间孔隙大小与连通情况等密切相关。

1) 微细颗粒粒径与土体级配的影响

土中毛细水上升高度与毛细管等效直径大小有关, 而毛细管等效直径又与土体级配和微细颗粒粒径有关: ①对于级配良好的土体, 通常认为毛细管等效直径与微细土颗粒直径相等 (颗粒级配分析中的 d_{10}), 当微细颗粒粒径为 $0.05 \sim 0.005$mm 时, 土体具有强烈的毛细作用, 毛细水上升高度与颗粒粒径成反比; ②对于级配不良的土体, 若土体中微细颗粒含量过少或粒径过大, 则粒间孔隙过大, 无法形成毛细结构。而土体中微细颗粒含量粒径过小且含量过大时, 土颗粒间的孔隙将被颗粒表面的结合水填充或隔断, 毛细水分子运动的黏滞阻力过大, 毛细作用不明显, 毛细水上升高度较小, 这就是低渗透性黏土常被用作隔水填料的原因。

2) 土体种类的影响

不同种类的土通常具有不同的矿物成分、胶结方式、颗粒形状和粒径等, 毛细作用的强弱也不同, 如砂土中的毛细水在迁移过程中基本不受结合水的黏阻力影响, 毛细水上升高度只取决于毛细管等效直径和水的表面张力。相反, 对于膨胀土而言, 不仅存在着颗粒之间的毛细水渗流, 还存在部分土颗粒内部水分迁移、渗流作用, 例如, 具有晶层结构的蒙脱石矿物颗粒中, 在渗透压力、层间静电势、范德瓦耳斯力等作用下水分子缓慢迁移, 并在迁移过程中引起蒙脱石晶层间距扩大, 导致膨胀土产生膨胀变形, 所以膨胀土中毛细水作用相对较为复杂。

3) 土壤盐类性质的影响

受成土母岩种类差异、复杂成土过程以及气候环境的影响, 不同土壤含有的盐分种类、各种盐类之间的比例关系以及盐分总含量等都不同。盐类对毛细水的影响本质上是其在水中的溶解和析出对微细孔隙通道的影响, 例如, 土壤中 Na_2SO_4 的溶解度随温度降低而减小, 当溶液中 Na_2SO_4 含量超过该温度下的溶解度时, Na_2SO_4 便以晶体的形式析出, 减小毛细水通道的过水面积或直接阻塞过水通道, 从而增加毛细水运移阻力, 降低毛细水上升高度, 相反, 温度升高时则毛细水的上升高度增加。而 $NaCl$ 的溶解度对温度不敏感, 土壤温度变化不会导致 $NaCl$ 晶体析出或溶解, 对毛细水通道基本没有影响。在工程实践中, 对于非盐渍土而言, 土壤中的各种盐分含量通常较少, 对毛细作用影响微弱, 通常可以忽略不计。

除上述影响因素之外, 土壤中的毛细作用还与温度、颗粒形状、土粒亲水程度、含水率等因素有关, 在具体研究过程中应根据工程构筑物的功能、服役环境和土壤种类等开展有针对性的研究。

3. 毛细管-液-气弯曲界面的力学分析

毛细管-液-气弯曲界面形状与毛细管材料和液体之间的浸润关系有关, 当固-

液体之间是高浸润关系 (或低润湿关系) 时, 毛细管中的稳定液-气弯曲界面呈凹 (或凸) 弯曲液面。由于土水之间为完全浸湿关系, 即接触角$\theta=0°$, 土中毛细水液-气弯液面为凹形, 以下将以凹形弯曲液面为例, 分析液-气弯曲界面的力学平衡关系。

液-气弯曲界面的力学平衡关系可以用 Young-Laplace 方程表示。如图 3-26 所示, 取液-气弯曲界面上面积为 $\mathrm{d}A$ 的微单元 $abcd$, R_1 和 R_2 是弯曲界面的两个正交曲率半径, T_s 为液体表面张力。设作用在弯曲界面凹面一侧和凸面一侧的压力分别为 u_1 和 u_2, 则界面内外总压力差为

$$\Delta P = (u_1 - u_2) \times \mathrm{d}A = (\sigma_1 - \sigma_2) \times 4R_1R_2\mathrm{d}\theta_1\mathrm{d}\theta_2 \tag{3-2}$$

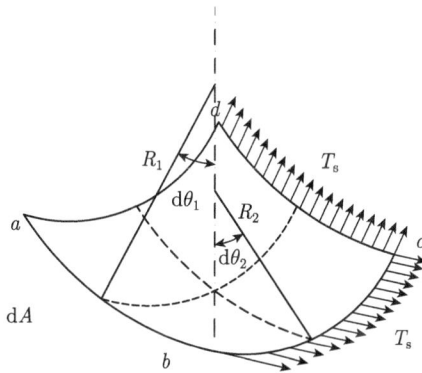

图 3-26 液-气弯曲界面微单元

液-气弯曲界面表面张力 T_s 沿法线方向的总张力合力为

$$T = 2 \times T_\mathrm{s} \times ab \times \sin\mathrm{d}\theta_1 + 2 \times T_\mathrm{s} \times bc \times \sin\mathrm{d}\theta_2 \tag{3-3}$$

$$\begin{cases} ab = 2R_2 \times \mathrm{d}\theta_2 \\ bc = 2R_1 \times \mathrm{d}\theta_1 \end{cases} \tag{3-4}$$

将式 (3-4) 代入式 (3-3) 得

$$T = 2 \times T_\mathrm{s} \times 2R_2 \times \mathrm{d}\theta_2 \times \sin\mathrm{d}\theta_1 + 2 \times T_\mathrm{s} \times 2R_1 \times \mathrm{d}\theta_1 \times \sin\mathrm{d}\theta_2 \tag{3-5}$$

当 $\mathrm{d}\theta \to 0$ 时, $\sin\mathrm{d}\theta \approx \mathrm{d}\theta$, 所以式 (3-5) 可化为

$$T = 4T_\mathrm{s}(R_1 + R_2)\mathrm{d}\theta_1\mathrm{d}\theta_2 \tag{3-6}$$

液-气弯曲界面的切向分量会自平衡, 但法线方向的分量 T 需要有界面内外压力差来平衡, 即

$$\Delta P = T \tag{3-7}$$

将式 (3-2) 和式 (3-6) 代入式 (3-7), 整理可得 Young-Laplace 方程:

$$(u_1 - u_2) = T_\mathrm{s}\left(\frac{1}{R_1} + \frac{1}{R_2}\right) \tag{3-8}$$

4. 毛细管模型及毛细水上升高度

为了定量分析毛细水的上升高度,首先需要了解土壤微观结构,并确定粒间孔隙的简化模型,进而通过简化孔隙模型中水柱重力和弯液面之间的力学平衡关系确定毛细水上升高度。

1) 土的微观结构及简化模型

土体的微观结构对其宏观工程力学、变形以及渗流特性等具有决定性影响。土的微观结构状态主要包括土颗粒形态、孔隙性、堆积方式及接触关系 4 个方面。20世纪 30 年代中后期,研究人员已经开始利用显微镜来研究土的微观结构,并逐渐形成了土的微形态学,随着近几年来光学仪器和成像技术的不断发展,特别是数字图像技术在土微结构研究中的应用,土的微结构研究工作从定性分析逐渐向定量分析发展,通过研究服役环境下土体微结构的 4 个状态参数变化情况,并建立相应的本构模型。

图 3-27 给出了土壤的三种主要微观结构电镜扫描图:片状结构 (图 3-27(a)),单粒结构 (图 3-27(b)) 和絮凝结构 (图 3-27(c))。为便于进行毛细水上升高度理论分析,将三种土的微观结构按如图 3-28 所示简化为两种几何模型,即片状结构简化为片状颗粒 (图 3-28(a)),单粒结构和絮凝结构简化为等直径球形颗粒堆积体 (图 3-28(b))。

(a) 片状结构　　　　　　(b) 单粒结构　　　　　　(c) 絮凝结构

图 3-27　土壤微观结构电镜扫描图

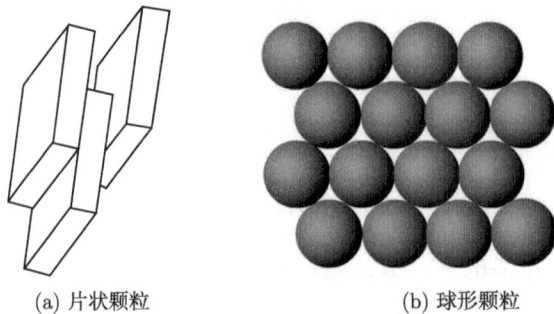

(a) 片状颗粒　　　　　　　　　　(b) 球形颗粒

图 3-28　土壤微观结构简化几何模型

2) 毛细水上升高度

A. 片状颗粒平行时的毛细水上升高度

当土壤的微观结构由片状结构组成，并且颗粒之间相互平行时，假定在竖直方向上相邻片状黏土颗粒相互对接，取直，则土颗粒间形成平行贯通毛细通道，其毛细模型如图 3-29(a) 所示。

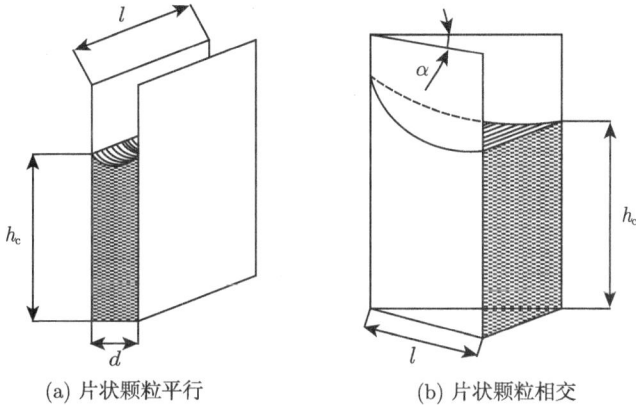

(a) 片状颗粒平行　　　　　(b) 片状颗粒相交

图 3-29　片状颗粒毛细模型

设土壤与水之间的接触角为 θ，片状颗粒水平方向长度为 l，颗粒间距为 d，则片状颗粒成平行排列时毛细水上升高度 (图 3-29(a)) 计算如下：

毛细液–气界面的两个正交主曲率半径分别为

$$\begin{cases} R_1 = \dfrac{d}{2\cos\theta} \\ R_2 \to \infty \end{cases} \tag{3-9}$$

将式 (3-9) 代入 Young-Laplace 方程，即式 (3-8)，则毛细液–气弯曲界面内外压力差为

$$\Delta u = (u_1 - u_2) = \frac{2T_{\mathrm{s}} \times \cos\theta}{d} \tag{3-10}$$

毛细液–气界面内外压力差 Δu 与毛细通道中的水重力平衡，即

$$\Delta u = \rho_{\mathrm{w}} g h_{\mathrm{c}} \tag{3-11}$$

联合式 (3-10) 和式 (3-11) 求得毛细上升高度为

$$h_{\mathrm{c}} = \frac{2T_{\mathrm{s}} \times \cos\theta}{\rho_{\mathrm{w}} g d} \tag{3-12}$$

式中：T_{s} 为界面表面张力；θ 为土水接触角；ρ_{w} 为液体 (水) 密度；g 为重力加速度；d 为土体片状颗粒间距。

B. 片状颗粒相交时的毛细水上升高度

当片状颗粒之间有一侧共边相交，形成半封闭毛细通道时 (图 3-29(b))，假设片状颗粒长度为 l，粒间夹角为 α，则 Young-Laplace 方程中的两个弯曲界面的正交曲率半径分别为 $R_1 = l$，$R_2 = l\alpha$，毛细水上升高度为

$$h_c = \frac{T_s \times \cos\theta}{\rho_w g l} \left(1 + \frac{1}{2\alpha}\right) \tag{3-13}$$

C. 球形颗粒土壤中毛细水上升高度

假定球形或圆柱形颗粒彼此间连接且沿竖直方形整齐排列，并将粒间孔隙等效为圆柱形毛细管，毛细管等效直径为 d，通常取土的有效粒径 $d = d_{10}$。液–气弯液面按球形圆液面假设考虑，即 Young-Laplace 方程中弯曲界面的正交曲率半径分别为 $R_1 = R_2 = d/2$，则圆柱形毛细管模型中毛细水的上升高度为

$$h_c = \frac{4T_s \times \cos\theta}{\rho_w g d} \tag{3-14}$$

由式 (3-14) 可知，毛细管的等效直径 d 与毛细水上升高度成反比，因此，如何选取毛细管的等效直径 d 关系着毛细水上升高度计算的准确性。刘小平认为在球形颗粒堆积体中，在采用圆柱形毛细管模型分析毛细水上升高度时，毛细管等效直径 d 应按照毛细管壁与球形颗粒表面相切的原则确定，并给出了球形土颗粒在最松散 (图 3-30(a)) 和最密实 (图 3-30(b)) 两种堆积方式下，毛细水上升高度随颗粒直径的变化范围，即

$$\frac{9.76T_s \times \cos\theta}{\rho_w g D} \leqslant h_c \leqslant \frac{26.67T_s \times \cos\theta}{\rho_w g D} \tag{3-15}$$

式中：D 为颗粒直径，通常取 $D = d_{10}$。

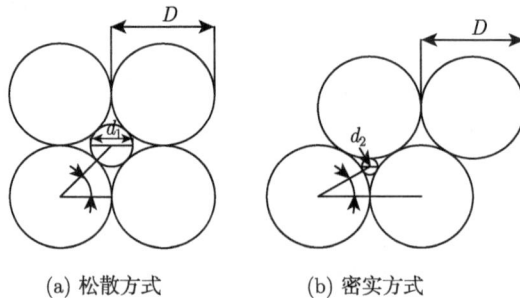

(a) 松散方式　　　　　　(b) 密实方式

图 3-30　颗粒堆积平面图

D. 其他主要毛细水上升高度计算公式

工程上常用的估算毛细水高度方法还有

(a).A.Hazen 经验公式:

$$h_c = \frac{C}{e \times d_{10}} \tag{3-16}$$

式中: e 为土体孔隙比; d_{10} 为土的有效粒径; C 为与土颗粒形状和表面清洁度有关的系数, $C = 1 \times 10^{-5} \sim 5 \times 10^{-5} \mathrm{m}^2$。

(b) Mavis-Tsui(1939 年) 经验公式:

$$h_c = \frac{2.2}{d_{10}} \left(\frac{1-n}{n} \right) \tag{3-17}$$

式中: n 为孔隙率。

(c) Polubarinova-Kochina(1952 年) 经验公式:

$$h_c = \frac{0.45}{d_{10}} \left(\frac{1-n}{n} \right) \tag{3-18}$$

(d) 砂类土毛细水上升高度经验拟合公式:

$$h_c = 0.29 + 0.0567 w_m + 1.5457 (d_{10})^{-0.246} + 1.409 (d_{cp})^{-0.198} \tag{3-19}$$

式中: d_{10} 为有效粒径 (μm); d_{cp} 为平均粒径 (μm); w_m 为最大分子含水率 (粉细砂用吸水介质法测定, 中粗砂等采用高柱法测定)。

(e) 黏性土毛细水上升高度经验公式:

$$h_c = 0.29 + 0.0567 w_m + 1.5457 (d_{10})^{-0.246} + 1.409 (d_{cp})^{-0.198} \tag{3-20}$$

式中: d_{10} 为有效粒径 (μm); d_{cp} 为平均粒径 (μm)。

(f) 张忠胤教授给出的黏土毛细水上升高度计算公式:

$$h_c = \frac{P_c}{1+i_0} \tag{3-21}$$

式中: P_c 为以水柱表示的毛细压力 (m); i_0 为黏土结合水发生运动时的初始水力梯度。

通常在进行粗粒土或砂土中毛细水上升高度的计算时, 采用式(3-12)~式 (3-19) 能够得到较为准确的计算结果, 而应用于黏性土时, 其计算结果往往偏大。其原因是粗粒土或砂土中毛细孔隙较大, 毛细水在上升过程中受到的颗粒表面结合水的黏滞阻力可以忽略不计, 毛细吸力主要有毛细水重力平衡, 与上升毛细管理论计算模型基本假定相符, 而黏性土颗粒尺寸较小, 毛细水在运移过程中受到的颗粒结合水黏滞阻力较大, 黏性土毛细吸力的平衡力除毛细水自重外, 还有黏滞阻力。为满足黏性土地区工程建设的需要, 研究人员通过室内外试验建立了黏土毛细水上升高度的经验拟合公式 (式 (3-20)), 张忠胤教授在黏土动力学研究的基础上, 结合圆柱形毛细管模型, 通过引入初始水力梯度 i_0 建立适用于黏土毛细水上升高度的计算模型。

5. 基于异形毛细管模型的黏土毛细水上升高度分析

目前使用最多的毛细管模型仍然是圆柱形毛细管模型，即将土体中毛细水的上升通道等效为圆柱形毛细管，其直径 d 通常取土体有效粒径 d_{10}。在土体微观结构按球形颗粒简化几何模型考虑，且球形颗粒直径为 D 时，圆柱形毛细管模型存在的主要问题是毛细水过水断面与实际不符：①若圆柱形毛细管壁与球形土颗粒表面相切，如图 3-31 所示，则圆柱形毛细管过水断面没有考虑毛细管壁与球形颗粒之间的空隙，即图 3-31(a) 和 (b) 中的阴影部分，毛细管过水面积小于实际过水断面，计算的毛细水上升高度明显偏高；②若圆柱形毛细管直径与球形土颗粒直径相等 $(d=D)$，则圆柱形毛细管过水断面与土颗粒之间存在较大重叠部分，即图 3-31(c) 和 (d) 中的阴影部分，显然考虑的毛细管过水面积偏大，理论计算的毛细水上升高度偏小。

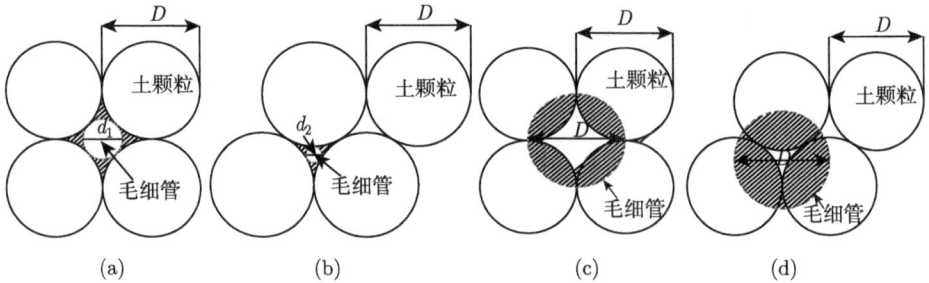

图 3-31　毛细管与土颗粒关系平面图

事实上，球形土颗粒在最松散和最密实两种堆积方式下，毛细水过水断面平面图可视为由典型四尖瓣线和三尖瓣线所围成的面积，如图 3-32 所示。因此，为了获得更准确的毛细水上升高度计算结果，后文将根据球形颗粒在最松散和最密实两种堆积方式下的毛细水实际过水断面形状，建立毛细水过水断面形状分别为四尖瓣线和三尖瓣线的异形毛细管模型，借鉴张忠胤教授的毛细水理论计算公式，通

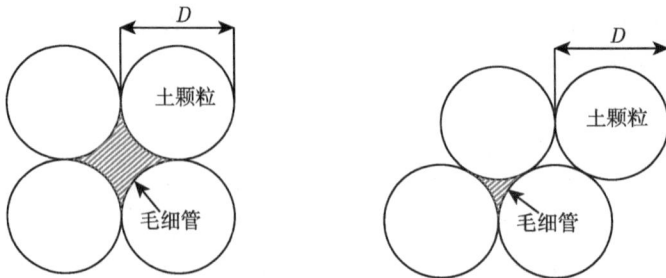

图 3-32　不同土颗粒堆积方式下毛细水过水断面平面图

过引入初始水力梯度 i_0，并考虑温度对水表面张力的影响，推导基于异形毛细管模型的毛细水上升高度计算公式。

1) 毛细水过水断面面积和湿周长度

根据平面解析几何知识可知，四尖瓣线和三尖瓣线的外接圆直径与土颗粒直径 D 相等。为了准确计算毛细水过水断面的面积和湿周长度，建立如图 3-33 所示的直角坐标系，则四尖瓣线和三尖瓣线的参数方程分别为

$$\text{四尖瓣线方程：}\begin{cases} x = \dfrac{D}{2}(\cos\theta)^3, \\ y = \dfrac{D}{2}(\sin\theta)^3, \end{cases} \quad 0 \leqslant \theta \leqslant 2\pi \tag{3-22}$$

$$\text{三尖瓣线方程：}\begin{cases} x = \dfrac{D}{3}\cos\theta + \dfrac{D}{6}\cos 2\theta, \\ y = \dfrac{D}{3}\sin\theta - \dfrac{D}{6}\sin 2\theta, \end{cases} \quad 0 \leqslant \theta \leqslant 2\pi \tag{3-23}$$

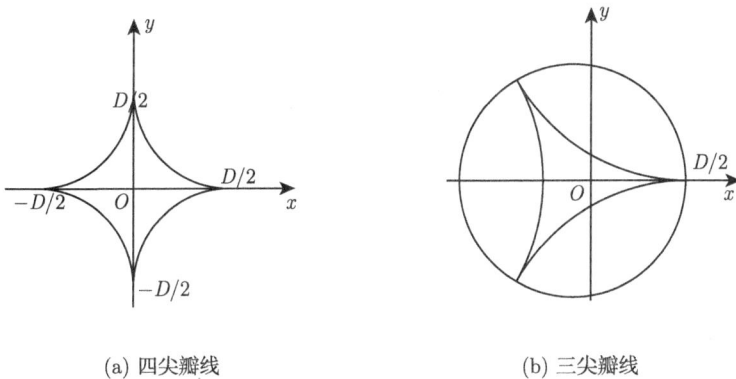

(a) 四尖瓣线　　　　　　　　　　　(b) 三尖瓣线

图 3-33　过水断面坐标系

四尖瓣线型毛细过水断面面积 A_{fou} 为

$$\begin{aligned} \mathrm{d}A = y\mathrm{d}x &= \frac{D}{2}(\sin\theta)^3 \times \mathrm{d}\left(\frac{D}{2}(\cos\theta)^3\right) \\ &= -\frac{3D^2}{4}(\sin\theta)^4 \times (\cos\theta)^2 \mathrm{d}\theta \\ &= \frac{3D^2}{4}(\sin\theta)^4 \times \left[1-(\sin\theta)^2\right]\mathrm{d}\theta \end{aligned} \tag{3-24}$$

$$\begin{aligned} A_{\text{fou}} = 4\int_0^1 y\mathrm{d}x &= 3D^2\int_{\frac{\pi}{2}}^0 (\sin\theta)^4 \times \left[1-(\sin\theta)^2\right]\mathrm{d}\theta \\ &= \frac{3\pi}{32}D^2 \end{aligned} \tag{3-25}$$

四尖瓣线型毛细过水断面湿周 S_{fou}：

$$
\begin{aligned}
\mathrm{d}S &= \sqrt{(\mathrm{d}x)^2 + (\mathrm{d}y)^2} \\
&= \sqrt{\left[-\frac{3D}{2}(\cos\theta)^2 \times \sin\theta\right]^2 + \left[\frac{3D}{2}(\sin\theta)^2 \times \cos\theta\right]^2} \, \mathrm{d}\theta \\
&= \frac{3D}{2}\sin\theta\cos\theta\mathrm{d}\theta
\end{aligned}
\tag{3-26}
$$

$$
S_{\text{fou}} = 4\int_0^{\frac{\pi}{2}} \frac{3D}{2}\sin\theta\cos\theta\mathrm{d}\theta = 3D
\tag{3-27}
$$

同理，可求得三尖瓣线型毛细过水断面面积 A_{thr} 和湿周 S_{thr} 分别为

$$
A_{\text{thr}} = \frac{\pi D^2}{18}
\tag{3-28}
$$

$$
S_{\text{thr}} = \frac{8D}{18}
\tag{3-29}
$$

2) 黏土初始水力坡度

黏性土的粒径孔隙尺寸较小，极易被呈半结晶状态的结合水阻塞，使得毛细水在黏土中的运移较为困难，我国张忠胤教授认为只有当黏土实际水力梯度 i 大于其初始水力梯度 i_0 时，黏土中才会出现毛细水渗透。Kutilek 在总结饱和黏土的渗流速度 v 与水力梯度 i 关系式时发现，对于密实度较高和颗粒表面活性较强的材料，v-i 往往存在初始水力梯度 i_0，但他将初始水力梯度 i_0 产生的原因归结为试验误差，尽管国内外关于黏土渗透中是否存在初始水力梯度仍没有形成统一意见，但将初始水力梯度引入黏土毛细水上升高度分析时能够得到相对符合工程实际的计算结果，因此，本书仍按照张忠胤教授的思路推导基于异形毛细管模型的黏土毛细水上升高度计算公式。

戴张俊等通过渗透试验发现膨胀土的膨胀潜势越强，细颗粒含量越高，渗透系数越小。王飞通过室内大型模型试验发现，当渗透系数为 $k = 5.67 \times 10^{-7}\text{cm/s}$ 时，密实黏土的起始水力梯度 i_0 为 6~8；当渗透系数为 $k = 6.07 \times 10^{-8}\text{cm/s}$ 时，密实黏土的起始水力梯度 i_0 为 12~16。根据其试验结果，黏土起始水力梯度 i_0 与渗透系数 k 的近似拟合关系为

$$
i_0 = -3.36\ln\left(\frac{k}{10^{-7}}\right) + 20
\tag{3-30}
$$

式中：k 为黏土渗透系数 (cm/s)。

3) 异型毛细管模型中毛细水上升高度

基本假定：

(1) 异型毛细管模型中的毛细水渗流满足达西渗流定律；

(2) 毛细管中的液-气弯液面仍满足圆液面假设。

黏土中微细颗粒含量较多，颗粒间孔隙尺寸过小，且极易被颗粒表面结合水堵塞，毛细水在上升过程中除受到重力和毛细力外，还受颗粒表面结合水的黏滞阻力的影响，毛细水在渗透过程中为了克服这种黏滞阻力必然会产生水头损失，渗透路径 l 上为克服黏滞阻力而产生的水头损失 ΔH 即初始水力梯度 $i_0 = \Delta H/l$。则单位渗透路径上的黏滞阻力大小表示为

$$f = i_0 \rho_{\text{w}} g A \tag{3-31}$$

假设黏滞阻力沿毛细水管壁均匀分布，则毛细水上升高度为 h_{c} 时受到的总黏滞阻力为

$$F = i_0 \rho_{\text{w}} g A h_{\text{c}} \tag{3-32}$$

毛细水液-气弯曲界面法线方向的分量由毛细水总重力和总黏滞阻力共同平衡，则过水断面为四尖瓣线和三尖瓣线所围面积时黏土毛细水液-气弯曲界面法线方向的平衡方程分别为

$$h_{\text{c,fou}} \left(1 + i_0\right) \rho_{\text{w}} g A_{\text{fou}} = T_{\text{s}} \times S_{\text{fou}} \tag{3-33}$$

$$h_{\text{c,thr}} \left(1 + i_0\right) \rho_{\text{w}} g A_{\text{thr}} = T_{\text{s}} \times S_{\text{thr}} \tag{3-34}$$

将式 (3-25)、式 (3-27) 以及式 (3-30) 代入式 (3-33)，便可求得过水断面为四尖瓣线型时黏土毛细水上升高度为

$$h_{\text{c,fou}} = \frac{32 T_{\text{s}}}{\left[1 + \left(-3.36 \ln\left(\dfrac{k}{10^{-7}}\right) + 20\right)\right] \rho_{\text{w}} g \pi D} \tag{3-35}$$

将式 (3-28)~式 (3-30) 代入式 (3-34)，便可求得过水断面为三尖瓣线型时黏土毛细水上升高度为

$$h_{\text{c,thr}} = \frac{48 T_{\text{s}}}{\left[1 + \left(-3.36 \ln\left(\dfrac{k}{10^{-7}}\right) + 20\right)\right] \rho_{\text{w}} g \pi D} \tag{3-36}$$

水的表面张力大小 T_{s} 与毛细水的上升高度呈正比，而 T_{s} 又与水的温度有关，王竹溪从热力学角度给出了水的表面张力 $T_{\text{s}}(\text{N/m})$ 与摄氏温度 $t(^\circ\text{C})$ 之间的关系式：

$$T_{\text{s}} = 0.075680 - 1.38 \times 10^{-4} t - 3.56 \times 10^{-9} t^2 + 4.7 \times 10^{-10} t^3 \tag{3-37}$$

式中后两项对计算结果影响较小，舍去，整理后得

$$T_{\text{s}} = 0.075680 - 1.38 \times 10^{-4} t \tag{3-38}$$

将式 (3-38) 分别代入式 (3-35) 和式 (3-36)，可获得考虑温度影响的毛细水上升高度：

(1) 过水断面为四尖瓣线型毛细模型：

$$h_{c,fou} = \frac{32\left(0.075680 - 1.38 \times 10^{-4}t\right)}{\left[1 + \left(-3.36\ln\left(\frac{k}{10^{-7}}\right) + 20\right)\right]\rho_w g\pi D} \tag{3-39}$$

(2) 过水断面为三尖瓣线型毛细模型：

$$h_{c,thr} = \frac{48\left(0.075680 - 1.38 \times 10^{-4}t\right)}{\left[1 + \left(-3.36\ln\left(\frac{k}{10^{-7}}\right) + 20\right)\right]\rho_w g\pi D} \tag{3-40}$$

综上所述，在土壤微观颗粒按球形颗粒简化几何模型考虑时，根据不同的颗粒堆积方式，毛细水的上升高度变化范围为

$$\frac{32\left(0.075680 - 1.38 \times 10^{-4}t\right)}{\left[1 + \left(-3.36\ln\left(\frac{k}{10^{-7}}\right) + 20\right)\right]\rho_w g\pi D} \leqslant h_{c,thr}$$
$$\leqslant \frac{48\left(0.075680 - 1.38 \times 10^{-4}t\right)}{\left[1 + \left(-3.36\ln\left(\frac{k}{10^{-7}}\right) + 20\right)\right]\rho_w g\pi D} \tag{3-41}$$

假设 $\rho_w = 1.0 \times 10^3 kg/m^3$，$g = 9.8m/s^2$，$t = 25°C$，代入式 (3-41) 得

$$\frac{0.75}{\left[1 + \left(-3.36\ln\left(\frac{k}{10^{-7}}\right) + 20\right)\right]D} \leqslant h_c(cm)$$
$$\leqslant \frac{1.23}{\left[1 + \left(-3.36\ln\left(\frac{k}{10^{-7}}\right) + 20\right)\right]D} \tag{3-42}$$

6. 毛细水渗流时基底防排水措施

当毛细水理论上升高度 h_c 大于地下水位与地基面之间的距离时，地下水将在毛细力作用下不断向上迁移，首先引起地基膨胀土膨胀变形，随着时间的增长，毛细水将在基底不断积聚，膨胀土地基将逐渐浸水软化，在列车动力荷载反复作用下会产生下沉变形，而过大下沉变形又会导致新型改性沥青复合材料防水结构层破损或轨道平顺性降低，严重影响列车运行的平稳性和安全性。为了保证膨胀土路堑基床的长期稳定性，对地下水位较高的膨胀土路堑基床在设计和施工时，应做好以下相关工作：

(1) 做好地下水位，特别是长大雨季期间最高地下水位的调查和监测；

(2) 利用式 (3-20)、式 (3-21) 以及式 (3-42) 分别计算毛细水的上升高度，并将最大计算高度作为膨胀土中的毛细水上升高度；

(3) 检查膨胀土地基承载力是否满足高速铁路规范要求：P_s 值不小于 1.5MPa，σ_0 不小于 0.18MPa；

(4) 地基承载力满足高速铁路规范要求时，结合地下水位高度和毛细水上升高度对基床变形和稳定性分析，并根据分析结果调整基床换填厚度或对地基采取合适的加固处置措施；

(5) 当地基面与最高地下水位之间的距离小于步骤 (2) 中确定的最大毛细水上升高度时，应在换填底面设置透水垫层，并在侧沟底面设置盲沟或渗水沟，使通过毛细作用渗流至地基面的地下水及时排出基床范围，避免基底长期积水。

基底透水垫层厚度及级配要求：杨明为了解决毛细水上升对路基稳定性的影响，依托位于皖西膨胀土地区的周 (集)— 六 (安) 高速公路建设工程，利用数值分析和毛细水示踪模型试验，研究了不同基底垫层填料和铺设厚度对膨胀土路基毛细水上升高度的影响，研究发现，当垫层为级配良好的砂或碎石垫层时，即使垫层厚度达 20cm，毛细水仍然能够通过垫层并继续向垫层上方路基迁移；相反，当采用级配不良的均匀砂或碎石时，垫层上方路基土的含水率基本保持不变，有效地阻止了毛细水的进一步上升。因此，建议在地下水位较高的膨胀土路堑基床基底垫层采用级配不良的均匀砂或碎石，铺设厚度 20cm，如图 3-34 所示。

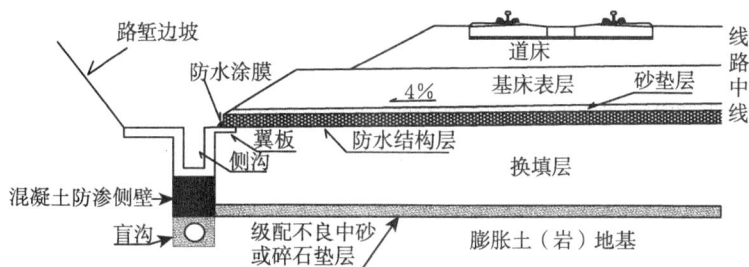

图 3-34 存在毛细水渗流时的基底防排水措施

3.4 基于 SAWI 层的膨胀土路堑基床结构设计

3.4.1 铁路膨胀土路堑新型基床结构的提出

我国有砟轨道高速铁路基床由表层和底层组成，其中基床表层和底层厚度与线路设计时速有关，当线路设计速度为 200km/h 时，基床表层厚度为 0.6m，对应的基床底层厚度为 1.9m；当线路设计速度不小于 250km/h 时，基床表层厚度为 0.7m，基床底层厚度为 2.3m。一般情况下，基床表层采用级配碎石填筑，基床底层采用 A、B 组填料或改良土填筑。在特殊地质环境条件下，基床结构还需设置防排水措施，其防排水措施可归纳为：引排措施，如基床结构层设置 4% 坡度，路基填料透水性要强；防水措施，如大秦线采用复合防排水板、南昆铁路采用复合土工膜和武广线采用沥青混凝土设置防排水结构层。从现有线路的运营情况来看，上述 3种防水措施应用效果较好，大面积水损破坏情况较少，但在既有南昆铁路膨胀土路堑地段，运营后路基病害 (如基床下沉、排水不畅和翻浆冒泥等) 不断，且屡治无效，说明膨胀土地质条件下的基床防排水措施还需进一步改进完善。

综上所述，膨胀土路堑基床在地表水下渗、强降雨及长期动荷载等服役条件下，建立完备的防排水系统是基床结构保持良好工作性能的核心，这就要求基床防排水结构层除需具有良好的防渗性能外，还应具有一定的刚度来协调动力荷载和地基膨胀土产生的不均匀变形，以确保基床排水通畅、线路平顺和路基长期稳定。因此，结合云桂铁路膨胀土路堑工程实际，研发了一种改性沥青复合防水材料，铺设在膨胀土路堑基床中设置一道 SAWI 层，如图 3-35 所示，以增强基床防排水性能及协调基底膨胀土产生的不均匀变形，从而提高气候因素与列车动荷载共同作用下基床结构的适应性和耐久性。

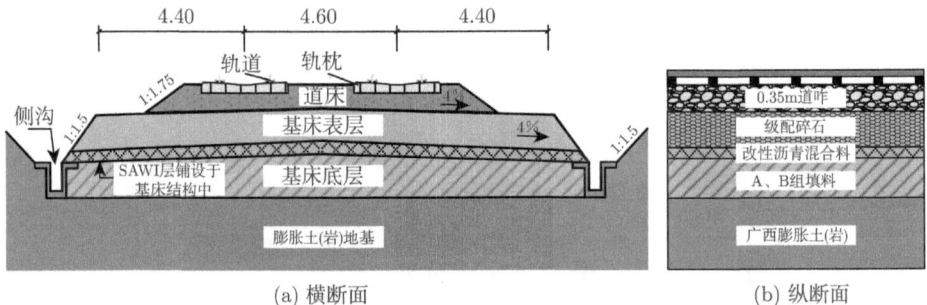

(a) 横断面　　　　　　　　　　　　　　(b) 纵断面

图 3-35　膨胀土路堑 SAWI 层基床结构设计思路 (单位：m)

由图 3-35 可知，基于 SAWI 层的新型基床结构设计需要解决以下几个关键问题。

(1)SAWI 层结构合理参数的确定。例如，该结构层铺设于基床结构具体位置，满足基床动力性能和抗变形性能的弹性参数和厚度参数，满足基床防水和抗渗性能的材料配合比及其他力学控制参数等。

(2) 新型 SAWI 层基床结构的防水和抗渗性能。由于 SAWI 层不仅要承受上部高速列车动荷载，还要协调下部膨胀土地基因湿度变化引起的不均匀变形，故其能否在列车动荷载和服役环境共同作用下保持良好的防水、排水、抗渗和抗疲劳性能需要进一步验证。

(3) 基于 SAWI 层的膨胀土路堑基床合理换填厚度。由于新型基床结构中存在一层 20 cm SAWI 层作用，改变了基床结构的振动特性和荷载传递方式，且其在基床结构中不仅起到防排水的作用，还具有一定的参振作用。基于此，膨胀土路堑基床的基床换填厚度需要合理确定和优化。

3.4.2 新型 SAWI 层合理参数分析

SAWI 层是新型基床结构的重要组成部分，其铺设厚度、弹性模量和铺设位置作为基床结构动力学的重要技术参数，其参数变化对基床动力性能、防排水效果、经济性等具有重要影响。借助建立的三维轨道–路基–地基系统动力数值模型，对防水层厚度、弹性模量和铺设位置对基床动响应的影响进行计算分析，探讨 SAWI 层参数变化对基床动响应的敏感性，以确定 SAWI 层的合理参数。

1. 新型 SAWI 层参数对基床动应力的影响

为得到 SAWI 层厚度对路基动响应的影响，选取 SAWI 层铺设厚度分别为 10cm, 15cm, 20cm, 25cm 进行计算分析。新型 SAWI 层厚度不同时基床动应力沿深度的衰减曲线如图 3-36 所示。由图可知：不同 SAWI 层铺设厚度情况下，竖向动应力沿深度衰减趋势基本保持一致，均呈指数型衰减；但是随着新型 SAWI 层厚度的增加，SAWI 层顶面动应力从 31.4kPa 增加到了 32.4kPa，而 SAWI 层底面动应力从 25.7kPa 减小到 21.3kPa，故增加 SAWI 层厚度能够减弱其下方基床的动应力。

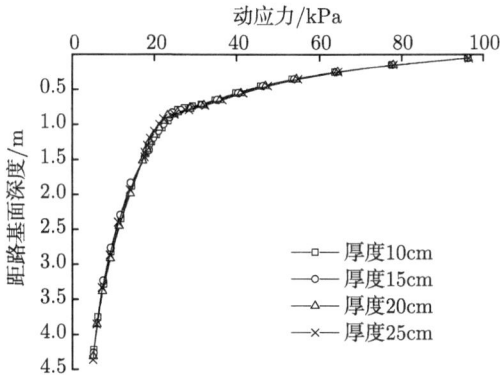

图 3-36 竖向动应力随 SAWI 层厚度变化的曲线

取 SAWI 层弹性模量分别为 0.1 GPa, 1.0 GPa, 5.0GPa, 10.0GPa 的情况下，分析基床竖向动应力沿深度的衰减曲线，如图 3-37 所示。由图可得，随着 SAWI 层弹性模量的变化，竖向动应力衰减主要发生在 SAWI 层内 (即路基面下 0.7~0.9m 范围内)，弹性模量越大，SAWI 层内动应力衰减越迅速，但 SAWI 层顶面的动应力略有增大；当弹性模量超过 5.0GPa 时，竖向动应力衰减曲线在 SAWI 层底面处出现拐点，且在 SAWI 层底面以下动应力变化差异越来越小。由此说明，提高 SAWI 层弹性模量可在一定程度上减小其下方基床动应力，但会增加 SAWI 层顶面的动应力水平。

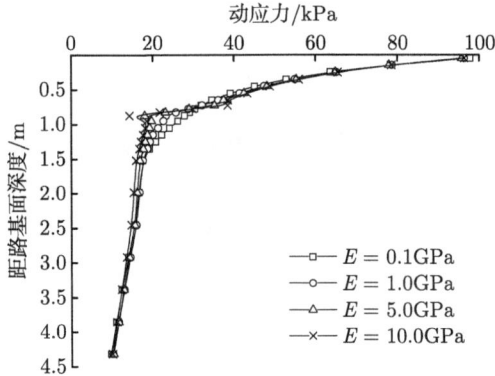

图 3-37　竖向动应力随 SAWI 层弹性模量变化的曲线

在实际的基床施工过程中，新型 SAWI 层可以铺设在地基土以上的任意位置处。但是从安全及经济的角度来看，主要有两方面的影响：其一，SAWI 层铺设位置控制着排水侧沟的设计标高，其位置离路基面越深，土方开挖量和边坡支护工程量就会越大；其二，SAWI 层位置距基床表层越近，则可能引起 SAWI 层发生受力破坏的概率就越大，进而影响其耐久性。因此需要合理地确定 SAWI 层铺设位置。以下将选取 SAWI 层铺设在基床表层中间、基床表层底面、基床底层中间和基床底层底面四个典型位置，分析 SAWI 层铺设位置变化对动响应的影响。

图 3-38 为 SAWI 层位于基床不同位置时基床动应力沿深度方向的衰减曲线。由图可知，随着 SAWI 层铺设位置的下移，基床动应力衰减曲线在 0.35~1.40m 深度范围内变化较为明显，在同一深度处动应力逐渐增大；四种铺设位置对应的基床表层顶面动应力分别为 95.2kPa，96.1kPa，98.1kPa，99.7kPa；当 SAWI 层铺设在基床底层中间和底面处时，基床动应力衰减曲线基本保持一致，说明 SAWI 层铺设位置在基床底层内变化对基床动应力基本不会产生影响。

2. 新型 SAWI 层参数对基床动位移的影响

图 3-39 为 SAWI 层厚度不同时基床动位移沿深度的衰减曲线。由图可知，SAWI 层厚度变化不影响动位移沿深度的衰减规律，但随着 SAWI 层厚度的增加，动位移衰减曲线整体向左偏移，动位移值减小，而在 SAWI 层范围内的动位移值基本不变；随着 SAWI 层厚度的增加，基床表层顶面及 SAWI 层顶、底面动位移均线性减小，说明铺设半刚性 SAWI 层能够在一定程度减小基床的动位移；当 SAWI 层厚度等于 10 cm 时，路基面的动位移为 1.01 mm，不满足《规范》中对于路基面

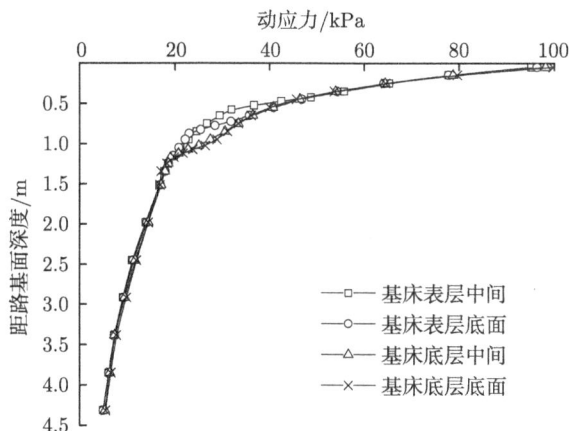

图 3-38　竖向动应力随 SAWI 层位置变化的曲线

动位移小于 1.0 mm 的要求，故 SAWI 层的铺设厚度不能小于 15 cm。

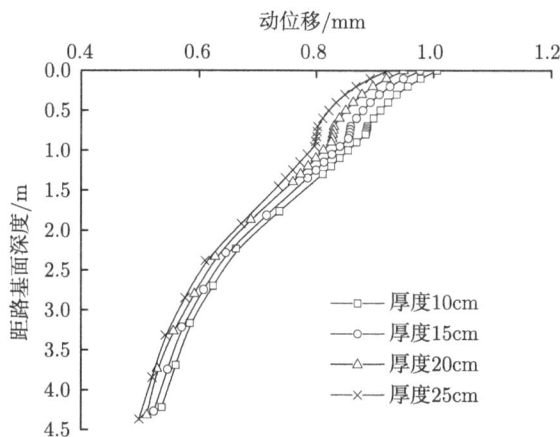

图 3-39　竖向动位移随 SAWI 层厚度变化的曲线

　　图 3-40 为 SAWI 层弹性模量不同时基床竖向动位移沿深度的衰减曲线。由图可知，随着 SAWI 层弹性模量的增加，动位移变化曲线与 SAWI 层厚度变化时引起的动位移变化规律一致；当 SAWI 层弹性模量大于等于 1.0GPa 时，路基面动位移均小于 1.0mm。

　　图 3-41 为 SAWI 层位于基床不同位置时竖向动位移沿深度方向的衰减曲线。由图可知，随着 SAWI 层铺设位置的下移，基床动位移衰减曲线在 0.35~1.40m 深度范围内变化较为明显，在同一深度处动位移逐渐减小；SAWI 层铺设位置的改变对路基表面动位移影响不大，其值均约为 0.96mm。

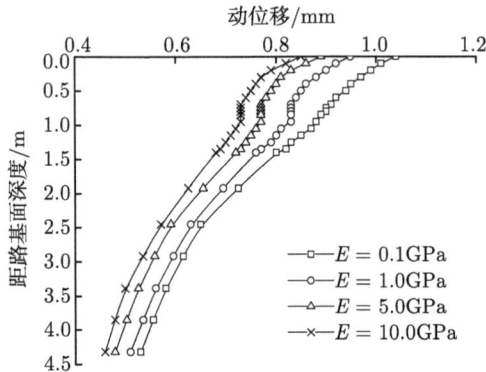

图 3-40   竖向动位移随 SAWI 层弹性模量变化的曲线

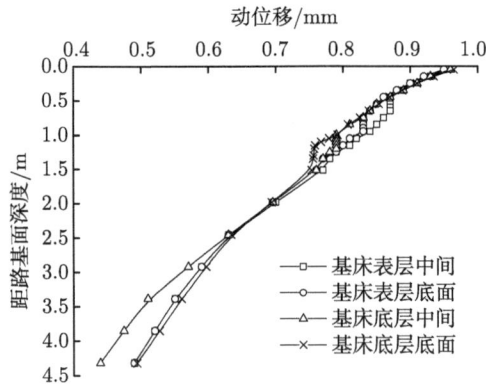

图 3-41   竖向动位移随 SAWI 层位置变化曲线

3. 参数敏感性分析

正交试验设计是用于多参数试验的一种方法,它是部分因子设计的主要方法,具有很高的效率。本次正交试验的指标是新型膨胀土路堑基床的动力响应,评价指标为路基面动应力、动位移和地基面动应力;影响因素为新型 SAWI 层厚度 A、新型 SAWI 层弹性模量 B 和新型 SAWI 层铺设位置 C,试验因素及参数水平取值见表 3-6。记影响因素 A 的水平分别为 A_1,A_2,A_3,对因素 B 和 C 有类似的记法。正交试验有 3 个因素,每个因素有 3 个水平,故选择 $L_9(3^4)$ 的正交试验表,根据正交表建立对应的 9 个试验模型进行计算,得到相应的试验数据,计算结果见表 3-7。

表 3-6   试验因素及参数水平

因素水平	A(厚度)	B(弹性模量)	C(铺设位置)
水平 1	10cm	0.1GPa	基床表层中间
水平 2	20cm	1.0GPa	基床表层底面
水平 3	25cm	5.0GPa	基床底层底面

表 3-7 正交试验结果

方案	A	B	C	空白	评价指标		
	1	2	3	4	路基表面动应力/kPa	地基表面动应力/kPa	路基表面动位移/mm
1	1	1	1	1	97.4	19.1	1.09
2	1	2	2	2	96.1	18.1	1.01
3	1	3	3	3	100.3	16.9	0.76
4	2	1	2	3	96.9	17.6	1.04
5	2	2	3	1	99.7	16.9	0.97
6	2	3	1	2	96.3	16.5	0.78
7	3	1	3	2	97.5	17.3	1.03
8	3	2	1	3	95.6	16.4	0.92
9	3	3	2	1	96.9	17.6	0.75

本书采用极差分析法对正交试验结果数据进行分析。极差 R_j 越大,表明该因素的水平改变对试验指标的影响越大,即该因素的敏感性越大;相反,极差 R_j 越小,因素的敏感性越小。整理各试验指标的极差分析结果,见表 3-8。基床各试验指标参数敏感性对比结果如图 3-42 所示。结合表 3-8 和图 3-42 分析结果如下。

表 3-8 试验指标影响因素极差分析

指标	各因素下的路基面动应力			各因素下的地基面动应力			各因素下的路基面动位移		
	A	B	C	A	B	C	A	B	C
水平 1	97.9	97.3	96.4	18.0	17.9	17.3	0.95	1.05	0.93
水平 2	97.6	97.1	96.7	16.9	17.1	17.8	0.93	0.97	0.93
水平 3	96.7	97.8	99.2	17.1	16.9	17.0	0.90	0.76	0.92
极差 R_j	1.26	0.71	2.76	1.06	1.00	0.73	0.05	0.29	0.01
敏感性排序	C, A, B			A, B, C			B, A, C		

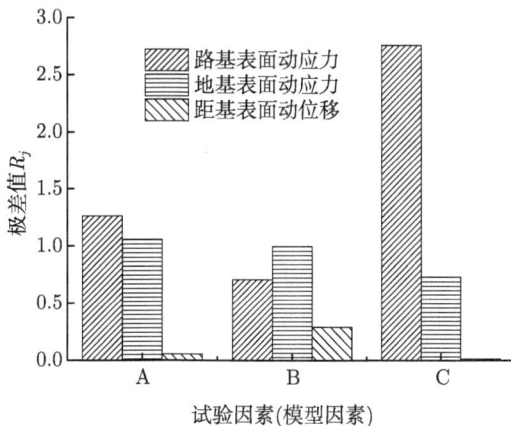

图 3-42 不同试验指标参数敏感性对比

(1) 3 个因素对路基面动应力试验指标影响的主 → 次关系是 C→A→B，即 SAWI 层铺设位置对路基面的动应力影响最大；路基面动应力最小的组合是：$A_3B_2C_1$，即铺设厚度为 25.0 cm，弹性模量取 1.0 GPa，铺设位置为基床表层中间处。SAWI 层铺设在基床表层底面和铺设在基床表层中间对应的路基面动应力分别为 96.1kPa 和 95.2 kPa，仅减少了 0.94%；同时，SAWI 层越靠近基床表层，因其受力破坏的概率会增加，进而影响耐久性，故建议将 SAWI 层铺设于基床表层的底部。

(2) 3 个因素对地基面动应力试验指标影响的主 → 次关系是 A→B→C，即 SAWI 层厚度对地基面的动应力影响最大；地基面动应力最小的组合是 $A_2B_3C_3$，即铺设厚度为 20.0 cm，弹性模量取 5.0 GPa，铺设位置为基床底层底面。由此可以得出，SAWI 层铺设厚度取 20.0 cm 可以使得地基面的动应力最小。

(3) 3 个因素对路基面动位移试验指标影响的主 → 次关系是 B→A→C，即 SAWI 层的弹性模量对路基面的动位移影响最大；路基面动位移最小的组合是 $A_3B_3C_3$，即铺设厚度取 25.0 cm，弹性模量取 5.0 GPa，铺设位置为基床底层底面处。由于 SAWI 层弹性模量对路基面动位移的影响远大于其他两个因素，所以降低路基面的动位移最有效的方法就是增加 SAWI 层的弹性模量，但是增加弹性模量不仅会引起 SAWI 层顶面动应力水平，还会增加材料的成本，故综合考虑，SAWI 层弹性模量建议取 1.0 GPa。

综上所述，综合考虑 SAWI 层对基床动力响应的影响，其最优方案是将 SAWI 层铺设在基床表层底部，厚度为 20.0 cm，弹性模量为 1.0 GPa。

3.4.3　不同地质条件下的新型基床结构型式

在进行膨胀土 (岩) 路堑基床结构设计时，应遵循 "**强度、防渗、消能和抗变形**" 的理念进行基床结构设计，使膨胀土路堑基床在服役过程中能够保持长期动力稳定性。根据云桂高速铁路膨胀土地段建设的需求，基床结构需具备良好的变形协调性能和防排水效果，结合研发的 SAWI 层材料，并将其应用到铁路路基基床结构中，对膨胀土路堑基床进行全封闭防水处理。下面将以云桂铁路工程实际和工程地质条件，提出适合于不同地质条件下的膨胀土路堑基床结构类型。

基于上述试验结果，结合云桂高速铁路膨胀土路基地段工程实际，课题组设计了膨胀土路堑 SAWI 层新型基床结构，通过在基床表层底部铺设一道 SAWI 层，以达到隔断地表水进入基床底层和地基及适应膨胀土地基变形的目的。基床结构由上至下依次为 0.7m 基床表层 (0.65 级配碎石 +0.05m 中粗砂)+0.2m SAWI 层 (改性沥青复合材料)+ 基床底层 (即换填层，A、B 组填料，厚度可视具体情况而定，参考表 3-9)，SAWI 层表面沿线路中线向两侧设置不小于 4.0% 的排水坡。不同地质条件下的膨胀土路堑新型基床结构型式如图 3-43 所示。基床防排水系统的设置

表 3-9 不同地质条件下膨胀土路堑基床结构及基床底层厚度设计建议

基床类型	适用地质条件	防排水系统组成	基床换填厚度建议值	备注
类型 1	地下水不发育地段，主要是地表水（降雨）的防排水措施；膨胀土路堑边坡裂隙深度发育较浅	主要包括 SAWI 层、侧沟和边坡防排水系统	弱—中膨胀土：0.5m≤ h_c ≤1.4m；中膨胀土：0.8m≤ h_c ≤1.6m；中—强膨胀土：1.0m≤ h_c ≤1.8m	基床底层换填厚度应根据具体地质情况计算确定，其值取临界界动应力法、有效振速法和动剪应变法或其他方法较大值，且同时满足相关规范要求
类型 2	地下水发育地段，主要为地表水（降雨）和地下水的防排水措施；膨胀土路堑边坡裂隙深度发育较深	主要包括 SAWI 层、侧沟和边坡防排水系统，增设渗水盲沟	弱—中膨胀土：0.5m≤ h_c ≤1.4m；中膨胀土：0.8m≤ h_c ≤1.6m；中—强膨胀土：1.0m≤ h_c ≤1.8m	
类型 3	地下水发育地段，主要为地表水（降雨）和地下水的防排水措施；路堑边坡膨胀土裂隙深度发育很深	主要包括 SAWI 层、侧沟防排水系统，增设防渗墙和渗水盲沟	弱—中膨胀土：0.5m≤ h_c ≤1.4m；中膨胀土：0.8m≤ h_c ≤1.6m；中—强膨胀土：1.0m≤ h_c ≤1.8m	
类型 4	地下水极其发育或松软膨胀土（岩）地基	主要包括防水混凝土板、侧沟和边坡防排水系统，增设渗水盲沟	换填表层 0.3m 膨胀土为砂卵石减胀层，并采用桩筏基础	

(a) 类型1~3

(b) 类型4

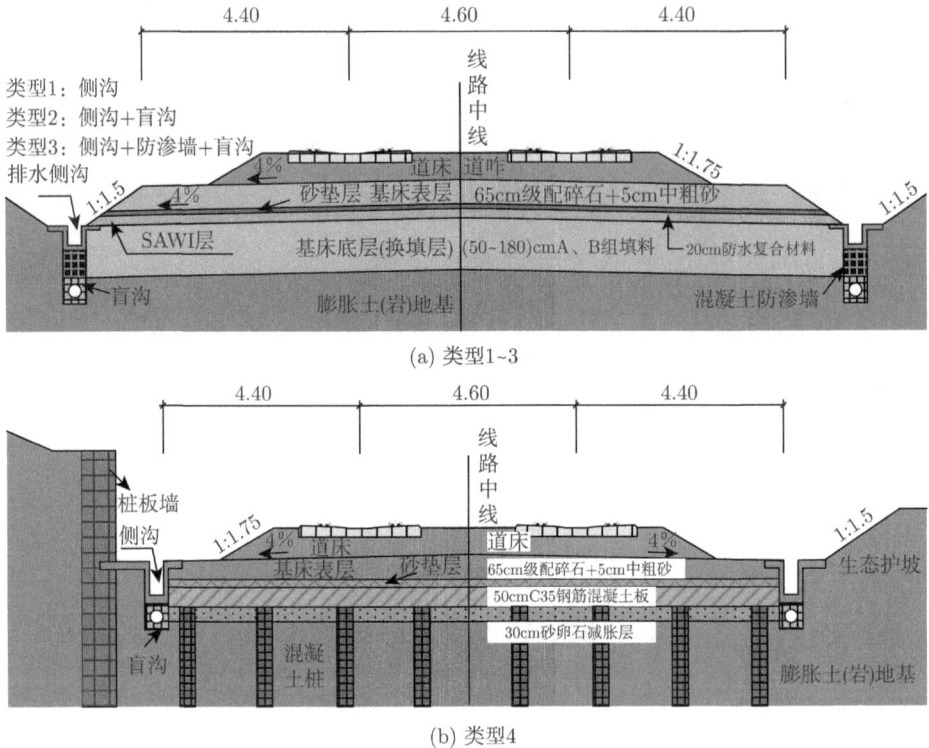

图 3-43　膨胀土路堑新型基床结构型式 (单位：m)

应根据实际工程情况，并结合路堑边坡膨胀土裂隙分布特点，在排水侧沟下方增设混凝土防渗墙或盲沟以加强防排水。边坡中的入渗雨水先通过水平贯通裂隙和路堑边坡排水系统 (如倾斜渗水管) 向基床方向渗流，再经侧沟或盲沟排走。

当膨胀土路堑基床地段地下水发育，基底膨胀土因常年浸水往往强度较低时，采用简单换填或土质改良无法满足高速铁路基床强度和变形要求，为了防止基底膨胀土由于地下水位波动而产生反复胀缩变形，引起基床膨胀或下沉等病害，宜采用桩板 (筏) 结构基床型式通过 (图 3-43(b))，膨胀土地基加固处置及基底排水措施的具体方案如下：

(1) 膨胀土基底采用钢筋混凝管桩加固，桩长和桩间距应根据膨胀土的承载力、膨胀等级等综合考虑确定；

(2) 为防止膨胀土 (特别是强膨胀土) 膨胀变形造成筏板破坏，应将基底表层 30cm 的膨胀土挖除，换填为砂卵石垫层，既能起到减胀作用，又能形成良好的地下水排水通道，砂卵石垫层顶面应与桩顶面齐平；

(3) 在侧沟正下方地基面位置设置渗沟或盲沟，渗沟或盲沟尺寸应根据地下水向地基面渗流的速度和总渗流量综合确定；

(4) 砂卵石顶面设置厚度为 50cm 的钢筋混凝土筏板。

3.5 本章小结

本章通过对膨胀土路堑基床病害产生机理进行分析, 开展了改性沥青复合防水材料研发、新型基床防水结构层施工缝和接触缝密封关键技术、侧沟与防水结构层衔接位置密封技术、边坡裂隙渗流和地下水毛细渗流的防排水措施等研究工作, 并将研发的复合材料应用于膨胀土路堑基床结构中, 铺设在膨胀土路堑基床中设置一道 SAWI 层, 形成一种新型基床结构, 并对新型 SAWI 层的合理参数进行了计算分析。具体研究结果如下所述。

(1) 通过对云桂铁路膨胀土路基工程的调研, 归纳总结了膨胀土路基典型灾害类型以及列车荷载与气候环境共同作用下的基床病害产生机制, 据此提出了膨胀土 (岩) 路堑基床设计应遵循 "强度、防渗、消能和抗变形" 的准则。

(2) 开展了中低弹性模量抗渗水泥基防水结构层研发工作, 通过大量配比优化试验, 研发了能够实现连续摊铺的新型改性沥青复合材料防水结构层材料。

(3) 结合新型改性沥青复合材料防水结构层的工程性质和施工特点, 给出了防水结构层施工缝和接触缝的防水关键技术; 针对侧沟与基床防水结构层之间的连接问题, 设计了新型带翼板侧沟, 有效地解决了二者连接位置的雨水入渗难题; 针对膨胀土路堑基床侧沟的破坏特点和侧沟平台防护层胀损难题, 提出了采用钢筋混凝土整体浇筑侧沟和侧沟平台防护层的技术处置方案。

(4) 在土体微观结构按球形颗粒简化几何模型的基础上, 根据球形颗粒不同堆积状态的平面图, 分别采用四尖瓣线和三尖瓣线所围面积作为毛细水的过水断面, 建立了异形毛细管模型; 根据黏性土的渗流特性, 通过引入初始水力梯度, 综合考虑温度对水表面张力的影响, 结合毛细水力学, 建立了异形毛细管模型时黏性土中毛细水上升高度计算公式; 针对边坡裂隙渗流、毛细水渗流以及地下水发育等工况设计相应的基底防排水系统, 从而保障膨胀土路堑基床在长期运营过程中的动力稳定性。

(5) 基于研发的具有良好的抗渗性、抗裂性及抗疲劳性的改性沥青复合防水材料, 将其应用于膨胀土路堑基床结构中, 提出了适用于不同膨胀土类型和地下水发育情况的新型基床结构, 并给出了具体的设计参数建议值, 解决了膨胀土 (岩) 路堑基床在列车荷载与气候环境作用下稳定性的技术问题。

(6) 通过对 SAWI 层的合理参数分析可得, 防水层厚度对地基表面的动应力影响最大; 防水层弹性模量对路基表面的动位移影响最大; 防水层铺设位置对路基表面的动应力影响最大; 考虑 SAWI 层对基床动力响应的影响, 其最优方案是将 SAWI 层铺设在基床表层底部, 厚度为 20.0 cm, 弹性模量为 1.0 GPa。

第4章　铁路路基非饱和膨胀土湿度场-变形场
演化规律

铁路膨胀土路基不可避免地受到各种气候及外界附加荷载的作用，使土体中湿度场、应力场和位移场等处于相互作用的动态发展变化过程中，特别是对于非饱和膨胀土，不考虑孔隙中水、气的相互作用所得的模拟结果是偏于不安全的，而对于高速铁路膨胀土路基则要求更高。膨胀土的吸湿膨胀特性更增加了研究对象的难度和复杂性，导致常规的数值分析难以实现非饱和膨胀土浸水响应的精确模拟。因此，如何建立一种能综合反映非饱和膨胀土渗流场-膨胀变形-应力场多场耦合作用，并能够用于解决实际工程问题的实用计算模型和数值分析方法是十分必要的。

本章依托云桂铁路膨胀土路基工程，基于非饱和土渗流-变形耦合理论，分析了非饱和土渗流-变形耦合控制方程及有限元解法，建立铁路路基非饱和膨胀土渗流-变形耦合数值计算模型，对增湿条件下的非饱和膨胀土地基湿度场-应力场-变形场进行耦合数值分析，并结合现场试验结果验证数值试验的可行性和合理性。在此基础之上，研究铁路路基非饱和膨胀土地基湿度场-变形场分布特征和演化规律，探讨不同服役条件下的膨胀土地基膨胀变形敏感性因素，并对膨胀土路堑新型基床结构的防排水效果和抗变形性能进行验证和对比分析。

4.1　饱和/非饱和土渗流-变形耦合模型

非饱和土的渗流-变形耦合计算问题一直是岩土工程界的研究热点，诸多学者对该问题进行了深入的研究。土坡、路基填土以及垃圾与核废料填埋场大都处于非饱和状态，而非饱和土是固-液-气三相复合介质，物理性质复杂。水分入渗过程中，非饱和土中渗流场、应力场、变形场相互作用、相互影响，即非饱和土渗流-变形耦合问题，对该问题的研究需借助非饱和土渗流理论、变形理论和耦合理论等。目前，单独考虑渗流场、应力场或变形场在大多数工程中比较常见，而较少涉及多场耦合作用问题。因此，从渗流-变形耦合分析的角度上探讨非饱和土膨胀土渗流变形问题具有较高的科研和应用价值。

4.1.1 饱和/非饱和土渗流理论

1. 饱和土渗流方程

饱和或非饱和土中的流体等在温条件下可采用达西定律来描述, 其中渗透系数不再是常数, 其液态流速和流量的张量表达式为

$$v_{\mathrm{w}} = -k_{\mathrm{w}} \left[\boldsymbol{\nabla} \left(\frac{u_{\mathrm{w}}}{\gamma_{\mathrm{w}}} + z \right) \right] \tag{4-1}$$

式中: v_{w} 为水流速度 (m/s); k_{w} 为渗透系数 (m/s); u_{w} 为孔隙水压力 (kPa); $\boldsymbol{\nabla}$ 为哈密顿算符, 在直角坐标系下, $\boldsymbol{\nabla} = \frac{\partial}{\partial x}\boldsymbol{i} + \frac{\partial}{\partial y}\boldsymbol{j} + \frac{\partial}{\partial z}\boldsymbol{k}$; γ_{w} 为水的重度 (kN/m³); z 为位置水头 (m)。

对于饱和土/非饱和土, 总水头可表达为

$$h_{\mathrm{t}} = h_{\mathrm{m}} + h_{\mathrm{o}} + h_{\mathrm{g}} = h_{\mathrm{m}} + h_{\mathrm{o}} + z \tag{4-2}$$

式中: h_{m} 为基质吸力水头 (m); h_{o} 为渗透压力水头 (m); h_{g} 为重力水头 (m); z 为位置水头 (m)。

对于饱和土, 基质吸力水头 $h_{\mathrm{m}} = 0$, 且渗透压力水头 $h_{\mathrm{o}} = u_{\mathrm{w}}/\gamma_{\mathrm{w}}$, 即式 (4-2) 可表达为

$$h_{\mathrm{t}} = h_{\mathrm{o}} + z = \frac{u_{\mathrm{w}}}{\gamma_{\mathrm{w}}} + z \tag{4-3}$$

式中: u_{w} 为孔隙水压力 (kPa); γ_{w} 为水的重度 (kN/m³); z 为位置水头 (m)。

根据流体质量守恒定律 (连续性原理), 可以推导出适用于饱和土或非饱和土的瞬态渗流通用控制方程为

$$-\rho_{\mathrm{w}} \left(\boldsymbol{\nabla} v_{\mathrm{w}} - Q \right) = \frac{\partial \left(\rho_{\mathrm{w}} \theta_{\mathrm{w}} \right)}{\partial t} \tag{4-4}$$

式中: Q 为边界流量 (m³); θ_{w} 为体积含水率 (%); t 为水通过单元土体的时间 (s)。

将公式 (4-1) 代入公式 (4-4), 即为

$$\rho_{\mathrm{w}} \left\{ k_{\mathrm{w}} \boldsymbol{\nabla} \left[\boldsymbol{\nabla} \left(\frac{u_{\mathrm{w}}}{\gamma_{\mathrm{w}}} + z \right) \right] + Q \right\} = \frac{\partial \left(\rho_{\mathrm{w}} \theta_{\mathrm{w}} \right)}{\partial t} \tag{4-5}$$

$$\frac{\partial \left(\rho_{\mathrm{w}} \theta_{\mathrm{w}} \right)}{\partial t} = \frac{\partial \left(\rho_{\mathrm{w}} n \right)}{\partial t} = \rho_{\mathrm{w}} S_{\mathrm{s}} \frac{\partial h_{\mathrm{t}}}{\partial t} \tag{4-6}$$

式中: n 为土体的孔隙率 (%), $n = \theta_{\mathrm{w}} = V_v/V$, V_v 为土体孔隙体积 (m³), V 为土体总体积 (m³); S_{s} 为单位储水量 (尺度 $1/l$), 其表达式 $S_{\mathrm{s}} = \gamma_{\mathrm{w}} \left(\alpha_{\mathrm{s}} + n\beta_{\mathrm{w}} \right)$, $\alpha_{\mathrm{s}}, \beta_{\mathrm{w}}$ 分别为土和水的压缩系数。

结合公式 (4-5)、公式 (4-6) 整理可得，饱和土瞬态三维渗流方程为

$$\frac{\partial}{\partial x}\left(k_x\frac{\partial h_t}{\partial x}\right) + \frac{\partial}{\partial y}\left(k_y\frac{\partial h_t}{\partial y}\right) + \frac{\partial}{\partial z}\left(k_z\frac{\partial h_t}{\partial z}\right) + Q = S_s\frac{\partial h_t}{\partial t} \tag{4-7}$$

结合公式 (4-2)、公式 (4-3) 及公式 (4-7) 即可得，采用渗透压力水头 h_o 或孔隙水压力 u_w 表达的饱和土瞬态渗流方程为

$$\frac{\partial}{\partial x}\left(k_x\frac{\partial h_o}{\partial x}\right) + \frac{\partial}{\partial y}\left(k_y\frac{\partial h_o}{\partial y}\right) + \frac{\partial}{\partial z}\left[k_z\left(1 + \frac{\partial h_o}{\partial z}\right)\right] + Q = S_s\frac{\partial h_o}{\partial t} \tag{4-8}$$

或

$$\frac{\partial}{\partial x}\left(k_x\frac{\partial u_w}{\partial x}\right) + \frac{\partial}{\partial y}\left(k_y\frac{\partial u_w}{\partial y}\right) + \frac{\partial}{\partial z}\left[k_z\left(\gamma_w + \frac{\partial u_w}{\partial z}\right)\right] + Q = S_s\frac{\partial u_w}{\partial t} \tag{4-9}$$

在分析饱和渗流问题时，给出渗透压力水头 h_o 或者孔隙水压力 u_w 的初始值，并赋以符合实际工况的边界条件，即可建立和求解饱和瞬态渗流模型。构成饱和土渗流模型的边界条件主要有三类。

第一类边界条件：边界上给定水头边界条件，可以用渗透压力水头 $h_o = h_o(x, y, z, t)$ 表示，也可以用孔隙水压力 $u_w = u_w(x, y, z, t)$ 表示。

第二类边界条件：边界上给定流量边界条件，此边界条件可以表示为 $q = q(x, y, z, t)$。

第三类边界条件：边界上给定由前两者组成的混合边界条件，而初始条件可表示为 $h_o = h_o(x, y, z, 0)$ 或 $u_w = u_w(x, y, z, 0)$。

对于饱和土二维渗流问题 (x-z 垂直剖面或 x-y 水平面)，根据公式 (4-7) 可得渗流的基本微分方程为

$$\frac{\partial}{\partial x}\left(k_x\frac{\partial h_t}{\partial x}\right) + \frac{\partial}{\partial z}\left(k_z\frac{\partial h_t}{\partial z}\right) + Q = S_s\frac{\partial h_t}{\partial t} \tag{4-10}$$

上式即考虑土体压缩的非稳定渗流运动方程。

当不考虑土体压缩性时，即 $S_s = 0$，则式 (4-10) 可变为

$$\frac{\partial}{\partial x}\left(k_x\frac{\partial h_t}{\partial x}\right) + \frac{\partial}{\partial z}\left(k_z\frac{\partial h_t}{\partial z}\right) + Q = 0 \tag{4-11}$$

公式 (4-11) 即稳定渗流运动方程，结合式 (4-10) 和式 (4-11) 可知，稳定渗流与非稳定渗流之间的差别在于是否考虑土体的压缩性。

2. 非饱和土渗流方程

根据公式 (4-4) 可知，非饱和土的瞬态三维渗流通用控制方程为

$$\frac{\partial}{\partial x}\left(k_x\frac{\partial h_t}{\partial x}\right) + \frac{\partial}{\partial y}\left(k_y\frac{\partial h_t}{\partial y}\right) + \frac{\partial}{\partial z}\left(k_z\frac{\partial h_t}{\partial z}\right) + Q = \frac{\partial \theta_w}{\partial t} \tag{4-12}$$

在非饱和土中, 一般可以不考虑渗透压力水头 h_o, 根据公式 (4-2) 可知, 总水头 h_t 等于位置水头 z 与基质吸力水头 h_m 之和, 其表达式为

$$h_t = h_m + z = \frac{u_a - u_w}{\gamma_w} + z \qquad (4\text{-}13)$$

式中: u_a 为孔隙气压力 (kPa); u_w 为孔隙水压力 (kPa); γ_w 为水的重度 (kN/m^3); z 为位置水头 (m)。

结合公式 (4-12)、公式 (4-13) 可得, 用总水头 h_t 或基质吸力水头 h_m 表达的非饱和土瞬态渗流微分方程为

$$\frac{\partial}{\partial x}\left(k_x \frac{\partial h_t}{\partial x}\right) + \frac{\partial}{\partial y}\left(k_y \frac{\partial h_t}{\partial y}\right) + \frac{\partial}{\partial z}\left(k_z \frac{\partial h_t}{\partial z}\right) + Q = m_w \gamma_w \frac{\partial h_t}{\partial t} \qquad (4\text{-}14)$$

或

$$\frac{\partial}{\partial x}\left(k_x \frac{\partial h_m}{\partial x}\right) + \frac{\partial}{\partial y}\left(k_y \frac{\partial h_m}{\partial y}\right) + \frac{\partial}{\partial z}\left[k_z\left(1 + \frac{\partial h_m}{\partial z}\right)\right] + Q = m_w \gamma_w \frac{\partial h_m}{\partial t} \qquad (4\text{-}15)$$

式中: m_w 为水容量函数, 即 $m_w = \partial\theta_w/\partial u_m = \partial\theta_w/\gamma_w\partial(h_t - z) = \partial\theta_w/\gamma_w\partial h_m$, 表示土–水特征曲线的斜率, 能够反映土体的储水或失水能力, 可直接由土–水特征曲线得到。

在分析非饱和渗流问题时, 给出公式 (4-14) 中总水头 h_t 或公式 (4-15) 中基质吸力水头 h_m 的初始值, 并赋以边界条件, 即可建立非饱和瞬态渗流模型。构成非饱和土渗流模型的边界条件主要有两类。

第一类边界条件: 边界上给定水头边界条件, 可以用压力水头 $h_m = h_m(x, y, z, t)$ 表示, 初始条件为 $h_m = h_m(x, y, z, 0)$。

第二类边界条件: 边界上给定流量边界条件, 此边界条件可以表示为 $q = q(x, y, z, t)$。

对于非饱和土二维渗流问题 (x-z 垂直剖面或 x-y 水平面), 根据公式 (4-4)、公式 (4-12)、公式 (4-14) 可得二维渗流的一般控制微分方程表达式为

$$\frac{\partial}{\partial x}\left(k_x \frac{\partial h_t}{\partial x}\right) + \frac{\partial}{\partial z}\left(k_z \frac{\partial h_t}{\partial z}\right) + Q = m_w \gamma_w \frac{\partial h_t}{\partial t} \qquad (4\text{-}16)$$

公式 (4-16) 即非饱和土非稳定渗流运动方程。

在稳定渗流中, $\partial h_t/\partial t = 0$, 则公式 (4-16) 可变为

$$\frac{\partial}{\partial x}\left(k_x \frac{\partial h_t}{\partial x}\right) + \frac{\partial}{\partial z}\left(k_z \frac{\partial h_t}{\partial z}\right) + Q = 0 \qquad (4\text{-}17)$$

公式 (4-17) 即非饱和土稳定渗流运动方程。

4.1.2　非饱和土渗流–变形耦合模型

1. 计算基本假定

为了有效地分析土体渗流和变形耦合问题，计算基本假定如下：①土体为均质、各向同性的弹性材料；②土骨架允许变形，且水不可压缩；③土体积改变仅因为土的变干或湿化，不考虑总应力变化引起的体积变化；④饱和状态下土体的渗透系数保持一定值；⑤在土中孔隙水流动服从达西定律，孔隙气压力为一常值。

2. 耦合计算控制方程

根据公式 (4-4)、公式 (4-13)、公式 (4-16) 可得，单元体积土体的二维渗流达西方程为

$$\frac{\partial}{\partial x}\left[k_x\frac{\partial}{\partial x}\left(\frac{u_{\mathrm{a}}-u_{\mathrm{w}}}{\gamma_{\mathrm{w}}}+z\right)\right]+\frac{\partial}{\partial z}\left[k_z\frac{\partial}{\partial z}\left(\frac{u_{\mathrm{a}}-u_{\mathrm{w}}}{\gamma_{\mathrm{w}}}+z\right)\right]+Q=\frac{\partial\theta_{\mathrm{w}}}{\partial t} \qquad (4\text{-}18)$$

当土体为非饱和状态时，水体积变化不仅与土体正应力或变形有关，而且还与基质吸力或基质吸力水头相关。对于弹性材料体积含水率 (液相本构方程) 可采用公式 (4-19) 表示。

$$\begin{cases} \theta_{\mathrm{w}}=\dfrac{\alpha_{\mathrm{w}}\varepsilon_v}{3}+\beta_{\mathrm{w}}\left(u_{\mathrm{a}}-u_{\mathrm{w}}\right) \\[2mm] \alpha_{\mathrm{w}}=\dfrac{E}{H}\dfrac{1}{1-2\nu}=\dfrac{3K}{H} \\[2mm] \beta_{\mathrm{w}}=\dfrac{1}{R}-\dfrac{3\alpha_{\mathrm{w}}}{H} \end{cases} \qquad (4\text{-}19)$$

式中：ε_v 为体积应变；u_{a} 为孔隙气压力 (kPa)；u_{w} 为孔隙水压力 (kPa)；ν 为泊松比；E 为土弹性模量 (kPa)；K 为土体积模量 (kPa)；H 为与基质吸力水头或基质吸力相关的土体弹性体积模量 (kPa)，一般为基质吸力水头或基质吸力的函数，其中 $H=\chi E/(1-\nu)$，χ 为有效应力参数，与土饱和度相关，对于饱和土，$\chi=1$，对于干土，$\chi=0$，对于一般情况，$0\leqslant\chi\leqslant1$；R 为与基质吸力水头或基质吸力相关的水体积变化模量 (kPa)，$1/R$ 表示土–水特征曲线的斜率。

假设材料特性在 1 个增量步内不变，公式 (4-19) 增量形式的表达式为

$$\Delta\theta_{\mathrm{w}}=\alpha_{\mathrm{w}}\Delta\varepsilon_v+\beta_{\mathrm{w}}\Delta\left(u_{\mathrm{a}}-u_{\mathrm{w}}\right) \qquad (4\text{-}20)$$

在完全饱和状态下，$\alpha_{\mathrm{w}}=1,\beta_{\mathrm{w}}=0$，体积含水率 θ_{w} 的变化等于体积应变 ε_v 的变化。

结合计算基本假定⑤，孔隙气压力为大气压力，则 $u_{\mathrm{a}}=0$，将公式 (4-19) 代入

公式 (4-18) 即可得二维渗流–变形的耦合控制方程为

$$\frac{\partial}{\partial x}\left[k_x\frac{\partial}{\partial x}\left(-\frac{u_{\mathrm{w}}}{\gamma_{\mathrm{w}}}+z\right)\right]+\frac{\partial}{\partial z}\left[k_z\frac{\partial}{\partial z}\left(-\frac{u_{\mathrm{w}}}{\gamma_{\mathrm{w}}}+z\right)\right]+Q=\frac{\alpha_{\mathrm{w}}}{3}\frac{\partial\varepsilon_v}{\partial t}-\beta_{\mathrm{w}}\frac{\partial u_{\mathrm{w}}}{\partial t} \quad (4\text{-}21)$$

当在非渗流–变形耦合情况下土体体应变变化为 0，即 $\varepsilon_v = 0$，则公式 (4-21) 可写为二维渗流–变形的非耦合控制方程：

$$\frac{\partial}{\partial x}\left[k_x\frac{\partial}{\partial x}\left(-\frac{u_{\mathrm{w}}}{\gamma_{\mathrm{w}}}+z\right)\right]+\frac{\partial}{\partial z}\left[k_z\frac{\partial}{\partial z}\left(-\frac{u_{\mathrm{w}}}{\gamma_{\mathrm{w}}}+z\right)\right]+Q=-\beta_{\mathrm{w}}\frac{\partial u_{\mathrm{w}}}{\partial t} \quad (4\text{-}22)$$

3. 非饱和土本构方程

根据静力学理论，土体受力平衡方程为

$$\sigma_{ij,j}+f_{bi}=0 \quad (i,j=x,z) \quad (4\text{-}23)$$

式中：$\sigma_{ij,j}$ 为总应力张量对坐标轴 σ_{ij} 的偏导数；f_{bi} 为体积力 (kN/m)。

公式 (4-23) 可用修正的 Terzaghi 有效应力公式改写为

$$\sigma_i'=\sigma_i-u_{\mathrm{w}} \quad (i=x,z) \quad (4\text{-}24)$$

式中：$\sigma_i', \sigma_i, u_{\mathrm{w}}$ 分别是有效正应力、总正应力和孔隙水压力。

Bishop 等提出，同时采用由下式定义的两个应力状态变量——净总应力 σ_{ij}' 和基质吸力 ψ 描述非饱和土的力学特性：

$$\begin{cases} \sigma_{ij}'=\sigma_{ij}-u_{\mathrm{a}}\delta_{ij} \\ \psi=u_{\mathrm{a}}-u_{\mathrm{w}} \end{cases} \quad (4\text{-}25)$$

Fredlund 等将非饱和土视为固–液–气–收缩膜四相介质，分别考虑液相、气相、收缩膜和总体的平衡，推导出了非饱和土应变–应力关系表达式为

$$\varepsilon_{ij}=\frac{\sigma_{ij}-u_{\mathrm{a}}\delta_{ij}}{2G}-\frac{\nu}{E}\left(\sigma_{kk}-3u_{\mathrm{a}}\right)\delta_{ij}+\frac{u_{\mathrm{a}}-u_{\mathrm{w}}}{H}\delta_{ij} \quad (4\text{-}26)$$

式中：E, G 是土的弹性模量；H 是与基质吸力相关的土的弹性模量。

根据公式 (4-26) 可得，非饱和土介质的增量本构方程可以写为

$$\mathrm{d}\varepsilon_{ij}=\frac{1+\nu}{E}\mathrm{d}\left(\sigma_{ij}-u_{\mathrm{a}}\delta_{ij}\right)-\frac{\nu}{E}\mathrm{d}\left(\sigma_{kk}-3u_{\mathrm{a}}\right)\delta_{ij}+\frac{\mathrm{d}\left(u_{\mathrm{a}}-u_{\mathrm{w}}\right)}{H}\delta_{ij} \quad (4\text{-}27)$$

对于二维问题，公式 (4-27) 可以采用矩阵形式表达为

$$\{\Delta\sigma\}=[D]\{\Delta\varepsilon\}-[D]\{m_H\}\left(u_{\mathrm{a}}-u_{\mathrm{w}}\right)+\{\Delta u_{\mathrm{a}}\} \quad (4\text{-}28)$$

式中：$[D]$ 为排水本构矩阵，其表达式为

$$
\begin{cases}
[D] = \dfrac{E\,(1-\nu)}{(1+\nu)\,(1-2\nu)} \begin{bmatrix} 1 & 0 & 0 & 0 \\ 0 & 1 & 0 & 0 \\ 0 & 0 & 1 & 0 \\ 0 & 0 & 0 & \dfrac{1-2\nu}{2\,(1+\nu)} \end{bmatrix} \\[2em]
\{m_H\}^{\mathrm{T}} = \left(\dfrac{1}{H} \quad \dfrac{1}{H} \quad \dfrac{1}{H} \quad 0 \right)
\end{cases}
\tag{4-29}
$$

结合基本假定⑤，则 $u_{\mathrm{a}} = 0$，此时，基质吸力可以表达为负孔隙水压力的绝对值，即 $\psi = |u_{\mathrm{w}}| = -u_{\mathrm{w}}$，因此，公式 (4-28) 可简化为

$$
\{\Delta\sigma\} = [D]\,\{\Delta\varepsilon\} + [D]\,\{m_H\}\,u_{\mathrm{w}}
\tag{4-30}
$$

根据弹性力学理论，土体应变和位移的关系表达式为

$$
\varepsilon_{ij} = \frac{1}{2}\,(u_{i,j} + u_{j,i}) \quad (i,j = x,z)
\tag{4-31}
$$

式中：ε_{ij} 为应变张量；$u_{i,j}$ 为位移 u_i 对坐标 j 的偏导数；$u_{j,i}$ 为位移 u_j 对坐标 i 的偏导数；当 $i=j$ 时，ε_{ij} 是正应变，当 $i \neq j$ 时，则为剪应变。

根据公式 (4-23)、公式 (4-30)、公式 (4-31) 可得土体的二维应力–变形控制方程为

$$
\begin{cases}
\dfrac{\partial}{\partial x}\left(\alpha_{11}\dfrac{\partial u}{\partial x} + \alpha_{12}\dfrac{\partial u'}{\partial z}\right) + \alpha_{33}\dfrac{\partial}{\partial z}\left(\dfrac{\partial u}{\partial z} + \dfrac{\partial u'}{\partial x}\right) + \alpha_{\mathrm{w}}\dfrac{\partial u_{\mathrm{w}}}{\partial x} = 0 \\[1.2em]
\dfrac{\partial}{\partial z}\left(\alpha_{12}\dfrac{\partial u}{\partial x} + \alpha_{22}\dfrac{\partial u'}{\partial z}\right) + \alpha_{33}\dfrac{\partial}{\partial x}\left(\dfrac{\partial u}{\partial z} + \dfrac{\partial u'}{\partial x}\right) + \alpha_{\mathrm{w}}\dfrac{\partial u_{\mathrm{w}}}{\partial z} = -f_{bz}
\end{cases}
\tag{4-32}
$$

式中：u 为 x 方向位移；u' 为 z 方向位移。

$$
\begin{cases}
\alpha_{11} = \alpha_{22} = \dfrac{(1-\nu)\,E}{(1+\nu)\,(1-2\nu)}, \quad \alpha_{12} = \dfrac{\nu E}{(1+\nu)\,(1-2\nu)} \\[1.2em]
\alpha_{33} = \dfrac{E}{2\,(1+\nu)}, \quad \alpha_{\mathrm{w}} = \dfrac{E}{H\,(1-2\nu)}
\end{cases}
\tag{4-33}
$$

由公式 (4-21)、公式 (4-32) 组成非饱和土的渗流–变形耦合控制方程组。在分析非饱和渗流–变形耦合问题时，给出控制方程组中应力、位移及基质吸力水头的初始值，并赋以边界条件，即可建立非饱和土的渗流–变形耦合计算模型。

4. 基于有限元法渗流–变形耦合计算

在渗流–变形耦合计算中，平衡方程和渗流方程同时被求解。本书使用虚功原理表示有限元平衡方程，对于一个平衡系统，这表明总的内虚功等于外虚功。简单

的情况下，当只有外部点荷载 $\{F\}$ 被施加时，虚功方程可表示为

$$\int \{\varepsilon^*\}^{\mathrm{T}} \{\Delta\sigma\} \,\mathrm{d}V = \int \{\delta^*\}^{\mathrm{T}} \{F\} \,\mathrm{d}V \tag{4-34}$$

式中：$\{\delta^*\}$ 为虚位移；$\{\varepsilon^*\}$ 为虚应变；$\{\sigma\}$ 为内应力。

将公式 (4-30) 代入公式 (4-34)，并进行数值积分，可以得到用于求解的有限元方程：

$$\sum [B]^{\mathrm{T}} [D] [B] \{\Delta\delta\} + \sum [B]^{\mathrm{T}} [D] \{m_H\} \langle N \rangle \{\Delta u_{\mathrm{w}}\} = \sum F \tag{4-35}$$

其中，$[K] = [B]^{\mathrm{T}} [D] [B]$；$[L_d] = [B]^{\mathrm{T}} [D] \{m_H\} \langle N \rangle$。式中：$[D]$ 为排水本构矩阵；$[B]$ 为梯度矩阵 (也叫应变矩阵)；$\{\Delta\delta\}$ 为增量位移矢量；$\langle N \rangle$ 为形函数矢量；$[K]$ 为刚度矩阵；$[L_d]$ 为耦合矩阵。

对于完全饱和土，耦合矩阵 $[L_d]$ 可以写成如下形式：

$$[L_d] = [B]^{\mathrm{T}} \{m\} \langle N \rangle \tag{4-36}$$

式中：$\{m\}^{\mathrm{T}}$ 为各向同性单元张量；$\{m\}^{\mathrm{T}} = \langle 1,1,1,0 \rangle$。

对于使用虚功原理的有限元方程，渗流方程可以表示为孔隙水压力和体积应变的形式。如果虚的孔隙水压力 u_{w}^* 被用于渗流方程，并在整个体积上积分，虚功方程可由下式得到

$$\int u_{\mathrm{w}}^* \left[\frac{k_x}{\gamma_{\mathrm{w}}} \frac{\partial^2 u_{\mathrm{w}}^*}{\partial x^2} + \frac{k_z}{\gamma_{\mathrm{w}}} \frac{\partial^2 u_{\mathrm{w}}}{\partial z^2} + \frac{\partial \theta_{\mathrm{w}}}{\partial t} \right] \mathrm{d}V = 0 \tag{4-37}$$

对公式 (4-37) 进行分部积分，则化简为下式：

$$\int u_{\mathrm{w}}^* \frac{\partial \theta_{\mathrm{w}}}{\partial t} \mathrm{d}V - \int \left[\frac{k_x}{\gamma_{\mathrm{w}}} \frac{\partial u_{\mathrm{w}}^*}{\partial x} \frac{\partial u_{\mathrm{w}}}{\partial x} + \frac{k_z}{\gamma_{\mathrm{w}}} \frac{\partial u_{\mathrm{w}}^*}{\partial z} \frac{\partial u_{\mathrm{w}}}{\partial z} \right] \mathrm{d}V = \int u_{\mathrm{w}}^* V_n \mathrm{d}A \tag{4-38}$$

式中：V_n 为边界流量。

根据公式 (4-20)，替换公式 (4-38) 中的体积含水率 θ_{w}，则表达式变为

$$\int u_{\mathrm{w}}^* \frac{\partial (\alpha_{\mathrm{w}}\varepsilon_v - \beta_{\mathrm{w}}u_{\mathrm{w}})}{\partial t} \mathrm{d}V - \int \left[\frac{k_x}{\gamma_{\mathrm{w}}} \frac{\partial u_{\mathrm{w}}^*}{\partial x} \frac{\partial u_{\mathrm{w}}}{\partial x} + \frac{k_z}{\gamma_{\mathrm{w}}} \frac{\partial u_{\mathrm{w}}^*}{\partial z} \frac{\partial u_{\mathrm{w}}}{\partial z} \right] \mathrm{d}V = \int u_{\mathrm{w}}^* V_n \mathrm{d}A \tag{4-39}$$

采用有限元计算方法，公式 (4-39) 方程即可变为

$$\int \langle N \rangle^{\mathrm{T}} \{m\}^{\mathrm{T}} [B] \left\{ \frac{\partial \alpha_{\mathrm{w}}\delta}{\partial t} \right\} \mathrm{d}V - \int \langle N \rangle^{\mathrm{T}} \langle N \rangle \left\{ \frac{\partial \beta_{\mathrm{w}}u_{\mathrm{w}}}{\partial t} \right\} \mathrm{d}V$$

$$- \int \frac{1}{\gamma_{\mathrm{w}}} [B]^{\mathrm{T}} [K_{\mathrm{w}}] [B] \{u_{\mathrm{w}}\} \mathrm{d}V = \int \langle N \rangle^{\mathrm{T}} V_n \mathrm{d}A \tag{4-40}$$

其中，$[K_f] = [B]^{\mathrm{T}} [K_{\mathrm{w}}] [B] \,\mathrm{d}V$；$[M_N] = \langle N \rangle^{\mathrm{T}} \langle N \rangle$；$[L_f] = \langle N \rangle^{\mathrm{T}} \{m\}^{\mathrm{T}} [B] \,\mathrm{d}V$；式中：$[K_{\mathrm{w}}]$ 为渗透系数矩阵；$[K_f]$ 为单元刚度矩阵；$[M_N]$ 为质量矩阵；$[L_f]$ 为渗流亲合矩阵；$\boldsymbol{\delta}$ 为节点位移。

对公式 (4-40) 从时间 t 到 $t + \Delta t$ 进行积分可得

$$
\int_t^{t+\Delta t} [L_f] \left\{ \frac{\partial \alpha_{\mathrm{w}} \boldsymbol{\delta}}{\partial t} \right\} \mathrm{d}t - \int_t^{t+\Delta t} [M_N] \left\{ \frac{\partial \beta_{\mathrm{w}} u_{\mathrm{w}}}{\partial t} \right\} \mathrm{d}t - \int_t^{t+\Delta t} \frac{1}{\gamma_{\mathrm{w}}} [K_f] \{u_{\mathrm{w}}\} \,\mathrm{d}t
$$
$$
= \int_t^{t+\Delta t} \langle N \rangle^{\mathrm{T}} V_n \mathrm{d}A \mathrm{d}t \tag{4-41}
$$

对公式 (4-41) 方程应用时间差分技术，使用 θ 作为时步因子，可以得到下列有限元方程：

$$
[L_f] \{\alpha_{\mathrm{w}} \boldsymbol{\delta}\}|_t^{t+\Delta t} - [M_N] \{\beta_{\mathrm{w}} u_{\mathrm{w}}\}|_t^{t+\Delta t}
$$
$$
- \frac{\Delta t}{\gamma_{\mathrm{w}}} \left(\theta [K_f] \{u_{\mathrm{w}}\}|_{t+\Delta t} + (1-\theta) [K_f] \{u_{\mathrm{w}}\}|_t \right) \tag{4-42}
$$
$$
= \Delta t \int \langle N \rangle^{\mathrm{T}} \left(\theta V_n|_{t+\Delta t} + (1-\theta) V_n|_t \right) \mathrm{d}A
$$

使用向后 (完全隐式) 差分方法，并假定 $\theta = 1$，且 α_{w} 和 β_{w} 在一个时间增量内保持不变，则公式 (4-42) 可写为

$$
\alpha_{\mathrm{w}} [L_f] \{\Delta \delta\}|_{t+\Delta t} - \beta_{\mathrm{w}} [M_N] \{\Delta u_{\mathrm{w}}\}|_{t+\Delta t} - \frac{\Delta t}{\gamma_{\mathrm{w}}} [K_f] \{u_{\mathrm{w}}\}|_{t+\Delta t} = \Delta t \{Q\}|_{t+\Delta t} \tag{4-43}
$$

式中：$\{Q\}$ 为边界节点的渗流。

公式 (4-43) 可改写为只包含增量孔隙水压力的方程，故渗流方程可表示为

$$
\alpha_{\mathrm{w}} [L_f] \{\Delta \delta\} - \left(\beta_{\mathrm{w}} [M_N] + \frac{\Delta t}{\gamma_{\mathrm{w}}} [K_f] \right) \{\Delta u_{\mathrm{w}}\} = \Delta t \left(\{Q\}|_{t+\Delta t} + \frac{1}{\gamma_{\mathrm{w}}} [K_f] \{u_{\mathrm{w}}\}|_t \right) \tag{4-44}
$$

因此，对于饱和/非饱和土的渗流–变形耦合分析，可以用增量位移和增量孔隙水压力作为场变量表示。

综上所述，渗流–变形耦合有限元分析平衡方程和渗流方程表达式为

$$
\begin{cases}
[K] \{\Delta \delta\} + [L_d] \{\Delta u_{\mathrm{w}}\} = \{\Delta F\} \\
\alpha_{\mathrm{w}} [L_f] \{\Delta \delta\} - \left(\beta_{\mathrm{w}} [M_N] + \dfrac{\Delta t}{\gamma_{\mathrm{w}}} [K_f] \right) \{\Delta u_{\mathrm{w}}\} \\
= \Delta t \left(\{Q\}|_{t+\Delta t} + \dfrac{1}{\gamma_{\mathrm{w}}} [K_f] \{u_{\mathrm{w}}\}|_t \right)
\end{cases} \tag{4-45}
$$

4.1.3　非饱和膨胀土渗流特征模型

1. 土–水特征曲线数学模型

土–水特征曲线 (soil-water characteristic curve，SWCC) 是非饱和土基质吸力 ψ 和重量含水率 w、饱和度 S_r 或体积含水率 θ_w 之间的关系曲线，它反映的是吸力作用下土的持水性能。根据土–水特征曲线可以确定非饱和土的强度、体应变和渗透系数等，因此，建立估算非饱和土的土–水特征曲线的数学模型，对研究非饱和土的物理力学特性至关重要。

1) van Genuchten (VG) 数学模型

van Genuchten 基于土–水特征曲线提出了非饱和土含水率与基质吸力之间的关系式为

$$\theta_w = \theta_r + \frac{\theta_S - \theta_r}{\left[1 + (\psi/a)^b\right]^c} \tag{4-46}$$

式中：θ_w 为体积含水率，$\theta_w \in [\theta_r, \theta_S]$；$\theta_r$ 为残余含水率；θ_S 为饱和体积含水率；ψ 为基质吸力，$\psi \in [0, \psi_r]$；a, b, c 为曲线拟合参数，a 的单位为 kPa，b, c 无量纲，$b = 1/(1-c)$。

2) Fredlund & Xing (F & X) 数学模型

Fredlund 和 Xing 通过对土体孔径分布曲线的研究，用统计分析理论推导出适用于全吸力范围任何土类的土–水特征曲线表达式为

$$\theta_w = C_\psi \frac{\theta_S}{\left\{\ln\left[e + \left(\frac{\psi}{A}\right)^B\right]\right\}^C} \tag{4-47}$$

$$C_\psi = 1 - \frac{\ln\left(1 + \frac{\psi}{\psi_r}\right)}{\ln\left(1 + \frac{10^6}{\psi_r}\right)} \tag{4-48}$$

将公式 (4-48) 代入公式 (4-47) 可得

$$\theta_w = \left[1 - \frac{\ln\left(1 + \frac{\psi}{\psi_r}\right)}{\ln\left(1 + \frac{10^6}{\psi_r}\right)}\right] \frac{\theta_S}{\left\{\ln\left[e + \left(\frac{\psi}{A}\right)^B\right]\right\}^C} \tag{4-49}$$

式中：A, B, C 为拟合参数，A 为进气值函数的土性参数 (kPa)，B 为当基质吸力超过土的进气值时，土中水流出率函数的土性参数，C 为残余含水率函数的土性参

数；ψ_r 为残余含水率 θ_r 所对应的基质吸力；ψ 为基质吸力，$\psi \in [0, \psi_{\max}]$；$\theta_w$ 为体积含水率，$\theta_w \in [0, \theta_S]$；$\theta_S$ 为饱和体积含水率；e 为自然对数的底数 (2.718)。

3) 基于对数函数的数学模型

包承纲等通过对非饱和土气相形态的研究和划分，认为在实际工程应用中，只有部分连通和内部连通两种气相形态需要着重考虑。对照 Fredlund 等的土–水特征曲线，发现该曲线在进气值和残余含水率两个特征点之间近乎为一条直线，并采用对数方程来表征土–水特征曲线，其计算表达式为

$$\theta_w = \theta_r + (\theta_S - \theta_r) \frac{\lg \psi_r - \lg \psi}{\lg \psi_r - \lg \psi_b} \tag{4-50}$$

式中：θ_w 为体积含水率，$\theta_w \in [\theta_r, \theta_S]$；$\psi_b$ 为土中进气值；ψ 为基质吸力，$\psi \in [\psi_b, \psi_r]$。

4) Aubertin 改进粒径 (颗分曲线) 数学模型

Aubertin 等基于 Kovacs 建议的方法提出了一种推测体积含水率函数的改进方法。其计算表达式为

$$
\begin{cases}
S_r = \dfrac{\theta_w}{n} = S_c + (2 - S_a)(1 - S_c) \\[2mm]
S_c = 1 - \exp\left[-K\left(\dfrac{h_{co}}{\psi_n}\right)^2\right]\left[\left(\dfrac{h_{co}}{\psi_n}\right)^2 + 1\right]^K \\[2mm]
S_a = QC_\psi \left(\dfrac{h_{co}}{\psi_n}\right)^{2/3} \Bigg/ \left[e^{1/3}\left(\dfrac{\psi}{\psi_n}\right)^{1/6}\right], \quad C_\psi = 1 - \ln\left(1 + \dfrac{\psi}{\psi_r}\right) \Bigg/ \ln\left(1 + \dfrac{10^6}{\psi_r}\right)
\end{cases}
$$
$$\tag{4-51}$$

式中：S_r 为饱和度；S_c 为毛细力饱和度；S_a^* 为临界吸附作用的饱和度，$S_a^* = 2 - S_a$；θ_w 为体积含水率；n 为孔隙率；K, Q 为曲线拟合参数，对于黏性土，$K = 3.0 \times 10^{-5}$，$Q = 7.0 \times 10^{-4}$；e 为孔隙比；ψ_n 为基质吸力无量纲单位，$\psi_n = 0.50$ kPa；ψ_r 为残余含水率 θ_r 所对应的基质吸力，$C_\psi = 0.86 (\alpha/e)^{1.2} w_L^{1.75}$，$\alpha = 402.2$ cm^2；h_{co} 为毛细力引起的平均毛细上升高度，$h_{co} = M/ed_{10}$ 或 $h_{co} = \alpha w_L^{1.75}/e$；$M$ 为计算系数 (cm)，$M = 0.75/(1.71 \lg C_u + 1)$。

5) 基于幂函数的数学模型

戚国庆等在对土–水特征曲线数学模型研究的基础上，发现所有的数学模型都可以展开成基质吸力的幂函数多项式形式，即计算表达式为

$$\theta_w = \theta_S\left(A_0 + A_1\psi + A_2\psi^2 + \cdots + A_{N-1}\psi^{N-1} + A_N\psi^N\right) \tag{4-52}$$

式中：A_i 为常数项。

6) 基于分形理论的数学模型

土–水特征曲线的分形模型是基于土体质量分布的分形特征，依据孔隙数目与孔径之间的分形关系和 Young-Lapalce 方程可得到分形模型的通用表达式为

$$\theta_{\mathrm{w}} = \theta_{\mathrm{r}} + (\theta_{\mathrm{S}} - \theta_{\mathrm{r}}) \left(\frac{\psi}{\psi_b}\right)^{D_V - 3} \tag{4-53}$$

式中：θ_{w} 为体积含水率，$\theta_{\mathrm{w}} \in [\theta_{\mathrm{r}}, \theta_{\mathrm{S}}]$；$\psi_b$ 为土中进气值；ψ 为基质吸力，$\psi \in [\psi_b, \psi_{\mathrm{r}}]$；$D_V$ 为孔隙体积分布的分维值，$D_V < 3$。

2. 膨胀土渗透系数预测模型

1) 模型 1: van Genuchten (VG) 估算模型

van Genuchten 提出一个闭合形式的方程来描述非饱和土的渗流系数，该方程是基质吸力的函数，其表达式为

$$k_{\mathrm{w}} = k_{\mathrm{s}} \frac{\left[1 - (\psi/A)^{b-1} \left(1 + (\psi/A)^b\right)^{-c}\right]^2}{\left(1 + (\psi/a)^b\right)^{c/2}} \tag{4-54}$$

式中：k_{s} 为饱和土的渗透系数；a, b, c 为曲线拟合参数，$c = 1 - 1/b$。

2) 模型 2: Fredlund & Xing (F&X) 估算模型

Fredlund 和 Xing 结合土–水特征曲线，提出的非饱和土的渗透系数计算表达式为

$$k_{\mathrm{w}} = k_{\mathrm{s}} \frac{\displaystyle\sum_{i=j}^{N} \frac{\theta_{\mathrm{w}}\left(\mathrm{e}^y\right) - \theta_{\mathrm{w}}\left(\psi\right)}{\mathrm{e}^{yi}} \theta_{\mathrm{w}}'\left(\mathrm{e}^{yi}\right)}{\displaystyle\sum_{i=1}^{N} \frac{\theta_{\mathrm{w}}\left(\mathrm{e}^y\right) - \theta_{\mathrm{S}}}{\mathrm{e}^{yi}} \theta_{\mathrm{w}}'\left(\mathrm{e}^{yi}\right)} \tag{4-55}$$

式中：θ_{w} 为体积含水率；y 代表基质吸力的虚拟变量；i 为从 j 到 N 的间距；j 为最小的基质吸力；N 为最大的基质吸力；ψ 为第 j 步的基质吸力；θ_{w}' 为体积含水率的一阶偏导数。

膨胀土渗透系数较低，在高基质吸力下其渗透性更差，难以直接测量非饱和膨胀土的渗透系数。文献 [126] 采用间接方法对不同含水率状态下广西典型膨胀土原状样和重塑样的土–水特征曲线和饱和渗透特性进行了测试，通过计算获得了体积含水率与基质吸力的关系曲线。根据其试验结果，利用 VG 数学模型和 F&X 数学模型对膨胀土土–水特征曲线进行拟合，计算结果见图 4-1。由图可得，当基质吸力较大时，膨胀土体积含水率随基质吸力的增加衰减显著。

基于图 4-1 的试验数据和拟合结果，分别采用 VG 计算模型和 F&X 计算模型对广西膨胀土渗透系数进行预测，计算结果如图 4-2 所示。由图可知，采用两种计算模型预测膨胀土渗透系数均是可行的，其衰减变化趋势一致；在低基质吸力条件下，膨胀土渗透系数随基质吸力增加变化不明显；在高基质吸力条件下，膨胀土渗透系数随基质吸力增加而显著降低；饱和膨胀土的渗透系数为 $10^{-8} \sim 10^{-7}\mathrm{m/s}$，而

非饱和膨胀土的渗透系数为 $10^{-13} \sim 10^{-12} \text{m/s}$。同时，弱—中膨胀土和中—强膨胀土体积含水率与渗透系数差异较明显，在相同基质吸力条件下弱—中膨胀土的体积含水率小于中—强膨胀土。

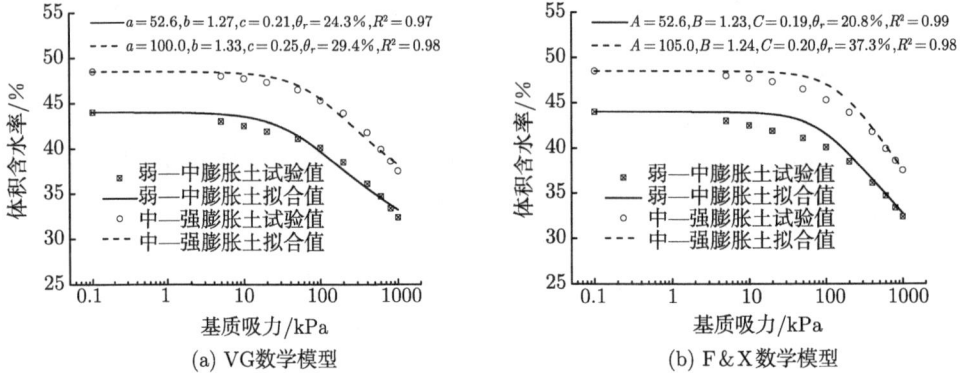

(a) VG数学模型　　　　　　　　　　　　　(b) F&X数学模型

图 4-1　广西膨胀土土–水特征曲线数学模型计算结果

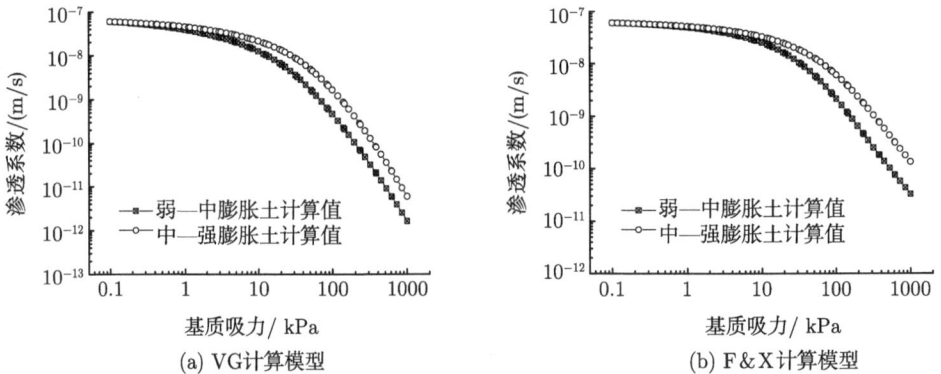

(a) VG计算模型　　　　　　　　　　　　　(b) F&X计算模型

图 4-2　广西膨胀土渗透系数函数曲线计算结果

4.2　新型基床结构防排水效果对比与评价

4.2.1　路基结构计算参数确定

针对云桂铁路膨胀土路基工程实际，选取 4 种典型膨胀土路堑基床结构 (图 4-3)，对膨胀土路堑基床结构的防排水效果进行对比分析。根据膨胀土路堑基床结构是否施做防排水结构层，其可分为普通基床和新型基床。类型 A 为普通基床，不铺设防排水结构层；类型 B~D 为铺设 SAWI 层的基床结构，并设置相应的防排水设施。根据图 4-3 建立数值计算模型进行渗流计算分析，各计算模型具体如下：普通基床 (模型 1~2) 其路基结构层依次为 0.35m 道床 (道砟)+0.7m 基床表

层 (级配碎石)+1.4m 基床底层 (A/B 组填料)，见图 4-4 和图 4-6；新型基床 (模型 3~6) 其路基结构层依次为 0.35m 道床 (道砟)+0.7m 基床表层 (级配碎石)+0.2m SAWI 层 (改性沥青混合材料)+1.2m 基床底层 (A/B 组填料)，见图 4-8、图 4-10、图 4-12、图 4-14。

采用有限元法建立膨胀土路基瞬态渗流计算模型，分析铁路膨胀土路堑基床的防排水效果。在数值计算模型中，设水平距离为 x 轴，竖向距离 (高程) 为 z 轴，膨胀土地基厚度取 6.0m，初始地下水位位于地基面下 1.0m，即 H_w=5.0m。沿模型水平方向 z=6.0m 设置横向监测断面，沿模型竖直方向 x=9.2m 设置竖向监测断面，在地基面 x=8.7m，z=6.0m 处设置监测点，监测降雨条件下路基中的水头动态变化规律。结合 1.3 节研究成果，路基各结构层材料参数取值如下：饱和膨胀土渗透系数为 6.0×10^{-8}m/s，非饱和膨胀土渗透系数为 $10^{-13}\sim10^{-12}$m/s，道床渗透系数为 $1.2\times10^{-3}\sim6.0\times10^{-3}$m/s，基床表层和基床底层渗透系数为 $10^{-6}\sim10^{-5}$m/s，SAWI 结构层渗透系数 (试验值) 为 10^{-10} m/s。

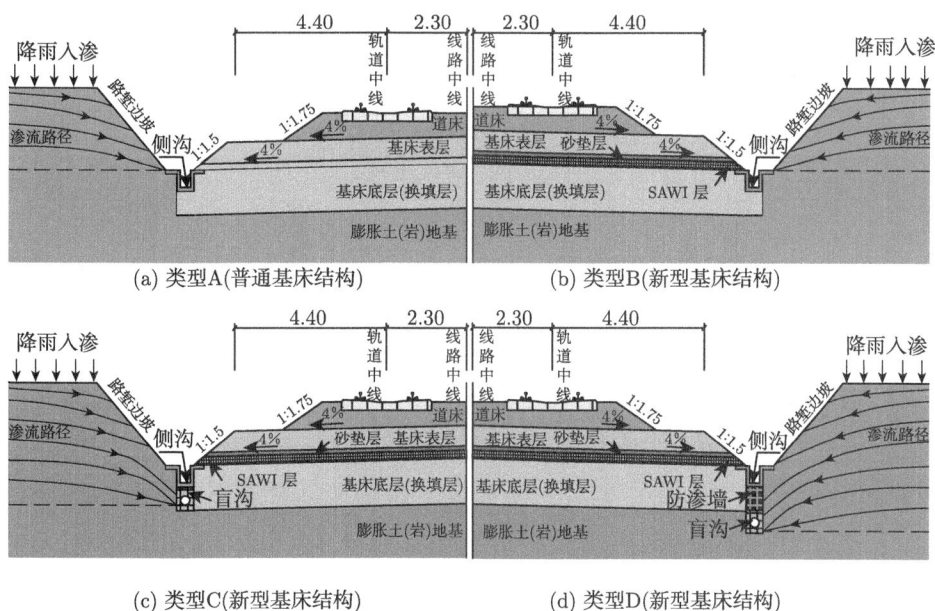

图 4-3　高速铁路膨胀土路堑基床结构计算模型 (单位: m)

根据国家气象部门关于降雨量标准的规定，当降雨强度小于 10mm/d 时为小雨，当降雨强度在 10~19.9mm/d 时为中雨，降雨强度在 20~39.9mm/d 时为大雨，降雨强度大于 80mm/d 时为暴雨，当降雨强度大于 100mm/d 时为大暴雨，当降雨强度大于 250mm/d 时为特大暴雨。本章选取 39.9mm/d 降雨强度，对降雨条件下 24h 内路基非饱和渗流进行瞬态分析。

4.2.2　计算结果分析与对比

1) 普通基床–模型 1：地下水位 H=5.0m+ 无盲沟 + 无防渗墙

若膨胀土路基中不设盲沟和防渗墙，其计算模型见图 4-4(a)。降雨条件下 24h 后的膨胀土路基渗流计算结果如图 4-4(b) 所示。由图可得，降雨后雨水下渗，路基和路堑边坡土体中发生自上而下渗流；由于路基中未设置盲沟和防渗墙，路基中的水不能及时排出，且路堑边坡中的雨水将向路基中入渗，故在路基坡脚处形成明显的雨水汇集区。

图 4-5 为降雨条件下膨胀土地基总水头变化规律。由图可得，随着雨水的不断入渗，膨胀土地基中的总水头不断增大，而路堑边坡中的水头变化较路基中显著。

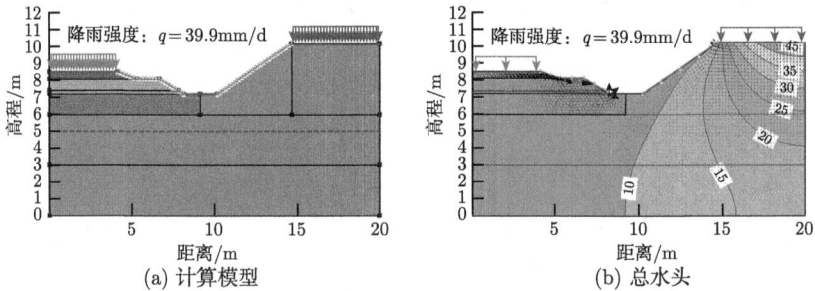

(a) 计算模型　　　　　　　　　　(b) 总水头

图 4-4　一般膨胀土基床结构 (模型 1)

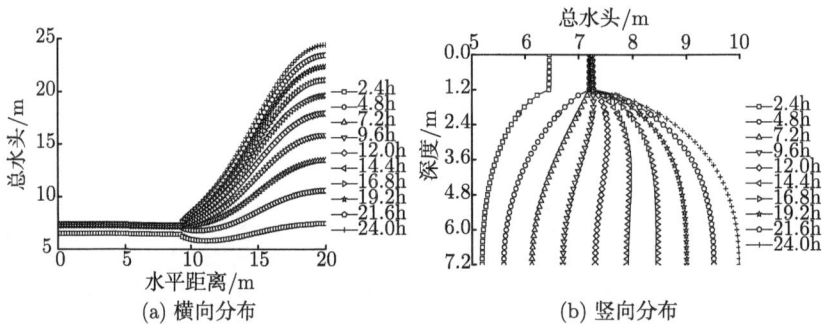

(a) 横向分布　　　　　　　　　　(b) 竖向分布

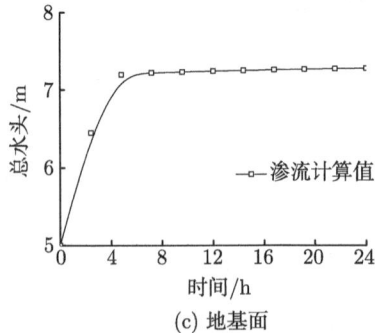

(c) 地基面

图 4-5　降雨条件下膨胀土地基总水头变化 (模型 1)

2) 普通基床–模型 2: 地下水位 $H=5.0\mathrm{m}+$ 设盲沟 + 防渗墙 1.2m

若膨胀土路基中设盲沟和防渗墙,其计算模型见图 4-6(a)。降雨条件下 24h 后的膨胀土路基渗流计算结果如图 4-6(b) 所示。由图可得,防渗墙隔断了路堑边坡的水入渗到路基中,且由于路基中设置了盲沟,雨水入渗路基和路堑边坡后经防渗墙下方的盲沟排出。

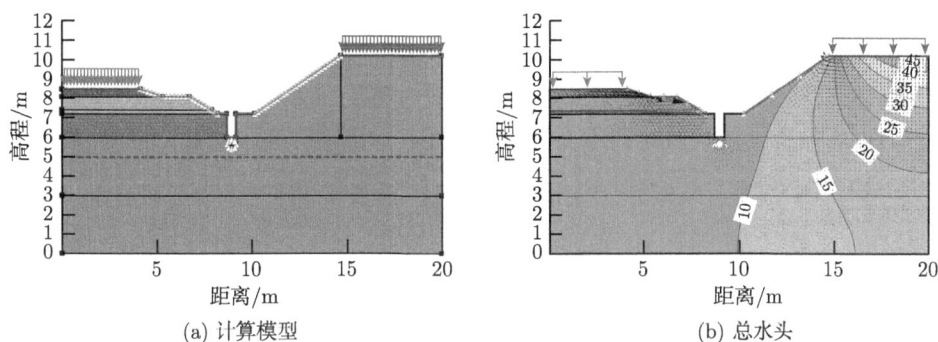

(a) 计算模型   (b) 总水头

图 4-6 一般膨胀土基床结构 (模型 2)

图 4-7 为降雨条件下膨胀土地基总水头变化规律。由图可得,随着雨水的不断入渗,膨胀土地基中的总水头不断增大,而路堑边坡中的水头变化较路基中显著;

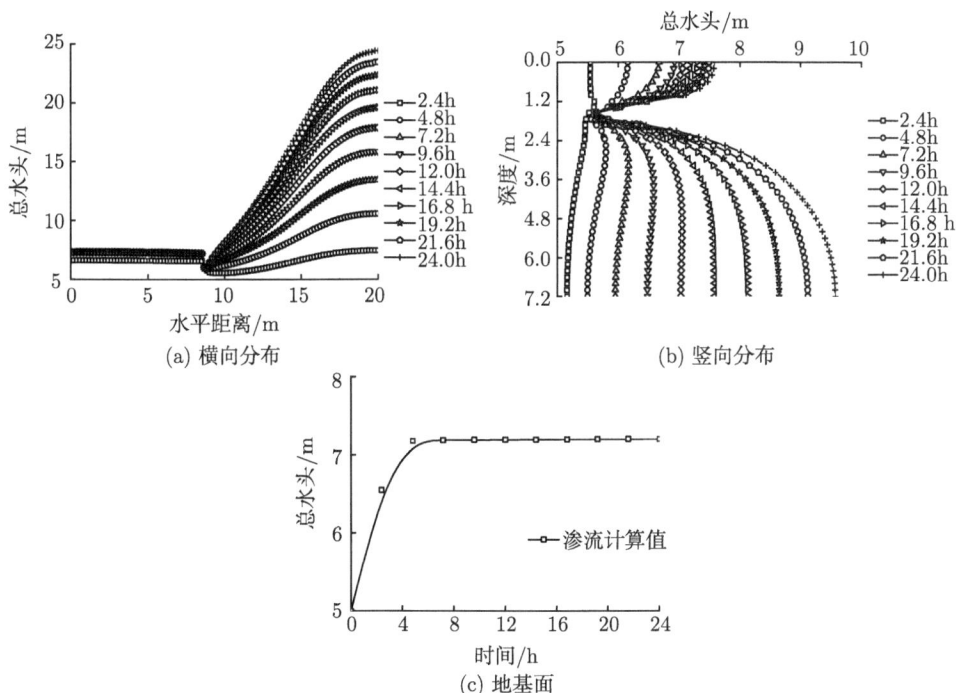

(a) 横向分布   (b) 竖向分布

(c) 地基面

图 4-7 降雨条件下膨胀土地基总水头变化 (模型 2)

防渗墙深度范围外侧水头增加，即雨水被挡在外侧。由图 4-5 和图 4-7 对比可得，增设盲沟可将路基和路堑边坡入渗的雨水排出，盲沟位置水头显著降低；增设防渗墙可改变路基和路堑边坡中水的渗流路径，减少或避免路堑边坡中的水进入到路基中。

3) 新型基床–模型 3：地下水位 H=5.0m+ 无盲沟 + 防渗墙 1.2m

若膨胀土路基中设置防渗墙，不设盲沟，其计算模型见图 4-8(a)。降雨条件下24h 后的膨胀土路基渗流计算结果如图 4-8(b) 所示。由图可得，降雨入渗后，路基中仅在基床表层上部发生渗流，即新型基床中设置 SAWI 层后隔水效果显著；同时，防渗墙隔断了路堑边坡的水入渗到路基中，但由于路基中未设置盲沟，路堑边坡中的雨水下渗后经防渗墙下方绕流进入到基床底层。

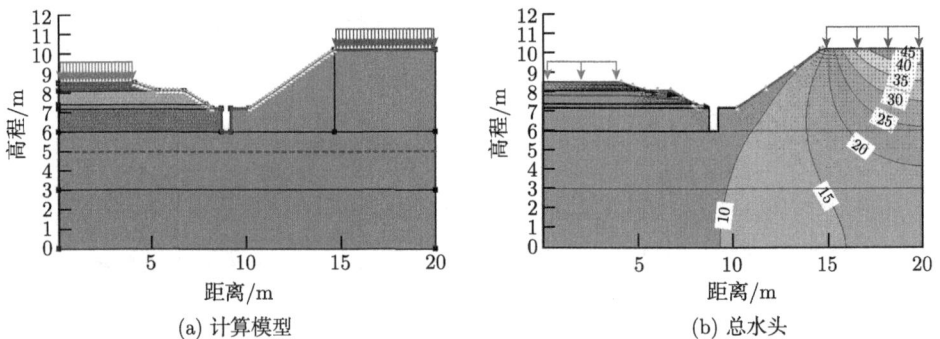

(a) 计算模型　　　　　　　　　　　(b) 总水头

图 4-8　膨胀土新型基床结构 (模型 3)

图 4-9 为降雨条件下膨胀土地基总水头变化规律。与图 4-5 和图 4-7 对比可得，路基中设置 SAWI 层后，路基中的水头显著降低；防渗墙深度范围外侧水头增加更为明显；地基面处的水头随时间增长速度明显较前两者缓慢。原因是，SAWI层的隔水作用，路基中水的渗流仅发生在基床表层上部；防渗墙的隔水作用，在防渗墙深度范围内路基与路堑边坡中水的渗流不能形成连通；路基中未设置盲沟，路堑边坡中下渗的雨水不能及时排水。

4) 新型基床–模型 4：地下水位 H=5.0m+ 设盲沟 + 防渗墙 1.2m

若膨胀土路基中设置盲沟和防渗墙，其计算模型见图 4-10(a)。降雨条件下 24h后的膨胀土路基渗流计算结果如图 4-10(b) 所示。由图可得，降雨入渗后，路基中仅在基床表层上部发生渗流，即新型基床中设置 SAWI 层后隔水效果显著；防渗墙隔断了路堑边坡的水入渗到路基中，且路堑边坡中的雨水下渗后经防渗墙下方的盲沟排出；路堑边坡左侧水头低于 10m 的区域明显较前三者大。

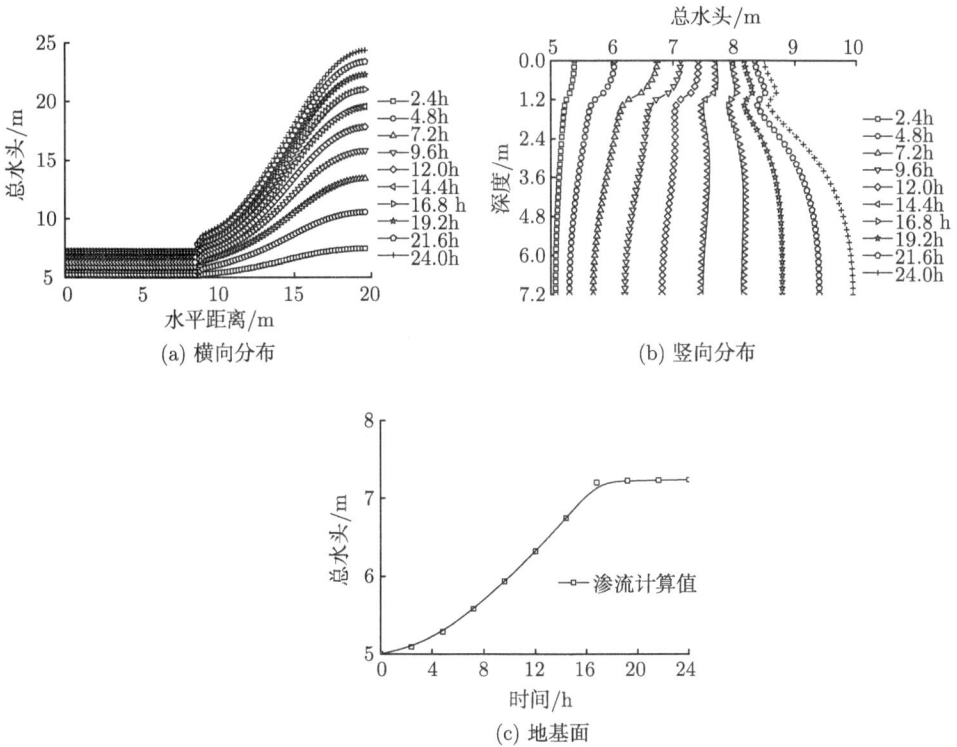

(a) 横向分布

(b) 竖向分布

(c) 地基面

图 4-9　降雨条件下膨胀土地基总水头变化 (模型 3)

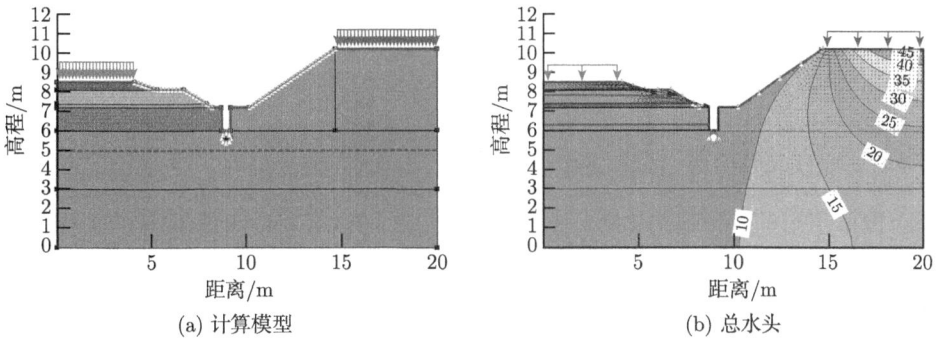

(a) 计算模型

(b) 总水头

图 4-10　膨胀土新型基床结构 (模型 4)

　　图 4-11 为降雨条件下膨胀土地基总水头变化规律。与图 4-5、图 4-7 和图 4-9 对比可得, 路基中同时设置 SAWI 层、盲沟和防渗墙后, 路基中的水头降低更显著; 地基面处的水头随时间增长速度明显较前三者缓慢, 且总水头值更小。由此说明, 路基同时设置 SAWI 层、盲沟和防渗墙对增强路基防排水性能具有显著意义。

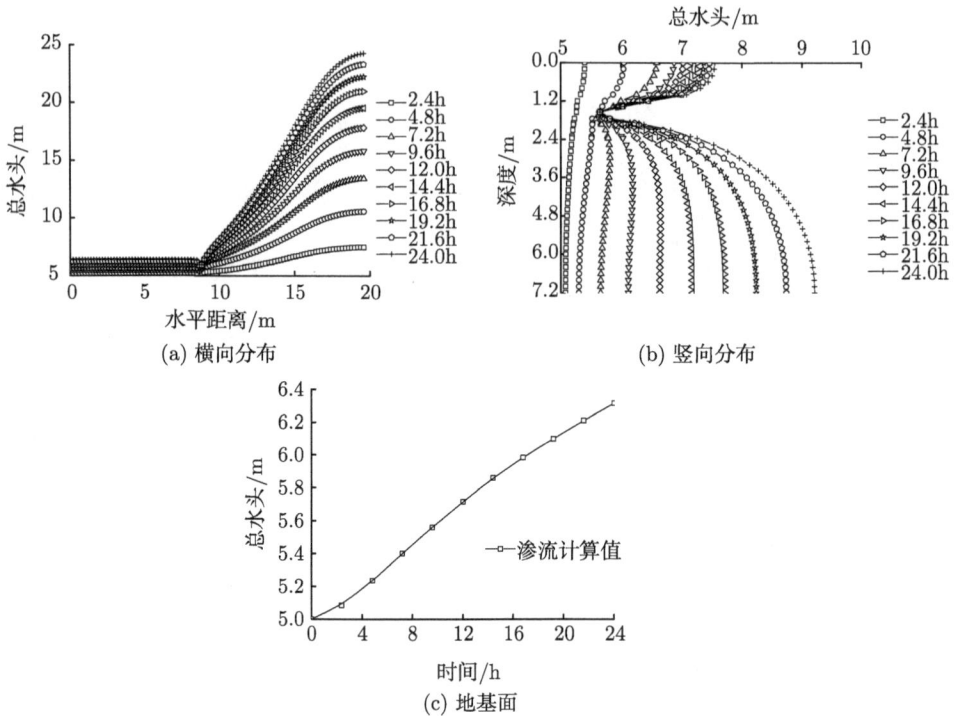

(a) 横向分布

(b) 竖向分布

(c) 地基面

图 4-11　降雨条件下膨胀土地基总水头变化 (模型 4)

5) 新型基床–模型 5: 地下水位 $H=4.0m+$ 设盲沟 + 防渗墙 2.2m

若膨胀土路基中设置盲沟和防渗墙，地下水位降至 4.0m，防渗墙深增加到 2.2m，其计算模型见图 4-12(a)。降雨条件下 24h 后的膨胀土路基渗流计算结果如图 4-12(b) 所示。由图可得，由于防渗墙深度的增加，其隔水作用更为明显，路堑边坡左侧水头低于 10m 的区域继续增大。

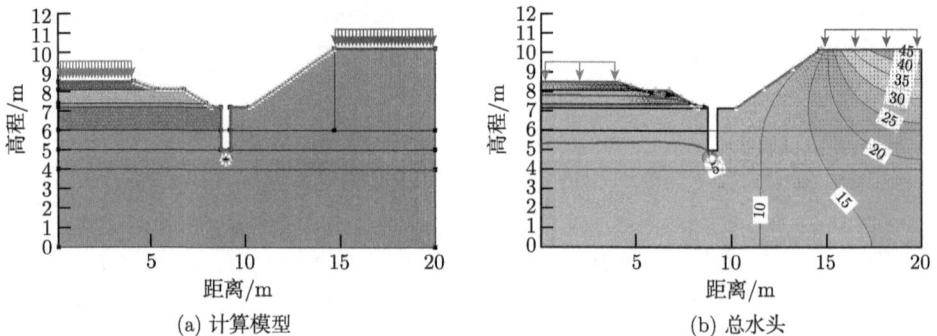

(a) 计算模型

(b) 总水头

图 4-12　膨胀土新型基床结构 (模型 5)

图 4-13 为降雨条件下膨胀土地基总水头变化规律。由图可得，由于防渗墙深度的增加，路基下膨胀土地基面处的水头随时间增长缓慢，而路堑边坡中防渗墙深度范围外侧水头增加显著，说明增加防渗墙深度对改变水渗流路径和隔水能力具有积极意义。

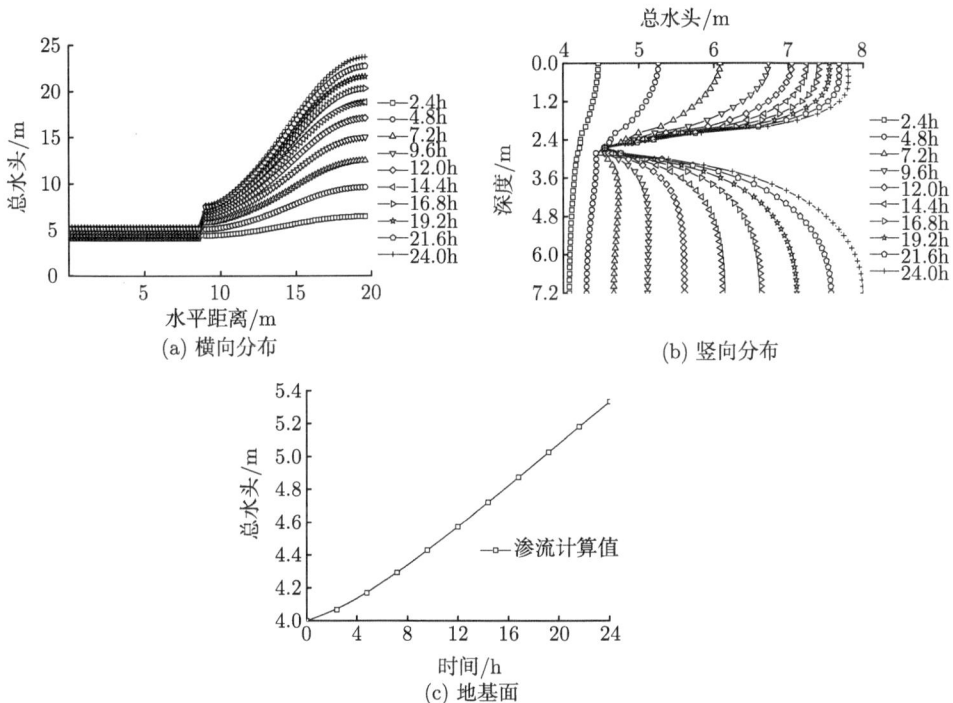

图 4-13 降雨条件下膨胀土地基总水头变化 (模型 5)

6) 新型基床–模型 6：地下水位 H=3.0m+ 设盲沟 + 防渗墙 3.2m

若膨胀土路基中设置盲沟和防渗墙，地下水位降至 3.0m，防渗墙深增加到 3.2m，其计算模型见图 4-14(a)。降雨条件下 24h 后的膨胀土路基渗流计算结果如图 4-14(b) 所示。由图可得，随着防渗墙深度的增加，隔水效果明显，路基下膨胀土地基中的水头稳定在 4.0m 左右。

图 4-15 为降雨条件下膨胀土地基总水头变化规律。由图可得，由于防渗墙深度进一步增加，路基下膨胀土地基面处的水头随时间增长显著降低，最终约为 4.2m，而路堑边坡中防渗墙深度范围外侧水头增加，其下方外侧水头降低。由此说明防渗墙深度越大，地基中的水头降低越显著，这对控制路基下膨胀土地基的含水率具有积极作用，但会使路堑边坡下地基中积水的可能性增大。因此，膨胀土路基中设置防渗墙后，应积极加强路堑边坡的防排水措施，这对控制路基下膨胀土地基和路堑

边坡中的含水率均具有重要作用。

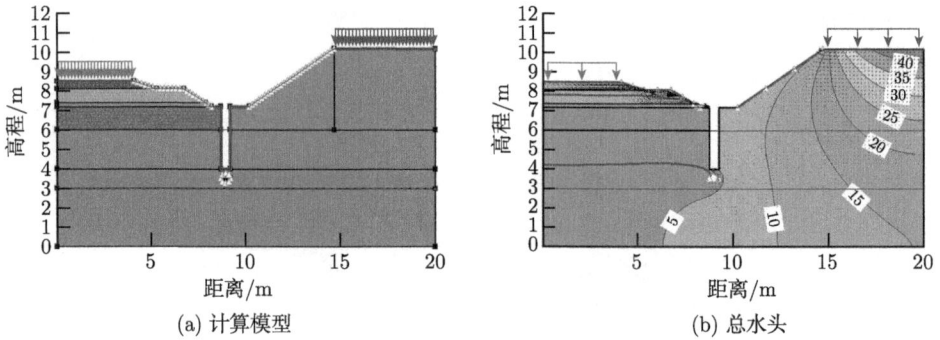

(a) 计算模型　　　　　　　　　　　(b) 总水头

图 4-14　膨胀土新型基床结构 (模型 6)

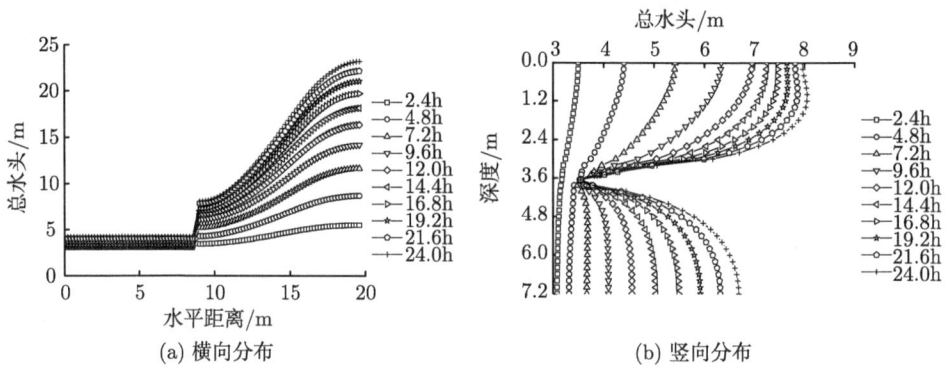

(a) 横向分布　　　　　　　　　　　(b) 竖向分布

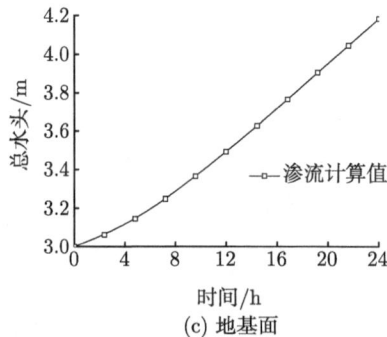

(c) 地基面

图 4-15　降雨条件下膨胀土地基总水头变化 (模型 6)

综上所述，在进行膨胀土路堑地段防排水设计时应重视以下几点：

(1) 在膨胀土路堑地段，路基中增设 SAWI 层、盲沟和防渗墙对控制膨胀土地基中的含水率具有重要作用，同时加强路堑边坡的防排水措施也是十分必要的；

(2) 在进行盲沟和防渗墙参数设计时，应充分考虑实际工程的地质条件、降雨强度、地下水位、膨胀土强弱等级和裂隙发育程度等因素，需对盲沟的设置位置、大小和排水能力以及防渗墙深度等参数进行验算，确保盲沟和防渗墙设计参数合理、科学；

(3) 膨胀土路堑段防水和排水措施是相互影响、相辅相成的，单纯地增强路基或路堑边坡防水措施或排水措施很难达到预期的目标，甚至可能是不科学的，因此，在膨胀土路堑地段应尤为重视；

(4) 膨胀土路堑基床结构和路堑边坡的防排水措施是同等重要的，应正确处理两者之间的区别与联系，故铁路膨胀土路基防排水设计是一个系统工程，做好这个系统工程的防排水措施对控制膨胀土路基稳定具有重要意义。

4.3 膨胀土地基浸水响应试验

膨胀土的浸水软化和膨胀变形对工程结构安全影响是巨大的。在雨季降雨量充沛的条件下，膨胀土体会在相当长时间内处于浸水状态，为明确土体中含水率变化及吸水膨胀变形规律，在典型膨胀土地段开展现场浸水试验。

4.3.1 膨胀土地基现场浸水试验

1. 现场试验方案设计

选取云桂铁路 DK200+280 断面为试验段，开挖长 15m× 宽 5m× 深 0.5m 的试验坑，并平整坑底。在坑底设置砂孔 (深 1.5m，直径 8cm，间距 1.0m)、砂槽 (深 7cm× 宽 10cm) 等进行试验场地人工浸水，确保水分顺利入渗膨胀土地基，并达到饱和状态。采用沉降板、大量程百分表、土壤湿度计测试膨胀土地基变形和湿度变化，现场浸水实验过程及监测布置见图 4-16。

| (a) 埋设沉降板 | (b) 安装百分表 | (c) 埋设湿度计 | (d) 浸水现场 |

图 4-16 现场浸水试验过程及监测布置

试验布设元器件具体包括：埋设沉降板 8 个，测试膨胀土地基浸水后土体膨胀变形量；沿试验坑两侧分别锚固监测支架 (钢梁)4 个，在支架上安装百分表 8 块，其下放置百分表垫板 (5cm×5cm 钢板)；埋设土壤湿度计传感器 (型号 FDS-100)3

个，湿度计量程为 0~100%，测量精度为 ±3%。通过注水砂孔和砂槽缓慢地向试验坑内注水，直至覆盖整个试验坑底面。本次人工浸水砂槽水头保持在 0.2~0.5m，现场注水情况见图 4-16(d)。浸水初期观测频率为 1 次/h，1d 之后 1 次/24h，直至膨胀土地基膨胀变形稳定。

2. 试验结果分析

图 4-17 为由沉降板测得的浸水后土体竖向膨胀变形量变化曲线。由图可得，膨胀变形量随时间呈增长趋势，其增长曲线可用指数函数拟合，其表达式见公式 (4-56)。

$$指数函数拟合: S_v = S_0 + Ae^{-t/B} \tag{4-56}$$

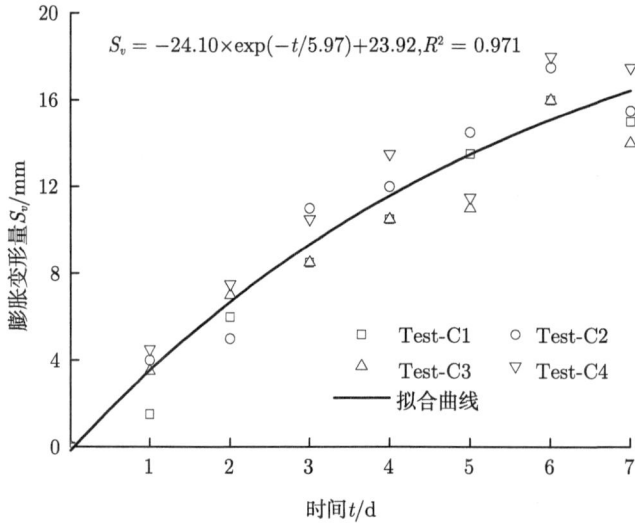

图 4-17　竖向膨胀变形量与时间关系 (沉降板)

图 4-18 为由百分表测得的浸水后土体竖向膨胀变形量变化曲线。由图可得，膨胀土地基浸水后，膨胀变形量随时间变化曲线也符合指数函数型增长；与图 4-17 对比可知，由沉降板和百分表测得的稳定后的膨胀变形量均约为 18.0mm，且其增长曲线变化趋势一致，由此说明两者测得的结果均是合理的。

图 4-19 为地表下 2.0m 深度处土体体积含水率随时间的变化规律。由图可得，膨胀土体积含水率随时间变化增长趋势发展过程可分为三个阶段：缓慢增长期、迅速增长期和平稳增长期，体积含水率的变化曲线可采用 logistic 函数拟合，其表达式见公式 (4-57)。

$$\text{logistic 拟合}: \theta_w = \frac{A - B}{1 + (t/C)^P} + B \tag{4-57}$$

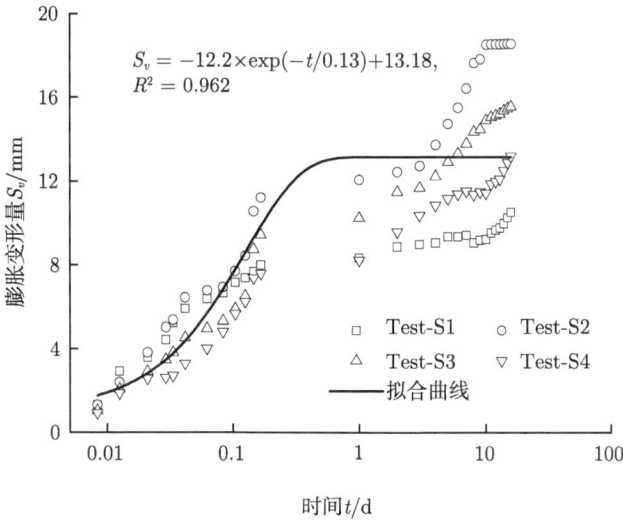

图 4-18 竖向膨胀变形量与时间关系 (百分表)

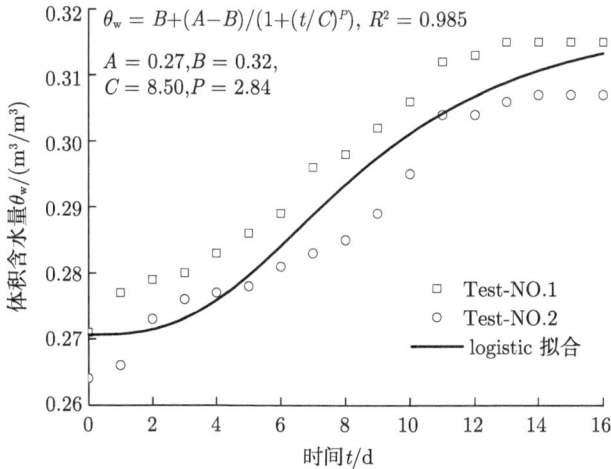

图 4-19 体积含水率随时间变化曲线 (z=2.0m)

图 4-20 为膨胀土地基中土体体积含水变化量随深度变化曲线。由图可得,体积含水变化量在地基表层变化最大,但随着深度的增加而逐渐减小,说明试验中水分下渗范围有限,故膨胀变形主要发生在浸水表面附近;体积含水变化量随深度衰减变化可用指数函数拟合,其表达式见公式 (4-58)。

$$\text{指数函数拟合}: \Delta\theta_w = \Delta\theta_0 + Ae^{-z/B} \tag{4-58}$$

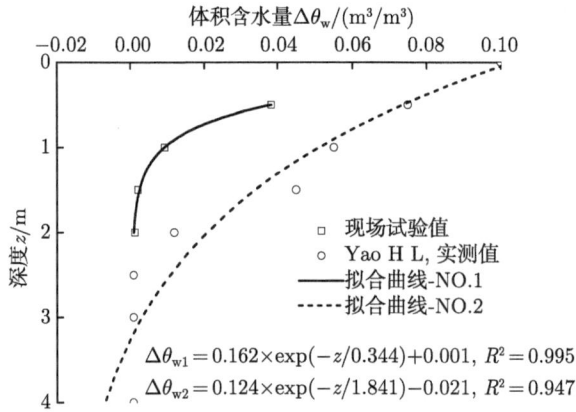

图 4-20　体积含水变化量随深度变化曲线

4.3.2　膨胀土地基浸水响应数值验证

1. 数值计算模型建立

为模拟膨胀土地基现场浸水试验所反映的膨胀土路基湿度场–应力场–变形场分布特征,借助数值分析平台,建立浸水条件下非饱和膨胀土地基计算模型进行渗流–变形耦合分析。建立的平面有限元模型尺寸高 $(z) \times$ 宽 (x) 为 $6.0\text{m} \times 20.0\text{m}$,初始地下水位位于 4.5m。模型两侧约束水平位移,模型底部约束水平和竖向位移,模型表面自由,所建模型如图 4-21 所示。

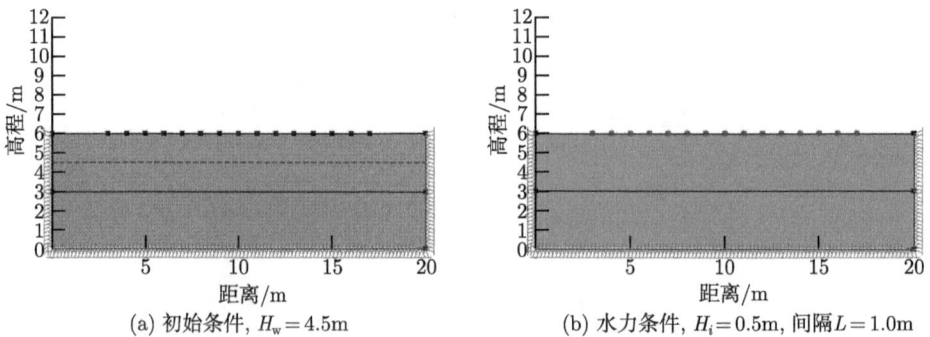

(a) 初始条件, $H_\text{w} = 4.5\text{m}$　　　　　　　(b) 水力条件, $H_i = 0.5\text{m}$, 间隔 $L = 1.0\text{m}$

图 4-21　膨胀土地基渗流–变形耦合数值计算模型

在膨胀土地基表面间隔 1.0m 处设置水头以模拟人工浸水,对膨胀土地基浸水 60d 并进行计算分析,探讨膨胀土地基浸水后的湿度场、应力场和变形场变化特征。

2. 材料模型及计算参数

根据膨胀土物理力学参数室内试验结果可得,地基膨胀土的重度 $\gamma=18.5\text{kg/m}^3$,弹性模量 $E=12.0\text{MPa}$,泊松比 $\nu=0.37$,饱和渗透系数 $k_s=6.0\times10^{-8}\text{m/s}$。在渗流-变形耦合计算中,膨胀土地基采用饱和/非饱和线弹性模型。试验段典型膨胀土渗透特征曲线如图 4-22 所示。

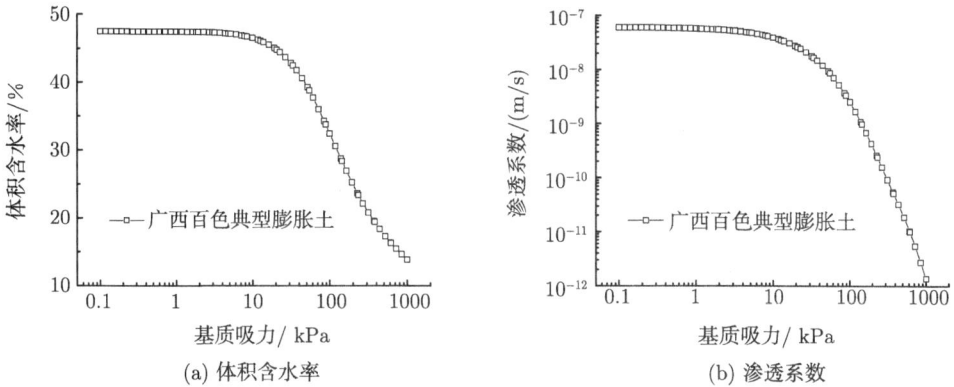

(a) 体积含水率

(b) 渗透系数

图 4-22 试验段膨胀土-土水特征曲线和渗透系数函数曲线

3. 计算结果对比分析

1) 膨胀土地基湿度场动态响应

图 4-23 为膨胀土地基浸水 5d 后的湿度响应。当在膨胀土地基面注水后,水分逐渐发生自上而下的渗流,见图 4-23(a);随着地表水不断入渗,膨胀土地基面下方土体体积含水率逐渐增加,即土体由非饱和状态逐渐发展到饱和状态,见图 4-23(b)。

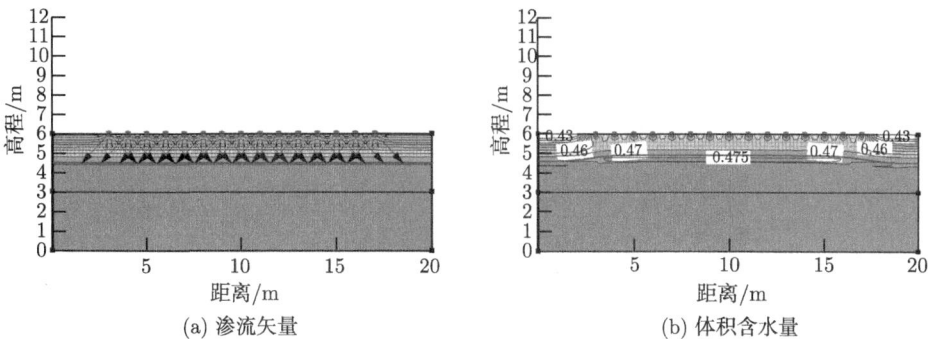

(a) 渗流矢量

(b) 体积含水量

图 4-23 膨胀土地基湿度响应变化 ($t=5.0\text{d}$)

图 4-24 为膨胀土地基体积含水率分布特征。在浸水初期，膨胀土地基面下 1.5m 深度范围内土体体积含水率相对较低，体积含水率随深度呈折线形分布；随着浸水时间的增加，土体中的含水率不断增大，体积含水率随深度最终呈直线形，见图 4-24(a)。土体中的体积含水率随浸水时间的增加而增大，浸水 10d 后基本趋于稳定，其分布曲线呈指数函数型。

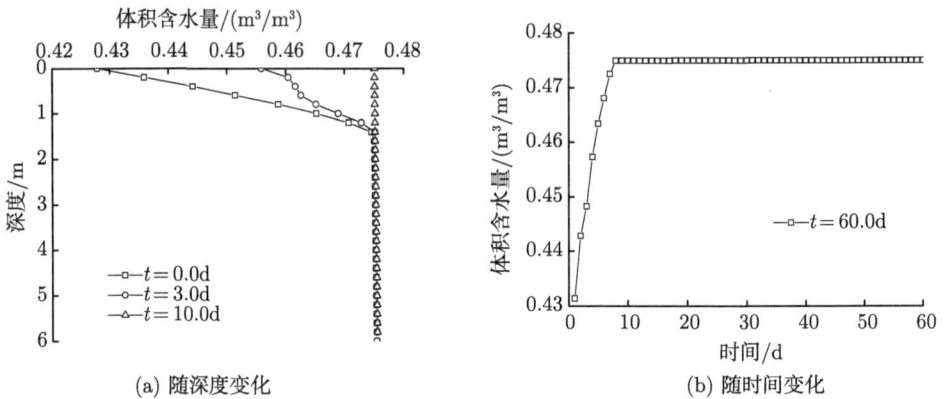

(a) 随深度变化

(b) 随时间变化

图 4-24　膨胀土地基体积含水率分布特征

图 4-25 为膨胀土地基中土体体积含水变化量分布曲线对比。由图可得，土体体积含水率增量随深度分布和时程分布曲线与现场试验结果变化趋势一致；体积含水率增量沿深度呈指数函数型发展，在地表表层变化量最大，说明浸水条件下土体中的渗流在表层较为显著，即膨胀土浸水变形主要发生在浅层，这与目前的大多数研究结果"膨胀土的大气影响深度一般在 3~5m"是相吻合的。体积含水率增量随浸水时间增加呈逐渐衰减趋势，其衰减变化过程可分为三个阶段：迅速衰减阶段、缓和衰减阶段和逐步平稳阶段，即膨胀土的浸水过程是其含水率不断增加而

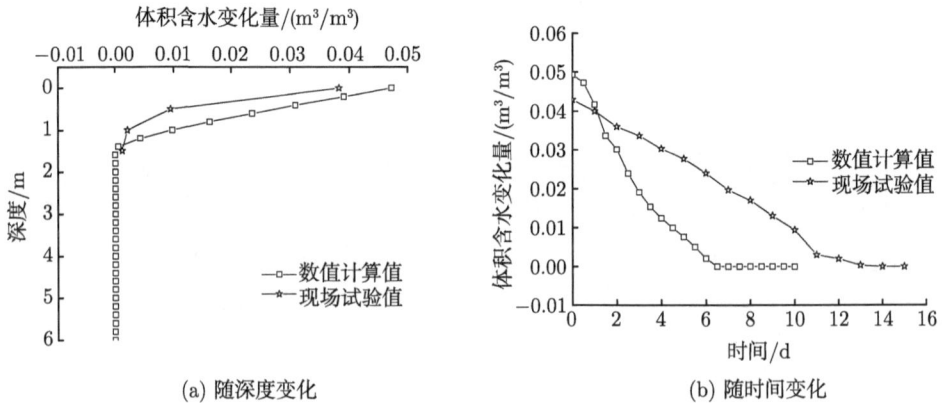

(a) 随深度变化

(b) 随时间变化

图 4-25　膨胀土地基中土体体积含水变化量分布曲线对比

逐步饱和的过程，由于膨胀土的吸水膨胀特性，此过程也必将伴随着膨胀变形的发生，这对工程结构安全是极为不利的。因此，控制膨胀土中含水率的变化是治理膨胀土问题的核心问题。

2) 膨胀土地基应力场动态响应

图 4-26 为膨胀土地基浸水后土体有效应力场动态响应。由图可得，有效应力随深度增加而增加，随浸水时间增长而减小；根据有效应力原理 $\sigma'=\sigma-u$ 可知，土体中有效应力减小，孔隙水压力增大，土体将发生体积膨胀或隆起，特别是在地基面表层有效应力减小显著，即膨胀土地基膨胀变形主要表现为浅层。

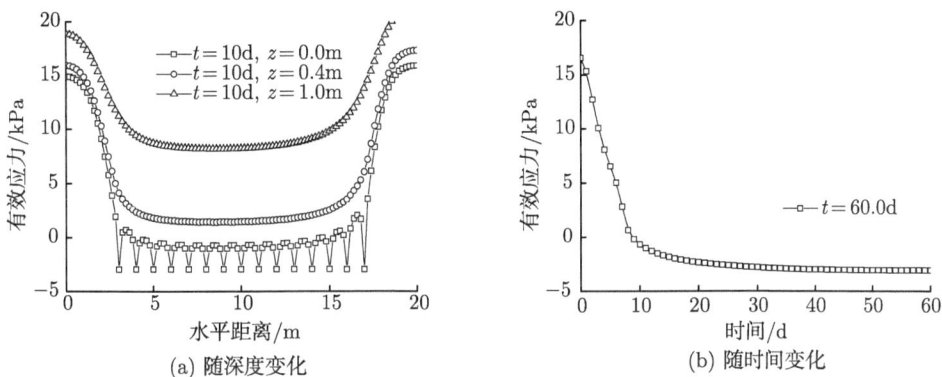

(a) 随深度变化　　　　　　　　　　(b) 随时间变化

图 4-26　膨胀土地基有效应力分布特征对比

3) 膨胀土地基变形场动态响应

图 4-27 为膨胀土地基面膨胀变形随时间变化曲线。由图可得，采用渗流-变形耦合或非耦合计算模式所得的膨胀变形随浸水时间发展曲线基本一致，均呈指数

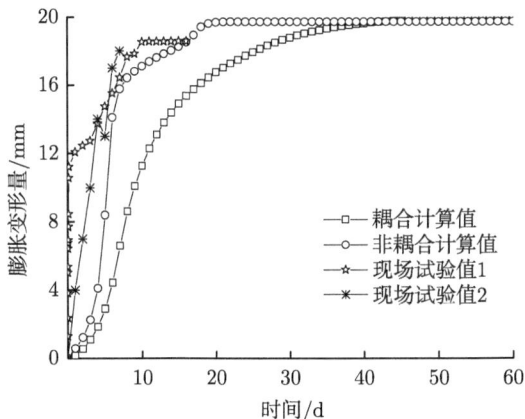

图 4-27　膨胀土地基面膨胀变形随时间变化的曲线对比

函数型分布；耦合计算结果略滞后于非耦合计算结果，但最终膨胀变形量均约为 18.0mm，同时，耦合计算结果的非线性特征更为明显，与实际情况也更为接近；与现场试验结果对比表明，数值模拟结果与试验结果吻合较好，能够较好地反映膨胀土浸水膨胀变形发展特征。因此，采用数值模拟方法再现现场试验所反映的膨胀土地基浸水响应特征是合理可行的。

4.4　铁路膨胀土地基渗流–变形耦合动态响应

4.4.1　计算模型及材料参数

为进一步分析新型路堑基床膨胀土地基渗流–变形动态响应，建立如下三个数值计算模型进行渗流–变形耦合分析。以模型 A(1.4m 路基) 为例，其计算模型如图 4-28 所示。

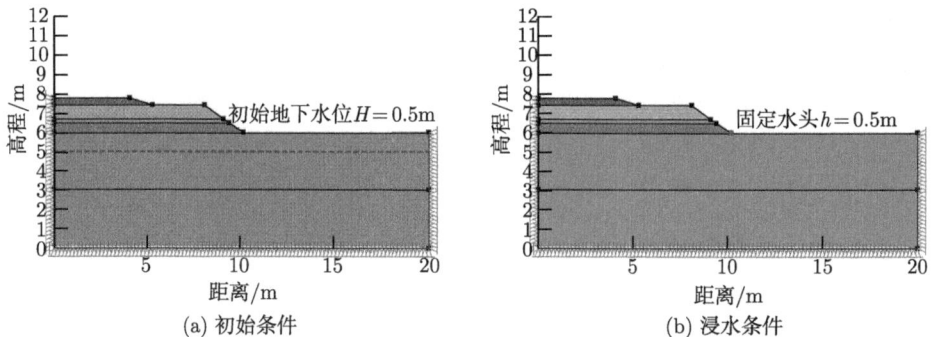

图 4-28　膨胀土路基渗流–变形耦合数值计算模型 (模型 A)

模型 A：其路基结构层依次为 0.35m 道床 (道砟)+0.7m 基床表层 (级配碎石)+0.2m SAWI 层 (改性沥青混合材料)+0.5m 基床底层 (A/B 组填料)。

模型 B：其路基结构层依次为 0.35m 道床 (道砟)+0.7m 基床表层 (级配碎石)+0.2m SAWI 层 (改性沥青混合材料)+1.2m 基床底层 (A/B 组填料)。

模型 C：其路基结构层依次为 0.35m 道床 (道砟)+0.7m 基床表层 (级配碎石)+0.2m SAWI 层 (改性沥青混合材料)+1.6m 基床底层 (A/B 组填料)。

在计算过程中，将路基填料视为各向同性的线弹性材料，膨胀土地基采用饱和/非饱和线弹性模型。路基土填料与地基土层弹性模量、黏聚力、内摩擦角由三轴试验得到，泊松比由 K_0 固结试验获得，各结构层材料参数具体取值见表 4-1。

表 4-1 路基填料及地基计算参数

类别	重度/(kg/m³)	弹性模量/MPa	泊松比	黏聚力/kPa	内摩擦力/(°)	K_{sat}/(m/s)
道床	22.0	200	0.30	—	—	$1.0×10^{-3}$
级配碎石	20.0	190	0.30	15	30	$1.0×10^{-5}$
SAWI 层	19.0	1000	0.30	—	—	$1.0×10^{-10}$
A/B 组填料	20.0	110	0.30	15	30	$1.0×10^{-5}$
膨胀土地基	18.5	12(10~80)	0.37	40	12	$6.0×10^{-8}$

4.4.2 计算结果分析与讨论

1. 横向测试断面响应特征

图 4-29 为膨胀土地基面沿横向水平距离浸水响应。由图可得，随膨胀土地基浸水时间的增长，土体中体积含水率、孔隙水压力以及膨胀变形均不断增大；体积含水率和孔隙水压力沿横向在浸水点两侧基本呈对称分布，膨胀变形沿横向在浸水点两侧呈非对称分布，左侧明显小于右侧，这主要是由于左侧上方路基结构层的压重约束作用，限制了膨胀变形；3 种模型对比可知，路基填筑高度越大对膨胀土地基膨胀变形的约束作用越强，其膨胀变形量越小。

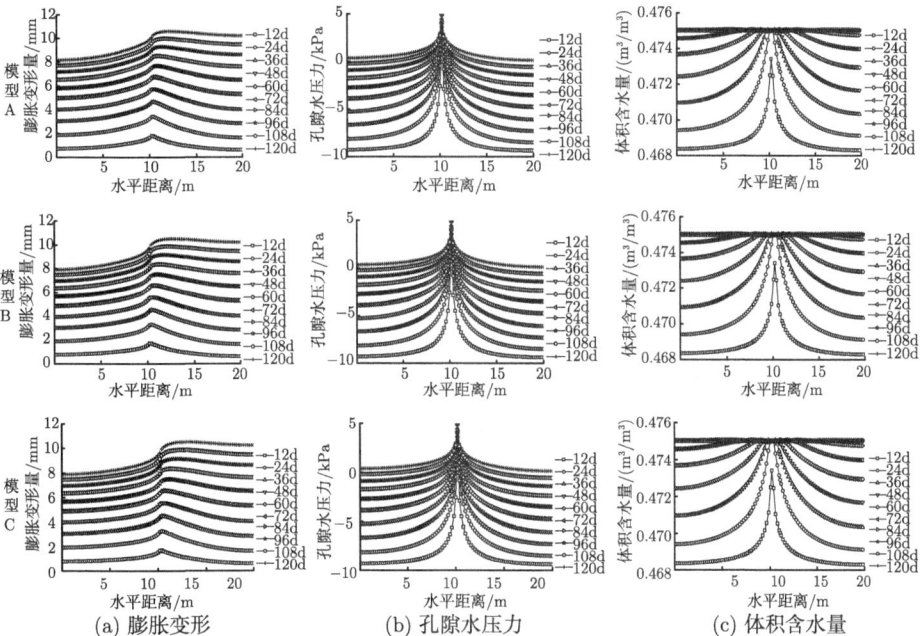

图 4-29 横向测试断面渗流–变形耦合响应分布特征

2. 竖向测试断面响应特征

图 4-30 为膨胀土地基膨胀变形随深度变化特征。由图可得，膨胀变形随深度增加逐渐减小，在膨胀土地基面最大；随着浸水时间增长，膨胀变形量逐渐增大；在线路中心和轨道中心处膨胀变形随深度近似呈直线递减，在路基坡脚处膨胀变形随深度近似呈指数函数型衰减；3 种路基模型对比可知，膨胀土地基面膨胀变形量大小关系依次为模型 A(1.4m 路基)＞模型 B(2.1m 路基)＞模型 C(2.5m 路基)。

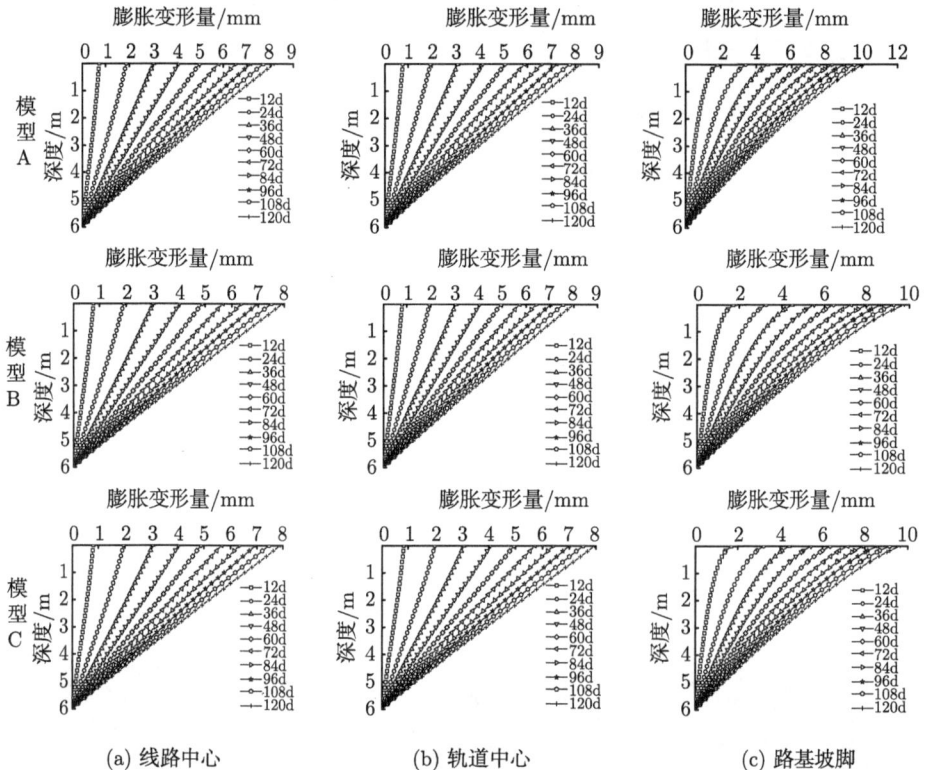

(a) 线路中心　　　　　　　(b) 轨道中心　　　　　　　(c) 路基坡脚

图 4-30　竖向测试断面渗流–变形耦合响应分布特征

3. 膨胀变形时程响应特征

图 4-31 为膨胀土地基浸水后膨胀变形时程曲线。由图可得，膨胀变形随时间先增大后逐渐趋于稳定，近似呈指数函数型分布；膨胀变形量随时间发展过程可分为快速增长期和平稳增长期；线路中心处膨胀变形量最小，轨道中心处次之，路基坡脚处最大；浸水膨胀变形稳定后，3 种路基模型所对应的膨胀土地基面膨胀变形量大小关系依次为模型 A＞模型 B＞模型 C，即路基高度越大，膨胀土地基面膨胀变形越小。由此说明增加路基厚度对抑制膨胀变形具有一定的作用。

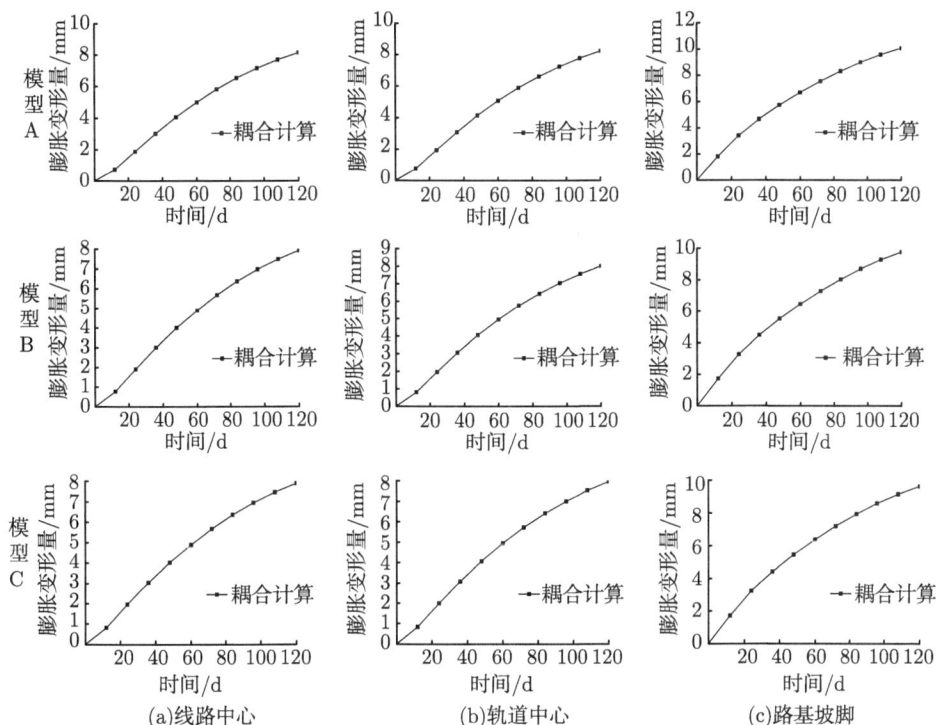

图 4-31 地基不同位置膨胀变形随时间变化规律

4.5 不同服役条件下膨胀土地基变形场演化规律

膨胀土地基膨胀变形大小受膨胀土类别、降雨强度、水位波动及路基填高等诸多因素影响。以模型 A(1.4m 路基) 为例，探讨不同服役条件对膨胀土地基膨胀变形量的影响。

4.5.1 膨胀土类别对膨胀土地基变形场的影响

为模拟不同膨胀土类型对膨胀土地基面膨胀变形量的影响程度，分别取典型弱—中、中—强两类膨胀土进行计算分析，其渗透系数根据 F&X 计算模型确定 (图 4-2)。不同等级膨胀土引起的膨胀土地基面膨胀变形横向分布曲线如图 4-32 所示。由图可得，在相同浸水时间条件下，中—强膨胀土膨胀变形量明显高于弱—中膨胀土；以浸水 12d 为例，在线路中心处弱—中、中—强膨胀土对应的膨胀变形量分别为 0.74mm, 1.29mm，后者膨胀变形量相对于前者增加了 74.32%，见表 4-2。

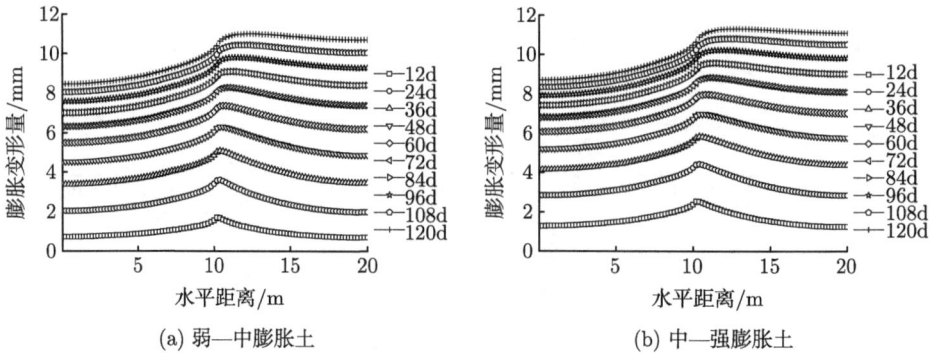

(a) 弱—中膨胀土   (b) 中—强膨胀土

图 4-32   不同强弱等级膨胀土对地基面膨胀变形的影响

表 4-2   不同类型膨胀土条件下膨胀变形量计算结果

位置	膨胀土类型	膨胀变形量/mm									
		12d	24d	36d	48d	60d	72d	84d	96d	108d	120d
线路中心	弱—中膨胀土	0.74	2.04	3.37	4.52	5.49	6.31	6.99	7.57	8.05	8.45
	中—强膨胀土	1.29	2.84	4.15	5.21	6.08	6.8	7.4	7.91	8.34	8.70
轨道中心	弱—中膨胀土	0.77	2.1	3.43	4.59	5.57	6.39	7.07	7.65	8.13	8.54
	中—强膨胀土	1.34	2.9	4.22	5.28	6.16	6.88	7.48	7.99	8.42	8.78
路基坡脚	弱—中膨胀土	1.71	3.57	5.04	6.23	7.24	8.09	8.82	9.44	9.96	10.41
	中—强膨胀土	2.55	4.42	5.79	6.9	7.82	8.59	9.24	9.79	10.26	10.66

　　图 4-33 为不同等级膨胀土引起的地基面膨胀变形时程曲线。由图可得，膨胀变形量随时间发展过程可分为快速增长期和平稳增长期，即在 60d 前为快速增长期，60d 后为平稳增长期；在浸水条件下，中—强膨胀土膨胀变形量随时间增长较弱—中膨胀土变化快，快速增长期差异较大，平稳增长期差异较小；在路基坡脚处，浸水 12d 后两类膨胀土对应的膨胀变形量分别为 1.71mm，2.55mm，中—强

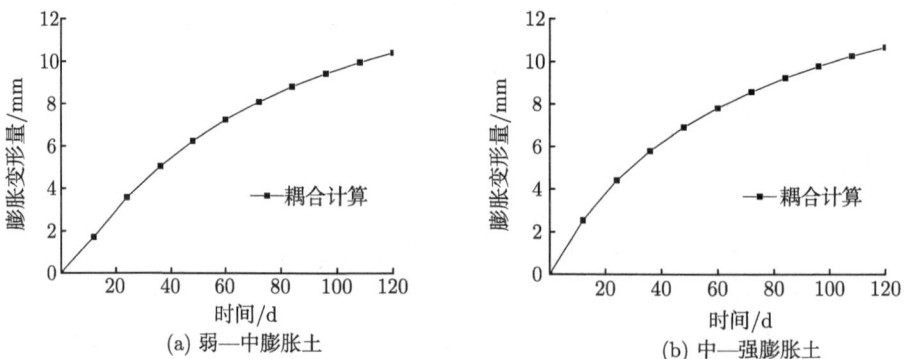

(a) 弱—中膨胀土   (b) 中—强膨胀土

图 4-33   地基面膨胀变形随时间变化规律

膨胀土膨胀变形量相对于弱—中膨胀土增加了 49.12%，浸水 120d 后两类膨胀土对应的膨胀变形量分别为 10.41mm, 10.66mm，中—强膨胀土膨胀变形量相对于弱—中膨胀土增加了 2.4%。因此，膨胀土强弱等级对膨胀土变形量影响较大，在工程应用中应重视膨胀土的判别分类、渗透特性的准确确定，以避免变形预测和控制中存在较大误差。

4.5.2　降雨强度对膨胀土地基变形场的影响

为模拟降雨强度对膨胀土地基面膨胀变形量的影响。取浸水固定水头分别为 H_i=0.1m(工况 1)、0.3m(工况 2)、0.5m(工况 3) 三种工况进行计算。图 4-34 为不同降雨强度引起的膨胀土地基面膨胀变形横向分布曲线。由图可得，三种工况下渗流 12d 后，在线路中心处的膨胀变形量依次为 0.54mm, 0.63mm, 0.73mm，工况 2 和 3 较工况 1 分别增加了 16.67%, 35.19%，见表 4-3；降雨强度对膨胀土地基膨胀变形量影响显著，且降雨强度越大膨胀变形越大。

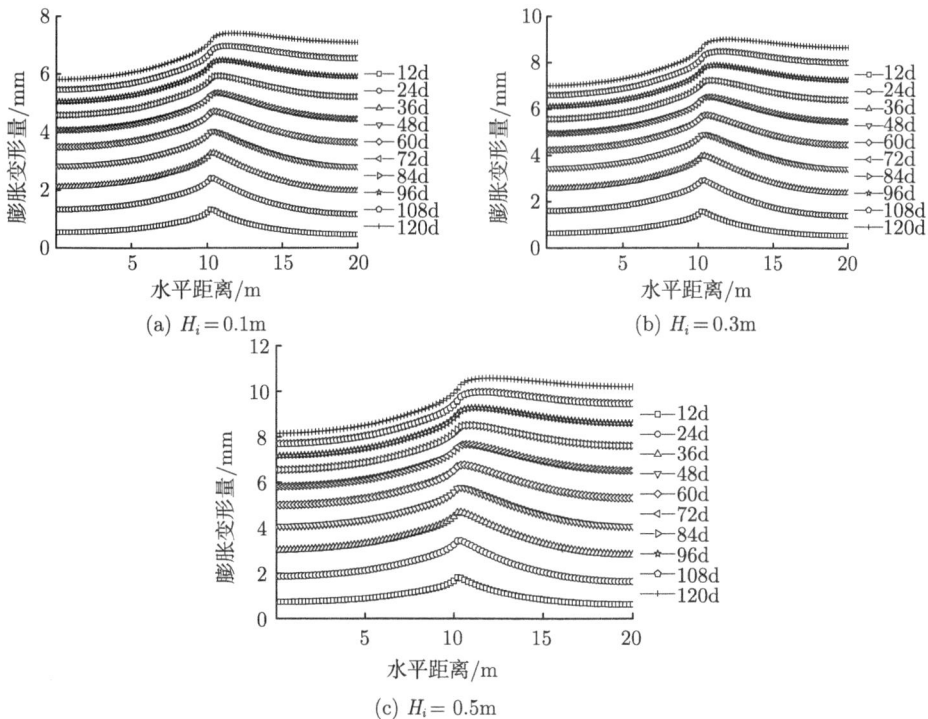

(a) H_i = 0.1m

(b) H_i = 0.3m

(c) H_i = 0.5m

图 4-34　降雨强度对地基面膨胀变形的影响

图 4-35 为不同降雨强度引起的膨胀土地基面膨胀变形时程曲线。由图可得，膨胀变形量随时间增长而增大，降雨强度越大膨胀变形越大；在路基坡脚处，三种工况下渗流 120d 后的膨胀变形量依次为 7.14mm, 8.62mm, 10.08mm，工况 2 和 3

表 4-3　　不同降雨强度条件下膨胀变形量计算结果

位置	降雨强度	膨胀变形量/mm									
		12d	24d	36d	48d	60d	72d	84d	96d	108d	120d
线路中心	$H_i=0.1m$	0.54	1.33	2.11	2.84	3.48	4.07	4.59	5.05	5.46	5.82
	$H_i=0.3m$	0.63	1.60	2.57	3.45	4.24	4.95	5.57	6.11	6.59	7.00
	$H_i=0.5m$	0.73	1.88	3.02	4.06	4.99	5.82	6.54	7.16	7.70	8.15
轨道中心	$H_i=0.1m$	0.56	1.37	2.16	2.88	3.53	4.12	4.64	5.10	5.51	5.87
	$H_i=0.3m$	0.67	1.65	2.62	3.51	4.30	5.01	5.63	6.18	6.66	7.07
	$H_i=0.5m$	0.77	1.94	3.09	4.13	5.06	5.89	6.61	7.24	7.78	8.24
路基坡脚	$H_i=0.1m$	1.33	2.41	3.27	4.01	4.68	5.28	5.83	6.32	6.76	7.14
	$H_i=0.3m$	1.57	2.91	3.97	4.87	5.68	6.41	7.07	7.66	8.17	8.62
	$H_i=0.5m$	1.82	3.42	4.66	5.72	6.68	7.54	8.31	8.99	9.58	10.08

较工况 1 分别增加了 20.73%, 41.18%。由此说明, 防止降雨入渗和加强地表水的防排水措施对控制膨胀土地基因浸水增湿引起的膨胀变形具有积极意义。

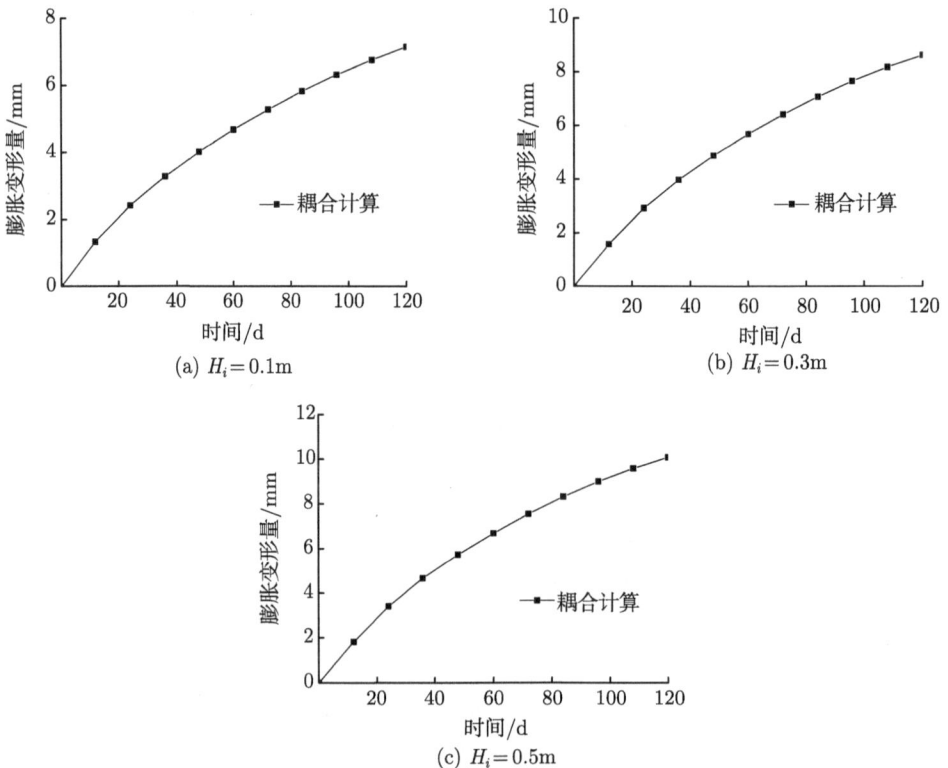

(a) $H_i=0.1m$

(b) $H_i=0.3m$

(c) $H_i=0.5m$

图 4-35　路基坡脚膨胀变形随时间变化规律

4.5.3 地下水位对膨胀土地基变形场的影响

为模拟地下水位波动对膨胀土地基面膨胀变形量的影响。取初始地下水位为 $H_w=3.0$m(工况 1)、4.0m(工况 2)、5.0m(工况 3) 三种工况进行计算。图 4-36 为不同地下水位引起的膨胀土地基面膨胀变形横向分布曲线。由图可得，三种工况下浸水 12d 后，在线路中心处的膨胀变形量依次为 0.14mm, 0.41mm, 0.73mm，工况 2 和 3 较工况 1 分别增加了 192.86%, 421.43%；浸水 120d 后，在线路中心处的膨胀变形量依次为 8.60mm, 10.23mm, 8.15mm，工况 2 和 3 较工况 1 分别增加了 18.95%, −5.23%，见表 4-4；地下水位波动对膨胀土地基膨胀变形影响显著。

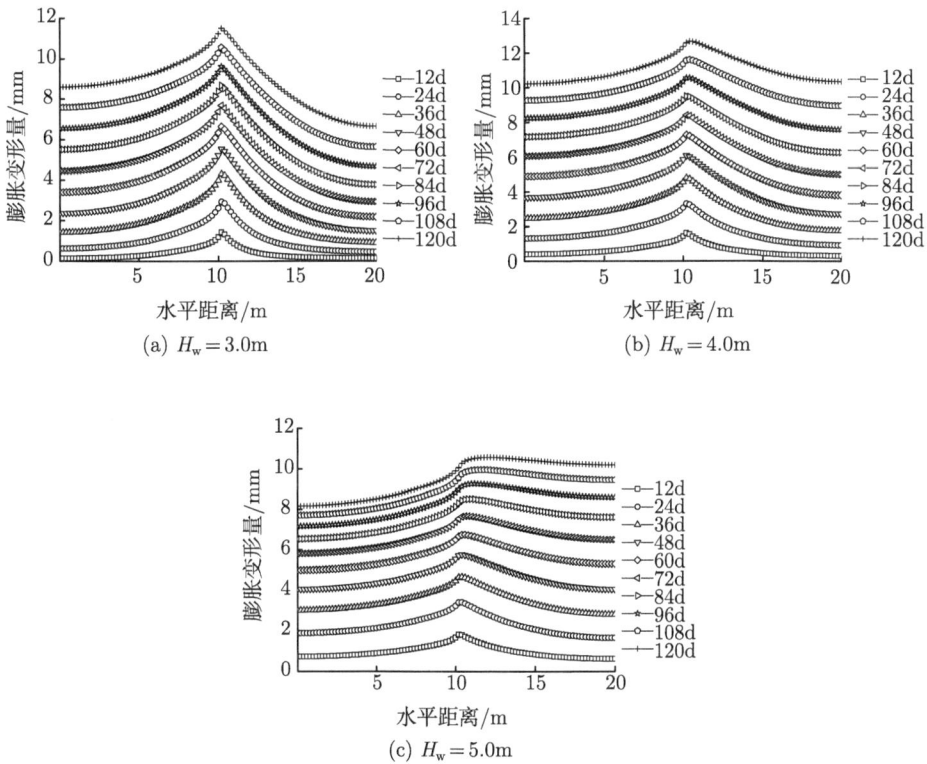

(a) $H_w=3.0$m

(b) $H_w=4.0$m

(c) $H_w=5.0$m

图 4-36 地下水位对地基面膨胀变形的影响

图 4-37 为不同地下水位引起的膨胀土地基面膨胀变形时程曲线。由图可得，膨胀变形量随时间增长而增大，近似呈指数函数型分布；在路基坡脚处，三种工况下浸水 12d 后的膨胀变形量依次为 1.43mm, 1.62mm, 1.82mm，工况 2 和 3 较工况 1 分别增加了 13.29%, 27.27%；浸水 120d 后的膨胀变形量依次为 11.51mm, 12.59mm, 10.08mm，工况 2 和 3 较工况 1 分别增加了 9.38%, −12.42%；在浸水 60d 以前三

表 4-4　　不同地下水位条件下膨胀变形量计算结果

位置	地下水位	膨胀变形量/mm									
		12d	24d	36d	48d	60d	72d	84d	96d	108d	120d
线路中心	$H_w=3.0m$	0.14	0.62	1.42	2.38	3.41	4.47	5.52	6.56	7.59	8.60
	$H_w=4.0m$	0.41	1.31	2.47	3.69	4.90	6.06	7.18	8.25	9.26	10.23
	$H_w=5.0m$	0.73	1.88	3.02	4.06	4.99	5.82	6.54	7.16	7.70	8.15
轨道中心	$H_w=3.0m$	0.17	0.69	1.52	2.50	3.54	4.60	5.65	6.69	7.71	8.71
	$H_w=4.0m$	0.44	1.38	2.57	3.79	4.99	6.16	7.27	8.34	9.36	10.32
	$H_w=5.0m$	0.77	1.94	3.09	4.13	5.06	5.89	6.61	7.24	7.78	8.24
路基坡脚	$H_w=3.0m$	1.43	2.95	4.32	5.55	6.66	7.69	8.67	9.63	10.57	11.51
	$H_w=4.0m$	1.62	3.33	4.80	6.09	7.28	8.40	9.49	10.55	11.58	12.59
	$H_w=5.0m$	1.82	3.42	4.66	5.72	6.68	7.54	8.31	8.99	9.58	10.08

种工况对应的膨胀变形量大小关系：工况 1< 工况 2< 工况 3，在浸水 60d 以后三种工况对应的膨胀变形量大小关系：工况 3< 工况 1< 工况 2。由此进一步说明，地下水位波动对膨胀土地基膨胀变形影响显著，建议在工程中应予以重视。

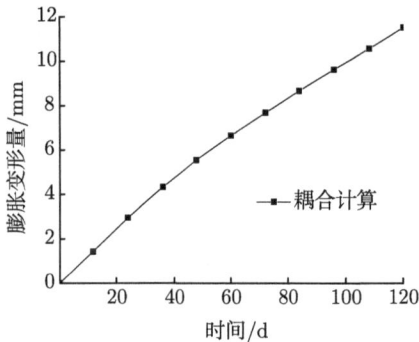

(a) $H_w=3.0m$

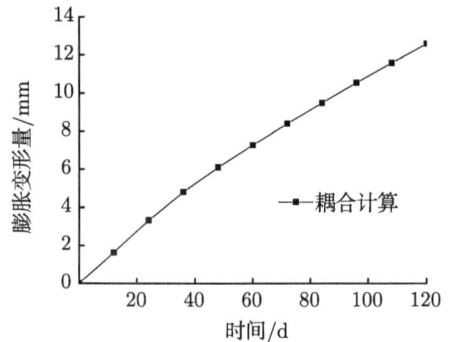

(b) $H_w=4.0m$

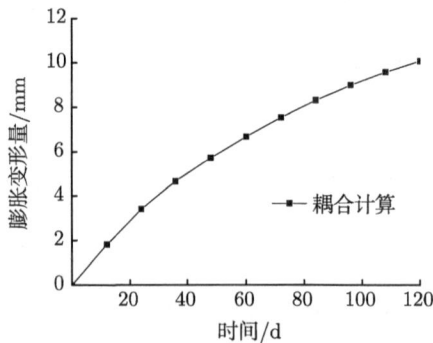

(c) $H_w=5.0m$

图 4-37　路基坡脚膨胀变形随时间变化规律

4.5.4　路基高度对膨胀土地基变形场的影响

路基填筑高度对膨胀土地基膨胀变形具有一定的约束作用,为模拟路基高度对膨胀土地基面膨胀变形量的影响。取路基填高分别为 $H=1.0$m(工况 1)、1.4m(工况 2)、2.5m(工况 3) 三种工况进行计算。图 4-38 为不同路基高度引起的膨胀土地基面膨胀变形横向分布曲线。由图可得,三种工况下浸水 120d 后,在线路中心处的膨胀变形量依次为 8.47mm, 8.15mm, 7.89mm,工况 2 和 3 较工况 1 分别减少了 3.78%, 6.85%,见表 4-5;路基填高对减少膨胀土地基膨胀变形量作用不明显。

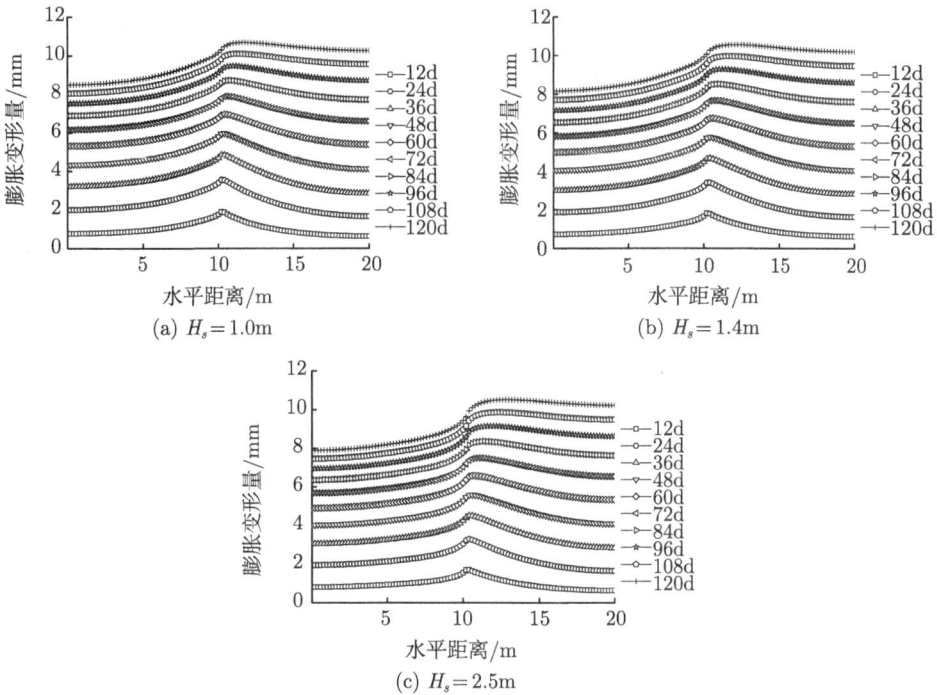

图 4-38　路基高度对地基面膨胀变形的影响

图 4-39 为不同路基高度引起的膨胀土地基面膨胀变形时程曲线。由图可得,膨胀变形量随时间增长而增大,路基高度越大膨胀变形越小;在路基坡脚处,三种工况下浸水 120d 后的膨胀变形量依次为 10.31mm, 10.08mm, 9.64mm,工况 2 和 3 较工况 1 分别减少了 2.23%, 6.50%。由此进一步说明,增加路基填高对控制膨胀土地基因浸水增湿引起的膨胀变形具有积极意义,但效果不显著,一味地增加膨胀土路基基床换填厚度是不科学的,不仅不会有效控制膨胀变形,还会造成施工不便和增加成本,故合理确定膨胀土路基换填厚度是十分重要的。

表 4-5　不同路基高度条件下膨胀变形量计算结果

位置	路基高度	膨胀变形量/mm									
		12d	24d	36d	48d	60d	72d	84d	96d	108d	120d
线路中心	H_s=1.0m	0.78	2.00	3.23	4.34	5.32	6.16	6.89	7.51	8.03	8.47
	H_s=1.4m	0.73	1.88	3.02	4.06	4.99	5.82	6.54	7.16	7.70	8.15
	H_s=2.5m	0.81	1.95	3.03	4.01	4.89	5.67	6.35	6.94	7.46	7.89
轨道中心	H_s=1.0m	0.81	2.06	3.30	4.41	5.38	6.23	6.96	7.58	8.11	8.55
	H_s=1.4m	0.77	1.94	3.09	4.13	5.06	5.89	6.61	7.24	7.78	8.24
	H_s=2.5m	0.84	2.00	3.09	4.07	4.95	5.72	6.41	7.01	7.52	7.96
路基坡脚	H_s=1.0m	1.91	3.58	4.86	5.95	6.92	7.79	8.57	9.24	9.82	10.31
	H_s=1.4m	1.82	3.42	4.66	5.72	6.68	7.54	8.31	8.99	9.58	10.08
	H_s=2.5m	1.70	3.22	4.42	5.45	6.37	7.20	7.94	8.59	9.16	9.64

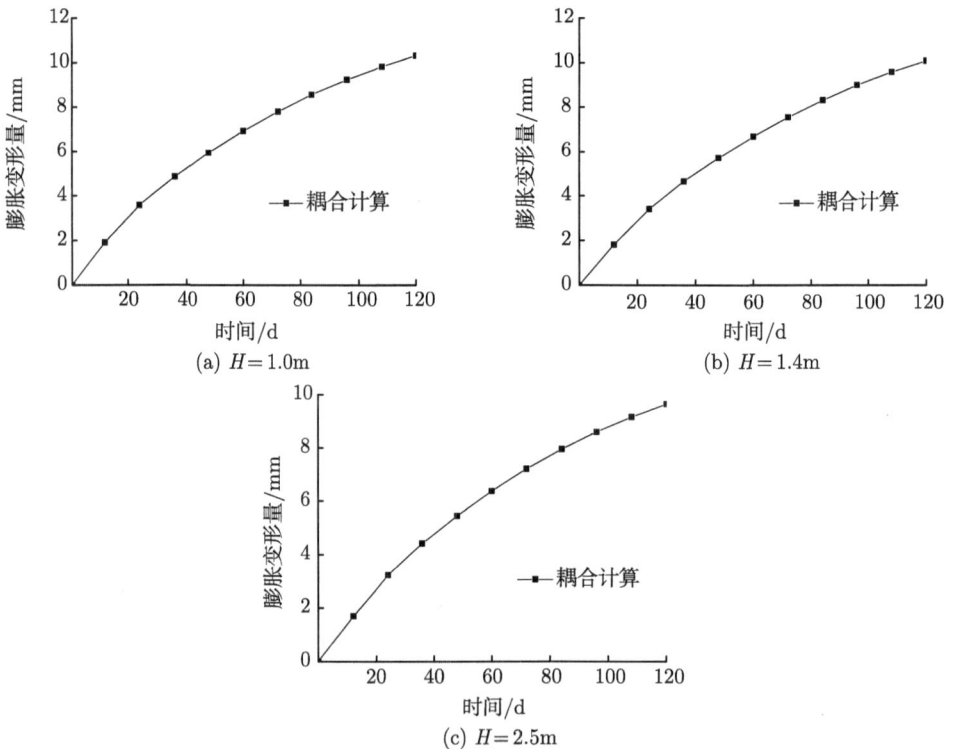

(a) H=1.0m

(b) H=1.4m

(c) H=2.5m

图 4-39　地基面膨胀变形随时间变化规律

4.6　基于 SAWI 层基床结构抗变形性能验证

工程实践表明膨胀土对湿度状态变化十分敏感，并由此引起膨胀土的胀缩变形和强度劣化，对位于膨胀土地段的建筑物安全及稳定性极为不利。因此，对于铁路膨胀土路基工程,合理控制路基湿度状态是关键,同时基床结构需具有较好的防排水效果和抗变形能力。

4.6.1 数值分析模型建立与模拟

为分析 SAWI 层基床结构抗变形能力,考虑地基中存在缓慢渗漏点,取渗漏点水入渗量 $Q=0.03\mathrm{m^3/d}$(膨胀土渗透系数 $K_s=6.0\times10^{-8}\mathrm{m/s}$) 进行分析,建立两种基床结构数值计算模型进行渗流–变形耦合分析。模型 1:传统基床结构,不铺设 SAWI 层,如图 4-40(a) 所示;模型 2:新型基床结构,铺设 SAWI 层,如图 4-40(b) 所示。

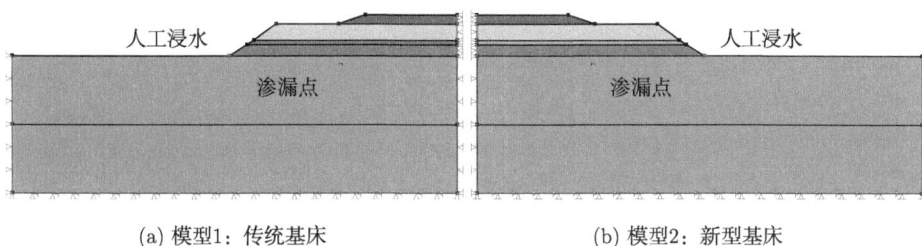

(a) 模型1:传统基床   (b) 模型2:新型基床

图 4-40 膨胀土路基渗流–变形耦合数值计算模型 (1.4m 路基)

4.6.2 计算结果对比与分析

图 4-41 为在浸水 2d 后路基竖向位移场分布。由图可得,当膨胀土地基中存在渗漏点时,膨胀土地基浸水后产生明显的不均匀膨胀变形,这对基床结构防水性、安全性和耐久性均极为不利,因此在膨胀土地质条件下对基床结构的抗变形性能提出了更严格的要求。

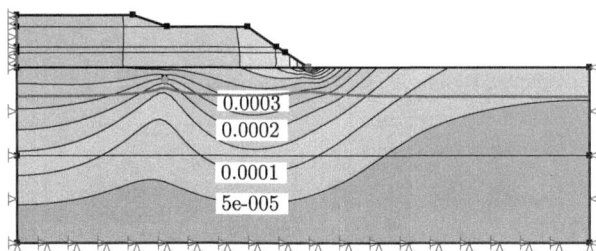

图 4-41 膨胀土路基竖向位移场分布 ($t=2\mathrm{d}$)

图 4-42 为 SAWI 层竖向变形随水平距离分布规律。由图可得,随着时间的推移,防水层顶面的竖向变形不断增加,且各阶段的膨胀变形沿横向水平距离分布曲线差异较大;传统基床与新型基床相比,防水层位置膨胀变形曲线不均匀特征更显著,且膨胀变形量较大。由此说明,新型基床结构在抗变形性能方面表现出更为优

越的特性。

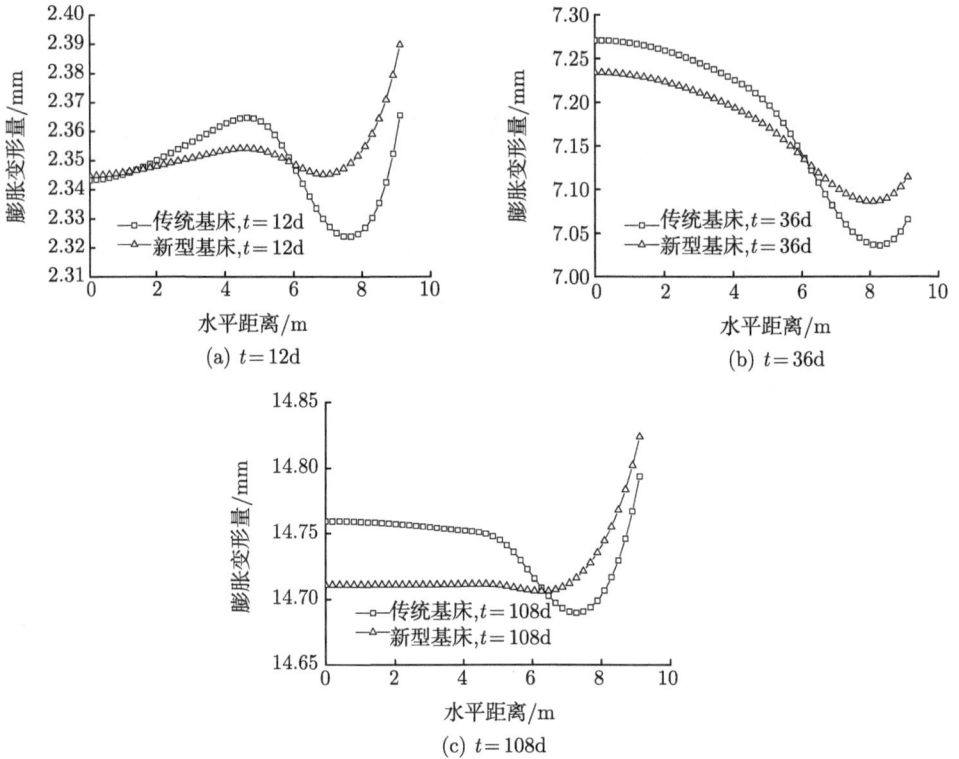

(a) $t=12\mathrm{d}$

(b) $t=36\mathrm{d}$

(c) $t=108\mathrm{d}$

图 4-42　SAWI 层竖向变形随水平距离分布规律

4.6.3　非对称渗漏条件下 SAWI 层变形分布特征

为进一步分析 SAWI 层基床结构抵抗不均匀变形能力，考虑地基中存在非对称缓慢渗漏点，建立两种基床结构数值计算模型进行计算分析，计算模型如图 4-43、图 4-44 所示。

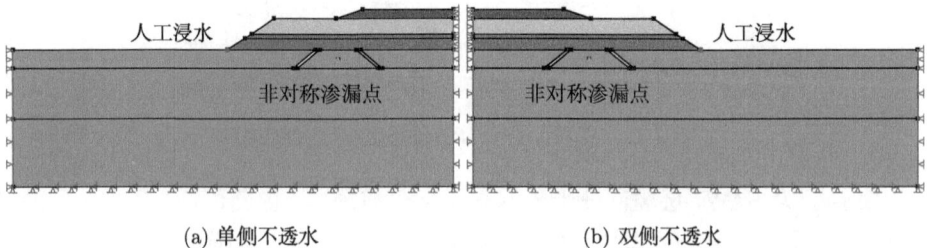

(a) 单侧不透水

(b) 双侧不透水

图 4-43　非对称渗漏条件下传统基床数值计算模型

(a) 单侧不透水　　　　　　　　　　　　　(b) 双侧不透水

图 4-44　非对称渗漏条件下新型基床数值计算模型

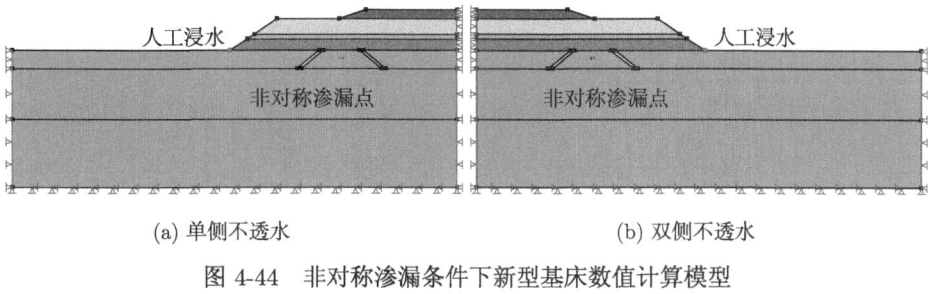

图 4-45 为单侧不透水非对称渗漏条件下 SAWI 层竖向变形随水平距离分布规律。由图可得，当膨胀土地基中存在非对称渗漏点时，且渗漏点一侧渗流受到限制，防水层顶面的竖向变形不均匀特征更明显，且膨胀变形量增大，但是新型基床防水层处的变形曲线较传统基床平缓，因此新型基床的抗变形性能仍优于传统基床。

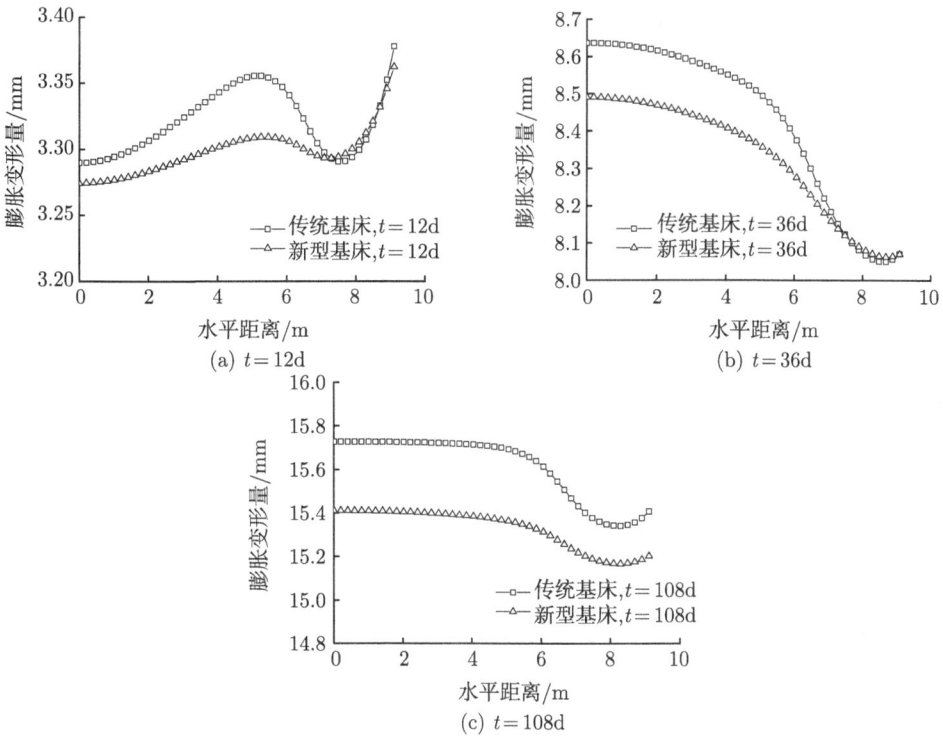

(a) $t = 12$d

(b) $t = 36$d

(c) $t = 108$d

图 4-45　单侧不透水非对称渗透条件下 SAWI 层竖向变形随水平距离分布规律

图 4-46 为双侧不透水非对称渗漏条件下 SAWI 层竖向变形随水平距离分布规律。由图可得，当膨胀土地基中存在非对称渗漏点时，且渗漏点双侧渗流受到限制，防水层顶面的竖向变形不均匀特征继续发展，且膨胀变形量也在增大，但是新型基

床仍能保持优于传统基床的抗变形性能。

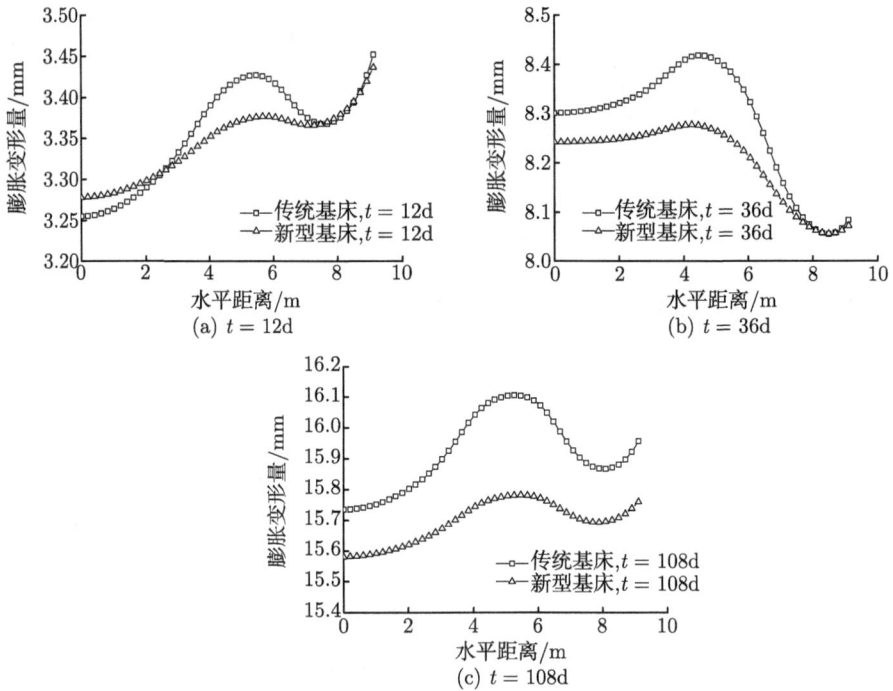

(a) $t = 12\text{d}$

(b) $t = 36\text{d}$

(c) $t = 108\text{d}$

图 4-46　双侧不透水非对称渗漏条件下 SAWI 层竖向变形随水平距离分布规律

综上所述,在各种工况条件下,新型基床结构均能表现出较好的协调变形和抗变形性能,对增强膨胀土路基基床结构服役性能具有重要作用。

4.7　本 章 小 结

本章借助理论分析、现场试验和数值模拟方法,建立了铁路路基非饱和膨胀土渗流–变形耦合计算模型,揭示了铁路路基下非饱和膨胀土地基增湿条件下湿度场–应力场–变形场演化规律,并对膨胀土路堑新型基床的防排水效果和抗变形性能进行验证。主要研究结论如下所述。

(1) 膨胀土路堑基床防排水措施建议:① 膨胀土路堑的防排水设计是一个系统工程,应加强基床、路堑边坡系统防排水措施 (改变渗流路径),封闭基床结构和增强基床结构服役性能是核心工作;② 通过换填压重以平衡膨胀土地基膨胀力,减小膨胀变形的方法是可行的;③ 膨胀土路堑段防水和排水措施是相互影响、相辅相成的,不可孤立对待防水和排水问题,同时应对基床盲沟和防渗墙参数进行合理设计。

(2) 根据膨胀土地基现场浸水试验可知：膨胀变形量随时间呈增长趋势，其增长曲线可用指数函数拟合，其表达式为 $S_v = S_0 + A\exp(-t/B)$，稳定后的膨胀变形量均约为 18.0 mm；膨胀土体积含水率随时间变化曲线可采用 Slogistic 函数 $\theta_w = (A - B)/[1+(t/C)^P]+B$ 拟合；膨胀土体积含水变化量随深度逐渐衰减，其衰减曲线可采用指数函数描述，其表达式为 $\Delta\theta_w = \Delta\theta_0 + A\exp(-z/B)$；采用数值模拟方法再现了膨胀土地基浸水发展演化过程，数值模拟结果与试验结果吻合较好，且能够较好地反映膨胀土浸水响应发展特征。

(3) 基于非饱和土理论，运用数值模拟方法对铁路路基非饱和膨胀土渗流–变形耦合动态响应进行计算分析，分析结果表明，膨胀变形沿横向在浸水点两侧呈非对称分布；膨胀变形随深度呈非线性发展，可采用指数函数描述；膨胀变形随时间先增大后逐渐趋于稳定，近似呈指数函数型分布；膨胀土类别、降雨强度、水位波动及路基填高对膨胀土地基膨胀变形影响显著，在工程中应予以重视。

(4) 通过对基于 SAWI 层基床结构抗变形性能进行了验证，计算结果表明，由于 SAWI 层的作用改变了基床结构的受力变形特性，在各种工况条件下新型基床均能保持更优于传统基床的协调变形和抗变形性能，对增强膨胀土路基基床结构服役性能具有重要作用。

第5章　高铁膨胀土路堑基床结构换填厚度的确定

目前，我国《铁路特殊路基设计规范》(TB 10035—2006) 中建议膨胀土路堑基床换填厚度为 "对弱、中膨胀土处理厚度，时速 200km 铁路不应小于 1.0m，其他 Ⅰ，Ⅱ级铁路不应小于 0.5m；强膨胀土处理厚度应大于气候剧烈影响层，且不宜小于基床底层深度"。膨胀土的大气影响深度与气候条件、建筑物基础形式及其埋深等因素直接相关，诸多研究成果表明，并不是所有基底膨胀土都对基床稳定性有害，实际上，影响基床稳定性的仅是大气影响 (降雨入渗和日照蒸发) 范围内的基底膨胀土，而大气影响范围以下的膨胀土湿度变化小，强度较高且压缩性小，具有良好的承载能力。本书第 3 章中研发了能够实现连续摊铺的改性水泥基防水结构层材料，不仅能够有效解决地表降雨垂直入渗对基床稳定性的影响，而且新型改性水泥基防水结构层的刚度较大，而基床结构层刚度的变化又会影响基床的动力反应特性，进而对基床换填厚度产生影响。因此，本章将利用强度控制、应变控制、膨胀力平衡以及微膨胀变形控制四种方法，开展膨胀土路堑基床换填厚度优化设计，提出合适的膨胀土路堑基床换填厚度建议值。

5.1　基于强度控制的路堑基床换填厚度

所谓强度控制设计是指在路基设计中，将地基膨胀土的临界动应力 σ_{dcr} 作为确定路堑基床换填厚度的控制指标，高速移动列车激发的动力荷载沿基床深度方向不断衰减，当某深度处的动应力 σ_d 等于地基土临界动应力 σ_{dcr}，即满足 $\sigma_{dc} \leqslant \sigma_{dcr}$ 时，该深度即膨胀土路堑基床能够保持长期动力稳定性的最小换填厚度。

5.1.1　路基面设计应力幅值

《新建时速 200 公里客货共线铁路设计暂行规定》(2005) 是为旅客列车设计行车速度 200km/h、货物列车设计运行车速 120km/h 的铁路工程设计提供技术依据的。客货共线铁路以客运为主，兼跑货运列车，与时速 200km 客运专线的主要区别在于运行组织上，《新建时速 200 公里客货共线铁路设计暂行规定》指出 "货物列车速度达 120km/h，其对线路的动力作用估计不会小于时速 200km 的旅客列车"，但没有给出货物列车动力冲击系数的取值方法，仅提出 "时速 200km 客货共线运行的铁路线路维修工作量，不会低于时速 200km 的客运专线"，在参考国内外高速铁路维修工作的基础上，客货共线的维修 "天窗" 时间不少于 240min。

对比《新建时速 200 公里客货共线铁路设计暂行规定》与《新建时速 200~250 公里客运专线铁路路基设计暂行规定》(铁建设 [2005]140 号),两种规范中路基横断面标准图在道砟、基床表层和换填厚度、填料及压实标准等方面的要求基本相同,因此,对于时速 200km 客货共线铁路路基结构设计可按照时速 200km 客运专线进行设计。而云桂铁路为客货混跑线路,其中旅客列车运行速度 200km/h 预留 250km/h,货车时速 120km/h,路基设计按旅客列车时速 250km 考虑,所以,云桂铁路路基面动应力幅值按照时速 250km 客运专线进行计算是可行的。

根据《高速铁路设计规范条文说明》(第 87 页),动轴力幅值按下式计算:

$$P_{\mathrm{d}} = P \times \varphi \tag{5-1}$$

式中: P_{d} 为动轴力幅值 (kN); P 为列车荷载 (kN); φ 为动力冲击系数, $\varphi = 1 + \alpha v$,其中 v 为行车速度 (km/h), α 为经验参数,对时速 200~250km 高速铁路, α =0.004,300~350km 高速铁路, α =0.003,但客运专线冲击系数最大值为 1.9。按照前文分析,云桂铁路路基动力设计按照时速 250km 客运专线考虑,因此,其动轴力计算中冲击系数最大值也不应超过 1.9。

1) 旅客列车动轴重

云桂铁路路基设计时,旅客列车设计速度按时速 250km 考虑,则动力冲击系数:

$$\varphi = 1 + \alpha v = 1 + 0.004 \times 250 = 2.0 \tag{5-2}$$

按式 (5-2) 计算的动力冲击系数为 2.0,超出高速铁路规范中客运专线动力系数不超过 1.9 的要求,故取动力冲击系数 φ 为 1.9。旅客列车静轴重 P=200kN,代入式 (5-1) 得旅客列车的动轴重为 380kN。

2) 货车动轴重

云桂铁路货车设计速度按时速 120km 考虑,则动力冲击系数:

$$\varphi = 1 + \alpha v = 1 + 0.004 \times 120 = 1.48 \tag{5-3}$$

货车静轴重 P=250 kN,动力冲击系数 1.48,代入式 (5-1) 得货车动轴重为 370kN。

综上所述,云桂铁路路基面动应力幅值计算时,取旅客列车和货车动轴重二者的最大值进行计算,则路基面动应力幅值为

$$\sigma_{\mathrm{d}} = P_{\mathrm{d}} \times 0.26 = 380 \times 0.26 = 98.8 \mathrm{kPa} \tag{5-4}$$

路基面动应力幅值沿基床深度的分布规律按 Boussinesq 理论计算,即路基面下深度为 z 处的动应力按式 (5-5) 计算。

$$\sigma = \frac{2P_0}{\pi} \left[\frac{m \times n}{\sqrt{1+m^2+n^2}} \times \frac{1+m^2+n^2}{(1+n^2)(m^2+n^2)} + \arctan \frac{m}{\sqrt{1+m^2+n^2} \times n} \right] \tag{5-5}$$

式中: P_0 为荷载强度; $m = a/b$; $n = z/b$; a、b 为长方形荷载的边长之半; z 为深度。

5.1.2　动应力沿基床深度的分布规律

由于动应力沿基床深度传播的计算公式 (5-5) 是在假定基床为各向同性均质半空间体的基础上建立的, 而新型改性水泥基防水结构层刚度相对较大, 在进行路堑基床换填厚度确定时, 应考虑其对基床动应力分布规律的影响, 因此, 应对新型改性水泥基防水结构层进行当量转化, 并在当量空间中分别确定防水结构层顶面、底面的动应力值以及防水结构层以下动应力的衰减规律。

1) 新型防水结构层当量厚度

新型改性水泥基防水结构层进行当量转化采用 Odemark 厚度当量假定, 即认为不同模量的厚度 h 可以等效于底层同模量的等效层厚度 h_e, 这样不同弹性模量的层状结构可等效为各层厚度调整后的均质半空间体:

$$h_e = \sqrt[3]{\frac{E}{E_0}} \times h \tag{5-6}$$

由于防水结构层铺设于基床表层底面和基床底层 (换填层) 之间, 因此, 在按照式 (5-6) 进行当量换算时, 以基床底层或换填层填料弹性模量 E_0 为基准。

2) 基床弹性模量确定

我国高速铁路以地基系数 K_{30} 为主要压实控制指标, K_{30} 由平板载荷试验确定:

$$K_{30} = P/s \tag{5-7}$$

式中: s 为基础压缩量, 即承压板下沉量; P 为承压板的分布压力。

当基床填料压实度达到规范要求时, 地基系数 K_{30} 试验中 P-s 曲线可视为直线, 基床处于弹性变形阶段, 根据弹性理论

$$s = 0.79 \times \frac{1 - \mu^2}{E} \times d \times P \tag{5-8}$$

式中: d 为承压板直径; E 为弹性模量; μ 为泊松比。

联合式 (5-7) 和式 (5-8), 并取 μ=0.21, 可得

$$E = 0.23K_{30} \tag{5-9}$$

K_{30} 试验时的变形量 s 按 1.25mm 考虑, K_{30} 板的主要影响区域为其 2 倍直径深度范围, 则该范围内土体的平均水平应变约为 0.18%。受土的非线性性质影响, 其弹性模量与应变水平 α 有关, Vucetic 通过总结大量的试验资料得到图 5-1 所示曲线。假设在外力荷载作用下, 路基变形为平面变形状态且泊松比 μ 不随深度发生变化, 则土体的 E/E_{max}-ε 关系与图 5-1 相同。以应变水平 0.18% 为基准, 根据基

床填料的塑性指数 I_p 从图 5-1 中查得相应模量比, 则基床填料的初始模量 E_max 为通过式 (5-9) 计算结果的 $1/\alpha$ 倍, 即

$$E_\mathrm{max} = E/\alpha \tag{5-10}$$

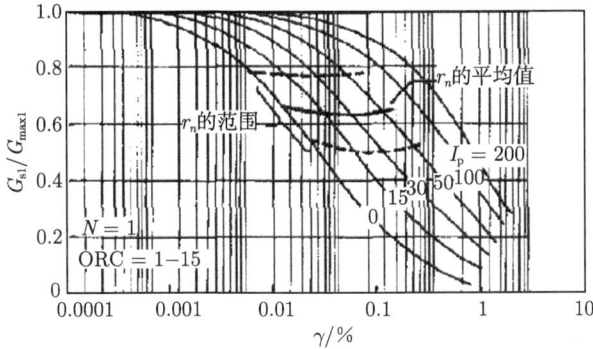

图 5-1 应变与模量的关系

由于高速铁路要求轨下土质路基应具有良好的长期动力稳定性, 列车动力荷载引起的基床填料应变不超过该填料的临界体积应变, 而 Vucetic 根据大量土动力试验资料发现, 土的临界体积应变 $\varepsilon_{v,\mathrm{crs}}$ 与一维变形状态下的应变 ε 存在对应关系, 通常平均临界体积应变 $\varepsilon_{v,\mathrm{crs}}$ 与一维变形状态下剪切模量比 $(G_\mathrm{s}/G_\mathrm{max})$ 为 0.65 时的应变 ε_n 相对应, 并给出了相同塑性指数下土体 ε_n 的上、下限值。所以, 为获得防水结构层的最大等效厚度 h_e, 采用初始弹性模量 E_max 的 0.65 倍进行防水结构层当量厚度换算:

$$E_0 = 0.65 E_\mathrm{max} \tag{5-11}$$

将式 (5-9)、式 (5-10) 代入式 (5-11) 得

$$E_0 = 0.65/\alpha \times 0.23 \times K_{30} \tag{5-12}$$

《规范》对不同路堑基床换填料的地基系数 K_{30} 给出了相应要求, 本书中不同种类基床底层填料的 K_{30} 按表 5-1 取值, 新型防水结构层当量厚度换算过程及结果同见表 5-1。

表 5-1 新型改性水泥基防水结构层等效厚度换算

计算参数	细粒土	粗粒土	碎石土
K_{30}/MPa	110	130	150
塑性指数 I_P	10	3	0
K_{30} 对应的模量比 α	0.26	0.2	0.16
变形模量 $E_0 = 0.65/\alpha \times 0.23 K_{30}$/MPa	63.25	97.18	140.16
防水层变形模量/MPa	1000	1000	1000
0.2m 新型改性水泥基防水结构层等效厚度/m	0.50	0.44	0.38

　　高速铁路换填填料通常采用 A、B 组填料，可视为粗粒土，由表 5-1 可知：0.2m 新型改性水泥基防水结构层的等效基床换填厚度为 0.44m。在当量空间中利用式 (5-5) 确定防水结构层顶面、底面的动应力值以及防水结构层以下动应力的衰减规律以后，再将计算结果绘制到实际基床横剖面上，则铺设新型改性水泥基防水结构层前后动应力沿基床深度的分布规律如图 5-2 所示。

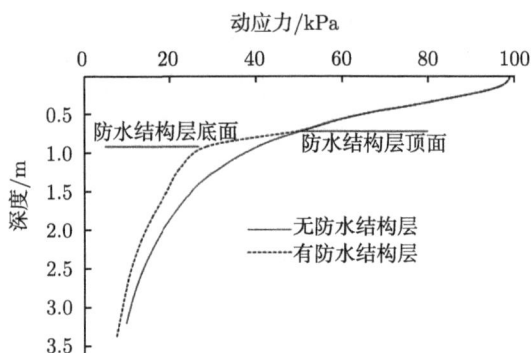

图 5-2　铺设新型改性水泥基防水结构层前后动应力理论衰减曲线

5.1.3　膨胀土路堑基床换填厚度计算

　　膨胀土临界动应力动三轴试验结果见第 2 章，考虑地下水位上升导致地基膨胀土达到饱和状态的极端情况，采用压实系数为 0.91 时的饱和膨胀土临界动应力试验结果进行基床换填厚度设计，即中—强膨胀土临界动应力采用 27.8kPa，弱—中膨胀土临界动应力采用 36.4kPa。

　　为安全考虑，取安全系数为 1.25，对不同膨胀等级的膨胀土临界动应力进行折减，将折减后的临界动应力作为判别标准：

　　弱—中膨胀土允许临界动应力 $[\sigma_{crw}]=36.4/1.25=29.12$kPa；

　　中—强膨胀土允许临界动应力 $[\sigma_{crs}]=27.8/1.25=22.24$kPa。

　　1) 弱—中膨胀土路堑基床换填厚度

　　由图 5-2 可知，弱—中膨胀土允许临界动应力 29.12kPa 对应的基床厚度为不小于 0.9m，其中基床表层厚度为 0.7m，新型改性水泥基防水结构层厚度为 0.2m，则从计算结果来看，新型防水结构层下不需要再进行换填，仅需从构造和排水要求考虑，设置不小于 0.3m 的透水性垫层。

　　2) 中—强膨胀土路堑基床换填厚度

　　由图 5-2 可知，路基面下 1.3m 膨胀土地基表面的动应力为 22.3kPa，小于中—强膨胀土的允许临界动应力 22.4kPa，因此，保证基床长期稳定性所需的最小基床厚度为 1.3m，其中基床表层厚度为 0.7m，新型改性水泥基防水结构层厚度为 0.2m，则新型改性水泥基防水结构层下所需的最小换填厚度为 0.4m。

5.2 基于应变控制的路堑基床换填厚度

5.2.1 基于应变控制确定基床换填厚度的步骤

依据铁科院提出的基于控制应变的基床设计方法基本思路，将膨胀土路堑基床换填厚度确定的基本步骤归纳如下：

第一步，假定轨枕铺设在膨胀土地基上，且地基土为均质半空间体，计算列车荷载大小、分布模式，并利用 Boussinesq 理论解确定轨枕底面以下动应力的分布规律；

第二步，确定地基膨胀土的塑性指数 I_p 和弹性模量 E；

第三步，利用膨胀土的塑性指数 I_p 从图 5-1 中查得应变限值 ε_{limt}；

第四步，以地基膨胀土弹性模量 E 为计算参数，计算在列车荷载作用下地基土应变随深度的分布规律，当某深度处的应变 ε 等于地基土应变限值 ε_{limt} 时，该深度就是当量空间中保证地基土不产生累积塑性变形的最小上覆等效厚度 H；

第五步，利用 Odemark 当量理论，以地基膨胀土的弹性模量 E 为基准，分别计算在当量空间中的道床厚度 h_d、基床表层厚度 h_e、防水结构层厚度 h_c，则防水结构层底面以下的当量换填厚度为 $h = H - h_e - h_c - h_d$；

第六步，根据高速铁路对路堑基床换填层的 K_{30} 要求，利用式 (5-12) 计算其弹性模量，再将第五步中确定的当量换填厚度换算为实际换填厚度。

5.2.2 膨胀土路堑基床换填厚度计算

1) 有砟轨道列车荷载分布规律

列车轮载按 5 根轨枕承担考虑，各轨枕分担比例如图 5-3 所示，则当列车通过时，基床最大应变和变形发生在轮对正下方轨枕所在竖直剖面上，因此，膨胀土路堑基床应变和变形控制设计以轮对正下方轨枕中线为基准。我国时速 200~250km 正线有砟轨道铺设Ⅲ型混凝土轨枕，长度为 2.6m，底面宽度为 0.32m，则轮对正下方轨枕中线竖直剖面上的动应力分布规律如图 5-4 所示。

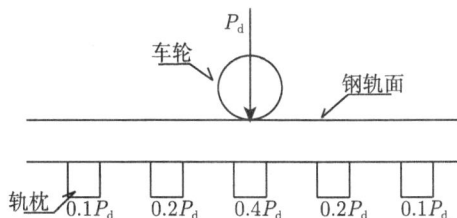

图 5-3 列车荷载在道床顶面的分布情况

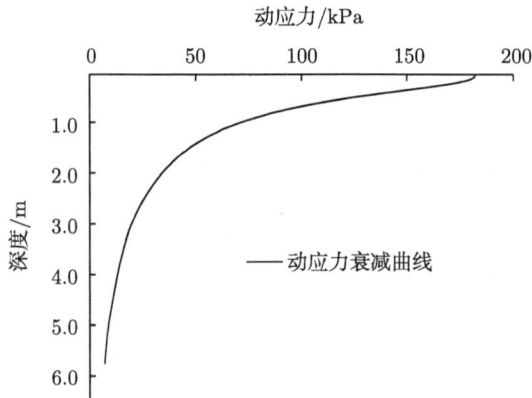

图 5-4　轮对正下方轨枕底面动应力衰减规律

2) 膨胀土弹性模量及应变限值

在云桂铁路典型弱—中 (DK161+770~DK161+990)、中—强 (DK205+390~DK205+580) 膨胀土路段取土进行室内土工实验。由于原装膨胀土在制样过程中易破碎,制样困难,为此,先测定原状膨胀土含水率、液塑限、孔隙比等,再配制含水率等于天然含水率的重塑膨胀土试样进行固结试验,试样压实度为 95%,试验结果见表 5-2。

表 5-2　膨胀土工程特性参数

土类	含水率 ω/%	液限 W_L/%	塑限 W_p/%	塑性指数 I_p	弹性模量 E/MPa
弱—中膨胀土	15.6	50.2	23	27.2	57
中—强膨胀土	22.5	60	25.8	34.2	38

由表 5-2 可知,弱—中膨胀土的塑性指数 I_p 为 27.2,中—强膨胀土的塑性指数 I_p 为 34.2,利用塑性指数可从图 5-1 中查得土体对应的应变限值 ε_{limt}。为保障膨胀土路堑基床的长期稳定性,在通过应变控制法确定基床换填厚度时,地基膨胀土的应变限值 ε_{limt} 取 ε_n 的上限值,查图 5-1 可知:弱—中膨胀土的应变限值 ε_{limt} 为 0.044%,中—强膨胀土的应变限值 ε_{limt} 为 0.055%。

3) 膨胀土路堑基床换填厚度

假设膨胀土的弹性模量 E 保持不变,则在当量空间中列车荷载作用下的应变分布规律见图 5-5。由图 5-5 可知,弱—中、中—强膨胀土应变限值 ε_{limt} 对应的深度分别为 2.56m 和 3.2m,即弱—中、中—强膨胀土地基在列车荷载作用下不产生累积变形的最小基床当量厚度 H 分别为 2.56m 和 3.2m。

云桂铁路膨胀土路堑基床结构型式为 0.3m 道床 +0.7m 基床表层 +0.2m 新型改性水泥基防水结构层 + 换填层,为了求得换填层的最小当量厚度,以地基膨

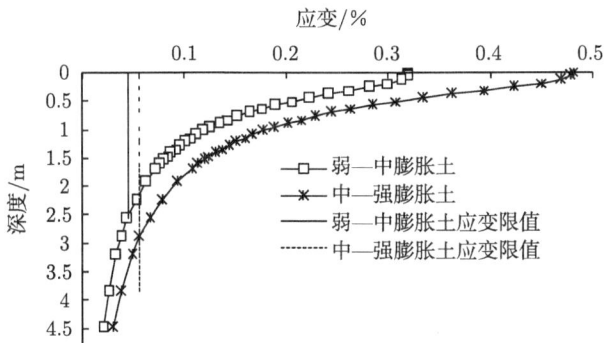

图 5-5 当量空间中应变沿深度方向的分布规律

胀土的弹性模量 E 为基准,利用式 (5-6) 分别计算道床当量厚度 h_d、基床表层当量厚度 h_e、防水结构层当量厚度 h_c,则防水结构层底面以下的换填层的当量厚度为 $h = H - h_e - h_c - h_d$。膨胀土路堑基床换填层当量厚度计算过程及结果见表 5-3。

膨胀土路堑基床换填料分别按细粒土、粗粒土和碎石土三类考虑,三类填料的压实地基系数 K_{30} 和弹性模量见前表 5-1。根据三种换填填料的弹性模量,利用 Odemark 当量理论将表 5-3 中计算的换填层当量厚度换算为实际换填厚度,换算过程及结果见表 5-4。

表 5-3 基床换填厚度计算表

项目	地基土类型		备注
	弱—中膨胀土	中—强膨胀土	
最小基床当量厚度 H/m	2.56	3.2	
道床厚度/m	0.3	0.3	
道床模量/MPa	300	300	
道床当量厚度 h_d/m	0.52	0.60	
基床表层模量/MPa	180	180	
基床表层厚度/m	0.7	0.7	
基床表层当量厚度 h_e/m	1.02	1.17	
防水结构层模量/MPa	1000	1000	
防水结构层厚度/m	0.2	0.2	
防水结构层当量厚度 h_c/m	0.52	0.60	
当量换填厚度 h/m	0.5	0.83	$h = H - h_e - h_c - h_d$

由表 5-4 计算结果可知:铺设新型改性水泥基防水结构层的膨胀土路堑基床需要的换填厚度 h_{sj} 与换填层填料种类有关,填料为细粒土时换填厚度最大,碎石土时换填厚度最小。云桂铁路路堑基床换填料为 A、B 组填料,可视为粗粒土,当弱—中膨胀土路段地基土的天然含水率为 15.6%、塑性指数 I_p 为 27.2、弹性模量

为 57MPa 时,列车动力荷载作用下膨胀土地基不产生累计变形,需要的最小换填厚度为 0.42m;当中—强膨胀土路段地基土的天然含水率为 22.5%、塑性指数 I_p 为 34.2、弹性模量为 38MPa 时,基床最小换填厚度为 0.61m。

表 5-4　　不同换填填料对应的实际换填厚度

换填层填土种类		细粒土	粗粒土	碎石土	备注
换填层 填土参数	K_{30}/MPa	110	130	150	
	弹性模量 E_0/MPa	63.25	97.18	140.16	
弱—中膨胀土路堑	当量换填厚度 h/m	0.5	0.5	0.5	$h_{\mathrm{sj}}=\sqrt[3]{\dfrac{E_{膨胀土}}{E_0}}h$
	实际换填厚度 h_{sj}/m	0.48	0.42	0.37	
中—强膨胀土路堑	当量换填厚度 h/m	1.16	1.16	1.16	
	实际换填厚度 h_{sj}/m	0.70	0.61	0.54	

5.3　基于膨胀力平衡控制的膨胀土路堑基床换填厚度

该方法是指:轨道、道砟和基床自重荷载 $\geqslant$ 膨胀土地基的原位膨胀力,约束地基的膨胀变形。

$$r_1 \times h_1 + r_2 \times h_2 + r_3 \times h_3 + r \times h \geqslant P_s \tag{5-13}$$

式中:r_1, h_1 为道床重度和厚度;r_2, h_2 为基床表层级配碎石重度 $(\mathrm{kN/m^3})$ 和厚度;r_3, h_3 为新型改性水泥基防水结构层重度 $(\mathrm{kN/m^3})$ 和厚度;r, h 为基床换填填料重度 $(\mathrm{kN/m^3})$ 和换填厚度;P_s 为原状地基膨胀土原位膨胀力 (kPa)。

5.3.1　大面积全封闭防水层对膨胀土湿度变化的影响

利用膨胀力平衡法确定基床换填厚度的关键是确定地基膨胀土的合理膨胀力设计值。由第 2 章竖向膨胀力试验结果可知,云桂铁路典型中—强、弱—中膨胀土的原位竖向膨胀力平均值分别为 225kPa 和 131.8kPa,若膨胀土地基面上的基床自重 $\geqslant$ 原状膨胀土地基的原位竖向膨胀力,从而使基床不产生膨胀变形,则以基床平均重度为 19kN/m³ 考虑,即使是弱—中膨胀土地段,所需的膨胀土地基面以上基床厚度也达 6.9m(含基床表层和新型改性水泥基厚度),显然不具有技术和经济合理性,因为膨胀土是否产生膨胀力以及膨胀力的大小取决于其含水率的变化情况,地表降雨入渗是膨胀土地基的主要水分来源,由第 3 章可知,云桂铁路膨胀土路堑基床设置新型改性水泥基防水结构层,地表降雨无法渗透换填层进入地基膨胀土,因此,在利用膨胀力平衡法确定基床换填厚度时,直接采用膨胀土的原位竖向膨胀力是不合理的。

研究表明,即使在膨胀土表面设置了全封闭地表降雨覆盖层,覆盖层下的膨胀土湿度也会受气候环境影响而发生周期性的波动,并使铁 (公) 路产生大量病害。

例如, 连接法国圣马赛尔和马赛的高速铁路开通运营不久后, 膨胀土路堑段便出现了侧沟胀损和基床膨胀病害, 为了寻找产生病害的原因, 法国国家铁路公司和法国铁路网管理公司组织研究人员对病害段基床进行了开挖, 但并未发现地下水或基床藏水现象, 经分析认为导致线路基床发生膨胀病害的原因是, 线路的施工期主要处于旱季, 地基膨胀土的含水率相对较低, 基床填筑完成后, 在气候环境影响下, 地基膨胀土的湿度随着时间的增长而逐渐增大, 导致地基膨胀土产生膨胀变形, 进而引起基床膨胀病害。美国修建在膨胀土地区的公路使用寿命较短, 路面开裂变形严重, 结合膨胀土的大量研究成果和破损路段的调研考察成果, 学者们发现地基膨胀土含水率会随季节变化而波动, 并引起地基膨胀土产生反复胀缩变形, 这种胀缩变形最终导致路基破坏。澳大利亚分布有大量膨胀土, 全国大约 12500km 的高速公路路面结构受基底膨胀土的反复胀缩变形而产生路面不平整和开裂, 而这些公路在建设初期也采取了相应的防水措施, 在地基面或路基面上铺设低强度混凝土进行地表降雨防水。综上所述, 对于修建在膨胀土地基上的铁 (公) 路路基, 在做好地表降雨防排水措施的同时还必须重视气候环境引起的膨胀土湿度变化。

我国葛松和汪明武对膨胀土中的水分迁移进行了专门试验研究, 试验结果发现, 在没有外界水分补充的条件下, 膨胀土中水分会在含水率梯度作用下以气态水或液–气混合水进行迁移, 直至达到新的平衡状态, 总水分迁移量与初始含水率、含水率梯度以及迁移时间有关。

为了研究大面积防水层对膨胀含水率沿深度分布规律的影响, Fityus 等在澳大利亚马里兰 (Maryland) 典型膨胀土地区开展了现场综合试验研究: 采用防水材料封闭膨胀土表面, 封闭范围尺寸为 10.6m×10.6m, 并且在距离封闭试验组防水层边缘 10m 左右设置开放对比组, 即膨胀土地表裸露在大气中, 两组试验中分别在膨胀土表面和不同深度位置埋设湿度计, 监测膨胀土湿度随气候变化规律。

在长达 7 年的观测过程中, 防水层底面中心位置和裸露膨胀土不同深度处的最小含水率和最大含水率分布规律如图 5-6 所示。由图 5-6 可知: ① 对于没有铺设任何降雨防水措施的裸露膨胀土, 大气强烈影响深度为 1.5m, 1.5~2.7m 深度范围内膨胀土的体积含水率变化幅度急剧减小, 仅为 0~3%; ② 当膨胀土表面设置尺寸为 10.6m×10.6m 的柔性降雨防水层后, 大气影响深度仅为 0.4m, 0.4m 以下膨胀土的湿度在长达 7 年的监测过程中基本保持不变。经过分析认为, 防水层下 0.4m 范围内的膨胀土湿度变化并不是降雨入渗或地下水上升引起的, 而是由膨胀土中水汽迁移 (即湿度重分布) 造成的, 这是因为防水层在隔断地表降雨入渗的同时也隔断了膨胀土中水汽向大气中蒸发的通道, 受气候环境变化影响, 深层膨胀土中的水汽逐渐向上迁移, 到达膨胀土地表时受防水层的影响而无法向大气中蒸发, 便在表层膨胀土中不断累积, 直至防水层下不同深度处的膨胀土湿度达到平衡状态。

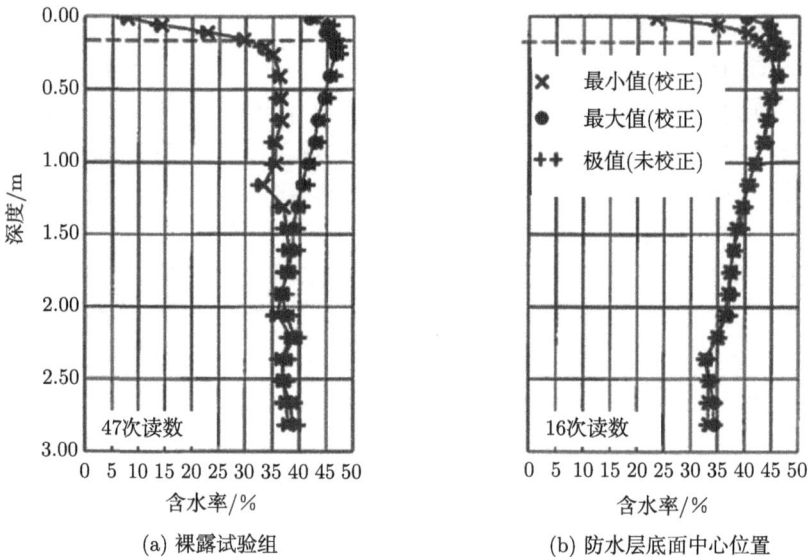

图 5-6　不同试验条件下膨胀土湿度变化沿深度分布规律

　　为了定量分析设置大面积全封闭降雨防水层对地基膨胀土湿度的影响，用湿度衰减率 $\eta_{\Delta w}$ 来表示其影响程度，湿度衰减率 $\eta_{\Delta w}$ 定义如下：

$$\eta_{\Delta w}^z = \frac{\Delta w_{\mathrm{cover}}^z}{\Delta w_{\mathrm{open}}^z} \times 100\% \tag{5-14}$$

$$\Delta w_{\mathrm{cover/open}}^z = w_{\max}^z - w_{\min}^z \tag{5-15}$$

式中：$\Delta w_{\mathrm{cover}}^z$ 为防水层底面中心竖直剖面上深度为 z 位置膨胀土的体积含水率变化量 (%)；$\Delta w_{\mathrm{open}}^z$ 为地表裸露膨胀土试验组中竖直剖面上深度为 z 位置膨胀土的体积含水率变化量 (%)；$w_{\max}^z$，$w_{\min}^z$ 分别为深度为 z 位置膨胀土潮湿状态时的最大、最小含水率 (%)。

　　将图 5-6(a)、(b) 中的不同深度处的 $w_{\max}^z$，$w_{\min}^z$ 观测值分别代入式 (5-15) 求得 $\Delta w_{\mathrm{open}}^z$ 和 $\Delta w_{\mathrm{cover}}^z$，再将相同深度 z 位置的 $\Delta w_{\mathrm{open}}^z$ 和 $\Delta w_{\mathrm{cover}}^z$ 代入式 (5-14) 求得该深度处的湿度衰减率，由于铺设大面积防水层后距离地表 0.4m 以下膨胀土的湿度基本保持不变，即不再受气候环境变化和地表降雨影响，所以仅计算 0.4m 范围内的湿度衰减率 $\eta_{\Delta w}$，计算结果见表 5-5。

　　由表 5-5 可知，与裸露膨胀土试验场地相比，铺设大面积防水层后同样深度处膨胀土湿度衰减率的波动范围 (个别点除外) 基本上位于 48.57%～66.67%，平均值约为 50%。因此，当膨胀土表面设置了大面积全封闭防水层或混凝土基础时，在进行构筑物设计过程中，气候影响下深度 z 位置地基土的含水率变化量可近似按裸

露膨胀土同深度含水率变量的 50% 考虑, 即

$$\Delta w_{\text{cover}}^z = \Delta w_{\text{open}}^z 50\% \tag{5-16}$$

表 5-5 大面积防水层对膨胀土湿度变化影响分析表

深度 z/m	开放对比组			防水层下			
	$w_{\text{dry,ext}}^z$/%	$w_{\text{wet,ext}}^z$/%	Δw_{open}^z/%	$w_{\text{dry,ext}}^z$/%	$w_{\text{wet,ext}}^z$/%	$\Delta w_{\text{cover}}^z$/%	$\eta_{\Delta w}^z$/%
0	7	42	35	23	40	17	48.57
0.05	14	45	31	35	44	9	29.03
0.1	23	44	21	40	45	5	23.80
0.2	30	45	15	37	45	8	53.33
0.25	33	46	13	38	46	8	61.54
0.3	35	47	12	39	47	8	66.67
0.4	36	45	9	40	46	6	66.67
平均值							49.95

5.3.2 膨胀土路堑基床换填厚度计算

1) 改性水泥基防水结构层下膨胀土含水率变化量分布规律

目前, 我国尚没有关于大面积防水层对膨胀土湿度变化影响的专门研究资料, 本书将结合我国在裸露地表或覆盖有植被条件下观测到的含水率变化量沿深度分布规律, 利用式 (5-16) 来确定地基膨胀土含水率变化量沿深度的分布规律。其可行性分析如下: ① Fityus 等进行大面积防水层对膨胀土湿度变化影响的综合试验地点——马里兰试验点位于澳大利亚沿海地带, 为温和的海洋气候, 年降雨量为 1000~1200mm, 气候条件和年降雨量与我国广西百色地区接近; ② 云桂铁路膨胀土路堑基床设置了地表降雨全封闭的防排水系统, 地表降雨封闭宽度为基床本体宽度 +(侧沟平台宽度+水沟宽度)×2=13.4m+(1.0m+0.9m)×2=17.2m, 降雨防水封闭宽度远大于 Fityus 等现场试验中的 10.6m 封闭宽度; ③ 在没有地表降雨入渗和地下水位上升时, 防水层下膨胀土湿度变化主要是由土体中的水汽迁移造成的, 而水汽迁移速度和迁移量又与土体温度变化密切相关, Fityus 等现场试验中柔性防水层厚度仅为 0.2mm, 防水层下膨胀土温度直接受气候环境变化影响, 而云桂铁路膨胀土路堑基床设置的防水结构层厚为 0.2m, 并且防水结构层上还铺设有 0.7m 厚的基床表层, 即使不考虑基床换填厚度, 地基膨胀土表面也位于路基面下 0.9m, 有效地减弱了气候环境对地基膨胀土温度变化的影响, 综上所述, 采用式 (5-16) 确定的基床换填厚度是保守的。

为服务南昆铁路建设, 中国中铁二院工程集团有限责任公司科研所研究人员在广西田东县对膨胀土的气候影响规律进行了长期观测, 获得了膨胀土最大含水

率变化值与深度的拟合关系，即

$$\Delta w = 15.80 - 7.74z^{0.44} \tag{5-17}$$

由式 (5-16) 可知，当膨胀土表面铺设有大面积防水层时，防水层底面膨胀土含水率变化量与深度的关系为

$$\Delta w_{\mathrm{cover}}^{z} \approx \left(15.80 - 7.74z^{0.44}\right) \times 50\% = 7.90 - 3.87z^{0.44} \tag{5-18}$$

式中：z 起点为防水层底面 (m)。

2) 换填底面原位竖向膨胀力确定

由第 2 章膨胀土竖向膨胀力原位试验结果可知：与室内小试样膨胀力随平均含水率增量先迅速增长后逐渐趋稳的变化规律不同，原位膨胀力与平均含水率增量总体上呈线性增长关系。假设膨胀土的膨胀性不随深度变化，其膨胀力只与土体含水率变化量有关，则在利用式 (5-18) 计算得到深度为 z 处膨胀土的含水率变化量后，可采用线性内插法确定该位置膨胀土的原位竖向膨胀力。

设膨胀土的最大竖向膨胀力为 P_0，对应的平均含水率增量为 Δw_0，深度 z 处的含水率变化量为 $\Delta w_{\mathrm{cover}}^{z}$，则该位置的原位竖向膨胀力计算式为

$$P_z = P_0 \times \frac{\Delta w_{\mathrm{cover}}^{z}}{\Delta w_0} \tag{5-19}$$

根据云桂铁路典型膨胀土试验工点的原位膨胀力试验结果可知：当中—强膨胀土的原位竖向膨胀力 P 平均值为 225kPa 时，对应的试样总含水率增量 Δw_0 约为 15%；当弱—中膨胀土的原位竖向膨胀力平均值为 131.8kPa 时，对应的试样总含水率增量 Δw_0 约为 12%。将试验结果代入式 (5-19)，并结合式 (5-18) 可得不同膨胀性膨胀土深度 z 处的原位竖向膨胀力为

(a) 中—强膨胀土：$P_{\mathrm{zq}} = 225 \times \dfrac{7.90 - 3.87z^{0.44}}{15}$ $\tag{5-20}$

(b) 弱—中膨胀土：$P_{\mathrm{zr}} = 131.8 \times \dfrac{7.90 - 3.87z^{0.44}}{12}$ $\tag{5-21}$

3) 基床换填厚度计算

道床、轨枕、钢轨等作用在基床表面上的等效静荷载约为 9kPa，基床表层级配碎石、防水结构层重度以及换填填料重度均按 19kN/m³ 计算，防水结构层底面处的应力约为 26kPa。则换填厚度为 h 时的基床自重 G_z 为

$$G_z = 26 + 19h \tag{5-22}$$

要使铺设改性水泥基防水结构层的膨胀土路堑基床在气候环境影响下不产生膨胀变形，则要求：$G_z \geqslant P_{\mathrm{zr}}$(或 P_{zq})。基床自重应力随换填厚度变化关系、弱—中、中—强膨胀土原位膨胀力随深度的变化关系见图 5-7。

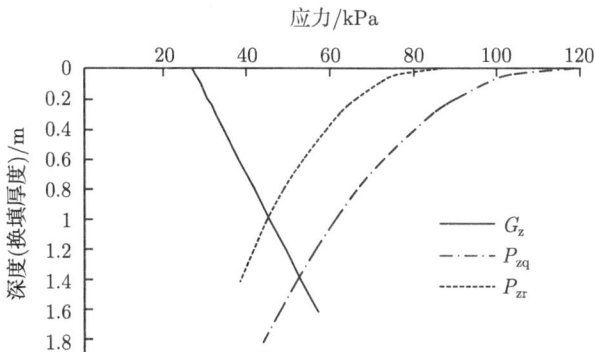

图 5-7　基床自重应力与原位竖向膨胀力关系曲线

由图 5-7 可知，中—强膨胀土路堑基床防水结构层下的最小换填厚度为 1.4m；弱—中膨胀土路堑基床防水结构层下的最小换填厚度为 1.0m。

5.4　基于微膨胀变形控制的路堑基床换填厚度

膨胀土的膨胀力不仅与含水率变化量有关，还与允许发生的膨胀变形量有关，大量试验研究发现，若允许膨胀土产生微小变形，其膨胀力会大幅度地减小。

1) 膨胀土原位竖向膨胀力与膨胀变形量关系

由 2.2.2 小节可知，膨胀土的原位竖向膨胀力与膨胀变形量呈负相关性，为获得原位竖向膨胀力与膨胀变形量关系曲线的数学表达式，将每组试验中的 4 个监测点原位竖向膨胀力取平均值，则中—强、弱—中膨胀土原位竖向膨胀力平均值与膨胀量关系曲线如图 5-8 所示，由图可知，中—强、弱—中膨胀土竖向膨胀力与变形量关系分别为

(a) 中—强膨胀土：$P_{zq} = -1130(\Delta\delta)^3 + 1489(\Delta\delta)^2 - 757.8(\Delta\delta) + 219$　　(5-23)

(b) 弱—中膨胀土：$P_{zr} = -358.1(\Delta\delta)^3 + 600.3(\Delta\delta)^2 - 398.5(\Delta\delta) + 139.0$　　(5-24)

式中：$\Delta\delta$ 为膨胀土变形量 (mm)。

2) 轨道上鼓变形 $\Delta\delta=0.5$mm 时的换填厚度

我国《铁路线路修理规则》规定，时速大于 160km 的正线轨道静态总高低允许偏差为 3mm，所以如果能够合理利用部分允许偏差，允许膨胀土路堑基床表面产生微小上鼓变形 $\Delta\delta$，则能够有效地减小基床换填厚度。为了给后期轨道作业留下足够的高低偏差量，上鼓变形量 $\Delta\delta$ 不宜过大，否则会极大地提高轨道施工或后期维修精度，增加作业人员的工作难度，经综合考虑，$\Delta\delta$ 以取 0.5mm 为宜，将其分别代入式 (5-23) 和式 (5-24)，求得产生 0.5mm 变形量时中—强、弱—中膨胀土的原位竖向膨胀力为 $P_{zq} = 71.1$kPa，$P_{zr} = 45.0$kPa。按照膨胀力与基床自重平衡的

原理，结合式 (5-22) 便可计算出膨胀土路堑基床新型改性防水结构层底面以下的换填厚度为中—强膨胀土路段 0.4m，弱—中膨胀土路段 0.25m。

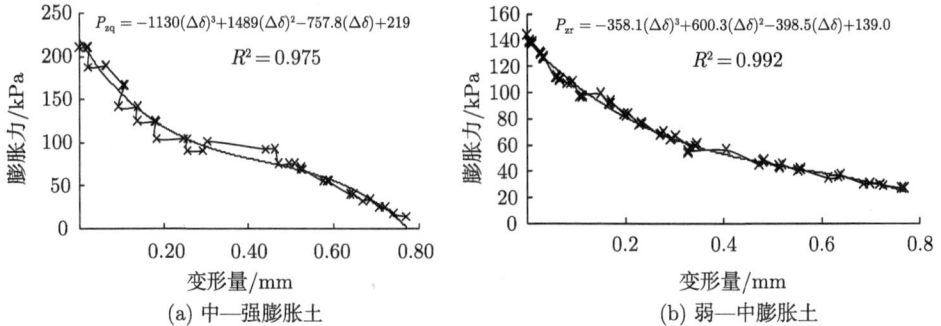

(a) 中—强膨胀土

(b) 弱—中膨胀土

图 5-8　原位竖向膨胀力与膨胀量关系

5.5　膨胀土路堑基床换填厚度综合分析

前文利用强度控制设计、变形控制设计、膨胀力平衡法以及微膨胀变形控制法，分别给出了铺设改性水泥基防水结构层的云桂铁路膨胀土路堑基床换填厚度，现将各种方法计算结果统计于表 5-6。

由表 5-6 可知，膨胀力平衡法确定的基床换填厚度明显大于其他 3 种方法的计算结果，根据 Fityus 等长达 7 年的现场观察数据，在膨胀土表面设置大面积防水层后，只有表层 0.4m 范围内的膨胀土湿度受气候环境影响而发生变化，0.4m 以下膨胀土的湿度基本上保持不变，而膨胀土是否产生膨胀变形或膨胀力取决于其湿度是否发生变化，所以可认为 0.4m 以下的膨胀土不产生膨胀变形或膨胀力。本书在计算过程中，仅利用大面积防水层下 0.4m 范围内膨胀土的平均湿度衰减率 $\eta_{\Delta w}$ 对不设防水层时膨胀土含水率变化量沿深度的分布规律进行折减，对于新型改性水泥基防水结构层封闭宽度为 17.4m 的路堑基床，显然过于保守地考虑了气候环境变化导致的地基膨胀土湿度变化深度和幅度，因此，利用式 (5-20) 或式 (5-21) 计算的膨胀力偏大，使利用膨胀力平衡法确定的基床换填厚度偏大。

表 5-6　不同设计方法对应的基床换填厚度

设计方法	防水结构层/m		备注
	中—强	弱—中	
强度控制法	0.4	0.3	左侧各种基床换填厚度都不
变形控制法	0.61	0.42	包含新型改性水泥基防水结
膨胀力平衡法	1.4	1.0	构层厚度
微膨胀变形控制法	0.4	0.25	

在充分汲取南昆铁路设计和施工方面的工程经验与教训基础上，结合云桂铁路膨胀土路堑基床地表降雨全封闭防排水系统设计成果，以及 4 种基床换填厚度设计方法计算结果，课题组最终给出了基床的换填厚度 (不含 0.2m 改性水泥基防水结构层) 建议：

(1) 弱—中膨胀土路堑基床换填厚度为 0.5~0.8m，中—强膨胀土路堑基床换填厚度为 0.8~1.0m；

(2) 在具体工程工程实践中，还应根据线路等级、膨胀土工程特性 (膨胀性、风化程度、密实度等)、膨胀土路堑边坡支护类型和边坡防排水系统设计、施工过程对工点周边微地形地貌的改变情况等综合考虑，建议在 (1) 的基础上做适当调整。

同时结合云桂铁路膨胀土路段的工程实际和《规范》，膨胀土路堑地基应满足以下条件：

(1) P_s 值大于 1.5MPa，σ_0 不小于 0.18MPa，地基压实系数应大于 0.95；

(2) 当地基土不满足条件 (1) 时，需要对地基土进行改良或加固处理。

5.6　本　章　小　结

(1) 利用 Odemark 厚度当量理论，获得了铺设改性水泥基防水结构层后的动应力沿基床深度分布规律，并结合膨胀土动三轴试验结果，从强度控制角度分析了膨胀土路堑基床的换填厚度；

(2) 总结了应变控制法确定膨胀土路堑基床换填厚度的基本步骤，并利用应变控制法获得了膨胀土路堑基床的换填厚度；

(3) 探讨了大面积封闭条件下膨胀土路基湿度变化幅度沿深度的分布规律，并从膨胀力平衡和微膨胀变形两方面分别研究了膨胀土路堑基床的换填厚度；

(4) 结合工程建设经验，对强度控制、应变控制、膨胀力平衡以及微膨胀变形控制 4 种方法确定的基床换填厚度进行了优化，最终给出了膨胀土路堑基床换填厚度的建议值：弱—中膨胀土路堑基床换填厚度为 0.5~0.8m；中—强膨胀土路堑基床换填厚度为 0.8~1.0m。

第6章　膨胀土路堑基床结构足尺模型激振试验

模型试验是目前工程上用以研究原型构筑物动/静响应特性、整体或局部工作性能，以及检验构筑物设计是否满足建设需求的重要手段。由于工程建设费用动辄数十万、百万，甚至上亿元，如果某些因素考虑不周或设计不能满足实际需要，则会造成巨大的工程浪费，因此，在工程建设之前，开展模型试验对拟建工程构筑物的相关性能进行检验或预测具有重要的意义。例如，程永辉等，刘静德、张元斌通过模型试验研究了降雨入渗条件下膨胀土边坡的滑动破坏机理，其研究成果为我国南水北调膨胀土地段渠道边坡的加固处置提供了试验数据和理论依据；赵金刚等利用模型试验研究了降雨–蒸发循环作用下弱膨胀土边坡的变形特征和机理，其研究成果为安康地区膨胀土填方边坡设计和施工提供了数据支撑和试验验证。

模型试验分为缩尺模型试验和足尺模型试验两种。部分拟建工程构筑物原型尺寸或规模较大，如高层建筑、高陡边坡支挡结构或公 (铁) 路隧道等，这种情况下进行足尺模型试验是不现实的。因此，根据试验条件，利用相似理论，合理确定模型的几何条件、物理条件、运动条件等，在此基础上制作足尺模型并开展试验研究，试验结束后将试验成果整理成相似关系式，利用相似关系式再进行原型构筑物的响应特性分析研究。足尺模型试验主要用于在既有试验条件下能够实现的小型工程构筑物性能研究，其优点是能够直接获得构筑物在其服役环境中的受力特点、变形规律或整体工作表现等，可以避免或减小缩尺模型试验中尺寸效应、边界效应等因素对试验结果的影响，其缺点是试验周期往往较长，试验费用较高。

针对云桂铁路实际建设需求，在充分汲取国内外铁 (公) 路路基防排水设计经验教训的基础上，研发了新型改性水泥基防水结构层，确定了膨胀土路堑基床换填厚度。为保证云桂铁路膨胀土路堑试验段的成功建设，先在室内开展足尺动力模型试验，全面研究新型基床结构在不同换填厚度、不同服役环境(干燥、降雨和地下水位上升) 下的基床动应力、振动速度、加速度等动力反应特性，基床结构的防水效果，新型改性水泥基防水结构层的耐久性，以及新型防水结构层与接触立柱之间的密封效果。

6.1　模型试验方案设计

6.1.1　试验对象与模型设计

以云桂铁路膨胀土地段路堑有代表性的设计断面图为依据，进行两组足尺模型激振试验，模型箱内空尺寸为宽 2.0m，长 9.2m，高 4.6m，如图 6-1 所示。分别针对以弱—中、中—强膨胀土为地基的新型路堑基床结构，进行干燥状态下不同基床换填厚度、降雨以及地下水位上升等四种工况下的激振试验，每种工况激振 100 万次，具体方案如下所述。

(1) 中—强膨胀土试验组的两种基床形式。

基床形式一：基床表层 0.7m+ 换填厚度 1.3m(含 0.2m 水泥基防水结构层)，

基床形式二：基床表层 0.7m+ 换填厚度 0.8m(含 0.2m 水泥基防水结构层)。

(2) 弱—中膨胀土试验组的两种基床形式。

基床形式一：基床表层 0.7m+ 换填厚度 1.1m，

基床形式二：基床表层 0.7m+ 换填厚度 0.6m。

上述方案中，先进行基床形式一在干燥状态下的 100 万次激振试验，试验结束后开挖基床表层，将基床底层换填层挖去 0.5m，然后回填基床表层，从而形成基床形式二，再对基床形式二在干燥、降雨和地下水位上升三种服役环境分别进行 100 万次激振试验，如图 6-2 所示。

图 6-1 模型箱内部图

图 6-2 测试仪器

6.1.2　监测元器件布置与埋设

为了全面研究不同服役环境下基床结构的动力特性和变形特性，在路基模型中埋设了加速度计、速度计、动土压力盒和土应变计，元器件具体布设位置见图 6-3~图 6-6 和表 6-1，表 6-2。

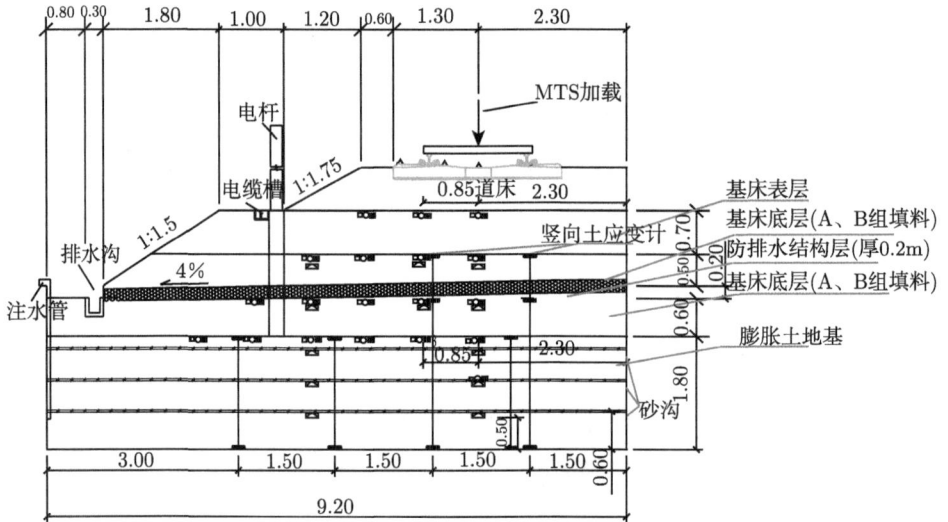

图 6-3　中—强膨胀土 1.3m 基床换填厚度时基床结构及元器件布置图（单位：m）

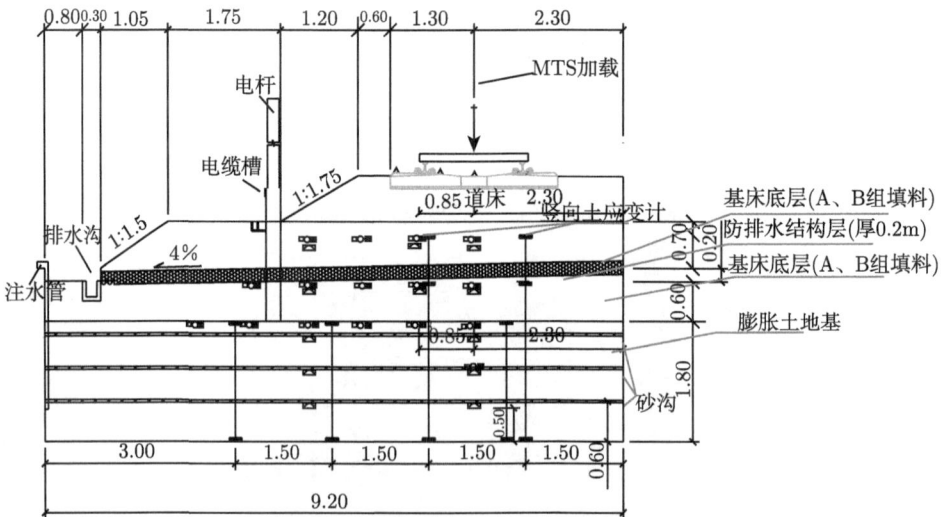

图 6-4　中—强膨胀土 0.8m 基床换填厚度时基床结构及元器件布置图（单位：m）

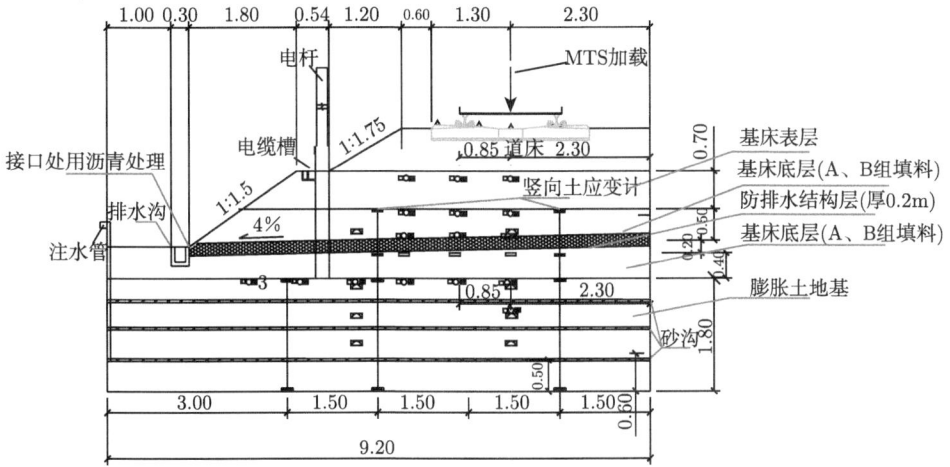

图 6-5 弱—中膨胀土 1.1m 基床换填厚度时路基结构及元器件布置图 (单位: m)

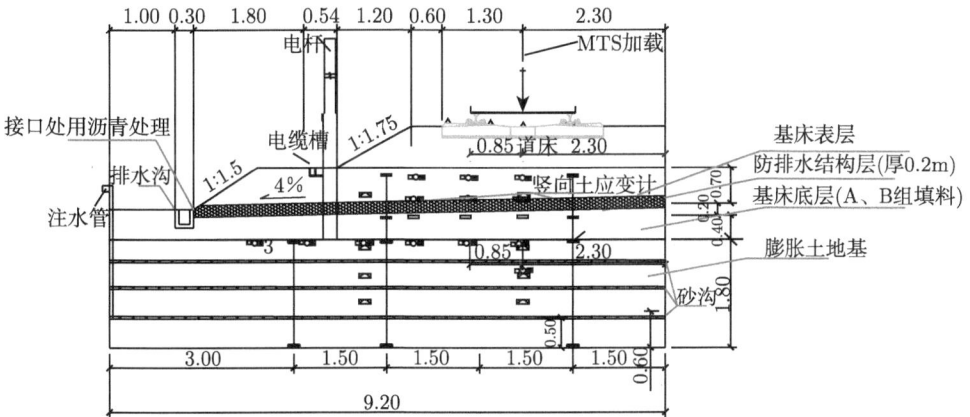

图 6-6 弱—中膨胀土 0.6m 换填厚度基床时路基结构及元器件布置图 (单位: m)

6.1.3 动载模拟与加载方案

1) 激振频率和荷载

(1) 加载频率。

理论研究和实测数据均表明,移动列车在路基中引起的动力响应与轴重、车速、轨道、路基、地基系统有关。目前在模型试验中采用较多的列车荷载模型主要有正弦波、半正弦波和单向脉冲,本次试验中采用正弦加载方式,加载频率为车辆基频:

$$f = v/l \tag{6-1}$$

表 6-1　测试元器件编号及埋设位置

| 横断面方向距轨道中线距离/m | | | | | | 距路基面深度/m | 元件种类 |
4.25	3.4	2.55	1.7	0.85	0		
			90966	90959	90948	0.0	
		90964	90954	90984	90947	0.7	
	90953	90945	90944	90985	90943	1.4	速度计
90956	90979	90961	90122	90977	90968	2.1	
					90126	2.8	
			101040	101056	101053	0.0	
		101043	101055	101052	101057	0.7	
	101050	1010473	1010454	1010511	101054	1.4	动土压力盒
101041	101049	101042	101039	101046	101048	2.1	
					101044	2.8	
			90860	90847	90877	0.0	
		90868	90848	90873	90840	0.7	
	90864	90865	90887	90858	90886	1.4	加速度计
90885	90889	90849	90862	90869	90892	2.1	
					90884	2.8	

表 6-2　湿度计埋设位置

轨道中线侧 2.55m	钢轨正下方	轨道中线	距路基面深度/m	备注
—	HS-11	HS-10	0.70	基床表层底面
HS-9	HS-8	HS-7	1.40	防水结构层底面
HS-6	—	HS-5	2.22	
HS-4	—	HS-3	2.70	基底膨胀土
HS-2	—	HS-1	3.22	

式中：v 为列车运行速度；l 为转向架中心间距。

本次试验中采用正弦波，车速取 250km/h，计算得振动基频为 4Hz。

(2) 激振力。

列车动轴力为

$$P_{\mathrm{d}} = P(1 + \alpha v) \tag{6-2}$$

式中：P_{d} 为路基设计动轴力 (kN)；P 为列车静轴重 (kN)；v 为行车速度 (km/h)；α

为经验参数，对时速 200~250km 高速铁路，$\alpha=0.004$，300~350km 高速铁路，$\alpha=0.003$，但客运专线冲击系数 $1+\alpha v$ 最大值为 1.9。

列车轴重取 200kN，时速为 250km 时，动力冲击系数 $1+\alpha v=(1+0.004\times250)=2>1.9$，根据《高速铁路设计规范条文说明》要求，取动力冲击系数 $1+\alpha v$ 为 1.9，计算得动轴力为 380kN。

(3) 实际加载方程。

模型试验采用 MTS 激振系统控制激振力，最大激振力为 380kN，最小激振力为保证激振触动头不离开钢轨，试验中取 20kN，加载频率 4Hz，则加载方程为

$$P(t)=200+180\sin(25.12t)$$

图 6-7 为路基面动应力随时间变化图。

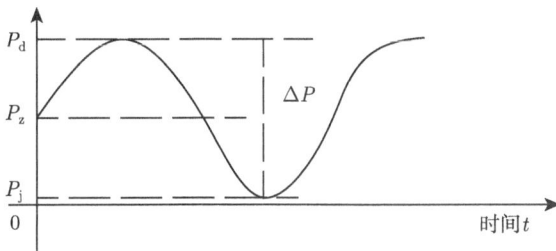

图 6-7　路基面动应力随时间变化图

P_d 为最大动轴力；ΔP 为动轴力增量；P_j 为保证激振动力触头不与钢轨脱离所需要的力

2) 加载过程

(1) 具体试验过程。

① 在干燥状态下对基床形式一进行 100 万次激振，激振结束后削去换填层顶部 0.50m 的 A、B 组填料，形成基床形式二，再次进行 100 万次激振试验，研究基床厚度变化时基床的动态响应；② 激振结束后，根据百色地区最大月降雨量，通过架设在轨道上方的管网模拟降雨，降雨速度为 14.9mm/12h，总降雨量 3.68m³，同时观察路基中应变计读数的变化；③ 降雨结束后，再次对路基模型进行 100 万次激振，监测在防水层上方填料浸水后对路基动静态响应的影响；④ 降雨工况下的激振结束后，通过预先在膨胀土地基中埋设的三层注水管网向膨胀土地基注水，模拟极端情况下地下水位上升，造成防水层下方填料浸水饱和时的情形，注水时先从最下层开始，逐层进行，各土层的饱和情况通过湿度计读数来监控；⑤ 注水结束后，对路基进行 100 万次激振，研究防水层下方土体浸水饱和后路基的含水率变化、竖向膨胀变形以及动力响应等，共激振 400 万次。

(2) 模拟降雨具体要求。

①降雨范围：降雨主要集中在道床宽度范围内，注水盖面积为 2m。② 降雨过程：在轨道上方布设注水管网，管上等间距设置出水口，试验中加水速度约为 195.7mm/24h，即每天加水约 1.2m³，共加水 3 天，总加水量为 3.6m³。

(3) 模拟地下水上升。

研究极端情况下，当地下水位上升导致基底膨胀土达到完全饱和状态时基床的膨胀变形规律、动力荷载作用下的沉降变形规律和动态响应。

6.2　中—强膨胀土路堑基床模型试验结果分析

6.2.1　不同换填厚度基床动力特性分析

1. 基床动应力变化规律

图 6-8 所示为换填厚度为 (含防水结构层厚度)1.3m 和 0.8m 时，两种基床横断面上动应力的分布规律。经分析可知：① 基床厚度变化对横断面方向上动应力的分布规律影响不大，两种基床形式下轨道正下方 (即中线位置和钢轨正下方) 的动应力均明显大于其他监测点的动应力；② 换填厚度为 1.3m 时基床表面最大动应力为 39.8kPa，换填厚度为 0.8m 时基床表面最大动应力为 41.0kPa，基床厚度变化引起的最大动应力增长率为 3.01%；③ 基床中线侧 1.7m 及以外各监测点动应力均迅速降低，动应力波动区间为 2.01~5.93kPa，与换填厚度变化关系不大。

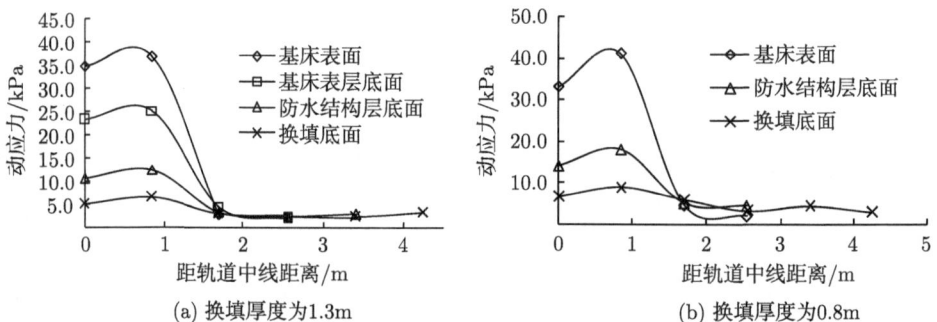

(a) 换填厚度为1.3m　　　　　　　　　　(b) 换填厚度为0.8m

图 6-8　基床横断面上动应力分布曲线

动应力沿深度的衰减规律反映了基床结构中的应力传递机制，为分析铺设半刚性防水结构层对动应力衰减规律的影响，对模型试验监测数据进行统计分析，结果见图 6-9。由于实测动应力绝对值具有离散性，难以对比分析，为此，对动应力进行归一化处理，定义基床不同深度位置动应力衰减系数为

$$\phi(s) = \sigma(s)/\sigma_0 \tag{6-3}$$

式中：σ_0 为路基面动应力；$\sigma(s)$ 为距基床表面深度为 s 位置的动应力；s 为距路基面深度。

图 6-10 所示为两种换填厚度下动应力衰减系数与动应力理论计算衰减系数的关系。经分析可知：① 换填厚度为 0.8m 时，改性水泥基防水结构层位于基床表层底面，即路基面下 0.7m 位置，防水结构层底面的动应力衰减系数为 43.4%，而理论计算的动应力衰减系数约为 60.0%，减小 16.6%；② 换填厚度为 1.3m 时，改性水泥基防水结构层位于路基面下 1.2m，防水结构层底面的动应力衰减系数为 14.2%，而同一位置动应力理论计算衰减系数约为 33.0%，减小 18.8%。由此可知：改性水泥基防水结构层在一定程度上改变了基床内动应力的衰减规律，使防水结构层底面动应力相对减小，试验结果可为基床结构优化设计提供参考。

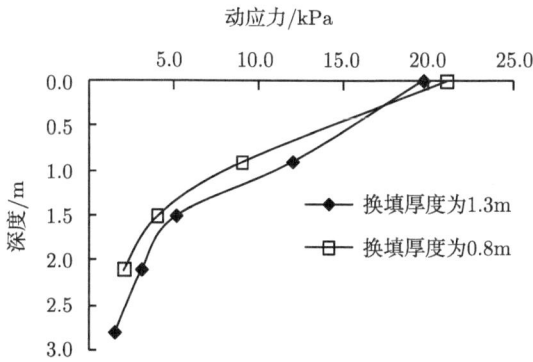

图 6-9 动应力沿深度衰减曲线

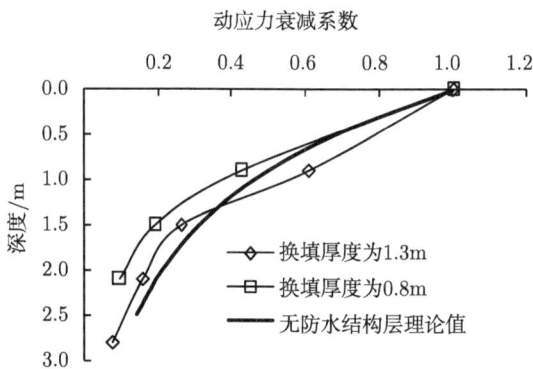

图 6-10 动应力衰减系数沿深度的分布规律

2. 基床振动速度变化规律

对两组试验中速度计的监测数据进行整理，得到不同基床换填厚度时基床结构中速度在横断面上的分布规律, 见图 6-11。由图 6-11 可得: ①与动应力在横断面上的分布规律相似, 基床换填厚度变化对横断面方向上振动速度的分布规律影响不大, 轨道正下方 (含中线位置和钢轨正下方) 的振动速度均为最大, 中线侧 1.7m 以外各监测点振动速度均迅速降低; ② 换填厚度为 1.3m 时, 最大振动速度位于基床表层底面中线位置, 最大振动速度为 6.70mm/s, 换填厚度为 0.8m 时, 基床最大振动速度位于基床表层表面钢轨正下方, 最大振动速度为 9.34 mm/s。

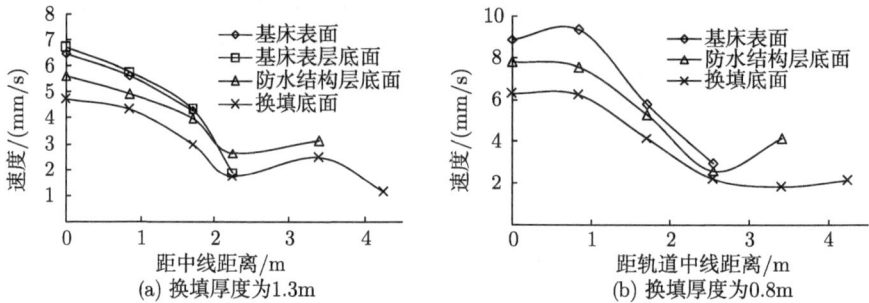

图 6-11　基床横断面上速度分布曲线

图 6-12 所示为两种基床换填厚度时振动速度沿深度衰减曲线。由图 6-12 可知: ① 换填厚度为 1.3m 时, 最大振动速度不是位于基床表面, 而是位于基床表面下 0.7m, 即基床表层底面, 振动速度沿深度不是减小, 而是先呈现小幅增大, 之后再随深度的增加而逐渐减小, 且速度衰减梯度随深度的增加而逐渐增大; ② 换填厚度为 0.8m 时, 振动速度自基床表面起, 沿深度增大而逐渐减小, 没有出现先增大后减小的现象, 但速度衰减梯度随深度的增加而逐渐增大, 从试验结果来看, 换填厚度和防水结构层位置的改变会影响速度的衰减规律; ③ 两种换填厚度下, 振动速度衰减曲线基本上可用二次多项式 $v = As^2 + Bs + C$ 拟合, 其中 v 为振动速度; s 为深度 (m); A, B 和 C 为拟合参数, 拟合结果见表 6-3。

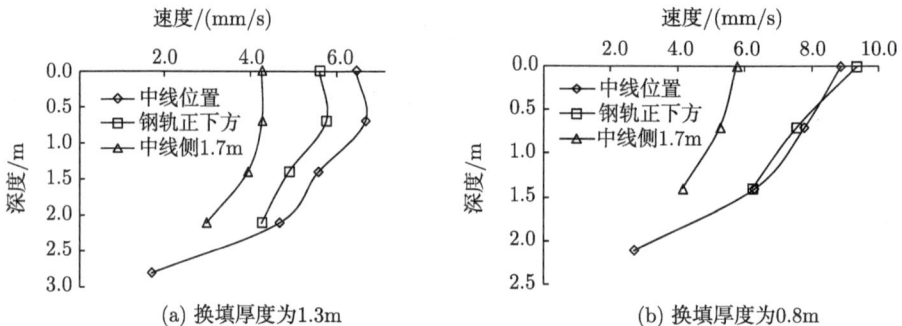

图 6-12　速度沿深度衰减曲线

表 6-3　速度 (v) 衰减曲线拟合方程 (mm/s)

换填厚度	位置	拟合方程	R^2
1.3m	中线位置	$v=-0.911s^2+0.906s+6.453$	0.983
	钢轨正下方	$v=-0.395s^2+0.138s+5.696$	0.946
	中线侧 1.7m	$v=-0.359s^2+0.265s+4.300$	1.000
0.8m	中线位置	$v=-1.273s^2-0.192s+8.803$	0.993
	钢轨正下方	$v=9.312e^{-0.28s}$	0.999
	中线侧 1.7m	$v=-0.632s^2-0.256s+5.786$	1.000

3. 基床振动加速度变化规律

图 6-13 所示为换填厚度分别为 1.3m 和 0.8m 时，两种基床横断面上加速度的分布规律。由图可得：① 换填厚度为 1.3m 时，加速度最大值为 0.18m/s^2，位于基床表面中线位置，中线侧 1.7m 以外基床各位置的加速度较小，变化区间为 0.01~0.03 m/s^2；② 换填厚度为 0.8m 时，加速度最大值为 0.20m/s^2，同样位于基床表面中线位置，换填厚度减小后，引起基床表面加速度最大值增加 11.11%；③ 对比两种基床结构型式的加速度沿横断面分布曲线不难发现，中线侧 1.7m 以外基床各位置的加速度均较小，变化区间为 0.01~0.04 m/s^2，基床厚度变化对中线侧 1.7m 以外基床的加速度大小基本没有影响。

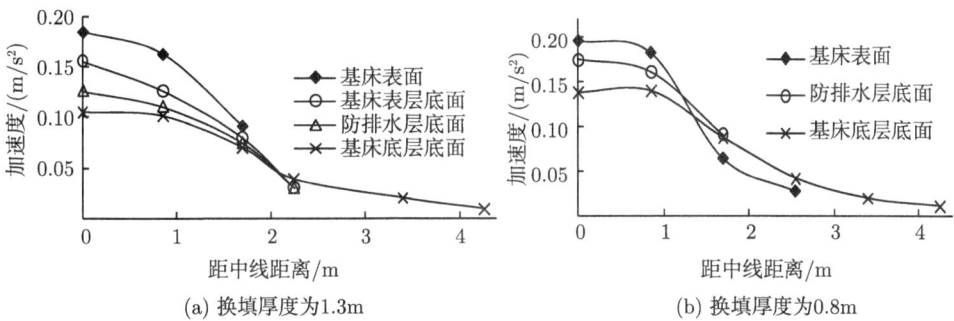

(a) 换填厚度为1.3m　　　(b) 换填厚度为0.8m

图 6-13　基床横断面上加速度分布曲线

图 6-14 所示为两种基床换填厚度对应的加速度沿深度的衰减曲线。由图 6-14 可知，基床换填厚度对加速度沿深度的衰减规律存在明显影响，换填厚度为 1.3m 时加速度的衰减梯度随深度增加而逐渐减小，而换填厚度为 0.8m 时振动加速衰减梯度随深度的增加而逐渐增大；两种厚度基床形式下加速度的衰减曲线均可用二次多项式拟合，拟合结果见表 6-4。

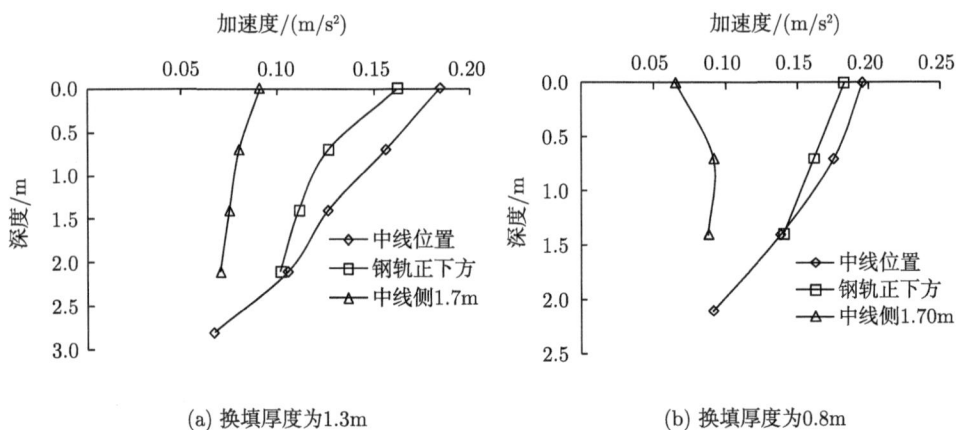

(a) 换填厚度为1.3m   (b) 换填厚度为0.8m

图 6-14   加速度沿深度衰减曲线

表 6-4   加速度 (a) 衰减曲线拟合方程

换填厚度	位置	拟合方程	R^2
1.3m	中线位置	$a = -0.001s^2 - 0.036s + 0.183$	0.994
	钢轨正下方	$a = 0.013s^2 - 0.056s + 0.161$	0.995
	中线侧 1.7m	$a = 0.003s^2 - 0.016s + 0.090$	0.993
0.8m	中线位置	$a = -0.013s^2 - 0.022s + 0.196$	0.999
	钢轨正下方	$a = -0.030s + 0.182$	1.000
	中线侧 1.7m	$a = -0.030s^2 + 0.059s + 0.065$	1.000

目前, 我国有砟轨道基床仍主要采用动强度作为控制指标进行设计, 即由移动列车荷载在路基中激发的动应力小于路基土临界动应力时, 路基将不产生永久累积变形, 从而保证路基的长期动力稳定性, 所以掌握动应力在路基中的衰减规律是路基结构设计的基础。近年来, 随着我国铁路建设的快速发展, 对铁路路基的动应力传递规律进行了大量现场测试, 但现场测试受机车车型、元器件埋设情况、路基填料种类及密实度等因素的影响, 测试数据离散性较大。为此, 铁科院张千里等对不同线路上的大量测试数据进行归一化处理, 结果表明实测数据基本上围绕Boussinesq 理论计算动应力曲线波动。由图 6-10 可知: 铺设改性水泥基防水结构层后动应力沿深度的衰减速率与理论计算值相比加快, 因此, 可对拟采用改性水泥基防水结构层区段 (膨胀土) 的铁路基床进行优化设计, 在保证防水效果的同时减小基床厚度, 减少工程造价, 具有重要的现实意义。

我国刘晓红对国内外铁路路基中振动速度和加速度的实测分布规律进行了详细调研, 并在调研的基础上, 结合武广客运专线现场测试结果进行了深入分析, 结果表明路基中振动速度和加速度的衰减曲线基本呈指数型。由图 6-12 和图 6-14 可知：铺设改性水泥基防水结构层后，基床中振动速度和加速度的衰减规律发生了变化，改性水泥基防水结构层以上基床内的振动速度和加速度沿深度衰减速度较慢，原因是模型试验中激振产生的振动波在向下传播过程中遇到改性水泥基防水结构层时，在接触界面发生反射，导致激振波在道砟与半防水结构层界面之间多重反射和叠加，使得波动能量在很大程度上被限制在基床范围内，引起基床范围内各位置振动能量不同幅度的增大，这对防水层上方基床部分的振动稳定性是不利的。因此，在铺设改性水泥基防水结构层时，防水结构层上方的基床填料应具有足够的强度和刚度。

6.2.2 不同服役环境下基床动力特性分析

1. 不同服役环境下基床动应力变化规律

1) 动应力随服役环境和激振次数变化规律

路基内动应力的大小和分布情况是影响铁路路基长期动力稳定性的主要因素。对干燥、降雨和地下水位上升三种服役环境下路基内动应力试验结果进行统计，分析动应力随服役环境和振动次数的变化规律。

图 6-15 给出了不同服役环境下路基内各点竖向动应力随振动次数的变化曲线。从图 6-15(a) 可以看到：道床下路基面动应力主要受服役环境的影响；在同一服役环境下，动应力在振动初期波动性较大，但随着振动次数的增加而逐渐趋于稳定；三种服役环境下钢轨正下方的动应力均为最大，中线位置次之，中线侧 2.55m 位置路基面动应力基本不受服役环境影响；中线位置路基面在干燥服役环境中的动应力平均值为 32.53kPa，降雨后增至 36.81kPa，增加 13.2%，地下水位上升后动应力平均值进一步增大至 38.03kPa，较干燥状态增加 16.9%。

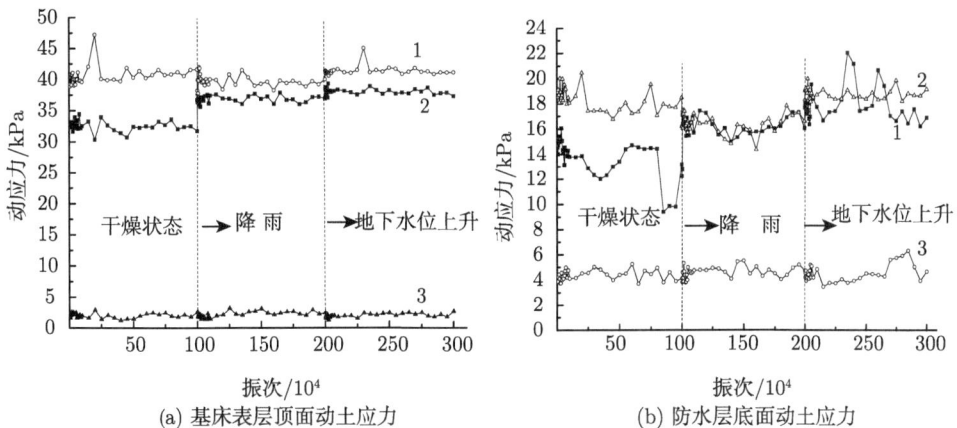

(a) 基床表层顶面动土应力 　　　　　 (b) 防水层底面动土应力

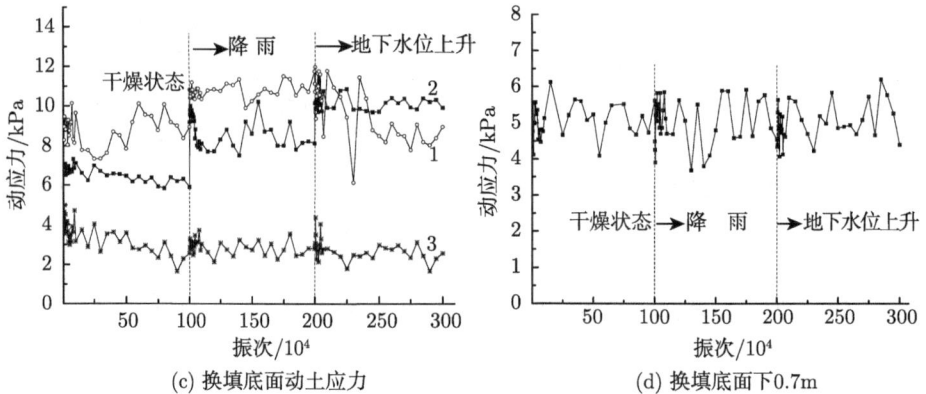

(c) 换填底面动土应力

(d) 换填底面下0.7m

图 6-15　不同服役环境下动应力变化曲线

1 为钢轨正下方；2 为中线位置；3 为中线侧 2.55m

由图 6-15(b) 可知：防水结构层底面基床不同位置的动应力变化曲线与基床表层基本相似，道床正下方动应力随服役环境的变化也呈跳跃式增长，但曲线的波动性整体增大。图 6-15(c)、(d) 给出的是换填底面和换填底面下 0.7m 位置的动应力变化曲线。分析可知：随着深度的增加，动应力受服役环境的影响逐渐减弱，试验数据的离散性逐渐增大；换填底面下 0.7m 位置动应力不受服役环境和振动次数的影响；中线侧 2.55m 位置路基不同深度处的动应力均与服役环境和振动次数无关。

分析图 6-15 可知，三种服役环境下，路基表面不同位置的动应力与振动次数关系曲线的波动性很小，但防水结构层下方各监测曲线的波动性均较大。原因是基床表层底面铺设有 20cm 厚的改性水泥基防水结构层，其刚度较大，增加了基床表层的刚度均匀性，而防水结构层下方填料在人工夯实过程中，填料密实度存在一定程度的不均匀，使基底刚度和变形存在差异，并且这些差异随服役环境不同而改变，导致监测仪器与周边土体需要不断地进行调整与耦合，所以改性水泥基防水结构层能增加线路的平顺性。

2) 动应力沿基床横断面方向分布规律

图 6-16 给出的是不同服役环境下基床动应力在横断面方向上的分布规律。经分析可知：基床受激振荷载影响的主要区域为轨道中线至轨道中线侧 1.7m 范围内，轨道中线侧 1.7m 以外基床各位置动应力迅速减小，基本上都小于 5kPa。

在以往的研究工作中，研究人员主要关注动应力沿基床深度方向的衰减规律，据此确定合理的基床厚度或换填深度，确保基床的长期动力稳定性。但对基床横断面上动应力沿水平方向的变化规律研究较少，由此次模型试验结果可见，振动荷载作用下，基床受动力影响范围主要集中于轨道中线及其两侧 1.7m 宽度内，而目前我国铁路基床全断面采用统一的填料、压实标准等，对于轨道中线侧 1.7m

以外的基床, 这样的填筑标准显然过于保守。因此, 今后可多开展基床动应力沿水平方向衰减规律的研究工作, 考虑基床受力较小的两侧 (如道砟脚以外基床) 是否可以采用低一等级的填料进行填筑, 从而减省工程造价。

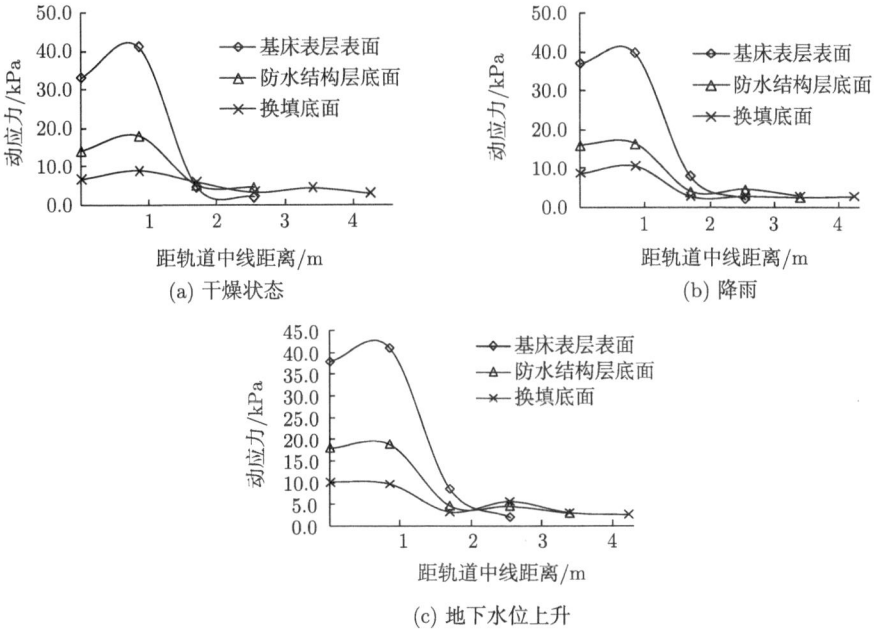

(a) 干燥状态

(b) 降雨

(c) 地下水位上升

图 6-16 动应力沿基床水平方向的分布规律

3) 动应力沿基床深度方向衰减规律

将中线位置各监测点稳定阶段动应力按服役环境分别取平均值, 绘制动应力-深度关系曲线, 见图 6-17, 不难发现三种服役环境下, 基床沿深度方向的动应力衰减规律呈二次曲线型。

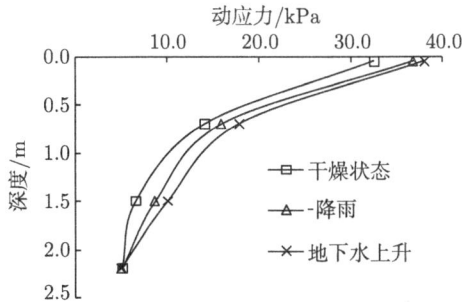

图 6-17 实测动应力沿基床深度方向衰减规律

图 6-18 给出了动应力增量衰减系数沿基床深度方向的变化规律。由图可知: 相比于动应力的理论衰减曲线, 基床结构中改性水泥基防水结构层底面的动力衰

减系数明显较小，说明防水结构层在一定程度上改变了动应力沿基床深度的衰减规律，使防水层下动应力迅速减小。

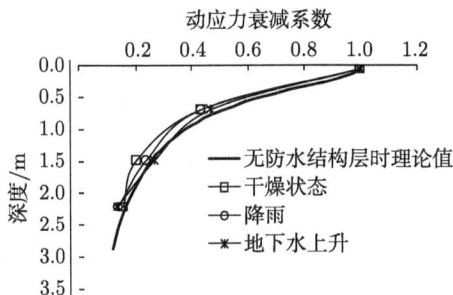

图 6-18   动应力衰减系数衰减曲线

2. 不同服役环境下基床振动速度变化规律

1) 振动速度随服役环境和振动次数的变化规律

图 6-19 给出的是三种服役环境下路基横断面上不同位置处振动速度与振动次数的关系，从中可得到以下结论。

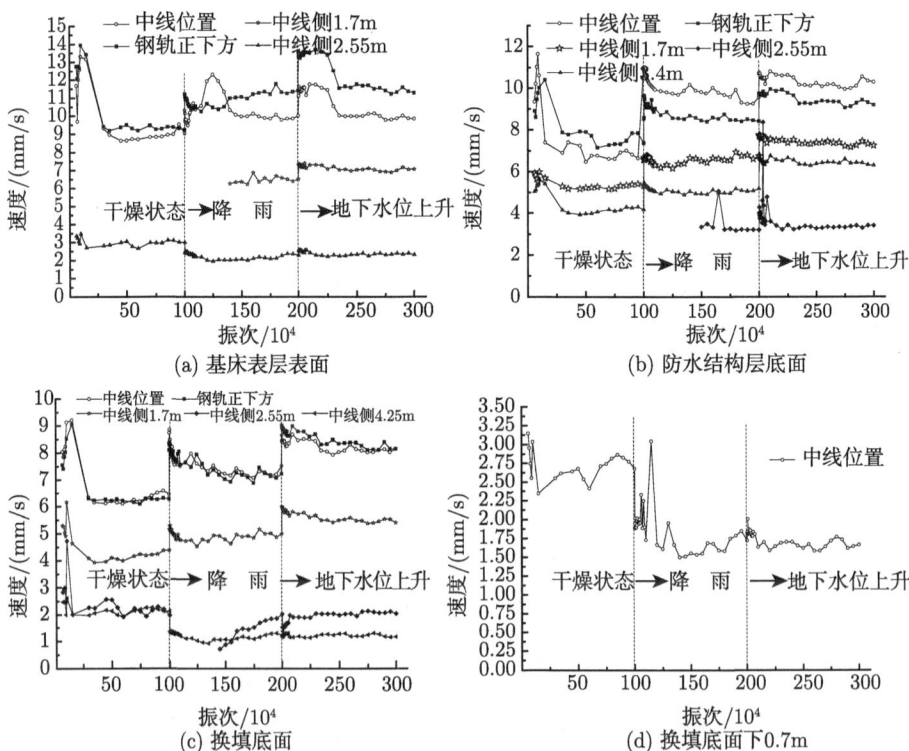

(a) 基床表层表面

(b) 防水结构层底面

(c) 换填底面

(d) 换填底面下0.7m

图 6-19   不同服役环境下速度随激振次数变化关系

(1) 干燥环境下 (0~100 万次)。激振初期数据离散性较大，这是由路基模型填料和速度传感器在激振荷载作用下不断调整与耦合造成的。调整期结束后，随着振次的增加各监测点的振动速度逐渐趋于稳定，所以新建有砟轨道高速铁路在铺轨结束后应进行一定时间的试运营，使路基各部分的振动和变形得到充分调整，从而增加运营期间列车的安全性和平稳性。

(2) 降雨环境下 (100 万~200 万次)。在第 100 万次加载结束后进行模拟降雨，目的是研究降雨对基床动静特性影响，同时检验基床的防水效果。从图中可知，降雨后基床中各位置的振动速度均呈现 "跳跃式" 增大，在同一深度处，距离轨道中线越近，增加幅度越大；增加幅度最大位置为钢轨正下方，其中基床表层顶面增加 2.08mm/s；防水结构层底面增加 2.48 mm/s，换填底面增大 1.47 mm/s。随着振动次数的增加，基床各监测点的振动速度均逐渐减小并最终趋于稳定，但稳定后的振动速度仍大于干燥服役环境下基床的振动速度。

(3) 地下水位上升 (200 万~300 万次)。在地下水位上升后的激振初期，路基各位置的振动速度再次出现 "跳跃式" 增大，在同一深度处，距离轨道中线越近，增加幅度越大；增加幅度最大位置为钢轨正下方，其中基床表层顶面增加 1.64mm/s；防水结构层底面增加 1.2mm/s；换填底面增加 1.12mm/s。随着振动次数的增加，各测点的振动速度逐渐减小，但与降雨服役环境下不同，地下水位上升后，路基中各监测的振动速度在激振全过程中并没有趋于稳定，而是始终以较小的衰减幅度不断减小，特别是轨道中线位置，振动速度的衰减幅度在试验结束时仍然较大。

2) 振动速度沿基床横断面方向的分布规律

图 6-20 是不同基础深度位置振动速度沿横断面方向的分布规律图，分析可知，基床受激振荷载影响的主要区域为轨道中线至轨道中线侧 1.7m 范围内，轨道中线侧 1.7m 以外基床各位置振动速度迅速减小。

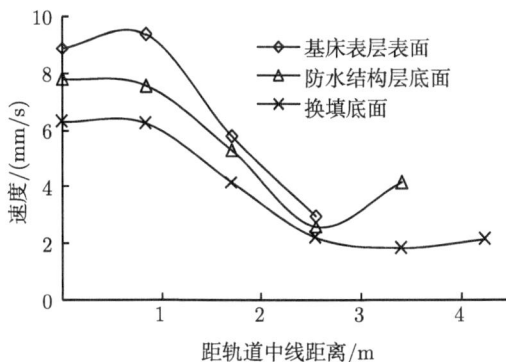

(a) 干燥状态

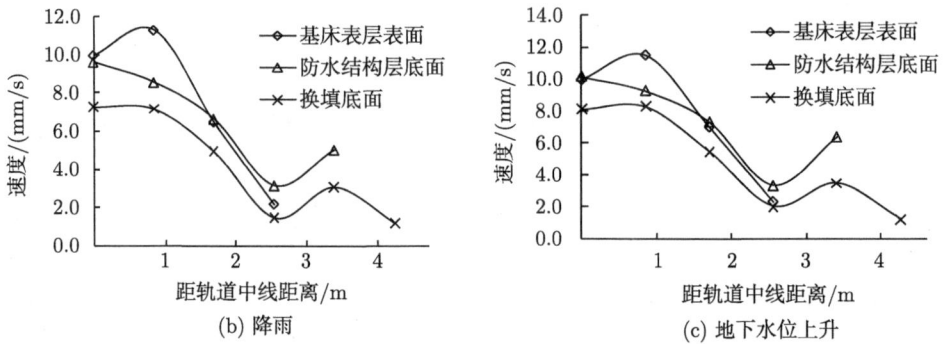

图 6-20　不同基床深度速度沿横断面方向的分布规律

3) 振动速度沿基床深度方向的分布规律

图 6-21 给出了不同服役环境下振动速度沿基床深度方向的衰减规律，由图可知：防水结构层底面以上 (路基面下 0.9m) 基床范围内速度的衰减不明显，甚至出现沿深度方向增大的趋势；防水结构层底面以下，振动速度随着深度的进一步增加而迅速衰减；轨道中线位置和轨道中线侧 1.7m 位置速度衰减曲线总体上呈二次曲线型，但钢轨正下方位置速度衰减呈指数型。表 6-5 给出了各衰减曲线的拟合公式。

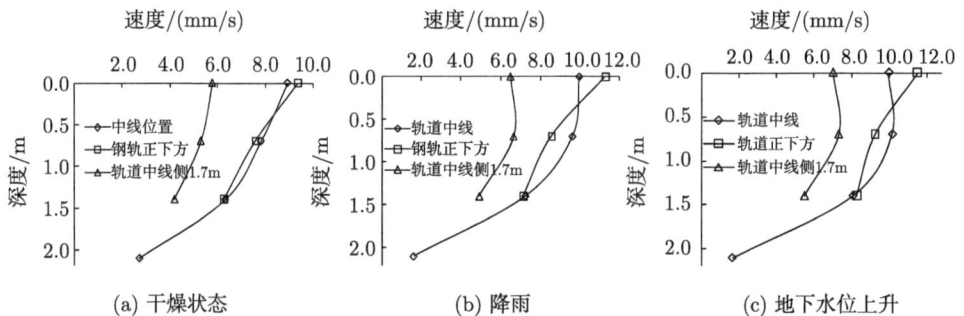

图 6-21　振动速度沿深度方向衰减曲线

实测基床振动速度受激振频率、参振质量以及其他因素综合影响，难以对比分析，为此，将振动速度归一化，研究振动速度衰减系数随基床深度的变化规律。

定义振动速度衰减系数为

$$\Gamma_v(s) = v_s/v_0 \tag{6-4}$$

式中：$\Gamma_v(s)$ 为基床表面下某深度 s 位置的振动速度衰减系数；v_s 为路基面下深度 s 处的振动速度 (mm/s)；v_0 为路基面振动速度 (mm/s)；s 为距路基面深度 (m)。

表 6-5　振动速度沿深度方向衰减曲线拟合方程

服役环境	位置	拟合方程	R^2
干燥状态	轨道中线	$v = -1.273s^2 - 0.192s + 8.803$	0.993
	钢轨正方	$v = 9.312e^{-0.28s}$	0.999
	轨道中线侧 1.7m	$v = -0.632s^2 - 0.256s + 5.786$	1.000
降雨	轨道中线	$v = -2.694s^2 + 1.755s + 9.907$	0.998
	钢轨下方	$v = 11.10e^{-0.32s}$	0.985
	轨道中线侧 1.7m	$v = -1.940s^2 + 1.593s + 6.487$	1.000
地下水位上升	轨道中线	$v = -3.376s^2 + 3.238s + 9.855$	0.995
	钢轨下方	$v = 11.31e^{-0.23s}$	0.967
	轨道中线侧 1.7m	$v = -2.213s^2 + 1.997s + 7.02$	1.000

按照式 (6-4) 对室内足尺模型激振试验中的振动速度监测结果进行整理, 获得振动速度衰减系数沿深度方向衰减曲线拟合方程 (表 6-6)。

表 6-6　振动速度衰减系数沿深度方向衰减曲线拟合方程

服役环境	位置	拟合方程	R^2
干燥状态	轨道中线	$\Gamma_v(s) = -0.143s^2 - 0.021s + 0.990$	0.993
	钢轨正下方	$\Gamma_v(s) = 0.996e^{-0.28s}$	0.999
	轨道中线侧 1.7m	$\Gamma_v(s) = -0.109s^2 - 0.044s + 1$	1.000
降雨	轨道中线	$\Gamma_v(s) = -0.27s^2 + 0.175s + 0.994$	0.998
	钢轨正下方	$\Gamma_v(s) = 0.984e^{-0.32s}$	0.986
	轨道中线侧 1.7m	$\Gamma_v(s) = -0.298s^2 + 0.244s + 1$	1.000
地下水位上升	轨道中线	$\Gamma_v(s) = -0.339s^2 + 0.325s + 0.989$	0.995
	钢轨正下方	$\Gamma_v(s) = 0.982e^{-0.23s}$	0.967
	轨道中线侧 1.7m	$\Gamma_v(s) = -0.315s^2 + 0.284s + 1$	1.000

3. 不同服役环境下基床振动加速度变化规律

1) 加速度随服役环境和激振次数的变化规律

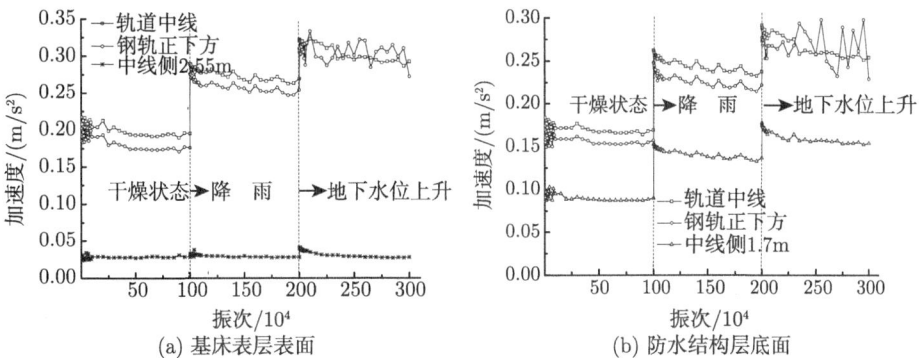

(a) 基床表层表面　　　　　　　(b) 防水结构层底面

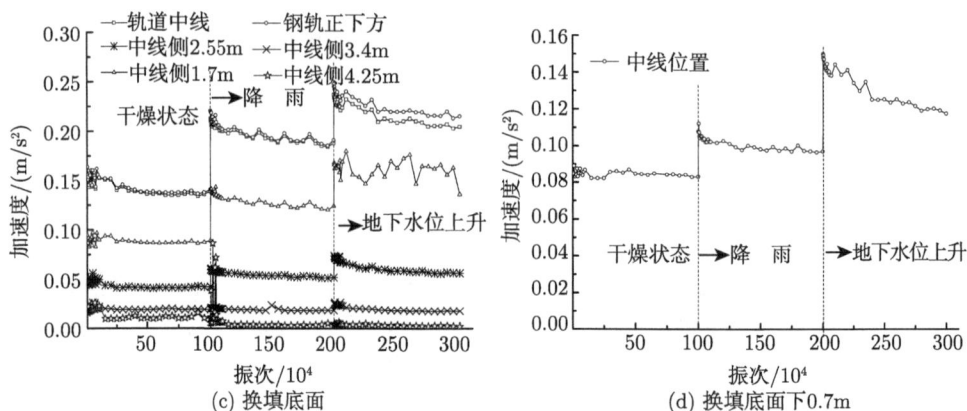

(c) 换填底面　　　　　　　　　　　　　(d) 换填底面下0.7m

图 6-22　加速度随服役环境和振动次数变化规律

加速度是判断列车振动荷载对路基破坏作用的重要指标，路基刚度越大，则加速度越大，加速度随振次的变化规律能够反映新型膨胀土路堑基床刚度在长期动力荷载作用下的发展规律。图 6-22 给出了路基内各点加速度随服役环境和振动次数的变化曲线。与动应力和振动速度受服役环境的影响规律相似，加速度峰值随服役环境的变化同样呈跳跃式变化，对于路基中的某一点，干燥服役环境下的加速度峰值最小，地下水位上升时最大，降雨服役环境下居中。在地下水位上升环境中，加速度峰值的波动性相对较大。

2) 加速度沿基床横断面方向的分布规律

加速度在横断面方向上的分布规律如图 6-23 所示，由图中可知：地下水位上升、降雨以及干燥状态试验三种条件下加速度在横断面上的分布规律类似，即轨道中线位置加速度值最大，随着距轨道中线距离的增加，加速度迅速减小。

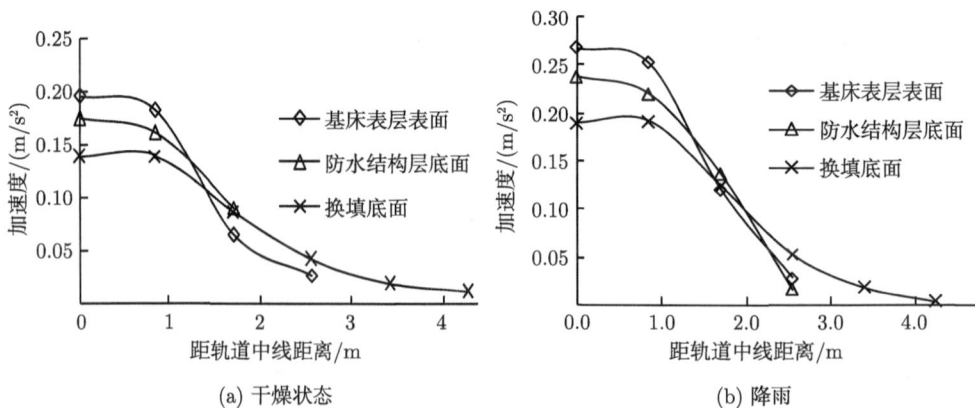

(a) 干燥状态　　　　　　　　　　　　　(b) 降雨

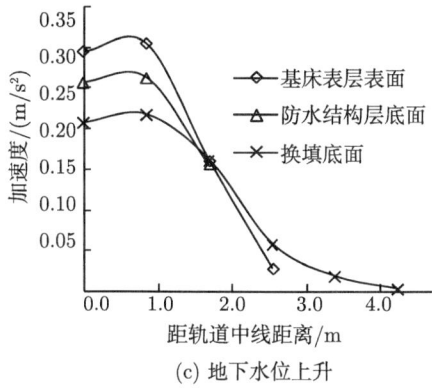

(c) 地下水位上升

图 6-23 加速度沿基床横断面方向上的分布规律

3) 加速度沿基床深度的衰减规律

图 6-24 是加速度沿基床深度方向的衰减规律,纵坐标零点为路基面,由图可知,不同服役环境下,基床不同竖直剖面上的加速度衰减规律基本相似,加速度沿基床深度方向基本呈二次曲线型,各衰减曲线拟合公式见表 6-7。

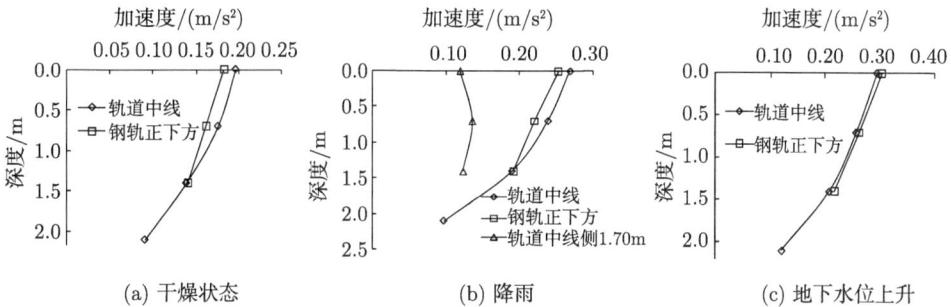

(a) 干燥状态 (b) 降雨 (c) 地下水位上升

图 6-24 加速度沿基床深度衰减规律

表 6-7 振动加速度沿深度方向衰减曲线拟合方程

服役环境	位置	拟合方程	R^2
干燥状态	轨道中线	$a = -0.013z^2 - 0.022z + 0.196$	0.999
	钢轨正下方	$a = -0.030z + 0.182$	1.000
降雨	轨道中线	$a = -0.031z^2 - 0.013z + 0.266$	0.998
	钢轨正下方	$a = 0.003z^2 - 0.048z + 0.252$	1.000
地下水位上升	轨道中线	$a = -0.002z^2 - 0.058z + 0.304$	1.000
	钢轨正下方	$a = -0.025z^2 - 0.028z + 0.292$	0.997

4. 不同服役环境下路基累积变形规律

图 6-25 是干燥状态、降雨和地下水位上升三种服役环境下路基变形随振动次数的变化规律，经分析可知：

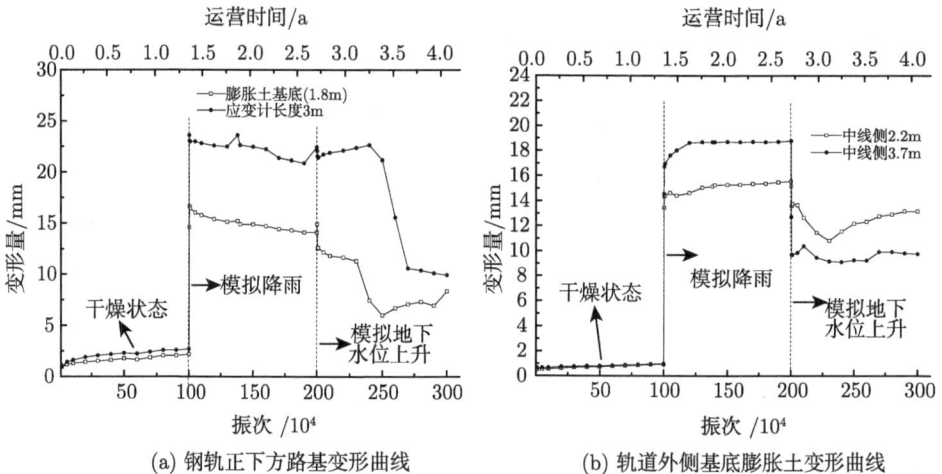

(a) 钢轨正下方路基变形曲线　　　　　　(b) 轨道外侧基底膨胀土变形曲线

图 6-25　不同服役环境下基床变形随振次变化曲线

(1) 干燥状态：路基各监测位置的压缩变形量随着振动次数的增加而逐渐增大；基底 1.8m 厚膨胀土的变形量钢轨正下方大于轨道外侧；钢轨正下方路基总压缩量为 2.72mm，其中基底 1.8m 厚膨胀土压缩量为 2.19mm，占总变形量的 80.5%，基床部分的压缩量为 0.53mm，占总变形量的 19.5%，所以路基的工后沉降主要受地基土的压缩变形控制，工程中必须做好地基的加固处置，以减小轨下基础的工后沉降。

(2) 降雨：降雨期间路基各部分均产生较大幅度的沉降变形，轨道正下方路基总压缩量为 23.58mm，基底 1.8m 厚膨胀土产生的压缩量为 16.66mm，基床部分压缩变形量为 6.92mm；与路基在干燥状态下经过 100 万次激振所产生的最终变形量相比，降雨引起的路基变形增量为 $23.58 - 2.72 = 20.86$mm，其中基底膨胀土变形增量为 14.47mm，占总变形量增量的 69.37%，基床变形增量为 6.39mm，占总变形量增量的 30.63%；降雨后的激振期间，钢轨正下方路基总压缩量和基底膨胀土压缩量均随振动次数的增加逐渐减小，即路基出现回弹变形，根据降雨期间路基中湿度计的监测数据 (见 6.5 节) 可知，降雨期间防水层底面中线位置 HS-8 号土壤湿度计读数由 20.9% 变为 37.3%，轨道中线位置有少量雨水从防水层和模型箱壁之间的缝隙渗入到防水层下方，从而引起中线位置基底膨胀土产生膨胀变形，路基出现回弹变形。

(3) 地下水上升：注水后基底膨胀土产生膨胀变形，各竖向土应变计监测点路基的压缩变形出现大幅度回弹，基床在膨胀力的作用下被抬高，根据变形曲线可知基底膨胀土变形呈现以下特点。

(a) 如果将基底膨胀土在地下水位上升服役环境下 100 万次激振试验前后的变形差看作各监测点的最终膨胀变形量，则 1.8m 厚基底膨胀土在横断面方向上的不同位置的最终膨胀变形量分别为钢轨正下方 6.6mm，中线侧 2.2m 位置 2.4mm，中线侧 3.7m 位置 9.0mm。由此可见，当地下水位上升后，基底膨胀土的最终膨胀变形量存在较大差异。造成这种差异的原因是，膨胀土中膨胀物质分布、颗粒聚合情况等存在随机性；在基底膨胀土填筑过程中采用人工夯实，不同位置的土体密实度不可避免地会存在一定差异；地下水上升后基底膨胀土浸水软化，在动力荷载作用下，基底膨胀土存在向动力荷载影响范围以外挤压变形的趋势。

(b) 基底膨胀土的膨胀变形发展过程差异较大。例如，轨道正下方基底膨胀土在注水期间的膨胀变形量小，但在随后的激振过程中产生大幅度的膨胀变形，而中线侧 3.7m 位置基底膨胀土在注水过程中产生较大的膨胀变形，基本完成了全部膨胀变形，这种非同步膨胀变形同样会形成变形差，引起路基表面凹凸不平，影响线路的平顺性，严重的会造成线路破坏。

为区别最终膨胀变形差，这里定义由于基底各点膨胀土的膨胀变形速度不同而形成的变形差为 "过程性变形差"，这种变形差会大量地增加膨胀土地区铁路的维护工作，原因是当基床表面出现影响线路运营的初期变形差时，需要减小膨胀变形较大位置的道砟厚度，从而保证轨面高程不变，但随着时间的增加，原先膨胀变形小的位置膨胀变形量逐渐增大，必须再次调整道砟厚度，才能使钢轨顶面恢复到正常标高。另外，根据膨胀土的湿胀干缩特性，当地下水位下降，基底膨胀土失水时同样会由于不均匀收缩而产生 "过程性变形差"，所以这种清砟-补砟的工作可能需要进行很多次，极大地增加了线路的维护工作量和费用。

(c) 地下水位上升后，基底 1.8m 厚的膨胀土产生的膨胀变形量大于路基面抬升量，说明防水结构层以下的换填料在动力荷载和基底膨胀力的共同作用下被进一步压密，并在压密过程中吸收掉了部分基底膨胀土的膨胀变形量，所以防水结构层以下的换填料具有一定的减胀作用。

6.3 弱—中膨胀土路堑基床模型试验结果分析

1) 基床动应力变化规律

图 6-26 给出的是弱—中膨胀土路堑基床模型试验中，不同服役环境下实测动应力衰减系数和按Boussinesq理论计算的动应力衰减系数沿深度的分布规律。由图可知：

(1) 换填厚度为 1.1m 时，新型改性水泥基防水结构层位于换填层中部，即路基面下 1.3m 深位置，由于防水结构层埋设位置较深，其对动应力的衰减规律影响不明显；

(2) 换填厚度为 0.6m 时，新型改性水泥基防水结构层位于基床表层底面，即基床表面下 0.7m 深处，基床内动应力衰减系数沿深度的分布规律和理论值相比，衰减速度相对较快，因此，在保证防水结构层安全性的条件下，适当提高其设置位置，有利于提高基床的动力稳定性。

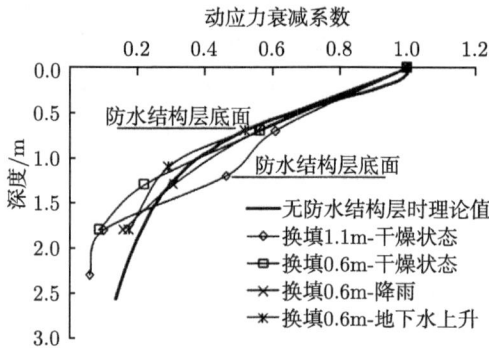

图 6-26　实测动应力系数变化规律

图 6-27 是路基面最大动应力为 98.8kPa 时，按照实测动应力衰减系数换算的基床应力分布规律。从图中可知：不同工况下基床表层底面 (即防水结构层表面) 动应力大小为 51~60kPa；当换填厚度为 1.1m 时，换填底面的动应力约 10kPa；当换填底面为 0.6m 时，换填底面的动应力为 22~30kPa。根据重塑膨胀土动三轴试验结果，当压实度为 91% 时，经抽气饱和后膨胀土的临界动应力为 36.4kPa，因此，从动强度的角度来看，即使采用换填厚度为 0.6m，膨胀土地基的动力稳定性也能得到有效控制。

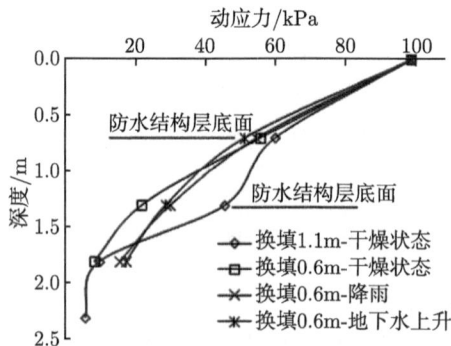

图 6-27　利用衰减系数换算的动应力分布规律

2) 基床振动速度变化规律

图 6-28 给出了振动速度沿深度衰减曲线,纵坐标零点为路基面,从图中可知:

(1) 基床换填厚度对振动速度有一定影响,换填厚度增大时路基面振动速度减小,这一规律与中—强膨胀土动力模型试验结果相似;

(2) 基床内振动速度大小与服役环境有关系,基床同一深度位置,干燥状态下的振动速度最小,地下水位上升后最大。

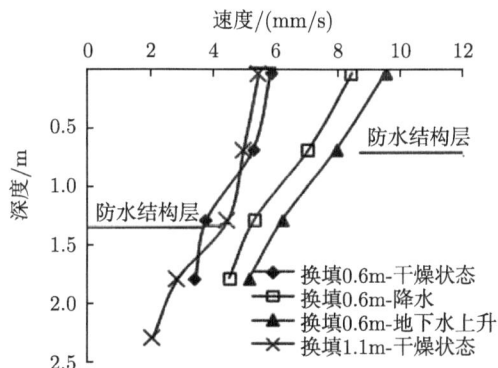

图 6-28 各服役环境下基床振动速度随深度衰减规律

3) 基床振动加速度变化规律

图 6-29 给出了振动加速度随深度衰减曲线。由图可知,不同服役环境下,加速度沿基床深度衰减曲线呈二次曲线型,试验结果与中—强膨胀土路堑全封闭模型试验结果相似;加速度大小与基床服役环境有关,干燥状态下加速度最小,地下水位上升时最大。

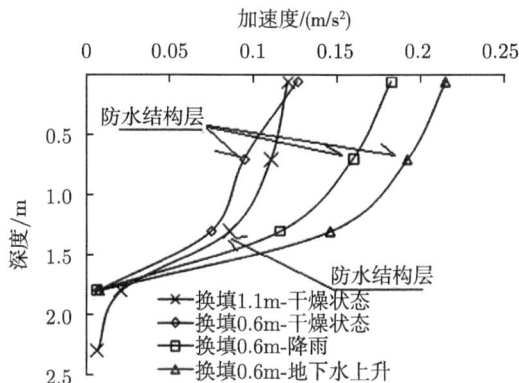

图 6-29 各工况振动加速度随深度衰减关系

4) 路基竖向累积变形规律

图 6-30 给出了地基填土为弱—中膨胀土时基床和地基的变形时程曲线。由图可知:

(1) 干燥状态时,在加载初期产生相对较大的压缩变形,其中,路基总变形约为 0.75mm,膨胀土地基压缩变形量约为 0.5mm;随着激振次数的增加,路基总变形和膨胀土地基的变形都呈线性增大,但膨胀土地基在激振约 50 万次时趋于稳定,而路基总变形直到 75 万次左右才趋于稳定,说明在动力荷载作用下基床表层级配碎石由于颗粒位置调整而产生了小幅压缩变形。

(2) 降雨服役环境中,路基总变形和膨胀土地基随着激振次数增加而同步增大,但增加幅度较小,在该服役环境下激振约 25 万次 (总第 125 万次) 后趋于稳定,但当激振到 160 万次左右时,路基总变形和地基变形出现先增大后减小的现象,经分析认为出现这种变化的原因是,随着振动次数的增加,防水结构层与模型箱钢板侧壁之间的防水涂膜疲劳破坏,导致在该服役环境下激振试验后期,部分雨水通过防水涂膜破损位置先渗漏进基床换填层和地基,换填层和地基膨胀土浸水软化,在动力荷载作用下产生压缩变形,但随着渗入地基的雨水逐渐增多,地基膨胀土开始产生膨胀变形,换填底面和路基面被抬升,由此可见,对于膨胀土路堑基床,防水结构层与其他构筑物的接触缝防水密封技术是地表降雨防排水系统的关键环节之一。

(3) 地下水位上升后,膨胀土地基发生大幅度的膨胀变形,路基面被抬升,但与中—强膨胀土动力模型试验组相比,地基膨胀土的总膨胀量和路基面抬升量都相对较小。

(4) 地下水位上升后,基底 1.8m 厚的膨胀土产生的膨胀变形量比路基面抬升量略大,这一现象与中—强膨胀土动力模型试验组相似,说明防水结构层以下的换填料具有一定的减胀作用。

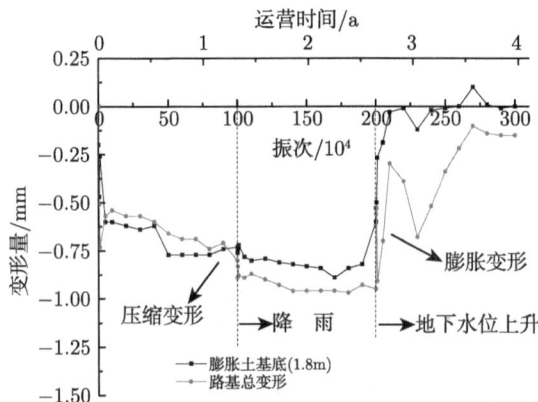

图 6-30 弱—中膨胀不同工况下累积变形与振次关系

6.4 膨胀土路堑基床结构防水效果检验

在进行降雨和地下水上升两种服役环境下的激振试验时，通过埋设在路基中的土壤湿度计监测填料湿度变化情况，研究基床在极端服役环境中长期承受动力荷载作用时，新型改性水泥基防水结构层的防水性能和抗疲劳性能。

表 6-8 给出了弱—中膨胀土动力模型试验组降雨前后湿度计读数。由表可知：降雨期间，新改性水泥基防水结构层上方基床表层内的湿度计读数出现大幅变化，而防水结构层底面以下换填层和地基土中的湿度计读数基本保持不变。

表 6-8　弱一中膨胀土动力模型试验降雨环境下激振试验前后湿度计读数 (%)

	换填底面下 1.0m		换填底面下 0.5m		换填底面		基床表层底面
仪器号	HS-1	HS-2	HS-3	HS-4	HS-5	HS-6	HS-8
试验前	18.8	17.9	22.8	29.5	38.5	37.3	22.3
试验后	18.7	17.9	22.8	29.3	38.5	37.3	68.2

表 6-9 给出了中—强膨胀土动力模型试验组降雨前后湿度计读数，经分析可知：降雨期间，改性水泥基防水结构层上方基床表层内的湿度计读数出现大幅变化，而防水结构层以下路基中除 HS-8 号土壤湿度计读数由 20.9%变为 37.3%以外，其他监测点的湿度计读数基本保持不变。

表 6-9　中一强膨胀土模型试验降雨环境下激振试验前后湿度计读数 (%)

	换填底面下 1.4m		换填底面下 0.9m		换填底面下 0.4m		防水层底面			基床表层	
仪器号	HS-1	HS-2	HS-3	HS-4	HS-5	HS-6	HS-7	HS-8	HS-9	HS-10	HS-11
试验前	31.4	30.6	33.8	37.6	31.2	33.6	45.3	20.9	28.6	16.1	6.0
试验后	31.4	30.5	34.5	37.6	32.6	34.9	46.4	37.3	31.8	64.1	77

为分析降雨期间 HS-8 号土壤湿度计读数变化的原因，试验结束后，开挖基床表层，清扫防水层表面，检测防水层是否开裂，经课题组成员反复仔细检测，没有发现新型改性水泥基防水结构层出现裂缝，但轨道中线位置防水层与模型箱侧壁之间的防水涂膜出现局部脱离，造成降雨期间部分水分渗入防水结构层以下基床，从而引起 HS-8 号土壤湿度计读数增大，但入渗水量有限。

防水涂膜脱离是两个方面原因造成的：一方面，该位置基床承受的动力荷载较大，基床竖向振动位移幅度相对较大；另一方面，模型箱侧壁的刚度有限，在动力荷载作用下侧壁具有反复小幅侧向膨胀变形，因此，防水涂膜在竖向动变形和侧向膨胀变形的共同作用下脱离了模型箱壁。

表 6-10 和表 6-11 分别给出了弱—中、中—强膨胀土动力模型试验组模拟地下

水上升前后湿度计读数。由表可知，在地下水位上升后，防水层底面以下各湿度计的读数大幅度增加，而防水层顶面以上基床表层内的湿度计读数基本保持不变，说明没有水分通过防水结构层进入基床表层。

表 6-10　弱—中膨胀土动力模型试验组模拟地下水上升前后湿度计读数 (%)

	换填底面下 1.0m		换填底面下 0.5m		换填底面		基床表层
仪器号	HS-1	HS-2	HS-3	HS-4	HS-5	HS-6	HS-8
试验前	18.8	17.9	22.8	29.5	38.5	37.3	22.3
试验后	62.8	68.1	84.7	48.8	39.8	76.5	22.9

表 6-11　中—强膨胀土动力模型试验组模拟地下水上升前后湿度计读数 (%)

	换填底面下 1.4m		换填底面下 0.9m		换填底面下 0.4m		防水层底面			基床表层	
仪器号	HS-1	HS-2	HS-3	HS-4	HS-5	HS-6	HS-7	HS-8	HS-9	HS-10	HS-11
试验前	31.4	30.6	33.8	37.6	31.2	33.6	—	19.5	20.4	14.7	5.4
试验后	80.6	80.7	69.1	85.2	82.5	81.5	—	70.5	70.4	14.7	5.3

注：土壤湿度计的精度为 ±3%

综上所述，经过三种极端服役环境下 400 万次的激振试验，防水结构层本身完好无损，表现出了良好的抗疲劳性和抗渗性。但防水结构层与模型箱壁之间的防水涂膜受模型箱刚度和路基变形影响而局部破损，导致少量雨水渗入了防水结构层以下换填层和地基土，因此，底面膨胀土路堑基床结构不仅要求防水结构层本身具有良好的防渗性能，而且防水层与接触网立柱、侧沟等构筑物之间的接触界面隔水处理同样重要。

6.5　基床动力参数受服役环境影响内因分析

根据动力模型试验实测成果可知，服役环境对轨道中线至轨道中线侧 1.7m 范围内基床的动力参数 (动应力、振动速度和加速度峰值) 有显著影响，当服役环境改变时，该范围内基床各位置的动力参数均随之呈现出不同幅度的跳跃式变化，其中，三项动力参数在干燥服役环境中最小，地下水位上升服役环境中最大，降雨后居中。

模拟降雨对基床动力参数的影响可分为两个方面：① 激振初期，基床表层填料颗粒间孔隙存在没有排出的自由水，在动力激振荷载作用下，轨道正下方基床中的孔隙水会产生瞬时超静孔隙水压力，基床的瞬时刚度增大，从而引起动力参数也相应增加；② 随着时间的增加，基床表层填料颗粒间自由水很快排出，超静孔隙水压力不再是影响动力参数的主要因素，但受模拟降雨影响，轨道正下方基床填料在重复激振荷载作用下被进一步压密，基床综合刚度有所增大。

模拟地下水位上升试验时，通过预先埋设在路基中的三层注水管网，由下至上逐层向防水结构层下方路基注水，使换填填料和基底膨胀土完全浸水。由于模型箱无泄水孔，且防水结构层具有良好的抗渗性，导致"地下水"无法排出路基，在激振荷载反复作用下，防水结构层以下轨道位置产生超静孔隙水压力，宏观上表现为轨道正下方路基的整体刚度增大，使得轨道正下方路基的实测各项动力参数增大。

从动应力、振动速度和加速度峰值时程曲线可知，地下水位上升后，三项动力参数的波动性明显增大，且趋于稳定所需要的激振次数显著增加，其中部分监测点至激振试验结束仍没有达到稳定。这是因为基底膨胀土浸水后的膨胀变形具有非同步性 (详见 6.3 节中路基竖向累积变形规律分析)，导致基床的整体刚度随浸水时间和激振次数而产生一定幅度的变化。由此可见，结合地下水发育情况、膨胀土膨胀性和渗透性等，采取必要的地下水引排措施，有效控制基床横断面范围内地下水的最高水位，是保证膨胀土地区铁路基床长期稳定性的关键。

6.6 基于模型试验成果的基床换填厚度优化

膨胀土路堑基床表层采用级配碎石，换填层采用 A、B 组填料，并按照《规范》相关要求进行填筑，基床表层和换填层部分的强度和变形均能够得到有效控制。由 6.5 节可知，防水结构层的抗渗性和抗疲劳性能够满足膨胀土路堑全封闭基床的建设需求。因此，膨胀土路堑基床的长期稳定性取决于膨胀土地基的长期稳定性。

(1) 换填底面强度检验：换填底面实测动应力最大值约 6kPa，显然小于膨胀土的临界动应力，从实测动应力来看，膨胀土地基的长期稳定性能够得到保证。

(2) 路基变形分析：两组动力模型试验中，新型膨胀土路堑基床结构在干燥和降雨服役环境下，路基和地基土产生较小压缩变形，路基最大总压缩变形量小于 2cm，能够满足高速铁路相关规范对路基工后沉降变形的要求。但地下水位上升服役环境下，基底膨胀土浸水发生膨胀变形，两组动力模型试验中，路基面都出现向上的小幅膨胀，需要进一步调整基床换填厚度。

从两组动力模型试验结果来看：① 无论地基土是中—强膨胀土还是弱—中膨胀土，当基底长期积水时，地基膨胀土都会产生膨胀变形，并导致路基面抬升，因此，为了保证膨胀土路堑基床的长期稳定性，必须针对不同的边坡潜水或地下水发育情况，按照第 4 章给出的基底防排水系统设置方案，采取相应的防排水措施，及时将基底积水排出基床范围；② 弱—中和中—强两组动力模型试验中的换填厚度需要适当增大，建议弱—中、中—强膨胀土路堑基床的换填厚度 (不含 0.2m 防水结构层厚度) 分别调整为 0.5~1.1m, 1.1~1.6m。

6.7　本　章　小　结

开展了膨胀土路堑基床结构的足尺动力模型试验, 研究了基床结构在不同地基膨胀土种类、不同换填厚度以及不同服役环境 (干燥状态、降雨和地下水位上升) 下的动力特性, 获得了新型基床结构在不同工况下的动应力响应、振动速度响应、加速度响应和变形特性等内容, 检验了新型改性水泥基防水结构层的抗渗性和耐久性。

(1) 膨胀土路堑基床铺设新型改性水泥基防水结构层后, 相比于不设防水结构层时按 Boussinesq 理论计算的动应力分布规律, 基床动应力沿深度的衰减速度加快。

(2) 中—强、弱—中两组试验分别模拟了降雨和地下水位上升极端工作环境, 并进行 400 万次 (两组共 800 万次) 的激振试验, 从试验结果看, 新型改性水泥基防水结构层的隔水效果和抗疲劳特性较好。

(3) 模型试验中, 在干燥状态和降雨两种工况下, 路基各部分的累积变形均随着振次的增加而逐渐趋于稳定, 但地下水上升后, 基底膨胀土浸水发生膨胀变形, 上部基床被整体抬升, 其中, 中—强膨胀土试验组基床抬升约 15mm, 弱—中膨胀土基床抬升幅度相对较小。说明膨胀土路堑基床除了做好地表降雨的全封闭防排水工作以外, 基底防排水系统同样重要。

(4) 利用埋设在路基模型中的竖向土应变计测试了路基的变形, 得到了不同服役环境下基床变形随激振次数的变化规律, 分析了地下水位上升后基底膨胀土产生非同步性膨胀变形的内因, 并提出了过程性变形差的概念。

(5) 根据室内动力模型试验结果, 对膨胀土路堑基床结构进行了优化, 建议弱—中、中—强膨胀土路堑基床的换填厚度 (不含 0.2m 防水结构层厚度) 分别调整为 0.5~1.1m, 1.1~1.6m。

第7章 云桂铁路膨胀土路堑基床现场激振试验

云桂铁路速度目标值为 200 km/h,并预留 250 km/h 提速条件,与南广高铁相连后能够极大地提高大西南地区的运输能力,对完善国家铁路网布局和进一步构建泛亚运输通道等都具有重要的意义。因此膨胀土路堑基床的长期稳定性,是线路建成后正常运营和远期提速改造的保证。

为确保云桂铁路工程质量,在新型膨胀土路堑基床结构全线推广前,开展试验段基床填筑,总结新型基床结构的现场施工方案和改性水泥基防水结构层施工工艺。膨胀土路堑基床现场激振试验是研究新型基床结构动力反应特性、变形规律以及检验防水结构层大面积施工质量最有效和可信的方法,试验结果可为膨胀土路堑基床结构的全线推广提供可靠的数据支撑和工程经验。

7.1 试验段概况与方案设计

根据云桂铁路百色段沿线膨胀土的膨胀等级,选取中—强和弱—中两个典型路堑基床现场激振试验段,如图 7-1 所示。

(a) 中—强膨胀土试验段   (b) 弱—中膨胀土试验段

图 7-1 膨胀土路堑基床结构现场激振试验段照片

弱—中膨胀土路堑试验段位于 DK161+770~DK161+990,长 220m,该试验段为新型改性水泥基防水结构层和复合防排水板 (铁路路基传统防排水措施) 防排水效果对比试验段,根据基床结构型式的不同而分为 3 段,各段路堑基床结构型式 (从上至下) 分别为:① DK161+790~DK161+810,0.65m 级配碎石 +0.05m 中粗砂垫层

+0.2m 改性水泥基防水结构层 +1.1m 厚 A、B 组填料；② DK161+810~DK161+880，0.65m 级配碎石 +0.05m 中粗砂垫层 +0.2m 改性水泥基防水结构层 +0.5m 厚 A、B 组填料；③ DK161+890~DK161+974，0.65m 级配碎石 +0.05m 中粗砂垫层 + 复合防排水板 +0.05m 中粗砂垫层 +1.5m 厚 A、B 组填料。不同基床结构型式间设置 10m 渐变段，复合土工膜与改性水泥基防水结构层之间搭接 2m，即复合防排水板延伸至改性水泥基防水结构层下 2m。

中—强膨胀土路堑基床试验段位于 DK205+390~DK205+580，全长 190m。根据基床换填厚度不同，该试验段分为 2 段：① DK205+390~DK205+500 区间基床换填厚度为 1.8m(0.2m 改性水泥基防水结构层 +1.6m 厚 A、B 组填料)；② DK205+500~DK205+580 区间基床换填厚度为 1.4m(0.2m 改性水泥基防水结构层 +1.2m 厚 A、B 组填料)，不同换填厚度间设置 10m 渐变段。

为了研究试验段基床在极端服役环境 (干燥、浸水) 中，承受循环动力荷载长期作用下的动/静反应特性，每个试验段选取 2 个现场激振试验断面：弱—中膨胀土路堑试验断面为 DK161+920 和 DK161+840，中—强膨胀土路堑试验断面分别为 DK205+480 和 DK205+542。在各现场激振试验断面基床中埋设速度计、动土压力盒、加速度计、土壤湿度计、沉降板、拾振器等测试元器件，元器件布设位置见图 7-2~ 图 7-6。试验研究主要内容如下：

(1) 研究铺设复合防排水板和改性水泥基防水结构层后，基床动应力、动变形、振动速度和加速度沿基床深度和横断面方向上的分布规律，并对基床动力稳定性进行评价；

(2) 对比分析复合防排水板和水泥防水结构层对基床动力响应、塑性变形的影响；

(3) 对比复合防排水板和新型改性水泥基防水结构层的防水效果，并检验新型改性水泥基防水结构层的抗疲劳性和抗渗性。

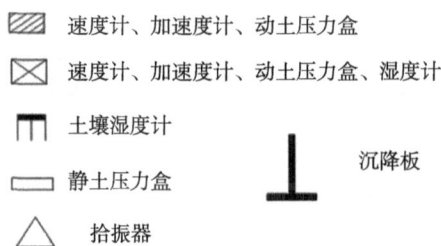

图 7-2　图例说明

由于元器件较多，为使设计图清晰明了，此处单独给出元器件图例

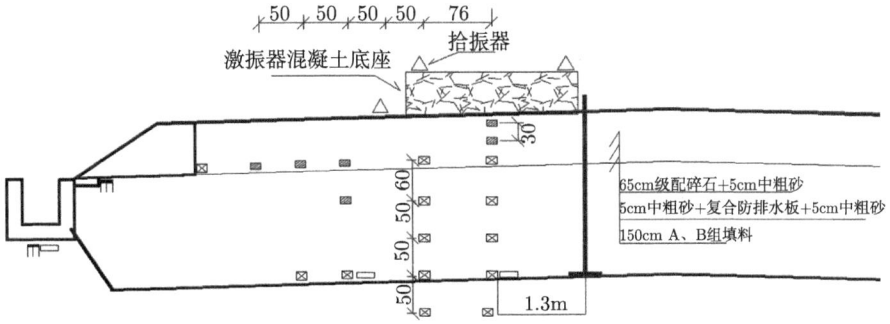

图 7-3 DK161+920 试验断面元器件埋设情况 (单位：cm)

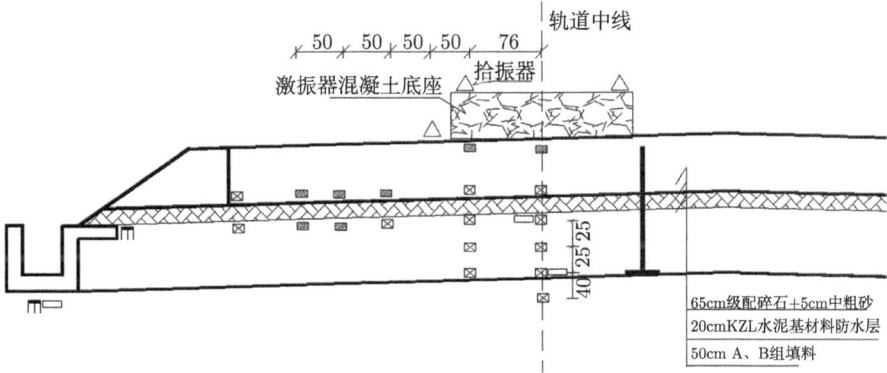

图 7-4 DK161+840 试验断面元器件埋设情况 (单位：cm)

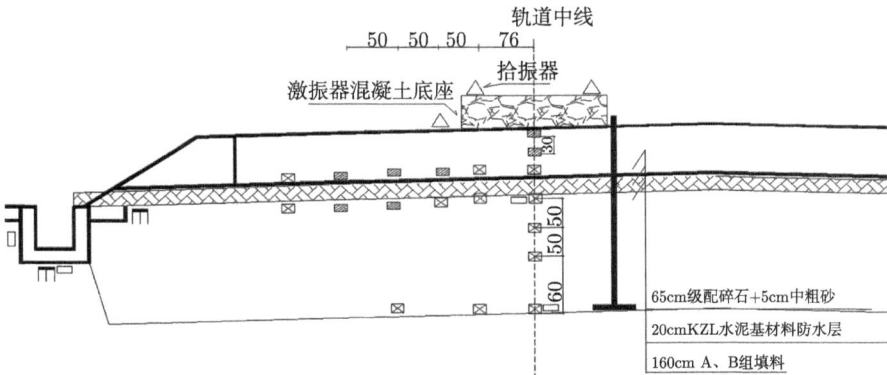

图 7-5 DK205+480 试验断面元器件埋设情况 (单位：cm)

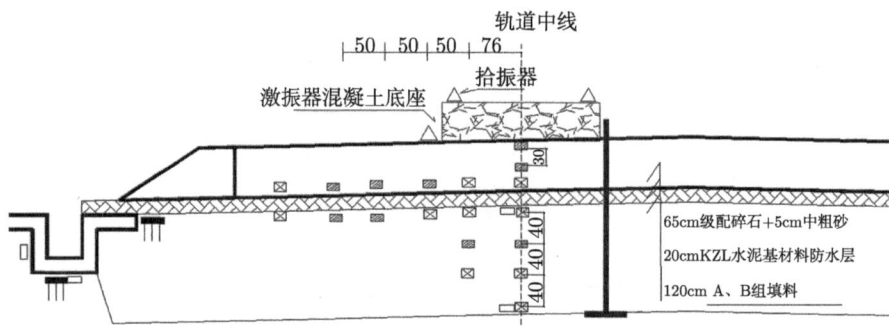

图 7-6 DK205+542 试验断面元器件埋设情况 (单位：cm)

7.2 新型基床防水结构层施工

1) 施工准备

主要施工设备如图 7-7 所示。

(1) 材料：根据改性水泥基防水结构层复合材料的配比，准备材料组成中的胶凝组分、弹性组分和河砂 (细度模数 2.6)、水、土，其中土的粒径不大于 15 mm。

(2) 拌和设备：现场建立小型拌和站或利用混凝土搅拌站进行改性水泥基防水结构层复合材料的拌和，拌和设备的拌和能力应根据运输距离、摊铺方式 (机械摊铺或人工整平)、施工组织等因素综合考虑。

(3) 运输和碾压设备：采用自卸式拉料车运输拌和料，如果拌和站与施工现场的距离较长，应采用篷布覆盖，避免运输过程中水分损失太大，碾压设备采用双缸式 20T 振动压路机。

(4) 施工放样设备：全站仪、卷尺以及标线白灰。

(5) 施工质量现场检测设备：E_{vd} 测试仪、钻孔取芯设备。

(6) 改性水泥基防水结构层养护设备：10m³ 洒水车和土工布。

(a) 碎土设备

(b) 拌和设备

(c) 运输工具　　　　　　　　(d) 摊铺和碾压设备

图 7-7　主要施工设备

2) 施工顺序

防水层施工工艺流程：原材料准备、搅拌设备调试 → 投入干料 → 干料搅拌 30s→ 加水搅拌 90s→ 出料 → 运输 → 施工→表面整平至设计厚度、坡度→覆盖、洒水养护 3d、质量检测→下一步施工。

3) 施工放样

(1) 路基侧沟施工完成后方可进行改性水泥基防水结构层的施工。

(2) 根据中桩和边桩尺寸提前计算材料用量，用白灰打出方格 (10m×8m)，拌和料装车量控制为 16.5m³/车，现场由专人指挥，每个方格卸载一车防水层拌和料。拌和料用自卸车运输，并用篷布覆盖，防止运输过程中水分流失，混合料卸车前地面要进行洒水湿润，防水层材料应保证在搅拌好后 90min 内施工完毕。

4) 摊铺整平

采用装载机配合平地机按压实厚度 20cm 一次性摊铺到位，松铺系数按 1.3 控制，双线铁路路基分左、右幅进行施工。

(1) 由装载机进行初平，再由平地机进行整平和整型，由路基侧边向路中心刮平，人工配合整修边角处，如图 7-8 所示。

(a) 机械粗平　　　　　　　　(b) 人工整平

图 7-8　改性水泥基防水结构层材料整平

(2) 每次整型都应按规定的坡度或路拱进行，并跟踪测量。

5) 碾压原则和方式

经过整平和整型，防水层达到要求的路拱和纵坡后，使用 20T 双缸式振动压路机进行碾压，碾压原则为先静后振，先慢后快，先低处后高处，碾压过程中，压路机每轮宽应重叠 1/3 轮宽，避免漏压或接缝处碾压不密实。碾压方式为静压 1 遍，弱振 1 遍，强振 2 遍，静压 1 遍收光，共碾压 5 遍，严禁压路机在已完成的路段上掉头或急刹车，如图 7-9 所示。

对于大型压路机无法碾压到的部位，应采用小型压路机反复碾压，直至该位置防水结构层的施工质量达到相关检测要求。

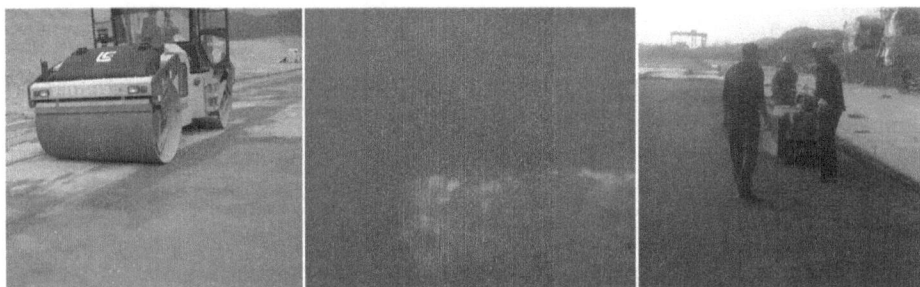

(a) 压路机碾压　　　　　　　(b) 碾压结束后防水层表面　　　　　　(c) 防水层侧边碾压

图 7-9　改性水泥基防水结构层碾压

6) 立柱接触缝和施工缝处理

施工缝、立柱接触缝等施工和防水措施按照 3.3 节要求进行，这里不再详述，图 7-10 给出的是防水结构层施工缝现场施工效果照片。

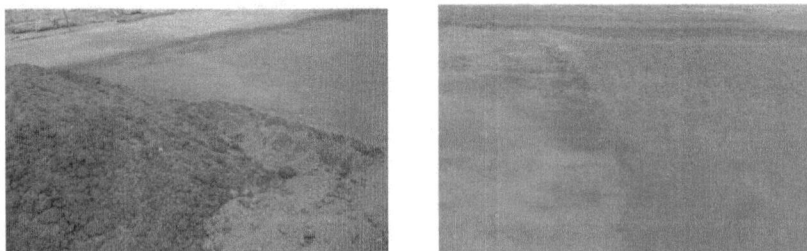

(a) 施工缝斜面凿毛　　　　　　　　　(b) 施工结束后施工缝外观

图 7-10　改性水泥基防水结构层施工缝处理

7) 防水结构层养护

防水结构层施工完成后，及时向防水结构层表面洒水养护，然后用土工布全部覆盖，并在土工布上重新洒水保湿，养护期至少 3d。为保证防水层质量，养护期间不得有机械设备在防水层上面停留、行走,图 7-11 为改性水泥基防水结构层养护。

图 7-11 改性水泥基防水结构层养护

7.3 试验加载方案与测试系统

现场激振试验设备采用西南交通大学研制的高速铁路路基原位动力试验设备(DTS-1),主要由振动架、激振器、传动系统、循环冷却系统和电气控制系统组成,如图 7-12 和图 7-13 所示。激振力由激振器中同步反向转动的两个偏心块产生,偏心块转动时不产生水平方向惯性力。图 7-14 为激振示意图,图中 P_1 为最大激振力,P_2 为激振设备不脱离路基面所需的最小力,P_j 为激振设备和配重产生的力。设备可实现 5~50Hz 范围内的平稳调速,通过调整偏心块组合,最大可产生 166kN 的偏心力。

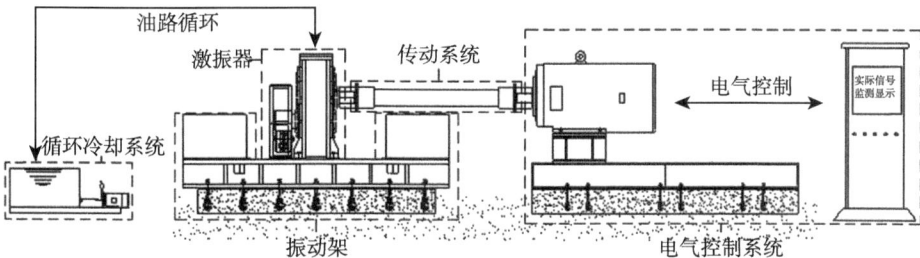

图 7-12 动力试验系统 (DTS-1) 组成示意图

图 7-13 振动台架整体结构实图

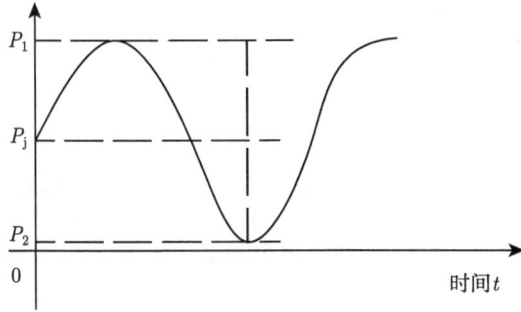

图 7-14　激振力示意图

7.3.1　动力加载参数

1) 路基面设计应力幅值分析

路基面设计应力幅值计算公式为 $\sigma_{\mathrm{d}} = 0.26 \times P \times (1 + \alpha v)$，由计算公式可知，移动列车在路基面产生的应力可分为两部分：列车轴重在路基面产生的静应力 $\sigma_{\mathrm{j}} = 0.26 \times P$，列车运动引起的附加动应力 $\Delta\sigma = 0.26 \times P \times \alpha v$。云桂铁路远期速度目标值为 250km/h，列车动力冲击系数为 $1 + \alpha v = 1.9$，列车轴重为 $P = 200\mathrm{kN}$，则

(1) 列车轴重在路基面产生的静应力为

$$\sigma_{\mathrm{j}} = 0.26 \times P = 0.26 \times 200 = 52\mathrm{kPa} \tag{7-1}$$

(2) 列车运动引起的附加动应力为

$$\Delta\sigma = 0.26 \times P \times \alpha v = 0.26 \times 200 \times 0.9 = 46.8\mathrm{kPa} \tag{7-2}$$

(3) 路基面总应力为

$$\sigma_{\mathrm{d}} = \sigma_{\mathrm{j}} + \Delta\sigma = 98.8\mathrm{kPa} \tag{7-3}$$

2) 实际加载参数

为了研究膨胀土路堑基床结构动力反应特性，变形规律以及改性水泥基防水结构层在实际服役环境下抗渗性和抗裂性，云桂铁路现场激振试验中要求最大激振力 (激振力与配重之和) 为时速 250km 旅客列车的动轴重 380kN，路基面受到的最大应力按路基面设计应力幅值 98.8kPa 控制。

由前文分析可知，路基面设计应力幅值可以分为 52kPa 的静应力和 46.8kPa的附加动应力两部分，结合高速铁路路基原位动力试验设备 (DTS-1) 的激振参数，选用激振频率为 20Hz，偏心块产生的激振力为 86.44kN，为了使路基面受到的附

加动应力达到 46.8kPa，则激振设备与路基面的接触面积为

$$\frac{86.44}{46.8/2} = 3.7\text{m}^2 \tag{7-4}$$

激振设备底座尺寸为 2.22m×2.22m，且其自重无法达到云桂铁路现场激振试验要求，所以需要预制混凝土配重，混凝土配重位于激振设备正下方，二者用高强螺栓连接，综合考虑激振系统的稳定性和激振器加载参数，混凝土配重底面按矩形考虑，取底面尺寸为 1.9m×2.0m，则实际作用在路基面的附加动应力为

$$\frac{86.44}{1.9 \times 2.0} \times 2 = 45.5\text{kPa} \tag{7-5}$$

为了达到路基面最大作用应力 98.8kPa，需要激振设备自重和混凝土配重在路基面产生的最小静应力为

$$98.8 - 45.5 = 53.3\text{kPa} \tag{7-6}$$

综上所述，云桂铁路现场激振试验时路基面理论计算应力随时间变化曲线见图 7-15。

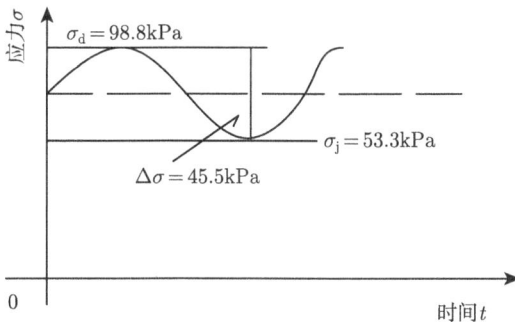

图 7-15　路基面实际应力加载模型

σ_d 为路基面设计应力幅值；$\Delta\sigma$ 为附加动应力；σ_j 为模拟列车轴重在路基面产生的静应力

3) 云桂铁路现场激振试验实际加载指标合理性分析

(1) 路基面应力幅值作用范围对比。

道床中的压力扩散传递方式与轨枕支撑弹性系数、道床厚度、道砟性质、轨枕间距、捣固情况等密切相关。1920 年，日本提出的道床中列车荷载分布 Talbot 图 (图 7-16) 得到了广泛认可，但随着道砟施工捣鼓技术的发展，钢筋混凝土轨枕的应用和不断改进，轨枕底面的应力分布更趋向于均匀。1959 年，日本东海道新干线设计时采用了图 7-17 所示的道床应力分布图式，美国 Ahlbeck 等认为，列车荷载在道床中传递是自轨枕底面起，按照锥体形式向路基面扩散 (图 7-18)，即道床锥体模型假设。翟婉明教授在研究车辆与轨道结构的耦合振动时，建立了较完整的车

辆–轨道统一模型, 其中道床中压力分布方式采用了受荷锥体的假设 (图 7-19)。在综合分析国内外关于道床压力分布模式的理论研究和实测资料基础上, 我国采用的道床压力分布图式如图 7-19 所示, 其中道床厚度为 350mm。

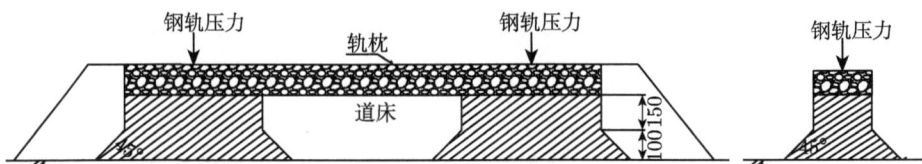

图 7-16   道床内部压力分布图 (单位: mm)

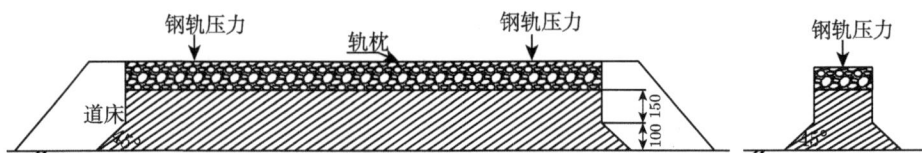

图 7-17   路基面平均应力简化计算图式 (日本) (单位: mm)

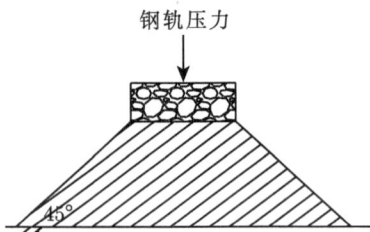

图 7-18   修正后的道床应力分布图

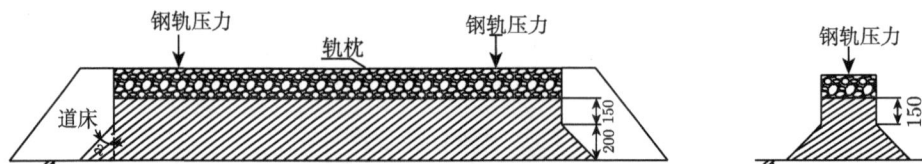

图 7-19   我国路基面平均应力简化计算图式 (单位: mm)

我国时速 200~250km 正线有砟轨道铺设Ⅲ型混凝土轨枕, 长度为 2.6m, 底面宽度为 0.32m, 每千米铺设 1667 根, 道床顶面与轨枕中部顶面平齐。列车轮载沿线路纵向的分布情况如图 7-20 所示, 则路基面最大应力位于轮对正下方轨枕, 要使路基面最大应力达到 98.8kPa, 则路基面应力幅值理论计算作用面积为

$$S = 0.4P_{\rm d}/\sigma_{\rm d} = 0.4 \times 380/98.8 = 1.54{\rm m}^2 \tag{7-7}$$

结合图 7-19 路基面平均应力简化计算图式, 则路基面最大应力作用范围尺寸近似取为

$$2.83\text{m} \times 0.55\text{m} = 1.56\text{m}^2 \tag{7-8}$$

云桂铁路现场激振试验中, 路基面应力幅值分布宽度为混凝土配重底面尺寸, 即 $2.0\text{m} \times 1.9\text{m}$, 总面积为 3.8m^2, 远大于路基面应力幅值理论计算作用面积, 基床、防排水结构层、膨胀土地基等受到的作用力将更大, 因此试验结果偏于安全。

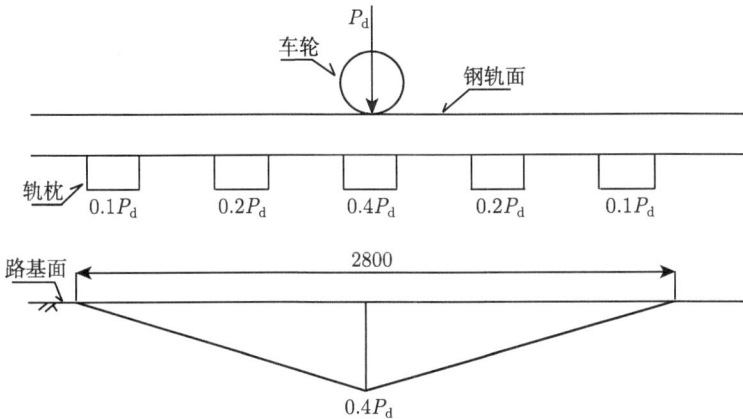

图 7-20 列车轮载分布图 (单位: mm)

(2) 云桂铁路激振试验加载方式与实测路基面应力变化规律对比。

图 7-21 是我国一些实测列车动应力沿线路纵向分布图, 由图可知: 路基面应力变化曲线可大致分为两类: ①转向架完全通过作为一次加卸载过程, 即路基面应力从 0 值变化到动应力峰值, 然后随着转向架的通过而再次回到 0 值位置, 完成一次加卸载作用, 呈单向脉冲型, 间隔时间 t(与轮对间距、列车速度有关) 后再经历下一次加卸载作用; ②同一转向架两个轮对依次通过监测点作为一次加卸载过程, 即近似以列车轴重在路基面产生的静应力 $\sigma_\text{j} = 52\text{kPa}$ 为最小值, 在此基础上叠加正弦式波动的附加动应力 $\Delta\sigma$。

云桂铁路现场激振试验中以静应力 53.4kPa 为最小值, 再叠加频率为 20Hz 的正弦式应力波, 相当于模拟列车转向架两对轮对通过时的情况 (图 7-21), 因此, 云桂铁路现场激振试验加载方式能够反映移动列车对路基的实际作用。

综上所述, 从路基面受到的应力幅值、附加动应力大小、应力作用范围等方面来看, 云桂铁路现场激振试验采用的加载模型是合理可行的。

4) 混凝土配重块设计

(1) 混凝土配重底面尺寸。

混凝土底面尺寸为 1.9m×2.0m。

(a) 大秦线上测得的列车动应力沿线路纵向分布曲线

(b) 遂渝铁路典型实测路基面动应力波动曲线

53km/h　　　　　　　　　　　112km/h

(c) 沪宁线的丹阳车站实测路基面动应力波动曲线

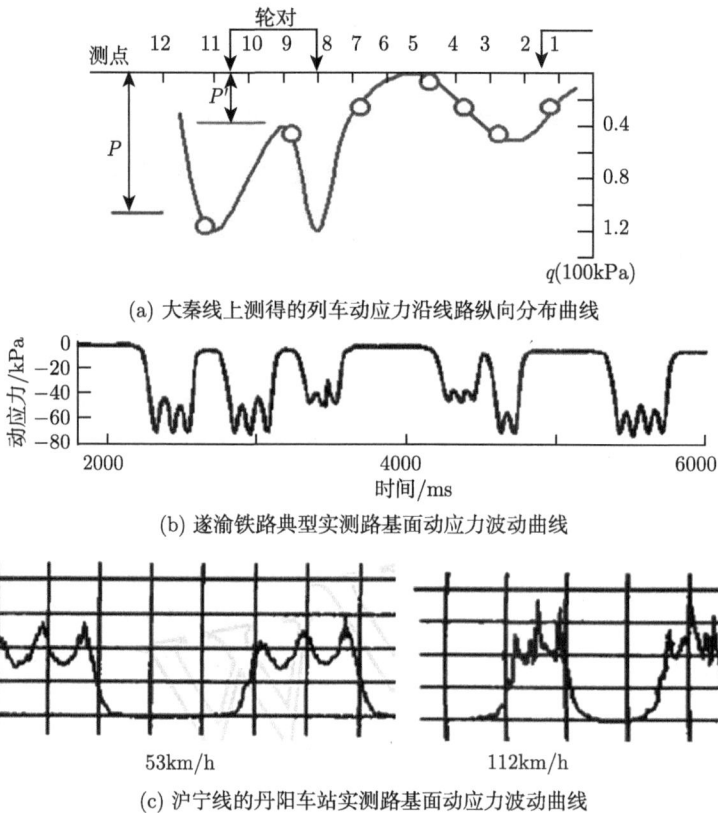

图 7-21　实测路基面动应力时程曲线

(2) 混凝土配重块顶面尺寸。

激振设备底座尺寸为 2.22m×2.22m，激振设备底座和混凝土配重之间采用高强螺栓连接，高强螺栓沿激振设备底座外侧布设，因此，混凝土配重底面最小尺寸不得小于 2.3m×2.3m，综合考虑设备吊装、混凝土配重构造钢筋布设、高强螺栓连接强度等，最终拟定混凝土配重顶面尺寸为 2.6m×2.6m。

(3) 混凝土配重高度计算。

配重块上部高度计算：

路基面最大动应力为 98.8kPa，路基面动应力变化幅值为 86.44/3.8=22.7 kPa，则激振设备和混凝土配重块总静重为

$$(98.8-22.7)\times1.9\times2.0=289.18\text{kN} \tag{7-9}$$

激振设备自重 175kN，则混凝土配重块重为

$$289.18\text{kN}-175\text{kN}=114.18\text{kN} \tag{7-10}$$

混凝土重度按 $25kN/m^3$ 取，则混凝土配重块上部高度为

$$(114.18-25\times1.9\times2.0\times0.15)/(25\times2.6\times2.6)=0.6m \qquad (7-11)$$

为满足混凝土配重块顶面和底面尺寸的要求，混凝土配重拟采用倒"凸"字形，与路基面接触的突出部分高度取高速铁路有砟轨道允许变形值 0.15m，底面尺寸为 1.9m×2.0m，高 0.15m。其余部分长 × 宽 × 高为 2.6m×2.6m×0.6m，详见图 7-22～图 7-27。

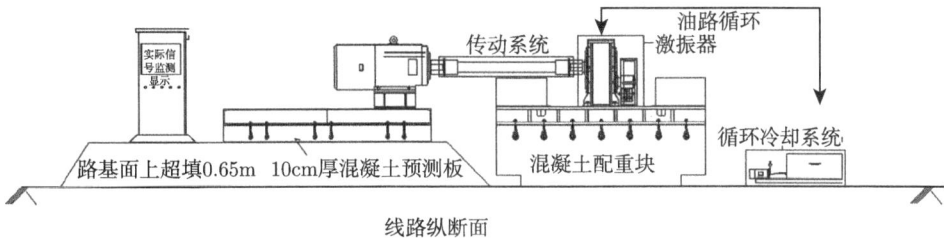

图 7-22 现场激振设备安装示意图

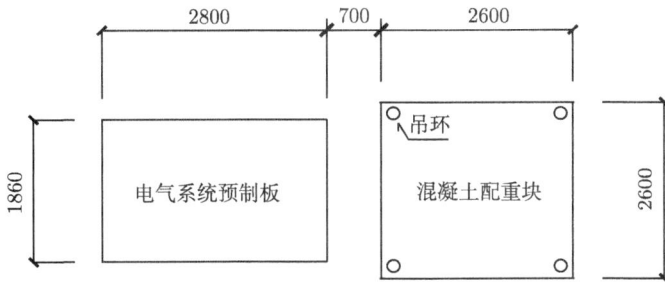

图 7-23 电气系统预制板和混凝土配重块尺寸及布置俯视图 (单位: mm)

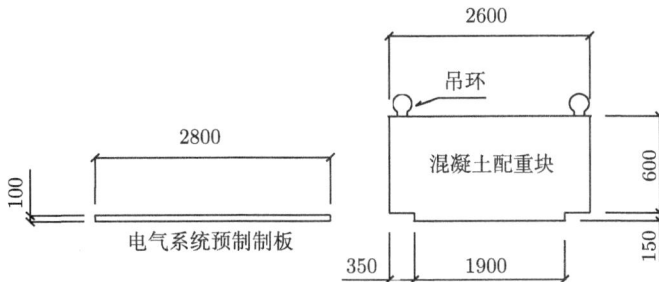

图 7-24 电气系统预制板和混凝土配重块侧视图 (单位: mm)

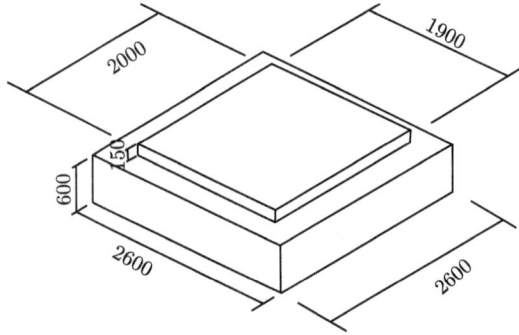

图 7-25　混凝土配重块三维尺寸 (单位: mm)

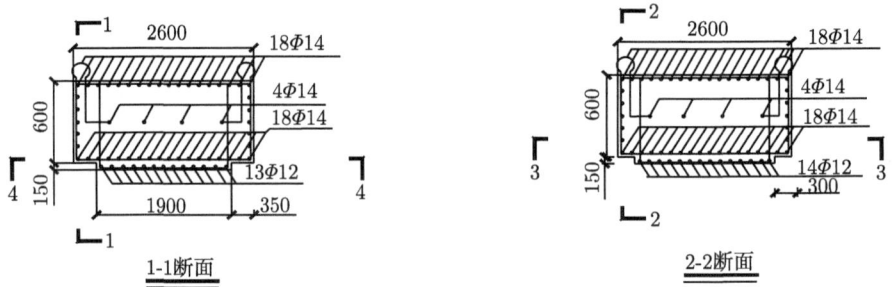

图 7-26　混凝土配重块钢筋布置图 (单位: mm)

混凝土保护层厚度取为 60mm

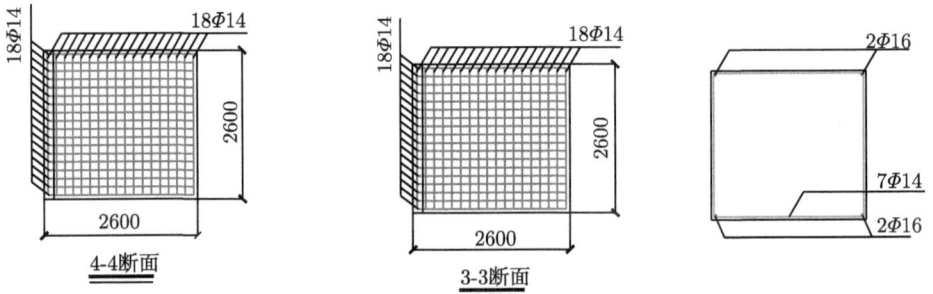

图 7-27　混凝土配重块构造钢筋布置图 (单位: mm)

混凝土保护层厚度取为 60mm

7.3.2　数据采集系统

1) 采集设备

(1) 振动速度、加速度和动位移采集设备: Cionv DASP V10.0 数据采集系统。

(2) 基床动应力采集设备: 德国 IMC 数据采集系统。

2) 数据采集准备工作

(1) 速度计、加速度计和拾振器 (动位移) 与数据采集系统连接好后, 对各通道进行零点校准, 使振动曲线围绕零基线波动。

(2) 动应力: 动土压力盒与 IMC 数据采集系统连接后, 对各通道进行初始化和电桥平衡, 使激振前各动土压力盒读数回到零基线。

动土压力盒读数归零原因如下: 动应力测试的目的是研究动应力沿基床深度和横断面方向上的分布规律, 若不进行电桥平衡, 则动土压力盒有初始读数, 该初始读数理论上应为基床自重和激振设备自重在基床中扩散下来的静应力之和, 各土压力盒在基床中的埋设位置不同, 各动土压盒上的中粗砂保护层厚度、基床回填料压密程度等不可避免地存在差异, 导致各动土压力盒的初始读数与静应力理论值相差较大, 从而增加了数据分析难度, 为此, 对各动土压盒进行电桥平衡, 使其读数统一回到零基线, 则在激振过程中测得的动应力大小和变化规律即该点基床的实际动力响应。

3) 数据采集频率

(1) 基床动力参数采集频率: 根据大量实测经验, 在加载初期或基床服役环境改变初期, 基床的动静反应特性变化相对较大, 因此, 现场测试时该阶段数据应加密采集密度, 具体观测频率见表 7-1。

表 7-1 现场激振频率谱及各频率对应的加载次数工况

服役环境	振次/10^4	观测频率
自然状态	100	前 10 万次, 每激振 0.5 万次采集 1 次数据; 以后每激振 5 万次采集 1 次数据
长期降雨	100	

(2) 换填底面沉降变形观测: 在换填底面埋设沉降板, 利用水准仪按二等水准测量要求进行观测, 由于沉降板观测点与激振设备偏心块距离较近, 考虑到安全因素, 沉降观测在激振设备休息间隙 (约 2h) 进行观测。

7.3.3 试验环境条件

1) 试验过程

现场激振试验时, 每个试验断面激振 200 万次 (DK205+480 加载到 400 万次), 其中干燥状态和长期浸水条件下各 100 万次, 具体试验过程如下:

(1) 利用吊车将激振设备吊装在试验断面;

(2) 调试设备, 进行自然状态的 100 万次激振试验;

(3) 自然状态下激振完成后, 进行浸水状态下 100 万次激振试验。

2) 浸水方案

在试验断面周围做好挡水坎, 挡水坎尺寸为 3m×3m, 用洒水车向围堰内注水。

注水速度按特大暴雨量来控制，即 24h 内雨量不小于 250mm，试验取 250mm/24h。试验激振时间为 13h，则挡水坎内总注水量为

$$\frac{250}{24} \times 10^{-3} \times 13 \times 3 \times 3 = 1.22 \text{m}^3 \tag{7-12}$$

注：在实际浸水试验时，发现级配碎石透水性较大，为了使挡水坎内基床表面有一定的积水深度，每个断面实际用水量为 15m³，远超过按式 (7-12) 确定的注水量。

7.4　试验结果分析

7.4.1　不同工况下基床动应力分析

1) 动应力时程曲线

图 7-28 给出四个试验断面在不同服役环境下动应力随激振次数变化规律，可以看出：

(1) 各激振试验断面基床表面动应力的波动性较大，基床浸水后波动性更大且持续时间增加，这是因为基床表面直接承受循环激振荷载作用，基床表层上部级配碎石会随着激振时间和服役环境的变化而发生颗粒位置调整，直至达到振动稳定状态，期间，级配碎石与埋设于其中的动应力盒也进行不断调整耦合，导致实测动应力出现相应的变化。

(2) 基床表层以下不同深度处动应力随激振次数变化曲线的平稳性与防排水层有关，铺设改性水泥基防水结构层断面的动应力时程曲线整体上比复合防排水板断面平稳。

(3) 基床不同深度处动应力的大小与服役环境有关，这一点与室内足尺动力模型试验结果是已知的，基床浸水后动应力均有不同幅度的增大。

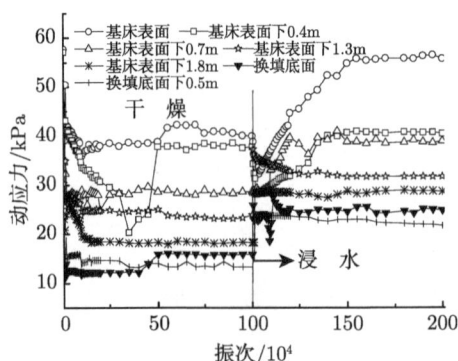

(a) 复合防排水板断面(DK161+920)　　(b) 防水结构层断面（DK161+840）

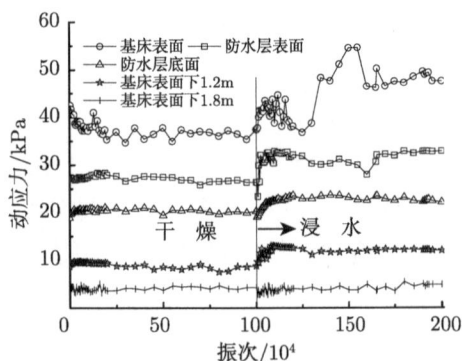

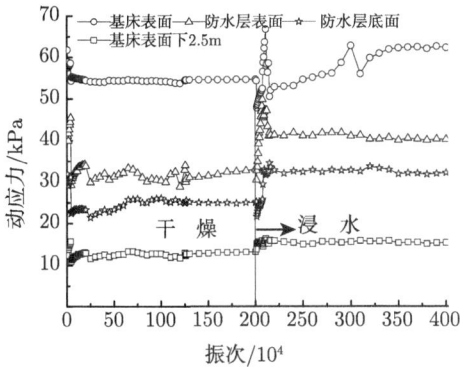

(c) 防水结构层断面(DK205+480)　　　(d) 防水结构层断面(DK205+542)

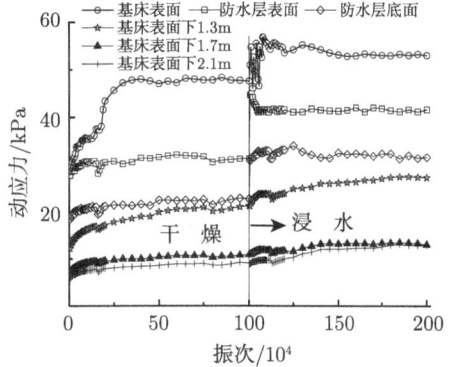

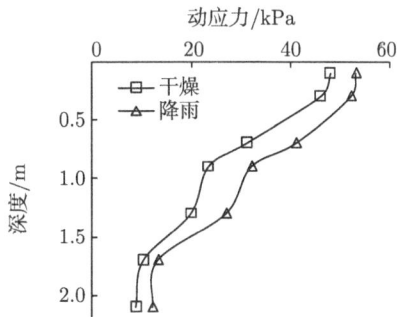

图 7-28　不同服役环境下动应力随激振次数变化规律

2) 动应力沿基床深度方向分布规律

为了分析动应力沿基床深度和横断面的分布规律，分别取干燥和浸水服役环境下最后 40 万次动应力监测数据的平均值作为代表值，以路基面为纵坐标零点，绘制动应力沿基床深度的变化曲线，见图 7-29。由分析可知：干燥服役环境下路

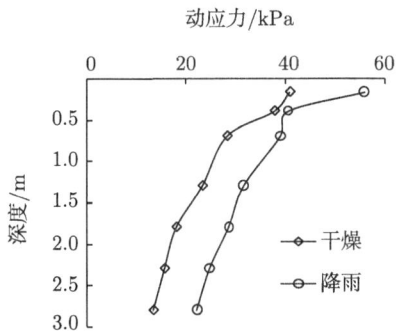

(a) 复合防排水板断面(DK161+920)　　　(b) 防水结构层断面(DK161+840)

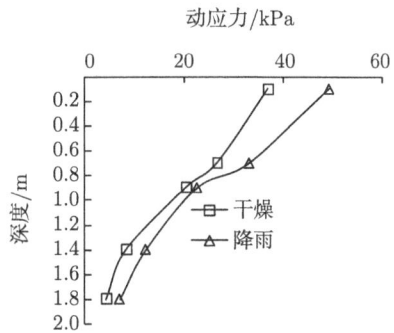

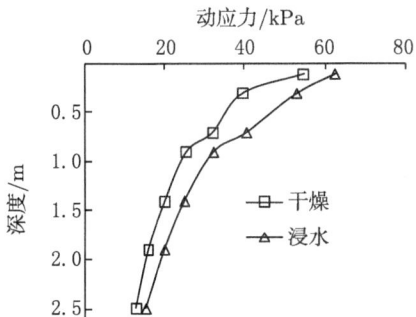

(c) 防水结构层断面(DK205+480)　　　(d) 防水结构层断面(DK205+542)

图 7-29　各测试剖面动应力沿深度分布规律

基面实测动应力波动范围为 36.7~54.7kPa, 平均约 45.0kPa, 平均值基本等于动应力理论加载值; 浸水服役环境下路基面动应力波动范围为 48.92~62.5kPa, 平均约 55kPa。复合防排水板 (图 7-29(a)) 断面动应力随深度呈对数函数型变化, 改性水泥基防水结构层 (图 7-29(b)~(d)) 断面动应力沿深度的衰减规律呈指数函数型, 表 7-2 给出了各试验断面动应力与基床深度关系曲线拟合方程。浸水后动应力增大原因分析: 在进行基床浸水状态下的激振试验时, 挡水坎内基床表面始终保持有一定深度的积水, 挡水坎范围内基床表层级配碎石始终处于饱水状态, 级配碎石粒间孔隙可视为被自由水充满, 虽然级配碎石的渗透性较好, 但在高频激力作用瞬间, 孔隙水来不及完全消散, 仍然会产生瞬时超静孔隙水压力, 宏观上表现为激振设备正下方基床表层级配碎石的局部刚度相对增大, 应力扩散角减小, 基床表层内动应力增大。受基床表层底面防排水措施的影响, 基床表层中的水没有渗透进入防排水层底面以下换填层和地基土, 因此, 4 个试验断面防排水结构层以下基床内动应力衰减规律不变, 浸水后的动应力衰减曲线基本平行于干燥状态下的动应力衰减曲线。

表 7-2　动应力与深度关系曲线拟合方程

试验断面	防水措施	干燥	R^2	浸水	R^2	备注
DK161+920	防排水板	$\sigma(s) = 25.02 - 10.3\ln(s)$	0.97	$\sigma(s) = 34.19 - 11.1\ln(s)$	0.97	
DK161+840		$\sigma(s) = 53.55e^{(-1.31s)}$	0.94	$\sigma(s) = 62.94e^{(-1.18s)}$	0.97	$s \geqslant 0.1\text{m}$
DK205+480	防水结构层	$\sigma(s) = 48.79e^{(-0.58s)}$	0.96	$\sigma(s) = 61.15e^{(-0.58s)}$	0.98	
DK205+542		$\sigma(s) = 55.99e^{(-0.89s)}$	0.98	$\sigma(s) = 65.02e^{(-0.8s)}$	0.95	

注: $\sigma(s)$ 为基床表面下某深度 s 位置的动应力 (kPa); s 为距基床表面深度 (m); R^2 为相关系数

3) 动应力衰减系数沿基床深度方向分布规律

为了便于对比分析, 按照第 6 章中式 (6-3) 对现场实测动应力数据进行重新整理, 整理结果见图 7-30。图 7-30 给出了干燥和浸水两种服役环境下动应力衰减系

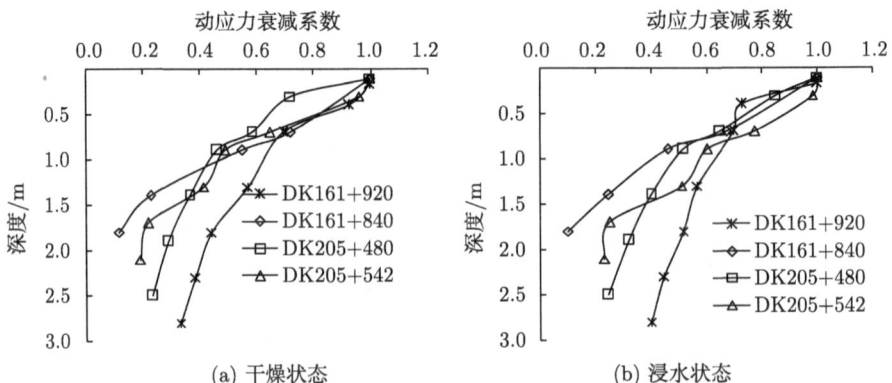

(a) 干燥状态　　　　　　　　　(b) 浸水状态

图 7-30　不同工况下基床动应力衰减系数变化规律

数沿基床深度方向的变化规律,纵坐标零点为路基面。表 7-3 给出了动应力衰减系数与深度关系曲线拟合方程。干燥服役环境下,防水结构层顶面和底面间动应力衰减率为 12.1%～16.9%,而铺设复合防排水板剖面 (DK161+920) 基床相同位置的动应力衰减率为 5.9%(按拟合曲线求得)。浸水服役环境下,防水结构层顶面和底面间动应力衰减率为 13.2%～21.1%,而铺设复合防排水板剖面 (DK161+920) 基床相同位置的动应力衰减率为 6.3%。因此,铺设新型改性水泥基防水结构层能够在一定程度上加快动应力沿基床深度的衰减速率。

表 7-3 动应力衰减系数与深度关系曲线拟合方程

试验断面	防水措施	干燥	R^2	浸水	R^2	备注
DK161+920	复合防排水板	$\varphi(s) = 0.61 - 0.25\ln(s)$	0.97	$\varphi(s) = 0.612 - 0.19\ln(s)$	0.97	
DK161+840		$\varphi(s) = 1.459e^{(-1.31s)}$	0.94	$\varphi(s) = 1.286e^{(-1.18s)}$	0.95	
DK205+480	水泥基防水结构层	$\varphi(s) = 0.892e^{(-0.58s)}$	0.95	$\varphi(s) = 0.978e^{(-0.58s)}$	0.99	$s \geqslant 0.1\text{m}$
DK205+542		$\varphi(s) = 1.172e^{(-0.89s)}$	0.98	$\varphi(s) = 1.226e^{(-0.8s)}$	0.95	

4) 新型改性水泥基防水结构层顶面和底面动应力分布规律

图 7-31～图 7-33 给出了各动测剖面改性水泥基防水结构层顶面和底面的动应力实测值,可以得到:

(1) 基床处于干燥服役环境时,防水结构层顶面动应力波动范围为 26.5～46.7kPa,而处于浸水服役环境时变为 32.8～53.0kPa;

(2) 轨道中线至轨道中线侧 1.7m 范围内,防水结构层底面的动应力小于其顶面对应位置的动应力。基床处于干燥服役环境时,防水结构层底面的动应力为 20.3～32.0kPa,基床表层浸水后动应力增大为 22.5～41.0kPa;

(3) 轨道中线侧 1.7～3.0m 范围内,改性水泥基防水结构层底面的动应力比防水结构层顶面的动应力总体略大,与室内足尺动力模型试验结果类似。分析其原因是: ① 防水结构层顶面的动应力主要是通过基床表层级配碎石扩散而来的激振附加应力,轨道中线侧 1.7m 位置基本上处于基床表层的应力扩散范围之外,所以轨道中线侧 1.7～3.2m 范围内防水结构层顶面的实测动应力实际上不是激振荷载的扩散应力,而是该范围内各监测点上方基床表层级配碎石的振动所产生的惯性应力; ② 由于改性水泥基防水结构层的刚度相对较大,对激振荷载产生的动应力具有均布作用,所以轨道中线侧 1.7～3.2m 范围内防水结构层底面的实测动应力实际上包括两部分: (a) 防水结构层均布作用传递的动应力;(b) 监测点上方基床表层级配碎石和防水结构层振动所产生的惯性应力,二者之和,使得改性水泥基防水结构层底面的实测动应力略大于其表面实测动应力。

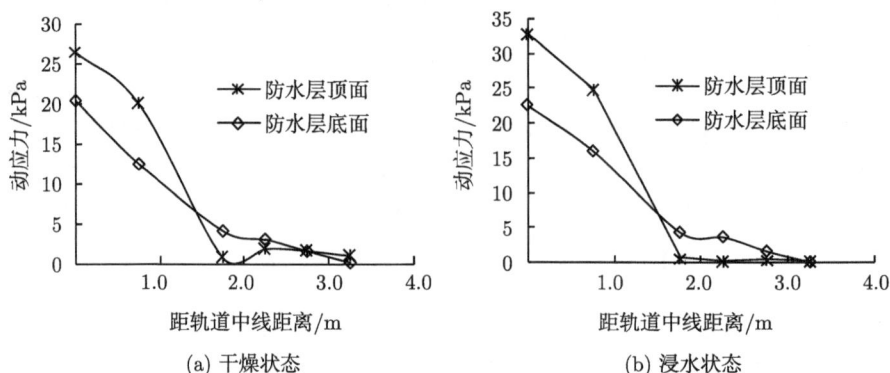

(a) 干燥状态　　　　　　　　　　　(b) 浸水状态

图 7-31　DK161+840 新型改性水泥基防水结构层顶面和底面动应力分布规律

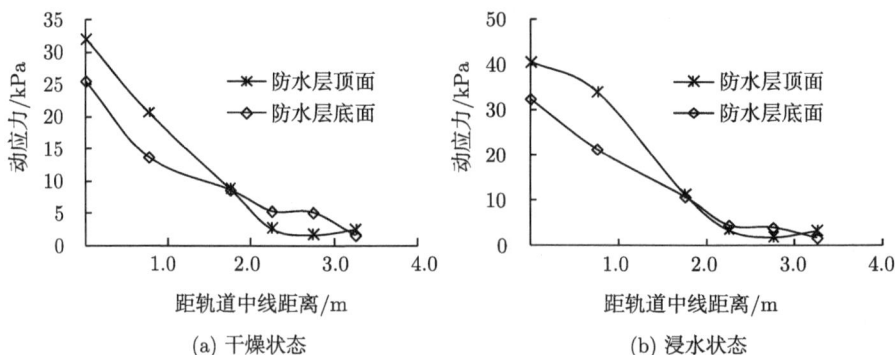

(a) 干燥状态　　　　　　　　　　　(b) 浸水状态

图 7-32　DK205+480 新型改性水泥基防水结构层顶面和底面动应力分布规律

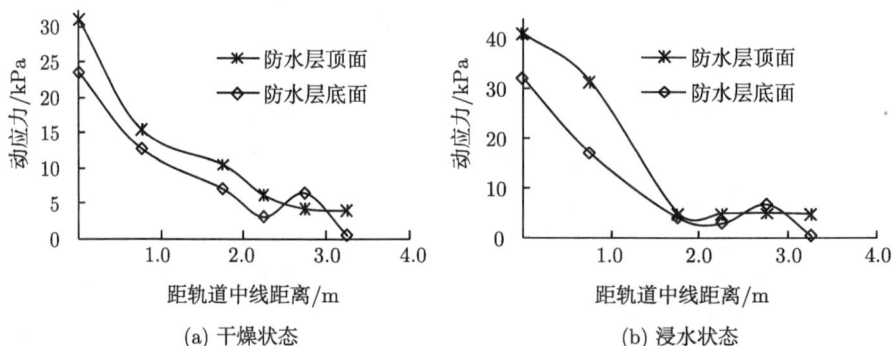

(a) 干燥状态　　　　　　　　　　　(b) 浸水状态

图 7-33　DK205+542 新型改性水泥基防水结构层顶面和底面动应力分布规律

7.4.2　不同工况下基床振动速度分析

1) 振动速度沿基床深度方向分布规律

图 7-34 给出不同工况下基床振动速度沿深度的变化规律,纵坐标零点为路基面。经分析可知:

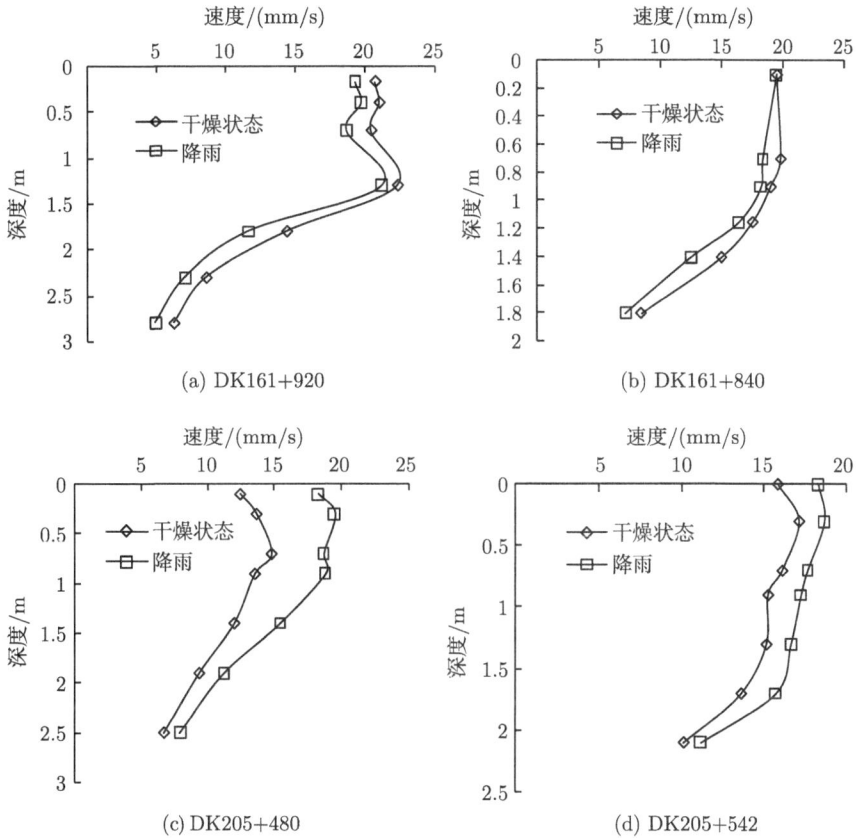

图 7-34　各测试剖面速度沿深度分布规律

(1) 传统基床结构 (图 7-34(a)) 路基面至 1.2m 深度范围内振动速度衰减不明显, 路基面 1.2m 以下呈指数函数型衰减;

(2) 新型改性水泥基防水结构层以上基床表层范围内振动速度衰减不明显, 防水结构层以下振动速度沿深度呈线性 (图 7-34(b)~(c)) 或二次曲线型衰减 (图 7-34(d));

(3) 新型改性水泥基防水结构层能够改变振动速度的衰减起始深度, 由传统基床结构的 1.2m 减小为 0.7m。

(4) 振动速度绝对值与基床服役环境有关, 浸水后振动速度出现小幅增加, 振动速度沿基床的衰减规律与服役环境基本无关。

获得膨胀土路堑基床中振动速度衰减系数沿基床深度方向的变化规律, 便于设计和研究人员根据不同的线路工况对基床不同位置的振动速度进行准确分析, 为此, 按照第 7 章中式 (7-4) 对现场激振试验振动速度实测数据进行整理分析, 给出振动速度衰减系数与基床深度之间的拟合方程，见表 7-4 和表 7-5。

表 7-4　复合防排水板防水层断面振动速度衰减系数与深度关系曲线拟合方程

试验断面		干燥	R^2	浸水	R^2
DK161+920	$0 \leqslant s < 1.2\text{m}$	$\Gamma_v(s)=1$	—	$\Gamma_v(s)=1$	—
	$s \geqslant 1.2\text{m}$	$\Gamma_v(s)=1.616(s)^{-1.69}$	0.991	$\Gamma_v(s)=1.662(s)^{-1.91}$	0.999

注：R^2 为相关系数

表 7-5　改性水泥基防水结构层断面振动速度衰减系数与深度关系曲线拟合方程

试验断面	干燥	R^2	浸水	R^2	备注
DK161+840	$\Gamma_v(s)=-0.344s^2$ $+0.331s+0.970$	0.997	$\Gamma_v(s)=-0.303s^2$ $+0.205s+0.982$	0.989	
DK205+480	$\Gamma_v(s)=-0.167s^2$ $+0.201s+981$	0.940	$\Gamma_v(s)=-0.115s^2$ $+0.029s+0.998$	0.966	$s \geqslant 0.1\text{m}$
DK205+542	$\Gamma_v(s)=-0.141s^2$ $+0.133s+0.988$	0.942	$\Gamma_v(s)=-0.124s^2$ $+0.1s+0.941$	0.934	

2) 新型改性水泥基防水结构层顶面和底面振动速度分布规律

图 7-35~图 7-37 给出了防水结构层顶面和底面的振动速度实测值沿基床横断面方向的变化规律，经分析可知：防水结构层顶面和底面范围内振动速度的衰减不明显；激振设备范围 (距轨道中线 1.0m) 以外防水结构层振动速度随距离呈线性关系迅速减小。

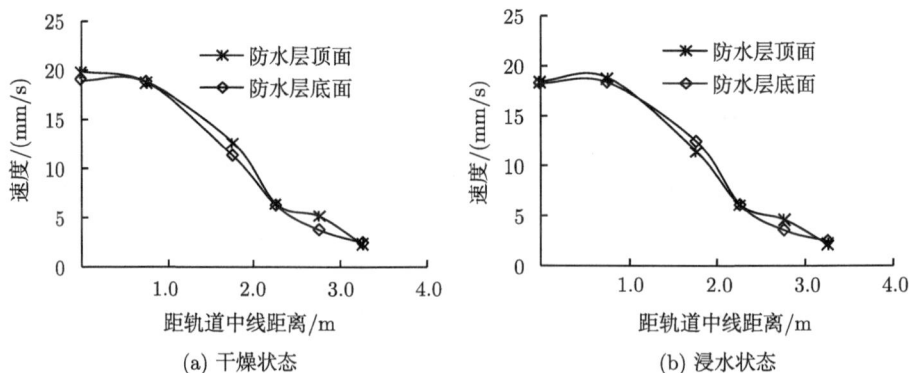

图 7-35　DK161+840 新型改性水泥基
防水结构层顶面和底面速度分布规律

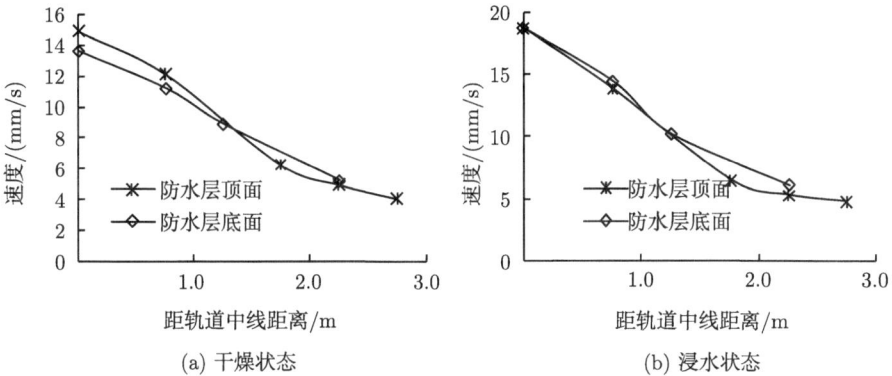

(a) 干燥状态   (b) 浸水状态

图 7-36 DK205+480 新型改性水泥基防水结构层顶面和底面速度分布规律

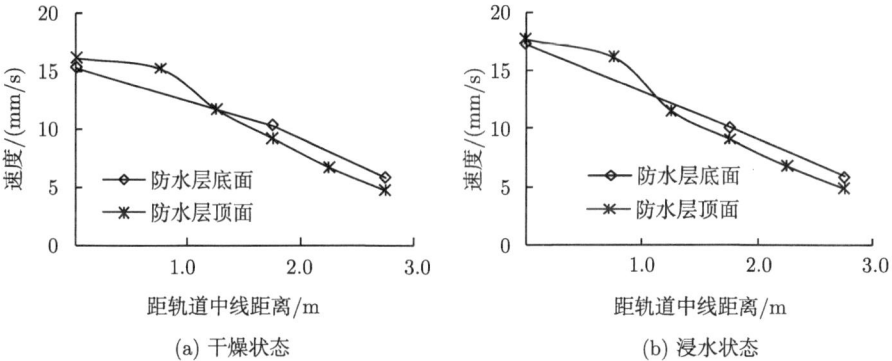

(a) 干燥状态   (b) 浸水状态

图 7-37 DK205+542 新型改性水泥基防水结构层顶面和底面速度分布规律

7.4.3 不同工况下基床加速度分析

1) 加速度沿基床深度方向分布规律

图 7-38 给出不同工况下基床加速度沿深度的变化规律,纵坐标零点为路基面。经分析可知:

(1) 传统基床 (图 7-38(a)) 内加速度沿深度方向呈线性衰减;

(2) 新型改性水泥基防水结构层以上基床表层范围内加速度衰减不明显,防水结构层以下速度沿深度呈指数型衰减 (图 7-38(b)~(d));

(3) 与传统基床结构相比,铺设新型改性水泥基防水结构层后加速度的衰减速率增大。

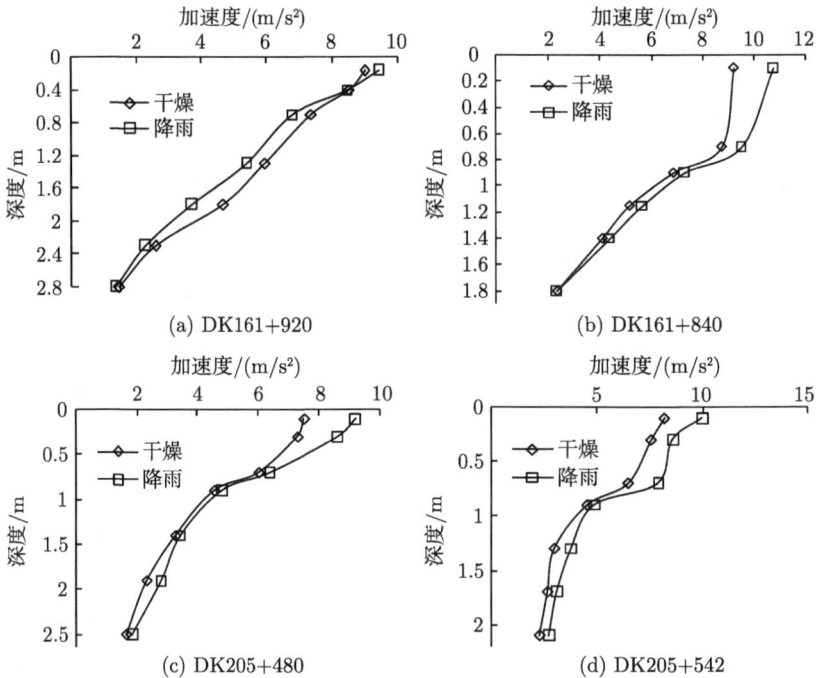

(a) DK161+920

(b) DK161+840

(c) DK205+480

(d) DK205+542

图 7-38　各测试剖面加速度沿深度分布规律

2) 新型改性水泥基防水结构层顶面和底面加速度分布规律

图 7-39～图 7-41 给出了各动测剖面新型改性水泥基防水结构层顶面和底面的加速度实测值, 由图可知, 防水结构层顶、底面加速度与其服役环境有关:

(1) 防水结构层顶面加速度在干燥、降雨两种服役环境下的波动范围分别为 $6.03\sim8.75\text{m/s}^2$, $6.40\sim9.51\text{m/s}^2$;

(2) 防水结构层底面加速度在干燥、降雨两种服役环境下的波动范围分别为 $4.55\sim6.87\ \text{m/s}^2$, $4.79\sim7.3\ \text{m/s}^2$。

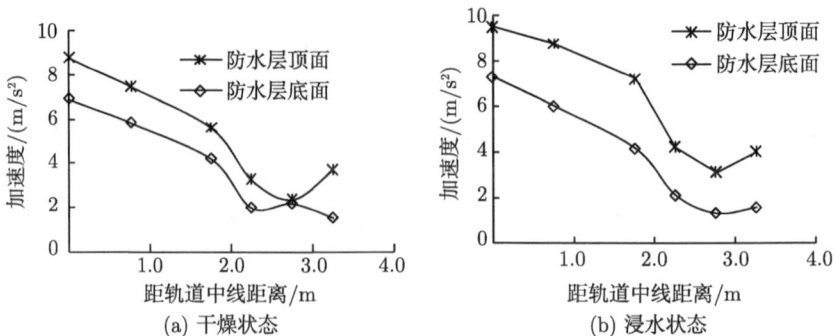

(a) 干燥状态

(b) 浸水状态

图 7-39　DK161+840 新型改性水泥基防水结构层顶面和底面加速度分布规律

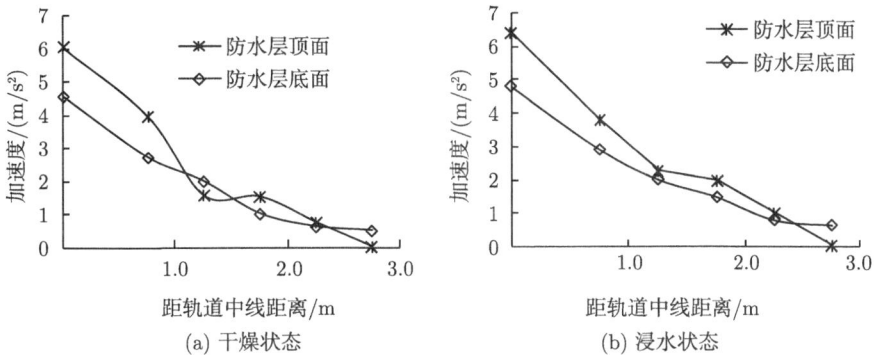

(a) 干燥状态

(b) 浸水状态

图 7-40 DK205+480 新型改性水泥基防水
结构层顶面和底面加速度分布规律

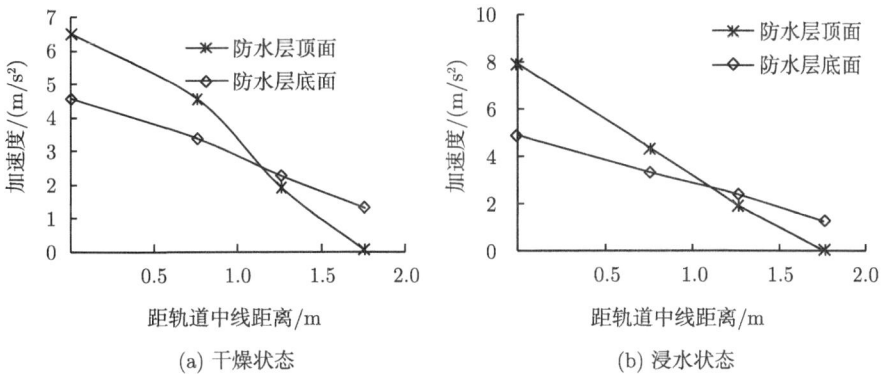

(a) 干燥状态

(b) 浸水状态

图 7-41 DK205+542 新型改性水泥基防水
结构层顶面和底面加速度分布规律

(3) 防水结构层范围内加速度衰减率分别如下：干燥工况下为 18.4%～23.7%，降雨工况下为 15.3%～30.3%，而相同厚度范围内传统基床结构 (DK161+920) 的加速度衰减系数仅为 6.0%。因此，改性水泥基防水结构层能够加快基床内加速度的衰减速率。

7.4.4 不同工况下基床沉降变形分析

为研究采用不同防排水措施的基床在极端工作环境下 (如长时间干旱后，基床处于干燥状态，或遭遇特大暴雨时，基床长期处于浸水状态) 的动/静变形特性，对每个试验剖面在干燥和浸水两种极端服役环境下各激振 100 万次。图 7-42 给出了 4 个试验剖面路基面沉降变形随振动次数的变化曲线。由图可知：

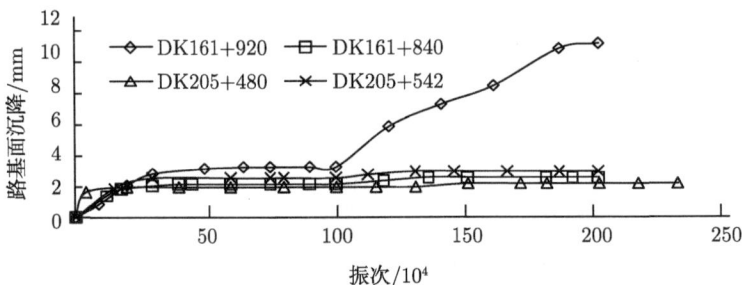

图 7-42　各动测剖面路基面沉降随振动次数变化规律

(1) 干燥服役环境下 (0~100 万次), 铺设新型改性水泥基防水结构层的 3 个横断面在激振开始后很快便趋于稳定, 其中 DK161+840 沉降量为 2.0mm、DK204+480 沉降量为 1.8mm、DK205+542 沉降量为 2.3mm, 路基面沉降变形相差不大, 而铺设复合防排水板断面 (DK161+920) 路基面最大沉降变形为 3.0mm, 且沉降变形稳定过程明显较慢, 约激振 50 万次后沉降变形量不再增加;

(2) 浸水服役环境下 (100 万~200 万次), 铺设新型改性水泥基防水结构层的 3 个试验断面沉降增量可忽略不计, 但铺设复合防排水板基床断面 (DK161+920) 的路基面沉降变形增量较大, 且持续时间较长。

沉降变形分析: 浸水试验时, 根据实际情况对加水方案进行了调整, 采用洒水车向基床洒水, 激振全过程中始终保持基床表面有水覆盖 (图 7-43), 各试验断面实际洒水量均为 15m³, 远超过按特大暴雨 250mm/24h 的降雨标准。

图 7-43　模拟降雨工况时基床表面覆水情况

(1) DK161+840, DK204+480, DK205+542 试验断面: 新型改性水泥基防水结构层具有良好的抗渗性和较大的刚度, 激振过程中渗入基床表层的水被迅速排出, 防水结构层下换填层和膨胀土地基不受地表水影响, 因此, 浸水期间基床新增沉降应为基床表层的变形量, 是基床表层填料颗粒在动力荷载作用下发生滑移、位置调整引起的。

(2) DK161+920 试验断面：该断面采用复合防排水板隔水，复合防排水板之间采用搭接方式连接，试验过程中基床表层完全处于浸水状态，防排水板虽然能够将大部分水排出基床，但仍有部分水通过搭接缝渗入换填层，使换填层上部填料浸水软化，引起路基面沉降变形大幅增加。如图 7-44 所示。

(a) 新型防水结构层试验断面   (b) 复合防排水板断面

图 7-44 模拟降雨工况时基床表层渗水情况

综上所述，采用搭接方式施工的复合防排水板具有一定的隔水作用，但在遇到长时间降雨时，其隔水效果有限。相比之下，新型改性水泥基防水结构层能够彻底隔断雨水进入换填层的途径，对保障云桂铁路膨胀土路堑基床的长期动力稳定性具有重要意义。

图 7-45 给出了四个试验断面换填底面沉降变形时程曲线。由图可知，4 个断面换填底面的沉降变形基本为 0，说明各试验断面的基床结构设计是合理的，沉降曲线波动可能是水准观测过程中读数误差引起的。

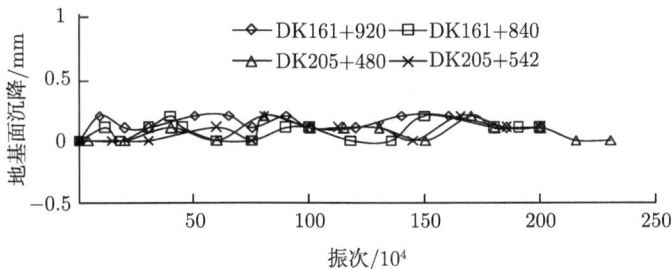

图 7-45 地基面沉降随振动次数变化规律

7.4.5 不同基床防排水措施隔水效果分析

1) 复合防排水板基床断面 (DK161+920)

图 7-46 给出的是复合防排水板基床浸水过程中基床表层的渗水情况照片，向路基面挡水坎内持续注水约 40min 后，基床表层底面和复合防排水板开始排水，随

着浸水时间的增加，基床表层底面的渗流范围 (沿线路纵向方向) 逐渐增大，基床浸水 7h 后 (激振约 40 万次)，渗流范围基本稳定 (图 7-46(a))，根据现场测量，基床表层底面最大渗流宽度为：试验断面沿昆明方向约 5.7m，沿南宁方向约 10.4m，总渗流宽度约 16m。由于复合防排水板宽度采用搭接施工，16m 宽的渗流范围内有复合防排水板搭接缝 8 条，极大地增加了降雨渗入换填层的机会。

(a) 防水板出水范围　　　　　　　　　　(b) 防水板出水情况

图 7-46　复合防水板基床渗水情况

浸水服役环境下，激振第 60 万次结束时 (基床浸水约 11h)，激振设备的累积竖向沉降为 7.8mm，沉降量仍呈线性增长。与干燥服役环境下基床沉降变形规律相比，浸水服役环境下复合防排水断面基床的沉降量和沉降增加速率均较大。为分析出现这种现象的原因，试验人员暂停激振试验，对路肩下复合防排水板渗流情况进行了仔细检查，发现路肩位置防排水板下方砂垫层呈水润状，说明有部分水通过防排水板搭接缝进入了换填层上部填料，导致换填层上部填料软化变形，从而引起路基面沉降量增加。

表 7-6 为该断面湿度计布置统计表，表 7-7 给出的是该试验断面在基床浸水前和基床浸水 100 万次激振试验后的土壤湿度计读数。由表可知，基床浸水激振试验结束后，除复合防排水板顶面的 3 个土壤湿度计读数出现大幅度增加 (HS-11, HS-12, HS-13) 以外，其余土壤湿度计读数基本保持不变，表明浸水激振试验期间没有水渗入到防水板以下 0.6m 位置 (换填层中部)。由于现场激振试验中浸水时间约 20h，远小于云南、广西地区雨季的持续降雨时间，在云桂铁路沿线进入雨季后，通过复合防排水板搭接缝进入换填层的雨水量会持续增加，浸水软化的换填层厚度也可能随之增加，在长期反复列车荷载作用下，线路的平顺性不可避免地会受到影响，因此，为保证云桂铁路的工程质量，膨胀土路堑地段不建议采用复合防排水板进行基床防排水处置。

表 7-6 DK161+920 剖面湿度计布置统计表

基床横断面方向距左线中线距离						距路基面深度/m	备注
3.26m	2.76m	2.26m	1.76m	0.76m	0		
HS-12				HS-11	HS-10	0.7	防水板顶面
				HS-9	HS-8	1.3	
				HS-7	HS-6	1.8	
			HS-5	HS-4	HS-3	2.2	换填底面
				HS-2	HS-1	2.7	

表 7-7 DK161+920 剖面湿度计浸水试验前后读数

	换填底面下 0.5m		换填底面			路基面下 1.8m	路基面下 1.3m		复合防排水板顶面 (路基面下 0.7m)		
编号	HS-1	HS-2	HS-3	HS-4	HS-5	HS-6	HS-7	HS-8	HS-9	HS-10	HS-11	HS-12
浸水前	21.3	27.5	24.4	9.6	30	10.9	1.3	8.3	0	36.3	27.7	28.6
浸水后	21.4	27.4	24.9	9.6	30	11.2	1.8	8.7	0	86	70	61.3

注:土壤湿度计的精度为 ±3%,即如果土壤湿度计的读数变化量位于 −3%~3% 范围内,则认为土壤湿度没有发生变化

2) 新型改性水泥基防水结构层试验断面

表 7-8、表 7-10、表 7-12 为湿度计布置统计表,表 7-9、表 7-11 和表 7-13 分别给出了铺设新型改性水泥基防水结构层的三个试验断面浸水前后湿度计读数变化实测值。由实测数据可知,浸水后防水结构层顶面的湿度计读数均大幅度增加,而防水结构层底面、换填层以及地基土中的湿度计读数则基本保持不变,说明改性水泥基防水结构层具有良好的防水效果,彻底解决了复合防排水板搭接缝的渗水问题。

表 7-8 DK161+840 剖面湿度计布置统计表

基床横断面方向距左线中线距离						距路基面深度/m	备注
3.26m	2.76m	2.26m	1.76m	0.76m	0.0m		
HS-11				HS-10	HS-9	0.7	防水层顶面
HS-8				HS-7	HS-6	0.9	防水层底面
				HS-5	HS-4	1.15	
				HS-3	HS-2	1.4	换填底面
					HS-1	2.1	

表 7-9　DK161+840 剖面湿度计浸水试验前后读数

仪器编号	换填底面下 0.4m	换填底面			路基面下 1.15m	防水结构层底面			防水结构层顶面		
	HS-1	HS-2	HS-3	HS-4	HS-5	HS-6	HS-7	HS-8	HS-9	HS-10	HS-11
浸水前	0	25.2	18.2	17	3	—	—	2.6	0	21.3	13.1
浸水后	0	25.6	18.1	17	3.1	—	—	2.6	63.4	77.5	82.3

表 7-10　DK205+542 剖面湿度计布置统计表

基床横断面方向距左线中线距离						距路基面深度/m	备注
2.76m	2.26m	1.76m	1.26m	0.76m	0.0m		
	HS-10			HS-9	HS-8	0.7	防水层顶面
HS-7			HS-6	HS-5	HS-4	0.9	防水层底面
				HS-3	HS-2	1.7	
					HS-1	2.1	

表 7-11　DK205+542 剖面湿度计浸水试验前后读数

仪器编号	换填底面	路基面下 1.7m		防水结构层底面				防水结构层顶面		
	HS-1	HS-2	HS-3	HS-4	HS-5	HS-6	HS-7	HS-8	HS-9	HS-10
浸水前	16.8	17.8	17.7	22.9	21.9	21.5	20.4	10.8	31.3	22.4
浸水后	16.7	17.8	17.7	23.2	21.7	21.7	20.4	87.3	72.8	78.4

表 7-12　DK205+480 剖面湿度计布置统计表

横断面方向距左线中线距离					距路基面深度/m	备注
2.26m	1.76m	1.26m	0.76m	0.0m		
HS-11			HS-10	HS-9	0.7	防水层顶面
		HS-8	HS-7	HS-6	0.9	防水层底面
				HS-5	1.4	
				HS-4	1.9	
		HS-3	HS-2	HS-1	2.5	

表 7-13　DK205+480 剖面湿度计浸水试验前后读数

编号	换填底面			路基面下 1.9m	路基面下 1.4m	防水结构层底面			防水结构层顶面		
	HS-1	HS-2	HS-3	HS-4	HS-5	HS-6	HS-7	HS-8	HS-9	HS-10	HS-11
浸水前	20.4	23.7	22	21.4	21.8	19.1	33.1	9.3	11.5	13.8	22.3
浸水后	20	23.7	22.1	20.8	21.9	19.1	33.2	9.3	82	80.5	89.4

7.4.6　防水结构层抵抗自然营力作用性能检验

　　为了检验改性水泥基防水结构层在实际工作环境中的抗裂性和防水性,现场激振试验结束后,将铺设有新型改性水泥基防水结构层的三个试验断面 (DK161+840,

DK205+480 和 DK205+542) 基床表层级配碎石挖除, 开挖范围为: 沿线路方向 1.5m, 横断面方向 3.5m(昆明方向左线轨道中线至侧沟), 使开挖范围内的防水结构层表面裸露在外, 经受一年时间的日晒雨淋。

试验日期为 2013 年 4 月 ~2014 年 4 月, 处于广西百色地区的雨季, 试验期间降雨次数多、雨量大, 且持续时间长, 是检验新型改性水泥基防水结构层实际防水效果的佳期。图 7-47 给出了日晒雨淋期间防水结构层底面填料的湿度监测数据。由图可知, 经过一年时间的气候干湿循环作用, 防水结构层底面填料的湿度基本保持不变, 说明新型改性水泥基防水结构层具有良好的抗渗性。

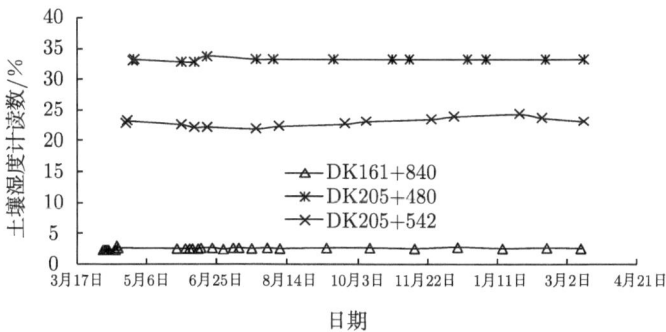

图 7-47 改性水泥基防水结构层底面填料湿度变化监测数据

图 7-48 给出了弱—中、中—强膨胀土路堑试验段的新型改性水泥基防水结构层经过一年日晒雨淋后的表面照片, 由图可知, 防水结构层完整无损, 没有出现裂纹或膨胀现象, 说明改性水泥基防水结构层具有良好的抵抗自然营力作用的能力。

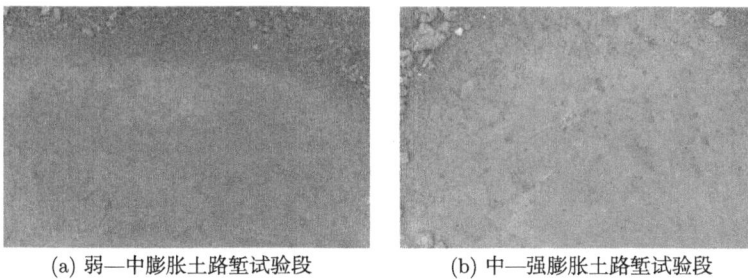

(a) 弱—中膨胀土路堑试验段   (b) 中—强膨胀土路堑试验段

图 7-48 经过一年自然营力作用后的防水结构层表面

7.5 本章小结

(1) 干燥状态下路基面实测动应力波动范围为 36.7~54.7kPa, 平均约 45.0kPa; 降雨期间, 各监测点实测基床动应力均增大, 路基面动应力波动范围为 48.92~62.5kPa, 平均约 55.1kPa; 复合防排水板对动应力的衰减规律影响不大, 动应力随深度呈对数函数型变化；新型改性水泥基防水结构层能够加快动应力的衰减速度，基床内动应力随深度的变化规律仍呈指数函数型。

(2) 复合防排水板基床表面至路基面下 1.2m 深度范围内振动速度衰减不明显，路基面 1.2m 以下呈指数函数型衰减；新型改性水泥基防水结构层以上基床表层范围内振动速度衰减不明显，防水结构层以下振动速度沿深度呈线性或二次曲线型衰减，新型改性水泥基防水结构层能够改变振动速度的衰减起始深度，和复合防排水板基床相比，振动衰减起始深度由 1.2m 减小为 0.7m，这对保障膨胀土路堑基床的长期动力稳定性具有重要意义。

(3) 复合防排水板基床内加速度沿深度方向呈线性衰减，而新型改性水泥基防水结构层以上基床表层范围内加速度衰减不明显，但防水结构层以下振动速度沿深度呈指数型衰减，和复合防排水板基床相比，加速度衰减速率增大。

(4) 复合防排水板宽度有限 (仅 2m 左右)，搭接缝多，在基床遭遇长、大降雨天气时，搭接缝往往成为渗漏点，使换填层浸水，容易引起基床翻浆冒泥和变形，而新型改性水泥基防水结构层基本可实现连续摊铺，施工缝少，且施工缝防渗性和强度均易处置，能够和侧沟、盲沟对路堑换填层形成全封闭，彻底隔断降雨入渗的路径；新型改性水泥基防水结构层在极端服役环境下经过 200 万次激振试验，未产生裂纹，完整性良好，表明其具有较强的抗疲劳性。

(5) 复合防排水板基床和新型改性水泥基防水结构层基床路基面动位移随距离的增加均呈幂函数型衰减；距振源 5m 以内，铺设新型改性水泥基防水结构层后基床表面动位移绝对值小于复合防排水板基床，因此，铺设新型防水结构层能够减小轨道范围内基床的弹性变形，提高列车运行平稳性。

(6) 铺设新型改性水泥基防水结构层后，路基面总沉降量小，且在激振过程中很快便稳定，浸水后沉降略有增加，但增加幅值微小；铺设复合防排水板试验点，干燥状态下的路基面总沉降比新型改性水泥基防水结构层试验点路基面沉降大，基床长时间浸水后，复合防排水板断面路基面的沉降随着振动次数的增加而增大，分析认为，这是由防排水板下方进水，换填层上部填料软化变形所引起的。

第8章 环境与动载共同作用下膨胀土路基服役性能演变规律

　　高速列车动力荷载是引发路基长期累积变形和振动的直接因素，明确路基各结构层间相互作用及荷载传递特性是铁路路基结构设计和变形控制的基础保证，而路基结构的工作性能受各结构层性能和服役环境等因素影响，相应的各结构层内的力学行为及其衰减特征也各不相同。膨胀土地区的铁路地基常因干湿循环作用而产生不均匀胀缩变形，严重影响路基结构安全及列车的正常运营。因此，高速铁路对膨胀土路堑基床结构功能的要求也更为严格。针对云桂高速铁路膨胀土路基工程，研发了一种改性沥青复合防水材料，铺设在膨胀土路堑基床中，设置一道SAWI层，从而形成一种同时具有防排水性能和协调基底不均匀膨胀变形的新型基床结构，以提高膨胀土路堑基床结构的适应性和耐久性。

　　国内外诸多学者通过建立各种列车-轨道-路基系统模型，分别从列车振动荷载模拟、弹性理论解答、数值模拟分析、模型试验及现场测试等方面对列车荷载作用下基床结构动响应变化规律及影响因素进行了研究。梁波等对列车振动荷载进行了理论研究和模拟，提出了考虑不平顺条件的列车荷载方程，为列车荷载作用下路基动响应研究提供了理论基础。徐鹏等建立了列车-有砟轨道-路基空间耦合动力学模型，并借助实测数据和数值仿真结果进行了验证。Costa 等考虑土的非线性的影响，对高铁路基动响应进行了分析。Cai 建立了考虑轨道不平顺性的轨道-路基-地基耦合系统模型，对列车移动荷载作用下的路基动力响应进行了研究。Shan等采用有限元方法，探讨了列车荷载作用下土质路基动力响应。Kong 等采用有限差分方法，建立了有砟轨道-路基系统三维动力分析模型，探讨了列车荷载和行车速度对土质路基动力性质的影响。Bian 等采用模型试验方法，对列车移动荷载作用下高速铁路板式轨道路基振动和动应力特性进行了研究，提出了用于预测板式无砟轨道路基动应力的经验计算式。荆志东通过足尺动态模型试验，对红层泥岩半刚性基床结构动态变形特征进行了研究，结果表明该基床结构能大幅降低动荷载作用时的动变形。杨果林等基于模型试验及现场试验方法，对高速铁路膨胀土路堑全封闭基床动力特性进行了研究，获得了不同服役环境下基床速度和加速度随深度的变化规律。张建民等基于多尺度和精细化建模技术，建立了 350 km/h 的双线高速铁路无砟轨道-路基-地基系统非线性三维数值分析模型，得到了轨道-路基-地基系统各部分的振动加速度在时间和空间上的分布特征。

综上所述，现有的研究成果主要是针对常规的铁路基床动力特性的，而对特殊地质条件下的典型基床结构动力响应的研究还鲜见报道。同时，研究表明基床结构类型及其参数变化对基床的动力特性具有显著影响。新型基床结构中存在 SAWI 层的作用，使得新型基床结构在列车振动荷载下的动力响应与传统基床结构有较大差异，特别是在极端服役环境条件下，研究列车振动荷载作用下有砟轨道-路基-膨胀土地基动力相互作用，明确路基基础结构层动应力水平及服役性能演变规律，对揭示新型基床结构应力水平和动力行为具有重要意义。

高速铁路路基动力性质十分复杂，且影响因素较多，要通过理论准确计算路基动力响应参数是十分困难的。物理模型试验作为一种有效替代现场试验的方法，可提供有价值的数据，研究列车移动荷载作用下的轨道-下部结构相互作用动力行为。本章以典型中—强膨胀土路堑新型基床结构设计断面为依据，建立了全比尺有砟轨道-路基-膨胀土地基系统动力试验模型，研究了列车动荷载与恶劣环境共同作用下的膨胀土路堑新型基床结构动态特性、路基内部振动响应分布特征以及服役性能演变规律，并采用数值仿真技术建立了三维轨道-路基-地基系统动力计算模型，探讨了列车荷载作用下膨胀土路堑新型基床的动力行为分布特征及 SAWI 层对膨胀土路堑基床动力响应的影响。

8.1　全比尺轨道-路基-地基系统动力试验模型

8.1.1　试验模型设计及填筑标准

结合云桂铁路膨胀土地段路堑工程实际，选取典型中—强膨胀土路堑基床设计断面 (图 8-1)，在钢模型箱内建立长 × 宽 × 高尺寸为 9.2m×2.0m×4.6m 的有砟轨道-路基-膨胀土地基系统足尺动力模型 (图 8-2)，基床结构由上至下依次为 0.7m 基床表层 +0.2m SAWI 层 +0.6m 基床底层。在路基内埋设动土压力盒、速度计、

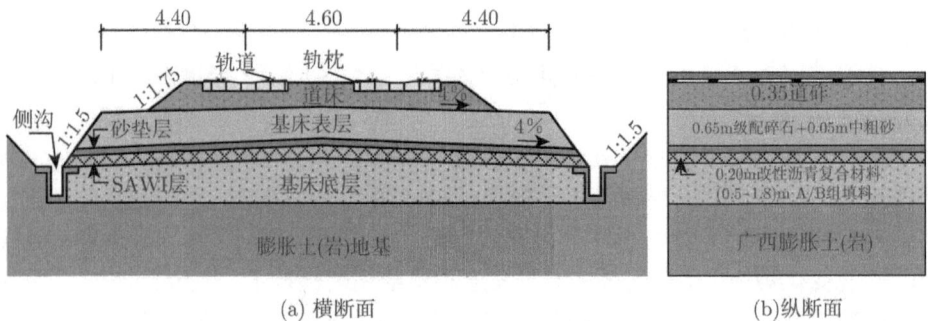

(a) 横断面　　　　　　　　　　　　　　(b) 纵断面

图 8-1　膨胀土路堑新型基床结构标准断面示意图 (单位：m)

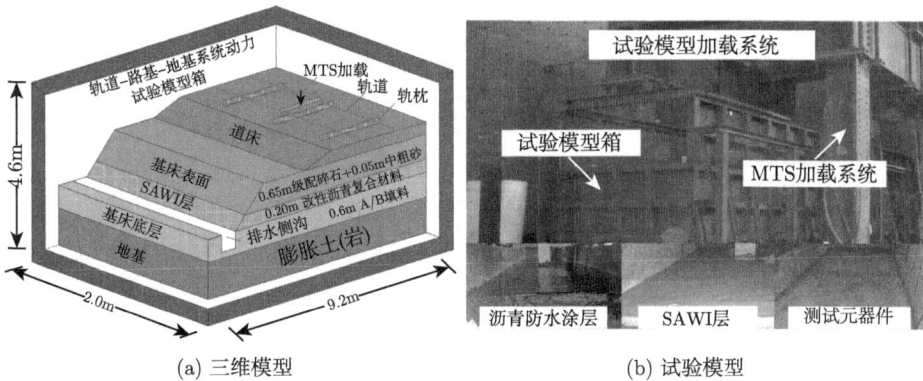

图 8-2　有砟轨道–路基–膨胀土地基系统足尺动力模型试验

加速度计和土壤湿度计等元器件，研究列车振动荷载与服役环境共同作用下基床结构的动力行为特性。为了保证室内试验模型与工程实际条件的一致性，试验模型设计规格依照云桂高速铁路工程实际进行设计，且轨道–路基–地基系统各结构层的尺寸、类型及填筑质量也与其保持一致。

路基基床结构层由基床表层、防水层和基床底层组成，各结构层位置关系见图 8-2。其中：基床表层和基床底层分别采用级配碎石和 A、B 组填料作为填料，采用分层填筑振动夯实的方法，通过测试填土的密度 ρ、含水率 ω、压实系数 K、地基系数 K_{30} 和动态变形模量 E_{vd} 等指标来保证填土的施工质量，各指标严格遵照《规范》标准执行；SAWI 层采用研发的改性水泥基复合防水材料一次性铺设而成，铺设厚度为 20cm，其物理力学参数见表 8-1。地基土体选取云桂铁路试验段的中—强膨胀土，采用分层夯实的方法填筑 (图 8-3)，通过控制填土密度以达到填筑要求，其基本物理特性见表 8-2。

表 8-1　SAWI 层物理力学参数

密度 ρ /(g/cm³)	弹性模量 E /GPa	抗压强度 q_u /MPa	抗折强度 R_b /MPa	收缩变形率 η /%	抗渗系数 k_s /(m/s)	动弹模 E_{vd} /MPa
1.9	1.0	2.5	0.6	7.5	9.5×10^{-11}	80.0

表 8-2　模型填筑膨胀土基本物理力学参数

$\rho/(\text{g/cm}^3)$	G_s	$\omega/\%$	$\omega_L/\%$	$\omega_P/\%$	c/kPa	$\varphi/(°)$	$F_s/\%$
1.89~2.10	1.78	14.16	43.5	20.5	20~25	1~13	69.0~77.2

图 8-3　全比尺轨道–路基系统动力试验模型填筑过程

8.1.2　测试断面及元器件布设

为全面掌握路基系统动力行为特性，设计两种不同基床底层厚度的路基模型。模型 1：0.7m 基床表层 +0.2m SAWI 层 +1.1m 基床底层；模型 2：0.7m 基床表层 +0.2m SAWI 层 +0.6m 基床底层。在路基模型中分层布设动土压力盒、速度计、加速度计和土壤湿度传感器，沿线路横向共布置 6 个测试断面，对列车振动荷载引起的路基各结构层的振动响应进行实时监测，以获得在路基内部和沿线路横向的振动速度衰减分布特征。试验模型监测点位置与测试元器件布设详见图 8-4，各测试传感器参数详见表 8-3。

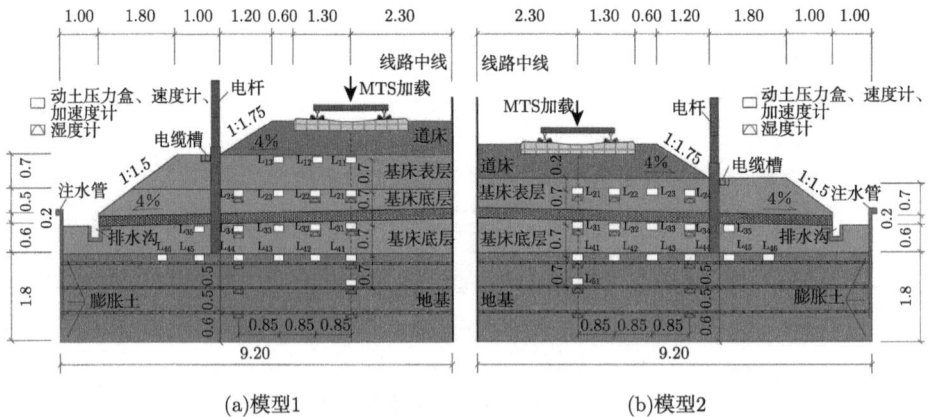

(a)模型1　　　　　　　　　　　　　(b)模型2

图 8-4　模型试验测试元器件布置图 (单位：m)

L_{ij} 为测试元器件埋设位置；i 为沿竖直方向编号；j 为沿水平方向编号

表 8-3　试验模型埋设传感器型号说明

传感器名称	型号	主要技术参数	数量/个	编号
动土压力盒	HC-D1011	量程 0.1MPa，超载能力 20%，全桥桥接	19	TYJ-01~TYJ-16
速度传感器	CS-YD-002M	量程 20mm/s，灵敏度 400mV/(mm·s)，频率范围 2~2000Hz	19	VDJ-01~VDJ-16
加速度传感器	CA-YD-189M	量程 $50m/s^2$，灵敏度 1000mV/g，频率范围 0.2~1000Hz	19	ADJ-01~ADJ-16
土壤湿度计	FDS-100	量程 0~100%，精度 ±3%，工作频率：100MHz	12	SDJ-01~SDJ-12

　　模型试验数据采集、处理系统组成如图 8-5 所示。其中，动态土压力采用德国 IMC CRONOS-PL 型采集器和 IMC FAMOS 数据分析软件等组成的采集系统进行测试；振动速度、加速度和动位移采用北京东方振动和噪声技术研究所研发的 INV387 型采集器和 Cionv DASP V10.0 数据分析软件等组成的采集系统进行测试；土壤湿度状态采用土壤湿度计跟踪监测，并借助 TS-Ⅰ型土壤水分速测仪采集数据。

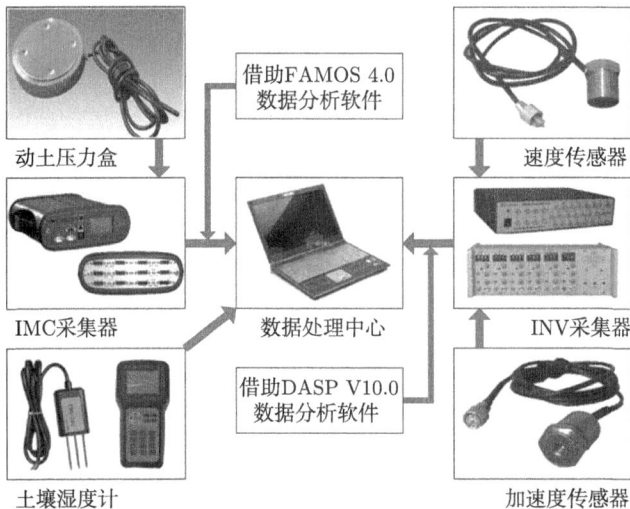

图 8-5　路基动力测试数据采集、处理系统平台

8.1.3　列车循环荷载及加载系统

　　有砟轨道结构主要由钢轨、扣件系统、轨枕和道床组成。列车轮–轨的相互作用产生轮轨动作用力，通过轨枕把轨道上的列车荷载转化成固定位置的竖向振动荷载，并传递至轨道结构和路基。列车振动荷载按照 CRH2 型列车进行确定，转向架固定轴距为 2.5m，车辆定距为 17.5m，行车速度为 250km/h，则列车荷载作用频率为 27.8Hz 和 4.0Hz。由于列车振动荷载对路基主要形成频率较低的激振，故

书中加载频率取 4.0Hz。模型激振试验加载方程按公式 (8-1) 进行输入，利用激振设备配重模拟列车轴重在路基面产生的静轮载 P_j，采用正弦波应力变化来模拟列车运动引起的附加动轮载 ΔP，路基面最大动轴力及应力幅值分别为 $P_{dl}=380$kN，$\sigma_{dl}=98.8$kPa。

$$P(t) = P_j + \Delta P \times \sin(2\pi ft) \tag{8-1}$$

式中：P_j 为静轮载 (kN)；ΔP 为附加动轮载 (kN)；f 为荷载作用频率 (Hz)；t 为时间 (s)。

实际模型激振试验在中南大学高速铁路建造技术国家工程实验室完成，采用 MTS 激振系统实现高速列车振动荷载的有效模拟，加载装置包括反力架、作动器和分配梁系统，加载可实现的最大激振力为 380kN，最小激振力为 20kN。列车动荷载按照 CRH2 型列车进行确定，行车速度取 $v=250$km/h，加载频率为 $f=4.0$Hz，列车静轮载 $P_j=200$kN，路基面最大动轴力及应力幅值分别为 $P_{dl}=380$kN，$\sigma_{dl}=98.8$kPa。采用正弦波应力变化来模拟列车运动引起的附加动轮载 ΔP，其大小为 180kN。故模型试验加载按方程 (8-1) 进行输入，其加载时程曲线和加载装置如图 8-6 所示。

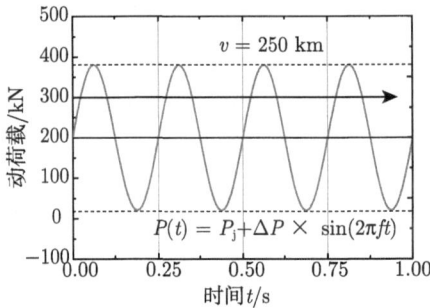

(a) 动荷载加载曲线　　　　　　　(b) MTS加载系统

图 8-6　列车动荷载加载系统

8.1.4　路基服役环境模拟及实现

在激振试验过程中，模拟自然、降雨和地下水位上升三种典型服役环境 (书中简称工况 1、工况 2 和工况 3)，针对模型 1, 2 两种类型的膨胀土路堑基床结构模型，分别采用自然条件下的模型 1 和三种服役环境条件下的模型 2 进行激振试验，各工况条件下分别激振 100 万次。具体试验过程如图 8-7 所示。

第 1 步：采用分层填筑振动夯实的方法，形成路基模型 1(图 8-7(a))：0.7m 基床表层 +0.2m SAWI 层 +1.1m 基床底层，在自然条件下激振 100 万次 (图 8-7(b))，并记录试验数据。

第 2 步：削除模型 1 基床表层 0.50m 填料后，填筑道砟并安装激振设备形成模型 2(图 8-7(c))：0.7m 基床表层 +0.2m SAWI 层 +0.6m 基床底层，在自然条件下激振 100 万次 (图 8-7(d))，并记录试验数据。为消除填料变化对试验结果的影响，此次试验中基床表层和基床底层范围内填料相同。

第 3 步：根据云桂高速铁路百色段实际降雨情况，降雨速度和降雨量分别取 29.8mm/d, 3.68m^3，在路基模型上方安装给水管网系统模拟降雨 (图 8-7(e))，降雨管网覆盖道床范围面积约为 6.0m^2，通过埋设在路基中的应变计和湿度计观察基床结构及地基膨胀土受降雨影响的动态变化 (图 8-8(a))，模拟降雨完成后，再次激振 100 万次，并记录试验数据。

第 4 步：通过埋设在路基中的注水系统模拟地下水位上升或地表水渗入等服役环境条件，由下至上逐层进行注水 (图 8-7(f))，观察湿度计读数来监控水位上升及地基膨胀土饱和度变化 (图 8-8(b))，注水完成后，再次激振 100 万次，并记录试验数据。

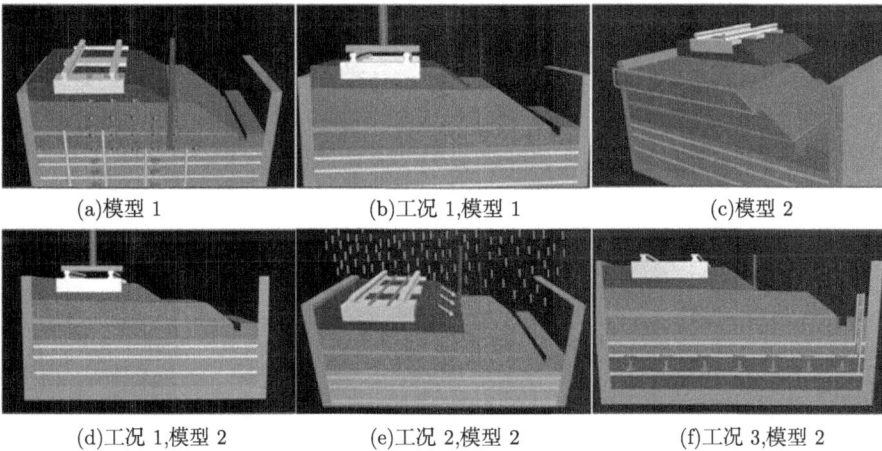

(a)模型 1　　　　(b)工况 1,模型 1　　　　(c)模型 2

(d)工况 1,模型 2　　　　(e)工况 2,模型 2　　　　(f)工况 3,模型 2

图 8-7　模型试验步骤和典型服役环境模拟示意图

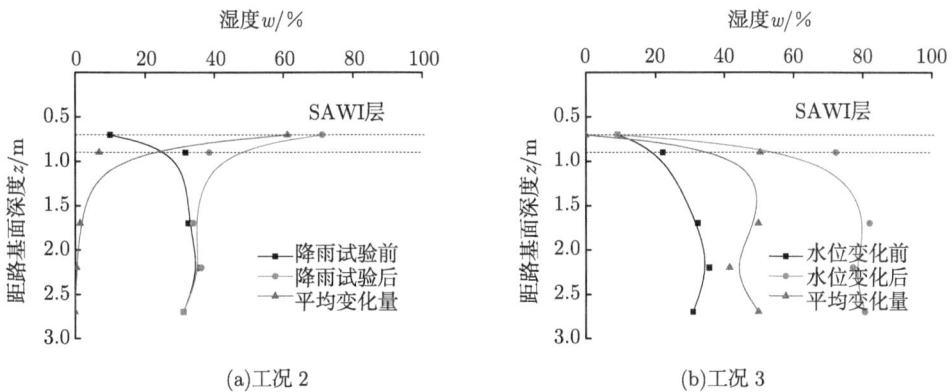

(a)工况 2　　　　(b)工况 3

图 8-8　不同工况条件下路基湿度变化测试结果

8.2 循环荷载与服役环境共同作用下路基动态性能演变规律

路基内动应力、速度、加速度水平及分布规律是评价列车动荷载对路基破坏作用的重要指标，也是影响高速铁路路基结构长期动力稳定性的关键因素。根据模型试验监测数据，下面将重点从动态土压力、振动速度、振动加速度三个方面，探讨膨胀土路基在循环动荷载和服役环境共同作用下的动态性能演变规律及新型基床结构的防排水效果。

8.2.1 路基系统动态土压力变化规律

1) 不同服役环境下动态土压力变化特征

明确路基各结构层内动应力水平和荷载传递规律是高速铁路路基结构设计和变形控制的基础保证；同时，过大的动应力强度容易导致路基填料破碎，产生更大的长期沉降变形，对路基长期动力稳定性及运行维护极为不利。不同服役条件下路基内各位置竖向动态土压力随激振次数的变化曲线如图 8-9 所示。由图可得：在同一服役条件下，基床内动态土压力在激振初期波动性较大，但随着激振次数的增加而逐渐趋于稳定；基床内动态土压力受服役环境影响较大，降雨和地下水位上升均引起基床内动态土压力水平提高，但距路基面深度越大动态土压力值越小，路基面 2.3m 以下动态土压力大小受服役环境影响不显著；各服役条件下激振 100 万次后路基面下 0.2m 对应的动态土压力大小分别约为 32.0kPa，37.0kPa，39.3kPa，以工况 1 条件下动态土压力值为 100%，工况 2 和工况 3 引起的动态土压力分别增加了 15.6%，22.8%；SAWI 层底面处动态土压力值随激振次数波动变化较大，是由于铺设的 SAWI 层具有半刚性的特点，可随上部动荷载的变化表现出一定的适应性和协调性，故可提高高速铁路线路的平顺性。

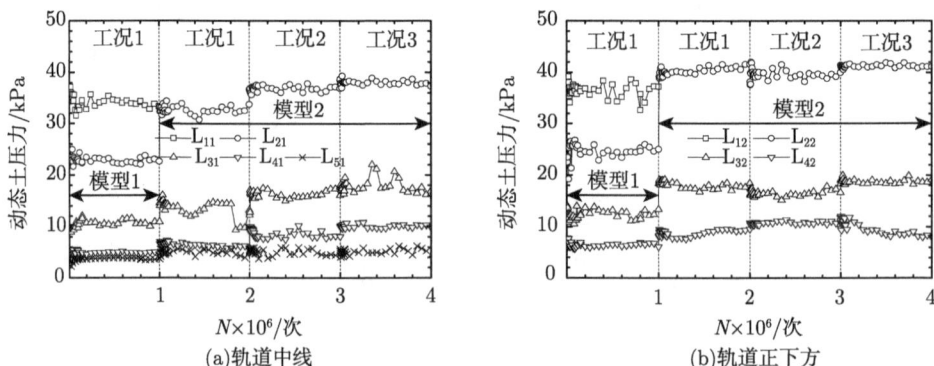

图 8-9　不同服役环境条件下动态土压力随激振次数变化关系

2) 路基内动态土压力沿深度衰减特性

图 8-10 为轨道中线正下方路基动态土压力沿深度方向衰减变化曲线。分别采用双曲线函数和指数函数对其进行拟合，拟合结果见表 8-4。由图可得：基床竖向动态土压力沿深度方向的衰减变化可以采用指数函数或双曲线函数描述，且均具有较好的拟合度；动态土压力衰减主要发生在路基上部 1.0m 范围内，且在 SAWI 层位置动态土压力衰减了 50% 以上 (图 8-10(b))；三种服役环境条件下，路基面下 0.2m 处动态土压力分别为 32.0kPa, 37.0kPa, 39.3kPa，SAWI 层底面动态土压力分别为 14.0kPa, 16.0kPa, 18.0kPa，相对于前者，SAWI 层底面动态土压力分别衰减了 56.3%, 56.8%, 54.2%，说明 SAWI 层具有一定的耗能作用，可加快基床内部动应力的衰减。

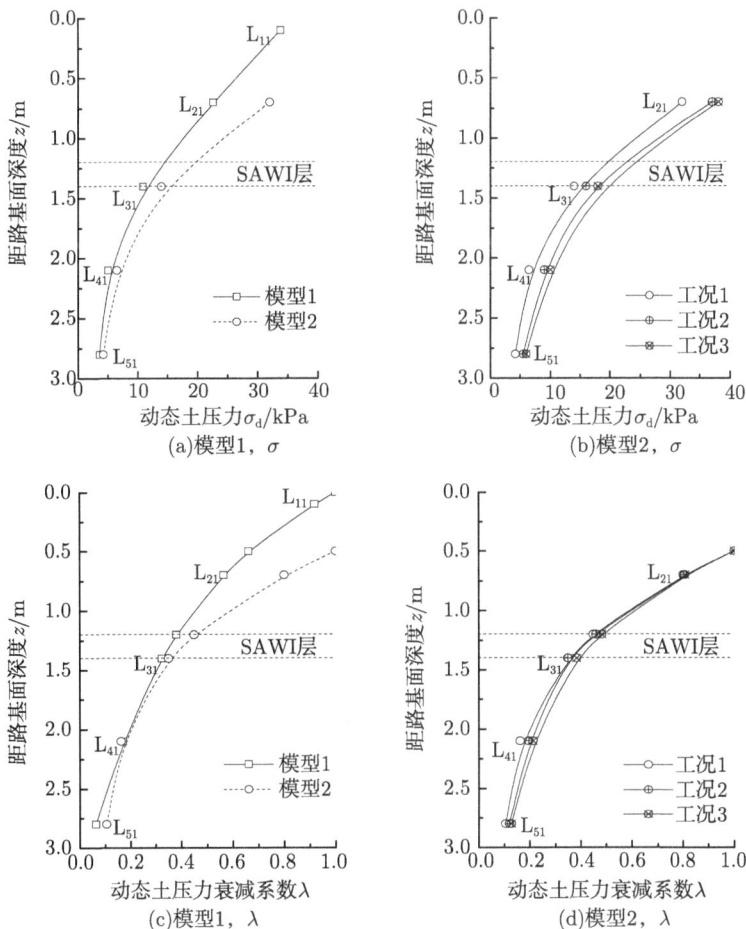

图 8-10 路基动态土压力随深度衰减曲线比较

表 8-4　路基动态土压力衰减曲线拟合关系式

试验模型	服役条件	指数(exponential)函数拟合: $\sigma(z)=a\times\exp(bz)$ 方程	R^2	双曲线(hyperbola)函数拟合: $\sigma(z)=c\times[1-z/(a+bz)]$ 方程	R^2
模型 1	工况 1	$\sigma(z)=37.567\times\exp(-0.849\times z)$	0.987	$\sigma(z)=37.289\times[1-z/(1.146+0.658z)]$	0.978
	工况 1	$\sigma(z)=39.772\times\exp(-1.116\times z)$	0.995	$\sigma(z)=45.470\times[1-z/(0.502+0.873z)]$	0.996
模型 2	工况 2	$\sigma(z)=45.067\times\exp(-1.048\times z)$	0.988	$\sigma(z)=53.800\times[1-z/(0.457+0.915z)]$	1.000
	工况 3	$\sigma(z)=45.686\times\exp(-0.968\times z)$	0.994	$\sigma(z)=54.216\times[1-z/(0.550+0.884z)]$	1.00
极限条件 (下限-NO.1 上限-NO.2 均值-NO.3)		$\lambda(z)=1-z/(0.37+0.93z)$			NO.1
		$\lambda(z)=1-z/(1.12+0.86z)$			NO.2
		$\lambda(z)=1-z/(0.65+0.91z)$			NO.3

有砟轨道路基面动应力强度实测统计结果见表 8-5。由表可得，有砟轨道路基面动应力强度值区间为 $[50.0, 100.0]$ kPa，此强度值容易引起路基颗粒材料破碎、长期沉降变形更大等不利问题，因此控制路基面动应力强度及路基累计变形，不仅对路基结构合理设计是非常关键的，而且对有砟轨道的运行安全和后期维护具有重要意义。以路基面动应力强度作为基准值，取任意深度处动应力 $\sigma(z)$ 与路基面动应力 $\sigma(z_0)$ 的比值为 λ，定义为路基动应力衰减系数。有砟轨道基床动应力衰减系数比较如图 8-11 所示。由图可见，有砟轨道路基动应力衰减主要发生在路基上部结构层 (道床层和基床表层)，距路基面 3.0m 以下，动应力均衰减为路基面处的 20% 以下；铺设 SAWI 层后的新型基床动应力随深度的衰减较其他传统基床要快，且在 1.5m 深度处动应力衰减就达到了 80%；采用双曲线函数能较好地描述路基动应力随深度方向的衰减，动应力沿深度方向衰减的下限、上限和均值分别为 NO.1，NO.2 和 NO.3(表 8-4)，且弹性理论计算值与拟合下限 NO.1 非常接近，在缺乏经验数据的条件下可被当作近似下限解。

表 8-5 路基面实测动应力值

序号	铁路线路名称	车型	轨道型式	列车速度/(km/h)	路基面动应力/kPa
1	秦沈铁路客运专线	DJJ2	有砟轨道	200~330	50.0~100.0
2	德国汉诺威—威尔斯堡新线	ICE-V	有砟轨道	10~400	70.0~100.0
3	达成铁路现场试验	CRH	有砟轨道	160~200	68.3~90.7
4	云桂客运专线现场试验	CRH-2	有砟轨道	200~250	40.0~70.0
5	中南大学全比尺模型试验	CRH-2	有砟轨道	200~250	40.0~60.0

结合图 8-11 及表 8-4 可得，采用双曲线函数拟合基床动应力沿深度方向的衰减曲线与实测结果最为吻合，且平均拟合优度达到了 0.996 以上，故基床动应力沿深度方向的衰减可用双曲线函数来描述，则动应力 $\sigma(z)$ 及衰减系数 λ 表达式为

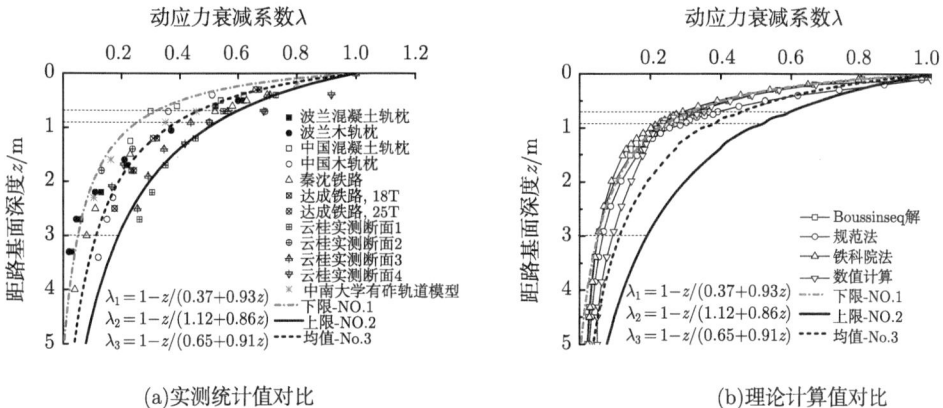

(a)实测统计值对比   (b)理论计算值对比

图 8-11 路基动应力衰减系数比较

$$\begin{cases} \sigma(z) = \phi_{\mathrm{d}}\sigma_{\mathrm{d}0}\lambda \\ \lambda = \sigma(z)/\sigma(z_0) = 1 - z/(A+Bz) \end{cases} \tag{8-2}$$

式中：$\sigma(z)$ 为任意深度位置动应力 (kPa)；$\sigma(z_0)$ 为路基面动应力测试值 (kPa)；$\sigma_{\mathrm{d}0}$ 为路基面动应力控制值 (kPa)；λ 为路基动应力衰减系数；A, B 为拟合系数；ϕ_{d} 为动力放大系数；z 为距路基面深度 (m)。

根据高速铁路路基设计规范中提出的路基设计动应力幅值计算公式，并结合公式 (8-2) 可得膨胀土路基动应力随深度衰减分布表达式为

$$\sigma(z) = \sigma_{\mathrm{d}0}\phi_{\mathrm{d}}\lambda = 0.26P_{\mathrm{s}}(1+\alpha v)\phi_{\mathrm{d}}\lambda \tag{8-3}$$

式中：P_{s} 为列车静轴重 (kN)；$1+\alpha v$ 为动力冲击系数 (时速 200~250km 时，取 α=0.004；时速 300~350km 时，取 α=0.003)，为客运专线铁路时，其最大值取 1.9。

3) 路基内动态土压力沿横向衰减特性

图 8-12 为不同服役环境条件下动态土压力沿线路横断面分布规律。由图可得，路基内动态土压力沿横向距离近似呈 "Z" 形分布，在轨道正下出现峰值，距路基面距离越近，动态土压力 "单峰" 特征越明显；距线路中线 4.85m 以外动态土压力值小于 5.0kPa，相对于轨道正下方动态土压力值衰减了 90% 以上，即距线路中线 5.0m 以外几乎不受影响；三种服役环境条件下，轨道正下方路基面下 0.2m 处动态土压力依次为 40.0kPa，41.0kPa，43.0kPa，SAWI 层动态土压力大小依次为 17.0kPa，18.0kPa，19.0kPa，降雨和地下水位上升均使基床动态土压力提高。说明基床动力性能与服役环境显著相关，且膨胀土中的水分变化是影响基床动态土压力大小及分布的关键因素，故加强防排水措施以保持膨胀土内水分含量稳定，对保证基床长期稳定性是非常重要的。

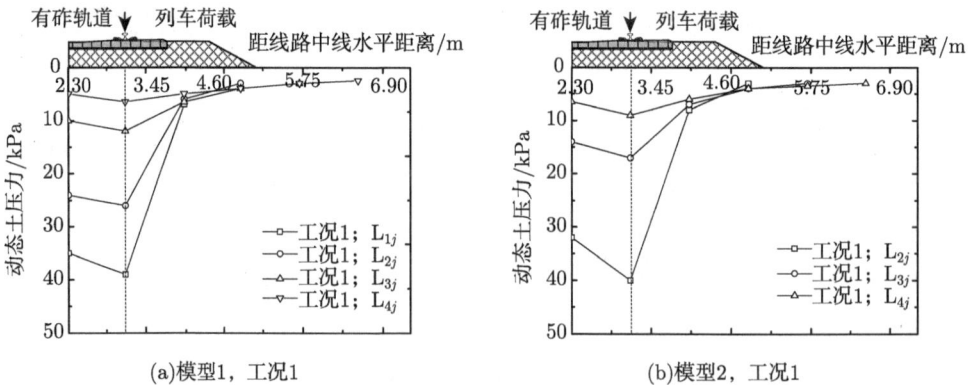

(a)模型1，工况1　　　　　　　　　　　(b)模型2，工况1

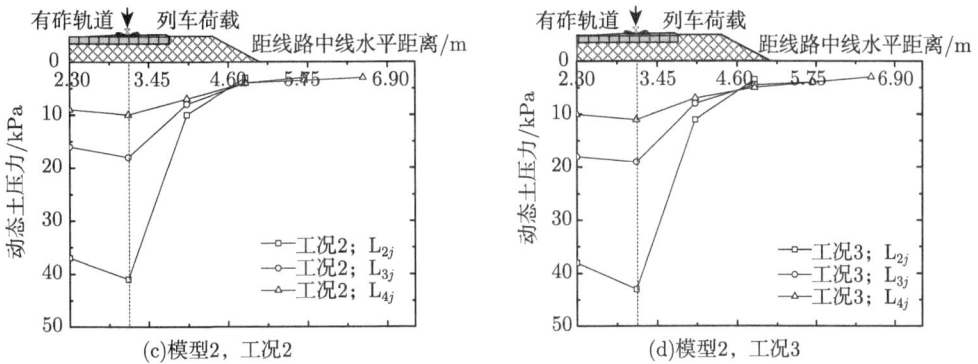

图 8-12　路基动态土压力沿线路横向距离分布规律

4) 膨胀土地基动态土压力时频域分析

膨胀土地基中埋设的动力传感器可以获取振动响应的动态时程数据，通过滤波和傅里叶变换处理可得振动响应的傅里叶谱 (频谱)。图 8-13 和图 8-14 分别为膨胀土地基内测点 L_{41}, L_{42} 处动态土压力时频响应曲线。由图可得：动态土压力时程响应为一条正弦波，与模型加载方程是一致的；由傅里叶谱峰值可看出，在频率 4.0Hz 附近傅里叶幅值出现第一个峰值，这与模型加载频率也是一致的。由此说明，通过室内模型激振试验能够较真实地反映路基振动响应，且可以进一步探究路基内部自上而下传播过程中的荷载传递规律和频谱变化特征。

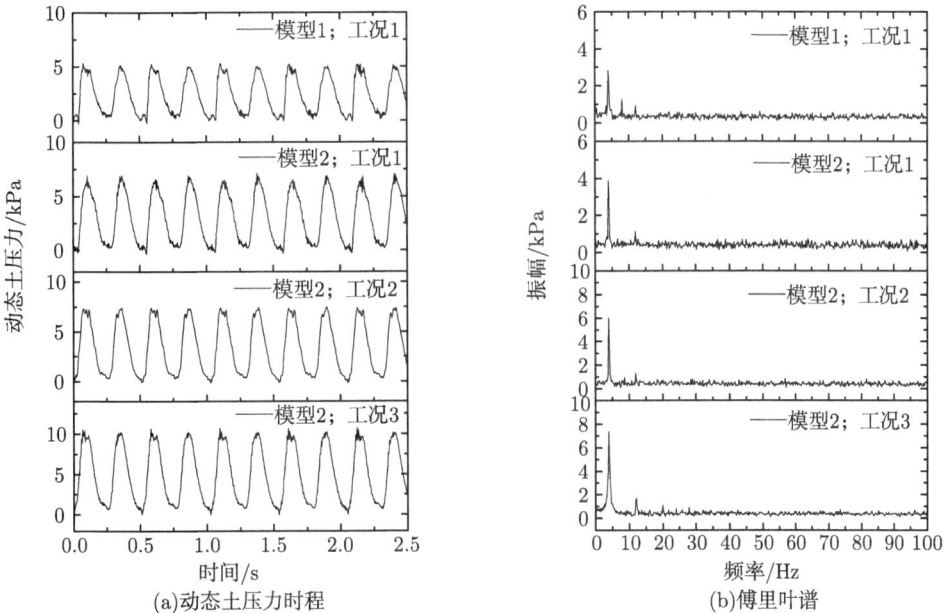

图 8-13　膨胀土地基动态土压力时频响应曲线 (测点 L_{41})

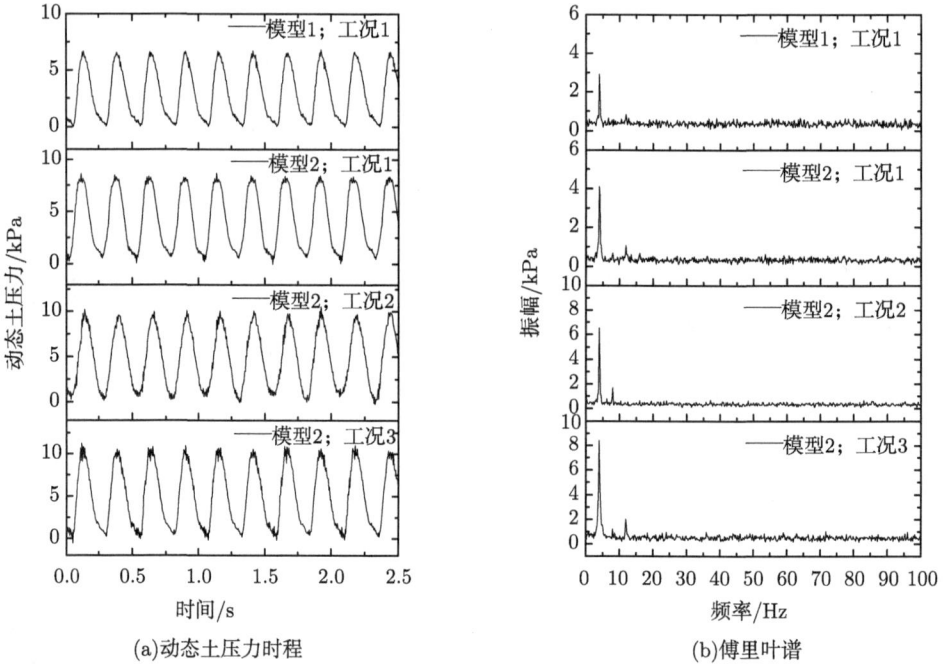

(a)动态土压力时程   (b)傅里叶谱

图 8-14 膨胀土地基动态土压力时频响应曲线 (测点 L_{42})

8.2.2 路基系统振动速度变化规律

1) 不同服役环境下振动速度变化特征

图 8-15 为不同服役条件下路基内各位置振动速度随激振次数的变化曲线。由图可得：工况 1 条件下，激振初始振动速度波动性较大而后逐渐趋于稳定，各位置振动速度大小依次约为 9.0mm/s, 7.8mm/s, 6.4mm/s, 2.6mm/s；工况 2 条件

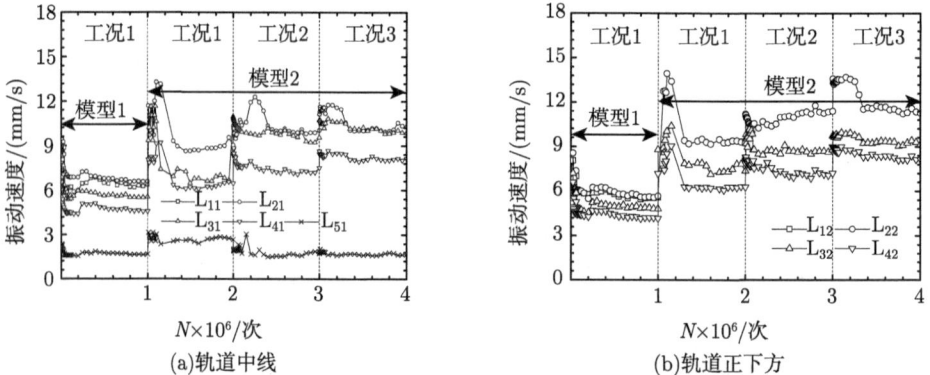

(a)轨道中线   (b)轨道正下方

图 8-15 不同服役环境条件下振动速度随激振次数变化关系

下，随着雨水逐渐浸入基床表层，激振初期振动速度表现出很强的波动性，且振动速度明显增大，但在基床底层以下速度变化不明显，稳定后各位置振动速度大小依次约为 10.0mm/s, 9.5mm/s, 7.2mm/s, 2.0mm/s，相对于自然条件分别增加了 11.1%, 21.8%, 12.5%, −23.1%；工况 3 条件下，激振初期基床各位置振动速度再次出现波动式增长，激振 30 万次以后基本趋于稳定状态，各位置振动速度值依次约为 10.5mm/s, 10.0mm/s, 8.1mm/s, 2.1mm/s，相对于自然条件分别增加了 16.7%, 28.2%, 26.6%, −19.2%。降雨和地下水位上升均引起了基床内振动速度增大，且基床表层振动速度的波动性较 SAWI 层以下明显，说明 SAWI 层对振动速度具有较好的消能和扩散能力，从而减弱了振动速度在 SAWI 层上的波动性。

2) 路基内振动速度沿深度衰减特性

路基动态响应幅值 (动应力、速度、加速度等) 仅反映时程曲线峰值的统计规律，同时，对列车荷载引起的路基振动特性的研究还应在频域范围内进行深入分析。路基振动速度、加速的量值是判断振动对轨道破坏作用的主要参数之一，本书以路基振动速度、加速度的测试信号为研究对象进行频域分析。频谱分析是将振动信号通过频域变换的方法转化为频率坐标轴表示 (即频谱)，从频谱中获得振动响应的频率特性，例如，振动响应信号中含有哪些频率分量，以及信号在相应频率处的幅值和相位等。以傅里叶变换为基本工具的幅值谱、功率谱分析是频谱分析最基本也是目前做得最多的内容。傅里叶变换属于全局变换，对于振动频率单一、振动能量集中的振动信号，能从谱曲线的各阶主频的位置及变化情况获取振动特性。本节针对路基振动特性所做的频谱特性的定性分析，是通过快速傅里叶变换获取经过预处理后的振动测试信号的自功率谱。

自谱分析方法是对一个信号进行频谱分析，包括峰值谱 (PEAK)、幅值谱 (RMS)、功率谱 (PS) 和功率谱密度 (PSD) 等。其中，峰值谱反映了频域中各谐波分量的单峰值，幅值谱反映了各谐波分量的有效值，功率谱反映了各谐波分量的能量，功率谱密度反映了各谐波分量的能量分布情况。频谱分析通常采用一定长度的快速傅里叶变换 (FFT) 分析方法，当信号长度较大时，可选择全称平均方式或瞬时分析方式进行分析。

连续时间傅里叶变换见公式 (8-4)，而实际振动测试得到的信号为一离散的时间序列，其时间间隔由采样频率决定。离散时间序列的傅里叶变换和逆变换，对于振动信号 $F(t)$，其时域与频域之间的变换均是通过傅里叶变换或傅里叶逆变换实现的，见公式 (8-5)。

$$F(\omega) = \int_{-\infty}^{+\infty} f(t)\mathrm{e}^{-\mathrm{j}\omega t}\mathrm{d}t, \quad -\infty \leqslant \omega \leqslant +\infty \tag{8-4}$$

式中：$F(\omega)$ 为频域的谱函数序列；ω 为连续频率变量，$\omega = 2\pi f$；$f(t)$ 为时域数据序列。

$$\begin{cases} F(k) = \displaystyle\sum_{n=0}^{N-1} f(n)\mathrm{e}^{-\mathrm{j}(2\pi/N)kn}, & 0 \leqslant k \leqslant N-1, \text{正变换} \\ f(n) = \dfrac{1}{N}\displaystyle\sum_{k=0}^{N-1} F(k)\mathrm{e}^{\mathrm{j}(2\pi/N)kn}, & 0 \leqslant n \leqslant N-1, \text{逆变换} \end{cases} \tag{8-5}$$

式中：N 为采样点数。

选取轨道下沿路基深度方向的监测点 L_{i2} 为研究对象，探究路基结构内部自上而下传播过程中振动速度的时频响应特征。通过滤波和傅里叶变换处理可得不同结构层振动速度时程和傅里叶谱变化规律，如图 8-16 和图 8-17 所示。由图可得，振

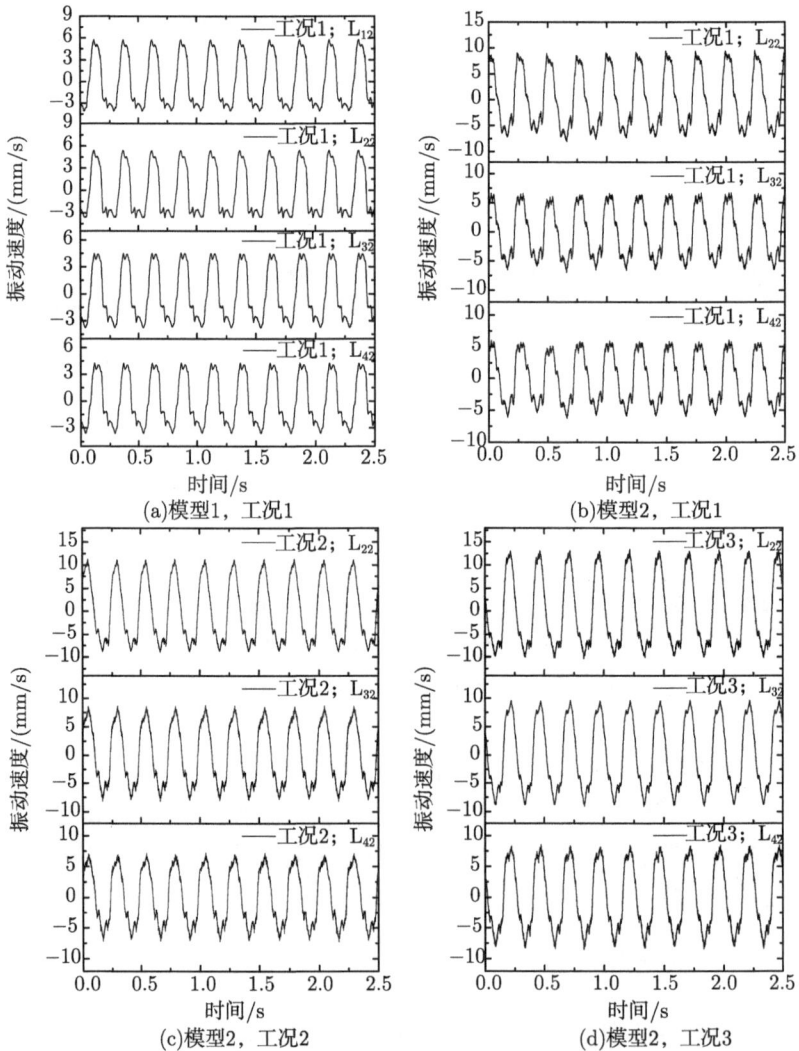

(a)模型1，工况1　　　　(b)模型2，工况1

(c)模型2，工况2　　　　(d)模型2，工况3

图 8-16　不同结构层内振动速度时程响应曲线

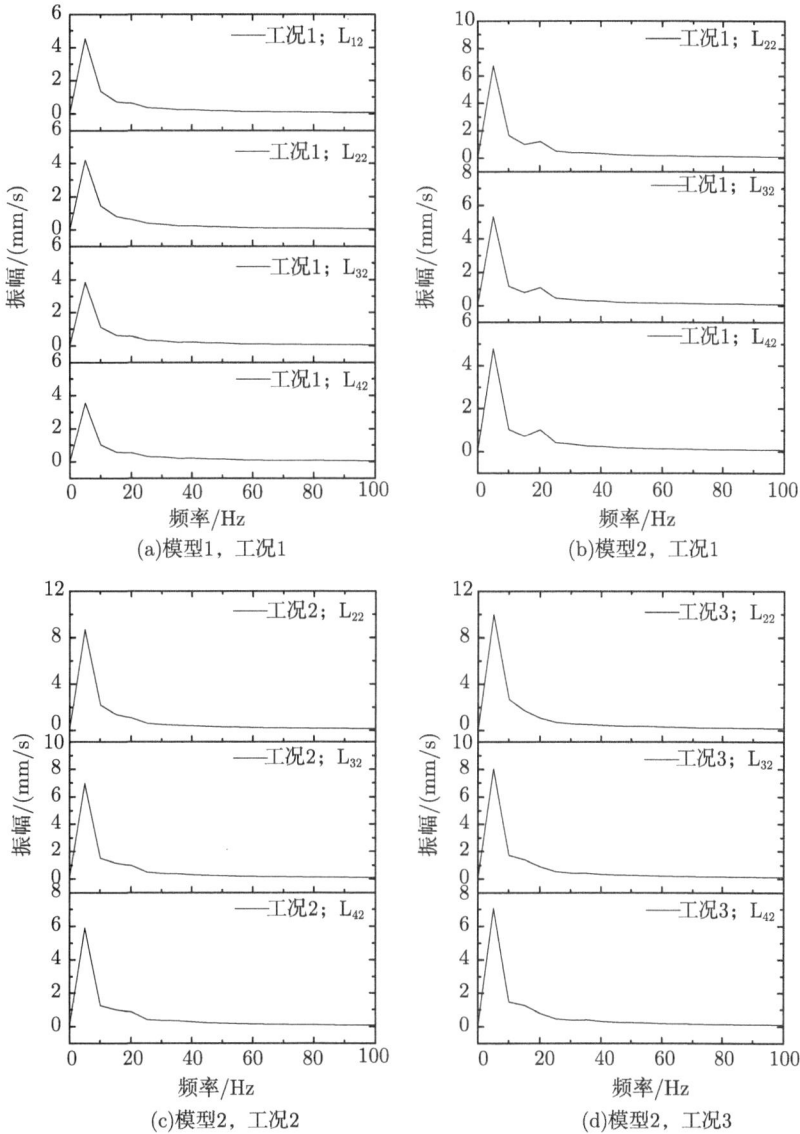

图 8-17 不同结构层内振动速度频谱响应曲线

动速度时程曲线呈正弦波分布，随着深度的增加，振动速度逐渐衰减；傅里叶幅值在频率为 4.0Hz 附近出现第一个峰值，工况 2 和工况 3 与工况 1 相比，傅里叶幅值均有所增加，说明服役环境对路基振动速度影响显著。

图 8-18 为路基振动速度沿深度方向衰减变化曲线。由图可得：基床底层以上振动速度受服役条件影响较大，不同服役条件下振动速度随深度均呈双曲线型衰减，拟合结果见表 8-6；三种服役条件下路基面下 0.2m 处振动速度分别为

9.0mm/s, 10.0mm/s, 10.5mm/s, SAWI 层底面振动速度分别为 7.8mm/s, 9.5mm/s, 10.0mm/s, 由此可看出, 降雨和地下水位上升均会引起基床内振动速度的增加, 且受地下水位上升影响最大。

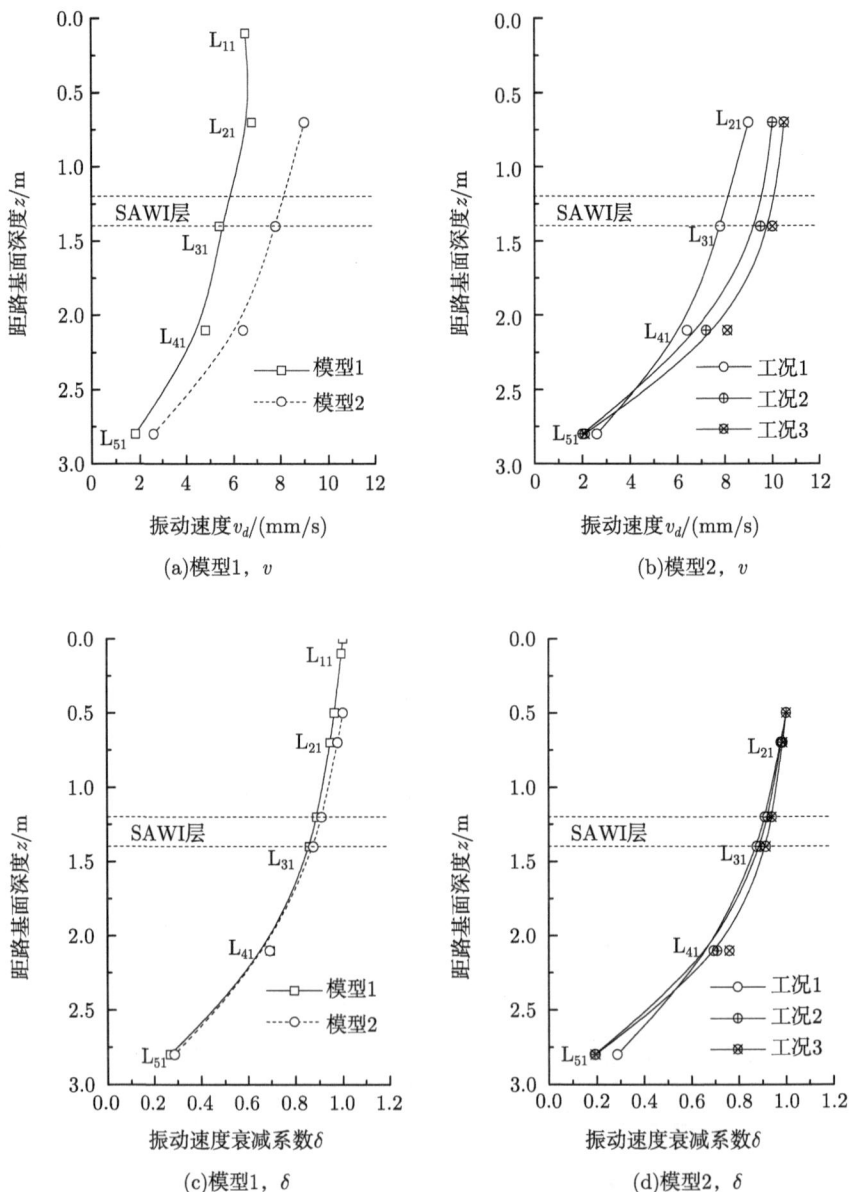

(a)模型1, v

(b)模型2, v

(c)模型1, δ

(d)模型2, δ

图 8-18　路基振动速度随深度衰减曲线比较

表 8-6 振动速度衰减曲线拟合关系式

试验模型	服役条件	双曲线函数拟合：$v(z)=c\times[1-z/(a+bz)]$	R^2
模型 1	工况 1	$v(z)=6.721\times[1-z/(16.118-4.388z)]$	0.952
模型 2	工况 1	$v(z)=9.107\times[1-z/(9.756-2.840z)]$	0.994
	工况 2	$v(z)=10.362\times[1-z/(11.475-3.752z)]$	0.99
	工况 3	$v(z)=10.756\times[1-z/(15.329-5.423z)]$	0.997

3) 路基内振动速度沿横向衰减特性

选取沿线路横向的监测点 L_{3j} 为研究对象，探究路基结构内部水平方向传播过程中振动速度的时频响应特征。通过滤波和傅里叶变换处理可得不同 SAWI 结构层底面振动速度时程和傅里叶谱变化规律，如图 8-19 和图 8-20 所示。由图可得，振动速度时程曲线呈正弦波分布，随着水平距离的增加，振动速度逐渐减小；在各服役工况条件下，傅里叶幅值在频率为 4.0Hz 附近出现第一个峰值，工况 2 和工况 3 与工况 1 相比，傅里叶幅值增加显著。

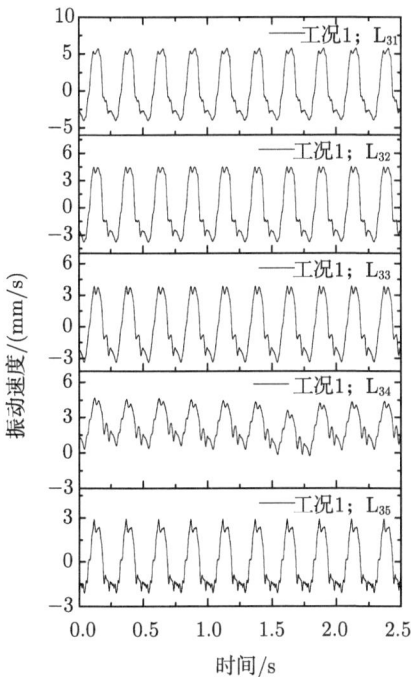

(a)模型1，工况1

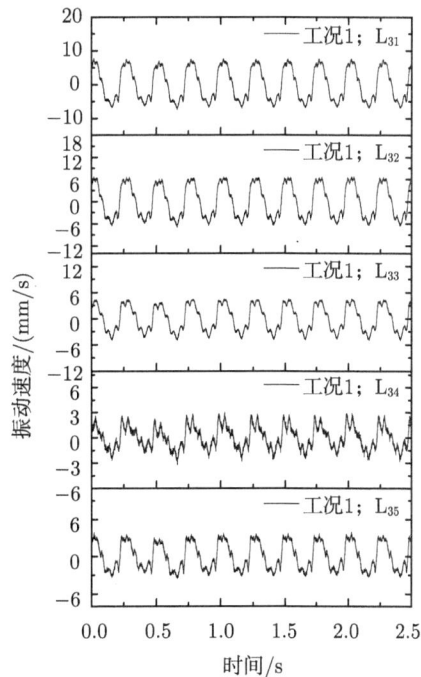

(b)模型2，工况1

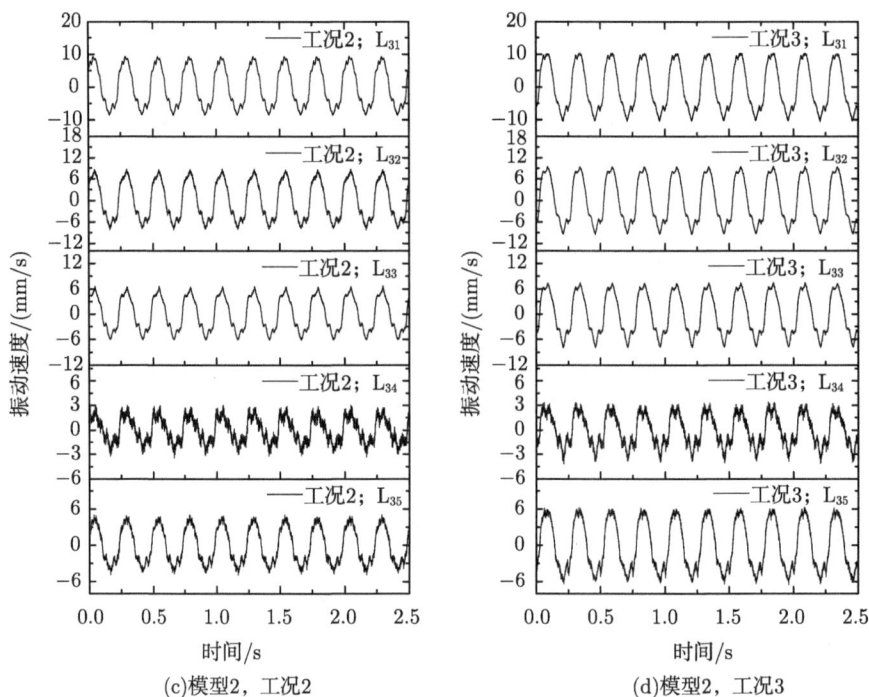

(c)模型2，工况2　　　　　　　　　　　(d)模型2，工况3

图 8-19　横向测试断面 SAWI 层底面振动速度时程响应曲线

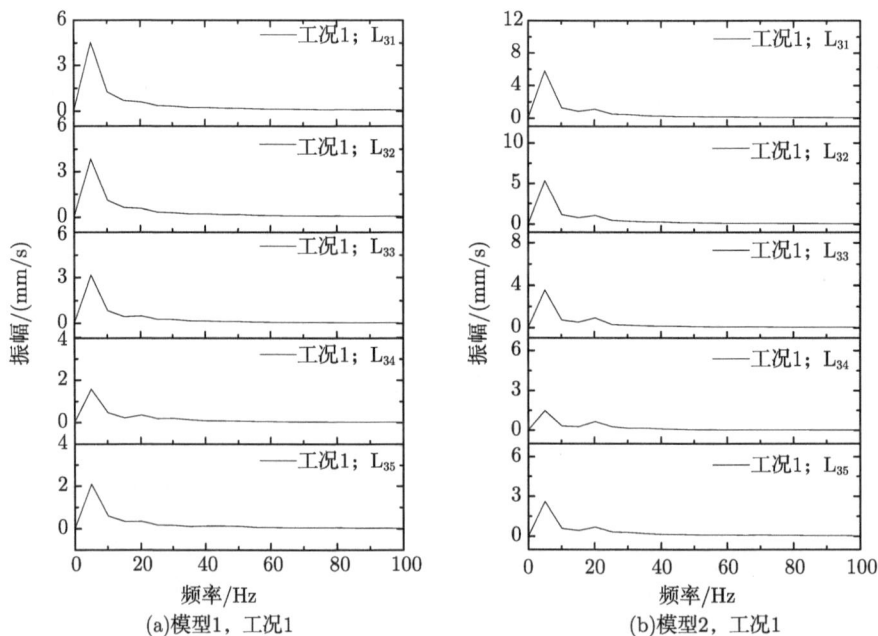

(a)模型1，工况1　　　　　　　　　　　(b)模型2，工况1

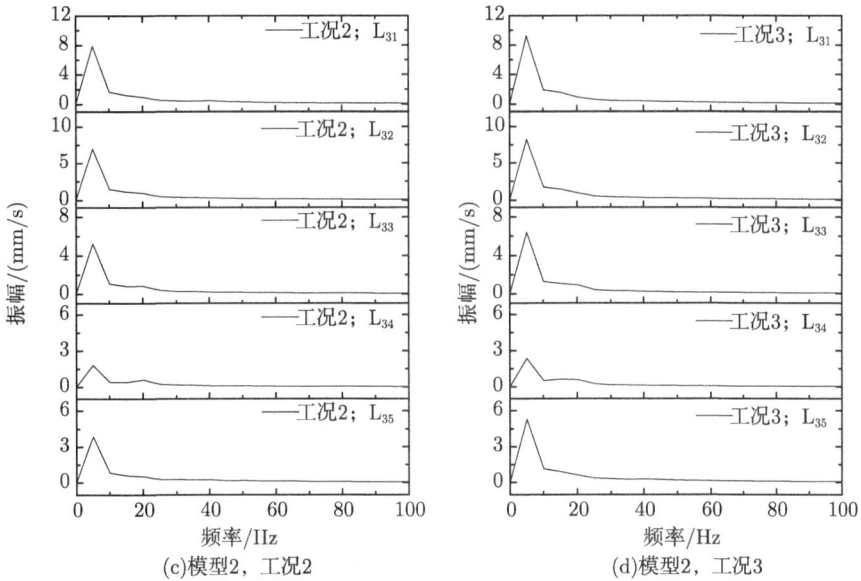

(c)模型2，工况2　　　　　　　(d)模型2，工况3

图 8-20　横向测试断面 SAWI 层底面振动速度频谱响应曲线

图 8-21 为不同服役环境条件下振动速度沿线路横断面分布规律。由图可得，在自然、降雨及地下水位上升三种服役环境条件下振动速度沿横断面距离分布规律基本一致，振动速度随横向距离增大呈先增大后减小分布，之后逐渐趋于稳定，并在轨道正下方振动速度出现峰值；在轨道正下方位置，三种服役环境条件下对应的路基面下 0.2m 处振动速度依次为 9.5mm/s、11.3mm/s、11.5mm/s，工况 2 和工况 3 较工况 1 条件下振动速度增加了 18.9% 和 21.1%；SAWI 层振动速度依次为 8.0mm/s、8.4mm/s、9.4mm/s，工况 2 和工况 3 较工况 1 条件下振动速度增加了 5.0% 和 17.5%。因此，降雨和地下水位上升均引起路基各结构层内处振动速度增大。

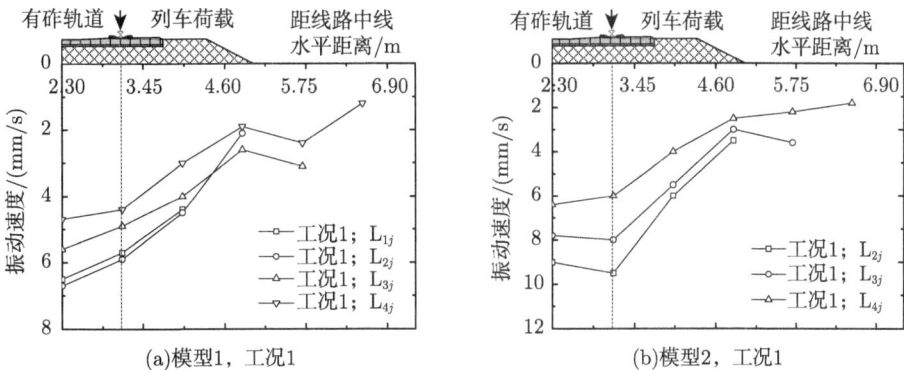

(a)模型1，工况1　　　　　　　(b)模型2，工况1

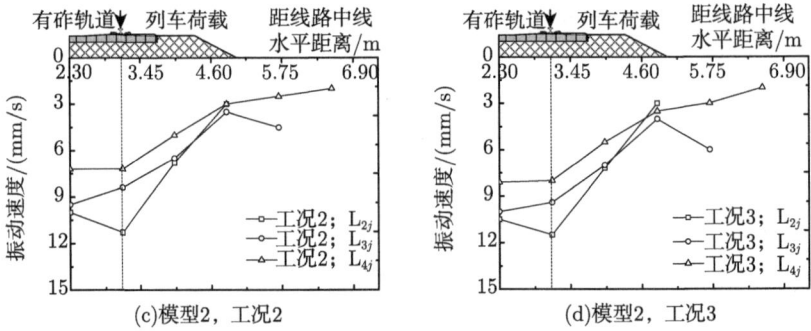

(c)模型2，工况2

(d)模型2，工况3

图 8-21　路基振动速度沿线路横向距离分布规律

4) 膨胀土地基振动速度时频域分析

图 8-22 和图 8-23 分别为膨胀土地基内测点 L_{41}、L_{42} 和 L_{51} 处振动速度时频响应曲线。由图可得，测点 L_{41}、L_{42} 分别位于膨胀土地基表层轨道中线下和轨道下，工况 2 和工况 3 与工况 1 相比，测点 L_{41} 和 L_{42} 处的振动速度略有增大趋势；测点 L_{51} 位于膨胀土地基下 0.7m，工况 2 和工况 3 与工况 1 相比，该处的振动速度变化不明显。由此说明，距路基面深度越大振动速度受服役环境影响程度越小。

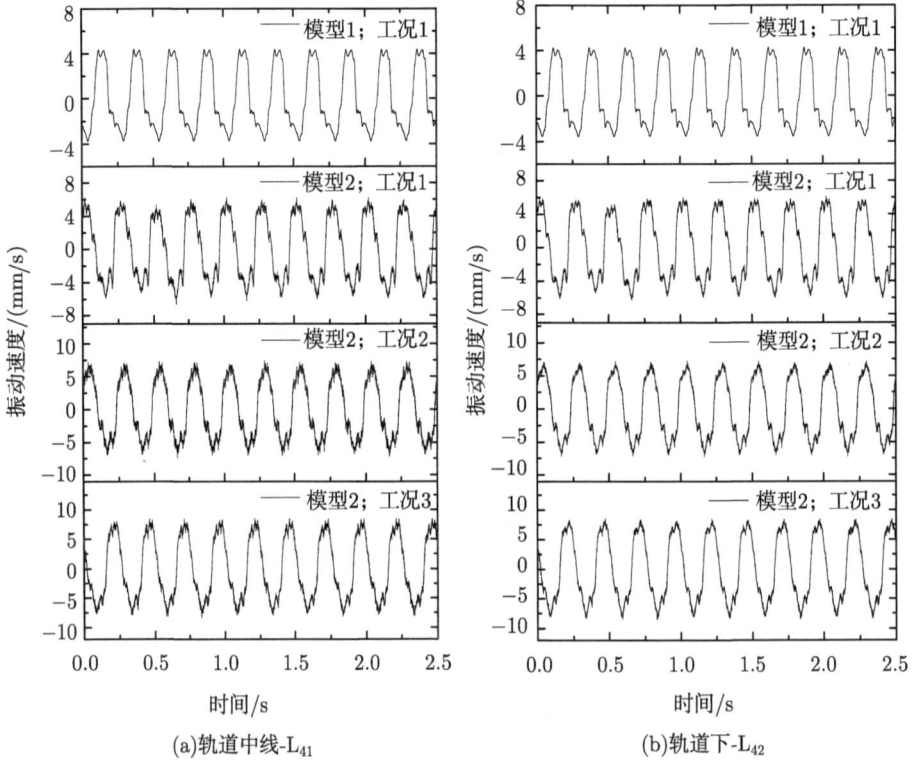

(a)轨道中线-L_{41}

(b)轨道下-L_{42}

(c)轨道中线-L_{51}

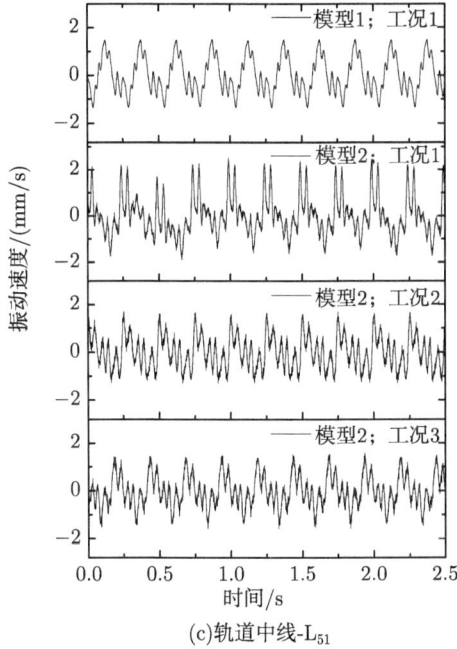

图 8-22　膨胀土地基振动速度时程响应曲线

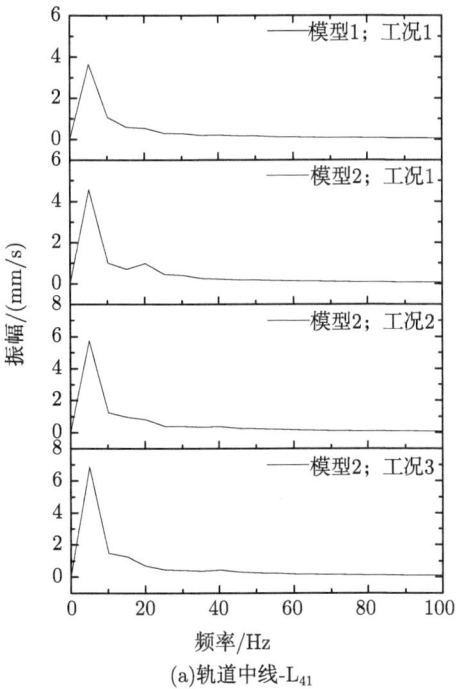

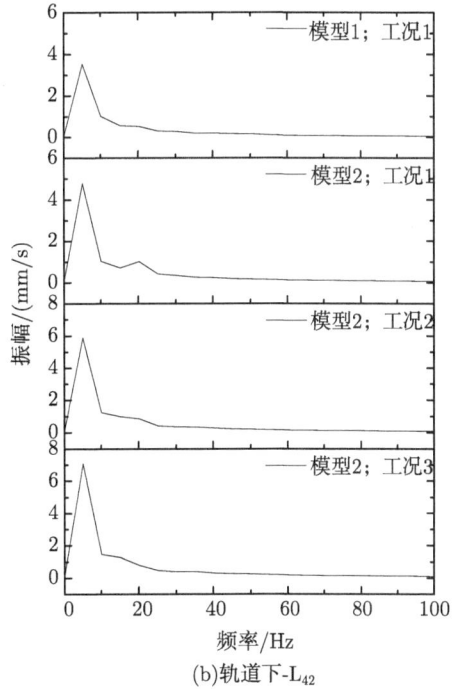

(a)轨道中线-L_{41}　　　　　　　　　　　　　　(b)轨道下-L_{42}

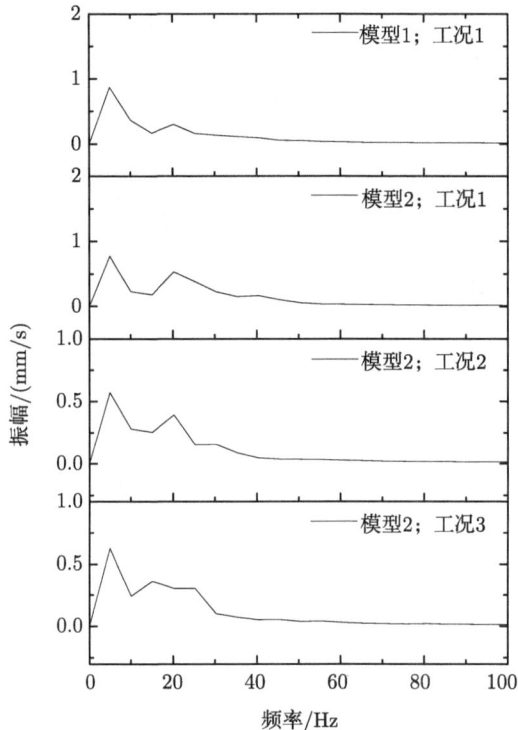

图 8-23　膨胀土地基振动速度频谱响应曲线

8.2.3　路基系统振动加速度变化规律

1) 不同服役环境下振动加速度变化特征

图 8-24 为不同服役条件下路基内各位置振动加速度随激振次数的变化曲线。由图可得：工况 1 条件下，振动加速度随激振次数的变化特征与振动速度基本相同，均先呈现较明显的波动性而后逐渐趋于稳定，各位置振动加速度大小依次约为 0.20m/s^2，0.17m/s^2，0.14m/s^2，0.08m/s^2；工况 2 条件下，激振荷载作用后振动加速度明显增大，稳定后各位置振动速度大小依次约为 0.27m/s^2，0.23m/s^2，0.19m/s^2，0.09m/s^2，相对于工况 1 分别增加了 35.0%，35.3%，35.7%，12.5%；工况 3 条件下，激振初期基床各位置振动速度再次出现波动式增长，激振 50 万次以后基本趋于稳定状态，各位置振动速度大小依次约为 0.29m/s^2，0.25m/s^2，0.21m/s^2，0.12m/s^2，相对于工况 1 分别增加了 45.0%，47.1%，50.0%，50.0%。

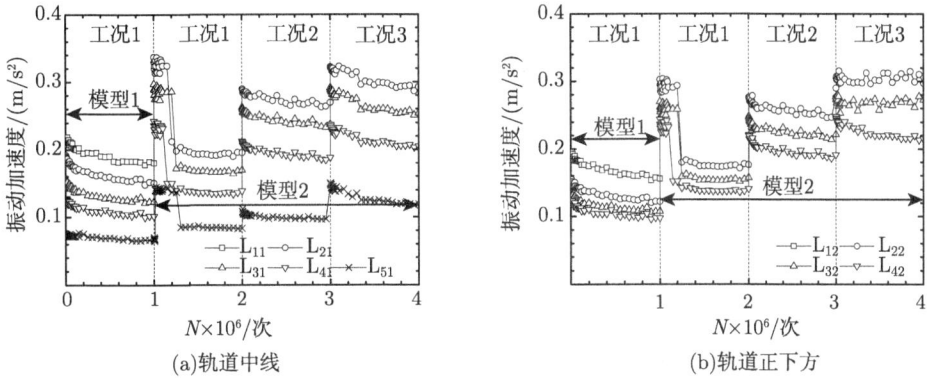

(a)轨道中线

(b)轨道正下方

图 8-24 不同服役环境条件下振动加速度随激振次数变化关系

2) 路基内振动加速度沿深度衰减特性

选取轨道下沿路基深度方向的监测点 L_{i2} 为研究对象，探究路基结构内部自上而下传播过程中振动加速度的时频响应特征。通过滤波和傅里叶变换处理可得不同结构层内振动加速度时程和傅里叶谱变化规律如图 8-25 和图 8-26 所示。由图可得，振动加速度时程曲线近似呈正弦波分布，随着深度的增加，振动加速度逐渐衰减；傅里叶幅值在频率为 4.0Hz 附近出现第一个峰值，工况 2 和工况 3 与工

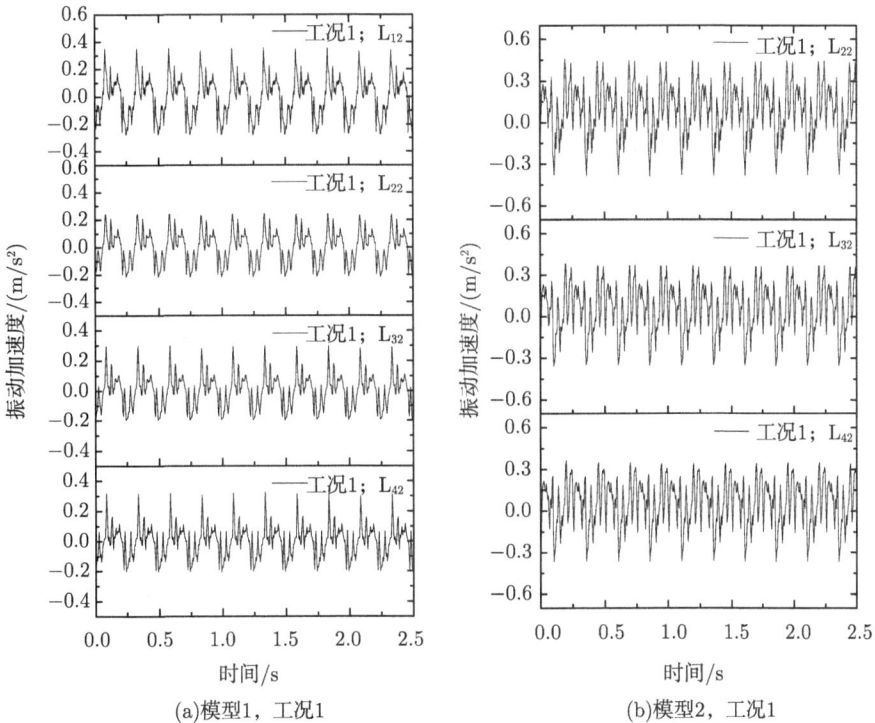

(a)模型1,工况1

(b)模型2,工况1

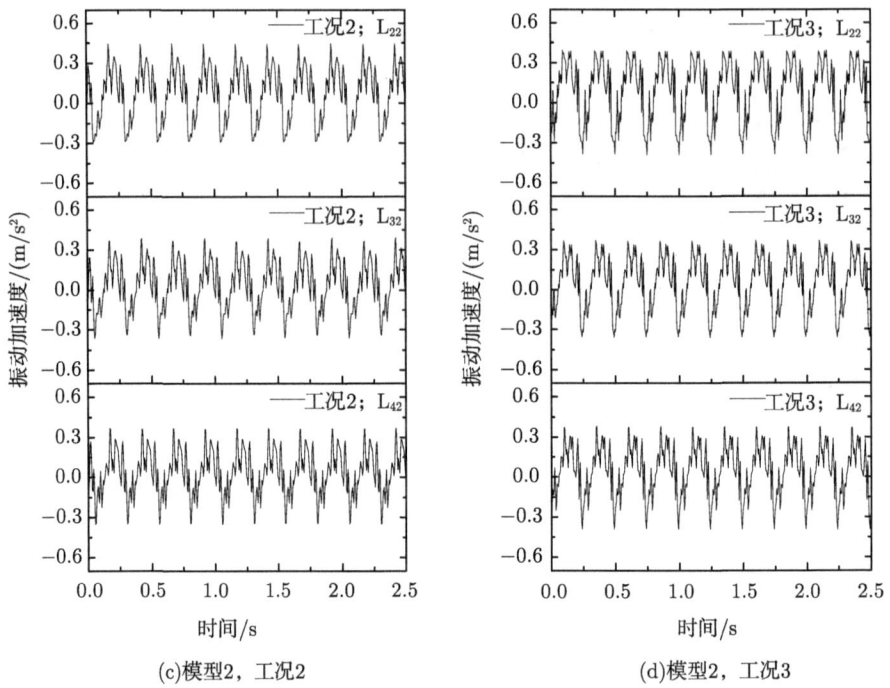

(c)模型2，工况2　　　　　　　　　　　　　(d)模型2，工况3

图 8-25　不同结构层内振动加速度时程响应曲线

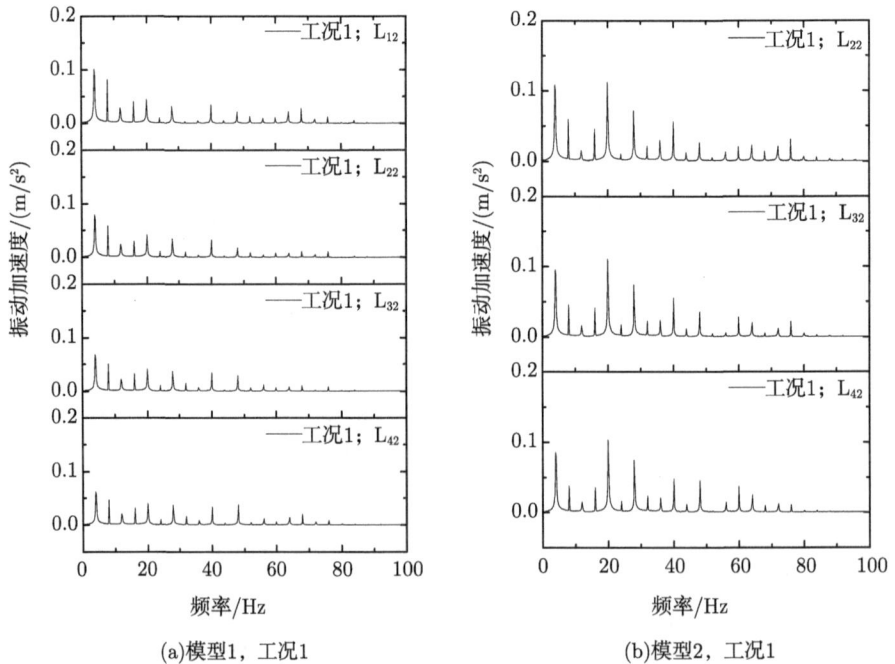

(a)模型1，工况1　　　　　　　　　　　　　(b)模型2，工况1

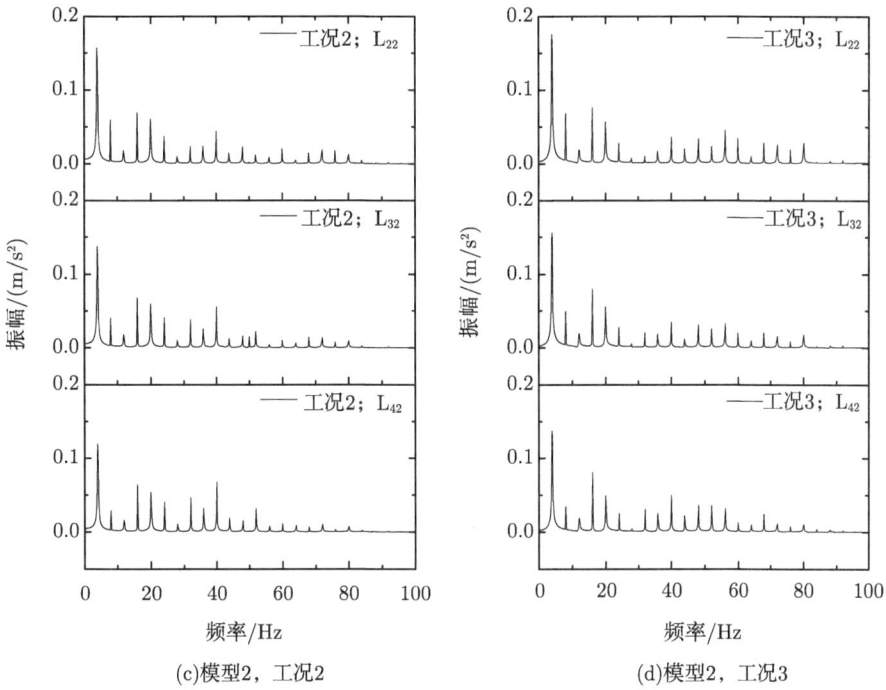

(c)模型2, 工况2　　　　　　　　　(d)模型2, 工况3

图 8-26　不同结构层内振动加速度频谱响应曲线

况 1 相比, 振动加速度幅值均有所增加, 说明服役环境对路基振动加速度影响也较显著。

图 8-27 为路基振动加速度沿深度方向衰减变化曲线。由图可知: 不同服役环境条件下, 路基振动加速度随深度变化趋势基本一致, 近似呈双曲线型分布 (表 8-7), 其大小及分布受服役环境影响较大; 路基面下 0.2m 处振动加速度分别为 $0.20 \mathrm{m/s^2}$, $0.27 \mathrm{m/s^2}$, $0.29 \mathrm{m/s^2}$, 工况 2 和工况 3 条件下振动加速度较自然条件下分别增加了 35.0% 和 45.0%; SAWI 层底面振动加速度分别为 $0.17 \mathrm{m/s^2}$, $0.23 \mathrm{m/s^2}$, $0.25 \mathrm{m/s^2}$, 工况 2 和工况 3 较工况 1 条件下振动加速度增加了 35.3% 和 47.1%; 降雨和地下水位上升均会加剧基床底层上部加速度的增加, 故应加强膨胀土基床表层防排水措施, 对减少路基病害及基床动力稳定具有重要意义。

表 8-7　振动加速度衰减曲线拟合关系式

试验模型	服役条件	双曲线函数拟合: $a(z) = c \times [1 - z/(a+bz)]$	R^2
模型 1	工况 1	$a(z) = 0.184 \times [1 - z/(4.975 - 0.191z)]$	0.988
模型 2	工况 1	$a(z) = 0.207 \times [1 - z/(6.196 - 1.060z)]$	0.999
	工况 2	$a(z) = 0.277 \times [1 - z/(7.057 - 1.585z)]$	0.998
	工况 3	$a(z) = 0.297 \times [1 - z/(7.566 - 1.700z)]$	0.998

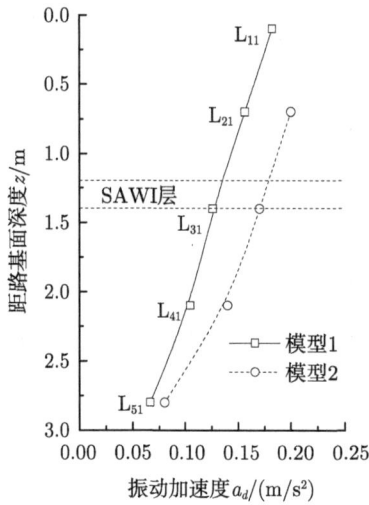

(a)模型1，a

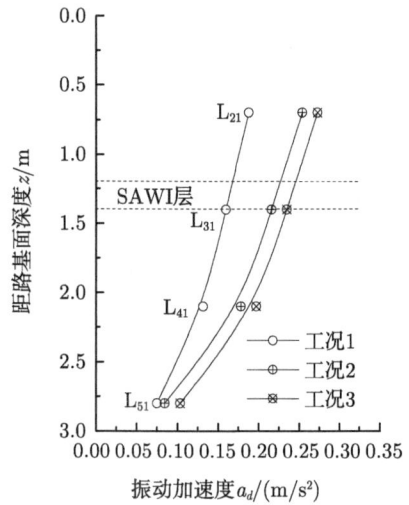

(b)模型2，a

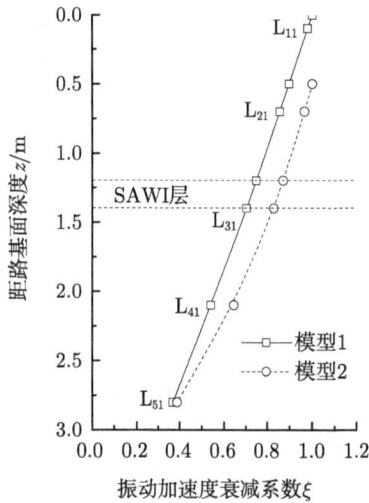

(c)模型1，ξ

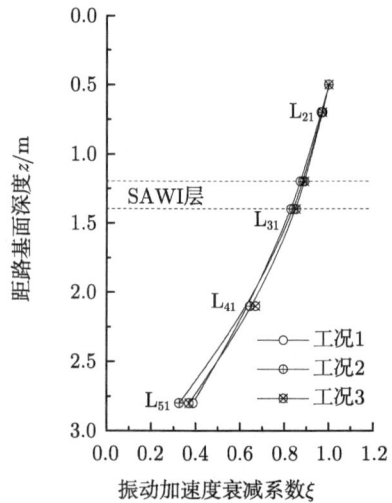

(d)模型2，ξ

图 8-27　路基振动加速度随深度衰减曲线比较

3) 路基内振动加速度沿横向衰减特性

选取沿线路横向的监测点 L_{3j} 为研究对象，探究路基结构内部水平方向传播过程中加速度的时频响应特征。通过滤波和傅里叶变换处理可得不同 SAWI 结构层底面加速度时程和傅里叶谱变化规律，如图 8-28 和图 8-29 所示。由图可得，振动加速度时程曲线近似呈正弦波分布，随着水平距离的增加，振动加速度逐渐减小；在各服役工况条件下，傅里叶幅值在频率为 4.0Hz 附近出现第一个峰值，工况

2 和工况 3 与工况 1 相比，振动加速度幅值增加也较显著。

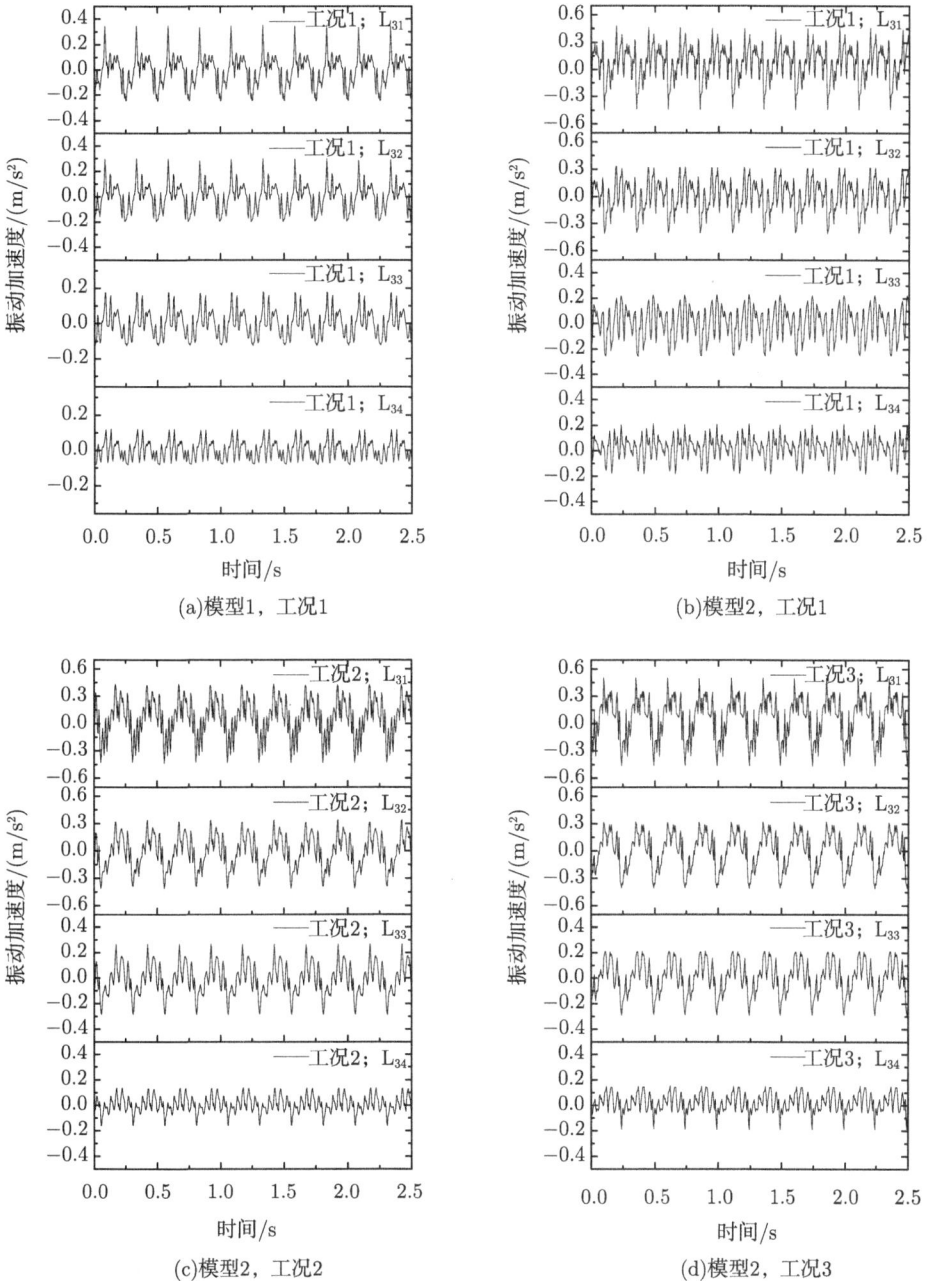

(a)模型1，工况1

(b)模型2，工况1

(c)模型2，工况2

(d)模型2，工况3

图 8-28　横向测试断面 SAWI 层底面振动加速度时程响应曲线

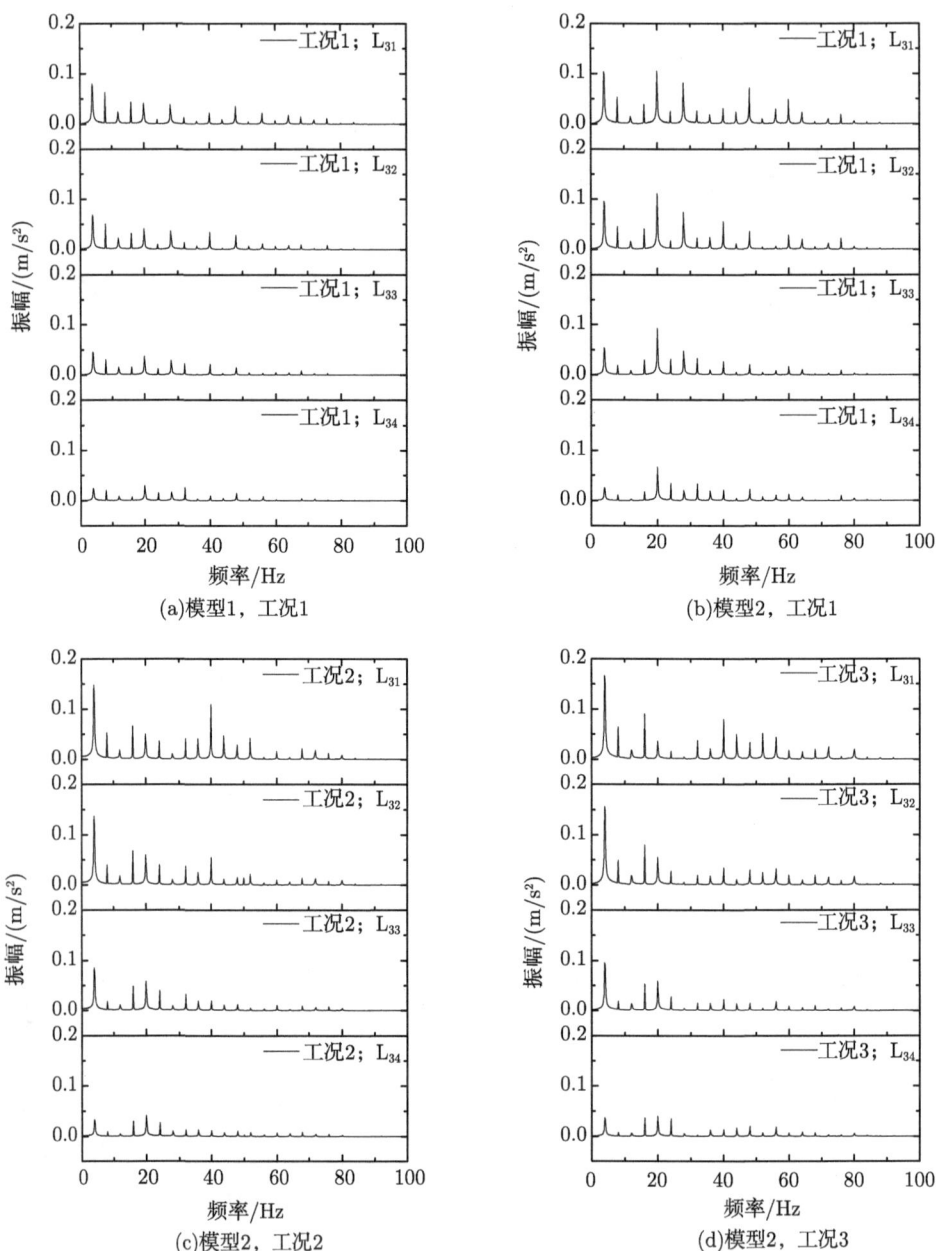

图 8-29　横向测试断面 SAWI 层底面振动加速度频谱响应曲线

图 8-30 为不同服役环境条件下振动加速度沿线路横断面分布规律。由图可得:
自然,降雨及地下水位上升三种服役环境条件下振动加速度沿横断面距离分布规律
基本一致,在轨道正下方振动加速度出现峰值,距线路中线距离越远加速度值越

小, 5.0m 以外振动加速度值均小于 0.05m/s²; 三种服役环境条件下, 轨道正下方路基面下 0.2m 处振动加速度依次为 0.18m/s², 0.25m/s², 0.30m/s², 降雨和地下水位上升较自然条件下振动加速度增加了 38.9% 和 66.7%; SAWI 层底面加速度依次为 0.15m/s², 0.22m/s², 0.27m/s²(图 8-30(b)), 降雨和地下水位上升较自然条件下加速度增加了 46.7% 和 80.0%。由此说明降雨和地下水位上升会加剧基床内振动加速度的提高, 这对基床长期动力稳定性是极为不利的。

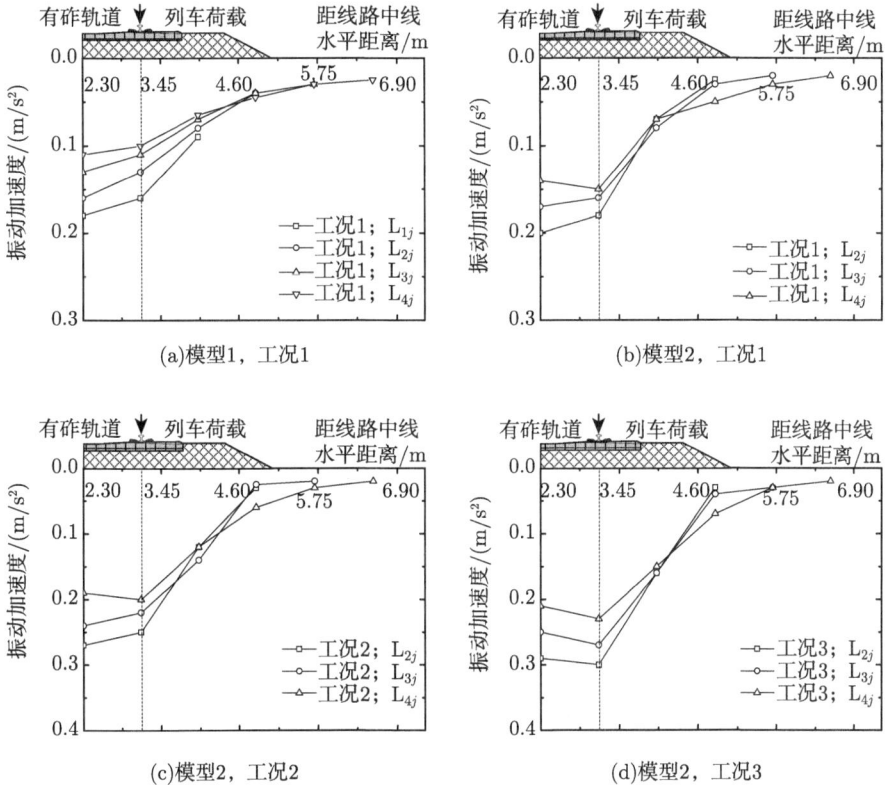

图 8-30 路基振动加速度沿线路横向距离分布规律

4) 膨胀土地基振动加速度时频域分析

图 8-31 和 8-32 分别为膨胀土地基内测点 L_{41}, L_{42} 和 L_{51} 处振动加速度时频响应曲线。由图可得, 测点 L_{41}、L_{42} 分别位于膨胀土地基表层轨道中线下和轨道下, 工况 2 和工况 3 与工况 1 相比, 测点 L_{41} 和 L_{42} 处的振动加速度略有增大趋势; 测点 L_{51} 位于膨胀土地基下 0.7 m, 工况 2 和工况 3 与工况 1 相比, 该处的振动加速度变化不明显。由此说明, 距路基面深度越大振动加速度受服役环境影响程度越小。

(a)轨道中线-L$_{41}$

(b)轨道下-L$_{42}$

(c)轨道中线-L$_{51}$

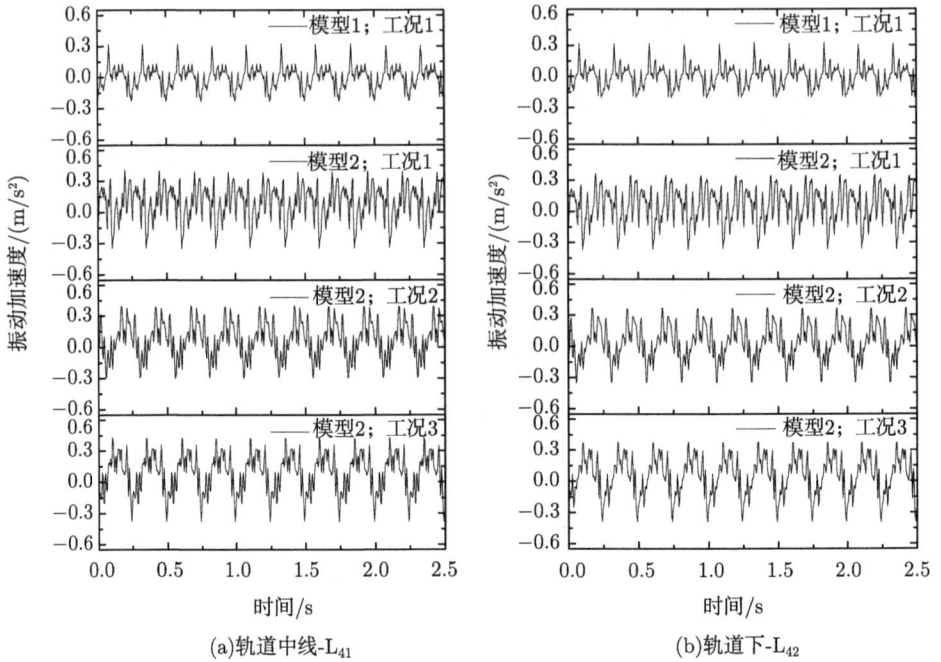

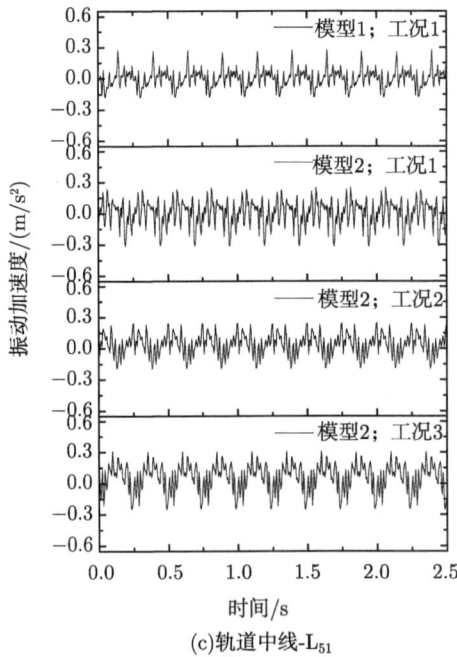

图 8-31　膨胀土地基振动加速度时程响应曲线

(a)轨道中线-L_{41}

(b)轨道下-L_{42}

(c)轨道中线-L_{51}

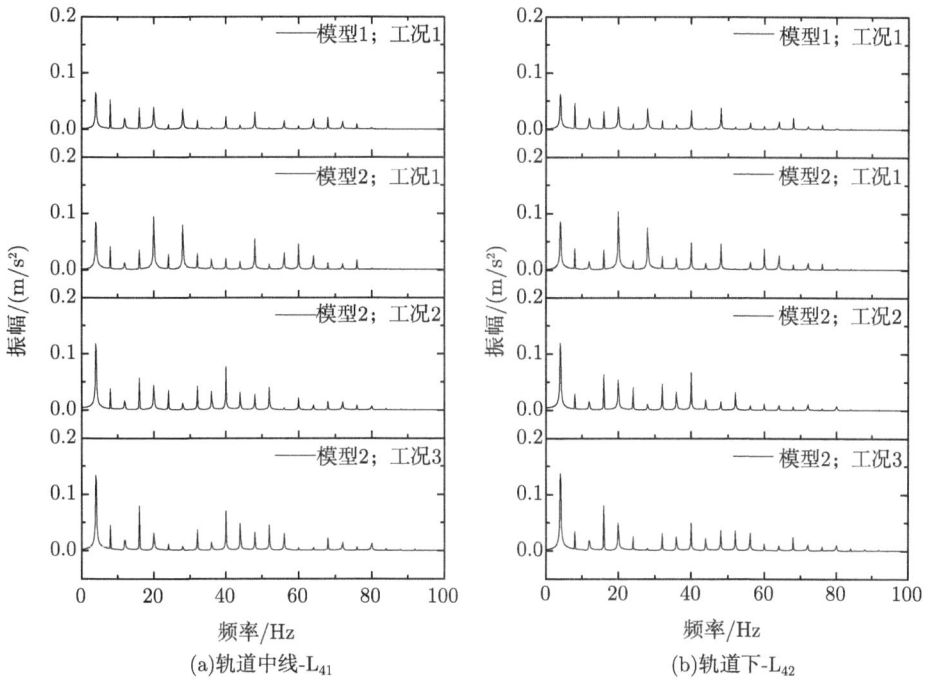

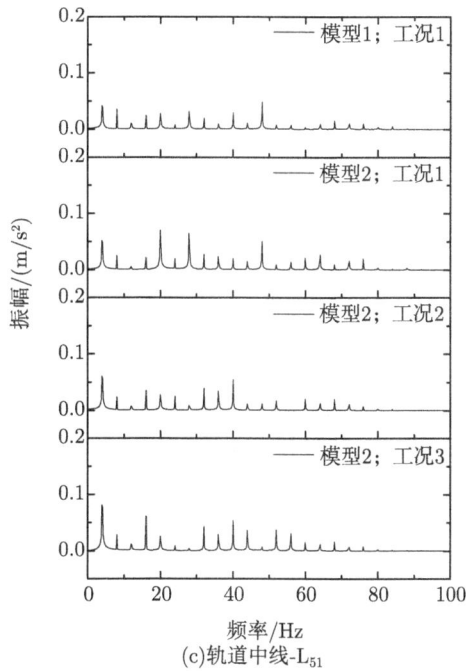

图 8-32　膨胀土地基振动加速度频谱响应曲线

8.2.4 新型基床 SAWI 层防渗效果评价

在激振试验过程中，通过预先埋设在路基内的湿度计对路基内的湿度变化进行跟踪监测。不同服役条件下 (工况 2, 3) 激振结束后湿度计读数随深度的变化曲线如图 8-33 所示。

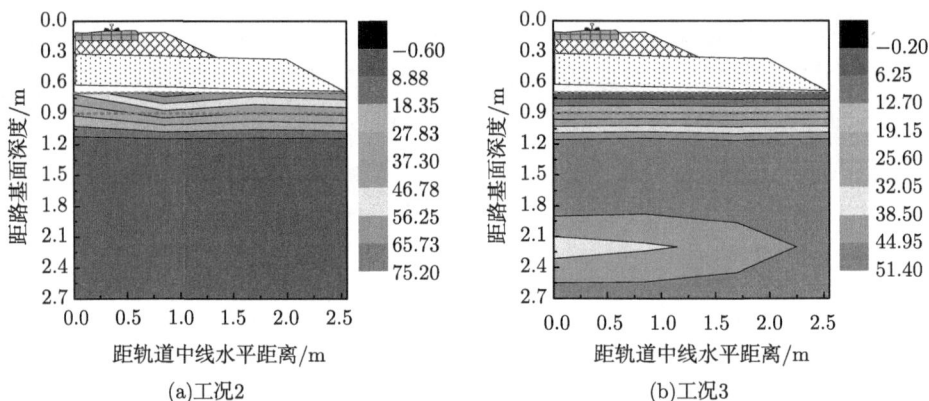

(a)工况2　　　　　　　　　　　　　　　　　(b)工况3

图 8-33　不同服役环境条件下路基内湿度随深度变化曲线 (后附彩图)

结合图 8-8 和图 8-33 分析可得，工况 1 条件下路基内的湿度随深度近似呈线性增长，工况 2 条件下，基床表层湿度计读数迅速增大，但在 SAWI 层以下湿度计读数基本保持不变 (湿度计精度 ±3%)，说明由于新型 SAWI 层的作用，雨水被隔离在基床表层中，而未使雨水入侵到膨胀土地基内部；工况 3 条件下，SAWI 层以下湿度计读数大幅度提高，但基床表层内湿度基本稳定，说明 SAWI 层将地下水隔断在其下部。经过三种极端服役条件下 400 万次的激振试验后，对基床结构层进行开挖检查，SAWI 层未出现渗漏水、微裂纹或开裂现象 (图 8-34)。由此表明 SAWI 层能够起到较好的防水、抗渗和抗疲劳作用，能够用于实际工程。

(a)防水层表面　　　　　　　　(b)防水层剖面　　　　　　　　(c)抗渗性检验

图 8-34　试验结束后的 SAWI 层外观

　　本方案拟在云桂高速铁路工程推广应用前,为进一步确保云桂铁路工程质量及验证新型 SAWI 层的实际服役效果,选取弱—中和中—强两个典型膨胀土路堑基床现场激振试验段,设计自然和浸水两种服役环境,对新型 SAWI 层在循环动荷载作用下的防水性和抗疲劳性进行测试。通过在路基各结构层分界面位置预先埋设湿度计,并跟踪监测干湿条件下路基内部的湿度变化情况,弱—中和中—强膨胀土两个测试断面湿度变化实测结果见图 8-35。由实测数据可得,在基床表层浸水后,两断面均表现为 SAWI 层上部湿度计读数大幅增加,但在 SAWI 层下部湿度计读数基本保持稳定。由此说明,SAWI 层能有效防止其上部地表水的侵入,且在弱—中和中—强膨胀土两种类型地质条件下均能起到较好的防水效果。

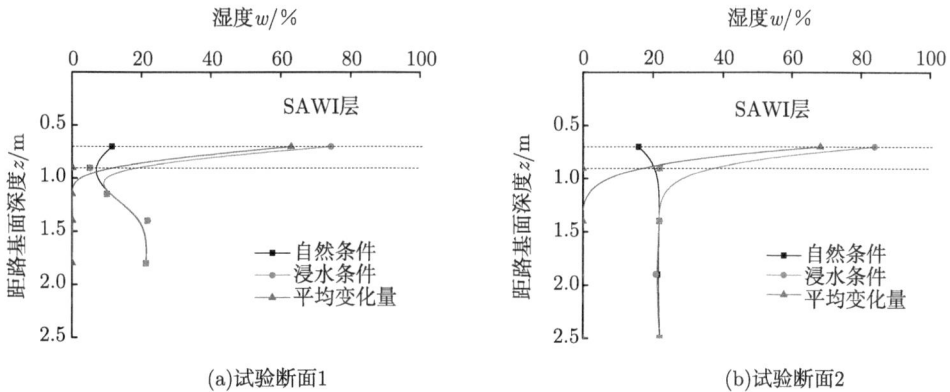

(a)试验断面1　　　　　　　　　　　　(b)试验断面2

图 8-35　路基内湿度变化现场试验结果

　　为了检查新型 SAWI 层在极端服役环境下的抗疲劳性能,各断面分别通过 200 万次现场激振试验后开挖基床表层,并检查 SAWI 层是否存在裂纹及渗漏点,SAWI 层外观如图 8-36 所示。经现场检查表明,其既未出现裂损,也未出现渗漏,说明新型 SAWI 层能够满足防水、抗渗及抗疲劳的基本要求,为云桂高速铁路工程质量及基床长期稳定性提供了可靠保障。

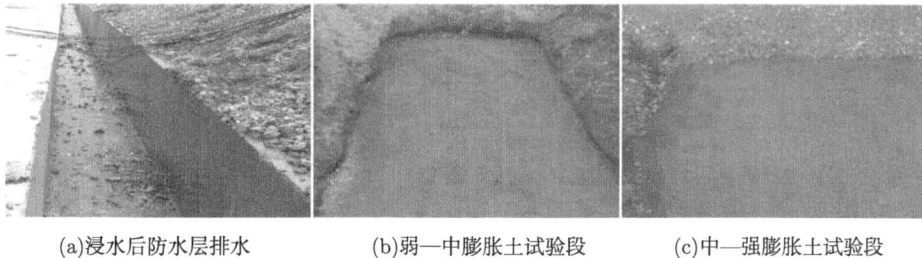

(a)浸水后防水层排水　　　　(b)弱—中膨胀土试验段　　　　(c)中—强膨胀土试验段

图 8-36　现场试验后的 SAWI 层外观

综上分析，模型试验结果与现场测试所得结果一致。由此充分说明，SAWI 层复合材料具有较好的抗渗性、抗裂性、抗疲劳性和抗变形性，基于 SAWI 层的新型基床结构能够起到较好的防水、隔水效果。

8.3　有砟轨道–路基–地基系统动力性能数值仿真

高速铁路轨道–路基–地基耦合系统动力学问题的研究一直比较活跃，但由于路基动力学问题本身的复杂性，加之岩土条件的特殊性和不确定性，所以该问题变得更为困难，目前的研究成果还难以满足高速铁路路基工程建设及维护的需求。随着计算机技术的发展，数值分析方法为岩土工程等复杂问题模拟和计算提供了一种有效途径。为此，本节基于现有的研究成果基础，以云桂铁路膨胀土路堑新型基床结构为研究对象，借助三维有限差分软件 FLAC3D 处理动态、大变形、非线性等岩土问题的优势，建立三维轨道–路基–地基系统动力计算模型，探讨列车荷载作用下膨胀土路堑新型基床的动力响应变化规律及 SAWI 层对膨胀土路堑基床动力响应的影响，对比分析列车荷载作用下新型基床和传统基床动力特性的差异，并结合现场试验结果进行对比分析。研究成果对膨胀土地区高速铁路路堑基床设计及施工具有重要指导意义。

8.3.1　有砟轨道路基结构参数及动力性能评价指标

我国高速铁路有砟轨道路基由基床和基床以下部分组成，根据列车荷载幅值、水和气温的作用等基床又可分为基床表层和基床底层。不同的列车运行时速要求的轨道不平顺度不同，路基各部分的厚度及填料要求、压实标准也不同。设计时速越高，对路基的技术条件要求也越高。对于列车–轨道–路基系统的计算参数，各文献取值不尽相同，列车和轨道的参数相对比较固定，但道床、路基和地基的计算参数离散型却比较大。参考现有的相关文献，高速铁路路基结构统计参数见表 8-8 和表 8-9。

表 8-8　不同国家典型高速铁路路基设计断面参数

结构名称	日本		德国		中国香港		中国内地	
	厚度/m	E_{v2} 或 (K_{30})	厚度/m	E_{v2} 或 (K_{30})	厚度/m	E_{v2} 或 (K_{30})	厚度/m	E_{v2} 或 (K_{30})
基床表层	0.3	180MPa	0.2	120MPa	0.7~0.8	180MPa	0.7~0.8	180MPa
基床底层	2.7	11kg/cm³	0.8	80MPa	2.3	9kg/cm³	2.3	11kg/cm³
路堤下部	—	11kg/cm³	—	45MPa	—	7kg/cm³	—	9kg/cm³
地基	—	7kg/cm³	—	7kg/cm³	—	7kg/cm³	—	7kg/cm³

注：一般情况 $E_{动}=(1.5\sim2.0)E_{静}$

表 8-9　有砟轨道–路基–地基系统基本计算参数

结构名称	厚度 /m	密度 /(t/m³)	黏聚力 /kPa	内摩擦角 /(°)	泊松比	弹性模量 /MPa	K_{30} /(MPa/m)	阻尼比
钢轨	—	7.8	—	—	0.15	2.1×10^5	—	—
轨枕	0.26	2.6	—	—	0.18	3.0×10^4	—	—
道床	0.35	1.8~2.0	200	30~45	0.25~0.35	150~200	—	0.30
基床表层	0.70	1.95~2.3	70~80	27~30	0.28~0.33	60~180	190~220	0.45
基床底层	2.30	1.8~2.2	60~150	25~28	0.30	40~160	170~190	0.39
路堤下部	—	1.7~2.1	50~80	22~25	0.30~0.37	20~100	150~170	0.35
地基	—	1.8~1.85	30~50	18~21	0.30~0.37	20~80	—	0.35

为了满足安全性、舒适性及永久性的要求，高速铁路路基对其强度和刚度有一定的要求以保证其在列车运行时具有长期的稳定性。各国规范规定路基设计的控制指标有所不同，如德国规范主要以路基变形模量为控制指标，美国规范主要以基床的强度为控制指标，而日本规范和中国规范则以路基面动变形为控制指标。关于路基面动应力，文献 [180] 建议的高速铁路路基设计动应力幅值为 100kPa，日本高速铁路路基设计动应力的幅值为 92kPa。关于路基动变形的限制，国家 "九五" 重点科技攻关专题——《高速铁路线桥结构与技术条件 (标准) 的研究》中建议值为 4.0mm；日本路基面动变形控制标准为 2.5mm；我国高速铁路综合试验测试结果表明，路基实测动变形均小于 1.0mm，如秦沈线实测值为 0.29~0.89mm。《高速铁路路基修理规则》(TG/GW 120—2015) 规定，路基动荷载应不大于 0.4 倍静轴重，动变形不大于 1.0mm。因此，目前对高速铁路较一致的限值为 1.0mm，低速铁路则可放宽至 3.5mm。

8.3.2　三维轨道–路基–地基系统数值计算模型

1. 计算模型及网格划分

本节主要研究高速铁路膨胀土路基各结构层的动力特性，以路基结构为重点，根据云桂高速铁路工程实际，选取现场试验段典型基床结构为例，借助有限差分软件 FLAC3D 建立三维路基动力数值分析模型 (图 8-37)，探讨列车荷载作用下新型路堑基床的动力响应变化规律。所建模型尺寸宽 (x)× 长 (y)× 高 (z) 为 6.24m×9.00m×5.25m，模型中共划分 77520 个单元，82859 个节点。

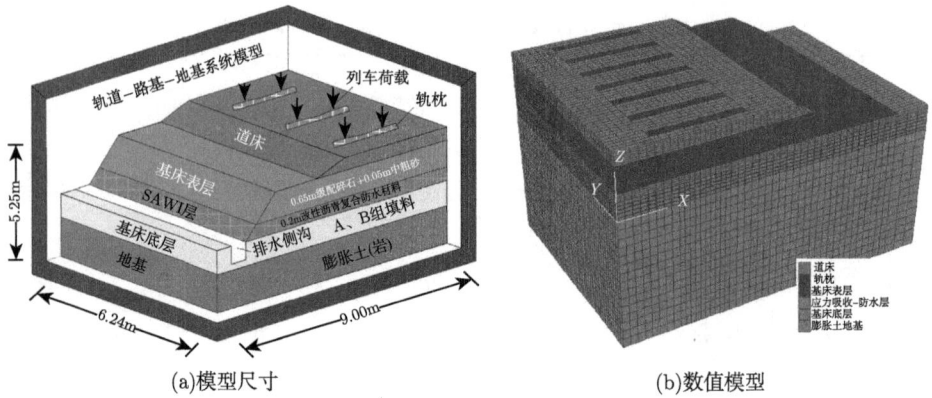

<table>
<tr><td>(a)模型尺寸</td><td>(b)数值模型</td></tr>
</table>

图 8-37　三维轨道–路基–地基系统动力计算模型

2. 本构模型及计算参数

FLAC3D 提供了适合模拟岩土材料的本构模型及结构模型。在数值建模过程中，路基各结构层均采用实体单元模拟，除轨枕和新型防水结构层外，考虑岩土体的非线性，材料强度准则均采用各向同性弹塑性莫尔–库仑本构模型，利用增量理论计算；轨枕和 SAWI 层采用弹性本构模型。在动力计算时，通过设置静态边界减少波反射对计算结果的影响，考虑列车荷载频率较低，材料阻尼选用局部阻尼形式，模型材料的计算参数取值见表 8-10。

表 8-10　计算模型材料参数

位置	本构模型	厚度/m	密度/(kg/m³)	黏聚力/kPa	内摩擦角/(°)	弹性模量/GPa	泊松比	局部阻尼系数
III型轨枕	弹性模型	0.15	2400	—	—	30.0	0.17	0.063
SAWI 层	弹性模型	0.20	1900	—	—	1.00	0.25	0.157
道床	M-C 模型	0.35	2200	2.0	38	0.20	0.25	0.094
基床表层	M-C 模型	0.70	2140	40.0	32	0.19	0.27	0.088
基床底层	M-C 模型	0.50	1950	30.0	20	0.11	0.32	0.110
膨胀土地基	M-C 模型	3.50	1860	41.4	11.2	0.067	0.33	0.088

莫尔–库仑屈服准则，其表达式为

$$f = \tau_n - c - \sigma_n \tan\varphi = 0 \tag{8-6}$$

式中：τ_n, σ_n 分别为受力面上的剪应力和正应力；c 为黏聚力；φ 为内摩擦角。

在 π 平面上, 莫尔–库仑屈服条件是一个不等角的等边六边形。在主应力空间, 莫尔–库仑屈服条件的屈服面是一个棱锥面, 中心轴线与等倾角重合, 见图 8-38。其屈服条件在三维应力空间中可表达为

$$
\left\{
\begin{aligned}
& f\left(I_1, J_2, \theta\right) = \frac{1}{3} I_1 \sin\varphi + \sqrt{J_2} \sin\left(\theta + \frac{\pi}{3}\right) \\
& \qquad\qquad + \sqrt{\frac{J_2}{3}} \cos\left(\theta + \frac{\pi}{3}\right) \sin\varphi - C\cos\varphi = 0 \\
& \cos 3\theta = \frac{\sqrt{2}J_3}{\tau_8^3}
\end{aligned}
\right.
\tag{8-7}
$$

式中: I_1 为应力张量第 1 不变量; J_2, J_3 分别为应力偏张量第 2, 3 不变量; τ_8 为八面体剪应力。

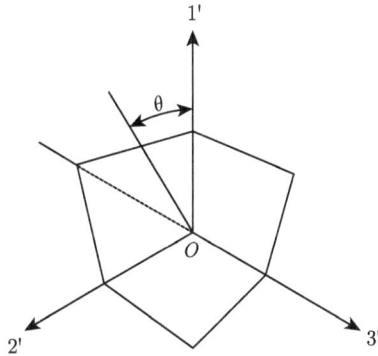

图 8-38 莫尔–库仑屈服面

在 FLAC3D 中, 常用 K 和 G 两个弹性常量来进行描述材料属性, 而不用弹性模量 E 和泊松比 ν。它们之间的关系如下:

$$
\left\{
\begin{aligned}
K &= E/3\left(1 - 2\nu\right) \\
G &= E/2\left(1 + \nu\right)
\end{aligned}
\right.
\tag{8-8}
$$

3. 列车振动荷载的模拟与实现

将列车–轨道–路基耦合模型计算得到的激振力施加到有限元模型上有两种方法: ①施加激振荷载在轨道结构的各固定点位置处, 如将荷载施加到轨枕支点处; ②施加移动的轮轨垂向作用力到钢轨上, 如图 8-39 所示。

列车荷载计算方法 1:

根据《规范》, 列车的动轴重按式 (8-9) 计算。

$$
P_d = P_j\left(1 + \alpha v\right)
\tag{8-9}
$$

式中：P_d 为动轴力幅值 (kN)；P_j 为列车静轴重 (kN)；ϕ 为动力冲击数。$\phi =$
$1 + \alpha v$，其中 v 为行车速度 (km/h)；α 为经验参数，对时速 200～250km 高速铁
路，$\alpha=0.004$，300～350km 高速铁路，$\alpha=0.003$，但客运专线冲击系数 ϕ 的最大值
为 1.9。

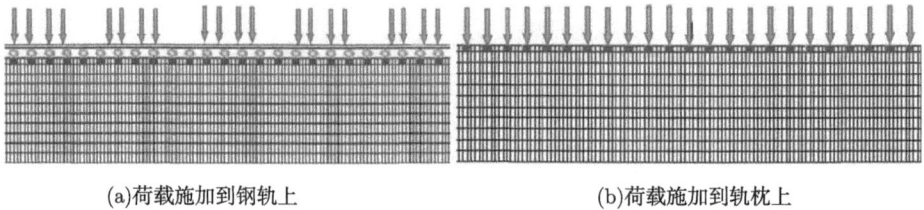

(a)荷载施加到钢轨上　　　　　　　　　　　(b)荷载施加到轨枕上

图 8-39　列车振动荷载施加方式

列车荷载计算方法 2：

列车荷载是一个复杂的问题，涉及列车车体、轨道和路基的耦合作用，模拟列
车荷载高、中、低频控制条件下的激振力函数表达式为

$$\begin{cases} P(t) = P_0 + \sum\limits_{i=1}^{n=3} P_i \sin\omega_i t, \\ P_i = ma_i\omega_i^2, \quad \omega_i = 2\pi \cdot v/L_i \end{cases} \tag{8-10}$$

式中：$P(t)$ 为列车振动荷载 (kN)；P_0 为机车车辆轴重 (按 ZK 活载取值，kN)；P_i
为对应控制条件中某一典型值的振动荷载 (kN)；ω_i 为轨道振动圆频率 (Hz)；v 为
列车速度 (m/s)；L_i 为轨道不平顺曲线的波长 (m)；m 为簧下质量 (kg)；a_i 为轨道
的几何不平顺矢高 (mm)。

为研究列车振动荷载对路基系统的动力响应，将钢轨与轨枕结构简化成无限
连续弹性基础梁，求得列车振动荷载作用于钢轨上时轨枕处的反力 P_r，通过在轨
枕支点处施加荷载实现列车振动荷载的模拟。其反力 P_r 表达式为

$$P_r = \begin{cases} \dfrac{P(t)\lambda d}{2}\mathrm{e}^{-nx}[\cos(\lambda x) + \sin(\lambda x)], & x \geqslant 0 \\ \dfrac{P(t)\lambda d}{2}\mathrm{e}^{nx}[\cos(\lambda x) - \sin(\lambda x)], & x < 0 \end{cases} \tag{8-11}$$

式中：λ 为轨道结构系数 (m^{-1})，$\lambda = \sqrt[4]{E_0/4E_rI_r}$；$d$ 为轨枕间距，本书中取
$d=0.60\mathrm{m}$；x 为距离 (m)；E_0 为基础弹性模量 (MPa)；E_r 为钢轨弹性模量 (MPa)；I_r
为钢轨截面惯性矩 (m^4)；其他参数含义同上。

云桂铁路正线设计速度 $v=250\mathrm{km/h}$，以两辆车厢为分析对象，单节车厢长
$L=25\mathrm{m}$，转向架中心距离为 $D=17.5\mathrm{m}$，固定轴距 $L_1=2.5\mathrm{m}$，相邻车厢前后轮距

$L_2=5.0\text{m}$，单股钢轨上的单个静轮载 $P_0=100\text{kN}$，轨道不平顺波长 $\lambda=2.0\text{m}$，轨道刚度 $EI=13.3\text{MN}\cdot\text{m}^2$。考虑同一车厢前后转向架距离远大于前后车厢相邻转向架的距离，故可以忽略同一车厢前后转向架间的影响，本书重点考虑前后车厢相邻转向架四组轮对荷载，将四个轮轨力在模型中任意轨枕处的受力叠加，即可得到任意轨枕处的应力时程曲线，见图 8-40。由图可得，曲线中的四个峰值点对应于轮轨刚好作用在轨枕上方时的应力值，此结果与实际情况较吻合。

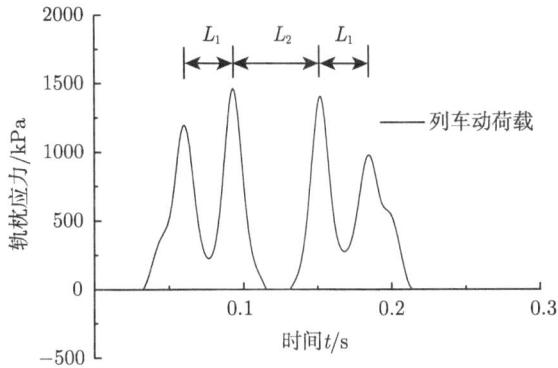

图 8-40 轨枕处应力时程曲线

4. 地基膨胀土胀缩效应模拟及实现

膨胀土胀缩变形力作用主要由含水率变化引起，因此，分析胀缩力的作用效果首先要分析土中含水率的变化情况。区域土体内的含水率的变化一般通过基于达西定律的瞬态渗流分析进行模拟，考虑到温度场热传导问题类似于渗流问题，即在某个热源作用下，物体内会形成一个受热传导方程控制的温度变化场。而在某个水源作用下，土体内也会形成一个受水分扩散控制的湿度变化场，并且渗流问题的控制方程与温度场热传导的控制方程在数学形式上相似。同时，膨胀土吸水后产生体积膨胀，恰好类似材料的温度升高产生体积膨胀效应，利用温度场热传导问题的热膨胀特性可以很好地模拟膨胀土的膨胀特性。

膨胀土中的胀缩组分蒙脱石、伊利石的含量是膨胀土胀缩变形的内部因素，其胀缩组分吸水膨胀、失水收缩，故膨胀土体积发生胀缩变形与土体中含水率变化密切相关。该变化过程非常复杂，采用 FLAC3D 进行模拟计算时，假设如下：①土体应力的改变不受温度的影响，即热应力分布只与温度有关，不随结构应力的改变而改变；②流体的分布不受结构应力的影响。对于胀缩性的模拟，首先选定合理的计算分析范围，建立相关的地质模型，采用莫尔–库仑本构模型进行力学分析，施加初始地应力和边界条件，使模型计算达到平衡状态，该过程是建立和实际情况接近的地质稳态力学模型。膨胀土的胀缩效应，采用温度模式下的线热源来模拟，温度升高即吸水体积膨胀，温度降低即失水收缩。由于温度场的热膨胀性质与膨胀土吸水膨胀性质的数学表述一致，通过参数换算可借助于温度场来模拟湿度场，通过热–力耦合分析，即可获得膨胀土湿度变化时的变形受力特性。

5. 边界条件及力学阻尼设置

在静力计算时，该模型上表面取为自由边界；模型侧面和底面取位移边界条件，侧面约束限制水平位移，底面为固定限制水平和垂直位移；计算时仅考虑自重应力场。

在动力计算时，由于存在波的反射，若不进行处理会对计算结果造成很大影响。可以通过建立很大的模型来减小波反射的影响，但这将会大大增加计算所需时间，为了有效地解决两者之间的矛盾，FLAC3D 提供了静态边界和自由场边界两种动力计算边界，这两种边界均能有效防止入射波的反射，考虑建模的方便性，书中计算选择静态边界。

阻尼的产生主要来源于材料的内部摩擦及可能存在的接触表面的滑动。FLAC3D 采用求解运动方程的方法解决两类力学问题：准静力问题和动力问题，在这两类问题求解中均需要使用阻尼。根据虚功原理可建立起体系的运动方程表达式：

$$[M]\left\{\ddot{\delta}\right\} + [C]\left\{\dot{\delta}\right\} + [K]\left\{\delta\right\} = \left\{f(t)\right\} \tag{8-12}$$

式中：$[M]$, $[C]$, $[K]$ 分别为体系的总质量矩阵，阻尼矩阵和刚度矩阵；$\left\{\ddot{\delta}\right\}$, $\left\{\dot{\delta}\right\}$, $\{\delta\}$ 分别为节点的加速度、速度和位移向量；$\{f(t)\}$ 为荷载。

FLAC3D 动力计算模块提供了三种阻尼形式：瑞利阻尼、局部阻尼和滞后阻尼。瑞利阻尼的计算时步太小，会导致动力计算时间过长；局部阻尼不需要求解系统的自振频率，也不会减小计算时间步，但可以减小计算所用的时间；滞后阻尼有很多的使用限制，且目前相关的参考资料较少，很难得到满意的分析结果。结合各阻尼形式的优缺点，且由于列车荷载频率较低，故本书数值计算中采用局部阻尼形式，阻尼系数详见表 8-10。局部阻尼是通过在计算过程中增加或者减小节点质量的方法来达到收敛的，系统保持质量守恒。当节点的速度符号改变时增加该节点的质量，当节点速度达到最值时减小节点质量，从而使损失的能量 ΔW 与最大的瞬时应变能 W 成一定的比例关系，这个比值就是临界阻尼比 D，即 $D = \Delta W / W$。局部阻尼系数 α_{L} 可以通过下式求解：

$$\alpha_{L} = \pi D \tag{8-13}$$

式中：α_L 为局部阻尼系数；D 为临界阻尼比，对于岩土体材料，D 的取值范围一般为 2%~5%。

8.3.3 计算结果对比及验证

为对比分析列车荷载作用下新型基床和传统基床动力特性的差异，更有效地掌握 SAWI 层基床结构动力衰减特性，建立两种三维轨道–路基–地基系统动力分析模型进行计算，并结合理论计算结果和现场实测结果进行对比分析。

模型 1：传统基床结构，不铺设 SAWI 层，其结构层由 0.7m 基床表层和 0.7m 基床底层组成，建立的有限差分模型如图 8-41(a) 所示。

模型 2：新型基床结构，铺设 SAWI 层，以现场试验段断面 1 典型基床结构为例，其结构层由 0.7m 基床表层、0.2m SAWI 层和 0.5m 基床底层组成，建立的有限差分模型如图 8-41(b) 所示。

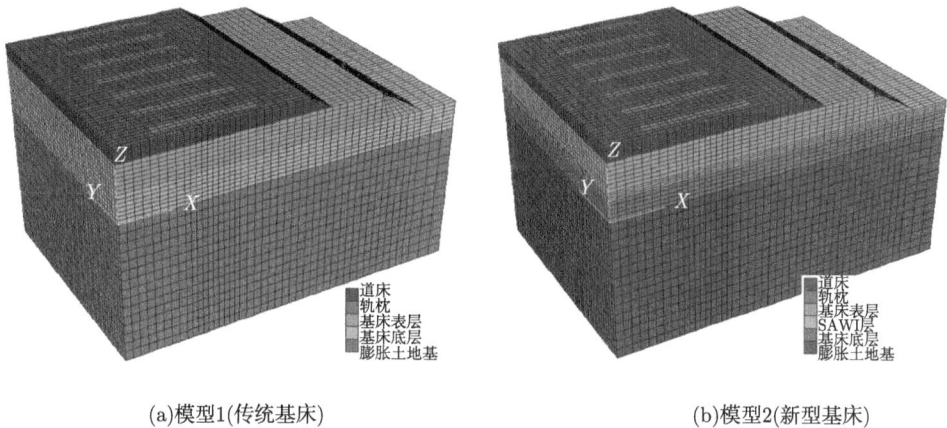

(a)模型1(传统基床)   (b)模型2(新型基床)

图 8-41 有砟轨道–路基–膨胀土地基系统三维数值计算模型 (后附彩图)

1. 动应力变化规律对比

基床各结构层参数对基床动应力的分布形式有较大的影响。对于有砟轨道结构，运用弹性理论和 Odemark 理论计算层状路基动应力沿深度方向分布，此公式可反映基床各结构层弹模对路基动应力分布的影响。图 8-42 为基床不同深度 z 处的动应力 σ_v 衰减变化曲线。采用弹性理论计算的动应力衰减曲线与数值计算结果基本一致，但在 SAWI 层以下，基床动应力理论值和数值计算值差异较大；传统基床和新型基床动应力沿深度方向衰减规律基本相同，呈指数函数型分布，且具有较高的拟合度，其关系式见表 8-11。由图 8-42(a) 可见，两种基床结构基床动应力随深度衰减变化曲线基本一致，呈指数型分布；在 0.7m 深以上，动应力大小基本相等，在 0.7 m 深以下，动应力大小依次为 $\sigma_{v,1} > \sigma_{v,2}$($\sigma_{v,1}$ 和 $\sigma_{v,2}$ 依次为模型 1, 2 沿深度方向的动应力)；模型 1, 2 的基床表面动应力分别为 96.40kPa, 96.36kPa, 防水层底面 (0.9m) 动应力分别为 33.61kPa, 34.10kPa, 防水层底面 (0.9m) 动应力分别为 28.16kPa, 23.23kPa；由模型 1, 2 的基床结构对比可知，模型 2 基床结构动应力衰减明显较模型 1 对应深度快。

　　　路基动应力衰减系数计算值随深度的变化趋势与现场实测结果基本吻合，见图 8-42(b)；在路基表面下 0.7~2.5m, 新型基床动应力衰减系数较传统基床小，且路基表面下 1.4m 位置传统基床动应力衰减系数约为 0.5，而新型基床动应力衰减系数已减小至 0.30，由此可知，SAWI 层内动应力衰减速率明显增大，故设置 SAWI 层能够在一定程度上加快基床内动应力的衰减。

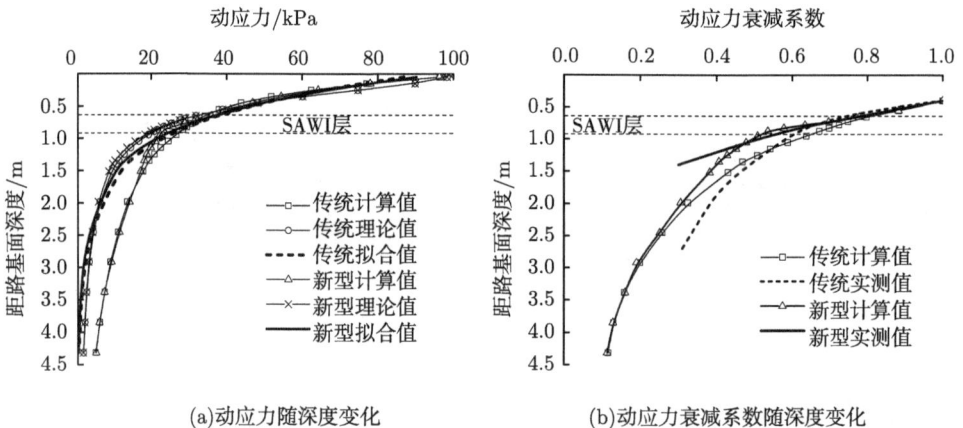

(a)动应力随深度变化　　　　　　　　(b)动应力衰减系数随深度变化

图 8-42　动应力沿深度变化规律

表 8-11　动应力衰减曲线拟合关系式

基床类型	拟合方程	R^2
传统基床	$\sigma_v(z) = 93.129 \times \exp(-1.385 \times z)$	0.951
新型基床	$\sigma_v(z) = 97.308 \times \exp(-1.496 \times z)$	0.967

　　　图 8-43 为不同深度处竖向动应力沿线路横向距离分布曲线。由图可得，动应力沿横向距离呈抛物线型分布，在轨道中线位置出现峰值，距线路中线 5.0m 以外几乎不受影响；在距路基表面 0.7m(SAWI 层顶面) 处，两种基床结构对应的动应力大小及分布基本相同，但在距路基表面 0.9m(SAWI 层底面) 处新型基床对应的动应力明显较小，由此进一步说明铺设 SAWI 层可加快基床内动应力的衰减。

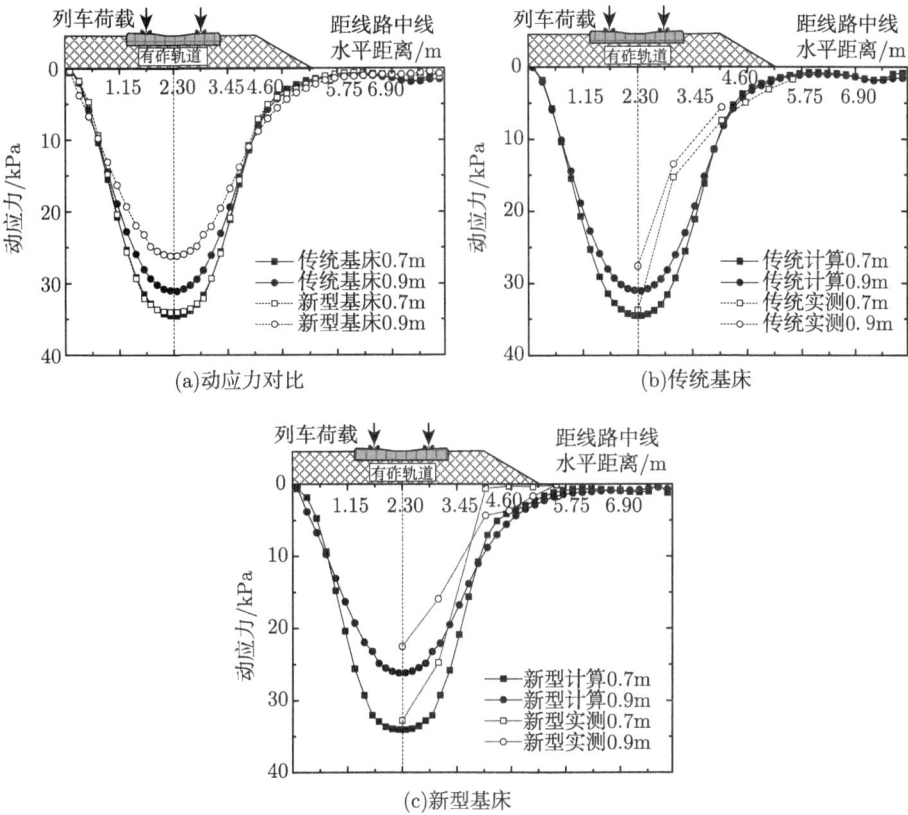

图 8-43 不同深度处竖向动应力沿线路横向距离分布曲线

2. 动位移变化规律对比

图 8-44 为基床动位移 s_v 随深度 z 的衰减变化曲线。由图可得,基床动位移随深

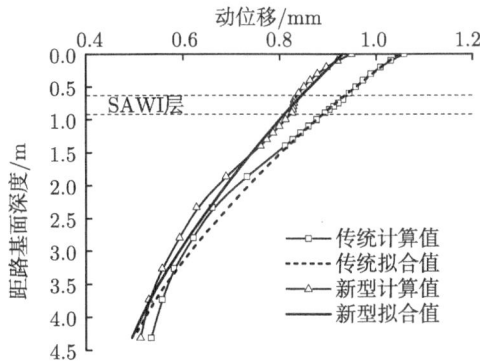

图 8-44 动位移沿深度的衰减曲线

度近似呈指数型衰减，拟合结果见表 8-12；基床动位移大小依次为 $s_{v,1} > s_{v,2}$（$s_{v,1}$，和 $s_{v,2}$ 依次为模型 1, 2 在沿深度方向的动位移）；模型 1 与模型 2 相比，增设 0.2m 厚 SAWI 层可将路基面的动位移从 1.06mm 降低到 0.95mm；增设 SAWI 层后满足《规范》中对路基表面动位移不大于 1.00mm 的要求，故铺设 SAWI 层可以有效地降低路基表面的动位移。

表 8-12　动位移衰减曲线拟合关系式

基床类型	拟合方程	R^2
传统基床	$s_v(z) = 1.047 \times \exp(-0.177 \times z)$	0.992
新型基床	$s_v(z) = 0.931 \times \exp(-0.151 \times z)$	0.987

图 8-45 为不同深度处竖向动位移沿线路横向距离分布曲线。由图可知，动位移沿横向距离呈抛物线型分布，也在轨道中线位置出现峰值；在 SAWI 层位置新型基床对应的动位移明显较传统基床小；新型基床 SAWI 层顶面和底面动位移值均约为 0.83mm，说明 SAWI 层发生了整体变形，对上部振动荷载具有一定的分布作用和抵抗变形能力。

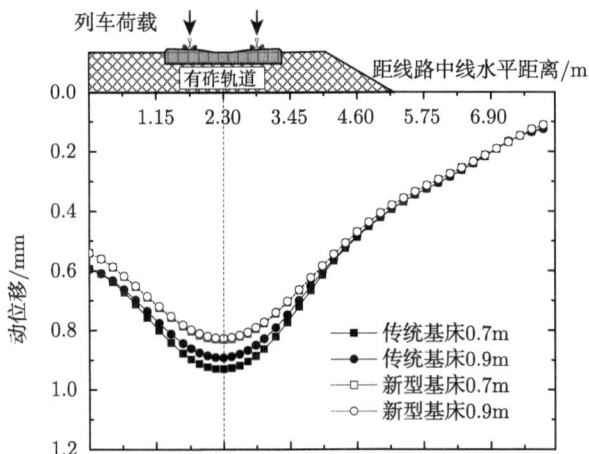

图 8-45　不同深度处竖向动位移沿线路横向距离分布曲线

3. 振动速度变化规律对比

图 8-46 为基床振动速度 v 随深度 z 衰减变化曲线。由图可得，振动速度随深度的增加而减小，且在基床表层内衰减较快，基床振动速度 v 沿深度变化规律符合指数函数型衰减，拟合结果见表 8-13；模型 1 与模型 2 相比，新型基床振动速度在基床结构层内衰减速度明显优于传统基床，而在基床结构层以下基本保持一致，见图 8-46(a)；轨道中线下动应力衰减系数计算值随深度的变化趋势与现场实测结

果基本一致；在 SAWI 层以上，新型基床振动速度衰减系数小于传统基床，但在 SAWI 层以下，传统基床振动速度衰减系数明显小于新型基床，见图 8-46(b)。

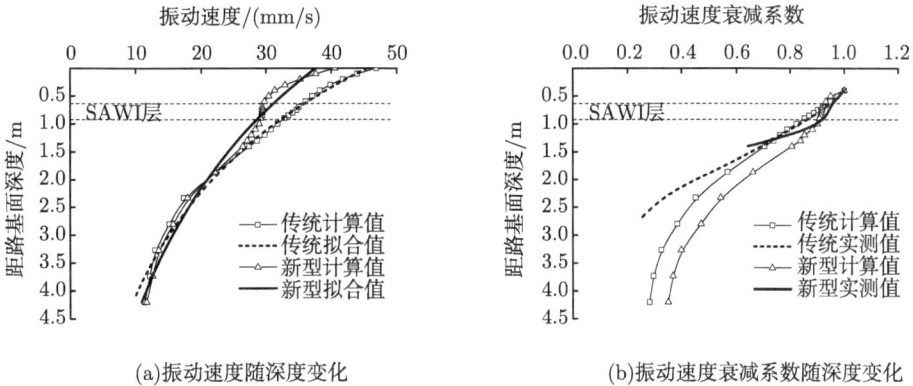

(a)振动速度随深度变化   (b)振动速度衰减系数随深度变化

图 8-46   振动速度沿深度变化规律

表 8-13   振动速度衰减曲线拟合关系式

基床类型	拟合方程	R^2
传统基床	$v(z) = 45.497 \times \exp(-0.372 \times z)$	0.993
新型基床	$v(z) = 37.585 \times \exp(-0295 \times z)$	0.970

在列车荷载作用下，振动速度沿线路横向距离分布曲线见图 8-47。由图可得，在基床相同深度位置，传统基床振动速度均位于新型基床上方，且在轨道中线下方出现峰值；SAWI 层上下振动速度基本不发生变化，这主要是防水层具有整体性好、隔振性强的半刚性特点，使其在列车荷载作用下，能均布上部荷载，减弱振动，而发生整体性振动。

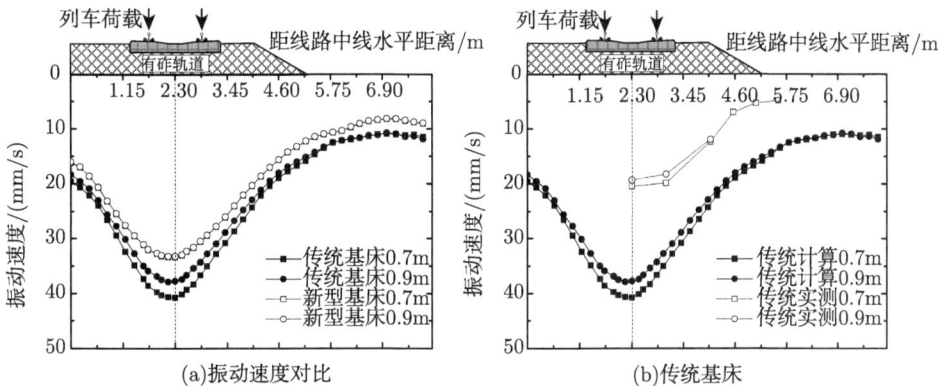

(a)振动速度对比   (b)传统基床

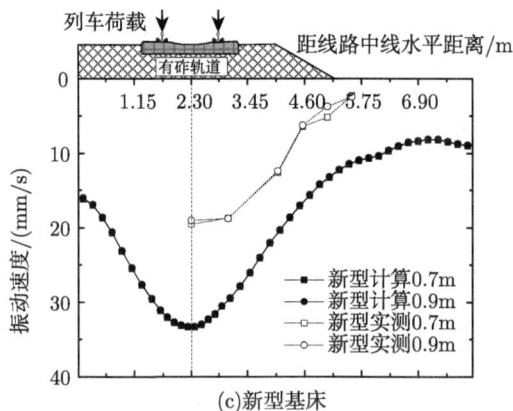

图 8-47　不同位置振动速度沿横向距离分布曲线

4. 振动加速度变化规律对比

图 8-48 为基床振动加速度 a 随深度 z 衰减变化曲线。由图可得,振动加速度随深度的增加而减小,且在基床表层内衰减较为显著;基床振动加速度沿深度变化规律符合指数函数型衰减,拟合结果见表 8-14;在 2.0m 深度以上,振动加速度变化波动性较大,在 2.0m 深度以下,两者振动加速度大小和衰减变化趋势基本相近,原因是路基为层状结构,其上部为基床结构层,其下部为膨胀土地基,各结构层物理力学性质存在差异;模型 1 的基床表面振动加速度最大,其值为 6.17m/s^2;模型 1 与模型 2 相比,新型基床振动速度在基床表层内衰减速度明显小于传统基床,而在 SAWI 层以下基本保持一致,见图 8-48(a);轨道中线下振动加速度衰减系数计算值随深度的衰减变化趋势与现场实测结果基本一致,其变化规律同振动速度,见图 8-48(b)。

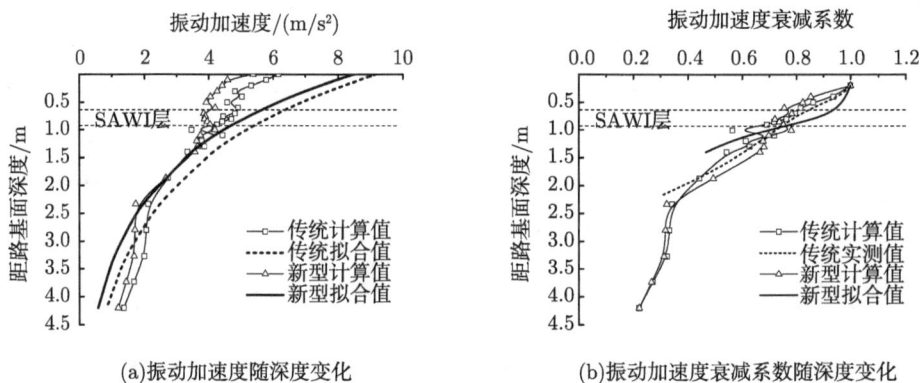

(a)振动加速度随深度变化　　　　　(b)振动加速度衰减系数随深度变化

图 8-48　振动加速度沿深度变化规律

表 8-14 振动加速度衰减曲线拟合关系式

基床类型	拟合方程	R^2
传统基床	$a(z) = 9.158 \times \exp(-0.571 \times z)$	0.951
新型基床	$a(z) = 8.476 \times \exp(-0.614 \times z)$	0.911

图 8-49 为振动加速度沿线路横向距离分布曲线。由图可得，在基床相同深度位置，传统基床振动加速度均位于新型基床上方，在轨道中线下方出现峰值；SAWI 层上下振动加速度基本不发生变化，而传统基床相应位置振动加速度在轨道中线两侧波动变化较大，由此进一步说明新型防水层能均布上部动荷载，减弱基床结构振动效应。

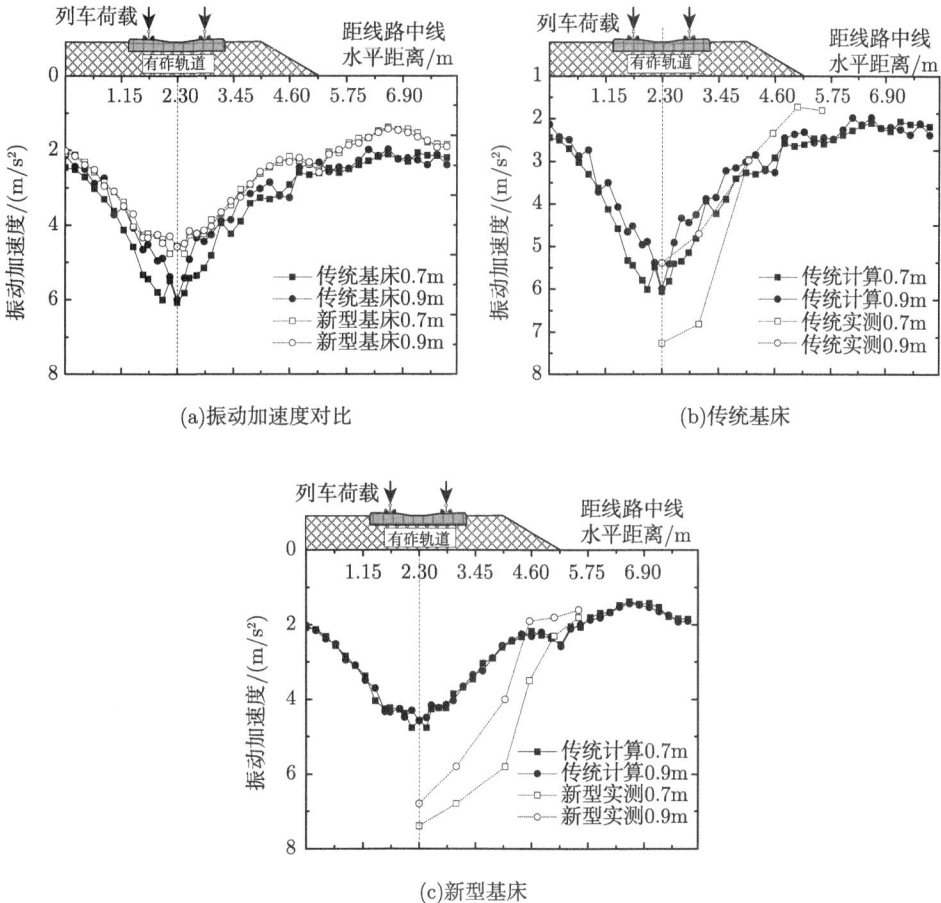

(a)振动加速度对比

(b)传统基床

(c)新型基床

图 8-49 不同位置振动加速度沿横向距离分布曲线

8.3.4　膨胀土路堑新型基床结构动力行为分布特征

1. 基床动应力变化规律

图 8-50 为轨道下路基面和基床底层顶面竖向动应力的时程曲线,两者都存在轮对效应,四个峰值对应于列车相邻车厢相邻转向架的 4 组轮对分别作用于轨枕处时的应力值。受两边轮对的影响,中间轮对作用的竖向动应力大于两边轮对的。由于存在基床表层和 SAWI 层的分布作用,路基面的轮对效应比基床底层顶面的明显。

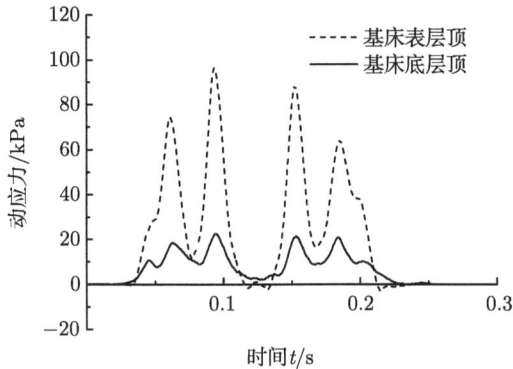

图 8-50　竖向动应力时程曲线

图 8-51 为轨道正下方基床竖向动应力沿深度的衰减曲线。由图可得,竖向动应力随深度变化呈指数型衰减;路基面最大动应力值为 96.36kPa,SAWI 层底面动应力为 23.23kPa,动应力衰减率约为 75.9%。由此说明,SAWI 层能够在一定程度上减弱列车荷载对基床下部结构层动应力的影响。

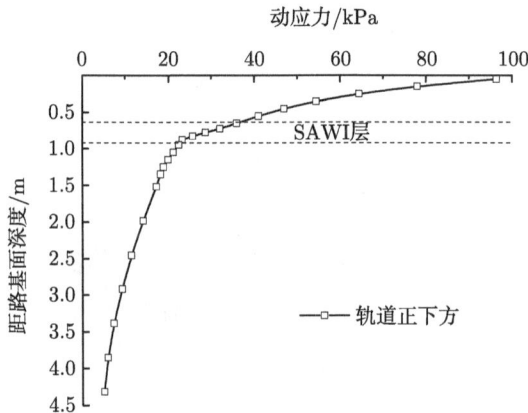

图 8-51　竖向动应力沿深度的衰减曲线

图 8-52 为 SAWI 层顶面和底面竖向动应力沿线路横断面的分布曲线。由图可得，基床表层顶面动应力沿横断面呈马鞍型分布，峰值出现在轨道投影的正下方，大小为 96.36kPa；SAWI 层顶面和底面动应力沿横断面呈抛物线型分布，两者均在轨道中线位置出现峰值；SAWI 层顶面和底面竖向动应力最大值分别为 32.10kPa，23.23kPa，分别为基床表层顶面的 33.3%，24.1%。

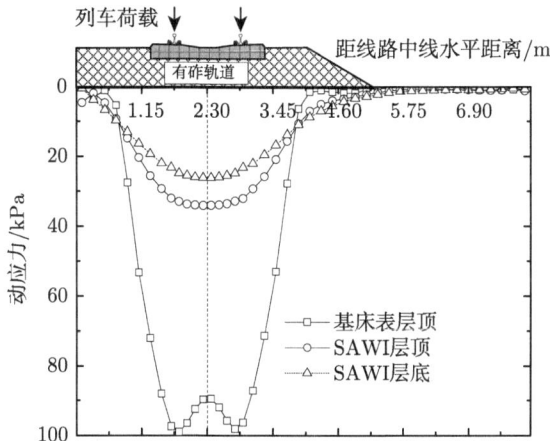

图 8-52　竖向动应力沿线路横断面分布

2. 基床动位移变化规律

图 8-53 为弱—中膨胀土地基路堑基床在列车荷载作用下竖向动位移沿深度的衰减曲线。由图可知，基床竖向动位移沿深度呈指数函数型衰减，路基面动位移值为 0.95mm，满足《规范》对于路基面动位移小于 1.0mm 的要求。由于 SAWI 层刚度较大，振动过程中可视为整体振动，因此，在 SAWI 层厚度范围内动位移基本保持不变。

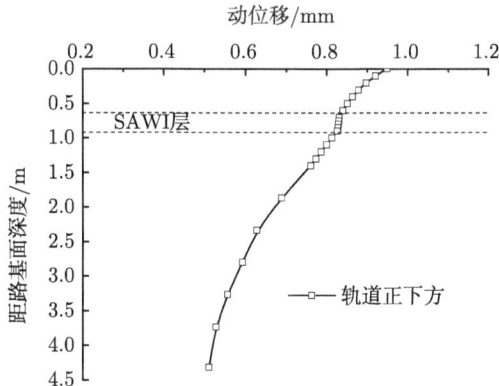

图 8-53　竖向动位移沿深度的衰减曲线

图 8-54 为基床不同位置动位移沿线路横断面的分布曲线。由图可知,基床表层顶面、SAWI 层顶面及底面动位移沿横断面 4.0m 范围内呈抛物线型分布,4.0m 以外近似呈线性变化;SAWI 层上下均在轨道中线位置出现峰值,其大小为 0.83mm。由此说明,SAWI 层在列车荷载作用下整体发生变形,SAWI 层具有类如弹簧一样的中介作用。

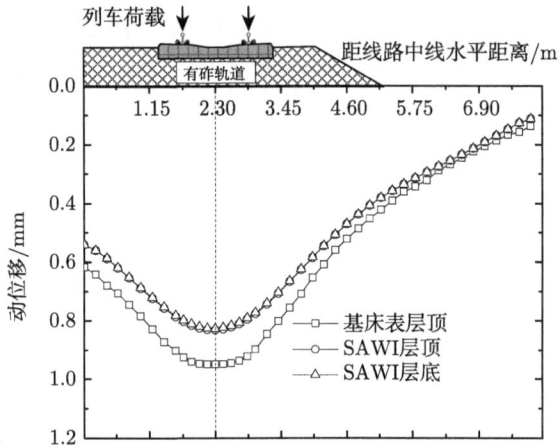

图 8-54　竖向动位移沿线路横断面分布

3. 基床振动速度变化规律

图 8-55 为轨道下基床表层顶面和基床底层顶面振动速度时程曲线。由图可得,基床振动速度也存在明显的轮对效应;同时,基床底层顶面受列车荷载的振动滞后于基床表层顶面。

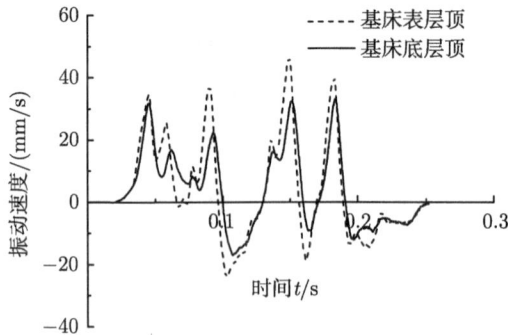

图 8-55　振动速度时程曲线

图 8-56 为轨道正下方竖向振动速度沿深度的衰减曲线。由图可知,振动速度

变化随深度的增加而减小，在基床表层内衰减较剧烈，在 SAWI 层内几乎不衰减，而在 SAWI 层以下衰减曲线比较缓和。

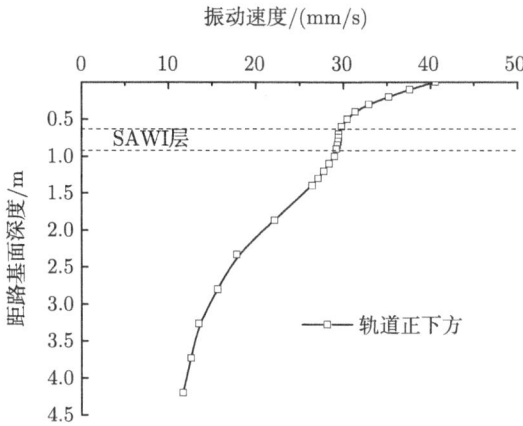

图 8-56 振动速度沿深度的衰减曲线

图 8-57 为列车荷载作用下基床各结构层竖向振动速度沿线路横断面变化曲线。由图可得，基床表层顶面振动速度变化曲线始终位于 SAWI 层上方，且在轨道中线下方基床表层顶面振动速度约为 SAWI 层顶面处的 1.4 倍；SAWI 层上、下振动速度基本不发生变化，这主要是 SAWI 层具有弹性模量大、整体性好、隔振性强的半刚性特点，使其在列车荷载作用下，能均布上部荷载，减弱振动，而发生整体性振动。

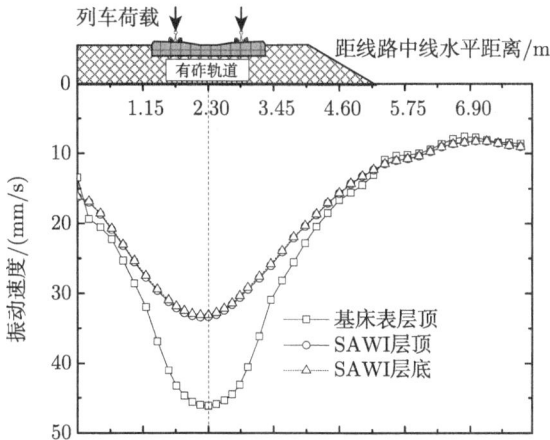

图 8-57 振动速度沿线路横断面分布

4. 基床振动加速度变化规律

图 8-58 为轨道正下方基床表层顶面和基床底层顶面振动加速度的时程曲线。由此也可以看出,基床底层顶面处受列车荷载的振动滞后于基床表层顶面处;竖向振动加速度时程曲线具有较大的离散性,但从整体上看,基床是以 0 为基线的振动。

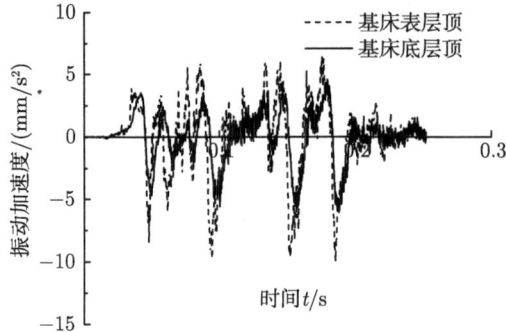

图 8-58　振动加速度时程曲线

图 8-59 为轨道正下方竖向振动加速度沿深度的衰减曲线。由图可知,振动加速度也随深度的增加而减小,SAWI 层上下振动加速度波动较大,并在竖向加速度衰减曲线上出现"反弯"现象。

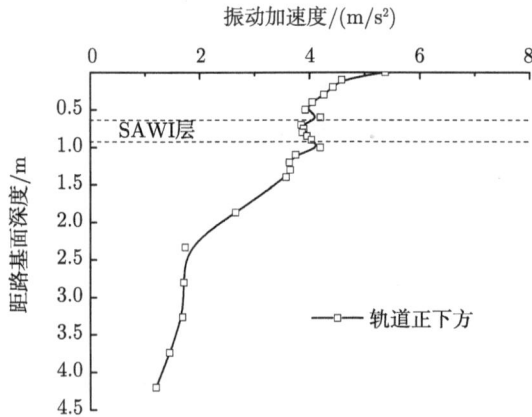

图 8-59　振动加速度沿深度的衰减曲线

图 8-60 为基床各结构层竖向振动加速度沿线路横断面方向的分布。由图可以看出,基床表层顶面振动加速度波动性较 SAWI 层大;SAWI 层顶面及底面振动加速度沿线路横断面变化基本保持一致,由此进一步说明,由于 SAWI 层的存在,改

善了基床结构动力响应特征,增强了基床抵抗列车振动荷载的性能。

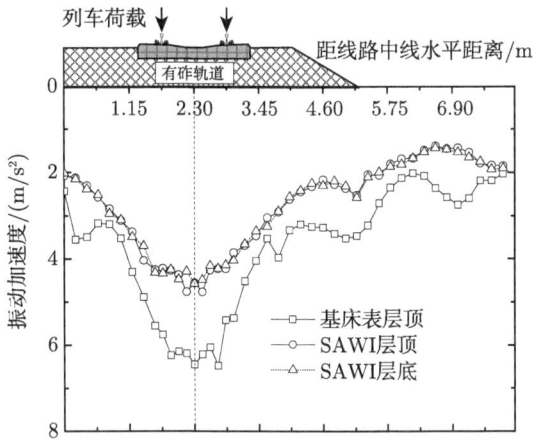

图 8-60   振动加速度沿线路横断面分布

8.3.5   SAWI 层参振作用对基床动力性态的影响分析

列车–轨道–路基系统动态相互作用的动力学理论是有砟轨道研发的重要理论基础,动力性能分析与评估是有砟轨道研发过程中结构设计与优化的重要环节。综上分析可知,由于新型基床结构中存在一层 20cm SAWI 层作用,改变了基床结构的振动特性和荷载传递方式,且其在基床结构中不仅起到防排水的作用,还具有一定的参振作用。为进一步明确列车荷载作用下 SAWI 层力学行为及其对基床结构振动特性的影响,本节参照新型基床结构设计断面图 (图 8-1),分别取 SAWI 层的厚度为 10cm, 15cm, 20cm, 25cm,借助有限差分软件 FLAC3D 数值模拟平台,建立考虑 SAWI 层参振作用的三维轨道–路基–地基系统动力分析模型 (图 8-37),研究 SAWI 层参振作用对基床动力性态的影响。

1. 动应力分布规律

图 8-61 给出了不同 SAWI 层厚度时基床动应力随深度的变化曲线。由图可得,基床动应力的衰减主要发生在路基上部结构层 (道床层和基床表层),距路基面 1.5m 深度以下,动应力衰减为路基面处的 20% 以下;4 种不同厚度的 SAWI 层基床动应力沿深度方向具有相同的衰减规律,均呈指数型衰减。

图 8-62 给出了不同 SAWI 层厚度时基床各层动应力。由图可得,随着 SAWI 层厚度的增加,SAWI 层底面动应力有明显减小的趋势,而基床表层顶面与 SAWI 层顶面动应力略有增大。以基床表层顶面动应力为基准,可得不同 SAWI 层厚度时基床不同层位动应力衰减比,即随着 SAWI 层厚度的增加,SAWI 层顶面动应力

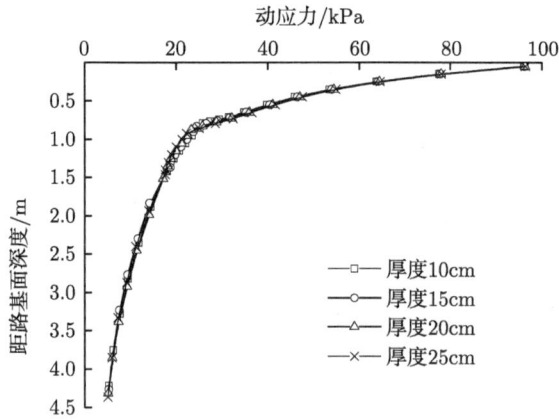

图 8-61　竖向动应力沿深度衰减曲线

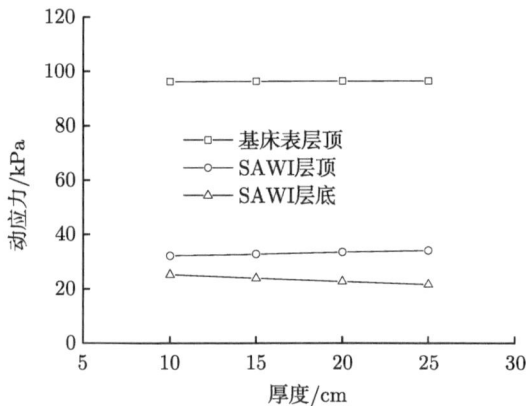

图 8-62　基本动应力与应力 SAWI 层厚度的关系

从 32.09kPa 增加到了 34.02kPa, 对应的衰减比从 0.33 增加到了 0.35; SAWI 层底面动应力从 25.19kPa 减小到 21.62kPa, 对应的衰减比从 0.26 减小到了 0.22, 说明增加 SAWI 层厚度能够减弱列车振动荷载对 SAWI 层下部动应力的影响, 但会使 SAWI 层顶面的动应力水平提高。

　　为进一步比较 SAWI 层的参振作用程度, 以厚度 20.0cm SAWI 层为例, 采用弹性理论和 Odemark 理论计算基床动应力衰减系数 λ 随深度的变化, 计算结果如图 8-63 所示。由图可得, 理论计算结果与数值计算结果变化趋势基本一致, 但在 SAWI 层以下, 理论计算值偏小, 原因是弹性理论视各结构层为均质弹性材料, 且未考虑各结构层之间的相互作用; 若不铺设 SAWI 层, 其对应深度 0.7~0.9 m 范围内动应力衰减了约 8%, 而铺设 SAWI 层后, 在 SAWI 层中动应力衰减了约 15%。

可见，SAWI 层不仅参与了基床振动，还加快了基床内动应力的衰减，对提高列车振动荷载下基床结构的适应性和稳定性具有积极作用。

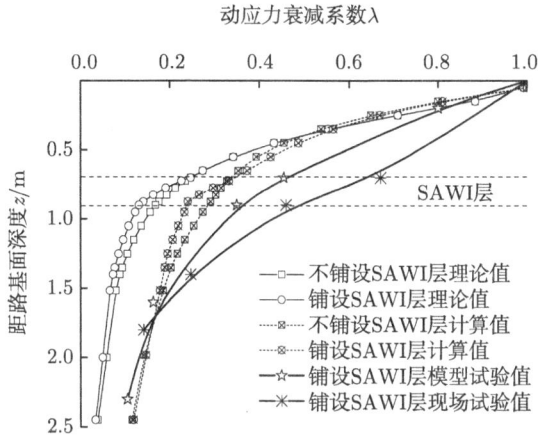

图 8-63　动应力衰减系数比较

图 8-64 给出了基床不同位置处动应力沿横断面的变化曲线。由图可得，基床表层顶面动应力沿横断面均呈"马鞍形"分布，峰值出现在轨道投影的正下方，见图 8-64(a)；SAWI 层顶面和底面竖向动应力沿横断面的分布均呈抛物线形，见图 8-64(b) 和图 8-64(c)；随着 SAWI 层厚度的增加，SAWI 层顶面动应力有增大趋势，但增加幅度不大，而 SAWI 层底面动应力明显减小，这主要是 SAWI 层厚度的增加增强了对上部荷载的均布作用。由此再次说明，增加 SAWI 层厚度能够减小其底面的竖向动应力。同时，由图 8-64(a) 和图 8-64(c) 对比可得，基床表层顶面动应力远大于 SAWI 层底面动应力，随着 SAWI 层厚度的增大，SAWI 层底面动应力的分布曲线越来越扁平，动应力减小的范围主要集中在两轨道之间。

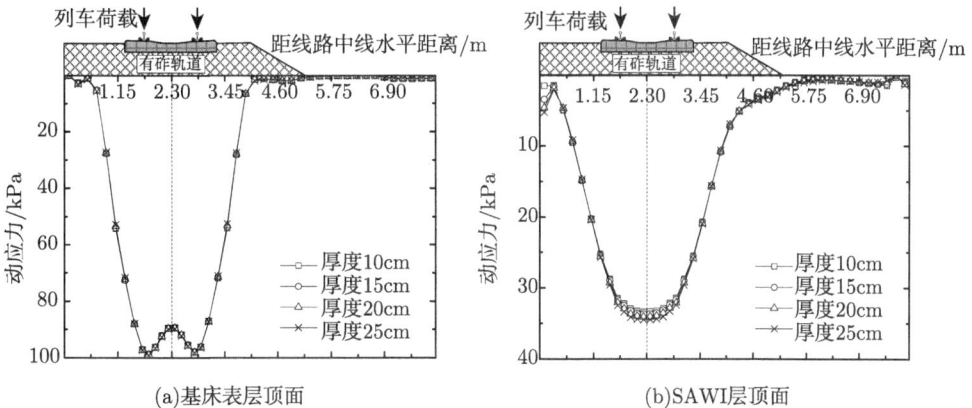

(a)基床表层顶面

(b)SAWI层顶面

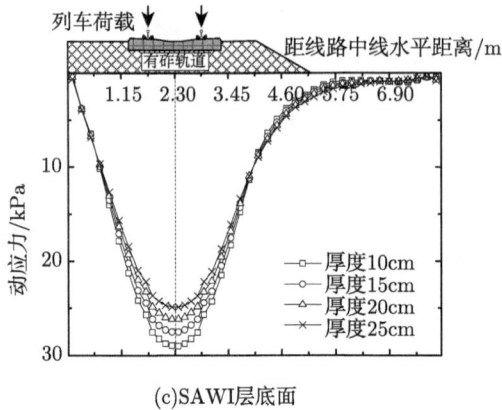

(c)SAWI层底面

图 8-64   动应力沿横断面的分布曲线

2. 动位移分布规律

图 8-65 给出了不同 SAWI 层厚度时基床不同深度位置处的竖向动位移。由图可得，竖向动位移随深度的增加近似呈指数型衰减，但随着防水层厚度的增加，动位移变化曲线整体向左偏移，动位移值逐渐减小，而在 SAWI 层范围内的动位移值基本不变。

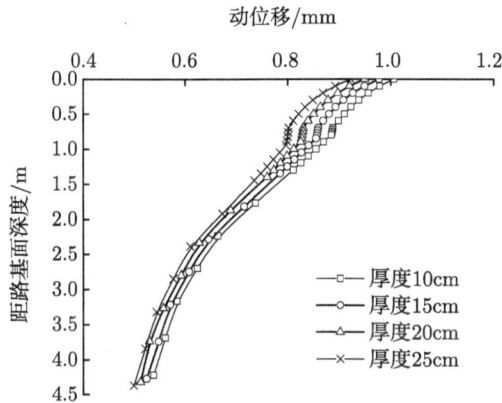

图 8-65   基床动位移随深度的衰减曲线

图 8-66 给出了不同 SAWI 层厚度时基床各层动位移。由图可得，在列车振动荷载作用下，随着 SAWI 层厚度的增加，基床表层顶面动位移呈线性减小，说明铺设 SAWI 层能够在一定程度上减弱列车振动荷载下基床表层的动位移。当 SAWI 层厚度大于 15.0cm 时，基床表层顶面动位移均小于 1.00mm，能够满足《规范》对于路基面动位移小于 1.00mm 的要求，故 SAWI 层的铺设厚度建议不应小于 15.0cm。

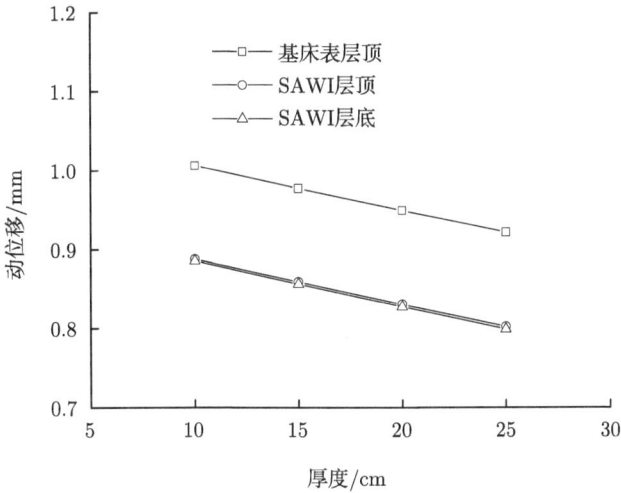

图 8-66 基床动位移与 SAWI 层厚度的关系

图 8-67 给出了基床动位移沿横断面变化曲线。由图可得，SAWI 层顶面、底面动位移沿线路横向呈近似抛物线型分布，最大值出现在轨道中线位置；SAWI 层顶、底面动位移随 SAWI 层厚度增加而减小，距线路中线 5.0m 以外动位移受其影响较小。

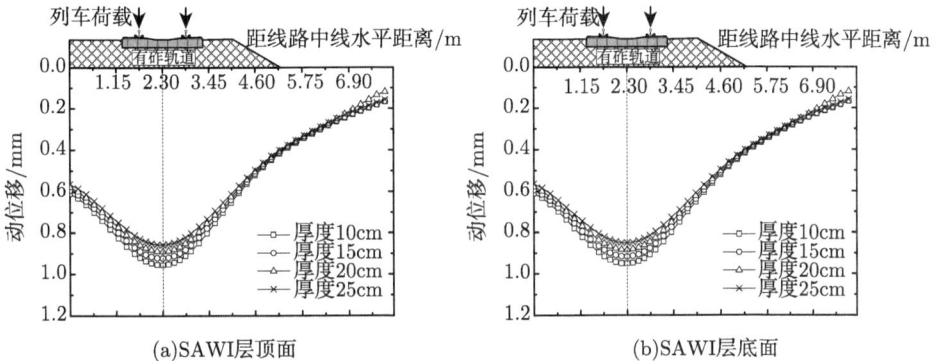

图 8-67 基床动位移沿横断面分布曲线

3. 振动速度分布规律

图 8-68 为不同 SAWI 层厚度对应的振动速度随深度衰减曲线。由图可得，振动速度随深度的增加而逐渐减小，其衰减主要发生在路基上部 3.0m 范围内，距路基面下 3.0m 深度位置，振动速度衰减了约 75%。

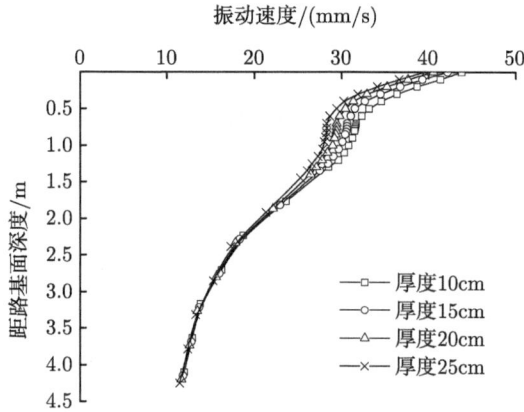

图 8-68　振动速度随深度的衰减曲线

　　图 8-69 为基床各结构层振动速度与 SAWI 层厚度的变化关系。由图可得, 随着 SAWI 层厚度的增加, 基床各位置竖向振动速度均变化不大; 以基床表层顶面振动速度为基准, 当 SAWI 层厚度为 10cm 和 15cm 时, SAWI 层底面振动加速度衰减系数均约为 0.7; 当 SAWI 层厚度为 20cm 和 25cm 时, SAWI 层底面振动加速度衰减系数均约为 0.65。由此可看出, 随着防水层厚度的增加, 基床结构层下部所受的振动影响略有减弱。

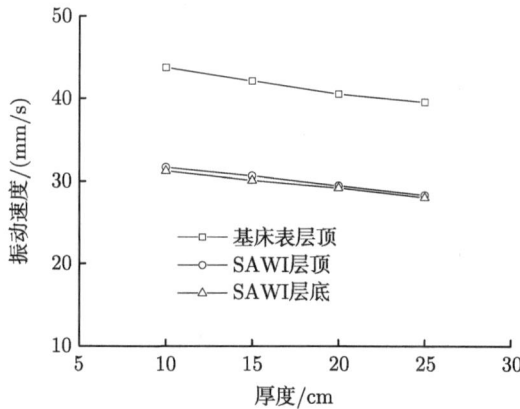

图 8-69　振动速度与 SAWI 层厚度的关系

　　图 8-70 为基床振动速度沿横断面分布曲线。由图可得, SAWI 层顶面、底面竖向振动加速度沿横向水平距离呈 V 字形分布, 且随 SAWI 层厚度的增加而减小; SAWI 层上振动加速度峰值约为 36.0mm/s, 出现在轨道中线位置, 距线路中线 5.0m 以外动位移受其影响不显著。

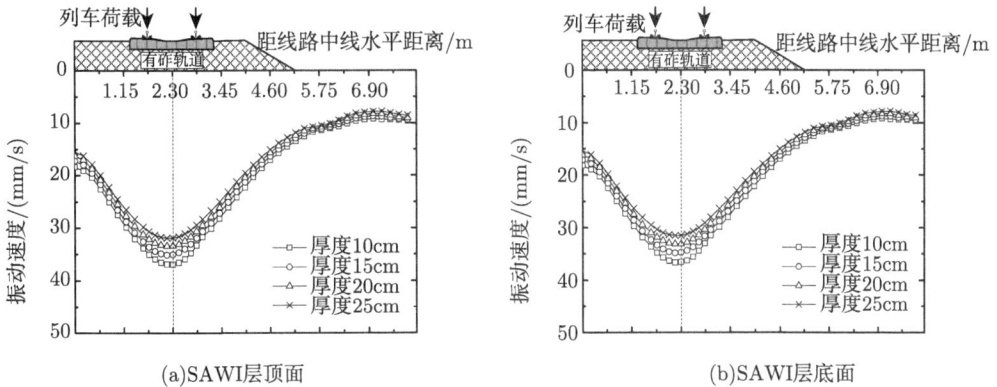

(a)SAWI层顶面　　　　　　　　(b)SAWI层底面

图 8-70　振动速度沿横断面分布曲线

4. 振动加速度分布规律

图 8-71 给出了不同 SAWI 层厚度时基床不同深度处的振动加速度。由图可得，振动加速度随深度的增加而逐渐减小，其衰减主要发生在路基上部 3.0m 范围内；防水层以上振动加速度波动较大，路基面下 3.0m 深度位置的振动加速度较路基面处衰减了约 70%。

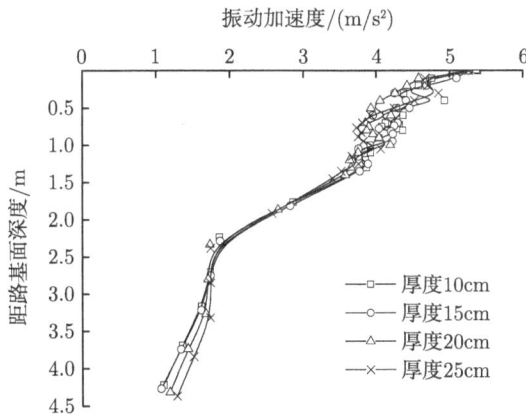

图 8-71　振动加速度随深度的衰减曲线

图 8-72 给出了不同 SAWI 层厚度时基床各层位的振动加速度。由图可得，随着 SAWI 层厚度的增加，基床各位置的竖向振动加速度均变化不大。以基床表层顶面振动加速度为基准，当 SAWI 层厚度为 10.0cm 和 15.0cm 时，SAWI 层底面振动加速度衰减系数均约为 0.8；当 SAWI 层厚度为 20.0cm 和 25.0cm 时，SAWI 层底面振动加速度衰减系数均约为 0.7。由此可看出，随着 SAWI 层厚度的增加，基床结构层下部所受的振动影响有一定程度的减弱。

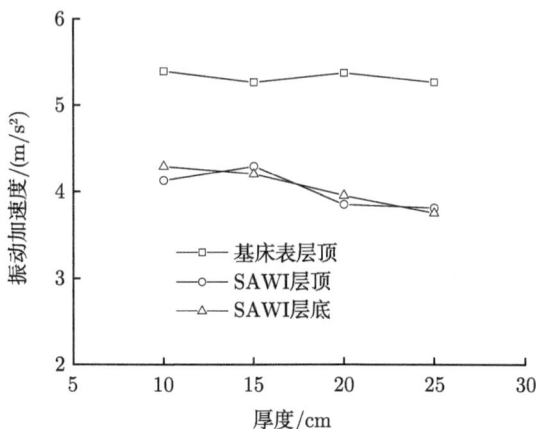

图 8-72　振动加速度与 SAWI 层厚度的关系

图 8-73 给出了基床振动加速度沿横断面变化曲线。由图可得，SAWI 层顶面、底面竖向振动加速度沿横向水平距离呈 V 字形分布，且随 SAWI 层厚度的增加而减小；SAWI 层上振动加速度峰值约为 $5.0\mathrm{m/s^2}$，出现在轨道中线位置，距线路中线 $5.0\mathrm{m}$ 以外振动加速度受其影响不显著。

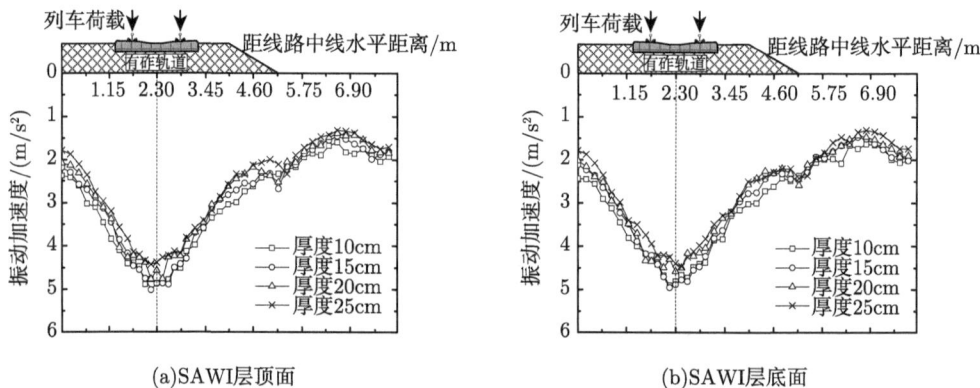

(a)SAWI层顶面　　　　　　　　　(b)SAWI层底面

图 8-73　振动加速度沿横断面分布曲线

8.4　本 章 小 结

本章基于建立的全比尺有砟轨道–路基–膨胀土地基系统动力试验模型，研究了环境与动荷载共同作用下膨胀土路基动力响应分布特征和服役性能演变规律，并结合数值仿真方法进行了对比分析，主要研究结论如下所述。

(1) 不同服役条件下路基内动土压力随激振次数的增加而逐渐趋于稳定，降雨和地下水位上升均引起基床内动土压力水平提高；动土压力随深度近似呈双曲线型衰减，新型防水结构层可加快基床内动土压力的衰减；动土压力沿横向距离近似呈 Z 形分布，在轨道正下方动土压力出现峰值，离路基面越近，"单峰"特征越明显，线路中线 5.0m 以外几乎不受影响；基于试验结果提出了用于预测有砟轨道膨胀土路基动应力沿深度衰减的计算表达式。

(2) 在同一服役环境条件下，路基振动速度和加速度在激振初期呈现较强的波动性，而后逐渐趋于稳定，并沿深度方向近似呈双曲线型衰减；基床结构的振动速度和加速度大小及分布受服役条件影响显著，在地下水位上升条件下影响最大，降雨条件下次之，自然条件下影响最小；膨胀土中含水率的增加会加剧基床速度和加速度的提高，建议工程中应加强膨胀土地段路基防排水措施，为减少路基病害及基床长期稳定性提供保证。

(3) 新型 SAWI 层具有良好的防水、隔水、抗振、减振的作用，在降雨和地下水位上升条件下均能有效防止水分入渗，在动荷载下能保持良好的抗渗性和抗疲劳性，且对上部动荷载具有较好的消能和扩散能力，有益于提高铁路线路的平顺性和长期动力稳定性。

(4) 全比尺模型试验能更好地掌握列车振动荷载条件下基床结构动力行为，对膨胀土高速铁路基床结构优化设计和施工有重要指导意义。

(5) 基于数值仿真方法建立了三维轨道-路基-膨胀土地基系统动力分析模型，计算结果表明，基床动力响应分布规律数值计算结果与现场实测结果的变化趋势基本一致，验证了数值模拟方法的可行性和合理性，可用于进一步探讨膨胀土路堑新型基床结构动力特性。

(6) 新型基床与传统基床结构对比分析可得：①新型基床结构路基面和基床底面动应力均较小，铺设 SAWI 层可加速基床内动应力的衰减；②两种基床结构在路基面动位移分别为 1.06mm，0.95mm，路基面动位移随基床底层厚度增加而减小，增设 SAWI 层可以有效降低路基面动位移；③在 0.9m 深以上，新型基床结构内振动速度最小，且在 SAWI 层内速度大小基本不变，在 0.9m 深以下，振动速度变化曲线二者保持相同；④由于基床结构的层状特征，在 2.0m 深以上，振动加速度变化波动性较大，增加基床底层厚度和铺设 SAWI 层后，路基面及防水层底面振动加速度均减小。

(7) 通过对膨胀土路堑新型基床结构动力行为分布特征分析可得：①基床动应力随深度变化呈指数型衰减，基床表层顶面动应力沿线路横断面呈"马鞍型"分布，SAWI 层动应力沿线路横断面呈抛物线型分布，铺设 SAWI 层可以加快基床内动应力的衰减，且 20.0cm SAWI 层内动应力衰减了 15% 以上；②基床竖向动位移沿深度呈指数函数型衰减，路基面动位移值为 0.95 mm，铺设 20.0cm 厚 SAWI 层能够满足《规范》对路基面的变形要求；③振动速度和加速度沿深度方向逐渐衰减，在 SAWI 层以上衰减速率较小，SAWI 层顶面及底面竖向速度及加速度变化均保持一致，其在基床中起到类如弹簧一样的中介作用，故由于 SAWI 层的存在，改善了基床结构动力响应特征，增强了基床抵抗列车振动荷载的性能。

(8) 通过考虑 SAWI 层的参振作用，探讨了 SAWI 层的厚度对基床动力性态的影响，主要结论如下：①增加 SAWI 层厚度能够减弱列车振动荷载对防水层下部动应力的影响，但会提高路基面动应力，建议基床底层厚度在满足动力稳定的条件下，SAWI 层铺设位置尽量靠近路基面；②基床动位移随防水层厚度增加而减小，防水层顶、底部竖向动位移沿线路横向呈抛物线型分布，根据《规范》要求，考虑 SAWI 层的参振作用，建议 SAWI 层的铺设厚度不应小于 15.0cm；③振动速度和加速度随深度的加深而减小，其衰减主要发生路基面下 3.0m 范围，衰减了约 75%，SAWI 层振动速度和加速度沿横向水平距离呈 V 字形分布，距线路中线 5.0m 以外影响不显著，增加 SAWI 层厚度对路基下部结构振动速度和加速度有一定程度的减弱作用。

第9章 高速铁路膨胀土路基荷载传递规律
及动力稳定性分析

　　铁路路基作为一种层状土工结构，具有固有的自振频率，列车动力荷载作用下的路基振动反应与路基自振频率密切相关。当列车行驶经过某一路基断面时，列车轮载将对该断面产生一系列不同频率 (低频段 (0~40Hz) 主要由轴重移动作用率产生，中频段 (40~100Hz) 主要由轮轨不平顺引起) 的激振力，使路基产生强迫振动，激振频率与列车速度、轴距、轴重、轨道不平顺等因素有关，当激励频率与路基自振频率接近时，将产生共振而使路基的振动加剧，基床的变形急剧增大，最终将导致轨道结构的破坏。因此，探讨列车荷载作用下路基的振动特性，必须先掌握路基的自振频率，以避免荷载频率与路基固有频率一致，从而保证列车行驶的安全性和舒适性。

　　现场激振试验是获取路基共振频率的一种最直接、有效的方法。针对云桂高速铁路膨胀土路基工程实际，在现场修筑激振试验段，对膨胀土路基进行频率范围为0~23Hz 的动态扫频试验，监测膨胀土路基各结构层内动力响应，探讨了膨胀土路基系统的共振特性和荷载传递规律；基于土动力学和路基动力稳定性基本理论，对云桂高速铁路膨胀土路堑新型基床的动力稳定性进行了计算分析，并给出了膨胀土路堑新型基床合理换填厚度设计建议值。

9.1 有砟轨道–路基–地基系统动力现场试验

　　云桂高速铁路南百段穿越膨胀土 (岩) 地区，全线弱、中、强膨胀等级的膨胀土均有分布，且具有很大的不连续性。选取 DK161+770~DK161+990，DK205+380~DK205+618 为试验段，试验段内膨胀土呈褐红、褐黄色，硬塑—坚硬状，遇水易软化、崩解，分布不均，间夹碎石、角砾等。膨胀土的工程性质具体如下：弱—中膨胀土试验点，天然密度 ρ=1.93~2.16g/cm^3，天然含水率 ω=12.64%，液限 w_L=49.7%，塑限 w_P=23.6%，塑性指数 I_p=26.1，黏聚力 c=39.0~44.0 kPa，内摩擦角 φ=12.0° ~13.0°，自由膨胀率 F_s=40.2%~42.6%。中 — 强膨胀土试验点，天然密度 ρ=1.89~2.10g/cm^3，天然含水率 ω=15.95%，液限 w_L=55.8%，塑限 w_P=26.3%，塑性指数 I_p=29.5，黏聚力 c=46.0~51.0kPa，内摩擦角 ϕ=10.0° ~14.0°，自由膨胀

率 F_s=69.0%～77.2%。在试验段按设计标准填筑膨胀土路基，并进行现场动力循环加载试验。

9.1.1　现场试验方案设计

1. 路基填筑及压实标准

基床表层和底层分别采用级配碎石和 A/B 组填料填筑，采用分层填筑振动夯实的方法，通过测试填土的密度 ρ、含水率 ω、压实系数 K、地基系数 K_{30} 和动态变形模量 E_{vd} 等指标来保证填土的施工质量，各指标严格遵照《规范》标准执行，填筑质量检测结果见表 9-1。新型 SAWI 层采用研发的改性沥青复合防水材料一次性铺设而成 (图 9-1)，铺设厚度为 20.0cm，SAWI 层物理力学控制指标需满足表 9-1 要求。

图 9-1　SAWI 层施工与检测

表 9-1　基床结构层填筑检测结果

类别	基床表层			基床底层				
	第一层	第二层	第三层	第一层	第二层	第三层	第四层	第五层
压实系数 K	0.983	0.987	0.987	0.970	0.967	0.972	0.963	0.969
地基系数 K_{30} /(MPa/m)	214	213	218	157	161	158.5	159	151
动态变形模量 E_{vd} /MPa	67.6	67.1	65.5	54.3	—	58.1	—	58.3

2. 列车动荷载及加载方案

现场激振试验设备采用高速铁路路基原位动力试验系统 (DTS-1，图 9-2)，主要由振动架、激振器、传动系统、循环冷却系统和电气控制系统组成。该设备可实现 5～50Hz 范围内的平稳调速，通过调整偏心块组合，可产生最大 166kN 的偏心力，设备静重 17.5t。在基床中埋设动土压力盒和加速度计等测试传感器，模拟自然和浸水两种服役环境，其中自然和浸水环境下各激振 100 万次，共计 200 万次，对基床结构的动力响应进行测试，研究新型基床结构在不同服役环境条件下的动力响应。

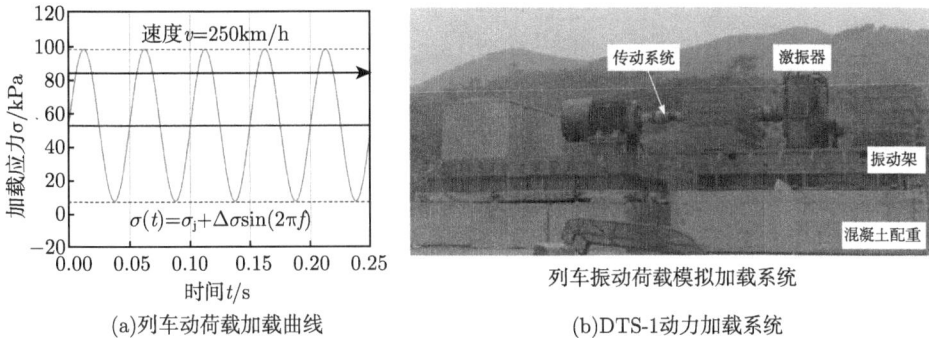

(a)列车动荷载加载曲线   (b)DTS-1动力加载系统

图 9-2 列车振动荷载加载试验系统

列车轮–轨的相互作用产生轮轨动作用力，通过轨枕把轨道上的列车荷载转化成固定位置的竖向振动荷载，并传递至轨道结构和路基中。现场激振试验加载按公式 (9-1) 进行输入，利用激振设备和混凝土配重模拟列车轴重在路基面产生的静应力 σ_{j}，采用正弦波应力变化来模拟列车运动引起的附加动应力 $\Delta\sigma$。路基面最大应力幅值 $\sigma_{\mathrm{dl}}=98.8\mathrm{kPa}$，静力 $\sigma_{\mathrm{j}}=53.4\mathrm{kPa}$，附加动应力 $\Delta\sigma=45.4\mathrm{kPa}$，加载频率 $f=20.0\mathrm{Hz}$。路基面动应力时程曲线见图 9-2(a)。

$$\sigma\left(t\right) = \sigma_{\mathrm{j}} + \Delta\sigma\sin\left(2\pi ft\right) \tag{9-1}$$

式中：σ_{j} 为静应力 (kPa)；$\Delta\sigma$ 为附加动应力 (kPa)；f 为荷载作用频率 (Hz)；t 为时间 (s)。

3. 测试断面及元器件布设

为全面掌握路堑新型基床结构动力相互作用及荷载传递规律，在现场试验断面分层布设监测点，测试断面监测点位置与测试元器件布设如图 9-3 所示。布设的传感器包括动土压力盒、速度计、加速度计和土壤湿度计，各测试传感器型号详见表 9-2。

(1) 试验断面 1：采用新型基床结构，地基为弱—中膨胀土。试验断面结构层由上至下依次为 0.7m 基床表层 (0.65m 级配碎石 +0.05m 中粗砂)+0.2m SAWI 层 +0.5m 基床底层 + 弱—中膨胀土地基，如图 9-3(a) 所示。

(2) 试验断面 2：采用新型基床结构，地基为中—强膨胀土。试验断面结构层从上至下依次为 0.7m 基床表层 (0.65m 级配碎石 +0.05m 中粗砂)+0.2m SAWI 层

+1.6m 基床底层 + 中—强膨胀土地基，如图 9-3(b) 所示。

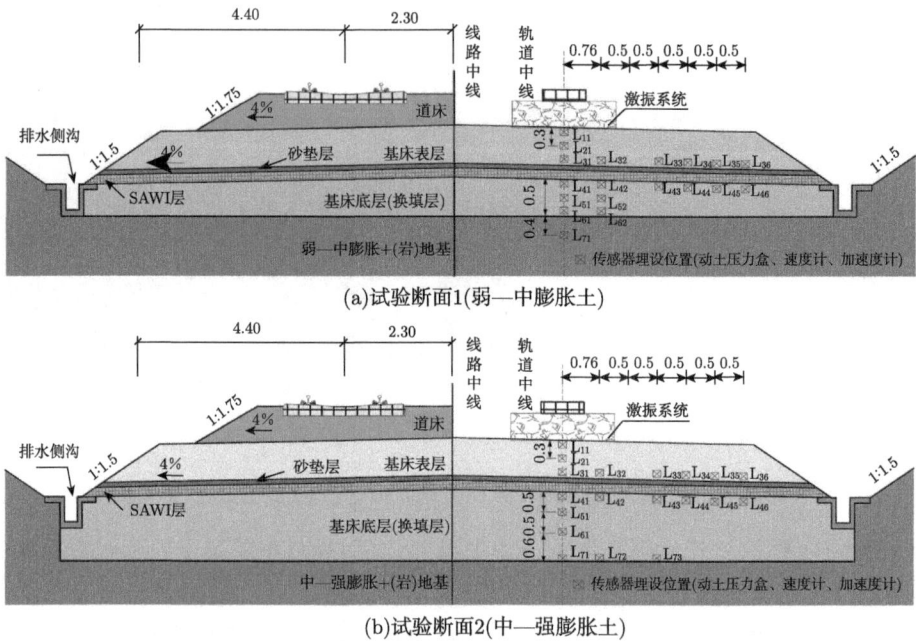

(a)试验断面1(弱—中膨胀土)

(b)试验断面2(中—强膨胀土)

图 9-3　试验断面现场监测布置图 (单位：m)

L_{ij} 为测试元器件埋设位置；i 为沿竖直方向编号；j 为沿水平方向编号

现场激振试验数据采集、处理系统组成如图 9-4 所示。其中，动态土压力采用德国 IMC CRONOS-PL 型采集器和 IMC FAMOS 数据分析软件等组成的采集系统进行测试；振动速度、加速度和动位移采用北京东方振动和噪声技术研究所研发的 INV387 型采集器和 Cionv DASP V10.0 数据分析软件等组成的采集系统进行测试；土壤湿度状态采用土壤湿度计跟踪监测，并借助 TS-Ⅰ型土壤水分速测仪采集数据。各测试传感器型号详见表 9-2。在现场激振试验过程中，每个试验断面激振 200 万次，其中工况 1(自然条件) 和工况 2(浸水条件) 下各 100 万次 (图 9-5)。前 10 万次每激振 0.5 万次采集 1 次数据，以后每激振 5 万次采集 1 次数据。

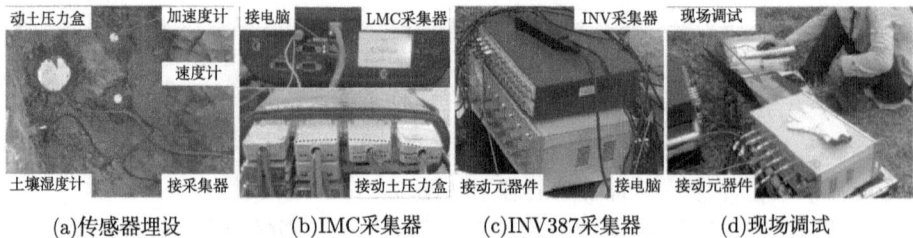

(a)传感器埋设　　　(b)IMC采集器　　　(c)INV387采集器　　　(d)现场调试

图 9-4　路基传感器埋设与现场测试系统

表 9-2   现场试验埋设传感器型号说明

传感器名称	型号	主要技术参数	数量/个	编号
动土压力盒	HC-D1011	量程 0.1MPa，超载能力 20%，全桥桥接	19	TYJ-01~TYJ-16
速度计	CS-YD-002M	量程 20mm/s，灵敏度 400mV/mm/s 频率范围 2~2000Hz	19	VDJ-01~VDJ-16
加速度计	CA-YD-189M	量程 50m/s^2，灵敏度 100mV/g 频率范围 0.2~1000Hz	19	ADJ-01~ADJ-16
土壤湿度计	FDS-100	量程 0~100% 精度 ±3%，工作频率 100MHz	12	SDJ-01~SDJ-12

图 9-5   自然与浸水条件下现场激振试验过程

9.1.2 有砟轨道–路基–地基系统荷载传递特征

图 9-6 为路基内不同深度处的动土压力分布曲线。由图可得：干湿两种服役环境条件下，基床内动土压力随深度的增加而逐渐衰减，近似呈双曲线函数分布，拟合结果见表 9-3；在工况 2 条件下的路基动应力随深度衰减变化趋势与工况 1 条件下基本一致，但在同一深度处，路基动土压力有所增加，但对防水层下方影响不显著；以断面 1 为例，工况 1 条件下路基面、防水层顶面和底面动土压力依次为 36.7kPa、26.5kPa 和 20.3kPa，工况 2 条件下路基面、防水层顶面和底面动土压力值依次为 48.9kPa、32.8kPa 和 22.5kPa，比自然条件下分别增加了 33.2%、23.8% 和 10.8%，说明路基内动土压力受服役环境影响较为显著，浸水会引起基床内动土压力增大；工况 1 条件下防水层顶面和底面的动土压力较路基面处分别衰减了 27.8% 和 44.7%，即在防水结构层内衰减了 16.9%，工况 2 条件下防水层顶面和底面的动土压力较路基面处分别衰减了 32.9% 和 53.9%，即在防水层内衰减了 21.0%，说明防水层内动应力发生了较大程度的衰减，可见防水层可以加速动应力在基床内的衰减，具有一定的减振、隔振作用。因此，路基动土压力大小是与服役环境相关的，且浸水条件下引起的路基动应力增加仅表现为浅层变化。这主要是由于防水层的防水作用，水仅进入到基床表层中，在激振荷载作用下，基床表层内因产生超静

孔隙水压力而使其消能作用相对减弱，故引起动应力提高。因此，加强铁路路基防排水措施，对减少路基病害及确保基床长期动力稳定性是非常重要的。

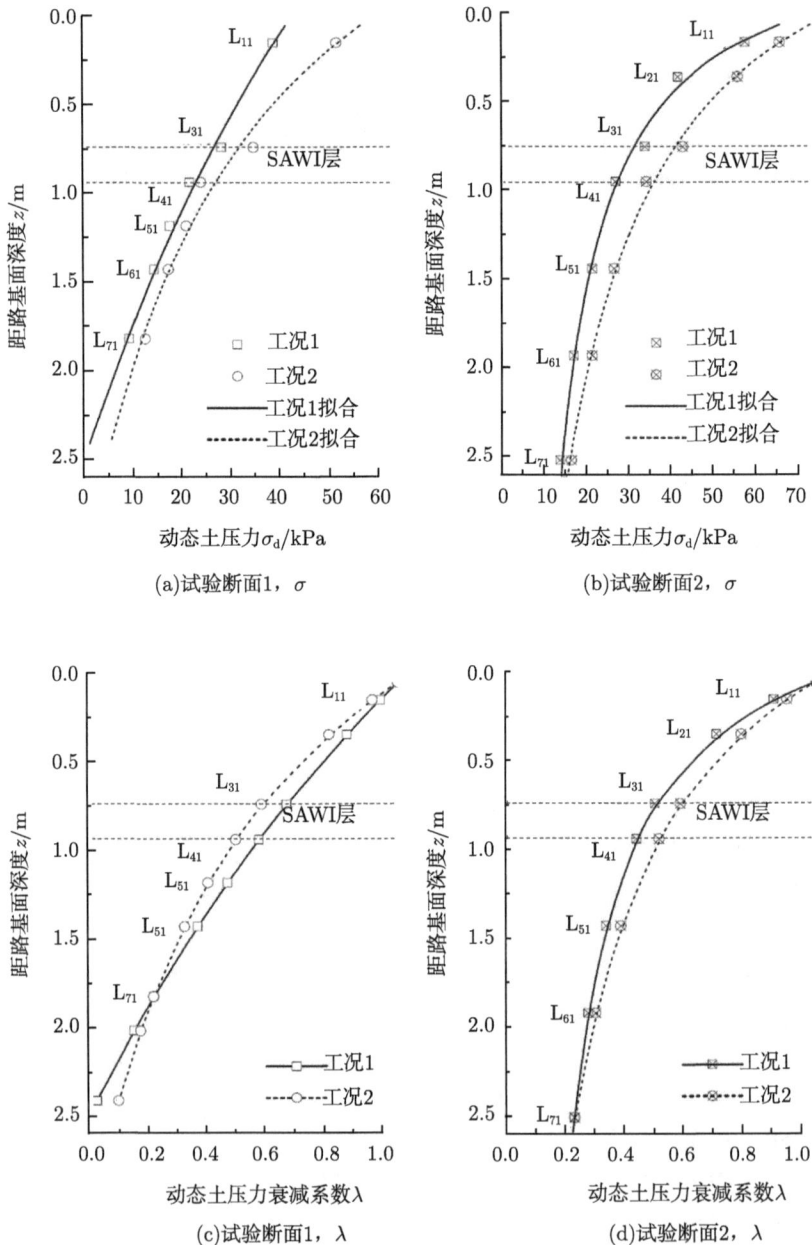

(a)试验断面1，σ

(b)试验断面2，σ

(c)试验断面1，λ

(d)试验断面2，λ

图 9-6　竖向测试断面动态土压力分布特征

表 9-3   路基动态土压力衰减曲线拟合关系式

试验断面	服役条件	双曲线函数拟合 $\sigma(z)=c\times[1-z/(a+bz)]$	R^2
试验断面 1	工况 1	$\sigma(z)=39.141\times[1-z/(1.739+0.291z)]$	0.984
	工况 2	$\sigma(z)=53.596\times[1-z/(1.160+0.611z)]$	0.962
试验断面 2	工况 1	$\sigma(z)=62.511\times[1-z/(0.611+1.024z)]$	0.984
	工况 2	$\sigma(z)=69.442\times[1-z/(0.968+0.888z)]$	0.995

图 9-7 为路基内不同深度处的振动速度分布曲线。由图可知，基床底层以上

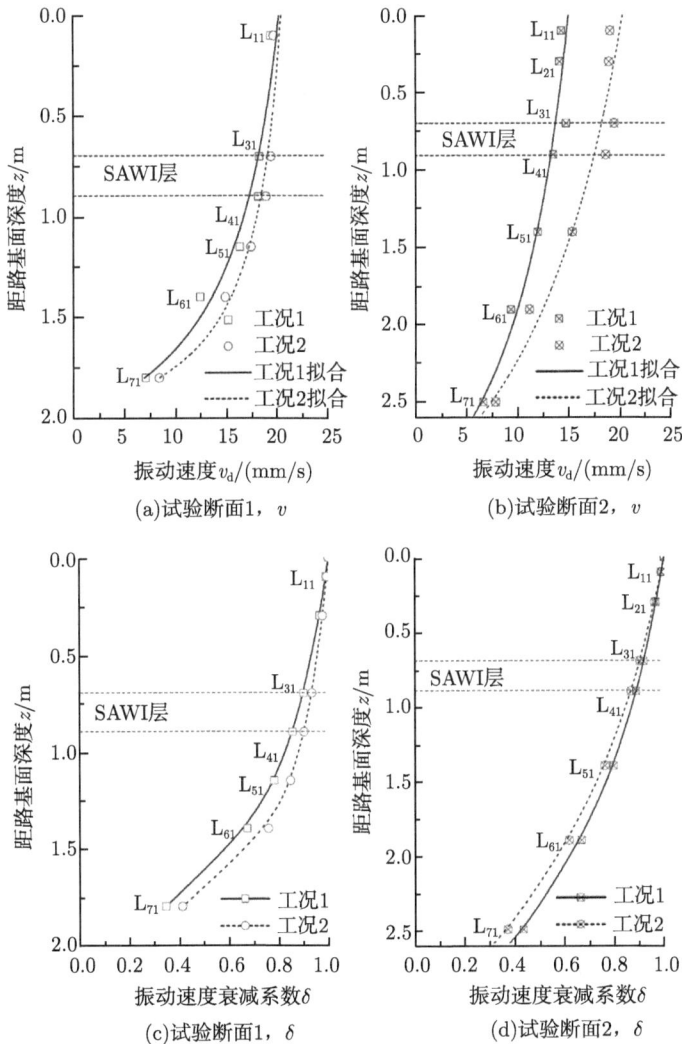

图 9-7   竖向测试断面振动速度分布特征

振动速度受服役条件影响显著，各工况下振动速度随深度均呈双曲线型衰减，拟合结果见表 9-4；工况 2 振动速度衰减曲线整体向右移动，其衰减趋势与工况 1 相同；振动速度在防水结构层上部衰减不明显，而在其下衰减较大，说明铺设 SAWI层可以加速基床内振动速度的衰减。

表 9-4　路基振动速度衰减曲线拟合关系式

试验断面	服役条件	双曲线函数拟合 $v(z)=c\times[1-z/(a+bz)]$	R^2
试验断面 1	工况 1	$v(z)=20.320\times[1-z/(9.653-3.837z)]$	0.957
	工况 2	$v(z)=20.523\times[1-z/(15.350-6.831z)]$	0.981
试验断面 2	工况 1	$v(z)=15.099\times[1-z/(9.826-2.168z)]$	0.945
	工况 2	$v(z)=20.349\times[1-z/(8.129-1.665z)]$	0.931

图 9-8 为路基内不同深度处的振动加速度分布曲线。由图可得：不同服役环境条件下，路基振动加速度随深度变化趋势基本一致，近似呈双曲线型分布，拟合结果见表 9-5；以试验断面 1 为例，干湿两种服役环境条件下，路基面加速度分别为 $9.3m/s^2$ 和 $10.8m/s^2$，增加了 16.1%；防水结构层顶面加速度分别为 $8.4m/s^2$ 和 $9.5m/s^2$，增加了 10.7%；防水层底面加速度值分别为 $6.8m/s^2$ 和 $7.1m/s^2$，增加了 4.4%；防水层内振动速度的衰减比基床表层和基床底层都快；浸水条件下，振动加速度变化曲线整体向右偏移，衰减趋势与自然条件下相同，且振动加速度在防水结构层以上变化较为显著，此变化与浸水状态下动土压力变化趋势一致，由此进一步说明浸水对新型基床动响应的影响主要为浅层作用。

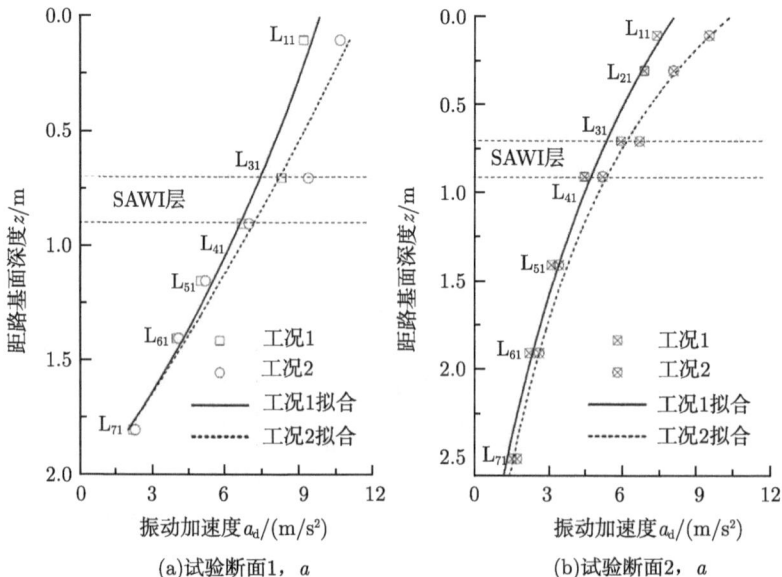

(a)试验断面1，a　　　　　(b)试验断面2，a

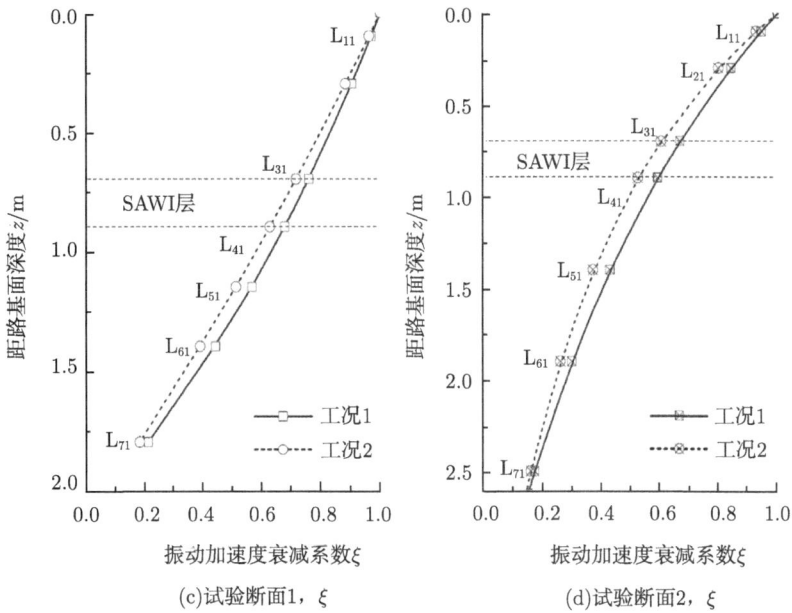

(c)试验断面1，ξ (d)试验断面2，ξ

图 9-8 竖向测试断面振动加速度分布特征

表 9-5 路基振动加速度衰减曲线拟合关系式

试验断面	服役条件	双曲线函数拟合 $a(z)=c\times[1-z/(a+bz)]$	R^2
试验断面 1	工况 1	$a(z)=9.943\times[1-z/(3.289-0.561z)]$	0.941
	工况 2	$a(z)=11.615\times[1-z/(2.617-0.233z)]$	0.930
试验断面 2	工况 1	$a(z)=8.181\times[1-z/(1.725+0.516z)]$	0.971
	工况 2	$a(z)=10.438\times[1-z/(1.274+0.678z)]$	0.986

9.2 有砟轨道–路基–地基系统共振特性分析

为进一步研究膨胀土路堑新型基床结构的振动特性，以云桂高速铁路路基工程为依托，在现场试验段填筑了传统基床和新型基床两类典型路基结构，各测试断面具体情况如下。

(1) 测试断面 1：采用传统基床结构，地基为弱—中膨胀土，基床结构从上至下依次为 0.7m 基床表层 + 柔性防排水层 (复合防排水板)+1.5m 基床底层。

(2) 测试断面 2：采用新型基床结构，地基为中—强膨胀土，基床结构从上至下依次为 0.7m 基床表层 +0.2m SAWI 层 +1.6m 基床底层。

(3) 测试断面 3：采用新型基床结构，地基为中—强膨胀土，基床结构从上至下依次为 0.7m 基床表层 +0.2m SAWI 层 +1.2m 基床底层。

9.2.1　不同激振频率下的路基振动响应时频特征

以测试断面 2 为例，选取轨道中线下沿路基深度方向的监测点 L_{i1} 为研究对象 (L_{11}, L_{31}, L_{41}, L_{71} 分别位于路基面下 0m, 0.7m, 0.9m 和 2.5m)，现场加载频率范围为 0~23Hz，通过跟踪监测各测点的振动速度和振动加速度时程，探究不同激振频率条件下膨胀土路基系统的共振响应特征，并借助滤波和傅里叶变换处理方法对获得的振动响应傅里叶谱变化规律进行分析。

1. 振动速度随激振频率变化规律

图 9-9 为在不同激振频率条件下路基各结构层内振动速度时程。由图可得，激振频率由 5Hz 增加到 20Hz 过程中，振动速度幅值由 0.5mm/s 增加到 20.0mm/s，即振动速度幅值随振动频率增大而增大；激振频率越大，振动速度正弦波分布特征越明显；各结构层内的振动速度分布存在较大差异，主要原因是受各结构层的尺寸和性能的影响。

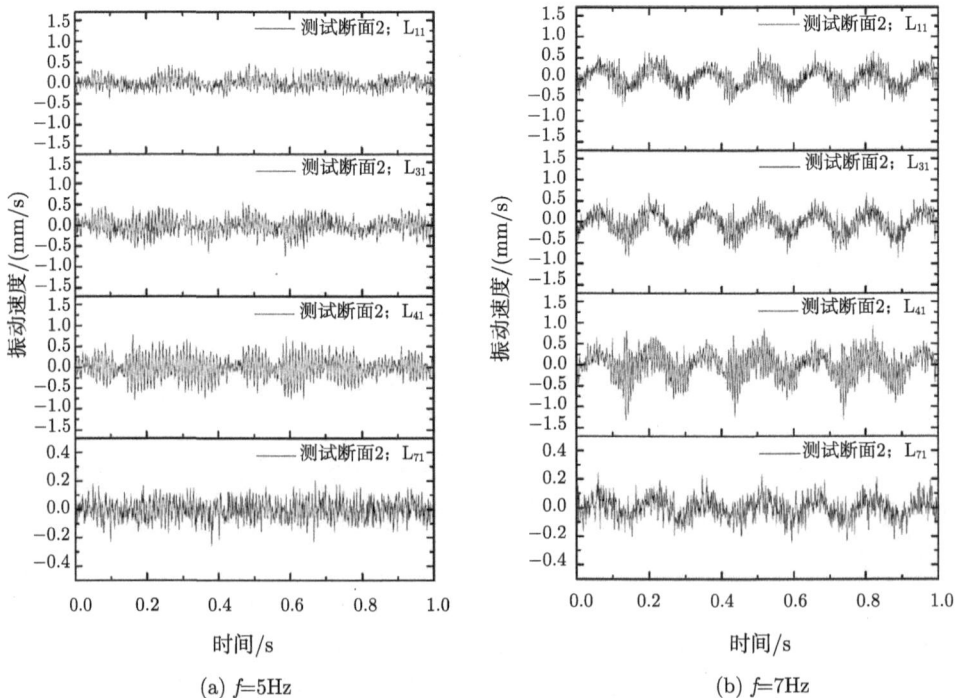

(a) f=5Hz

(b) f=7Hz

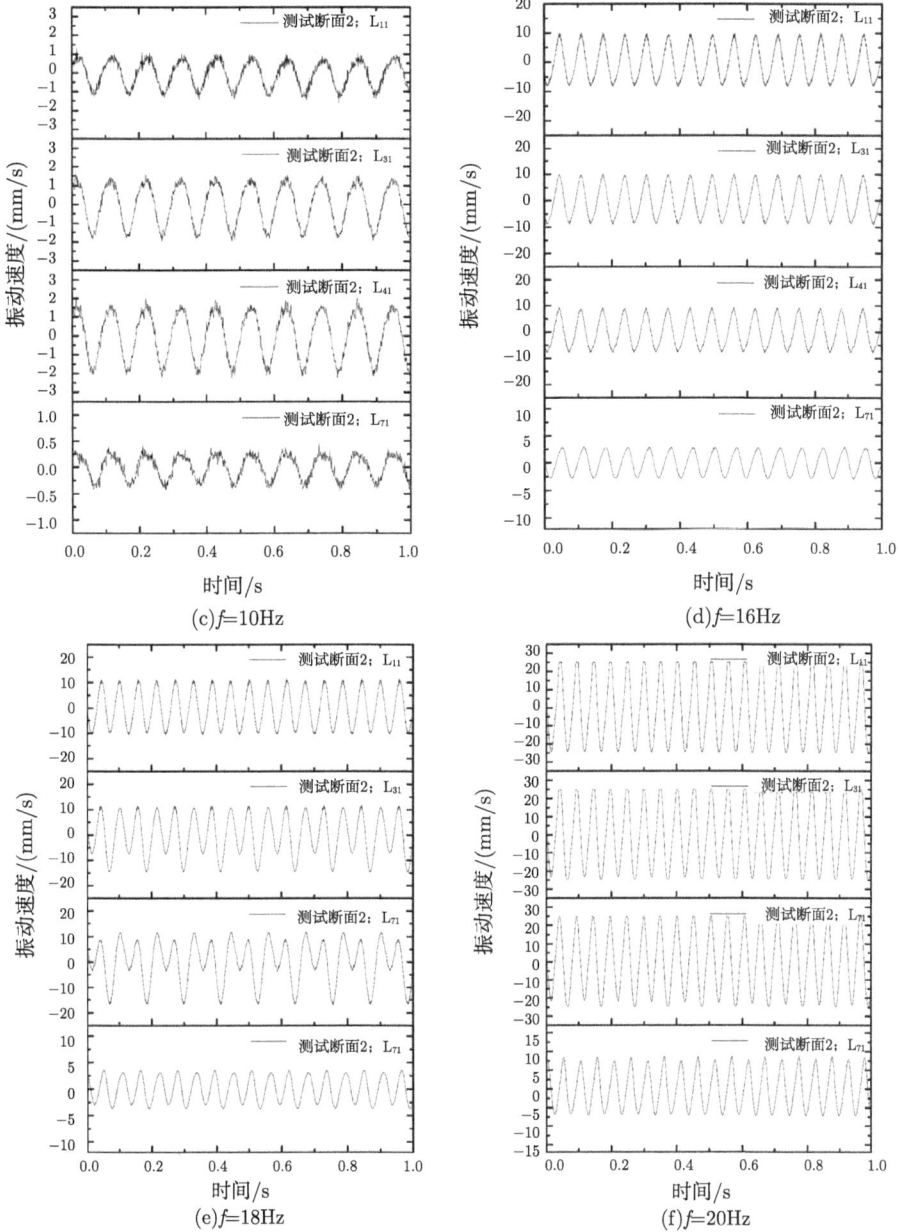

图 9-9 路基各结构层内振动速度时程响应

图 9-10 为在不同激振频率条件下路基各结构层内振动速度傅里叶谱。由图可得，激振频率越大傅里叶幅值越大，各结构层的傅里叶谱分布特征差异明显；随着激振频率的增加，傅里叶幅值第一次出现峰值对应的频率也在发生变化，其峰值特

征也越显著，且激振频率引起的路基上部结构振动要强于下部结构。由此说明，列车运行速度对路基振响应影响显著，时速越大引起的路基振动也越强烈，引发轨道和基床结构病害的可能性增大，故在高速运行条件下对轨道和基床结构的性能要求也要更高。

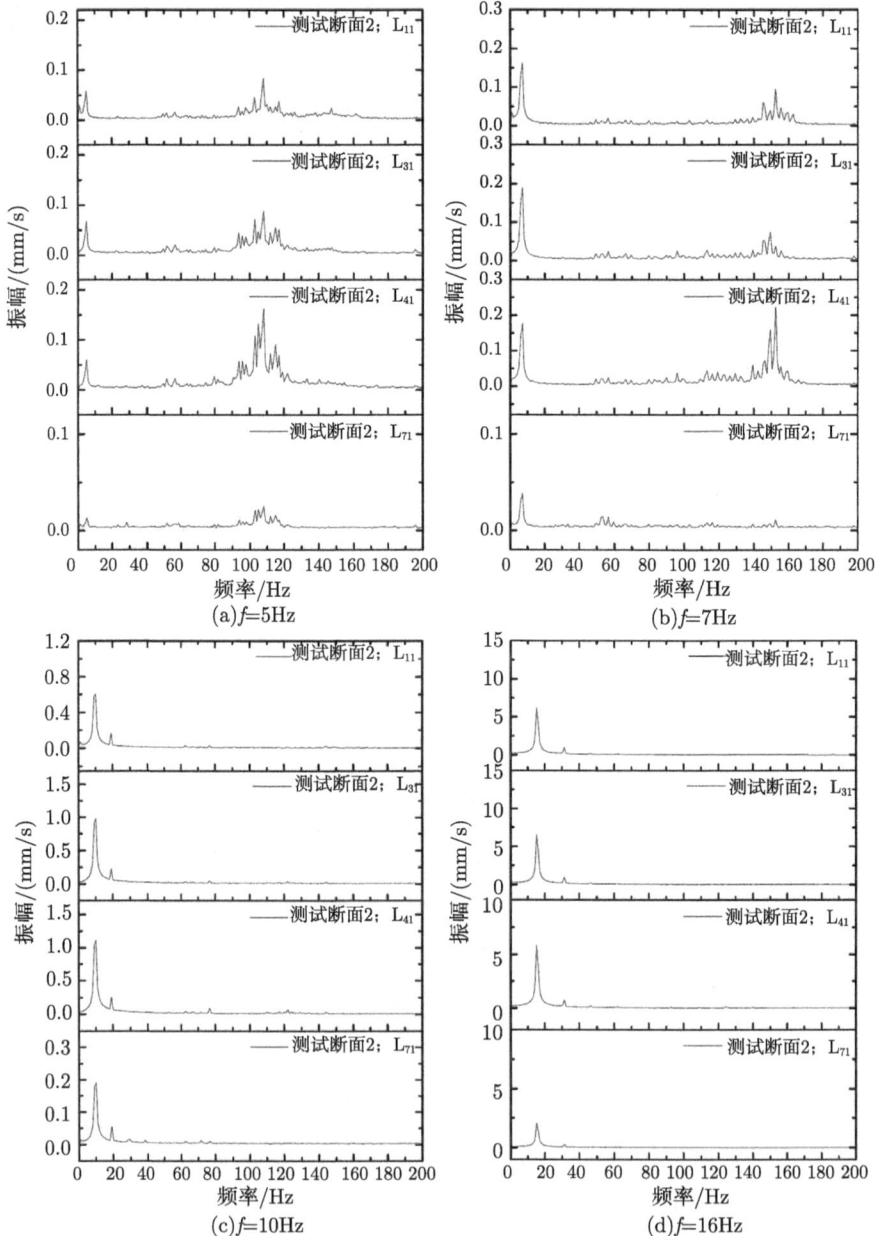

(a)f=5Hz

(b)f=7Hz

(c)f=10Hz

(d)f=16Hz

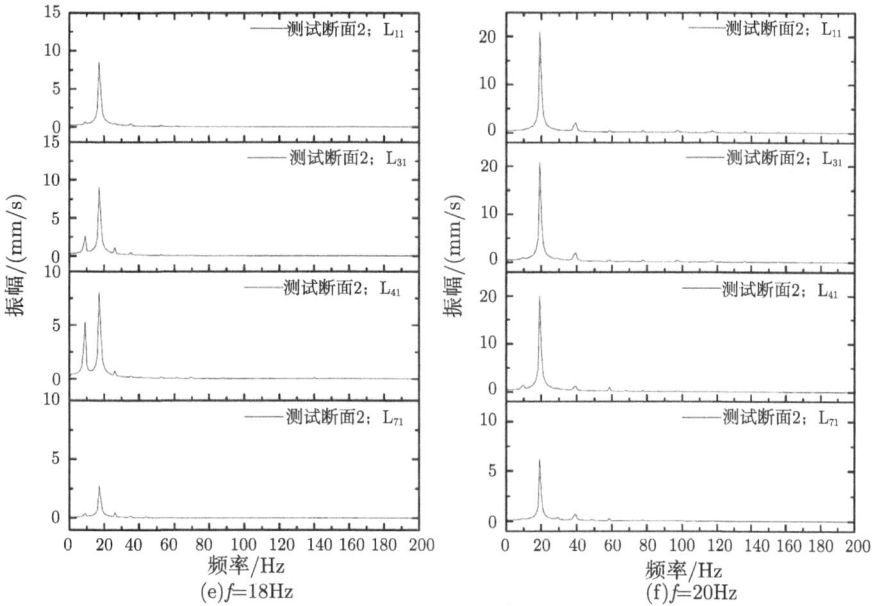

图 9-10　路基各结构层内振动速度频谱响应

2. 振动加速度随激振频率变化规律

图 9-11 为在不同激振频率条件下路基各结构层内振动加速度时程。由图可

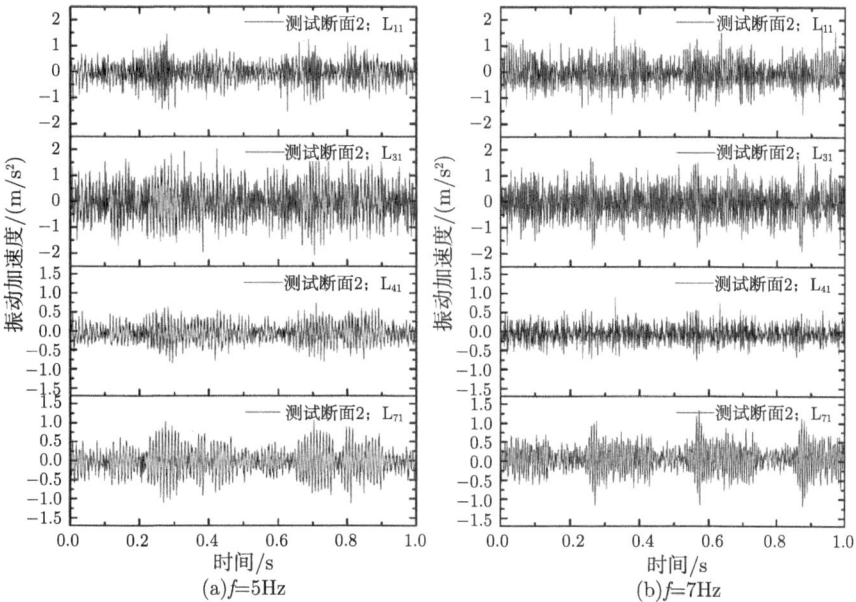

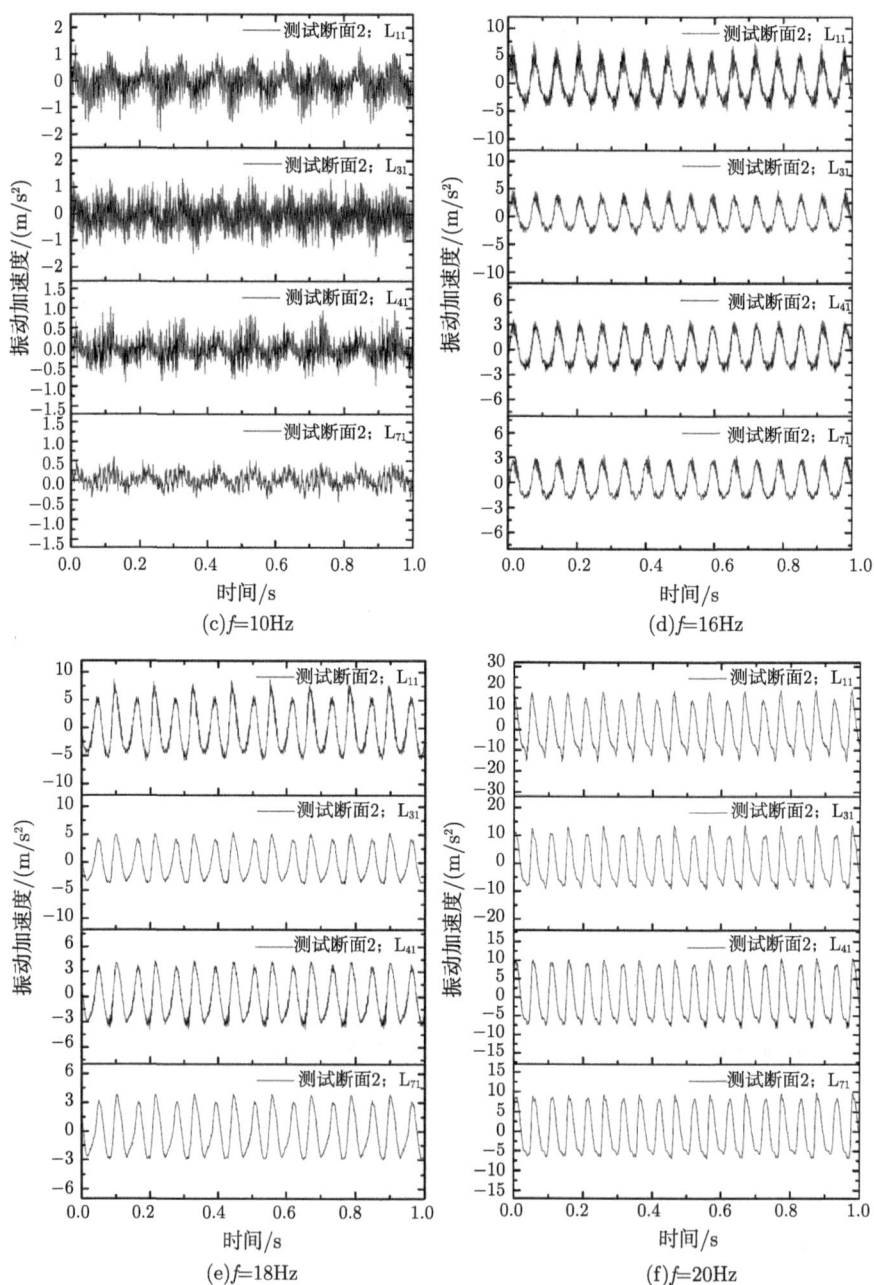

图 9-11　路基各结构层内振动加速度时程响应

　　得，激振频率由 5Hz 增加到 20Hz 的过程中，振动加速度幅值由 1.0m/s² 增加到 20.0m/s²，即振动加速度幅值随振动频率增大而增大；激振频率对各结构层内的振动加速度分布影响显著,且激振频率越大,振动加速度正弦波分布特征越明显。

图 9-12 为在不同激振频率条件下路基各结构层内振动加速度傅里叶谱。由

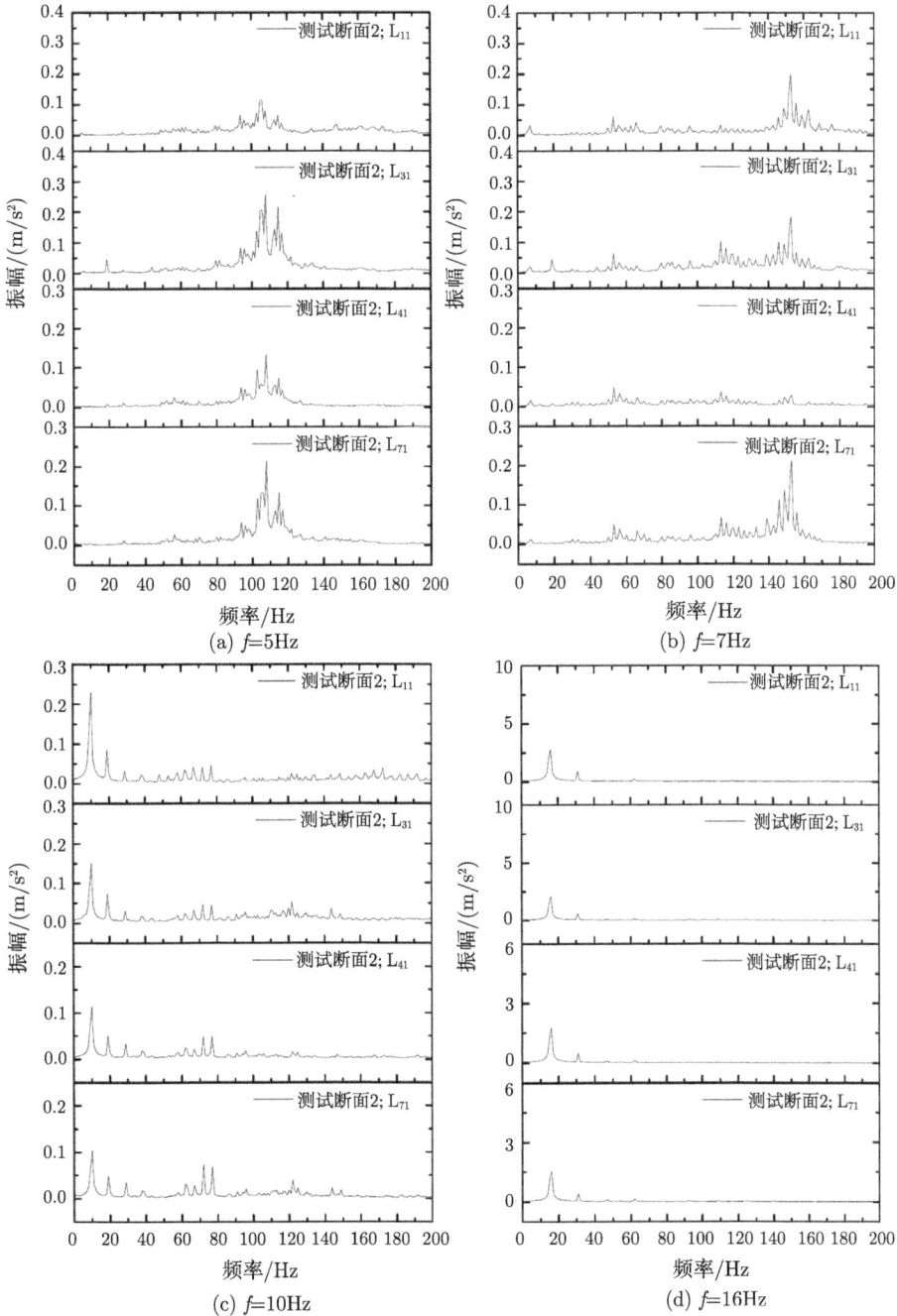

(a) f=5Hz

(b) f=7Hz

(c) f=10Hz

(d) f=16Hz

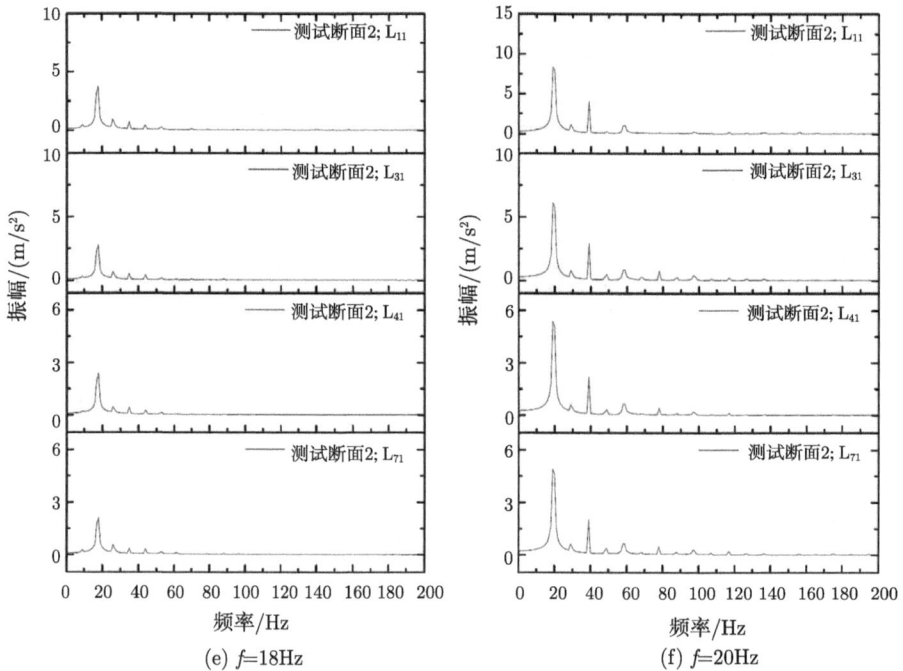

图 9-12　路基各结构层内振动加速度频谱响应

图可得，不同激振频率条件下各结构层的振动加速度傅里叶谱分布特征差异明显，加速度幅值随加载频率增加而增大；随着激振频率的增加，振动加速度傅里叶幅值第一次出现峰值对应的频率也在发生变化，其峰值特征也越显著；以加载频率 $f=20\text{Hz}$ 为例，基床表层、SAWI 层和基床底层内的振动加速度傅里叶幅值依次约为 10.0m/s^2，5.0m/s^2，3.0m/s^2，说明路基上部结构的振动加速度要大于下部结构。

9.2.2　轨道–路基–地基系统的共振特性

1. 不同频率下振动响应沿深度衰减特征

现场试验加载波形采用正弦波，加载频率变化范围 $0\sim23\text{Hz}$。图 9-13 为不同激振频率下路基振动速度随深度衰减变化曲线。由图可得，振动速度受加载频率影响显著，激振频率越大速度越大；振动速度随深度增加而逐渐衰减，各测试断面振动速度分布曲线差异显著，但均可用指数函数或双曲线函数来描述。

图 9-14 为不同激振频率下路基振动加速度随深度衰减变化曲线。由图可得，不同频率条件下，各测试断面振动加速度随深度的衰减变化曲线与振动速度基本一致；振动加速度随加载频率增大而提高。

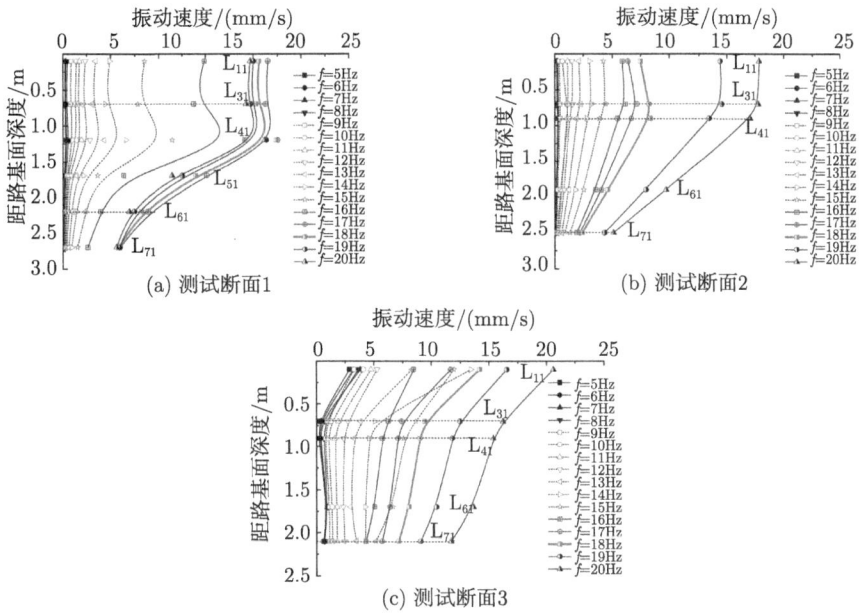

图 9-13　不同激振频率下路基振动速度随深度衰减变化曲线

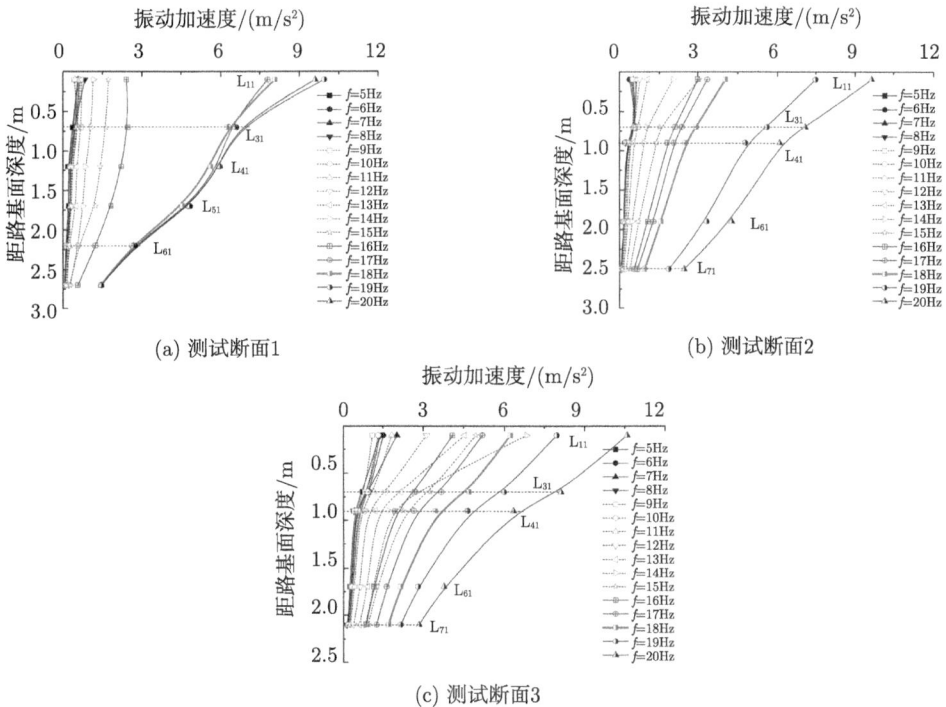

图 9-14　不同激振频率下路基振动加速度随深度衰减变化曲线

2. 振动响应幅值与激振频率的关系

图 9-15 为不同结构层内轨道中线下方的振动速度随着激振频率的变化规律。由图可得，振动速度随加载频率的增加而增大，当达到一峰值频率时，振动速度出现极值，之后又逐渐衰减；振动速度随激振频率增加的变化过程可分为四个发展阶段：平稳增长阶段、缓慢增长阶段、快速增长阶段和快速衰减阶段。以断面 1 实测结果为例，当频率 $0Hz \leqslant f \leqslant 8Hz$ 时，振动速度增加不显著，即平稳增长阶段；当频率 $8Hz < f \leqslant 12Hz$ 时，频率对振动速度的影响开始体现，出现较为缓慢的增加趋势，即缓慢增长阶段；当频率 $12Hz < f \leqslant 17Hz$ 时，振动速度出现急速增长，并且很快达到峰值，即快速增长阶段；当频率 $17Hz < f \leqslant 20Hz$ 时，振动速度随激振频率的增减开始逐渐衰减，即快速衰减阶段。

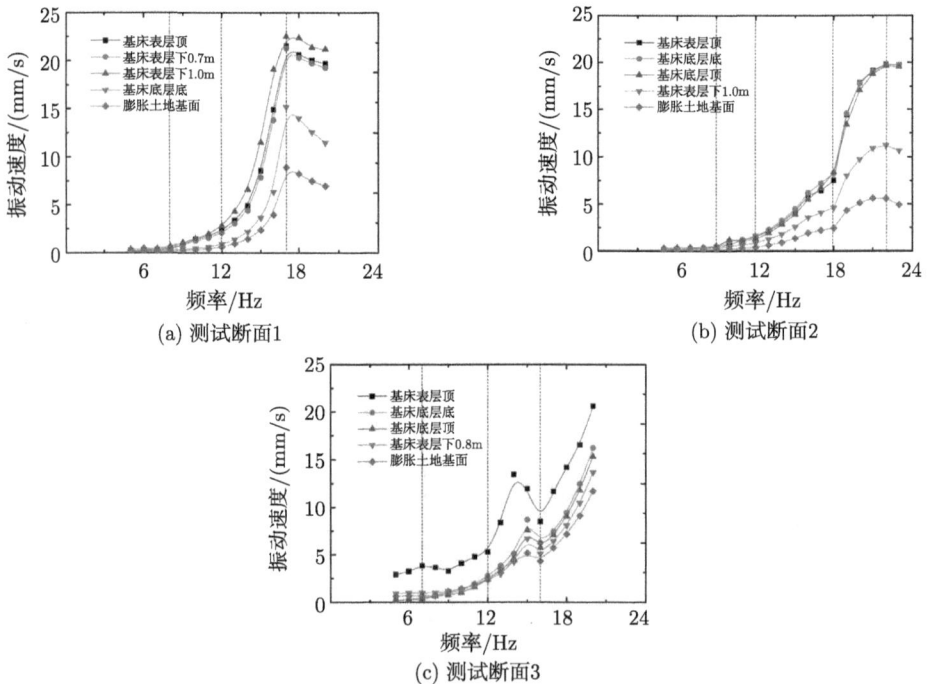

(a) 测试断面1

(b) 测试断面2

(c) 测试断面3

图 9-15　路基系统振动速度幅值与激振频率的关系

在振动速度随频率变化的发展过程中，由于基床结构类型、各结构层尺寸和性能的差异，各结构层内的振动速度分布存在较大差异，各断面测试结果见表 9-6。由表 9-6 可知，各测试断面均存在一个典型频率，约 12Hz，当加载频率超过该值时，振动速度处于快速增长阶段；传统基床路基系统的一阶固有频率范围介于 16~18Hz；新型基床路基系统的一阶固有频率范围介于 18~23Hz。

表 9-6   路基系统振动速度随激振频率变化规律

变化特征	现场测试断面		
	测试断面 1	测试断面 2	测试断面 3
平稳增长阶段-Ⅰ	0Hz$\leqslant f \leqslant$8Hz	0Hz$\leqslant f \leqslant$9Hz	0Hz$\leqslant f \leqslant$7Hz
缓慢增长阶段-Ⅱ	8Hz$< f \leqslant$12Hz	9Hz$< f \leqslant$12Hz	7Hz$< f \leqslant$12Hz
快速增长阶段-Ⅲ	12Hz$< f \leqslant$17Hz	12Hz$< f \leqslant$22Hz	12Hz$< f \leqslant$20Hz
快速衰减阶段-Ⅳ	17Hz$< f \leqslant$20Hz	22Hz$< f \leqslant$23Hz	—

图 9-16 为不同结构层内轨道中线下方的振动加速度随着激振频率的变化规律。由图可得，振动加速度随加载频率变化特征与振动速度基本一致；各测试断面结构层内的振动加速度分布曲线差异明显，且频率越大差异越显著。

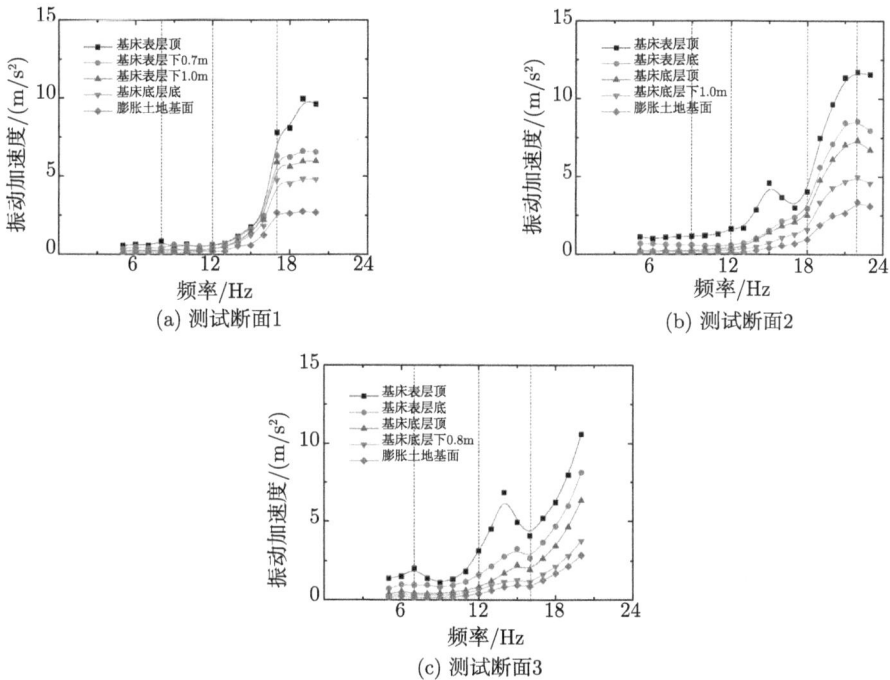

(a) 测试断面1

(b) 测试断面2

(c) 测试断面3

图 9-16   路基系统振动加速度幅值与激振频率的关系

3. 轨道–路基–地基系统共振频率验证

根据轨道–路基系统动力学简化模型，建立的路基固有频率计算简图如图 9-17 所示，该模型从上至下依次为钢轨、扣件、轨枕、道床、基床表层、SAWI 层、基床底层和地基。将轨道–路基–地基系统简化为二自由度体系 (图 9-17(b))，根据结构动力学理论可知，无阻尼多自由度体系的自由振动运动方程为

$$[M]\{\ddot{x}\} + [K]\{u\} = \{0\} \tag{9-2}$$

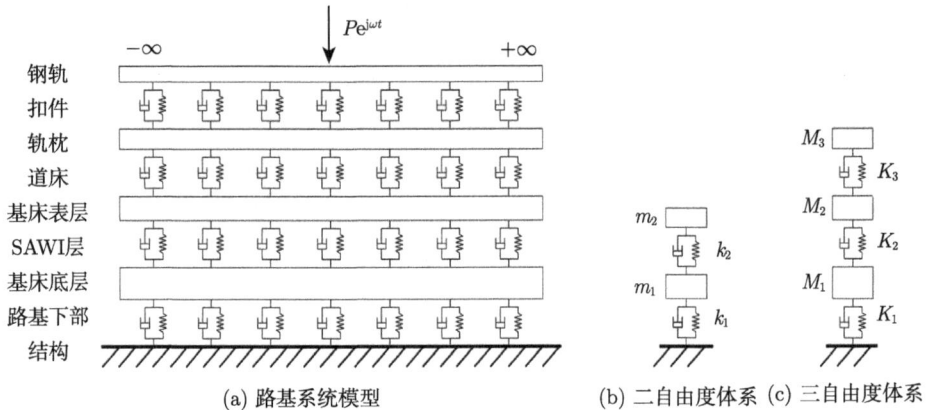

图 9-17   有砟轨道–路基系统固有频率计算模型

根据公式 (9-2)，轨道–路基–地基系统可简化为二自由度体系的动力学方程：

$$\begin{bmatrix} m_1 & 0 \\ 0 & m_2 \end{bmatrix} \begin{Bmatrix} \ddot{u}_1 \\ \ddot{u}_2 \end{Bmatrix} + \begin{bmatrix} k_1 + k_2 & -k_2 \\ -k_2 & k_2 \end{bmatrix} \begin{Bmatrix} u_1 \\ u_2 \end{Bmatrix} = \begin{Bmatrix} 0 \\ 0 \end{Bmatrix} \tag{9-3}$$

即

$$\begin{cases} m_1 \dfrac{\mathrm{d}^2 x_1}{\mathrm{d}t^2} + (k_1 + k_2) x_1 - k_2 x_2 = 0 \\ m_2 \dfrac{\mathrm{d}^2 x_2}{\mathrm{d}t^2} - k_2 x_1 + k_2 x_2 = 0 \end{cases} \tag{9-4}$$

式中：m_1, m_2 为各结构层参振线质量 (kg/m)；k_1, k_2 为各结构层参振线刚度 (N/m²)。

对公式 (9-4) 进行求解可得二自由度结构的一阶和二阶固有频率，见公式 (9-5)。

$$\begin{cases} \omega_{1,2}^2 = \dfrac{1}{2}\left(\dfrac{k_{11}}{m_1} + \dfrac{k_{22}}{m_2} \right) \mp \sqrt{\left[\dfrac{1}{2}\left(\dfrac{k_{11}}{m_1} + \dfrac{k_{22}}{m_2} \right) \right]^2 - \dfrac{k_{11}k_{22} - k_{12}^2}{m_1 m_2}} \\ f_{1,2} = \dfrac{\omega_{1,2}}{2\pi} \end{cases} \tag{9-5}$$

参考文献 [180] 中各结构层参振质量和刚度计算方法，轨枕和道床参振线质量 m_2=1500kg/m，道床和基床表层线质量 m_1=4000kg/m，道床线刚度 k_2=2.0×10^8N/m^2，路基线刚度 k_1=8.0×10^7N/m^2，则计算的路基系统特征频率为 f_1=18.89Hz 和 f_2=69.24Hz。该计算结果与文献 [180] 中指出的路基的固有频率范围 15~25Hz 较接近。

若进一步考虑 SAWI 层的参振作用，将轨道–路基–地基系统简化为三自由度体系 (图 9-17(c))，则根据公式 (9-2) 可得，该三自由度体系的动力学方程为公式 (9-6)。计算参数为 M_1=5000kg/m, M_2=4000kg/m, M_3=1500kg/m, K_1=0.8×10^8N/m^2, K_2=1.0×10^8N/m^2, K_3=2.0×10^8N/m^2，则计算的路基系统特征频率为 f_1=12.32Hz, f_2=34.28Hz, f_3=67.73Hz。两种计算模型对比可知，考虑 SAWI 层的参振作用后，路基系统一阶固有频率降低。

$$\begin{bmatrix} m_1 & 0 & 0 \\ 0 & m_2 & 0 \\ 0 & 0 & m_3 \end{bmatrix} \left\{ \begin{array}{c} \ddot{u}_1 \\ \ddot{u}_2 \\ \ddot{u}_3 \end{array} \right\}$$
$$+ \begin{bmatrix} K_1+K_2 & -K_2 & 0 \\ -K_2 & K_2+K_3 & -K_3 \\ 0 & -K_3 & K_3 \end{bmatrix} \left\{ \begin{array}{c} u_1 \\ u_2 \\ u_3 \end{array} \right\} = \left\{ \begin{array}{c} 0 \\ 0 \\ 0 \end{array} \right\} \tag{9-6}$$

随着列车速度的提高，车轮通过频率增加，并逐渐接近路基的共振频率 15~25Hz。当列车速度为 350km/h 时，车轮的通过频率约为 19.4Hz，车轮激振频率已落在路基振动固定频率的范围内。因此当列车速度超过 250km/h 时，车轮通过对路基的重复激振有可能产生较为严重的路基振动问题，因而高速铁路的设计过程中应对路基的刚度和振动频率加强控制。

9.3 高速铁路膨胀土路基荷载传递预测模型

9.3.1 路基动应力沿深度衰减预测模型

1) 路基动应力沿深度衰减特征

以路基面动应力强度作为基准值，取任意深度处动应力 $\sigma(z)$ 与路基面动应力 $\sigma(z_0)$ 的比值为 λ，定义为路基动应力衰减系数。根据本章研究成果并结合现有的文献，高铁/重载铁路路基动应力衰减系数随深度分布的统计计算结果如图 9-18 所示。由图可得，不同轨道型式、不同铁路类型下的路基动应力衰减系数随深度分布特征差异较大；以路基面下 3.0m 为参照标准，三者的衰减系数大小关系依次为高铁无砟轨道 > 重载有砟轨道 > 高铁有砟轨道，即高铁有砟轨道衰减最快，重载有砟轨道次之，高铁无砟轨道最慢；高速铁路有砟/无砟轨道和重载铁路路基动应力衰减曲线均可采用双曲线函数来描述。

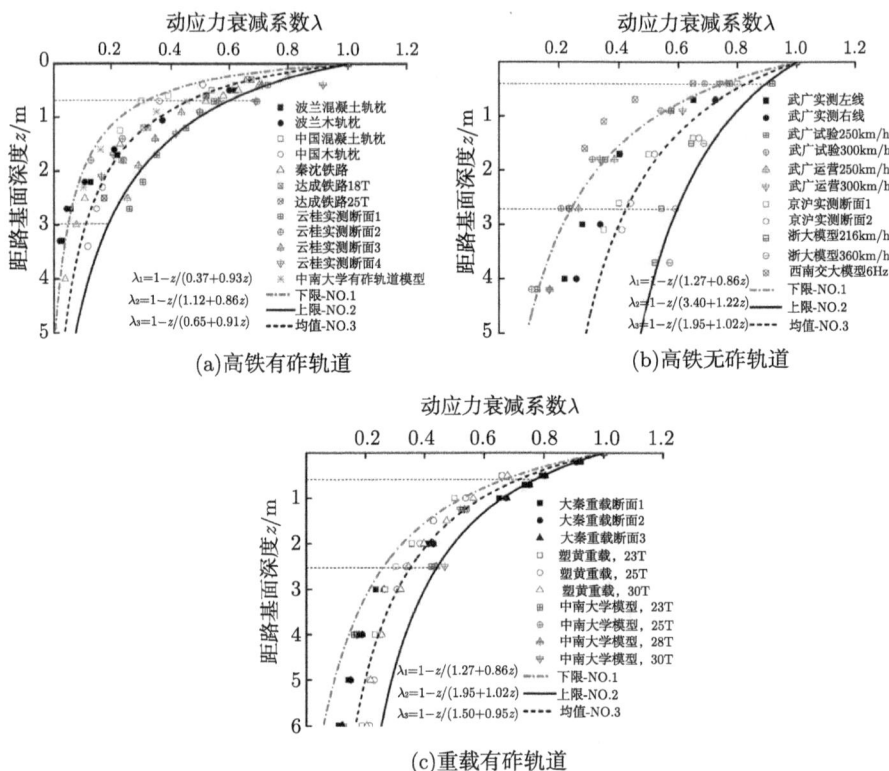

图 9-18　不同轨道型式路基动应力衰减曲线对比

高速铁路有砟/无砟轨道和重载铁路路基面动应力强度实测统计结果见表 9-7。由表可得，高铁有砟轨道路基面动应力强度值区间为 [50.0, 100.0]kPa，高铁无砟轨道路基面动应力强度值区间约为 [10.0, 50.0]kPa，重载有砟轨道路基面动应力强度值区间为 [50.0, 200.0]kPa。由此可以看出，一般情况下，重载有砟轨道路基面动应力强度要高于高铁有砟/无砟轨道，且三者的关系为重载有砟轨道 > 高铁有砟轨道 > 高铁无砟轨道。

结合图 9-18 和表 9-7 统计结果，提出高速铁路有砟轨道、无砟轨道和重载有砟轨道路基动应力衰减曲线统一预测模型，其表达式见公式 (9-7)。

$$\begin{cases} \sigma_{dz} = \sigma_{d0}\phi_d\lambda \\ \lambda = 1 - z/(A + Bz) \end{cases} \tag{9-7}$$

式中：σ_{d0} 为路基面动应力 (kPa)；ϕ_d 为动力放大系数；λ 为动应力衰减系数；A 和 B 为试验拟合常数；z 为距路基面深度 (m)。

表 9-7 路基面实测动应力统计值

序号	铁路线路名称	车型	轨道型式	时速 $v/(\text{km/h})$	动应力 σ_d/kPa
1	秦沈铁路客运专线 [181]	DJJ2	有砟轨道	200~330	50.0~100.0
2	德国汉诺威—威尔斯堡新线 [181]	ICE-V	有砟轨道	10~400	70.0~100.0
3	达成铁路现场试验 [182]	CRH	有砟轨道	160~200	68.3~90.7
4	云桂客运专线现场试验	CRH-2	有砟轨道	200~250	40.0~70.0
5	中南大学全比尺模型试验	CRH-2	有砟轨道	200~250	40.0~60.0
6	德国科隆—莱茵/美因新线 [178]	ICE-3	无砟轨道	140~326	15.0~20.0
7	德国纽伦堡—因戈尔斯达特线 [178]	ICE-3	无砟轨道	160~330	13.0~20.0
8	铁科院东郊环线双块轨道 [178]	CRH-2	无砟轨道	45~160	9.5~18.0
9	铁科院东郊环线板式轨道 [178]	CRH-2	无砟轨道	45~160	10.2~17.6
10	武广客运专线 [178]	CRH-2	无砟轨道	300~350	14.6~16.9
11	西南交通大学模型试验 [183]	CRH-2	无砟轨道	200~250	12.0~78.0
12	浙江大学全比尺模型试验 [184]	CRH-3	无砟轨道	5~360	18.2~19.6
13	大秦线铁路 [185]	25T	重载有砟轨道	40~75	38.0~45.0
14	塑黄线铁路 [186]	23~30T	重载有砟轨道	120~150	50.0~130.0
15	山西中南部铁路通道 [186]	30T	重载有砟轨道	60~110	67.0~215.0
16	中南大学重载路基模型试验 [187]	23~30T	重载有砟轨道	80~100	50.0~100.0

其中，高速铁路有砟轨道：

$$\lambda = \begin{cases} 1 - z/(0.37 + 0.93z), & 下限法 \\ 1 - z/(1.12 + 0.86z), & 上限法 \\ 1 - z/(0.65 + 0.91z), & 均值法 \end{cases} \tag{9-8}$$

高速铁路无砟轨道：

$$\lambda = \begin{cases} 1 - z/(1.27 + 0.86z), & 下限法 \\ 1 - z/(3.40 + 1.22z), & 上限法 \\ 1 - z/(1.95 + 1.02z), & 均值法 \end{cases} \tag{9-9}$$

重载铁路有砟轨道：

$$\lambda = \begin{cases} 1 - z/(1.27 + 0.86z), & 下限法 \\ 1 - z/(1.95 + 1.02z), & 上限法 \\ 1 - z/(1.50 + 0.95z), & 均值法 \end{cases} \tag{9-10}$$

2) 高速铁路路基动力放大系数

由于列车–轨道–路基系统的复杂性，高速列车行车时产生的动力荷载大小受多种因素的影响，例如，车型及其运行速度、轨道类型及其状态，以及环境因素等，要通过理论计算准确地确定设计荷载十分困难。德国采用公式 (9-11) 来计算交通荷载动力放大系数：

$$\phi_d = \psi\left(1 + \kappa \cdot \vartheta \cdot \eta\right) \tag{9-11}$$

式中：ψ 为曲线荷载系数；κ 为统计安全度系数；ϑ 为轨道状态系数；η 为运营速度系数。

胡一峰基于德国高速铁路现场实测资料，将路基动应力与车速的关系分为 3 个区段：低于 150 km/h 和高于 300 km/h 时，路基动应力与列车车速无关；当车速介于 150～300 km/h 时，路基动应力随车速线性增长。均匀区段 (包括无异常冲击振动的路基区段和路基/刚性结构物过渡段) 基床/路基的最大动应力值如图 9-19 所示。则不同轨道型式下路基动力放大系数 ϕ_d 与列车速度 v 的关系可表示为公式 (9-12) 和公式 (9-13)。

有砟轨道：

$$\phi_d = \begin{cases} 1.0, & 0 \leqslant v \leqslant 150\text{km/h} \\ 1.0 + (v-150)/150 \times 0.7, & 150 < v \leqslant 300\text{km/h} \\ 1.7, & v > 300\text{km/h} \end{cases} \tag{9-12}$$

无砟轨道：

$$\phi_d = \begin{cases} 1.0, & 0 \leqslant v \leqslant 150\text{km/h} \\ 1.0 + (v-150)/150 \times 0.3, & 150 < v \leqslant 300\text{km/h} \\ 1.3, & v > 300\text{km/h} \end{cases} \tag{9-13}$$

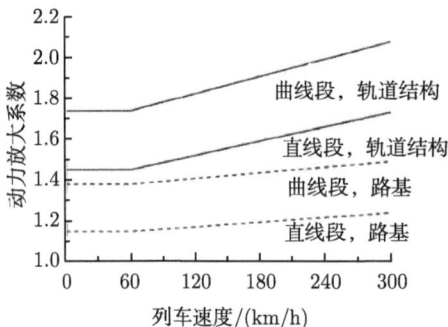
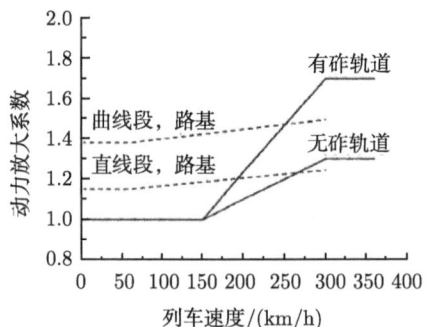

(a) 德国铁路标准　　　　　　　　(b) 胡一峰试验值

图 9-19　有砟轨道路基动力放大系数与列车速度的关系

蒋红光建立了 $1:1$ 比尺的板式无砟轨道路基结构模型, 对不同列车速度下的路基内部土压力进行了测试, 以列车运行速度 5 km/h(即准静态运行) 的动土压力幅值为基准值, 则各车速下的动力放大系数 ϕ_d, 就是该车速下的动土压力幅值与基准值的比值。同时, 以 $\phi_{dz,max}$ 表示列车速度 360 km/h 时的动力放大系数, 即最大动力放大系数。提出的路基不同结构层内土压力动力放大系数统一表达式为

无砟轨道:

$$\phi_d = \begin{cases} 1.0, & 0 \leqslant v \leqslant 150 \text{km/h} \\ 1.0 + (v-150)/150 \times (\phi_{dz,max} - 1), & 150 < v \leqslant 300 \text{km/h} \\ \phi_{dz,max}, & v > 300 \text{km/h} \end{cases} \quad (9\text{-}14)$$

$$\phi_{dz,max} = 1.33 - \frac{0.25}{1 + 0.14z^{3.4}}$$

式中: $\phi_{dz,max}$ 为沿深度方向的动力放大系数最大值; z 为距路基面距离 (m)。

通过试验发现, 路基动力放大系数 ϕ_d 与深度 z 显著相关, 距离路基顶面 0m, 0.4m, 1.5m, 2.7m 和 3.7m 处的最大动力放大系数 $\phi_{dz,max}$ 依次为 1.08m, 1.09m, 1.17m, 1.28m 和 1.31m, 见图 9-20。可见, 最大动力放大系数随着深度的增加而逐渐增大, 在基床范围内增加最为明显, 而在地基部分最大动力放大系数的增速逐渐放缓。最大动力放大系数与土体深度 z 的关系近似可以用 logistic 函数表示。

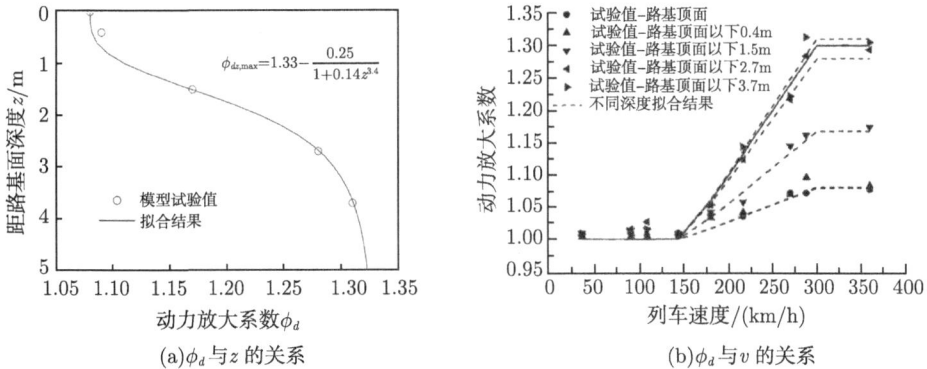

图 9-20 无砟轨道路基动力放大系数试验结果

综上所述, 为考虑列车荷载作用下路基动力放大系数与土体深度的相互关系, 基于现有的研究成果, 借鉴公式 (9-12)~公式 (9-14), 提出改进的有砟/无砟轨道路基动力放大系数统一计算表达式见公式 (9-15), 其中有砟/无砟轨道结构尺寸按图 9-21 取值。根据公式 (9-15) 可计算出不同深度位置动力放大系数 ϕ_d 与运行速度 v 的关系曲线, 如图 9-22 所示。由图可得, 按公式 (9-15) 的统一计算方法与公

式 (9-12)~公式 (9-14) 的计算结果是一致的，且更加符合实际。

$$\phi_d = \begin{cases} 1.0, & 0 \leqslant v \leqslant 150\text{km/h} \\ 1.0 + (v - 150)/150 \times (\varphi_{dz\max} - 1), & 150 < v \leqslant 300\text{km/h} \\ \phi_{dz\max}, & v > 300\text{km/h} \end{cases} \tag{9-15}$$

有砟轨道：$\phi_{b,dz\max} = 1.7 - \dfrac{0.7}{1 + 0.14(z + h_1)^{3.4}}$

无砟轨道：$\phi_{bl,dz\max} = 1.3 - \dfrac{0.3}{1 + 0.14(z + h_2)^{3.4}}$

式中：z 为距路基面距离 (m)；h_1 为有砟轨道道床厚度，一般取 0.35m；h_2 为无砟轨道板、CA 砂浆层和混凝土底座总厚度，一般取 0.60(0.5~0.7)m。

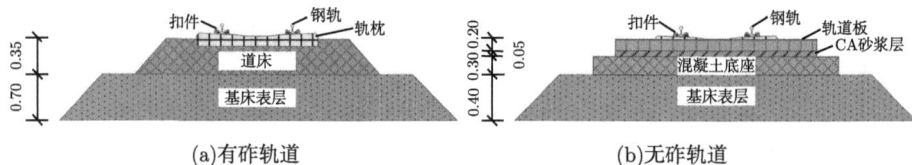

(a)有砟轨道　　　　　　　　　　　(b)无砟轨道

图 9-21　有砟/无砟轨道结构示意图 (单位：m)

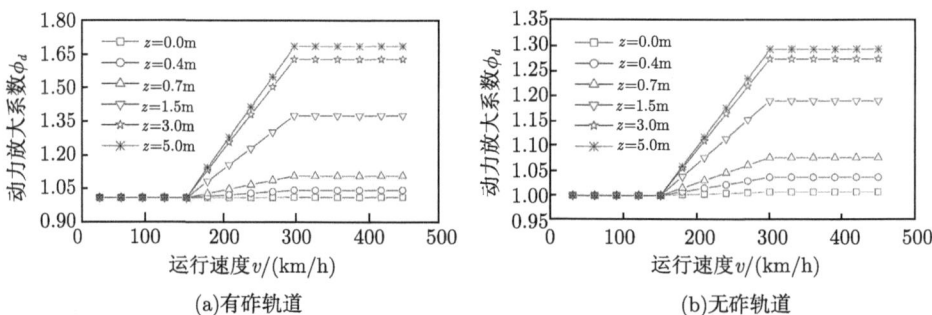

(a)有砟轨道　　　　　　　　　　　(b)无砟轨道

图 9-22　有砟/无砟轨道路基动力放大系数与行车速度的关系

9.3.2　振动速度沿深度衰减预测模型

以路基面振动速度强度作为基准值，取任意深度处振动速度 $v(z)$ 与路基面振动速度 $v(z_0)$ 的比值为 δ，定义为振动速度衰减系数。根据第 3 章研究成果并结合现有的文献，不同轨道型式路基振动速度衰减系数随深度分布的统计计算结果如图 9-23 所示。由图可得，有砟轨道和无砟轨道振动速度衰减系数分布特征存在显著差异，但其衰减曲线均可采用指数函数来描述。由于振动速度受列车荷载、轨道型式、路基结构层性能和土质条件等因素的影响，具有较大的变异性，同时，其测试结果也具有一定的随机性。根据振动速度衰减系数分布特征，采用临界状态法给出其衰减分布区间能更好地描述其分布特性，基于此提出有砟/无砟轨道路基振动速度衰减曲线统一预测模型，其表达式见公式 (9-16)。

$$\begin{cases} v_{dz} = v_{d0}\delta \\ \delta = \exp\left(-z/A\right) \end{cases} \tag{9-16}$$

式中：v_{d0} 为路基面振动速度 (mm/s)；δ 为振动速度衰减系数；A 为试验拟合常数；z 为距路基面深度 (m)。

其中，高速铁路有砟轨道：

$$\delta = \begin{cases} \exp\left(-z/1.20\right), & \text{下限法} \\ \exp\left(-z/3.00\right), & \text{上限法} \\ \exp\left(-z/2.00\right), & \text{均值法} \end{cases} \tag{9-17}$$

高速铁路无砟轨道：

$$\delta = \begin{cases} \exp\left(-z/0.98\right), & \text{下限法} \\ \exp\left(-z/5.00\right), & \text{上限法} \\ \exp\left(-z/2.50\right), & \text{均值法} \end{cases} \tag{9-18}$$

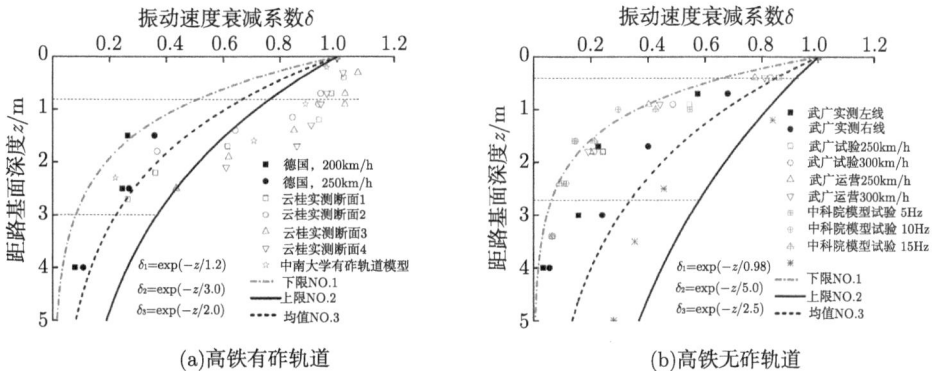

(a)高铁有砟轨道　(b)高铁无砟轨道

图 9-23　不同轨道型式路基振动速度衰减曲线对比

9.3.3　振动加速度沿深度衰减预测模型

以路基面振动加速度强度作为基准值，取任意深度处振动加速度 $a(z)$ 与路基面振动速度 $a(z_0)$ 的比值为 ξ，定义为振动加速度衰减系数。根据第 3 章研究成果并结合现有的文献，不同轨道型式路基振动加速度衰减系数随深度分布的统计计算结果如图 9-24 所示。由图可得，有砟轨道和无砟轨道振动速度衰减系数分布特征也存在显著差异，但其衰减曲线均可采用指数函数来描述。借鉴上述方法来描述其分布特性，提出的有砟/无砟轨道路基振动加速度衰减曲线统一预测模型，其表达式见公式 (9-19)。

$$\begin{cases} a_{dz} = a_{d0}\xi \\ \xi = \exp(-z/A) \end{cases} \tag{9-19}$$

式中：a_{d0} 为路基面振动加速度 (m/s^2)；ξ 为振动加速度衰减系数；A 为试验拟合常数；z 为距路基面深度 (m)。

其中，高速铁路有砟轨道：

$$\xi = \begin{cases} \exp(-z/1.50), & 下限法 \\ \exp(-z/4.00), & 上限法 \\ \exp(-z/2.50), & 均值法 \end{cases} \tag{9-20}$$

高度铁路无砟轨道：

$$\xi = \begin{cases} \exp(-z/0.70), & 下限法 \\ \exp(-z/3.00), & 上限法 \\ \exp(-z/1.80), & 均值法 \end{cases} \tag{9-21}$$

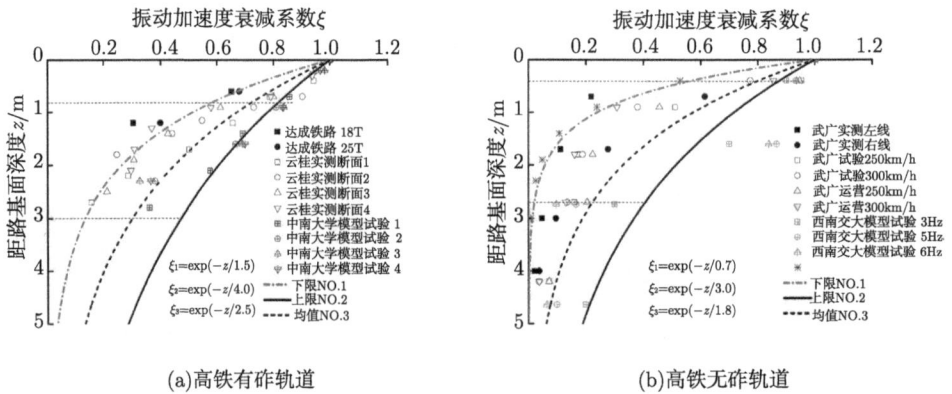

(a)高铁有砟轨道　　　　　　　(b)高铁无砟轨道

图 9-24　不同轨道型式路基振动加速度衰减曲线对比

9.4　高速铁路膨胀土路基动力稳定性分析

铁路路基稳定性是指一个结构受力后维持原有平衡位置或原有的变形状态的能力。对于膨胀土路基，其稳定性包含两方面：一是膨胀土路基干湿稳定性 (干湿敏感性) 的评价问题; 二是膨胀土路基动力学稳定性的评价问题。膨胀土干湿稳定性是指膨胀土对大气作用下的湿度变化, 并因湿度变化所引起的一系列强度和变形行为。膨胀土路基动力稳定性是指在列车动荷载作用下土质路基强度和变形等方面是否满足相应的要求, 包含基床动力稳定性及地基动力稳定性两个方面。

9.4.1 路基动力稳定性分析方法

按理论评价方法的不同, 目前评价铁路路基动力稳定性的方法主要有临界动应力法、有效振速法、动剪应变法。长期以来, 我国在铁路路基设计中基本上采用临界动应力法, 而德国、法国、美国等国的路基设计中主要采用有效振速法和动剪应变法。但因存在诸多尚未解决的问题或现有的一些成果还需工程实践的进一步验证, 上述三种方法均未列入正式规范。

1. 临界动应力法

临界动应力法是一种以土体动强度为控制指标的路基长期动力稳定性评价方法。在普通有砟轨道路基设计中, 考虑路基动力响应的影响, 把临界动应力 σ_{dcr} 作为确定路基基床换填厚度及评价路基动力稳定性的控制指标之一, 由于该方法概念明确、计算方便, 已成为国内外铁路路基长期动力稳定性评价的主要方法。临界动应力法认为, 如果地基土体受到的实际动应力 σ_{d} 小于其自身临界动应力 σ_{dcr}, 则土体的累积变形将随着荷载作用次数的增加而逐渐趋于稳定, 即满足公式 (9-22), 从而使路基累积永久变形得到有效的控制。

$$\sigma_{\mathrm{d}} < \sigma_{\mathrm{dcr}} \tag{9-22}$$

2. 有效振速法

临界振动速度法认为不同状态下的土体都存在相应的临界振动速度 V_{dcr}, 即当土体的实际振动速度 V_{dc} 大于该临界振动速度 V_{dcr} 时, 土体将产生不可恢复的塑性变形、液化或破坏, 从而导致修建在其上 (中) 的构筑物出现过大变形、倾斜或破坏, 影响构筑物的正常使用。对于铁路路基而言, 受轨道型式、列车类型、基床结构或现场激振设备等影响, 路基实测振动波形较为复杂, 在利用临界振速法进行路基动力稳定性评价时, 应结合路基结构特点和实际服役工况等, 采用实测振动速度波形中对路基动力稳定性具有控制作用的速度值, 即有效振动速度, 因此, 临界振速法又称为有效振速动力稳定性评价法。

德国铁路公司 (DB) 在 1997 版的 DS 836 草案中引入了以临界有效振速为控制参数的动力稳定性分析方法, 这种方法简称有效振速法。

DS 836 草案着重阐述了振速的三种临界状态。对于无黏性土路基采用振速的第一临界状态及振速的第二临界状态进行动态稳定性评判, 评判准则见式 (9-23)

及式 (9-24)。公式 (9-23) 能确保无黏性土地基结构没有变化，即没有产生塑性变形；公式 (9-24) 能证明无黏性土地基是否达到极限破坏。

第一临界状态：$K_{dyn1} \cdot V_{res,eff,z} < V_{krit1}$ $\hspace{3cm}$ (9-23)

第二临界状态：$K_{dyn2} \cdot V_{res,eff,max} < V_{krit2}$ $\hspace{3cm}$ (9-24)

式中：K_{dyn1}，K_{dyn2} 分别为第一、第二临界状态下的动力安全系数，取 $K_{dyn1}=1.4$，$K_{dyn2}=1.2$。$V_{res,eff,z}$，$V_{res,eff,max}$ 为有效振速及有效振速最大值。V_{krit1}，V_{krit2} 为第一及第二临界振速，一般认为，第二临界振速等于第一临界振速，即 $V_{krit2} = V_{krit1}$。

对于黏性土及有机土，采用振速的第三临界状态进行评判，评判准则见公式 (9-25)。

第三临界状态：$K_{dyn3} \cdot V_{res,eff,z} < V_{krit3}$ $\hspace{3cm}$ (9-25)

式中：K_{dyn3} 为第三临界状态下的动力安全系数，取 $K_{dyn3}=1.5$。一般认为，对于正常固结黏性土，第三临界振速 V_{krit3} 按式 (9-26) 计算，对于欠固结黏性土，取 $V_{krit3} < 3.0\text{mm/s}$。

$$V_{krit3} = \xi \cdot I_c^{1.5}$$ $\hspace{3cm}$ (9-26)

式中：I_c 为稠密指数，按 (9-27) 式计算，ξ 为参考速度，正常固结土取 $\xi = 40\text{mm/s}$，欠固结土取 $\xi = 25\text{mm/s}$。

$$I_c = \frac{\omega_L - \omega}{\omega_L - \omega_P}$$ $\hspace{3cm}$ (9-27)

式中：ω_L 为土的液限，ω_p 为土的塑限，ω 为土的天然含水率。

3. 动剪应变法

20 世纪末期，德国高速铁路建造技术得到了快速发展，其计算理论也相对较为完善。胡一峰和李怒放[188]结合室内动力试验、现场动力测试和理论分析成果，首先提出了以动剪应变作为路基设计控制指标的动力稳定性评价方法，称之为动剪应变法。动剪应变法的实质是通过动剪应变指标反映动力荷载作用条件下土体的塑性变形状态。短时动剪应变门槛 γ_{tvS} 及疲劳动剪应变门槛 γ_{tvL} 是动剪应变法的两个关键参数，前者用于评价路基的短时动力稳定性，后者用于评价路基的长期动力稳定性。此法已用于部分德国高速铁路路基的长期动力稳定评价，并且证明是可行的。动力荷载控制参数动剪应变 γ_{dz} 一般可按理论公式 (9-28) 计算确定。

$$\gamma_{dz} = \frac{V_{res,eff,z}}{C_s}$$ $\hspace{3cm}$ (9-28)

式中：$V_{res,eff,z}$ 为有效振速 (m/s)；C_s 为剪切波速 (m/s)。

土体的剪切波速 C_s 可借助共振柱试验系统进行测试。在缺乏试验条件或用于初步分析时，剪切波速 C_s 可采用经验公式 (9-29) 和公式 (9-30) 估算。

$$C_s = \sqrt{\frac{G_d}{\rho}} \tag{9-29}$$

$$C_s = \sqrt{\frac{\alpha\beta(1-\nu)E_{v2}}{2\rho}} \tag{9-30}$$

式中：G_d 为路基土的动剪模量 (MPa)，可由室内动力试验确定；ρ 为土的密度 (g/cm³)；E_{v2} 为静态平板载荷试验确定的二次变形模量；ν 为土的泊松比；α 为土的动弹性模量 E_{sd} 与静态侧限压缩模量 E_s 之比；β 为非线性折减系数，当动剪应变 γ_d 在 $3.5 \times 10^{-6} \sim 3.5 \times 10^{-5}$ 时为 0.8~1.0。公式 (9-30) 的优点在于路基刚度检测指标 E_{v2} 直接用于估计其剪切波速 C_s，E_{v2} 反映了土的种类、密实度和填筑碾压方式的综合影响。

综上可得，当路基实际动剪应变 γ_{dz} 小于疲劳动剪应变门槛 γ_{tvL}，即满足条件公式 (9-31) 时，基床是长期动力稳定的，否则长期动力失稳。

$$\gamma_{dz} \leqslant \gamma_{tvL} \tag{9-31}$$

对于短时动剪应变门槛 γ_{tvS} 及疲劳动剪应变门槛 γ_{tvL}，可通过室内剪应变控制式共振柱试验来确定。

9.4.2 路基填料及地基土动力稳定性参数

路基填料及下方土体临界动应力水平是评价路基动力稳定性的关键指标之一。现有的试验结果表明，土体动应力水平受诸多因素影响，其演变发展过程很难采用函数准确地描述，但是基于试验结果的基础上，建立经验的预测表达式对路基设计和动力稳定性评价还是十分必要的。

1) 路基填料动力稳定性指标

蔡英针对路基填土成都黏土 (A/B 组填料，试样天然含水率 25.6%，干容重 1.52g/cm³)，利用动三轴试验研究了不同加载条件下 (加载频率 2~15Hz，围压 20~100kPa) 土体的临界动应力和永久应变随加载次数、加载频率和围压变化的规律。根据其试验结果并进一步分析可得临界动应力与频率和围压的关系，如图 9-25 所示。由图可得，土体临界动应力随频率增大而逐渐衰减，其衰减发展过程可采用指数函数或双曲线函数描述，且拟合度达 0.98 以上，见图 9-25(a) 和图 9-25(b)；围压越大，临界动应力值提高越显著，其发展趋势可采用线性函数进行拟合 (图 9-25(c))，拟合结果见公式 (9-32)。取临界动应力与围压的比值定义为临界动应力比，根据现有的路基填料临界动应力比测试成果，其统计结果见图 9-25(d)。由图可得，在低围压条件下，土体临界动应力比为 2.0~6.0，此值对确定土体临界动应力具有参考价值。

$$\begin{cases} \text{三点拟合：} \sigma_{dc3} = 0.20\sigma_{3c} + 80.00 \\ \text{四点拟合：} \sigma_{dc4} = 0.32\sigma_{3c} + 75.00 \end{cases} \tag{9-32}$$

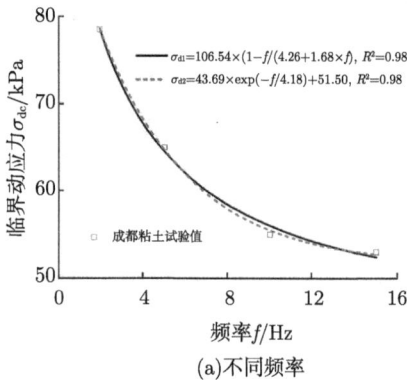

(a)不同频率

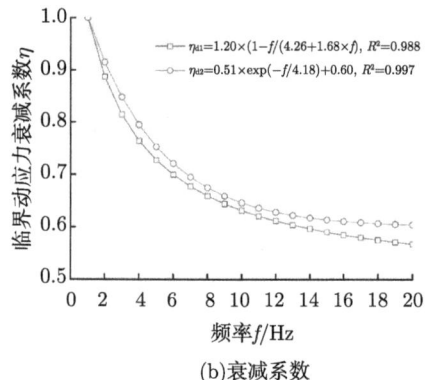

(b)衰减系数

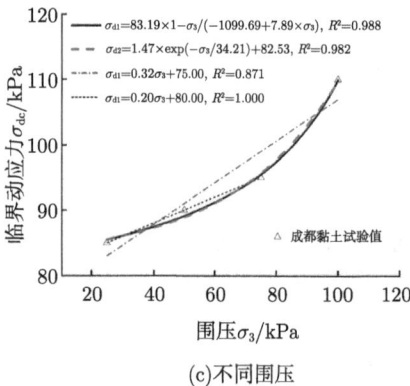

(c)不同围压

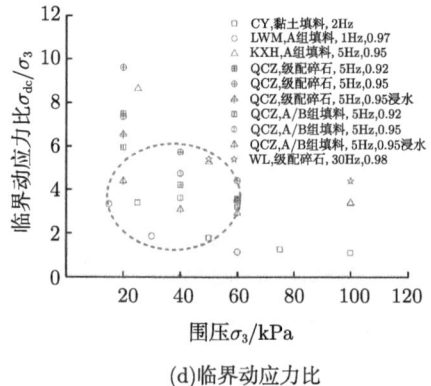

(d)临界动应力比

图 9-25　成都红黏土临界动应力试验结果对比

屈畅姿等针对用于过渡段路基填筑的级配碎石和普通路基填筑的 A/B 组填料分别开展了动三轴试验，试验条件加载频率为 5.0Hz，围压为 20~60 kPa，对在最优含水率状态下压实系数分别为 0.92, 0.95 和浸水状态 (浸水 12h) 下压实系数为 0.95 3 种条件下的路基填料临界动应力进行了测试。根据其测试结果并进一步分析可得路基填料的临界动应力与围压的关系，如图 9-26 所示，二者的关系表达式为公式 (9-33) 和公式 (9-34)。

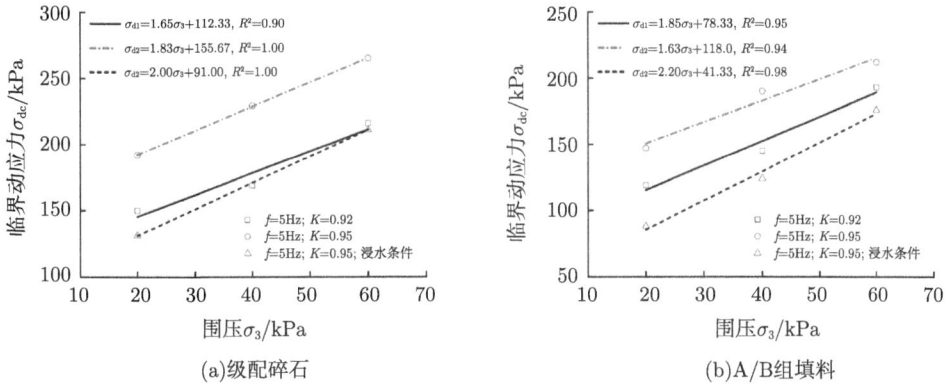

(a)级配碎石　　　　　　　　　　　(b)A/B组填料

图 9-26　路基填料临界动应力试验结果对比

级配碎石：

$$\begin{cases} \sigma_{dc1} = 1.65\sigma_{3c} + 112.33, & K = 0.92 \\ \sigma_{dc2} = 1.83\sigma_{3c} + 155.67, & K = 0.95 \\ \sigma_{dc3} = 2.00\sigma_{3c} + 91.00, & K = 0.95, 浸水条件 \end{cases} \tag{9-33}$$

A/B 组填料：

$$\begin{cases} \sigma_{dc1} = 1.85\sigma_{3c} + 78.33, & K = 0.92 \\ \sigma_{dc2} = 1.63\sigma_{3c} + 118.0, & K = 0.95 \\ \sigma_{dc3} = 2.20\sigma_{3c} + 41.33, & K = 0.95, 浸水条件 \end{cases} \tag{9-34}$$

孔祥辉等针对达成线工点红层泥岩填料 (A/B 组填料)，采用英国 GDS 三轴试验系统，在围压 25~100 kPa 条件下进行了动三轴试验加载，土体压实度为 0.95，加载频率为 5Hz，试验结果如图 9-27(a) 所示。获得了不同试验条件下红层泥岩填料的路基动应力与围压的关系式为 $\sigma_{dc} = 1.62\sigma_{3c} + 179.00$；考虑加载频率实际 15.0Hz 影响，土体的临界动应力随加载频率的提高而降低；同时考虑到红层泥岩遇水很容易软化和安全储备因素，对路基填料临界动应力进行折减 75%，即

$$\sigma_{dc} = 0.405\sigma_{3c} + 44.75 \tag{9-35}$$

冷伍明等基于大型动三轴试验对不同条件下的 A/B 组填料的动力特性进行了研究，试验参数：压实度 0.97，固结比 1.0，加载频率 1.0Hz，围压 15~60kPa。获得了路基粗粒土填料的临界动应力和累积应变随围压和含水率变化的系列关系数据和变化规律 (图 9-27(a))，并给出了临界动应力与围压的线性关系表达式：

$$\sigma_{dc} = 0.417\sigma_{3c} + 43.75 \tag{9-36}$$

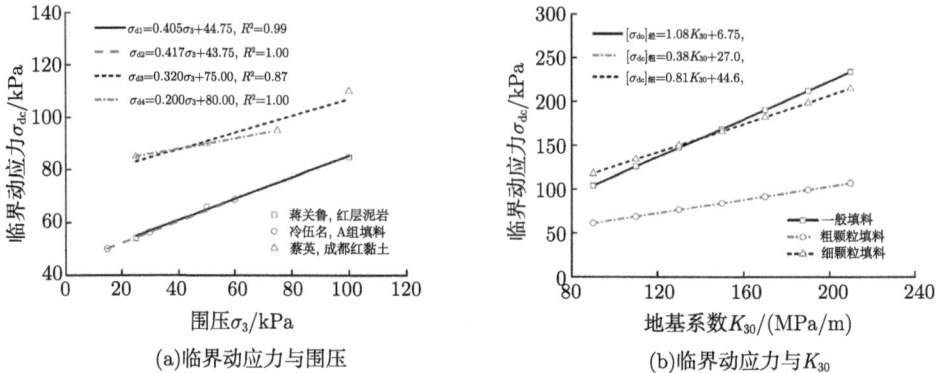

(a)临界动应力与围压　　　　(b)临界动应力与K_{30}

图 9-27　路基填料临界动应力与围压和地基系数 K_{30} 的关系

刘钢等针对 A/B 组填料和级配碎石两种路基填料，基于动三轴试验仪开展了动三轴试验。试验条件为土体压实度 0.90~1.00，围压 20~60 kPa，加载频率 1~5Hz。研究了压实度、含水状态、荷载频率和初期轴向力对轴向累积变形的影响及相应的动强度的变化规律 (图 9-27(b))，建立了粗颗粒和细颗粒路基填料临界动应力与地基系数 K_{30} 的线性关系表达式：

$$\begin{cases} [\sigma_{\mathrm{d0}}]_{经} = 1.08K_{30} + 6.75 \\ [\sigma_{\mathrm{dc}}]_{粗} = 0.38K_{30} + 27.0 \\ [\sigma_{\mathrm{dc}}]_{细} = 0.81K_{30} + 44.6 \end{cases} \tag{9-37}$$

2) 地基土动力稳定性指标

刘晓红等针对武广线原状结构红黏土，基于应力控制式疲劳动三轴试验，试验条件加载频率为 8.0 Hz，围压为 35~55 kPa，对不同状态 (含水比 0.60, 0.72, 0.97)、不同试验条件下的红黏土临界动应力进行了测试。根据其测试结果并进一步分析 (图 9-28(a))，建立的红黏土临界动应力强度与围压的线性关系表达式为

$$\begin{cases} 软塑\,(0.97)\,\sigma_{\mathrm{dc1}} = 0.30\sigma_{3c} + 1.17 \\ 可塑\,(0.72)\,\sigma_{\mathrm{dc2}} = 0.52\sigma_{3c} + 1.97 \\ 硬塑\,(0.60)\,\sigma_{\mathrm{dc3}} = 0.60\sigma_{3c} + 14.03 \end{cases} \tag{9-38}$$

根据云桂典型膨胀土临界动应力测试结果表 2-13，并参考上述分析结果，建立的膨胀土临界动应力强度与围压的线性关系表达式为公式 (9-39)，临界动应力计算结果如图 9-28(b) 所示。

$$\sigma_{\mathrm{dz}} = 0.8\sigma_{3c} + 3.35 \tag{9-39}$$

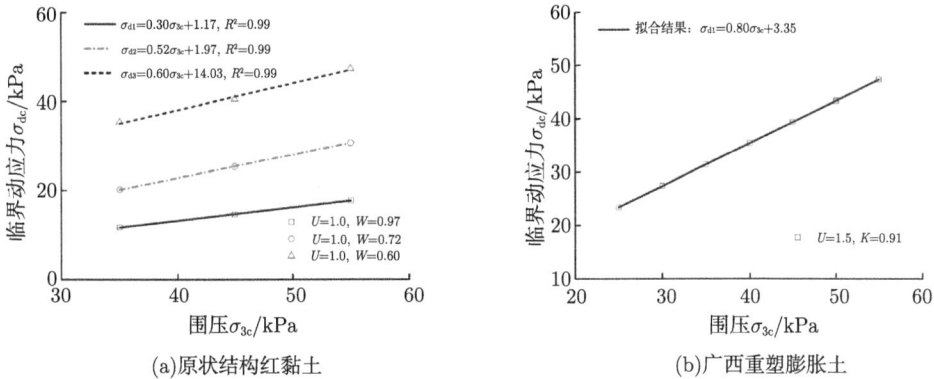

图 9-28 地基土临界动应力试验结果对比

9.4.3 基于预测模型的膨胀土路堑基床换填厚度的讨论

1. 临界动应力法-I

临界动应力法是以列车荷载作用下路基土体动强度长期稳定性为控制指标的评价方法。为验证和评价云桂铁路膨胀土路堑新型基床结构设计的合理性和动力稳定性，结合本书建立的路基动应力衰减预测模型和膨胀土动强度预测公式，采用临界动应力法对其进行计算对比分析。根据《规范》建议，取路基面动应力强度 $\sigma_{d0}=98.8$ kPa，膨胀土重度 $\gamma=20.0$ kN·m³，基床表层厚度 $h_1=0.7$m，SAWI 层厚度 $h_2=0.2$m。

根据公式 (9-7)、公式 (9-36)、公式 (9-37) 和公式 (9-39)，并结合图 9-28 可得临界动应力法计算结果，如图 9-29 所示。膨胀土路堑新型基床任意深度处动应力衰减系数见图 9-29(a)；当基床表层为粗颗粒填料时，$K_{30} \geqslant 190$MPa/m，按公式 (9-37) 计算

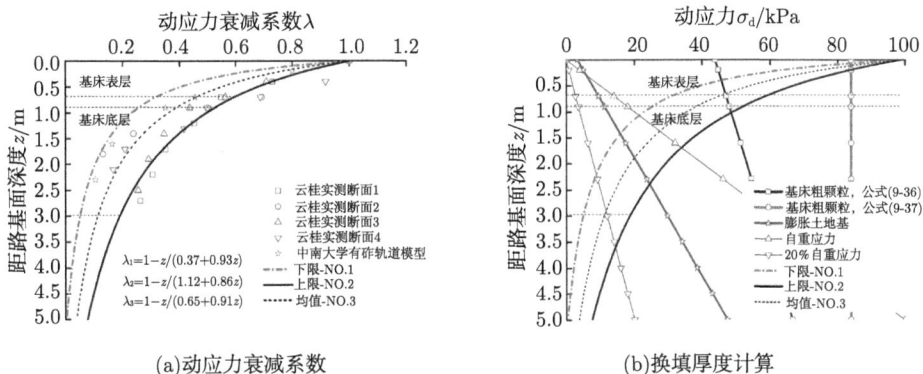

图 9-29 临界动应力法计算结果

得 $[\sigma_{dc}]$ =99.2kPa, 按公式 (9-36) 计算的基床表层厚度介于 0.4~1.0m; 当基床底层为粗颗粒填料时, $K_{30} \geqslant 150$ MPa/m, 按公式 (9-37) 计算得 $[\sigma_{dc}]$=84.0kPa; 当基床底层为细颗粒填料时, $K_{30} \geqslant 130$ MPa/m, 按公式 (9-35) 计算得 $[\sigma_{dc}]$=150.0 kPa。根据图 9-29(b) 可得, 按公式 (9-36) 和公式 (9-37) 方法填筑标准, 基床结构层的强度要求是满足动力要求的。

根据云桂铁路典型膨胀土临界动应力测试结果 (见公式 (9-39)) 计算可得, 基床厚度存在一个界限值, 当达到此深度时, 路基动应力 σ_{dz} 与土体容许临界动应力 $[\sigma_{dc}]$ 相等, 见图 9-29(b); 基床厚度界限值依次为下限 1.4m、上限 2.5m 和均值 2.0m, 即基床底层的换填厚度界限值依次为下限 0.5m、上限 1.6m 和均值 1.1m。

2. 有效振速法-Ⅱ

采用振动速度作为路基动力稳定性的评价指标, 需明确三个基本问题: ①路基振动速度沿深度的衰减规律; ②路基面处有效振速参数的确定; ③土体临界速度的准确测试或预测。文献 [181] 给出振动速度随深度变化的经验公式为 $V_{dz,res} = V_{dz0,res} \exp(-z/A)$, 其中, $V_{dz0,res}$ 为路基面振动速度, A 为衰减系数 (有砟轨道 A=2.0, 无砟轨道 A=5.0)。该经验公式在一定程度上反映了列车荷载作用下路基振动速度随深度的衰减变化特征。而对于路基面振动速度参数 $V_{dz0,res}$, 其与列车速度、轨道类型、地基条件和施工质量等因素相关, 需借助现场实测或经验方法来获得, 目前较为常用的经验公式为 $V_{dz0,res} = K_1 \exp(K_2 V)$, 其中 K_1, K_2 为经验系数 (高标准要求: 有砟轨道 K_1=0.9, K_2=0.009, 无砟轨道 K_1=0.2, K_2=0.011)。同时, 在无相关经验情况下, 可参考德国铁路路基规范 (DS 836) 给出的建议值进行计算。

根据公式 (9-26) 和公式 (9-27) 可得, 由于膨胀土中含水率随深度变化的特性, 其临界振速不再是一个确定性值, 而是随含水率和深度变化的。因此, 采用随含水率和深度变化的膨胀土临界振速值进行路基动力稳定性分析更接近实际情况。根据现有的研究成果表明, 膨胀土的物理力学参数受含水状态影响显著, 且膨胀土地基中的含水率变化主要发生在表层, 一般为 3~5m。针对大气影响下膨胀土中的含水率随深度的变化规律问题, 在云桂铁路南百段进行了现场试验, 并结合已有文献的测试结果进行对比, 其衰减变化规律如图 9-30 所示。由图可得, 膨胀土地基含水变化量随深度增加而逐渐减小, 其衰减曲线可采用指数函数或幂函数描述; 膨胀土地基面处的含水率变化幅值介于 9%~16%, 深度超过 3.0m 后, 含水率变化幅值基本小于 3%。

根据云桂铁路膨胀土基本物理力学特性试验结果, 膨胀土的含水率和塑性状态参数取值具体为弱—中膨胀土, w=15.6%, w_L=48.2, w_P=23.1; 中—强膨胀土, w=22.5%, w_L=58.8, w_P=27.5。根据德国铁路路基规范 (DS 836) 关于有砟轨道有效振

速 $V_{dz0,\mathrm{res}}$ 的建议,其经验计算值和建议值依次为 8.6mm/s, 33.0mm/s。云桂铁路现场实测的路基面振动速度最大值为 20.5 mm/s。考虑安全储备因素,取 $V_{dz0,\mathrm{res}}=33.0$ mm/s 进行计算分析。综上所述,膨胀土临界振速随含水率和深度的变化而改变,同时考虑膨胀土的裂隙性和干湿循环效应对土体力学性质的劣化影响,对膨胀土临界振速进行折减,假定折减系数分别取 75% 和 50% 进行换填厚度的设计计算。按照公式 (9-16)、公式 (9-25)、公式 (9-26) 和公式 (9-27) 计算振动速度分布如图 9-31 所示。根据图 9-31 可得,采用有效振速法确定的基床厚度计算值见表 9-8。由表可得,不同的地质条件、不同的控制标准均会引起基床厚度产生显著差异。

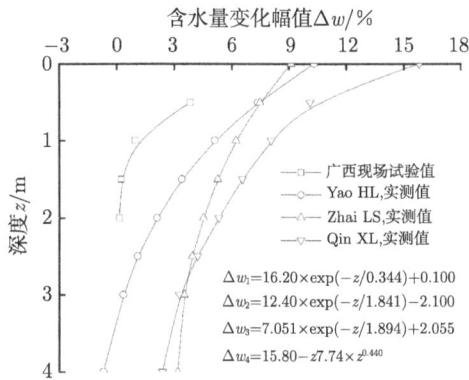

图 9-30 大气影响下膨胀土地基含水变化量随深度变化规律

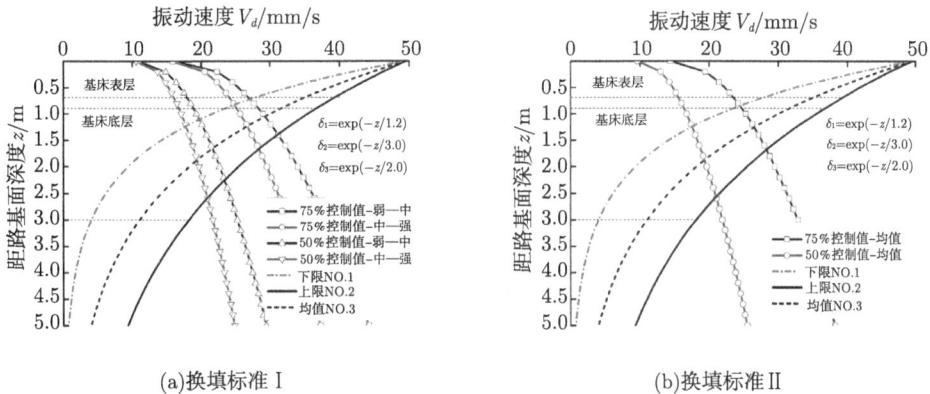

(a)换填标准 I   (b)换填标准 II

图 9-31 有效振动速度法计算结果

表 9-8 有效振速法确定的基床厚度计算值

评价标准界限深度	75%控制值			50%控制值		
	弱—中	中—强	均值	弱—中	中—强	均值
下限	0.75	0.85	0.86	1.10	1.25	1.27
上限	1.40	1.65	1.63	2.25	2.65	2.55
平均	1.05	1.25	1.25	1.45	1.85	1.85

3. 动剪应变法-Ⅲ

根据文献 [189] 研究表明，自由膨胀率较大的膨胀土具有较大的动剪切模量。参考公式 (9-29) 和公式 (9-30)，取弱—中膨胀土 $C_s=150\text{m/s}$，中—强膨胀土 $C_s=200\text{m/s}$ 进行计算。按照公式 (9-28) 和公式 (9-31) 计算的动剪应变分布如图 9-32 所示。由图可得，膨胀土的动剪应变量级约为 10^{-5}，高速铁路路基长期动力稳定性要求土体动剪应变应控制在 $10^{-6} \sim 10^{-4}$ 以下，本书计算结果与此结论是一致的。根据图 9-32 进一步分析可得，采用动剪应变法确定的基床厚度计算值见表 9-9。由于膨胀土的动剪应变缺乏具体的试验数据，此方法计算结果仅作为对比参考。在具备试验条件的情况下，对土体进行共振柱和动三轴试验，获取准确的动剪应变控制指标，动剪应变法可用于路基长期动力稳定性评价和结构设计。

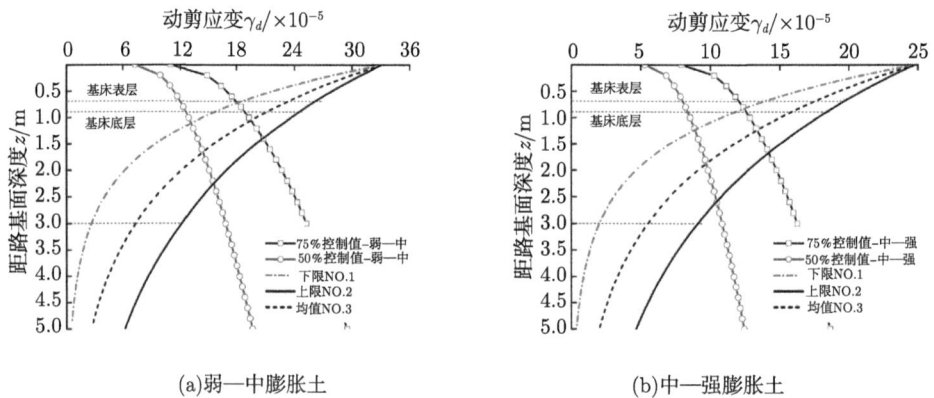

(a)弱—中膨胀土　　　　　　　　　(b)中—强膨胀土

图 9-32　动剪应变法计算结果

表 9-9　动剪应变法确定的基床厚度计算值

评价标准界限深度	75%控制值		50%控制值	
	弱—中	中—强	弱—中	中—强
下限	0.72	0.85	1.25	1.20
上限	1.45	1.65	2.30	2.60
平均	1.10	1.21	1.65	1.85

4. 基床底层合理换填厚度的讨论

在膨胀土及其路堑新型基床动力试验成果的基础上，分别采用临界动应力法、有效振速法和动剪应变法对云桂铁路有砟轨道膨胀土路堑新型基床动力稳定性和合理换填厚度进行了计算与分析，获得了基于动力稳定性要求的基床换填厚度界限值。综合考虑膨胀土的胀缩特性、膨胀土等级、规范要求和工程经验等情况，从工程安全和结构稳定的角度，对三种方法确定的基床换填厚度进行对比分析，给出了膨胀土路堑新型基床的合理换填厚度建议值，见表 9-10。由表可得，膨胀土膨胀等级越高，基床需要的换填厚度越大。为考虑基床结构的安全储备和其他不确定性因素的影响，可在基床换填厚度建议值的基础上再乘以安全系数 K，K 可取 $1.1 \sim 1.3$。

根据云桂高速铁路膨胀土路堑新型基床结构设计资料可知，各典型设计断面基床换填厚度具体如下：新型基床设计断面 1，基床换填厚度 0.5m，地基为弱—中膨胀土；新型基床设计断面 2，基床换填厚度 1.2m，地基为中—强膨胀土；新型基床设计断面 3，基床换填厚度 1.6m，地基为中—强膨胀土。结合表 9-10 对比可得，云桂铁路新型基床结构设计换填厚度能满足长期动力稳定性要求。同时，在工程实际应用过程中，由于膨胀土工程特性本身的复杂性，应结合具体情况进行具体分析，具体建议如下：①在各类膨胀土地基条件下，基床换填厚度应结合膨胀土的胀缩等级，等级越高，换填厚度取上限值，等级越低，换填厚度取下限值；②若膨胀土的胀缩等级较低，可考虑减小换填厚度或采取膨胀土改良等措施，若膨胀土的胀缩等级较高，通过增加换填厚度不能解决问题或成本巨大，则应考虑采取复合地基或其他加固技术措施；③在对基床换填厚度设计前，应对膨胀土的工程特性、动力稳定性参数、工程地质条件等进行详细的调研、试验和分析；④对于不确定的因素或风险，可考虑增加基床安全储备，即在换填厚度建议值基础上再乘以安全系数。

表 9-10　膨胀土路堑新型基床结构换填厚度设计建议值

地基土类型	基床表层 厚度 h_1/m	SAWI 层 厚度 h_2/m	换填厚度 h_c/m	基床总厚 H/m	设计控制 因素
弱—中膨胀土	0.7	0.2	$0.5 \leqslant h_c \leqslant 1.4$	$1.4 \leqslant H \leqslant 2.3$	长期稳定
中膨胀土	0.7	0.2	$0.8 \leqslant h_c \leqslant 1.6$	$1.7 \leqslant H \leqslant 2.5$	长期稳定
中—强膨胀土	0.7	0.2	$1.0 \leqslant h_c \leqslant 1.8$	$1.9 \leqslant H \leqslant 2.7$	长期稳定

9.5　膨胀土路堑基床长期动力稳定性评价方法及应用

铁路路基的长期动力稳定性是指在反复移动列车荷载作用下，路基累积变形(工后沉降)能够不断地趋于稳定且最终变形量不超过规范最大允许变形量的性质。路基累计变形由基床累积变形和地基累积变形两部分组成。铁路基床根据其受力特点和功能要求而由不同结构层组成，如道砟层、基床表层、基床底层等，在长期动力荷载作用下，不同结构层接触界面上往往存在颗粒迁移和侵蚀现象，这种颗粒迁移和侵蚀引起的变形是基床累积变形的重要组成部分，特别是当基床防排水措施设计不合理或防排水效果不理想时，受降雨入渗和动力荷载共同作用，不同结构层接触界面的侵蚀现象不断恶化，严重时线路会出现翻浆冒泥、道床下陷、道砟囊等基床病害。另外，道床和基床填料不仅要承受列车竖向振动荷载，还要承受列车靠近通过过程中应力主轴旋转的影响，在长期运营过程中，部分道床和基床填料会产生颗粒重分布、颗粒破碎以及颗粒间胶结结构破坏等，从而引起基床产生累积变形，但这部分累积变形可以通过选用合格的填料质量和严格执行压实标准而得到有效控制，在基床累计变形中所占的比例较小。对于膨胀土路堑基床而言，基床表层采用级配碎石填筑，通过严格控制级配碎石料粒径分布、颗粒强度和填筑工艺等，使基床表层不仅具有良好的水稳性和抗疲劳性，而且基床表层和道砟层接触界面上的颗粒侵蚀问题也得到了解决。此外，由于在基床表层底面全断面铺设了改性水泥基防水结构层，不仅解决了降雨入渗问题，还在基床表层和换填层 (或基床底层) 之间形成了隔断层，彻底解决了基床表层和换填层接触界面上的颗粒迁移和侵蚀问题。因此，新型膨胀土路堑基床的长期动力问题就转化为膨胀土地基的动力稳定性问题。

目前用于高速铁路路基动力稳定性评价的三种评价方法仍有待进一步完善，本章以云桂铁路膨胀土路堑基床建设工程为背景，针对临界动应力法和振动速度法这两种铁路路基长期动力稳定性评价方法存在的问题展开探索和研究，提出修正临界动应力法和修正临界振动速度法评判准则，并分别利用这两种修正动力稳定性评判准则对云桂铁路膨胀土路堑基床长期动力稳定性进行评价。

9.5.1　修正临界动应力法评价膨胀土路堑基床动力稳定性

采用临界动应力法进行铁路路基长期动力稳定性评价时，需要确定地基土 (岩) 的临界动应力 σ_{crs} 和列车荷载引起的地基面动应力 σ_{df}。其中，地基土临界动应力可通过动三轴试验获得，但列车荷载引起的地基面动应力 σ_{df} 确定方法可分为理论计算法、数值分析法和实测法三种，不同方法确定的地基面动应力 σ_{df} 大小存在差异，而 σ_{df} 取值准确与否对路基长期动力稳定性评价结果具有重要影响。

我国《规范》指出列车荷载激发的动应力沿路基深度的分布采用 Boussinesq 理论计算，Boussinesq 理论是基于地基土为各向同性半无限体的假定，利用弹性理论推导得来的，而事实上，大量理论分析、数值动力耦合分析和现场实测结果都表明，路基中动应力大小和分布规律受列车速度、车辆类型、车辆编组、钢轨类型 (传统铁路或无缝线路)、轨道结构 (无砟轨道或有砟轨道)、基床结构、地基刚度以及其他随机因素等影响。特别是当路基由具有不同弹性模量的多个结构层组成时，结构层刚度差异会对动应力沿深度分布规律产生不可忽略的影响，以新型膨胀土路堑基床结构为例，在动应力影响深度范围内存在级配碎石基床表层、砂垫层、半刚性改性水泥基防水结构层、A/B 组填料换填层以及膨胀土地基 5 个路基结构层，各结构层的刚度差异较大，若直接利用 Boussinesq 理论确定膨胀土地基面动应力显然不合适，即使按照 Odermark 厚度当量假定将层状体系等效为厚度调整后的半无限空间再进行应力分布计算, 计算结果仍是基于各向同性弹性半无限空间假定, 无法真实反映具有各向异性非均质散体材料 (基床填料) 的动力反应特性。获得路基动应力分布规律最直接的方法就是实测法, 即通过在基床不同深度、结构层分界面位置埋设动土压力盒, 直接测定动力荷载作用下各监测点的动应力, 测试结果能够真实反映路基结构层刚度变化对动应力分布规律的影响。

云桂铁路膨胀土路堑基床结构与传统时速 200km 铁路路堑基床的最大区别是: 在基床表层和换填层之间设置了 5cm 厚的砂垫层和 20cm 厚的半刚性改性水泥基防水结构层。因此, 需开展新型膨胀土路堑基床结构现场动力激振试验, 研究新型基床结构中动应力的分布规律, 为云桂铁路膨胀土路堑基床长期动力稳定性分析和该基床结构在其他类似工程中的应用提供试验数据依据。

1. 修正临界动应力法评判准则

路基实测动应力受动土压力盒精度、埋设方法、埋设穴坑回填密实度等因素影响, 获得的动应力未必能够真实反映监测点基床的动应力大小, 但对于某一项具体工程, 在监测元器件埋设过程中试验人员和埋设方法通常是不变的, 即不利影响因素对同一路基断面上各监测点的综合影响可以看作是相近的, 所以实测动应力绝对值可能存在较大误差, 但同一路基断面上动应力衰减系数沿基床深度的变化规律可视为准确的。为此, 对实测动应力进行归一化处理, 定义基床不同深度位置实测动应力衰减系数为

$$\phi(s) = \sigma(s)/\sigma_0 \tag{9-40}$$

式中: $\phi(s)$ 为路基面下深度 s 位置的实测动应力衰减系数; σ_0 为实测路基面动应力 (kPa)。

对路基横断面竖直方向上各监测点实测动应力衰减系数分布曲线进行拟合, 获得实测动应力衰减系数变化曲线拟合方程:

$$\phi(s) = f(s) \tag{9-41}$$

由式 (9-41) 可求得路基面下任意深度 s 位置的动应力衰减系数, 当路基面设计动应力幅值 σ_d 一旦确定, 则可按照式 (9-42) 求得路基面下任意深度 s 位置的修正动应力 $\sigma(s)$:

$$\sigma(s) = \sigma_d \times \varphi(s) \tag{9-42}$$

路基面设计动应力幅值 σ_d 采用《高速铁路设计规范条文说明》中的推荐计算公式:

$$\sigma_d = 0.26 \times P \times (1 + \alpha v) \tag{9-43}$$

式中: v 为行车速度 (km/h); α 为经验参数, 对时速 200~250km 高速铁路, $\alpha=0.004$, 时速 300~350km 高速铁路, $\alpha=0.003$, 但客运专线冲击系数 φ 最大值为 1.9。

　　为保证基床的长期动力稳定性，则要求按照式 (9-42) 求得路基中修正后动应力 $\sigma(s)$ 小于等于地基土临界动应力 σ_{crs}，即

$$\sigma(s) \leqslant \sigma_{\mathrm{crs}} \tag{9-44}$$

　　综上所述，给出修正临界动应力法的定义如下：利用路基面设计动应力幅值 σ_{d} 乘以实测动应力衰减系数变化曲线拟合方程，获得修正动应力沿基床深度的分布规律，当地基面修正动应力小于地基土临界动应力时，则认为路基的长期动力稳定性能够得到保证。

　　修正临界动应力法的基本步骤可概括如下。

　　第一步，由现场激振试验测试结果确定动应力衰减系数沿基床深度 s 的变化曲线，并给出变化曲线的拟合方程 (式 (9-41))；

　　第二步，根据线路设计速度和列车轴重确定路基面设计动应力幅值 σ_{d}(式 (9-43)；

　　第三步，路基面设计动应力幅值 σ_{d} 乘以实测动应力衰减系数变化曲线拟合方程，获得修正动应力沿基床深度的分布规律 (式 (9-42))；

　　第四步，将基床厚度 z 代入式 (9-42)，计算换填底面或地基面的修正动应力 σ_{df}；

　　第五步，将换填底面或地基面动应力 σ_{df} 与地基土的临界动应力 σ_{crs} 进行比较，若 $\sigma_{\mathrm{df}} \leqslant \sigma_{\mathrm{crs}}$，则基床厚度能够满足长期动力稳定性要求。

2. 膨胀土修正临界动应力法动力稳定性评价参数

1) 膨胀土临界动应力

压实系数为 0.91 时，中—强和弱—中膨胀土的临界动应力为：

(1) 饱和膨胀土临界动应力 σ_{crs}。

中—强膨胀土临界动应力：$\sigma_{\mathrm{crs}}=27.8\mathrm{kPa}$。

弱—中膨胀土临界动应力：$\sigma_{\mathrm{crs}}=36.4\mathrm{kPa}$

(2) 自然含水率时膨胀土临界动应力 σ_{crn}。

弱—中膨胀土临界动应力：$\sigma_{\mathrm{crn}}=59.4\mathrm{kPa}$

2) 云桂铁路路基面设计动应力幅值 σ_{d}

根据分析，云桂时速 200km 客货共线铁路路基设计荷载可按时速 250km 客运专线考虑，则路基面设计动应力幅值 $\sigma_{\mathrm{d}}=98.8\mathrm{kPa}$。

3. 基于室内动力模型试验的稳定性评价

根据室内足尺动力模型试验，实测动应力衰减系数与深度关系曲线的拟合公式为

$$\phi(s) = 0.333 - 0.22\ln(s), \quad R^2 = 0.996 \tag{9-45}$$

按照修正动应力法评判步骤三，修正动应力沿基床深度的衰减方程为

$$\sigma(s) = 32.9 - 21.74 \ln(s) \tag{9-46}$$

由第 6 章可知，中—强、弱—中膨胀土路堑基床的最小换填厚度分别为 0.8m 和 0.6m，基床表层厚均为 0.7m，则换填底面距路基面的深度分别为 1.5m 和 1.3m，代入式 (9-45)，计算得换填底面修正动应力分别为 24.09 kPa 和 27.20kPa，都小于对应中—强、弱—中膨胀土的临界动应力 27.8kPa 和 36.4kPa，所以膨胀土路堑基床的长期动力稳定性能够得到保障，但安全储备较小。

4. 基于现场激振试验的稳定性评价

由第 7 章云桂铁路试验段现场激振试验结果可知，动应力衰减规律与基床结构型式有关：当防水层为柔性复合防排水板时，动应力衰减系数沿深度呈对数函数型衰减 ($\phi(s) = A - B \ln(s)$，A, B 为试验参数)，当防水层为新型改性水泥防水结构层时，动应力衰减系数沿深度呈指数函数型衰减 ($\phi(s) = C e^{(-Ds)}$，C, D 为试验参数)。

表 9-11 是基于现场激振试验结果的基床长期动力稳定性评价表。由表可知：干燥和浸水两种极端服役环境下，复合防排水板试验断面 (DK161+920) 换填底面修正动应力 σ_{df} 均大于饱和膨胀土临界动应力 σ_{crs}，但小于自然含水率时膨胀土的临界动应力 σ_{crn}，因此，在采用复合防排水板进行基床防水，基床厚度为 2.3m 时，必须确保地表水不会渗入地基，并通过设置盲沟控制地下水，保持地基土不会浸水饱和，否则基床的长期动力稳定性将难以得到保障。

表 9-11　基床长期动力稳定性评价参数表

试验段	断面里程	基床厚度 z/m	$\varphi(z)$		σ_{df}/kPa		σ_{crs}/kPa	σ_{crn}/kPa
			干燥	浸水	干燥	浸水		
弱—中	DK161+920	2.3	0.387	0.446	38.24	44.06	36.4	47.52
	DK161+840	1.4	0.117	0.10	11.56	9.88	36.4	47.52
中—强	DK205+480	2.5	0.237	0.224	23.42	22.13	27.8	—
	DK205+542	2.1	0.188	0.232	18.57	22.92	27.8	—

采用新型改性水泥基防水结构层时 (DK161+840, DK205+480, DK205+542)，在干燥和浸水两种极端服役环境下，换填底面修正动应力均小于饱和膨胀土临界动应力，基床的长期动力稳定性能够得到保障。说明采用新型改性水泥基防水结构层时，课题组针对地基土的膨胀等级而设计的膨胀土路堑基床换填厚度是合理可行的。

9.5.2　修正振动速度法评价膨胀土路堑基床动力稳定性

德国铁路路基规范 (DS 836) 草案指出，地基土为黏土和有机土时，振动速度法评判准则如下：

$$K_{\mathrm{d}} = v_{\mathrm{eff},z} < v_{\mathrm{crs}} \tag{9-47}$$

式中，K_{d} 为动力安全系数，取 $K_{\mathrm{d}} = 1.5$；$v_{\mathrm{eff},z}$ 为路基面下深度 z 位置的振动速度有效值；v_{crs} 为土的临界振动速度，按式 (9-48) 计算。

$$v_{\mathrm{crs}} = \varepsilon \times I_{\mathrm{c}}^{1.5} \tag{9-48}$$

式中：ε 为参考速度 (正常固结土取 40mm/s，欠固结土取 25mm/s)；I_{c} 为稠度指数，按式 (9-49) 计算。

$$I_{\mathrm{c}} = \frac{w_{\mathrm{L}} - w}{w_{\mathrm{L}} - w_{\mathrm{p}}} \tag{9-49}$$

式中：w_{L} 为土体液限；w_{p} 为土体塑限；w 为土体天然含水率。

将膨胀土按正常固结黏性土考虑，则由式 (9-48)、式 (9-49) 可得膨胀土的临界振动速度计算式为

$$v_{\mathrm{crs}} = 40 \times \left(\frac{w_{\mathrm{L}} - w}{w_{\mathrm{L}} - w_{\mathrm{p}}} \right)^{1.5} \tag{9-50}$$

式 (9-50) 中含有液限 w_{L}、塑限 w_{p} 和天然含水率 w 三个物理指标，其中液限、塑限以及由二者求出的塑性指数都是能够反映膨胀土本质特性的相对稳定的物理指标，国内外研究人员都发现，膨胀土液、塑限或塑性指数与膨胀土中蒙脱石含量具有良好的线性关系，而蒙脱石含量又是膨胀土胀缩特性的主要控制指标。因此，式 (9-50) 给出的膨胀土临界振动速度计算方法在一定程度上反映了膨胀土的工程特性，但由于膨胀土铁路路堑基床换填厚度有限，根据膨胀土的膨胀等级不同，路堑基床的换填厚度通常为 0.5~2.3m(不含基床表层厚度)，换填底面膨胀土的湿度仍然受气候环境影响而存在小幅干湿循环过程，干湿循环又会导致膨胀土的土颗粒结构、黏聚力等工程特性产生相应变化，所以，直接采用式 (9-50) 的计算结果易引起误判，应在式 (9-44) 的基础上引入干湿循环影响方程 θ，从而建立如下膨胀土临界振动速度计算公式：

$$v_{\mathrm{crs}} = 40 \times \left(\frac{w_{\mathrm{L}} - w}{w_{\mathrm{L}} - w_{\mathrm{p}}} \right)^{1.5} \theta\left(x_1, x_2, \cdots\right) \tag{9-51}$$

1. 膨胀土干湿循环效应研究现状

Allam 等指出干湿循环使土颗粒在成土过程中不断聚合并产生有效黏聚力，黏土的抗剪强度随干湿循环次数的增加而增加；Dexter 等和 Barzegar 等研究发现干湿循环会导致土体软化，Yoshida 等研究发现砂性土的土颗粒团聚体 (平均粒径大

于 0.25mm) 会随着干湿循环次数的增加而不断解体, 直至形成具有高度稳定状态的微聚合体 (平均粒径为 0.002~0.25mm)。Truman 等研究了土颗粒团聚体的稳定性与初始含水率、团聚体尺寸、降雨强度和持续时间之间的关系, Soulides 等和 Tisdall 等发现干湿循环会减小土体中水稳性团聚体的比例, 但 Hofman 发现风干土样在湿化过程中, 土粒团聚体的稳定性是增强的。

G. Rajaram 等进行了不同干湿循环幅度 (含水率增量) 对有机黏土物理力学性质的影响试验, 试验结果表明有机黏土经增湿–干燥单次循环后, 黏聚力、土颗粒团聚体尺寸和贯入阻力均随干湿循环幅度的增加而增大。Dif 等发现重塑膨胀土试样在干湿循环过程中具有疲劳特性, 即随着循环次数增加试样的胀缩性减弱, Basma 等和 Al-Homoud 等在各自的研究中也得到了同样的结果, 这些学者们认为干湿循环过程中土颗粒产生复杂的聚合和重新排列, 破坏了黏土的初始内部结构, 从而导致土体胀缩特性衰减。与此相反, Osipov 等、Day 等和 Basma 等却发现黏土的胀缩特性随干湿循环次数的增加而增强。Al-Homoud 等在总结分析黏土干湿循环试验已有成果时, 发现干湿循环幅度会影响黏土的膨胀势随干湿循环次数的变化规律: 若以土样初始含水率为干湿循环过程中的下限含水率时, 土体的膨胀势会随着干湿循环次数的增加而不断衰减并最终达到稳定状态; 若以缩限或接近缩限 (即风干土样含水率低于初始含水率) 为下限值时, 土体的膨胀势随着循环次数的增加而增大并趋于稳定。Bensallam 等研究了干湿循环过程中膨胀土胀缩变形特性与竖向荷载之间的关系, 研究发现, 存在一临界竖向荷载 P_{cr}, 当竖向荷载小于该临界荷载时, 膨胀土的极限胀、缩率会随着干湿循环次数的增加而不断衰减, 直至达到稳定状态; 当竖向荷载不小于临界荷载时, 膨胀土的极限胀、缩率基本上不受干湿循环次数的影响。

膨胀土随气候变化而产生的反复不可逆胀缩变形会引起其强度衰减、不均匀变形等, 并最终导致建筑物开裂变形、边坡垮塌等灾害。国内研究人员从不同角度研究了干湿循环对膨胀土工程特性的影响, 廖济川对经过单次干湿循环的六安沛化滑坡体土样进行剪切试验, 试验结果表明土样黏聚力和摩擦角减少近 50%。刘玉松等对击实重塑膨胀土试样进行干湿循环试验, 结果表明, 干湿循环会导致击实膨胀土的强度大幅度减小, 经过三次干湿循环后, 膨胀土的胀缩特性基本趋于稳定。刘特洪在对棕黄色膨胀土进行反复胀缩试验时发现, 经过 2 次胀缩循环后膨胀土强度降低 17%~22%, 之后胀缩变形过程对强度的影响迅速减弱。

杨果林等开展了不同气候环境下的膨胀土路堤模型试验, 得到了温度和土压力在膨胀土路堤中的分布规律。韩华强对经过不同干湿循环次数后的膨胀进行三轴试验, 并根据试验结果给出了膨胀土黏聚力与干湿循环次数之间的拟合关系式。张家俊利用 Photoshop 软件将裂隙 CT 扫描光栅图像矢量化, 再利用 AutoCAD 软件对矢量化图像进行处理, 实现裂隙量化计算。马佳等研制了一套能够精确控制湿度的模型试验装置,对膨胀土中裂隙随含水率变化的演化过程进行了研究,并将裂隙的演化过程划分为三个阶段:早期新裂隙产生阶段、中期裂隙传播和扩展阶段、后期次生裂隙产生和主裂隙宽度增加阶段。刘龙武研究发现,可以用标准贯入试验快速确定膨胀土的气候干湿循环显著影响区深度:N_{10} 平均值沿深度变化曲线的低值平缓段突变点或 N_{10} 变异系数 "U 形谷" 右侧突变点作为干湿循环显著影响区深度。刘欣通过试验发现,干湿循环作用使云南红土颗粒间胶结作用减弱,同时产生胀缩裂纹,导致土体抗剪强度明显降低。孟凡东对淠史杭灌区的膨胀土进行了干湿循环效应试验,结果表明,干湿循环对膨胀土力学性质影响显著,如其抗剪强度和无侧限强度显著降低,但对膨胀土的物理性质影响不明显。王叶娇对经过不同干湿循环次数后的弱膨胀土进行三轴压缩试验,试验结果表明,经过 5 次干湿循环后膨胀土的黏聚力减小 47%,但内摩擦角基本保持不变。吕海波等进行不同干湿循环幅度组合下膨胀土的累积损伤试验研究,试验结果表明膨胀土的累积损伤主要受大幅度的干湿循环影响,并指出 Palmgren-Miner 线性疲劳损伤准则基本能够反映干湿循环作用下膨胀土累积损伤过程。唐朝生和施斌进行了干湿循环过程中不同干缩路径对膨胀土变形特性影响的试验研究,研究发现,膨胀土的胀缩变形和持水特性在高吸力范围 (113~262 MPa) 内是可逆的,在低吸力范围 (0.4~113MPa) 内则是不可逆的,孙德安等也在试验中发现了这一规律。郑澄峰等在干湿循环对膨胀土黏聚力影响试验的基础上,结合沈珠江院士提出的饱和土双硬化模型,建立了能够反映干湿循环效应的非饱和膨胀土应力应变关系数值模型。张家骏等研究了干湿循环作用下南阳中膨胀土的裂隙演化规律,分析结果表明,干湿循环过程中决定膨胀土裂隙张开程度的关键因素不是含水率,而是含水率梯度。李雄威等利用自制的太阳辐射模拟装置,对膨胀土中水分迁移机理进行了试验研究,研究发现,膨胀土的温度升高能够加快水分迁移,而水分迁移又会引起土体温度重新分布,二者具有较强的耦合性。陈亮和卢亮研究发现,膨胀土在前 3 次干湿循环作用下,主要产生轴向裂缝,干湿循环 3 次以后土体中的径向裂纹才开始迅速发展。

综上所述,地基膨胀土长期湿度波动 (即干湿循环) 对其强度、颗粒组成和尺寸、裂隙发育等具有重要影响,在膨胀土路堑基床长期动力稳定性评价中必须加以重视,但试图建立能够反映干湿循环对膨胀土所有工程特性影响的数学表达式是不现实的,因此,应在分析土中机械波传播特点的基础上,选择代表性指标,再定量研究干湿循环对代表性指标的影响。

由于土颗粒间的相互作用力,当某个土颗粒在外力作用下发生振动时会带动相邻颗粒也发生振动,土颗粒的振动过程能否保持稳定取决于其受到的强迫振动力和粒间相互作用力 (回复力) 之间的关系,当强迫振动力大于回复力时,土颗粒结构或粒间胶结作用将遭到破坏,土颗粒将产生变形或位置调整,从而导致土体产生相应的塑性变形。土颗粒间的相互作用力主要以黏聚力和摩擦力为主,宏观上可用土的抗剪强度表示, 因此, 抗剪强度的变化幅度反映着土体抵抗振动作用能力的变化程度, 后文将以抗剪强度指标为代表, 定量研究干湿循环过程中干湿循环幅度和竖向荷载两个因素对抗剪强度的影响。

为满足云桂铁路建设需求, 结合云桂铁路铁路路堑基床换填底面膨胀土的服役环境, 以干湿循环幅度和竖向荷载两个指标为代表, 对现有广西地区中—强膨胀土的干湿循环试验成果进行调研分析, 并在调研成果的基础上确定临界振动速度干湿循环影响因子的表达式。

1) 膨胀土强度随干湿循环幅度的变化规律

曾召田 [190] 进行了不同干湿循环幅度和循环次数下广西南宁强膨胀土的抗剪强度变化规律。为了避免试样含水率不同对试样结果的影响, 所有试样的初始含水率和经过不同干湿循环次数后进行剪切试验时的含水率都控制为 22.5%。干湿循环过程中试样含水率围绕 22.5% 上下等幅波动, 如干湿循环幅度为 5% 的试样含水率变化范围为 20%~25%。

定义抗剪强度衰减系数为

$$\eta_i^{\Delta w} = \tau_i^{\Delta w}/\tau_0^{\Delta w} \tag{9-52}$$

式中: Δw 为干湿循环幅度, Δw=5%, 10%, 15%, 20%, 25%; $\tau_0^{\Delta w}$ 表示干湿循环幅度为 Δw 且经过 i 次干湿循环时膨胀土的抗剪强度 (kPa); $\tau_i^{\Delta w}$ 表示干湿循环幅度为 Δw 且经过 i 次干湿循环后膨胀土的抗剪强度 (kPa); $\eta_i^{\Delta w}$ 为干湿循环幅度为 Δw 且经过 i 次干湿循环后膨胀土的抗剪强度衰减系数; i 为干湿循环次数, i=1, 2, 3, 4, 5。

按照式 (9-52) 对文献 [190] 中经过干湿循环后膨胀土试样的直剪试验结果进行整理 (图 9-33), 由图可知: 同一干湿循环幅度下, 南宁强膨胀土抗剪强度衰减系数随干湿循环次数的增加而不断减小, 但经过 4 次干湿循环后趋于稳定; 同一干湿循环幅度和干湿循环次数下, 膨胀土抗剪强度衰减系数随竖向荷载增加而增大, 增加竖向荷载能够有效地减小抗剪强度衰减幅度。

若将干湿循环 6 次后的膨胀土抗剪强度衰减系数 $\eta_6^{\Delta w}$ 作为某 Δw 对应的干湿循环稳定阶段抗剪强度衰减系数代表值 $\eta_{st}^{\Delta w}$, 即

$$\eta_{st}^{\Delta w} = \eta_6^{\Delta w} \tag{9-53}$$

则干湿循环稳定阶段的抗剪强度衰减系数 η_{st} 与竖向荷载 P 之间的关系如图 9-34 所示。由图 9-34 可知: 当竖向荷载 P 从 100kPa 增加到 200kPa 时, 不同干湿循环幅度 Δw 对应的 η_{st} 都有较大幅度的提高; 当 $P \geqslant 200$kPa 后, η_{st} 的提高幅度显著下降, 即进一步增加竖向荷载对提高膨胀土干湿循环稳定阶段抗剪强度的效果不明显, 因此, 可以将 $P = 200$kPa 视为临界竖向荷载 P_{cr}。在工程建设和设计中, 当

建筑物作用在膨胀土地基上的荷载大于 200kPa 时，不再考虑超过 200kPa 部分对膨胀土抗剪强度提高的影响。

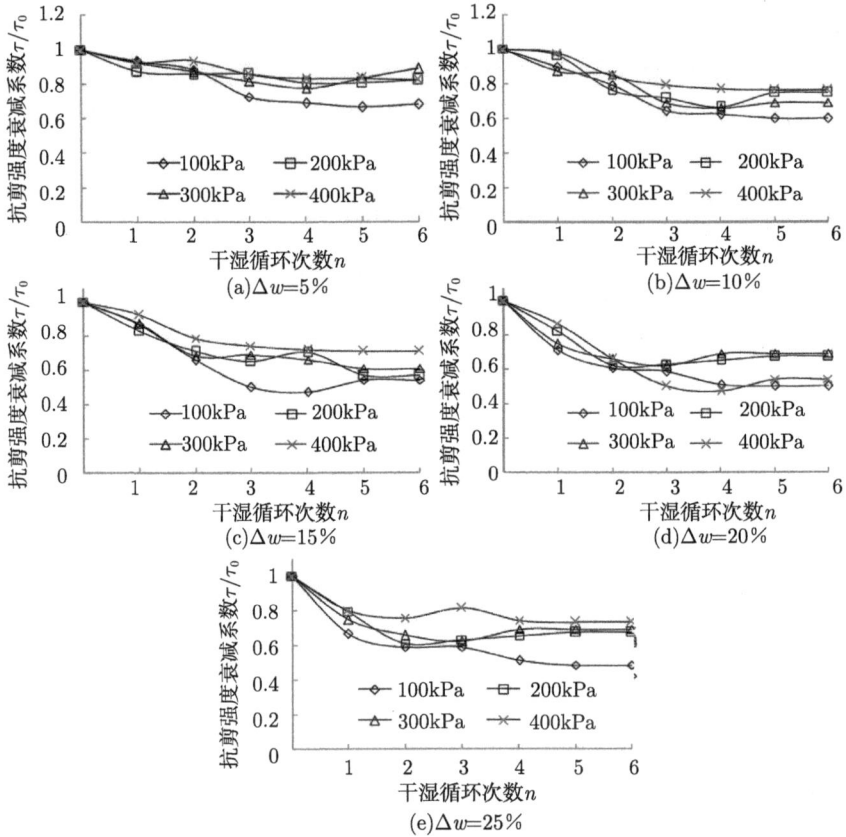

图 9-33　不同干湿循环幅度 Δw 时抗剪强度衰减情况 (控制含水率为 22.5%)

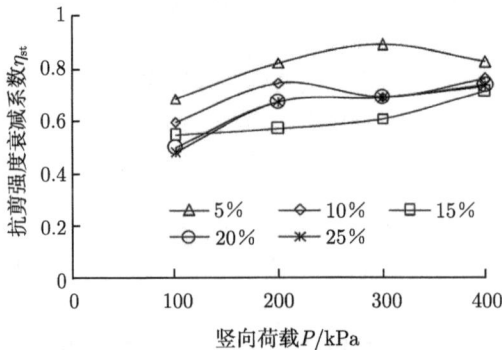

图 9-34　η_{st}-P 关系曲线

　　不同竖向荷载作用下, 干湿循环稳定阶段的抗剪强度衰减系数 η_{st} 与干湿循环幅度 Δw 之间的关系如图 9-35 所示。由图 9-35 可知: ① 干湿循环稳定阶段抗剪强度衰减系数 η_{st} 随着干湿循环幅度 Δw 的增大而减小; ② 随着竖向荷载的增大, Δw 对 η_{st} 的影响逐渐减弱; ③ 当竖向荷载 $P \geqslant 200\text{kPa}$ 且 $\Delta w \geqslant 15\%$ 时, 各竖向荷载对应的 η_{st} 趋于稳定, 基本不再随 Δw 的继续增大而变化; ④ 当竖向荷载 $P = 100\text{kPa}$ 时, 使 η_{st} 趋于稳定的干湿循环幅度 Δw 显著增加, 从曲线的变化趋势来看, 可以将 $\Delta w = 25\%$ 视为该级荷载下干湿循环幅度 Δw 的临界值 Δw_{cr}, 即 $\Delta w > \Delta w_{cr} = 25\%$ 时, 干湿循环稳定阶段抗剪强度衰减系数 η_{st} 保持不变。由此可推测, 不同竖向荷载作用下, 存在相应的临界干湿循环幅度 Δw_{cr}, 使 $\Delta w > \Delta w_{cr}$ 时干湿循环稳定阶段的抗剪强度衰减系数 η_{st} 不再随干湿循环幅度 Δw 的进一步增大而变化。文献 [190] 中南宁强膨胀的不同竖向荷载 P 作用下的临界干湿循环幅度 Δw_{cr} 如下:

$$\Delta w_{cr} = \begin{cases} 15\%, & P \geqslant 200\text{kPa} \\ 25\%, & P = 100\text{kPa} \end{cases} \tag{9-54}$$

式 (9-54) 表明: 在工程建设中, 当膨胀土地基承受的建筑荷载不小于 200kPa 时, 只需要研究干湿循环幅度 $\Delta w \leqslant 15\%$ 的情况下, 不同干湿循环幅度对膨胀土抗剪强度衰减的影响; 当膨胀土地基承受的建筑荷载等于 100kPa 时, 则需要考虑最大干湿循环幅度为 25% 以下膨胀土抗剪强度的衰减; 文献没有进行 $100\text{kPa} < P < 200\text{kPa}$ 区间的干湿循环试验, 所以建议当 $100\text{kPa} < P < 200\text{kPa}$ 时, 采用线性插入法计算竖向荷载 P 对应的临界干湿循环幅度 Δw_{cr} 参考值。

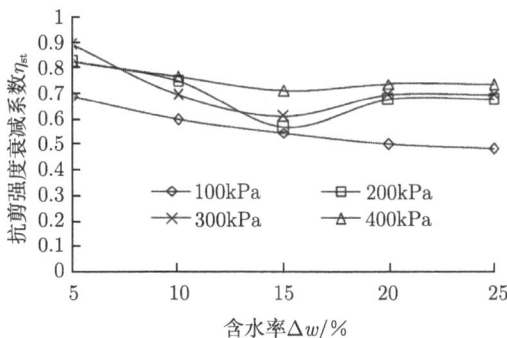

图 9-35　η_{st}-Δw 关系曲线

　　实践工程中, 公 (铁) 路路基底面膨胀土、边坡支挡结构下膨胀土承受的上覆荷载压力通常不超过 100kPa, 为此, 对图 9-35 中竖向荷载为 100kPa 的 η_{st}-Δw 关系曲线进行拟合, 给出干湿循环稳定阶段膨胀土抗剪强度衰减系数 η_{st} 与干湿循环

幅度 Δw 之间的拟合方程:

$$\eta_{\text{st}}^{\Delta w} = -0.12 \ln(\Delta w) + 0.89, \quad 0.4\% < \Delta w \leqslant 25\% \tag{9-55}$$

式 (9-55) 中干湿循环幅度 $\Delta w=0.4\%$ 是根据 $\eta_{\text{st}}=1$ 计算出来的, 膨胀土含水率以不大于 0.4% 的幅度进行波动时, 干湿循环对膨胀土强度衰减的影响尚有待进一步深入研究。

2) 干湿循环过程中膨胀土强度随竖向荷载的变化规律

随着膨胀土地区公 (铁) 路建设的发展, 开展 100kPa 以下竖向荷载对膨胀土干湿循环胀缩特性影响的研究是符合实际需求的。李雄威研究了竖向荷载和干湿循环对广西南宁强膨胀土抗剪强度的影响, 其中干湿循环过程是, 将控制含水率 w 作为最小含水率, 使试样在控制含水率 w 和完全饱和时的含水率 ($w_{\text{sr}}=43\%$) 之间进行干湿循环, 与曾召田的干湿循环过程不同, 干湿循环过程中试样含水率没有围绕控制含水率波动, 这两种不同的干湿循环方案对干湿循环稳定阶段膨胀土抗剪强度值的影响有什么区别尚不清楚。李雄威的干湿循环抗剪试验结果见图 9-38, 剪切试验时的含水率都为各组干湿循环试验对应的控制含水率 w。由于试验过程中的最大干湿循环次数为 3 次, 不同竖向荷载作用下抗剪强度随干湿循环次数变化曲线没有出现明显的趋稳现象, 但由图 9-36 可知, 膨胀土试样抗剪强度在经过 3 次干湿循环后的衰减幅度迅速下降 [109], 所以 τ_3^w (符号同式 (9-52)) 在一定程度上反映了干湿循环稳定阶段抗剪强度的大小 (即抗剪强度不再随干湿循环次数变化)。由图 9-36 可知: 当 $\sigma \leqslant 100\text{kPa}$ 时, 竖向荷载 P 与干湿循环稳定阶段抗剪强度代表值 τ_3^w 之间具有良好的线性关系; 膨胀土干湿循环稳定阶段的抗剪强度还与剪切试验时的含水率有关, 含水率越高抗剪强度越小。

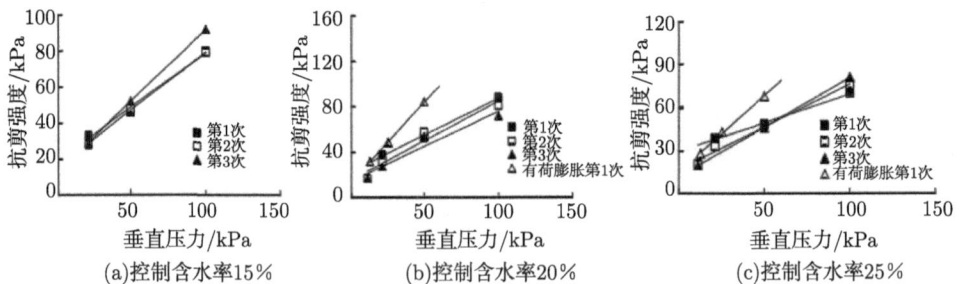

图 9-36　不同干湿循环下膨胀土抗剪强度与竖向压力关系

杨和平等进行了三级荷载 (25kPa, 50kPa 和 100kPa) 作用下膨胀土的干湿循环试验, 试验中采用固定光照时间来控制试样的干湿状态, 具体过程为将试样安装在直剪仪内后, 打开浴霸对试样持续照射 96h, 期间试样表面温度稳定在 50℃左右，然后关闭浴霸，试样静置 24h；再向直剪盒内注水，试样浸水 24h，至此完成一次干湿循环过程。直剪试验在试样浸水 24h 结束后进行，平均含水率约为 30%。不同干湿循环次数后膨胀土抗剪强度试验结果见表 9-12。

表 9-12　不同荷载、干湿循环次数下宁明中—强膨胀土抗剪强度

竖向荷载 /kPa	循环次数 n				备注
	1	2	3	4	
25	64.41	48.39	37.33	35.09	塑性指数 27.7%，自由膨胀率 68%，
50	76.28	61.47	55.18	57.1	蒙脱石含量 20.1%
100	93.23	84.9	79.2	78.47	试样干密度 ρ_d=1.5g/cm^3

根据表 9-12 对有荷条件下膨胀土干湿循环抗剪强度变化规律进行分析：

(1) 抗剪强度随干湿循环的变化规律。

为对比分析不同荷载作用下膨胀土抗剪强度随干湿循环次数的衰减规律，定义抗剪强度衰减系数为

$$\eta_i^\sigma = \tau_i^\sigma / \tau_0^\sigma \tag{9-56}$$

式中：τ_i^σ 表示竖向荷载为 σ 且经过 i 次干湿循环后膨胀土的抗剪强度 (kPa)；η_0^σ 表示在竖向荷载为 σ 作用下，没有经过干湿循环过程的膨胀土抗剪强度 (kPa)；η_i^σ 表示竖向荷载为 σ 且经过 i 次干湿循环后膨胀土的抗剪强度衰减系数；σ 表示竖向荷载，σ=25kPa, 50kPa 或 100kPa；i 表示干湿循环次数，i=1, 2, 3, 4。

文献 [191] 没有测定 τ_0^σ，这里近似按 $\tau_0^\sigma \approx \tau_1^\sigma$ 考虑，故表 9-12 中试验数据代入式 (9-56)，计算结果见图 9-37，经分析可知：竖向荷载一定时，抗剪强度衰减系数随干湿循环次数的增加而减小，但干湿循环 3 次后抗剪强度衰减系数趋于稳定；循环次数一定时，竖向荷载越大抗剪强度衰减系数越大，所以，增加竖向荷载能够减小干湿循环对土体抗剪强度的影响。

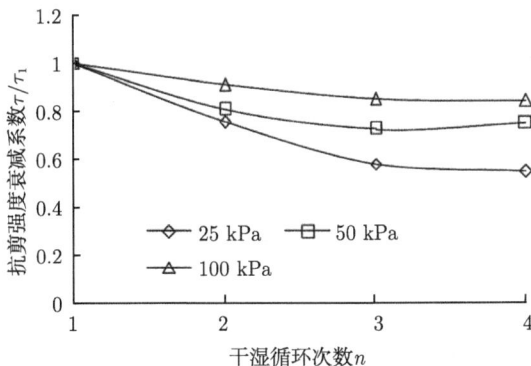

图 9-37　抗剪强度衰减系数随干湿循环次数的变化关系

(2) 竖向荷载对干湿循环抗剪强度影响的定量分析。

由图 9-37 可知，虽然干湿循环会导致膨胀土抗剪强度衰减 (干湿循环 3 次后趋于稳定)，但干湿循环过程中试样受到的竖向荷载越大，经过相同干湿循环次数后试样抗剪强度衰减幅度越小，因此，有必要研究竖向荷载变化对干湿循环稳定阶段抗剪强度的影响规律。对于有砟轨道铁路路堑基床，换填厚度的起始计算位置为基床表层底面，作用在膨胀土地基上的最小恒载为道床、轨枕、钢轨和基床表层自重的等效静荷载，约为 20kPa，与文献 [191] 中 P=25kPa 接近，为定量分析竖向荷载对干湿循环抗剪强度的影响，定义抗剪强度提高系数为

$$\beta_{\mathrm{st}}^{\sigma} = \tau_{\mathrm{st}}^{\sigma} / \tau_{\mathrm{st}}^{25\mathrm{kPa}} \tag{9-57}$$

式中：$\tau_{\mathrm{st}}^{25\mathrm{kPa}}$ 表示竖向荷载为初始值 (σ=25kPa) 时干湿循环稳定阶段膨胀土的抗剪强度 (kPa)；$\tau_{\mathrm{st}}^{\sigma}$ 表示竖向荷载为 σ 时干湿循环稳定阶段膨胀土的抗剪强度 (kPa)；$\beta_{\mathrm{st}}^{\sigma}$ 表示竖向荷载为 σ 时干湿循环稳定阶段膨胀土的抗剪强度提高系数；σ 表示竖向荷载，σ=25kPa, 50kPa 或 100kPa。

为定量分析 $\beta_{\mathrm{st}}^{\sigma}$ 随竖向荷载的变化规律，建立二者间的数学表达式，对竖向荷载进行归一化处理：

$$\sigma_z = \frac{\sigma}{\sigma_0} \tag{9-58}$$

式中：σ 为竖向荷载 (kPa)；σ_0 为单位荷载，σ_0=1kPa；σ_z 为竖向荷载经归一化处理后的无量纲数值。

将表 9-12 中干湿循环次数 n=4 组的数据视为抗剪强度衰减稳定阶段的代表值 $\tau_{\mathrm{st}}^{\sigma}$，代入式 (9-56)，同时用式 (9-57) 对竖向荷载进行归一化处理，最终绘制 $\beta_{\mathrm{st}}^{\sigma}$-$\sigma_z$ 关系曲线 (见图 9-38)，并给出关系曲线拟合方程：

$$\beta_{\mathrm{st}}^{\sigma} = 0.891 \times \ln(\sigma_z) - 1.867 \tag{9-59}$$

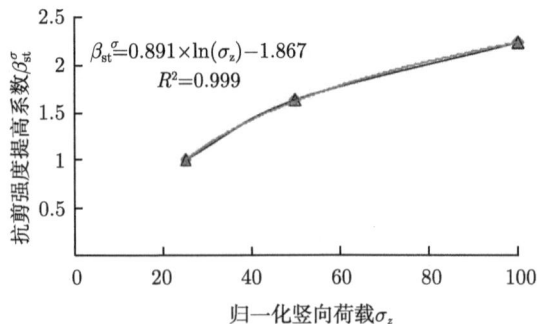

图 9-38　抗剪强度提高系数 β 与归一化竖向荷载 σ_z 关系曲线

2. 考虑干湿循环效应的膨胀土振动速度评判准则

膨胀土的强度衰减在经过 3~4 次干湿循环后基本趋于稳定，而干湿循环稳定阶段膨胀土的强度主要受含水率、干湿循环过程中土体最小含水率与初始含水率的关系、竖向荷载、膨胀土的膨胀等级等因素影响。

根据 Fityus 等研究结果可知：全封闭防水层在阻止雨水入渗的同时也阻断了地基土中水汽向大气蒸发的通道，深层膨胀土中的水汽逐渐向防水层底面表层膨胀土迁移和累积，随着监测时间的增长，表层膨胀土的含水率总体上不断增大并逐渐趋于稳定，这个过程可持续 3 年以上。受温度和大地湿度场随气候的周期性变化影响，表层膨胀土的含水率也呈现小幅周期性干湿循环，但干湿循环过程中膨胀土的最小含水率大于初始含水率，膨胀土的含水率增加量和干湿循环幅度随着深度增加而迅速减小。

云桂铁路膨胀土路堑基床结构中，在基床底层顶面全断面铺设了改性水泥基防水结构层，并与带翼板侧沟共同对基床形成全封闭防水措施，且膨胀土路堑基床的施工是在广西地区旱季进行，工程建设条件与 Fityus 等的试验条件类似，可以认为基床换填底面膨胀土的含水率变化规律应与 Fityus 等的试验结果类似，即在基床换填底面膨胀土达到湿度平衡状态后，膨胀土含水率在干湿循环过程中不会小于膨胀土的初始含量水率，因此，干湿循环过程中土体最小含水率与初始含水率关系对膨胀土强度和结构的影响不再考虑。此外，膨胀土的膨胀性越强，多次干湿循环后膨胀土的土体结构破坏越严重，强度衰减幅度越大，但目前关于弱、中膨胀土的干湿循环试验资料不多，本书将采用广西南宁地区强膨胀土的干湿循环影响研究资料建立干湿循环因子方程，对临界振动速度进行修正，修正结果对弱、中膨胀土而言偏于安全。

综上所述，本书在建立膨胀土临界振动速度的干湿循环因子方程时，不再引入膨胀等级、干湿循环次数等影响因素，而只引入土体含水率和竖向荷载两个影响因素。定义膨胀土临界振动速度的干湿循环因子方程为

$$\theta\left(\eta_{\mathrm{st}}^{w}, \beta_{\mathrm{st}}^{\sigma}\right) = f\left(\eta_{\mathrm{st}}^{w}\right) \times f\left(\beta_{\mathrm{st}}^{\sigma}\right) \tag{9-60}$$

将式 (9-55) 和式 (9-59) 代入式 (9-60)，整理后得

$$\theta\left(\eta_{\mathrm{st}}^{w}, \beta_{\mathrm{st}}^{\sigma}\right) = \left(-0.12 \ln\left(\Delta w\right) + 0.89\right) \times \left(0.891 \ln\left(\sigma_{z}\right) - 1.867\right) \tag{9-61}$$

将干湿循环因子方程式 (9-61) 代入式 (9-59)，可得考虑干湿循环效应的膨胀土临界振动速度计算公式：

$$v_{\mathrm{crs}} = 40 \times \left(\frac{w_{\mathrm{L}} - w}{w_{\mathrm{L}} - w_{\mathrm{p}}}\right)^{1.5} \times \left[-0.12 \ln\left(\Delta w\right) + 0.89\right] \times \left[0.891 \ln\left(\sigma_{z}\right) - 1.867\right] \tag{9-62}$$

式中：Δw 为干湿循环幅度，$0.4\% < \Delta w \leqslant 25\%$；$\sigma_z$ 为竖向荷载经归一化处理后的无量纲数值，$\sigma_z = \sigma/\sigma_0$，$\sigma$ 为竖向荷载 (kPa)，σ_0 为单位荷载，$\sigma_0 = 1\text{kPa}$；w_L 为土体液限 (%)，w_p 为土体塑限 (%)，w 为土体天然含水率 (%)。

经过前文分析，获得了考虑干湿循环效应的膨胀土临界振动速度计算公式，结合德国铁路路基规范 (DS 836) 草案和刘晓红博士的路基长期动力稳定性振动速度法评价思路，将修正振动速度法评价膨胀土路堑基床动力稳定性的基本步骤归纳如下。

第一步，按照下述方法综合确定路基面有效振动速度 v_{eff}：

(1) 现场测试列车通过时路基面的有效振动速度；

(2) Rehfeld 和 Gotschol 公布的不同轨道形式下路基面有效振动速度与列车速度之间的拟合公式，即

$$v_{\text{eff}} = K_1 e^{K_2 v} \tag{9-63}$$

式中：v 为列车速度 (km/h)；K_1，K_2 为拟合参数，按照表 9-13 取值。

表 9-13　K_1，K_2 为拟合参数

拟合参数	有砟轨道		无砟轨道
	有利轨道位置	不利轨道位置	
K_1	0.9	0.9	0.2
K_2	0.0075	0.009	0.011

(3) 根据德国铁路路基规范 (DS 836) 草案给出的路基面有效振动速度推荐值列表 (表 9-14)，结合线路实际情况合理选用。

表 9-14　路基面有效振动速度经验值

轨道形式	区间	地基情况	ICE 列车车速/(km/h)					其他车型车速/(km/h)			
			100	160	200	250	300	60	100	160	200
无砟轨道	均匀区段	好	4	6	8	10	12	3	5	8	10
		差	5	8	10	13	15	4	6	10	12
	扰动段	好	5	8	10	13	15	4	6	10	12
		差	7	11	14	18	21	5	8	13	16
有砟轨道	均匀区段	好	7	11	14	18	21	6	9	14	18
		差	9	14	18	23	27	7	11	18	22
	扰动段	好	11	17	22	28	33	8	14	22	28
		差	13	21	16	33	39	10	16	26	32

第二步，根据现场激振试验或数值分析结果，确定铺设改性水泥基防水结构层的基床中振动速度衰减系数 $\Gamma_v(s)$ 的变化规律及其拟合方程 $\Gamma_v(s=f(s))$，路基面有效振动速度乘以振动速度衰减系数拟合方程，获得有效振动速度沿基床深度方向的分布规律：

$$v_{\text{eff},s} = v_{\text{eff}} \times \Gamma_v(s) \tag{9-64}$$

第三步，按照式 (9-64) 计算膨胀土的临界振动速度：

(1) 根据膨胀土的常规室内实验确定液限 $w_{\text{L}}(\%)$、塑限 $w_{\text{p}}(\%)$、天然含水率 $w(\%)$；

(2) 根据基床厚度计算换填底面或膨胀土地基面上的竖向荷载 σ，并进行归一化处理；

(3) 根据基床换填厚度、膨胀土路堑基床所在地区的强烈影响深度等确定换填底面膨胀土的干湿循环幅度 $\Delta w(\%)$；

(4) 将 (1)~(3) 中的各参数分别代入式 (9-64)，计算考虑干湿循环效应的膨胀土临界有效振动速度 v_{crs}。

第四步，将换填底面或地基面动应力 $v_{\text{eff},s}$ 乘以 1.5 的动力安全系数后与地基土的临界动应力 v_{crs} 进行比较，若 $1.5 \times v_{\text{eff},s} \leqslant v_{\text{crs}}$，则基床厚度能够满足长期动力稳定性要求，反之则需要增加基床厚度直至 $1.5 \times v_{\text{eff},s} \leqslant v_{\text{crs}}$。

3. 膨胀土全封闭路堑基床动力稳定性评价

1) 确定路基面有效振动速度

课题组根据室内外动力激振设备性能和试验条件等，采用正弦式应力加载方式分别进行了室内足尺模型动力试验和试验段现场大型激振试验，获得了膨胀土路堑基床结构的振动特性，但高速列车激发的路基面振动速度与车速、列车类型、基床结构形式、铁路线型等多种因素有关，无论是室内还是现场激振试验，都无法准确模拟列车实际运行状态，因此，本书路基面有效振动速度将采用 Rehfeld 等的经验公式和德国铁路路基规范 (DS 836) 草案推荐值 (表 9-14) 进行综合确定。

(1) 按式 (9-64) 确定：列车速度按云桂铁路最高设计速度 250km/h 考虑，拟合参数 K_1, K_2 按照有砟轨道中不利轨道位置取值，$K_1=0.9$，$K_2=0.009$，则

$$v_{\text{eff},s} = v_{\text{eff}} \times \Gamma(s) = 0.9 \times e^{0.009 \times 250} = 8.54\text{mm/s} \tag{9-65}$$

(2) 按德国铁路路基规范 (DS 836) 草案推荐值 (表 9-14) 取值：按最不利组合考虑，$v_{\text{eff}} = 33\text{mm/s}$。

取 (1)、(2) 中的最大值作为膨胀土路堑基床路基面有效振动速度 $v_{\text{eff}} = 33\text{mm/s}$，进行长期动力稳定性分析。

2) 速度衰减系数沿路基深度方向分布规律

(1) 国外经验公式。

Rump 对不同轨道型式铁路路基速度衰减规律进行了大量实测，根据其研究结果可知，速度衰减系数与路基深度的经验公式为

$$\Gamma_v(s) = \mathrm{e}^{-\varepsilon z} \tag{9-66}$$

式中：ε 为经验系数，与轨道结构型式有关，对有砟轨道取 0.5，无砟轨道取 0.2。

(2) 室内动力模型试验实测规律。

在室内动力模型试验中，为了尽可能模拟基床结构的实际服役环境，路基模型按照设计图纸 1:1 进行填筑，并且铺设了道砟、轨枕以及钢轨等。基床模型填筑过程中，在轨道中线、钢轨正下方不同深度处平行布设两组速度计元器件，两组速度计位于同一根轨枕下的基床竖直剖面上。动力荷载通过激振器触动头施加在钢轨上，实测结果表明有砟轨道速度沿路基深度的衰减规律与测试位置有关。

(a) 轨道中线竖直剖面上，速度沿深度呈二次曲线型衰减，衰减曲线随着基床服役环境 (干燥、降雨或地下水上升) 略有变化，但整体趋势保持不变。以基床最不利服役环境地下水上升时为代表，速度衰减系数拟合方程为

$$\Gamma_v(s) = -0.339s^2 + 0.325s + 0.989 \tag{9-67}$$

(b) 钢轨正下方竖直剖面上，速度沿深度呈指数型衰减，同样以基床最不利服役环境地下水上升时为代表，速度衰减系数拟合方程为

$$\Gamma_v(s) = 0.982\mathrm{e}^{-0.23s} \tag{9-68}$$

根据室内模型试验时动力荷载作用特点，可将荷载正下方轨枕底面位置视为道床和路基振动的振源，钢轨正下方基床竖直剖面是动力响应最不利剖面，因此，在进行有砟轨道新型基床动力稳定性分析时应采用式 (9-68)。

(3) 现场激振试验实测规律。

现场激振试验实测速度沿深度呈二次曲线型衰减，与室内动力模型试验轨道中线竖直剖面上的速度衰减规律相似，以基床最不利服役环境长期浸水为代表，速度衰减系数拟合方程为

$$\Gamma_v(s) = -0.124s^2 + 0.1s + 0.991 \tag{9-69}$$

新型基床结构长期动力稳定性评价中速度衰减系数方程选用分析：

综合分析国内外速度衰减规律国外经验可知，速度衰减系数沿基床深度分布规律基本可分为二次曲线型和指数型两类，两类分布规律差异较大，在新型基床

结构长期动力稳定性评价时到底如何选用,将影响评价结果的准确性。式 (9-66)、式 (9-68)、式 (9-69) 代表的速度衰减系数分布规律见图 9-39。

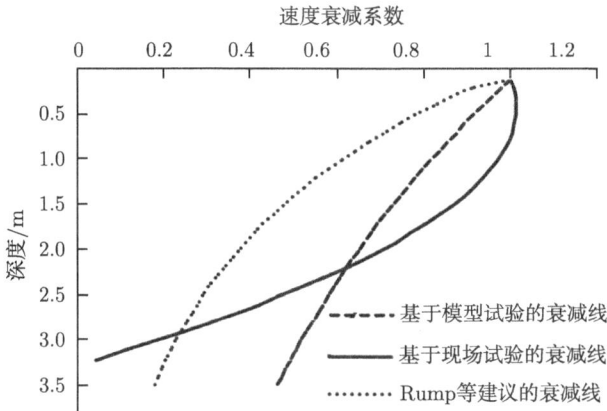

图 9-39 速度衰减系数对比分析图

Rump 等在进行路基振动速度测试时,虽然轨道结构形式有区别 (有砟轨道和无砟轨道),但路基结构形式相同且都为土质路基,而新型基床结构在基床表层底面铺设了半刚性改性水泥基防水结构层,基床结构形式与 Rump 等研究的土质路基不同,因此,不建议将式 (9-66) 用于新型基床结构动力稳定性评价。

室内动力模型试验和现场激振试验的实测速度衰减系数分布规律差别较大,前者为指数型分布,后者为二次曲线型分布。造成这种差别的主要原因是动力试验条件不同:室内模型试验中基床表面铺设了道砟、轨枕、钢轨,动力荷载以点荷载的方式施加在钢轨上;而现场试验段激振时,直接在基床表面上设置底面尺寸为 2.0m×1.9m 的混凝土配重块,再在其上安装激振设备。因此,在进行新型基床长期动力稳定性评价时,建议同时采用式 (9-68) 和式 (9-69) 进行计算分析,基床换填厚度取二者中的最大值。

根据前文分析,路基面最大有效振动速度取 $v_{\text{eff},s}=33\text{mm/s}$,则基床不同深度处的有效振动速度为

$$\begin{cases} v_{\text{eff},s} = 33 \times 0.982\text{e}^{-0.23s} \\ v_{\text{eff},s} = 33 \times \left(-0.124s^2 + 0.1s + 0.991\right) \end{cases} \quad (9\text{-}70)$$

3) 膨胀土临界振动速度确定

(1) 膨胀土的液、塑限及天然含水率 (表 9-15)。

(2) 膨胀土干湿循环幅度 $\Delta w(\%)$ 确定。

云桂铁路与南昆铁路在同一走廊带上,为此,膨胀土干湿循环幅度 $\Delta w(\%)$ 采

用中国中铁二院集团有限责任公司研究人员在广西田东县膨胀土试验点的长期观测成果，即

$$\Delta w = 15.80 - 7.74z^{0.44} \tag{9-71}$$

式中：z 为从改性水泥基防水结构层顶面起算的距离。

表 9-15   膨胀土物理参数

膨胀性	天然含水率/%	液限	塑限/%	备注
弱—中膨胀土	15.6	50.2	23	—
中—强膨胀土	22.5	60	25.8	—

(3) 膨胀土地基面受到的竖向恒载荷载 σ。

膨胀土地基面受到的竖向恒载荷载包括以下几部分：

(a) 道床、轨枕、钢轨等作用在基床表面上的等效静荷载约为 9kPa；

(b) 基床表层级配碎石、新型改性水泥基防水结构层重度以及换填填料平均重度按 19kN/m³ 计算，则膨胀土路堑基床自重应力为

$$\sigma_2 = (0.7 + z) \times 19 \tag{9-72}$$

式中：z 为从改性水泥基防水结构层顶面起算的距离。

则膨胀土地基面受到的竖向恒载荷载为

$$\sigma = \sigma_1 + \sigma_2 = 13.3 + 19z \tag{9-73}$$

将式 (9-71)、式 (9-73) 代入式 (9-61)，可得干湿循环因子表达式为

$$\theta = \left[-0.12\ln\left(15.80 - 7.74z^{0.44}\right) + 0.89\right] \times \left[0.891\ln\left(13.3 + 19z\right) - 1.867\right] \tag{9-74}$$

将膨胀土基本参数代入式 (9-62) 得膨胀土临界振动速度为

(a) 弱—中膨胀土： $v_{cr} = 57.4\theta$ \hfill (9-75)

(b) 中—强膨胀土： $v_{cr} = 45.9\theta$ \hfill (9-76)

4) 膨胀土路堑基床满足动力稳定性需要的最小换填厚度

为了确定新型基床保证长期动力稳定性需要的最小基床厚度，结合式 (9-75)、式 (9-76) 绘制不同膨胀性膨胀土临界振动速度随深度的变化曲线，将式 (9-70) 确定的有效振动速度乘以安全系数 $1.5(1.5 \times v_{eff,s})$，并绘制其随深度的衰减曲线，按照 $1.5 \times v_{eff,s} \leqslant v_{cr}$ 的要求确定基床厚度。

由图 9-40 可知，在路基面下 2.1m 范围内，基于现场激振试验确定的基床厚度相对较大，不同膨胀土地基对应的基床换填厚度详见表 9-16。

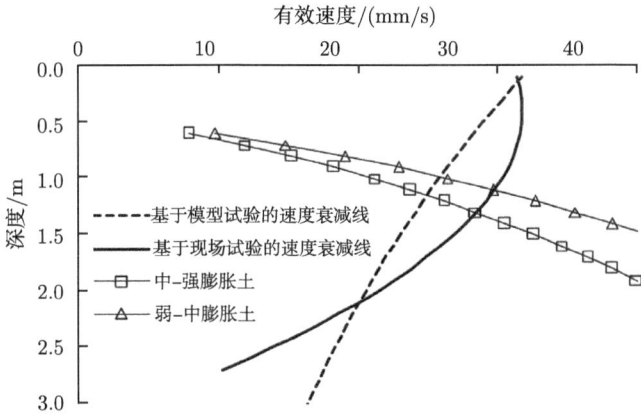

图 9-40 考虑干湿循环影响的膨胀土临界速度曲线

表 9-16 修正临界速度法确定的基床换填厚度

土类	基床表层厚度 h_s/m	防水结构层厚度 h_z/m	最小基床厚度 h/m	最小换填厚度 h_c/m $h_c = h - h_s - h_z$
弱—中膨胀土	0.6	0.2	1.2	0.4
中—强膨胀土	0.6	0.2	1.4	0.6

课题组结合膨胀土膨胀等级、基床强度和变形控制计算结果、室内足尺动力模型试验结果等给出的新型膨胀土路堑基床换填厚度建议: 弱—中、中—强膨胀土路堑基床的换填厚度 (不含 0.2m 防水结构层厚度) 分别为 0.5~1.1m, 1.1~1.6m。根据表 9-16 给出的修正有效振动速度法评价结果可知, 弱—中、中—强膨胀土路堑基床需要的换填厚度都小于课题组的建议换填厚度最小值, 说明课题组给出的换填厚度总体上是偏于安全的。为了保证膨胀土路堑基床的长期动力稳定性, 在具体工程设计施工时, 必须详细勘察工程所在位置膨胀土的膨胀等级和基本物理力学性质, 并在动力稳定性评价基础上合理选用基床换填厚度建议值。

9.6 本 章 小 结

针对云桂高速铁路膨胀土路基工程实际, 开展了膨胀土路基在频率范围为 0~23 Hz 的动态扫频试验, 通过对膨胀土路基各结构层内动力响应的监测, 探讨膨胀土路基系统的共振特性及荷载传递规律, 在此基础之上结合路基填料和土体动力稳定参数, 分别采用临界动应力法、有效振速法和动剪应变法对云桂高速铁路膨胀土路堑新型基床动力稳定性和合理换填厚度进行了计算与分析, 并给出了满足长期

动力稳定性要求的新型基床合理换填厚度设计建议值。主要研究结论如下:

(1) 通过现场动力试验分析表明,现场实测结果与模型试验结果相比,两者变化趋势基本一致;铺设 SAWI 层可加快基床内动应力、振动速度和加速度的衰减;路基振动响应特征受服役环境影响显著,主要表现为浅层作用,且浸水条件下会引起基床动响应增大。

(2) 基于现场试验结果,研究了不同激振频率条件下膨胀土路基系统的共振响应特征,并借助滤波和傅里叶变换处理方法对获得的振动响应傅里叶谱变化规律进行了分析。分析表明,振动速度和加速度幅值随振动频率增大而增大;激振频率越大,振动响应正弦波分布特征越明显,且引起的路基上部结构振动要强于下部结构;各结构层内的振动响应分布存在较大差异;随着激振频率的增加,傅里叶幅值第一次出现峰值对应的频率也在发生变化,其峰值特征也越显著。

(3) 对不同基床类型、不同膨胀土地基的轨道–路基–地基系统共振特性进行了研究,分析结果表明,振动响应受加载频率影响显著,频率越大振动响应幅值越大,各测试断面振动响应分布曲线差异显著;振动速度和加速度随深度的衰减变化符合指数函数型或双曲线函数型,且新型基床较传统基床动响应衰减要明显。

(4) 振动响应随激振频率增加的变化过程可分为四个发展阶段,平稳增长阶段、缓慢增长阶段、快速增长阶段和快速衰减阶段;各测试断面均存在一个典型频率,约 12 Hz,当加载频率超过该值时,振动速度处于快速增长阶段;传统基床路基系统的一阶固有频率范围介于 16~18 Hz;新型基床路基系统的一阶固有频率范围介于 18~23 Hz。

(5) 不同轨道型式、不同铁路类型下的路基动应力衰减系数随深度分布特征差异显著;路基面下 3.0m 以下,路基动应力衰减系数大小关系依次为高铁无砟轨道 > 重载有砟轨道 > 高铁有砟轨道;基于试验和理论分析结果,提出了高速铁路有砟轨道、无砟轨道和重载有砟轨道路基动应力衰减曲线统一预测模型;基于现有的研究成果对路基动力放大系数 ϕ_d 进行了进一步改进和完善,提出有砟/无砟轨道路基动力放大系数统一计算公式,通过对比验证表明,该方法简便实用,且更符合实际。

(6) 有砟轨道和无砟轨道振动速度和加速度衰减系数分布特征存在显著差异,但其衰减曲线均可采用指数函数来描述;采用临界状态法对振动速度和加速度衰减系数分布区间进行了划分,基于此提出了有砟/无砟轨道路基振动速度和加速度衰减曲线统一预测模型。

(7) 通过膨胀土动三轴试验,给出了不同试验条件、不同状态的重塑膨胀土样临界动应力稳定参数界限指标;对铁路路基填料和地基土动力稳定性参数研究成果进行了归纳和总结,并进行了进一步计算和分析,给出了不同类型路基填料和地基土临界动应力预测建议表达式。

(8) 基于本书建立的路基荷载传递预测模型和膨胀土动强度预测公式，采用临界动应力法、有效振速法和动剪应变法对膨胀土路堑新型基床的动力稳定性进行了计算分析，分析结果表明：云桂铁路新型基床结构设计换填厚度能满足长期动力稳定性要求，并且建议弱、中、强膨胀土地基对应的新型基床合理换填厚度下限依次为 0.5m, 0.8m, 1.0m，上限依次为 1.4m, 1.6m, 1.8m；为考虑基床结构的安全储备和其他不确定性因素的影响，可在基床换填厚度建议值的基础上再乘以安全系数 K，K 可取 1.1~1.3。

第10章 高速铁路膨胀土路基系统可靠度分析方法

工程结构的可靠性包括安全性、适用性和耐久性 3 项要求。结构可靠度是结构可靠性的概率度量，其定义是，结构在规定的时间内，在规定的条件下，完成预定功能的概率，称为结构可靠度。其 "规定的时间" 是指设计基准期 50 年，这个基准期只是在计算可靠度时，考虑各项基本变量与时间关系所用的基准时间，并非指建筑结构的寿命；"规定的条件" 是指正常设计、正常施工和正常的使用条件，不包括人为的过失影响；"预定的功能" 则是能承受在正常施工和正常使用时可能出现的各种作用的能力 (安全性)，在正常使用时具有良好的工作性能 (适用性)，在正常维护下具有足够的耐久性能 (耐久性)。

铁路路基动力学是一个较为复杂的问题，由于列车轮轨荷载的复杂性和不确定性，再加上路基土体参数的不确定性，所以路基动力响应难以准确计算。文献 [192] 和文献 [193] 研究表明，在德国低干扰不平顺谱下，路基动应力沿纵向具有一定的变异性，车速越高变异性越大；当车速为 350 km/h 时动应力的变异系数达到 0.13~0.14；不同的列车时速下路基内动应力均服从正态分布。由此说明，列车荷载作用下的路基动力响应存在较大的不确定性，这给铁路路基结构设计带来极大不便，甚至造成计算结果严重失真。同时，极限状态设计是国际上工程结构设计规范发展的趋势，也是我国未来铁路工程结构可靠性设计发展的必然。采用可靠度指标评价路基结构是否处于稳定性状态或满足规范要求成为一种新途径。因此，开展对铁路路基结构极限状态设计方法的研究具有重要价值。

本章基于工程结构可靠度理论，并结合岩土工程和铁路路基工程特点，开展高速铁路膨胀土路基可靠度分析方法研究。以前文提出的高速铁路膨胀土路基动应力衰减统一预测模型和路基动力学计算理论为基础，提出了基于动应力 (失效模式 I)、动变形 (失效模式 II) 和地基承载力 (失效模式 III) 控制的三种膨胀土路基稳定性失效模式，并建立与其相对应的极限状态方程，采用一次二阶矩法和蒙特卡罗法对随机变量服从不同分布类型条件下的膨胀土路基可靠度进行了对比分析；探讨了基于路基动应力弹性理论解和基于统计预测模型计算的路基可靠度，并验证了路基动应力预测模型的可行性和准确性；研究了考虑变量相关性和不考虑变量相关性对路基可靠度的敏感性；在此基础之上，运用结构系统可靠度理论，对高速铁路路基系统可靠度宽界和窄界进行了计算分析。研究成果可为高速铁路路基可靠度计算和铁路路基极限状态法设计提供理论基础和借鉴。

10.1 岩土工程可靠度基本理论

10.1.1 可靠度基本理论

1. 极限状态方程

工程结构是否可靠, 决定于结构所处的状态。我国《工程结构可靠性设计统一标准》(GB 50153—2008) 对结构极限状态的定义是, 当工程结构或结构的一部分超过某一特定状态就不能满足设计规定的某一功能要求时, 此特定状态为该功能的极限状态。当工程结构不能完成预定的功能时, 称处于失效状态。当结构处于可靠与不可靠的过渡状态时, 称为极限状态。工程结构的极限状态分为承载能力极限状态和正常使用极限状态。承载能力极限状态是结构达到极限承载力的状态, 相应于结构的安全性; 正常使用极限状态是指达到影响结构正常使用的状态, 关系到结构能否正常使用。

作用在工程结构上的荷载和结构的材料性能是不确定的, 在结构使用过程中的状态也是不确定的。在结构设计使用年限内, 根据结构是否能完成预定的功能可分为可靠状态和不可靠状态。如果结构能完成预定的功能, 则称结构处于可靠状态; 如果结构不能完成预定的功能, 则称结构处于不可靠状态或结构失效。若工程结构或结构构件的某一功能与 n 个基本随机变量 $X_1, X_2, \cdots, X_n$ 有关, 其功能函数为

$$Z = g_X (X_1, X_2, \cdots, X_n) \tag{10-1}$$

一般可将影响结构功能要求的因素 (变量) 归纳为两个综合变量, 即荷载 S 和抗力 R。则公式 (10-1) 可表示为

$$Z = g_X (R, S) = R - S \tag{10-2}$$

根据公式 (10-2) 可知, 随机变量 Z 可能出现三种情况:

(1) $Z > 0$, 结构满足预定功能要求, 即结构安全;

(2) $Z < 0$, 结构不能满足预定功能要求, 即结构失效;

(3) $Z = 0$, 结构处于极限状态。

在铁路路基结构极限状态设计时应满足 $Z \geqslant 0$ 的规定。同时, 根据铁路路基结构的功能要求, 在列车荷载作用下, 铁路路基结构强度应按承载能力极限状态极限设计, 结构变形应按正常使用极限状态极限设计。

2. 失效概率和可靠度指标

若结构在规定的时间内和规定的条件下, 完成预定功能的概率称为结构可靠

度。设 S 和 R 为两个相互独立的随机变量，概率密度函数分别为 $f_S(s)$ 和 $f_R(r)$，则 S 和 R 的联合概率密度函数为 $f_S(s)f_R(r)$。根据公式 (10-2)，则有

若 $Z > 0$，则结构可靠概率为

$$p_s = P(Z > 0) = \iint_{Z>0} f_S(s) f_R(r) \, \mathrm{d}s\mathrm{d}r \tag{10-3}$$

若 $Z < 0$，则结构失效概率为

$$p_f = P(Z < 0) = \iint_{Z<0} f_S(s) f_R(r) \, \mathrm{d}s\mathrm{d}r \tag{10-4}$$

如果结构含有 n 个独立的随机变量 $X_1, X_2, \cdots, X_n$，概率密度函数分别为 $f_{X_1}(x_1), f_{X_2}(x_2), \cdots, f_{Xn}(x_n)$，结构功能函数为公式 (10-4)，则结构失效概率为

$$p_f = P(Z < 0) = \iint_{Z<0} \cdots \int f_{X_1}(x_1) f_{X_2}(x_2) \cdots f_{Xn}(x_n) \, \mathrm{d}x_1 \mathrm{d}x_2 \cdots \mathrm{d}x_n \tag{10-5}$$

若假定 Z 服从正态分布，其均值为 μ_Z，标准差为 σ_Z，则结构的失效概率为

$$p_f = P(Z < 0) = \int_{-\infty}^{0} f_Z(z) \, \mathrm{d}z = \int_{-\infty}^{0} \frac{1}{\sqrt{2\pi}\sigma_Z} \exp\left[-\frac{(z - \mu_Z)^2}{2\sigma_Z^2}\right] \mathrm{d}z$$

$$= \Phi\left(-\frac{\mu_Z}{\sigma_Z}\right) = \Phi(-\beta) = 1 - \Phi(\beta) \tag{10-6}$$

其中，

$$\beta = \mu_Z/\sigma_Z \tag{10-7}$$

式中：$\Phi(\cdot)$ 为标准正态累积分布函数。

公式 (10-7) 中的 β 即可靠度指标，失效概率 p_f 和可靠度指标 β 具有相互对应的关系。

对于结构功能函数为公式 (10-2) 的情况，假定 S 和 R 均服从正态分布，且其相关系数为 ρ_{SR}，则可靠度指标可表示为

$$\beta = \frac{\mu_R - \mu_S}{\sqrt{\sigma_R^2 + \sigma_S^2 - 2\rho_{SR}\sigma_R\sigma_S}} \tag{10-8}$$

3. 铁路路基工程的可靠性分析

高速铁路路基工程结构可靠性研究的主要对象是路基填料、岩土体材料和其他结构材料，即在运营列车荷载和服役环境共同作用下路基结构满足预定的功能要求，故该问题主要涉及一系列岩土工程和路基动力学课题。众所周知，岩土体材

料 (散粒体) 是一种非常复杂的材料, 在其形成和存在的整个地质历史过程中, 经受了各种复杂的地质作用, 因而有着复杂的结构和地应力场环境。不同地区的不同类型的岩土体, 其工程性质往往存在很大的差别, 具有较强的区域性和个性, 因此岩土体材料工程性质的不确定性给工程结构设计和安全带来了严峻的挑战。

对于铁路路基工程, 传统的设计方法采用确定性的途径, 在进行力学性能计算时一般通过有限的试验 (室内/现场物理力学性质试验) 来确定某些具体的参数, 将各种设计条件、指标和参数都定值化并选用一定的计算模式进行设计计算, 而把一系列未知或不确定性的因素通过一个总的安全系数 (安全储备) 加以考虑, 这样就造成了设计中时常出现的计算结果与实际结果相差较大的情况。可靠度分析基于概率方法能对各种不确定性以某种形式加以定量考虑, 使用统一的度量工程结构安全程度标准, 使得工程结构设计更为安全和科学。

铁路路基工程与上部结构设计存在本质上的差异, 借鉴结构工程的部分研究成果对铁路基础结构进行可靠性分析是十分必要的。与上部结构工程相比, 铁路路基基础结构的可靠度分析主要特点有岩土体参数变异性大 (变异系数介于 0~0.5)、本构关系难确定、岩土边界条件复杂、极限状态方程不准确和外界环境影响大等。

极限状态设计方法是铁路工程结构设计方法的变革。因此, 结合岩土体的特殊性和路基工程的特点, 对路基工程采用概率方法和可靠度理论研究其性状和工程性能成为必然, 也为路基结构可靠性设计提供一个有效途径。根据目前的研究现状, 亟须对以下问题进行重点研究: ①岩土体参数统计分析方法、分布型式及统计特征; ②极限状态方程的建立; ③目标可靠度指标的确定; ④分项系数及设计表达式的建立。

10.1.2 岩土性能参数的不确定性

工程结构作用效应 S 统计参数的随机因素主要有: 荷载不定性、材料性能不定性、几何尺寸不定性和计算模式不定性等。它们的统计规律有的由模型试验求得, 有的由现场量测求得, 有的还只能靠经验假定。针对岩土体性能参数不确定性的讨论具体如下。

1. 随机变量的统计特征

设随机变量 $X = X(e)$, 其取值随试验的结果而定, 而试验各个结果的出现有一定的概率, 因而随机变量的取值有一定的概率。随机变量一般可分为离散型和连续型随机变量两种。离散型随机变量有二项式分布、几何分布、泊松分布等, 连续型随机变量有正态分布、对数正态分布、Gamma 分布、Beta 分布、极值分布 (Ⅰ, Ⅱ, Ⅲ型) 等。随机变量的统计特征常用均值、标准差、变异系数、偏度、峰度、协方差、相关系数等来描述。假设随机变量 X 为连续型随机变量, 其统计特征参数

计算表达式为

$$\mu_X = E(X) = \int_{-\infty}^{\infty} x f(x) \mathrm{d}x \tag{10-9}$$

$$\mathrm{Var}(X) = E(X - \mu_X)^2 = \int_{-\infty}^{\infty} (x - \mu_X)^2 f(x) \mathrm{d}x = E(X)^2 - \mu_X^2 \tag{10-10}$$

$$\sigma_X = \sqrt{[\mathrm{Var}(X)]} \tag{10-11}$$

$$V_X = \frac{\sigma_X}{\mu_X} \tag{10-12}$$

$$\alpha_{3X} = \frac{E\left[(X - \mu_X)^3\right]}{\sigma_X^3} \tag{10-13}$$

$$\alpha_{4X} = \frac{E\left[(X - \mu_X)^4\right]}{\sigma_X^4} \tag{10-14}$$

对于两个具有相互关系的变量 X 和 Y，还需计算其协方差和相关系数，其计算表达式见公式 (10-15) 和公式 (10-16)。

$$\mathrm{Cov}(X, Y) = E\{[X - E(X)][Y - E(Y)]\} = E(XY) - E(X)E(Y) \tag{10-15}$$

$$\rho_{XY} = \frac{\mathrm{Cov}(X, Y)}{\sigma_X \sigma_Y} \tag{10-16}$$

不同四阶矩条件下的随机变量概率密度分布 (PDF) 特征如图 10-1 所示。

2. 岩土体参数统计分布概型

岩土体物理力学参数是一个随机变量，这种随机特征恰恰体现了岩土参数的不确定性，这也给工程计算和设计带来了很大的困难。为了体现岩土体参数的统计特征，一般采用某一分布概型来描述其分布特征，进而进行结构可靠度理论计算。因此，岩土体参数不确定性的描述，以及参数统计分布概型的合理性对可靠度计算和设计具有重要意义。大量的研究成果和工程试验资料表明，岩土体参数具有多重分布拟合特性，且其分布概型一般可用正态 (normal) 分布、对数正态 (lognormal) 分布、极值分布 I 型 (Gumbel 分布) 和 III 型 (Weibull 分布) 描述。

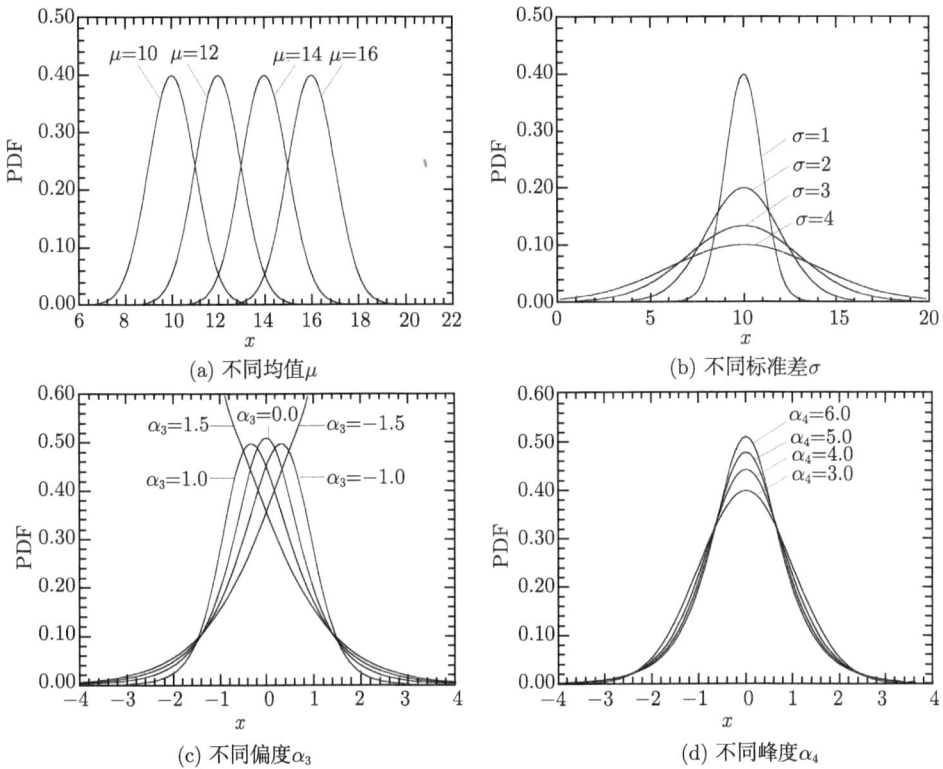

(a) 不同均值μ　　　　　　　　　　　　　(b) 不同标准差σ

(c) 不同偏度α_3　　　　　　　　　　　　(d) 不同峰度α_4

图 10-1　随机变量分布特征

1) 正态分布 (normal distribution)

　　正态分布或高斯分布是最常见的概率分布函数类型。一般情况下，岩土工程选用正态分布用于可靠度计算研究。当正态分布被用于岩土工程分析时，由于其取值范围为 $-\infty \leqslant x \leqslant \infty$，有时会引起一些问题，将得到少数的较小值和较大值，在确定性分析时，造成数值的不稳定。为了克服这个问题，正态分布有时被取舍一部分，使只有落定在特定值域内值时为有效的。一般正态分布记作 $X \sim \mathrm{N}(\mu, \sigma^2)$。

$$f(x) = \frac{1}{\sqrt{2\pi}\sigma} \exp\left[-\frac{1}{2}\left(\frac{x-\mu}{\sigma}\right)^2\right], \quad -\infty < x < \infty \tag{10-17}$$

正态分布四阶矩分别为 $\sigma_X = \sigma, \alpha_{3X} = 0, \alpha_{4X} = 3$。

　　2) 对数正态分布 (lognormal distribution)

　　在岩土工程的可靠度计算过程中，包括国家规范在内的诸多计算方法都是以参数为正态分布的假设计算的。而实际上，并不是所有的力学参数的分布概型都是符合正态分布的，如弹性模量、压缩模量等系数用对数正态分布概型来模拟更符合实际，一般记作 $X \sim LN(\lambda, \zeta^2)$。

$$f(x) = \frac{1}{\sqrt{2\pi}\zeta x} \exp\left[-\frac{1}{2}\left(\frac{\ln x - \lambda}{\zeta}\right)^2\right], \quad x > 0 \tag{10-18}$$

对数正态分布四阶矩分别为 $\mu_X = \exp\left(\lambda + \zeta^2/2\right)$, $\sigma_X = \mu_X\sqrt{\exp\left(\zeta^2\right)-1}, \alpha_{3X} = V(V^2+3) = \sqrt{\omega-1}\,(\omega+2)$, $\alpha_{4X} = \omega^4 + 2\omega^3 + 3\omega^2 - 6$, 其中, $\omega = 1 + V^2$, $\omega = e^{\zeta^2}$。

即 $\lambda = \ln\mu - \dfrac{1}{2}\zeta^2$, $\zeta^2 = \ln\left(1 + \dfrac{\sigma^2}{\mu^2}\right)$。

3) 极值分布 I 型 (extreme value type I –largest (Gumbel) distribution)

根据岩土工程中的大量试验数据统计，岩土体某些力学参数的分布概型符合极值分布 (Gumbel)。一般记作 $X \sim EV(\alpha, \beta)$，α 为位置参数，β 为尺度参数。

$$f(x) = \frac{1}{\beta}\exp\left(\frac{\alpha-x}{\beta}\right)\exp\left[-\exp\left(\frac{\alpha-x}{\beta}\right)\right], \quad -\infty < x < \infty \tag{10-19}$$

Gumbel 分布四阶矩分别为 $\mu_X = \alpha + 0.577216\beta, \sigma_X = \pi\beta/\sqrt{6}, \alpha_{3X} = \sqrt{1.29857} = 1.1395, \alpha_{4X} = 27/5 = 5.4$。

4) 极值分布III型 (extreme value type III–smallest (Weibull) distribution)

岩土工程的力学参数中，Weibull 分布也是一种较常见的概率分布形式，一般记作 $X \sim W(\alpha, \beta, \delta)$，$\alpha$ 为形状参数，β 为尺度参数，δ 为位置参数。

$$f(x) = \frac{\alpha}{\beta}(x-\delta)^{\alpha-1}\exp\left[-(x-\delta)^\alpha/\beta\right], \quad x \geqslant \delta, \delta \geqslant 0, \alpha > 0, \beta > 0 \tag{10-20}$$

Weibull 分布四阶矩分别为

$$\mu_X = \delta + \beta^{1/\alpha}\Gamma\left(1+1/\alpha\right), \quad \sigma_X^2 = \beta^{2/\alpha}\left[\Gamma\left(1+2/\alpha\right) - \Gamma^2\left(1+1/\alpha\right)\right]$$

$$\alpha_{3X} = \beta^{3/\alpha}\left[\Gamma\left(1+3/\alpha\right) - 3\Gamma\left(1+2/\alpha\right)\Gamma\left(1+1/\alpha\right) + 2\Gamma^3\left(1+1/\alpha\right)\right]/\sigma^3$$

$$\alpha_{4X} = \beta^{3/\alpha}\left[\Gamma\left(1+4/\alpha\right) - 4\Gamma\left(1+3/\alpha\right)\Gamma\left(1+1/\alpha\right)\right.$$

$$\left. + 6\Gamma^2\left(1+1/\alpha\right)\Gamma\left(1+2/\alpha\right) - 3\Gamma^4\left(1+1/\alpha\right)\right]/\sigma^4$$

式中：Γ 为 Gamma 函数，其表达式为

$$\Gamma\left(\lambda\right) = \int_0^\infty x^{\lambda-1}e^{-x}dx = (\lambda-1)!\int_0^\infty e^{-x}dx \tag{10-21}$$

3. 膨胀土物理力学参数统计特征

众所周知，膨胀土的工程性质对湿度变化十分敏感，并引起其工程性质发生极大的变化。因此，在自然条件下的膨胀土，由于受其矿物组成、强弱类别、含水率

变化、固结度、结构特征和应力状态等因素的共同作用, 其物理力学性质是不稳定的, 这对于工程结构设计来讲十分不利, 合理、准确确定膨胀土的计算参数就显得极为迫切和关键。

根据第 2 章膨胀土物理力学参数统计结果, 分别采用正态分布、对数正态分布、极值分布 (Gumbel) 和 Weibull 分布对各指标进行拟合, 各分布参数拟合结果见表 10-1, 各分布曲线如图 10-2 和图 10-3 所示。

表 10-1   云桂线广西段膨胀土物理学参数统计结果

类型		密度 /(g/m³)	天然含水率 /%	黏聚力 /kPa	内摩擦角 /(°)	压缩模量 /MPa	自由膨胀率 /%
弱—中 膨胀土	正态分布	1.88	31.9	49.07	12.81	9.05	47.97
	$X \sim N(\mu, \sigma^2)$	0.11	9.62	21.89	2.70	3.79	6.14
	对数正态分布	0.63	3.42	3.80	2.53	2.12	3.86
	$X \sim LN(\zeta, \lambda^2)$	0.06	0.29	0.43	0.21	0.40	0.13
	Gumbel 分布	1.83	27.57	39.22	11.6	7.34	45.21
	$X \sim EV(\alpha, \beta)$	0.08	7.50	17.07	2.10	2.96	4.79
	Weibull 分布	21.26	3.69	2.39	5.48	2.56	9.36
	$X \sim W(\alpha, \beta)$	1.92	35.2	55.36	13.88	10.2	50.57
中—强 膨胀土	正态分布	1.87	29.91	57.78	12.07	9.81	74.77
	$X \sim N(\mu, \sigma^2)$	0.14	11.17	23.68	3.04	3.25	7.19
	对数正态分布	0.63	3.33	3.98	2.26	2.23	4.31
	$X \sim LN(\zeta, \lambda^2)$	0.07	0.36	0.39	0.25	0.32	0.10
	Gumbel 分布	1.81	24.88	47.13	7.91	8.35	71.53
	$X \sim EV(\alpha, \beta)$	0.11	8.71	18.46	2.37	2.53	5.61
	Weibull 分布	16.75	2.91	2.62	4.51	3.33	12.66
	$X \sim W(\alpha, \beta)$	1.93	33.54	65.04	13.22	10.93	77.87

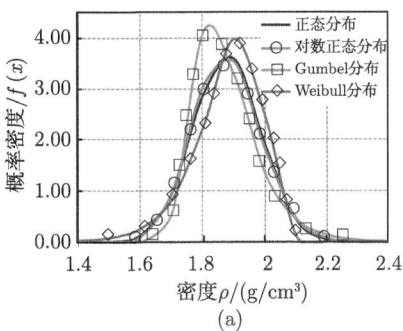

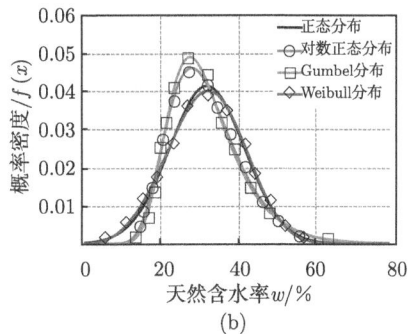

(a)   (b)

(c)

(d)

(e)

(f)

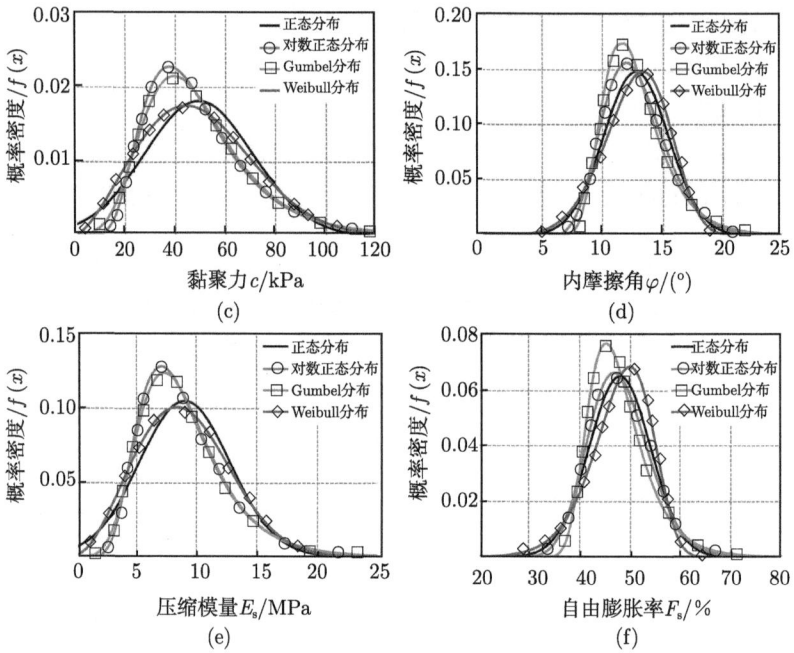

图 10-2　弱—中膨胀土参数统计分布模型

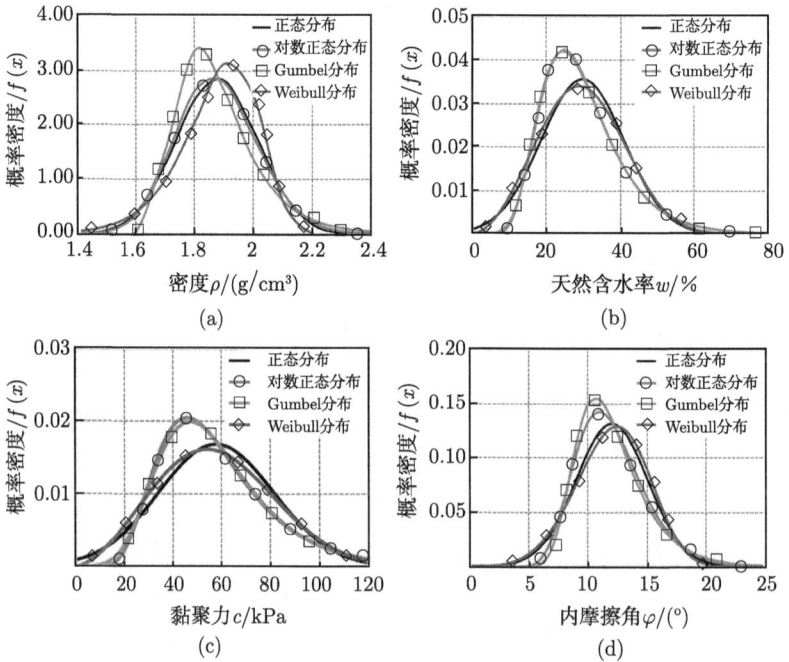

(a)

(b)

(c)

(d)

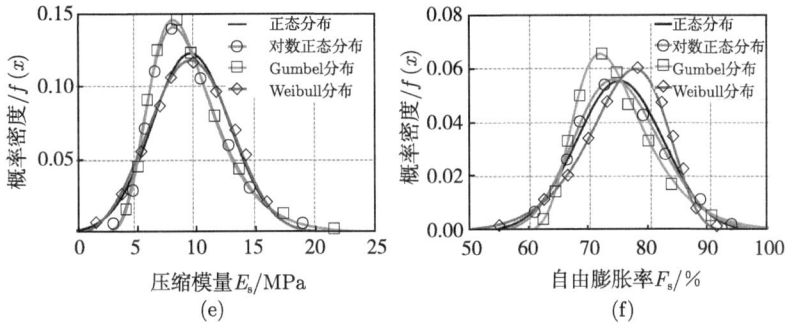

图 10-3 中—强膨胀土参数统计分布模型

根据图 10-2 和图 10-3 分析可知，膨胀土的同一参数具有明显的多重拟合性。在工程结构可靠性分析时，若不能准确确定其概率分布形式，将造成计算结果误差较大，甚至失真。

10.1.3 工程结构可靠度计算方法

结构可靠度指标比较直观而且便于实际应用，按照其计算复杂或精密程度的不同，可靠度计算方法主要有一次二阶矩法 (mean first order second moment method，MFOSM)、二次二阶矩法、二次四阶矩法、罗森布鲁斯法 (Rosenblueth method)、响应面法 (response surface method)、蒙特卡罗法 (Monte Carlo method)、拉丁超立方体法及其他方法。

1. 一次二阶矩法

一次二阶矩法是基于随机变量的均值和方差求解可靠度，是计算可靠度的最简单、最常用的方法。一次二阶矩法可分为中心点法、设计验算点法、JC 法、分位值法、映射法和实用分析法。中心点法和设计验算点法仅能处理正态随机变量，其余方法可处理非正态随机变量。

1) 中心点法

设结构的功能函数具有一般形式，即

$$Z = g_X(X) \tag{10-22}$$

其中，基本随机向量 $X = (X_1, X_2, \cdots, X_n)^{\mathrm{T}}$ 的各个分量相互独立，其均值和方差为

$$\begin{cases} \mu_X = (\mu_{X_1}, \mu_{X_2}, \cdots, \mu_{X_n})^{\mathrm{T}} \\ \sigma_X = (\sigma_{X_1}, \sigma_{X_2}, \cdots, \sigma_{X_n})^{\mathrm{T}} \end{cases} \tag{10-23}$$

将功能函数 Z 在均值点 (或中心点)X 处展开成 Taylor 级数并保留至一次项，即

$$Z \approx Z_L = g_X(\mu_X) + \sum_{i=1}^{n} \frac{\partial g_X(\mu_X)}{\partial X_i}(X_i - \mu x_i) \tag{10-24}$$

则 Z 的均值和方差可表示为

$$\begin{cases} \mu_Z \approx \mu_{ZL} = g_X(\mu_X) \\ \sigma_Z^2 \approx \sigma_{ZL}^2 = \sum_{i=1}^{n} \left[\frac{\partial g_X(\mu_X)}{\partial X_i} \right]^2 \sigma_{X_i}^2 \end{cases} \tag{10-25}$$

则可靠度指标为

$$\beta_c = \frac{\mu_{ZL}}{\sigma_{ZL}} = \frac{g_X(\mu_X)}{\sqrt{\sum\limits_{i=1}^{n} \left[\frac{\partial g_X(\mu_X)}{\partial X_i} \right]^2 \sigma_{X_i}^2}} \tag{10-26}$$

2) 设计验算点法

设计验算点法将功能函数的线性化 Taylor 展开选在失效面上，同时又考虑基本随机变量的实际分别，避免了中心点法不能考虑随机变量实际分布问题，故又称为改进的一次二阶矩法 (advanced first order second moment method，AFOSM)。

设结构的功能函数具有一般形式，即

$$Z = g_X(X) = 0 \tag{10-27}$$

再设 $x^* = (x_1^*, x_2^*, \cdots, x_n^*)^{\mathrm{T}}$ 为极限状态面上的一点，即

$$g_X(x^*) = 0 \tag{10-28}$$

则 Z 的均值和方差可表示为

$$\begin{cases} \mu_{ZL} = g_X(x^*) + \sum_{i=1}^{n} \frac{\partial g_X(x^*)}{\partial X_i}(\mu_{X_i} - x_i^*) \\ \sigma_{ZL}^2 = \sum_{i=1}^{n} \left[\frac{\partial g_X(x^*)}{\partial X_i} \right]^2 \sigma_{X_i}^2 \end{cases} \tag{10-29}$$

则可靠度指标为

$$\beta_c = \frac{\mu_{ZL}}{\sigma_{ZL}} = \frac{g_X(x^*) + \sum\limits_{i=1}^{n} \frac{\partial g_X(x^*)}{\partial X_i}(\mu_{X_i} - x_i^*)}{\sqrt{\sum\limits_{i=1}^{n} \left[\frac{\partial g_X(x^*)}{\partial X_i} \right]^2 \sigma_{X_i}^2}} \tag{10-30}$$

定义变量 X_i 的灵敏度系数为

$$\alpha_{X_i} = \cos\theta_{X_i} = \cos\theta_{Y_i} = -\frac{\dfrac{\partial g_X(x^*)}{\partial X_i}\sigma_{X_i}}{\sqrt{\displaystyle\sum_{i=1}^{n}\left[\dfrac{\partial g_X(x^*)}{\partial X_i}\right]^2\sigma_{X_i}^2}} \tag{10-31}$$

设验算点 p^* 在标准化正态变量 Y 空间中的坐标为

$$y_i^* = \beta\cos\theta_{Y_i}, \quad i = 1, 2, \cdots, n \tag{10-32}$$

在原始 X 空间中的坐标为

$$x_i^* = \mu_{X_i} + \beta\sigma_{X_i}\cos\theta_{X_i}, \quad i = 1, 2, \cdots, n \tag{10-33}$$

将公式 (10-30)~公式 (10-33) 联立即求解 β 和 x^*。验算点法计算程序编制步骤具体见图 10-4。

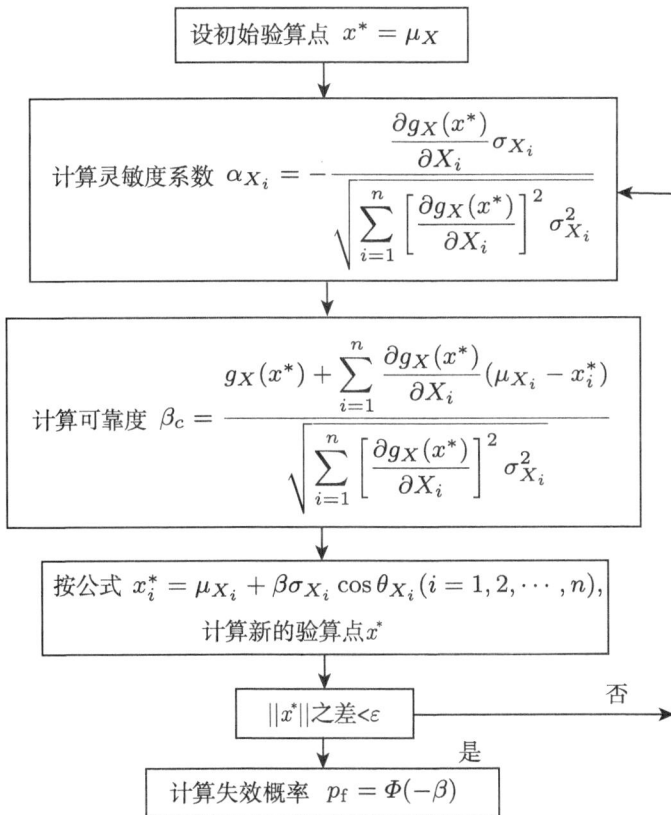

图 10-4 验算点法计算程序流程

(1) 假定初始验算点 x^*，一般可设 $x^* = \mu_X$；

(2) 利用公式 (10-31) 计算灵敏度系数 α_{X_i}；

(3) 利用公式 (10-30) 计算可靠度 β；

(4) 利用公式 (10-33) 计算新的验算点 x^*；

(5) 以新的验算点 x^* 重复步骤 (2) 和 (4)，直至前后两次 $\|x^*\|$ 之差小于允许误差 ε；

(6) 计算失效概率 $p_f = \Phi(-\beta)$。

3) JC 法

当随机变量 X 中含有非正态随机变量时，运用验算点法须先设法将这些变量正态化。当量正态化法是国际安全度联合委员会 (Joint Committee on Structural Safety, JCSS) 推荐使用的方法，故又称 JC 法。JC 法的当量正态化条件要求在验算点 x_i^* 处 X_i' 和 X_i 的累积分布函数和概率密度函数分别对应相等，即

$$
\begin{cases}
F_{X_i'}(x_i^*) = \Phi\left(\dfrac{x_i^* - \mu_{X_i'}}{\sigma_{X_i'}}\right) = F_{X_i}(x_i^*) \\[4mm]
f_{X_i'}(x_i^*) = \dfrac{1}{\sigma_{X_i'}}\varphi\left(\dfrac{x_i^* - \mu_{X_i'}}{\sigma_{X_i'}}\right) = f_{X_i}(x_i^*)
\end{cases}
\tag{10-34}
$$

式中：$\varphi(x)$ 为标准正态分布概率密度函数。

根据当量正态化条件，可得到当量正态化变量的均值和标准差为

$$
\begin{cases}
\mu_{X_i'} = x_i^* - \Phi^{-1}\left[F_{X_i}(x_i^*)\right]\sigma_{X_i'} \\[4mm]
\sigma_{X_i'} = \dfrac{\varphi\left\{\Phi^{-1}\left[F_{X_i}(x_i^*)\right]\right\}}{f_{X_i}(x_i^*)}
\end{cases}
\tag{10-35}
$$

参照独立正态分布变量的验算点法的迭代步骤，在迭代过程中增加了非正态变量的正态化过程就可以建立 JC 法的迭代计算步骤。JC 法计算程序编制步骤具体见图 10-5。

(1) 假定初始验算点 x^*，一般可设 $x^* = \mu_X$；

(2) 对非正态分布变量 X_i，利用公式 (10-35) 计算 $\mu_{X_i'}$ 和 $\sigma_{X_i'}$；

(3) 利用公式 (10-31) 计算灵敏度系数 α_{X_i}；

(4) 利用公式 (10-30) 计算可靠度 β；

(5) 利用公式 (10-33) 计算新的验算点 x^*；

(6) 以新的验算点 x^* 重复步骤 (2) 和 (5)，直至前后两次 $\|x^*\|$ 之差小于允许误差 ε；

(7) 计算失效概率 $p_f = \Phi(-\beta)$。

$$\boxed{\text{设初始验算点 } x^* = \mu_X}$$

$$\boxed{\begin{array}{l} \text{对非正态分布变量} X_i\text{,计算当量正态化变量 } \mu_{X_i'} \text{ 和 } \sigma_{X_i'}; \\[2mm] \mu_{X_i'} = x_i^* - \Phi^{-1}[F_{X_i}(x_i^*)]\sigma_{X_i'}; \quad \sigma_{X_i'} = \dfrac{\varphi\{\Phi^{-1}[F_{X_i}(x_i^*)]\}}{f_{X_i}(x_i^*)} \end{array}}$$

$$\boxed{\text{计算灵敏度系数 } \alpha_{X_i} = -\dfrac{\dfrac{\partial g_X(x^*)}{\partial X_i}\sigma_{X_i}}{\sqrt{\sum\limits_{i=1}^{n}\left[\dfrac{\partial g_X(x^*)}{\partial X_i}\right]\sigma_{X_i}^2}}}$$

$$\boxed{\text{计算可靠度 } \beta_c = \dfrac{g_X(x^*) + \sum\limits_{i=1}^{n}\dfrac{\partial g_X(x^*)}{\partial X_i}(\mu_{X_i} - x_i^*)}{\sqrt{\sum\limits_{i=1}^{n}\left[\dfrac{\partial g_X(x^*)}{\partial X_i}\right]^2\sigma_{X_i}^2}}}$$

$$\boxed{\begin{array}{c} \text{按公式 } x_i^* = \mu_{X_i} + \beta\sigma_{X_i}\cos\theta_{X_i}(i=1,2,\cdots,n) \\ \text{计算新的验算点} x^* \end{array}}$$

$$\boxed{\|x^*\|\text{之差} < \varepsilon} \quad\quad 否$$

是

$$\boxed{\text{计算失效概率 } p_f = \Phi(-\beta)}$$

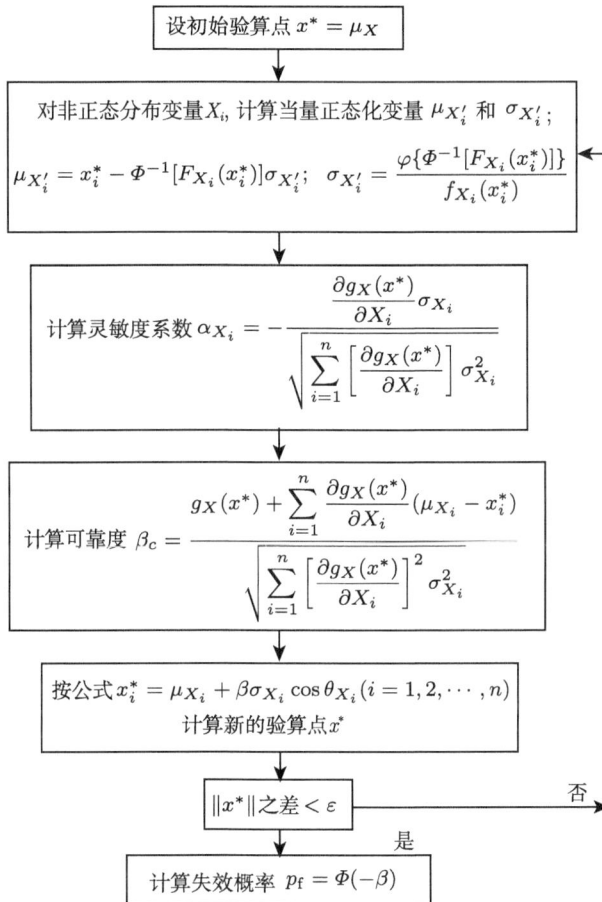

图 10-5 JC 法计算程序流程

对于相关正态随机变量的结构可靠度分析,可利用正交变换法,即利用正交线性变换将相关正态随机变量变为独立的正态随机变量,再采用验算点法计算可靠度。正交变换分析法的具体计算步骤如下。

(1) 根据公式 $\mu_Y = A^{\mathrm{T}}\mu_X, D_Y = A^{\mathrm{T}}C_X A$,求解 A, σ_Y 和 μ_Y;

(2) 设初始验算点 $x^* = \mu_X$;

(3) 按公式 $Y = A^{\mathrm{T}}X$,求解 y^* 的初始值;

(4) 求解 $\cos\theta_{Y_i} = -\dfrac{\dfrac{\partial g_Y'(y^*)}{\partial Y_i}\sigma_{Y_i}}{\sqrt{\sum\limits_{i=1}^{n}\left[\dfrac{\partial g_Y'(y^*)}{\partial Y_i}\right]^2\sigma_{Y_i}^2}}, \boldsymbol{\nabla}g_X(y^*) = A^{\mathrm{T}}\boldsymbol{\nabla}g_X(x^*)$;

(5) 求解 $\beta_c = \dfrac{g_Y\left(y^*\right) + \sum\limits_{i=1}^{n} \dfrac{\partial g_Y\left(y^*\right)}{\partial Y_i}\left(\mu_{Y_i} - y_i^*\right)}{\sqrt{\sum\limits_{i=1}^{n} \left[\dfrac{\partial g_Y\left(y^*\right)}{\partial Y_i}\right]^2 \sigma_{Y_i}^2}}$;

(6) 按公式 $y_i^* = \mu_{X_i} + \beta \sigma_{X_i} \cos\theta_{X_i}, (i = 1, 2, \cdots, n)$, 计算新的验算点 y^*;

(7) 按公式 $X = AY$ 计算新的验算点 X^*;

(8) 以新的验算点 x^* 重复步骤 (4) 和 (7), 直至前后两次 $\|x^*\|$ 之差小于允许误差 ε;

(9) 计算失效概率 $p_f = \Phi(-\beta)$。

对于相关非正态随机变量的结构可靠度分析, 需先用 JC 法中当量正态化过程, 再利用正交变换法将其转换成相关正态随机变量计算可靠度。对于相关非正态随机变量的情况, 其具体计算步骤如下。

(1) 设初始验算点 $x^* = \mu_X$;

(2) 对非正态分布变量 X_i, 计算当量正态化 $\mu_{X_i'}, \sigma_{X_i'}$ 和 $\text{Cov}_{X'}$:

$$\mu_{X_i'} = x_i^* - \Phi^{-1}\left[F_{X_i}\left(x_i^*\right)\right]\sigma_{X_i'}, \sigma_{X_i'} = \frac{\varphi\left\{\Phi^{-1}\left[F_{X_i}\left(x_i^*\right)\right]\right\}}{f_{X_i}\left(x_i^*\right)},$$

$$\text{Cov}\left(X_i', X_j'\right) = \rho_{X_i'X_j'}\sigma_{X_i'}\sigma_{X_j'} \approx \rho_{X_iX_j}\sigma_{X_i'}\sigma_{X_j'};$$

(3) 根据公式 $\mu_Y = A^{\mathrm{T}}\mu_X, D_Y = A^{\mathrm{T}}C_X A$, 求解 A, σ_Y 和 μ_Y;

(4) 按公式 $Y = A^{\mathrm{T}}X$, 求解 y^* 的初始值;

(5) 求解 $\cos\theta_{Y_i} = -\dfrac{\dfrac{\partial g_Y'\left(y^*\right)}{\partial Y_i}\sigma_{Y_i}}{\sqrt{\sum\limits_{i=1}^{n}\left[\dfrac{\partial g_Y'\left(y^*\right)}{\partial Y_i}\right]^2 \sigma_{Y_i}^2}}$, $\nabla g_X\left(y^*\right) = A^{\mathrm{T}}\nabla g_X\left(x^*\right)$;

(6) 求解 $\beta_c = \dfrac{g_Y\left(y^*\right) + \sum\limits_{i=1}^{n} \dfrac{\partial g_Y\left(y^*\right)}{\partial Y_i}\left(\mu_{Y_i} - y_i^*\right)}{\sqrt{\sum\limits_{i=1}^{n} \left[\dfrac{\partial g_Y\left(y^*\right)}{\partial Y_i}\right]^2 \sigma_{Y_i}^2}}$;

(7) 按公式 $y_i^* = \mu_{X_i} + \beta \sigma_{X_i} \cos\theta_{X_i}, (i = 1, 2, \cdots, n)$, 计算新的验算点 y^*;

(8) 按公式 $X = AY$ 计算新的验算点 X^*;

(9) 以新的验算点 x^* 重复步骤 (2) 和 (8), 直至前后两次 $\|x^*\|$ 之差小于允许误差 ε;

(10) 计算失效概率 $p_f = \Phi(-\beta)$。

4) 分位值法

分位值法是广义随机空间中可靠度分析的一种一次二阶矩法, 适用于随机变量为任意分布、结构极限状态方程为线性及非线性的情况。由于分位值法概念清晰、简便实用, 且为目前我国铁路工程结构设计统一标准 (《铁路工程结构可靠性设计统一标准 (试行)》(Q/CR 9007—2014)) 和铁路隧道设计规范中推荐采用的可靠指标计算方法。

设结构可靠度的 n 个基本随机变量 X_1, $X_2, \cdots, X_n$, X_i 服从一般分布, 其分布函数为 $F_{X_i}(X_i)$, 则结构功能函数为

$$Z = g(X_1, X_2, \cdots, X_n) \tag{10-36}$$

极限状态方程即结构的可靠指标, 对应超曲面上的点称为 "设计验算点", 其坐标值为基本变量的分项可靠指标。在正态空间中求得可靠指标的迭代公式, 再通过约化高斯变换返回到坐标空间, 即可求得可靠指标 β 在原空间的迭代公式。

$$\beta = \frac{g(X_1^*, X_2^*, \cdots, X_n^*)}{\sqrt{\sum_i^n \left(\left.\frac{\partial g}{\partial X_i}\right|_{p^*} X_i'^*\right)^2}} + \sum_i^n \beta x_i \tag{10-37}$$

其中,

$$\begin{cases} \alpha_{X_i} = \dfrac{-\left.\dfrac{\partial g}{\partial X_i}\right|_{p^*} X_i'^*}{\sqrt{\sum_i^n \left(\left.\dfrac{\partial g}{\partial X_i}\right|_{p^*} X_i'^*\right)^2}}, \quad \beta_{X_i}^* = \alpha_{X_i}\beta, \\[2mm] X_i^* = F_{X_i}^{-1}\left[\Phi\left(\beta_{X_i}^*\right)\right], \quad X_i'^* = \dfrac{\mathrm{d}X_i^*}{\mathrm{d}\beta_{X_i}^*} \end{cases} \tag{10-38}$$

式中: $\left.\dfrac{\partial g}{\partial X_i}\right|_{p^*}$ 为函数 $g(X_1, X_2, \cdots, X_n)$ 在设计验算点 $p^*(X_1^*, X_2^*, \cdots, X_n^*)$ 处的偏导数; X_i^* 为基本随机变量 X_i 在分位概率 $\Phi\left(\beta_{X_i}^*\right)$ 处的分位值; $X_i'^*$ 为分位值 X_i^* 在分位概率 $\Phi\left(\beta_{X_i}^*\right)$ 处的分位导数; α_{X_i} 为灵敏度系数; $\beta_{X_i}^*$ 为分项可靠指标; $F_{X_i}^{-1}[\cdot]$ 分布函数的反函数。

按分位值法迭代计算结构可靠度指标流程图如图 10-6 所示, 借助 MATLAB 语言平台编制计算程序即可实现可靠度计算。

2. 响应面法

响应面法 (response surface method) 是解决某些复杂结构系统的可靠度计算的有效方法。该方法用包含未知参数的已知函数代替隐含或复杂的函数, 用插值回归

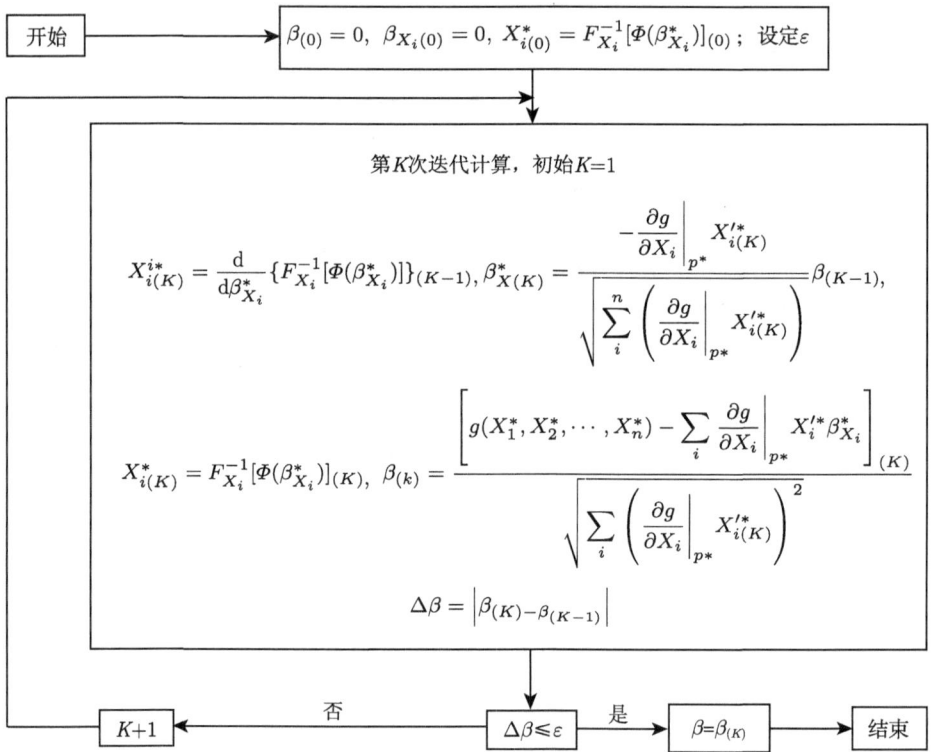

图 10-6　分位值法计算结构可靠度指标流程图

的方法确定未知数。利用响应面法进行可靠度分析时，可用二次多项式代替大型复杂结构的功能函数，并且通过迭代对插值展开点和系数进行调整，计算精度能满足一般工程要求，具有较高的计算效率。

对于基本随机变量为 X 的结构，可设响应面函数为

$$Z = g(X) \approx \hat{g}(X) = a + \sum_{i=1} b_i X_i + \sum_{i=1} c_i X_i^2 + \sum_{1 \leqslant i < j \leqslant n} d_{ij} X_i X_j \tag{10-39}$$

式中：a, b_i, c_i 和 d_{ij} 为待定系数。

为简化公式 (10-39) 求解，采用忽略交叉乘积项的非完全二次多项式，则有

$$Z_r = g(X) = a + \sum_{i=1} b_i X_i + \sum_{i=1} c_i X_i^2 \tag{10-40}$$

利用响应面法计算结构的可靠指标计算步骤如下。

(1) 假定初始迭代点 $x = (x_1, x_2, \cdots, x_n)^{\mathrm{T}}$，一般取均值 μ_X，选取因子 f 值，一般可取 $f = 2$；

(2) 在各个展开点处计算功能函数的估计值 $\hat{g}_i\,(i = 1, 2, \cdots, 2n+1)$，并形成相应的系数矩阵 $\boldsymbol{A}$，通过结构数值分析或试验；

(3) 解线性方程组 $\boldsymbol{A}\lambda = \hat{g}$，求解 $a, b_i, c_i\,(i = 1, 2, \cdots, n)$；

(4) 根据公式 $Z_r = g(X) = a + \sum\limits_{i=1} b_i X_i + \sum\limits_{i=1} c_i X_i^2$，采用一般可靠度求解方法 (如 JC 法)计算可靠指标 β 和验算点 x^*；

(5) 计算在验算点 x^* 处功能函数的估计值 $\hat{g}$，通过结构数值分析或试验；

(6) 利用公式 $x_c = \mu_X + \dfrac{g(\mu_X)}{g(\mu_X) - g(x^*)}(x^* - \mu_X)$，计算新的验算点 x^*；

(7) 以新的验算点 x^* 重复步骤 (2) 和 (6)，直至前后两次 $\|x^*\|$ 之差小于允许误差 ε；

(8) 计算失效概率 $p_f = \Phi(-\beta)$。

3. 蒙特卡罗法

蒙特卡罗法 (Monte Carlo method) 是首先生成随机变量的样本，然后将随机变量的样本作为输入获得功能函数的样本，再统计失效区样本的数量，从而估算失效概率的一种方法。如果已知或假设结构的功能函数以及基本随机变量的概率分布，利用蒙特卡罗模拟进行结构可靠度计算是比较方便的，现已成为重要的结构可靠度分析手段。

设结构的功能函数为 $Z = g_X(X)$，基本随机变量 X 的联合概率密度函数为 $f_X(x)$。按 $f_X(x)$ 对 X 进行随机抽样，用所得样本值 x 计算功能函数 $Z = g_X(x)$。若 $Z < 0$，则模拟中结构失效 1 次。若总共进行 N 次模拟，$Z < 0$ 出现了 n_f 次，由概率论的大数定律中的伯努利 (Bernoulli) 定理可得，随机事件 $Z < 0$ 在 N 次独立试验中的频率 n_f/N 依概率收敛于该时间的概率 p_f，于是结构失效概率 p_f 的估计值为

$$\hat{p}_f = \frac{n_f}{N} \tag{10-41}$$

根据公式 (5-41) 进一步可得

$$p_f = \int_{\Omega_f} f_X(x)\,\mathrm{d}x = \int_{-\infty}^{+\infty} I[g_X(x)] f_X(x)\,\mathrm{d}x = E\{I[g_X(x)]\} \tag{10-42}$$

其中，

$$I(x) = \begin{cases} 1, & \text{若}\{x_1, x_2, \cdots, x_n\}\text{在失效区} \\ 0, & \text{若}\{x_1, x_2, \cdots, x_n\}\text{不在失效区} \end{cases} \tag{10-43}$$

式中：$I(x)$ 为 x 的指示函数。

根据公式 (10-42)，设 X 的第 i 个样本值 x_i，则 p_f 的估计值为

$$
\begin{cases}
\hat{p}_{\mathrm{f}} = \dfrac{1}{N} \sum_{i=1}^{N} I\left[g_X\left(x_i\right)\right] \\[3mm]
\mathrm{Var}\left(\hat{p}_{\mathrm{f}}\right) \approx \dfrac{1}{N}\left[\dfrac{1}{N}\sum_{i=1}^{N} I^2\left[g_X\left(x_i\right)\right] - \hat{p}_{\mathrm{f}}^2\right]
\end{cases}
\tag{10-44}
$$

N 重独立试验 $I\left[g_X\left(x_i\right)\right]$ 服从二项分布 $B(N, p_{\mathrm{f}})$，试验中发生 $n_{\mathrm{f}} = \sum_{i=1}^{N} I\left[g_X\left(x_i\right)\right]$ $(n_{\mathrm{f}} = 0, 1, \cdots, N)$ 次的均值为 $\mu_{n_{\mathrm{f}}} = N p_{\mathrm{f}}$，方差为 $\sigma_{n_{\mathrm{f}}}^2 = N p_{\mathrm{f}}\left(1 - p_{\mathrm{f}}\right)$，则有

$$
\begin{cases}
\mathrm{Var}\left(\hat{p}_{\mathrm{f}}\right) = \dfrac{\hat{p}_{\mathrm{f}}\left(1 - \hat{p}_{\mathrm{f}}\right)}{N} \\[3mm]
V_{\hat{p}_{\mathrm{f}}} = \dfrac{\sqrt{\mathrm{Var}\left(\hat{p}_{\mathrm{f}}\right)}}{\mu_{\hat{p}_{\mathrm{f}}}} = \sqrt{\dfrac{\left(1 - \hat{p}_{\mathrm{f}}\right)}{N \hat{p}_{\mathrm{f}}}}
\end{cases}
\tag{10-45}
$$

　　蒙特卡罗法概念明确、使用方便，借助 MATLAB 语言平台编程即可实现可靠度的计算，且能得到一个相对精确的失效概率值。但是蒙特卡罗法依赖于随机样本的抽取和模拟次数的确定，为满足一定的精度需产生足够的样本数，一般取 10^6 个。可靠度指标是评价路基是否处于稳定性状态或满足规范要求的重要指标。本章重点采用一次二阶矩法和蒙特卡罗法探讨列车振动荷载作用下高速铁路路基结构的可靠度指标，并进行对比分析。

10.2　基于动应力控制的膨胀土路基可靠度计算

10.2.1　基于动应力控制的路基稳定性计算模式

　　铁路路基内的动应力变化直接反映了路基所处的状态，当路基填料和地基土的临界动应力小于服役条件下的路基动荷载时，即认为路基处于失效状态，反之则处于稳定状态。若路基内任意位置的动应力值可求解，再结合土体临界动应力试验，即可判定路基的稳定性状态。

1. 路基动应力计算模型-I 规范法

　　德国、法国的规范规定从轨枕开始分析，而在日本和中国则习惯根据路基面的荷载及分布形式开始分析，但是路基面的荷载分布形式不易确定，如图 10-7 所示。我国规范提出的路基面最大动应力计算表达式为公式 (10-46)。

$$
\begin{cases}
\sigma_{\max} = 0.26 P_{\mathrm{d}} = 0.26 P_{\mathrm{j}}\left(1 + \alpha v\right); \\[2mm]
\sigma_{\mathrm{dz}} = \sigma_{\max} \phi_d \lambda_{\mathrm{B}}
\end{cases}
\tag{10-46}
$$

式中：P_d 为动轴力幅值 (kN)；P_j 为列车静轴重 (kN)；φ 为动力冲击系数，$\varphi = 1 + \alpha v$，其中 v 为行车速度 (km/h)，α 为经验参数，对时速 200~250km 高速铁路，$\alpha = 0.004$，时速 300~350km 高速铁路，$\alpha = 0.003$，但客运专线冲击系数最大值为 1.9；σ_{max} 为路基面动应力计算值 (kPa)；ϕ_d 为动力放大系数；λ_B 为按 Boussinesq 解计算的动应力衰减系数。

根据公式 (10-46) 确定路基面动荷载后，以路基表面为基准面，再利用 Boussinesq 解就可以得到路基动应力沿深度的衰减分布。

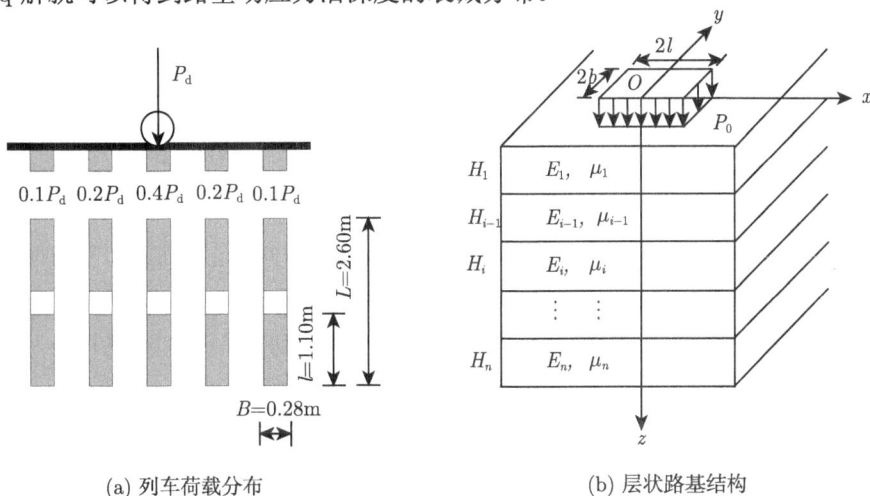

(a) 列车荷载分布   (b) 层状路基结构

图 10-7 多层路基结构计算简图

2. 路基动应力计算模型-Ⅱ 铁科院法

铁科院提出路基动应力计算应从轨枕开始，以轨枕的有效支承面积进行计算。先假设枕下应力是均匀分布的，然后采用 Boussinesq 解计算。考虑到 Boussinesg 解只适用于弹性半无限体，对于道床及路基层状结构模量差异，需采用弹性理论和 Odemark 理论计算路基动应力沿深度方向分布，其计算表达式见公式 (10-47)。

$$\begin{cases} \sigma_z = \dfrac{2p_0}{\pi} \left[\dfrac{mn}{\sqrt{1+m^2+n^2}} \times \dfrac{1+m^2+n^2}{(1+n^2)(m^2+n^2)} + \arctan \dfrac{m}{n\sqrt{1+m^2+n^2}} \right] \\ m = l/b, n = z_e = /b, z_e = \beta z \sqrt[3]{E_i/E_0} \end{cases}$$

$$(10\text{-}47)$$

式中：p_0 为荷载强度 (kPa)；$2l$ 为荷载的长边 (m)；$2b$ 为荷载的短边 (m)；z_e 为换算厚度 (m)；z 为荷载中心点下的深度 (m)，即距轨枕底面竖向距离；β 为换算系数；E_i 为各路基层弹性模量 (MPa)；E_0 为底层弹性模量 (MPa)。

铁科院法计算路基动应力分布时，不会因计算时轨枕有效支承面积和应力分布的误差造成显著的差异，同时也避免了从路基面开始向下计算分析时所必需的对路基面应力分布的任意假设，且该公式可反映基床各结构层弹性模量对路基动应力分布的影响。

3. 路基动应力统一预测模型-Ⅲ 统计法

根据本章 10.4 节研究成果，提出的高速铁路有砟轨道路基动应力衰减统一预测模型表达式为

$$\begin{cases} \sigma_{\mathrm{d}z} = \sigma_{\mathrm{d}0}\phi_d\lambda \\ \lambda = 1 - z/(A + Bz) \end{cases} \tag{10-48}$$

式中：$\sigma_{\mathrm{d}0}$ 为路基面动应力 (kPa)；ϕ_d 为动力放大系数；λ 为动应力衰减系数；z 为距路基面深度 (m)；A 和 B 为试验拟合常数，其参数取值参考 10.4 节。

4. 路基动应力计算模型对比与分析

根据上述三种路基动应力计算方法，取列车静轴重 $P_{\mathrm{j}} = 200\mathrm{kN}$，速度 $v = 250\mathrm{km/h}$，$l = 1.10\mathrm{m}$，$b = 0.14\mathrm{m}$ 进行计算分析。路基动应力随深度的衰减曲线计算结果如图 10-8 所示。由图 10-8 可得，各方法计算的动应力衰减变化趋势基本一致，本书建立的路基动应力衰减统一预测模型与实际更加吻合，且计算简便、适用性强。为进行铁路膨胀土路基结构可靠度分析，有砟轨道路基动应力采用均值法统一预测模型进行计算，其路基动应力衰减曲线方程为

$$\begin{cases} \sigma_{\mathrm{d}z} = \sigma_{\mathrm{d}0}\phi_d\lambda \\ \lambda = 1 - z/(0.65 + 0.91z) \end{cases} \tag{10-49}$$

式中：$\sigma_{\mathrm{d}0}$ 为路基面动应力；ϕ_d 为修正系数；λ 为动应力衰减系数；z 为距路基表面深度。

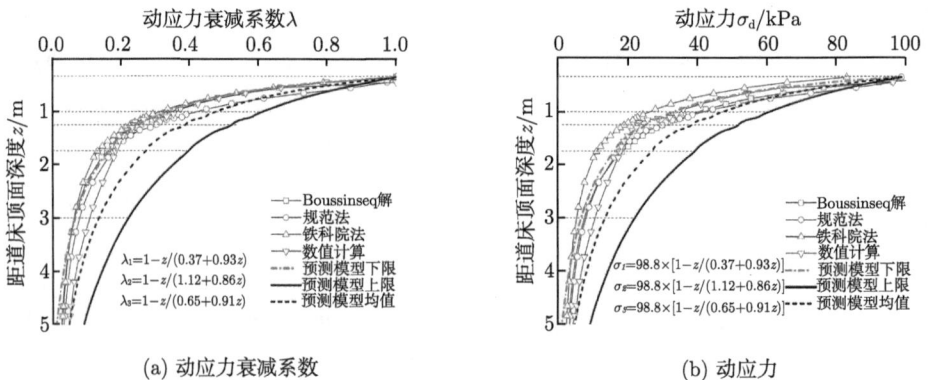

(a) 动应力衰减系数　　　　　(b) 动应力

图 10-8　铁路路基动应力计算方法对比

10.2.2 基于动应力极限状态的膨胀土路基可靠度计算

1. 基于弹性理论解的路基可靠度计算

1) 路基动应力极限状态方程

根据公式 (10-2) 和公式 (10-46) 可得, 高速铁路路基面动应力极限状态方程可表示为

$$Z = \sigma_{dC} - \sigma_{dz} = \sigma_{dC} - \sigma_{max}\phi_d\lambda_B = 0 \tag{10-50}$$

式中: λ_B 为按 Boussinesq 解计算的动应力衰减系数。

由可靠度理论可得, 失效概率 p_f 和可靠度指标 β 分别为

$$p_f = P(Z \leqslant 0) = P\{\sigma_{dc} - \sigma_{max}\phi_d\lambda_B \leqslant 0\} \tag{10-51}$$

$$\beta = \Phi^{-1}(1 - p_f) \tag{10-52}$$

式中: $\Phi(\cdot)$ 为标准正态累积分布函数。

根据膨胀土动力试验可知, 膨胀土的临界动应力与土的结构性、含水率、围压、加载频率等因素相关, 考虑各影响因素下膨胀土的衰减特性并结合试验结果, 取弱—中膨胀土临界动应力均值 $\mu(\sigma_{dc})$ =31.5kPa, 中—强膨胀土临界动应力均值 $\mu(\sigma_{dc})$ =23.7kPa。路基动应力衰减系数按 Boussinesq 解计算, 并考虑膨胀土临界动应力的变异性对路基可靠度进行计算分析。

路基面动荷载幅值及其概率分布特征是路基极限状态法设计的基础。文献 [192] 探讨了列车不同运行速度下的路基动力响应, 研究结果表明, 路基动应力具有一定的变异性, 车速越高变异性越大, 变异系数达到 0.13~0.14, 且路基不同深度处的动应力均服从正态分布 (图 10-9)。假设路基面动荷载 σ_{d0} 和临界动应力 σ_{dc} 服

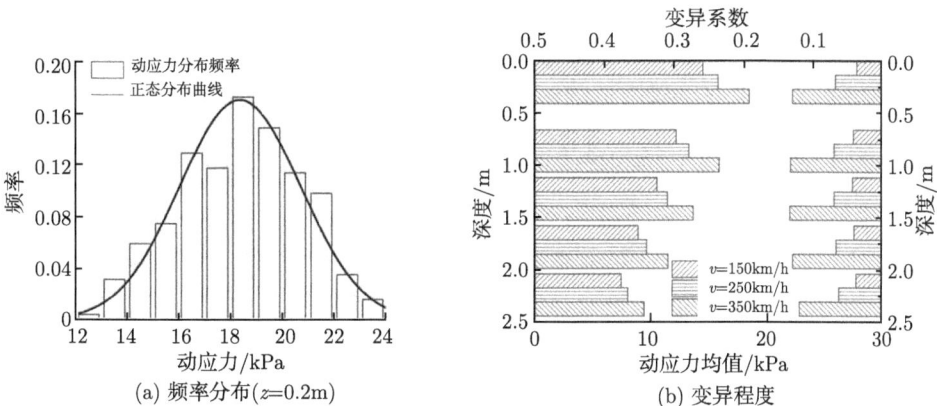

(a) 频率分布(z=0.2m) (b) 变异程度

图 10-9 路基动应力分布预测

从多重分布，其变异系数在 $0.15 \sim 0.30$ 范围内，则各随机变量取值和服从分布类型见表 10-2。根据表 10-2 计算可得，不同均值和变异系数条件下的膨胀土临界动应力分布特征如图 10-10 所示。由图可知，膨胀土路基动应力具有多重拟合性，且随机变量均值和变异系数对其分布特征影响显著。

表 10-2　基于动应力弹性理论解的路基可靠度计算参数

变异条件	路基面动荷载 σ_{d0} / kPa			修正系数 ϕ_d			临界动应力 σ_{dc} / kPa		
	μ_X	V_X	PDF	μ_X	V_X	PDF	μ_X	V_X	PDF
$\delta^{(1)}$	98.8	0.15	正态分布	1.50	0.05	正态分布	31.5	0.10	正态分布
$\delta^{(2)}$	98.8	0.20	正态分布	1.50	0.10	正态分布	31.5	0.15	正态分布
$\delta^{(3)}$	98.8	0.25	正态分布	1.50	0.15	正态分布	31.5	0.20	正态分布
$\delta^{(4)}$	98.8	0.15	对数正态分布	1.50	0.05	正态分布	31.5	0.10	正态分布
$\delta^{(5)}$	98.8	0.15	Gumbel分布	1.50	0.05	正态分布	31.5	0.10	正态分布
$\delta^{(6)}$	98.8	0.15	Weibull分布	1.50	0.05	正态分布	31.5	0.10	正态分布

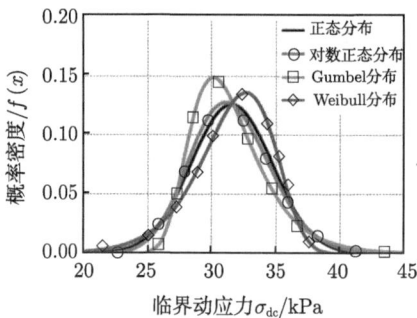

(a) 分布类型

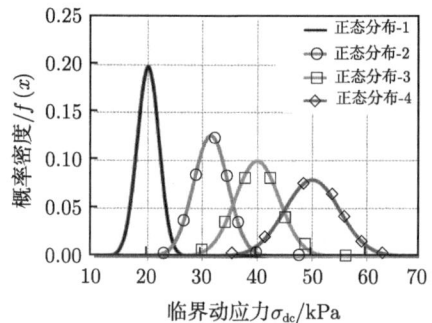

(b) 均值

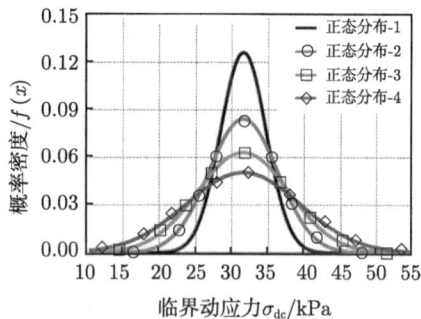

(c) 变异系数

图 10-10　膨胀土临界动应力统计分布概型

2) 路基可靠度计算结果分析

(1) 以典型弱—中膨胀土路堑基床为例, 基床换填厚度 0.5m, 列车运行速度按 $v = 250$km/h 考虑, 则按公式 (10-12) 计算的动力放大系数 $\phi_d = 1.5$。列车荷载作用下膨胀土地基面动应力频率和累积频率分布如图 10-11 和图 10-12 所示。由图

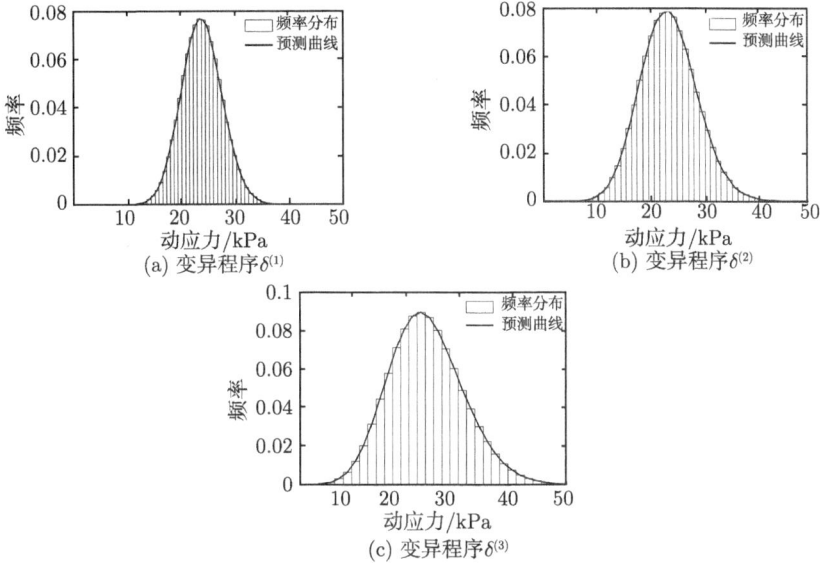

图 10-11　膨胀土地基面动应力频率分布

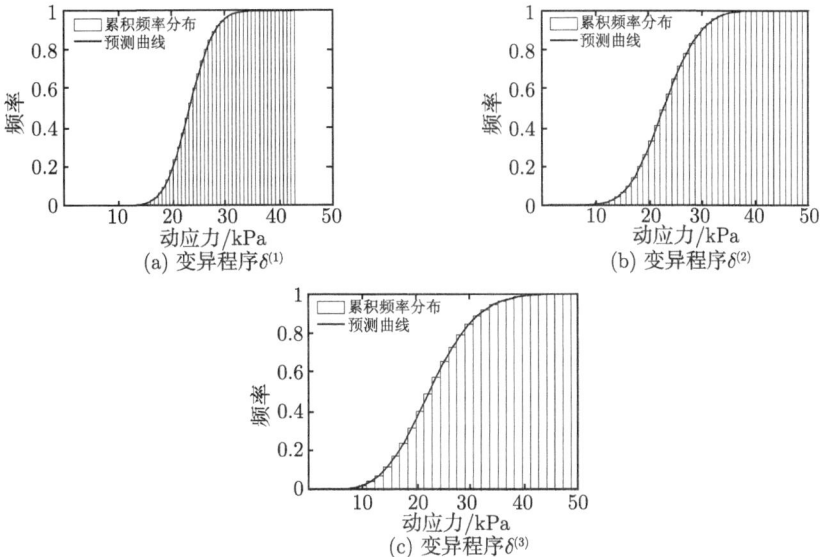

图 10-12　膨胀土地基面动应力累积频率分布

可得, 考虑列车荷载和各计算参数的不确定性后, 膨胀土地基面动应力不再是一个确定性的值, 而是服从某一分布的随机变化值; 膨胀土地基面动应力频率分布符合正态分布, 且计算参数变异程度越小动应力频率分布曲线呈 "高瘦型", 即其值分布范围越集中; 计算参数变异程度越大动应力频率分布曲线呈 "矮胖型", 即其值分布范围越离散。同时, 计算参数变异程度越小动应力累积频率分布曲线越陡; 计算参数变异程度越大动应力累积频率分布曲线越缓。

图 10-13 为不同变异条件下 (表 10-2) 膨胀土地基面动应力概率密度分布和累积概率分布。由图可得, 考虑列车荷载和各计算参数的不确定性后, 膨胀土地基面动应力近似服从正态分布, 随着变异程度的增加, 动应力概率密度分布和累积概率分布范围越大, 与确定性计算结果的偏差越大, 即接近程度的概率显著降低。因此, 概率分析方法能较好地考虑列车动荷载和其他不确定因素条件下路基动力响应的不确定性, 比确定性分析方法具有更强的适用性和广泛性。

(2) 以典型弱—中膨胀土路堑基床为例, 基床换填厚度 0.5m, 假设路面荷载服从 4 种分布类型, 分别采用一次二阶矩法和蒙特卡罗法计算路基可靠度指标, 计算结果见表 10-3。由表可得, 一次二阶矩法和蒙特卡罗法计算得到的可靠度指标总体是一致的; 当路基面荷载均值和变异系数相同的情况下, 以蒙特卡罗法计算结果为参照, 变量服从 4 种分布所对应的可靠度指标误差依次为 0.6%, 1.0%, 14.6% 和 -7.4%, 即变量服从正态分布 ($\delta^{(1)}$) 和对数正态分布 ($\delta^{(2)}$) 情况下两种方法计算所得的可靠度指标基本吻合, 但当变量服从 Gumbel 分布 ($\delta^{(3)}$) 和 Weibull 分布 ($\delta^{(4)}$) 情况时, 两种方法计算所得的可靠度指标差异较为明显。因此, 合理确定随机变量分布类型、均值、变异系数等参数是非常关键的, 且采用矩法和蒙特卡罗法计算路基可靠度均是可行的。综上所述, 蒙特卡罗法概念明确、使用方便, 且计算结果更为精确, 故本书路基可靠度计算均采用蒙特卡罗法进行计算分析。

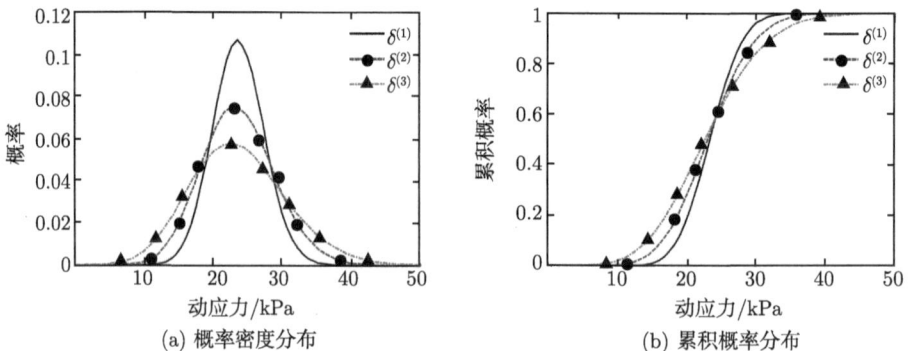

(a) 概率密度分布　　　　　　　(b) 累积概率分布

图 10-13　膨胀土地基面动应力频率分布

(3) 假设各随机变量均服从正态分布,根据动应力评价路基稳定性,分别对 5 类基床换填厚度 0.5m, 0.8m, 1.0m, 1.2m, 1.6m(文中简称 $T^{(0.5)}$, $T^{(0.8)}$, $T^{(1.0)}$, $T^{(1.2)}$, $T^{(1.6)}$) 的路基进行可靠度计算,计算深度 z 分别对应为 1.4m, 1.7m, 1.9m, 2.1m, 2.5m,计算结果见表 10-4。由表可得,在地基膨胀土为同一类型条件下,随着基床换填厚度的增加,路基可靠度指标也显著提高;当随机变量变异程度增大时,可靠度指标也显著降低。由此说明,考虑计算参数的不确定性,使得计算结果偏离预定目标的可能性增大,而这种结果也更具广泛性和实用性,为高速铁路路基设计提供了一种新的途径。

表 10-3　可靠度计算结果对比 ($T^{(0.5)}$)

变异条件	$\delta^{(1)}$	$\delta^{(4)}$	$\delta^{(5)}$	$\delta^{(6)}$
一次二阶矩法	1.590	1.563	1.754	1.517
蒙特卡罗法	1.581	1.547	1.531	1.638

表 10-4　基于动应力控制的膨胀土路基可靠度指标-I

类型	弱—中膨胀土		中—强膨胀土		
	$T^{(0.5)}$	$T^{(0.8)}$	$T^{(1.0)}$	$T^{(1.2)}$	$T^{(1.6)}$
λ_B 和 ϕ_d	0.160,1.5	0.124,1.5	0.110,1.5	0.092,1.5	0.070,1.5
$\delta^{(1)}$ 蒙特卡罗法	1.581	3.023	2.094	3.101	4.526
$\delta^{(2)}$ 蒙特卡罗法	1.094	2.058	1.438	2.111	3.082
$\delta^{(3)}$ 蒙特卡罗法	0.839	1.561	1.096	1.599	2.323

注: 表中 $T^{(0.5)}$ 代表基床换填厚度为 0.5m,其他含义相同

根据上述分析结果,采用传统的弹性理论计算高速铁路路基动应力进行初步设计是可行的,但是由于其未能考虑层状路基结构的弹性参数的影响,再加上乘以一个经验性的动力放大系数 ϕ_d,故该方法计算的路基动应力是偏保守的。同时,结合 10.4 节研究发现,动力放大系数与距路基面深度有关,距离路基表面越深,动力放大现象越显著。因此,在具体工程应用中应结合试验结果进行相互验证。针对此情况,路基动力放大系数 ϕ_d 按公式 (10-15) 计算,则表 10-4 重新计算后的可靠度指标如表 10-5 所示。

对比分析路基可靠度计算结果表 10-4 和 10-5 可知,考虑动力放大系数 ϕ_d 随深度变化计算得到的可靠度指标与实际更为吻合,下节将给出进一步说明。同时由表 10-5 可得,随机变量在变异程度 $\delta^{(1)}$ 条件下,路基可靠度指标 β 均大于 2.50,在变异程度 $\delta^{(3)}$ 条件下,路基可靠度指标 β 均小于 2.50。

表 10-5　基于动应力控制的膨胀土路基可靠度指标-II

类型	弱—中膨胀土		中—强膨胀土		
	$T^{(0.5)}$	$T^{(0.8)}$	$T^{(1.0)}$	$T^{(1.2)}$	$T^{(1.6)}$
λ_B 和 ϕ_d	0.160,1.23	0.124,1.29	0.110,1.32	0.092,1.35	0.070,1.40
$\delta^{(1)}$ 蒙特卡罗法	2.701	3.838	2.815	3.691	4.811
$\delta^{(2)}$ 蒙特卡罗法	1.847	2.611	1.919	2.493	3.303
$\delta^{(3)}$ 蒙特卡罗法	1.403	1.972	1.457	1.888	2.491

2. 基于统计预测模型的路基可靠度计算

1) 路基动应力极限状态方程

根据公式 (10-2) 和公式 (10-49) 可得,高速铁路路基面动应力极限状态方程可表示为

$$Z = \sigma_{dc} - \sigma_{dz} = \sigma_{dc} - \sigma_{d0}\phi_d \left(1 - z/(0.65 + 0.91z)\right) = 0 \tag{10-53}$$

由可靠度理论可得,失效概率 p_f 和可靠度指标 β 分别为

$$p_f = P\left(Z \leqslant 0\right) = P\left\{\sigma_{dc} - \sigma_{d0}\phi_d \left(1 - z/(0.65 + 0.91z)\right) \leqslant 0\right\} \tag{10-54}$$

$$\beta = \Phi^{-1}\left(1 - p_f\right) \tag{10-55}$$

式中:$\Phi(\cdot)$ 为标准正态累积分布函数。

高速铁路路基动应力幅值及分布特征影响因素较多,根据现有文献成果表明:基床和路基范围内动应力大小与行车速度、路基深度、路基土性质及轨道型式相关;列车行驶速度越大,动应力越大;路基动应力沿深度方向的衰减曲线方程可近似由指数函数或双曲线函数描述;在相同条件下,有砟轨道路基面动应力要大于无砟轨道,但无砟轨道路基动应力衰减较慢,且影响深度大。根据现有高速铁路实测数据的统计,有砟轨道路基面动应力幅值范围为 50~75kPa,一般不超过 120kPa,影响深度在 3.0m 左右;无砟轨道路基面动应力幅值范围为 15~40kPa,一般不超过 50kPa,影响深度达 5.0m 左右;路基面动应力幅值不是一个确定值,具有一定的随机性。综上所述,取路基面动荷载均值 $\mu(\sigma_{d0})$ =75kPa,假定其服从多重分布,变异系数在 0.15~0.30 范围内,则各随机变量取值和服从分布类型见表 10-6。根据表 10-6 可得,不同均值和变异系数条件下的路基动应力分布特征如图 10-14 所示。由图可知,路基面荷载采用四种分布类型拟合均是可行的,其分布曲线略有差异;均值和变异系数越大,路基面荷载分布呈 “矮胖型”,相反呈 “瘦高型”。

表 10-6 基于动应力统计预测模型的路基可靠度计算参数

变异条件	路基面动荷载 σ_{d0} / kPa			临界动应力 σ_{dc} / kPa		
	μ_X	V_X	PDF	μ_X	V_X	PDF
$\delta^{(1)}$	75.0	0.15	正态分布	31.5	0.1	正态分布
$\delta^{(2)}$	75.0	0.20	正态分布	31.5	0.15	正态分布
$\delta^{(3)}$	75.0	0.25	正态分布	31.5	0.20	正态分布
$\delta^{(4)}$	75.0	0.15	对数正态分布	31.5	0.10	正态分布
$\delta^{(5)}$	75.0	0.15	Gumbel 分布	31.5	0.10	正态分布
$\delta^{(6)}$	75.0	0.15	Weibull 分布	31.5	0.10	正态分布

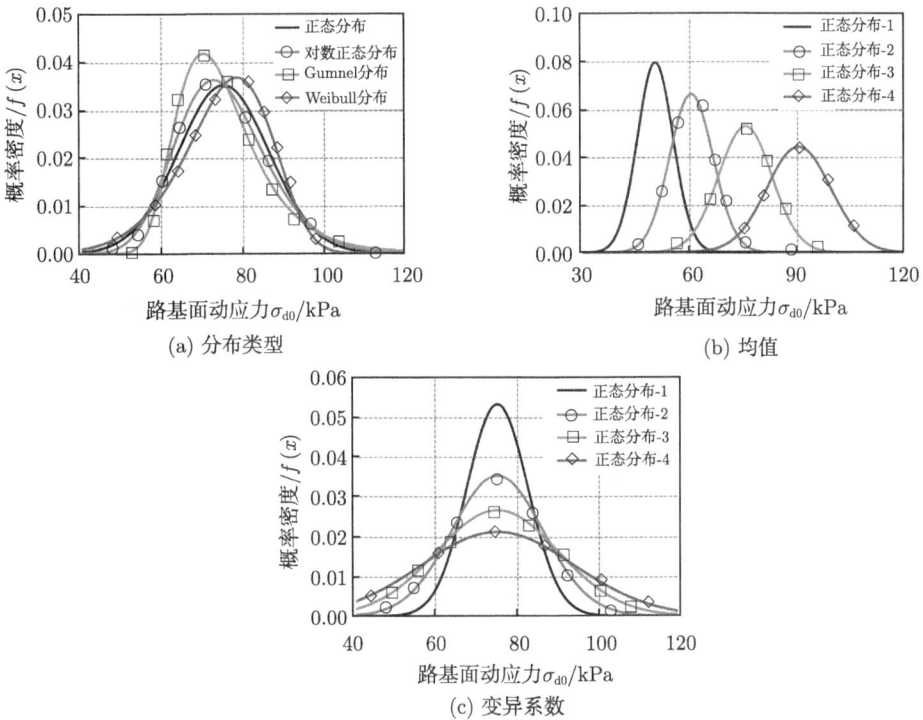

(a) 分布类型

(b) 均值

(c) 变异系数

图 10-14 路基面动荷载计算参数统计分布概型

2) 可靠度计算结果分析

(1) 以典型弱—中膨胀土路堑基床为例,基床换填厚度 0.5m,假设所有随机变量均服从正态分布,并考虑其变异性进行计算分析。图 10-15 和图 10-16 分别为高速列车荷载作用下膨胀土地基面动应力频率和累积频率分布。由图可得,计算参数变异程度越大,动应力频率分布范围越离散,动应力累积频率分布曲线越缓和,其他变化特征与基于弹性理论解计算的可靠度分析结果相同。

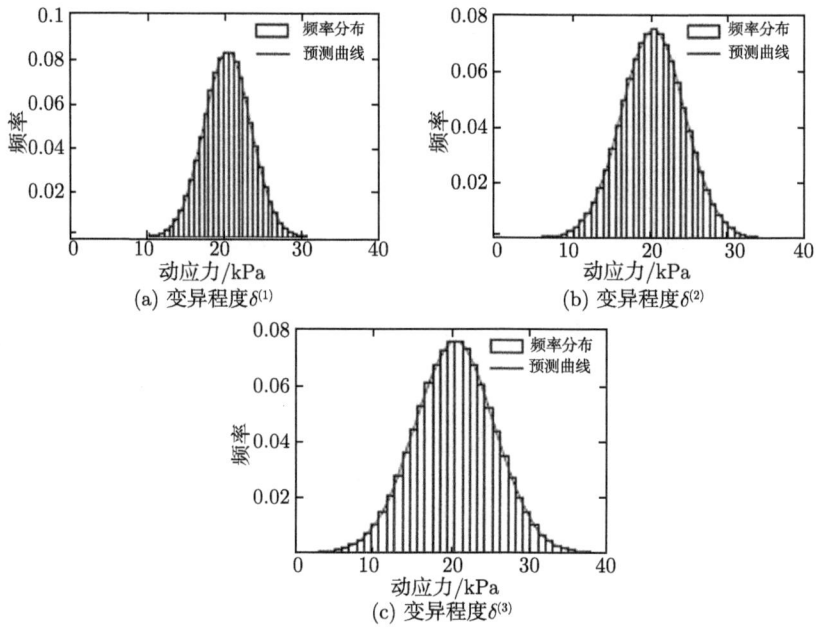

(a) 变异程度δ⁽¹⁾　　　　　　　(b) 变异程度δ⁽²⁾

(c) 变异程度δ⁽³⁾

图 10-15　膨胀土地基面动应力频率分布

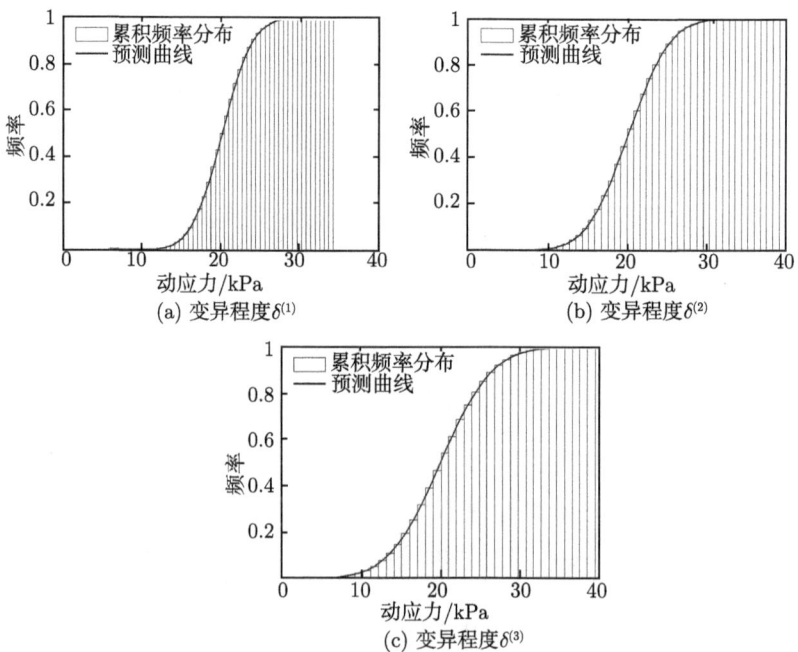

(a) 变异程度δ⁽¹⁾　　　　　　　(b) 变异程度δ⁽²⁾

(c) 变异程度δ⁽³⁾

图 10-16　膨胀土地基面动应力累积频率分布

图 10-17 为不同变异条件下 (表 10-6) 膨胀土地基面动应力概率密度分布和累积概率分布。由图可知,计算参数的变异程度对计算结果影响显著,变异程度越大,动应力分布范围越大,偏离确定性分析结果的概率越大,换而言之,与确定性计算结果相比,概率分析方法计算结果使得不满足规范要求或预定目标的可能性增大。这对于路基工程问题来讲,概率分析方法包含了不确定性因素的可能性,考虑的因素也更加全面。

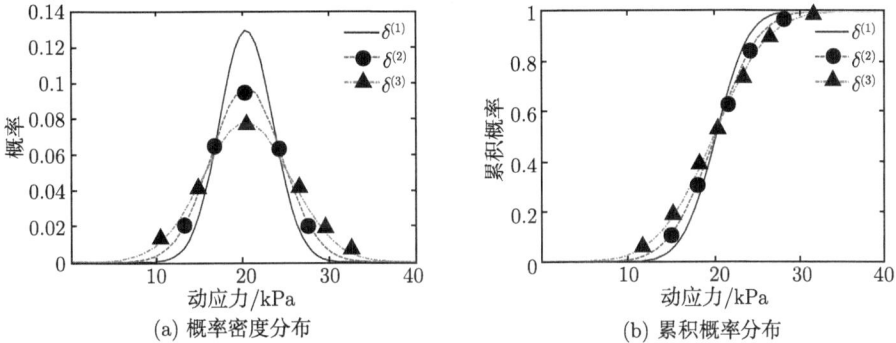

图 10-17 膨胀土地基面动应力概率分布

(2) 以典型弱—中膨胀土路堑基床为例,基床换填厚度 0.5m,假设路面荷载服从 4 种分布类型,分别采用一次二阶矩法和蒙特卡罗法计算路基可靠度指标,计算结果见表 10-7。由表可得,一次二阶矩法和蒙特卡罗法计算得到的可靠度指标基本接近,以蒙特卡罗法计算结果为参照,变量服从 4 种分布所对应的可靠度指标误差依次为 0%,7.8%,20.3% 和 −8.6%,即前两种分布计算的可靠度指标较为吻合,后两者分布计算的可靠度指标差异明显,此结论与前文分析结果相同;在路基面荷载服从 4 种分布类型条件下,两种方法计算得到的可靠度指标存在差异,其范围为 [2.2,2.7]。

(3) 以典型弱—中膨胀土路堑基床为例,基床换填厚度 0.5m,假设各随机变量均服从正态分布,对不同均值和变异系数条件下的路基可靠度指标进行计算分析,计算结果如图 10-18 所示。由图可得,在 $\delta^{(1)}$ 变异条件下,随着路基面荷载均值的增大,可靠度指标 β 范围为 [0.827,4.798],即路基面荷载均值越大,可靠度指标越小,见图 10-18(a);在 $\delta^{(1)}$ 变异条件下,随着路基面荷载变异系数的增大,可靠度指标 β 范围为 [1.608,3.120],即路基面荷载变异系数越大,可靠度指标越小,见图 10-18(b);在 $\delta^{(1)}$ 变异条件下,随着膨胀土临界动应力均值的增大,可靠度指标 β 范围为 [0.917,4.518],即路基面荷载均值越大,可靠度指标越小,见图 10-18(c);在 $\delta^{(1)}$ 变异条件下,随着路基面荷载变异系数的增大,可靠度指标 β 范围为 [1.310,3.212],即路基面荷载变异系数越大,可靠度指标越小,见图 10-18(d);以路基面荷载为例,

当路基面荷载为 σ_{d0} =50.0 kPa 时，三种变异程度 $\delta^{(1)} \sim \delta^{(3)}$ 对应的可靠度指标 β 依次为 4.798,3.217,2.494，由此说明在相同条件下，计算参数变异程度越大，可靠度指标越小；对比分析图 10-18 可知，计算参数均值和变异系数相比，均值变化对可靠度指标的影响更为显著。

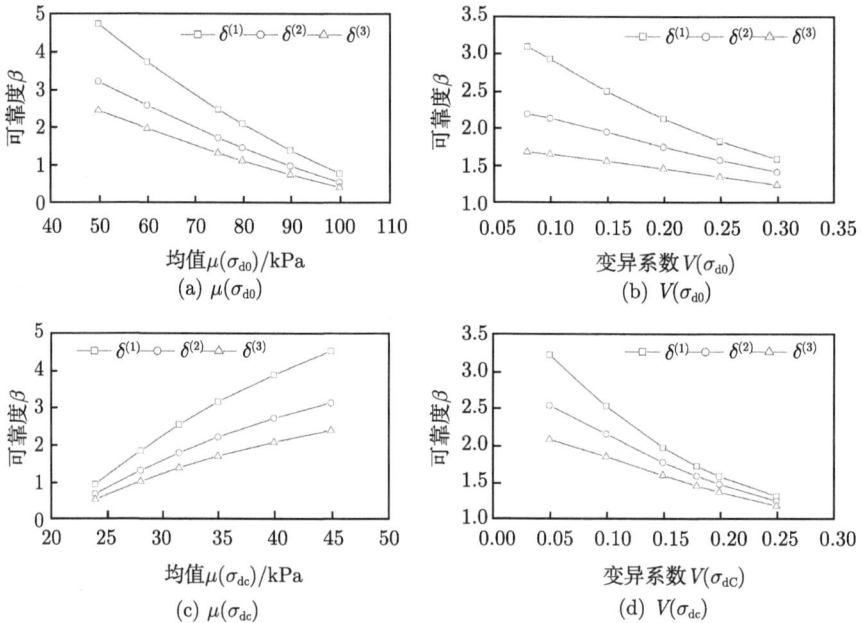

(a) $\mu(\sigma_{d0})$　　　　　　　　　　(b) $V(\sigma_{d0})$

(c) $\mu(\sigma_{dc})$　　　　　　　　　　(d) $V(\sigma_{dc})$

图 10-18　可靠度指标与各计算参数的关系

表 10-7　可靠度计算结果对比 ($T^{(0.5)}$)

变异条件	$\delta^{(1)}$	$\delta^{(4)}$	$\delta^{(5)}$	$\delta^{(6)}$
一次二阶矩法	2.520	2.579	2.695	2.448
蒙特卡罗法	2.520	2.394	2.240	2.679

(4) 假设各随机变量均服从正态分布，根据路基动应力评价路基稳定性，分别对 5 类基床换填厚度 0.5m,0.8m,1.0m,1.2m,1.6m 的路基进行可靠度计算，计算深度 z 分别对应为 1.4m,1.7m,1.9m,2.1m,2.5m，计算结果见表 10-8。由表可得，随机变量在变异程度 $\delta^{(1)}$ 条件下，路基可靠度指标 β 均大于 2.50，在变异程度 $\delta^{(3)}$ 条件下，路基可靠度指标 β 均小于 2.50；计算参数的变异程度越大，路基动应力的失效概率越大，可靠度指标越低；在相同地质条件下，随着基床换填厚度的增加，路基可靠度指标也显著提高。

表 10-8   基于动应力控制的膨胀土路基可靠度指标

类型	弱—中膨胀土		中—强膨胀土		
	$T^{(0.5)}$	$T^{(0.8)}$	$T^{(1.0)}$	$T^{(1.2)}$	$T^{(1.6)}$
λ 和 ϕ_d	0.272,1.0	0.226,1.0	0.201,1.0	0.180,1.0	0.145,1.0
$\delta^{(1)}$ 蒙特卡罗法	2.520	3.581	2.625	3.270	4.417
$\delta^{(2)}$ 蒙特卡罗法	1.768	2.496	1.843	2.285	3.072
$\delta^{(3)}$ 蒙特卡罗法	1.368	1.914	1.420	1.753	2.340

对比路基可靠度指标计算结果表 10-5 和表 10-8 可知，基于弹性理论的修正计算方法，与基于衰减预测模型的计算方法，用于预测高速铁路列车荷载作用下的路基动应力沿深度方向的衰减变化都是可行的，且在此基础上计算得到的路基可靠度指标基本相近，因此两种方法均可用于路基可靠度计算。由于路基动应力衰减预测模型是基于大量实测数据提出的，其工程意义和应用价值更具有实际意义。

10.3   基于动变形控制的膨胀土路基可靠度计算

10.3.1   基于动变形控制的路基稳定性计算模式

根据 3.4 节可知，为了满足安全性、舒适性及永久性的要求，规范规定高速铁路路基以 1.0mm 作为路基面动变形的控制指标，当路基面动变形超过 1.0mm 时，即认为路基不满足动力性能要求。

1) 均质路基

矩形竖向均布荷载作用于弹性半空间表面的 (Boussinesq 课题) 最大位移解为

$$W_{\max} = \frac{2(1+\nu)p_0}{E}\sqrt{lb/\pi} \tag{10-56}$$

式中：p_0 为荷载强度 (kPa)；E 为弹性模量；ν 为泊松比；l, b 为荷载作用面长度和宽度。

2) 层状路基

若路基内任意深度处的动应力大小已知，则根据分层总和法，将基床表层和基床底层分成 n 层 (每层 0.1~ 0.2 m)，根据弹性理论计算每一分层的应变值和变形量，再将各层动变形进行求和，即可得路基面处动变形量，其计算表达式见公式 (10-57)。

$$S_z = \sum_{i=1}^{n}\frac{\sigma_{di}}{E_i}h_i \tag{10-57}$$

式中：σ_{di} 为列车荷载作用下路基各分层的动应力 (kPa)；E_i 为各结构层的弹性模量 (MPa)；h_i 为路基各结构层厚度 (m)；n 为计算土层数。

若路基动应力可采用某一连续函数表达时，可采用分层积分法求解路基面动变形，其计算表达式见公式 (10-58)。

$$\begin{cases} s_i = \int_{h_i}^{h_{i+1}} \frac{\sigma_{\mathrm{d}z}}{E_i} \mathrm{d}z = \frac{1}{E_i} \int_{h_i}^{h_{i+1}} \sigma_{\mathrm{d}z} \mathrm{d}z \\ S_z = \psi \sum_{i=1}^{n} s_i \end{cases} \tag{10-58}$$

式中：S_z 为总变形量 (mm)；ψ 为沉降经验系数，可参考规范取值。

3) 路基面动变形计算与对比

将公式 (10-49) 代入公式 (10-58)，即可得列车荷载作用下弹性层状路基结构路基面动变形计算表达式为公式 (10-59)。

$$\begin{cases} s_i = \frac{1}{E_i} \int_{h_i}^{h_{i+1}} \sigma_{\mathrm{d}0} \phi_{\mathrm{d}} \lambda \mathrm{d}z = \frac{\sigma_{\mathrm{d}0} \phi_{\mathrm{d}}}{E_i} \int_{h_i}^{h_{i+1}} \left(1 - \frac{z}{0.65 + 0.91z} \right) \mathrm{d}z \\ \quad = \frac{\sigma_{\mathrm{d}0} \phi_{\mathrm{d}}}{E_i} \left(f\left(h_{i+1}\right) - f\left(h_i\right) \right) \\ S_{\mathrm{d}0} = \sum_{i=1}^{n} s_i \end{cases} \tag{10-59}$$

其中，$f\left(h\right) = \left[\frac{500}{637} \ln \left(h + \frac{5}{7} \right) - \frac{9}{91} h \right]$。

为方便求解公式 (10-59)，书中采用 MATLAB 语言编程计算。由于列车荷载作用下产生的动应力对地基部分的影响非常小，一般可以忽略不计，故路基弹性变形只考虑基床结构范围的弹性变形。路基动应力沿深度方向的衰减变化按统一预测模型进行计算。根据秦沈线路基面动应力和动变形实测数据，其计算结果见表 10-9。根据表 10-9 对比可得，本书提出的三种临界状态 (上限法、下限法和均值法) 衰减预测模型能较好地预测路基面动变形，且满足现有的高速铁路规范设计要求。

考虑大气因素对膨胀土地基的影响深度范围一般在 2~5m，故取深度 z =3.0m，重点分析该深度范围内的路基弹性变形，计算简图见图 10-19。计算参数具体如下。道床：H_1 =0.35m，E_1 =200MPa，μ_1 =0.25；基床表层：H_2 =0.70m，E_2 =190MPa，μ_2 =0.27；SAWI 层：H_3 =0.20m，E_3 =1000MPa，μ_3 =0.25；基床底层：H_4 =0.5m，

表 10-9 秦沈线路基面动变形对比 ($H_1 = 0.6\text{m}, H_2 = 1.9\text{m}$)

试验条件		神舟号 v=200km/h σ_{d0}=74.9kPa	先锋号 v=200km/h σ_{d0}=41.9kPa	先锋号 v=250km/h σ_{d0}=42.9kPa	中华之星 v=200km/h σ_{d0}=71.8kPa	中华之星 v=250km/h σ_{d0}=72.9kPa	中华之星 v=300km/h σ_{d0}=74.1kPa
实测结果/mm		0.820	0.300	0.320	0.370	0.400	0.440
计算结果/mm	下限	0.350	0.196	0.201	0.336	0.341	0.347
	均值	0.515	0.288	0.295	0.494	0.502	0.510
	上限	0.691	0.387	0.396	0.663	0.673	0.684

$E_4 = 110\text{MPa}$, $\mu_4 = 0.32$；膨胀土地基：弱—中膨胀土 $E_5 = 80\text{MPa}$，中—强膨胀土 $E_5 = 60\text{MPa}$，$\mu_5 = 0.30$。以典型弱—中膨胀土路基断面为例，采用公式 (5-66) 对云桂高速铁路不同基床底层厚度条件下的路基面动变形进行计算，计算结果见表 10-10。由表可得，各种工况条件下路基面动变形均基本满足高速铁路规范要求；在相同条件下，路基面荷载越大，路基面动变形越大；基床厚度越大，路基面动变形越小；当基床厚度增加到一定值时，路基面动变形减小趋势不显著。因此，基于路基动变形要求，合理确定基床换填厚度具有积极意义。

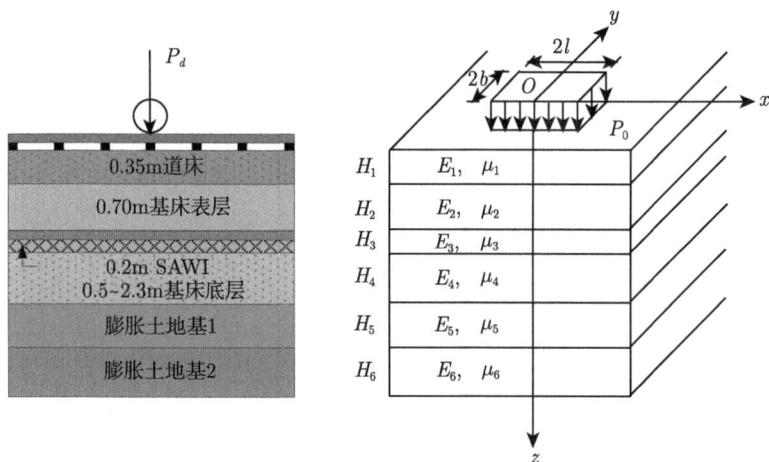

(a)新型基床结构

(b)上部矩形荷载

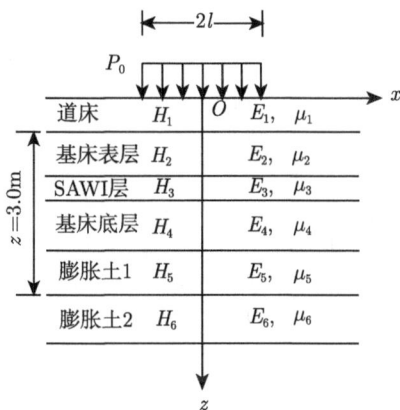

(c)层状路基

图 10-19　云桂铁路路基结构体系计算简图

表 10-10 云桂高速铁路路基路基面动变形对比 ($z = 3.0$m)

试验条件		σ_{d0}=98.8kPa H_4=0.50m	σ_{d0}=98.8kPa H_4=1.00m	σ_{d0}=98.8kPa H_4=2.1m	σ_{d0}=75.0kPa H_4=0.50m	σ_{d0}=75.0kPa H_4=1.00m	σ_{d0}=75.0kPa H_4=2.1m
计算结果 /mm	下限	0.483	0.460	0.432	0.367	0.350	0.328
	均值	0.748	0.708	0.652	0.568	0.538	0.495
	上限	1.044	0.985	0.894	0.792	0.747	0.679

10.3.2　基于动变形极限状态的膨胀土路基可靠度计算

1. 高速铁路路基动变形极限状态方程

根据公式 (10-2) 和公式 (10-59) 可得,高速铁路路基面动变形极限状态方程可表示为

$$Z = 1 - S_{d0} = 1 - \sum_{i=1}^{n} s_i = 0 \tag{10-60}$$

式中:s_i 为列车动荷载作用下路基各结构层的弹性变形 (mm)。

由可靠度理论可得,失效概率 p_f 和可靠度指标 β 分别为

$$p_f = P(Z \leqslant 0) = P\left\{1 - \sum_{i=1}^{n} s_i \leqslant 0\right\} \tag{10-61}$$

$$\beta = \Phi^{-1}(1 - p_f) \tag{10-62}$$

式中:$\Phi(\cdot)$ 为标准正态累积分布函数。

由于土体泊松比的变异性较小,故本书仅考虑路基各结构层弹性模量的变异性对路基可靠度指标的影响。假设弹性模量 E 分别服从正态分布、对数正态分布、Gumbel 分布和 Weibull 分布,则各随机变量取值和服从分布类型见表 10-11。根据表 10-11 计算可得,不同均值和变异系数条件下的弹性模量分布特征如图 10-20 所示 (本书仅给出 SAWI 层和膨胀土层的弹性模量计算结果)。

表 10-11　基于动变形控制的路基可靠度计算参数

变异条件	路基面动荷载 σ_{d0}/kPa			基床表层 E_2/MPa			SAWI 层 E_3/MPa			基床底层 E_4/MPa			膨胀土层 E_5/MPa		
	μ_X	V_X	PDF	μ_X	V_X	PDF	μ_X	V_X	PDF	μ_X	V_X	PDF	μ_X	V_X	PDF
$\delta^{(1)}$	75	0.15	N	190	0.10	L	1000	0.10	L	110	0.10	L	80	0.10	L
$\delta^{(2)}$	75	0.20	N	190	0.20	L	1000	0.20	L	110	0.20	L	80	0.20	L
$\delta^{(3)}$	75	0.25	N	190	0.30	L	1000	0.30	L	110	0.30	L	80	0.30	L
$\delta^{(4)}$	75	0.15	L	190	0.10	L	1000	0.10	L	110	0.10	L	80	0.10	L
$\delta^{(5)}$	75	0.15	G	190	0.10	L	1000	0.10	L	110	0.10	L	80	0.10	L
$\delta^{(6)}$	75	0.15	W	190	0.10	L	1000	0.10	L	110	0.10	L	80	0.10	L
$\delta^{(7)}$	75	0.15	N	190	0.10	G	1000	0.10	G	110	0.10	G	80	0.10	G
$\delta^{(8)}$	75	0.20	N	190	0.20	G	1000	0.20	G	110	0.20	G	80	0.20	G
$\delta^{(9)}$	75	0.25	N	190	0.30	G	1000	0.30	G	110	0.30	G	80	0.30	G

注:N 为正态分布;L 为对数正态分布;W 为 Weibull 分布;G 为 Gumbel 分布

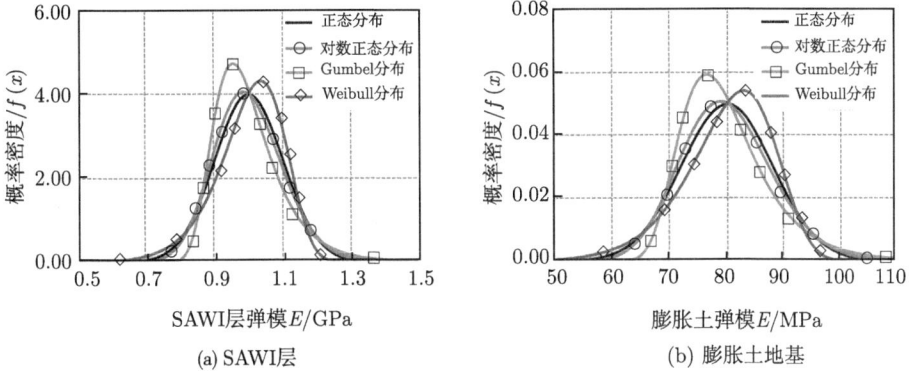

(a) SAWI层

(b) 膨胀土地基

图 10-20 路基结构层弹性模量统计分布概型

2. 高速铁路路基动变形可靠度计算

(1) 以典型弱—中膨胀土路堑基床为例，基床换填厚度 0.5m，假设路面动荷载服从正态分布，路基各结构层弹性模量均服从对数正态分布，采用蒙特卡罗法分别计算路基面动变形的概率分布、路基失效概率 p_f 和可靠度指标 β。列车荷载作用下路基面动变形频率和累积频率分布如图 10-21 和图 10-22 所示。由图可得，考

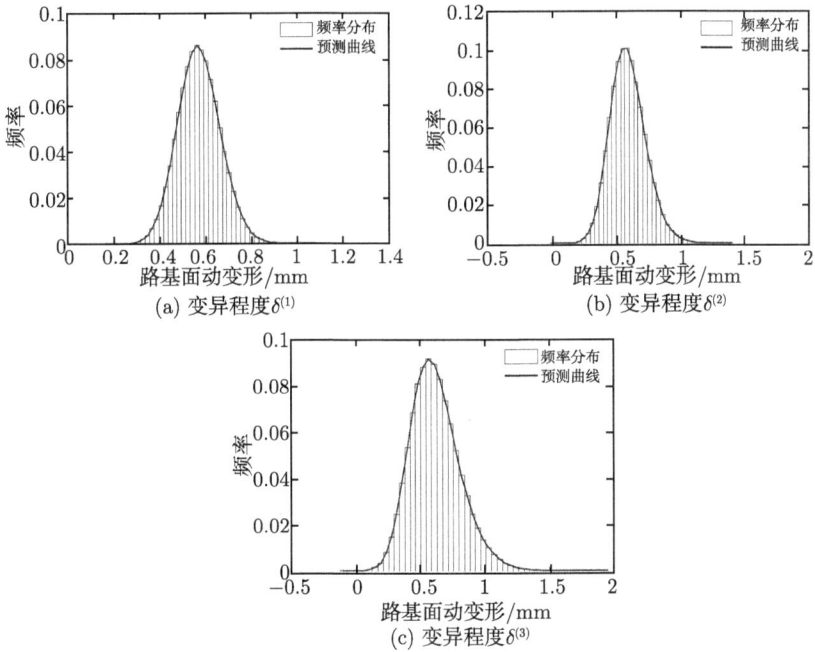

(a) 变异程度 $\delta^{(1)}$

(b) 变异程度 $\delta^{(2)}$

(c) 变异程度 $\delta^{(3)}$

图 10-21 路基面动变形频率分布

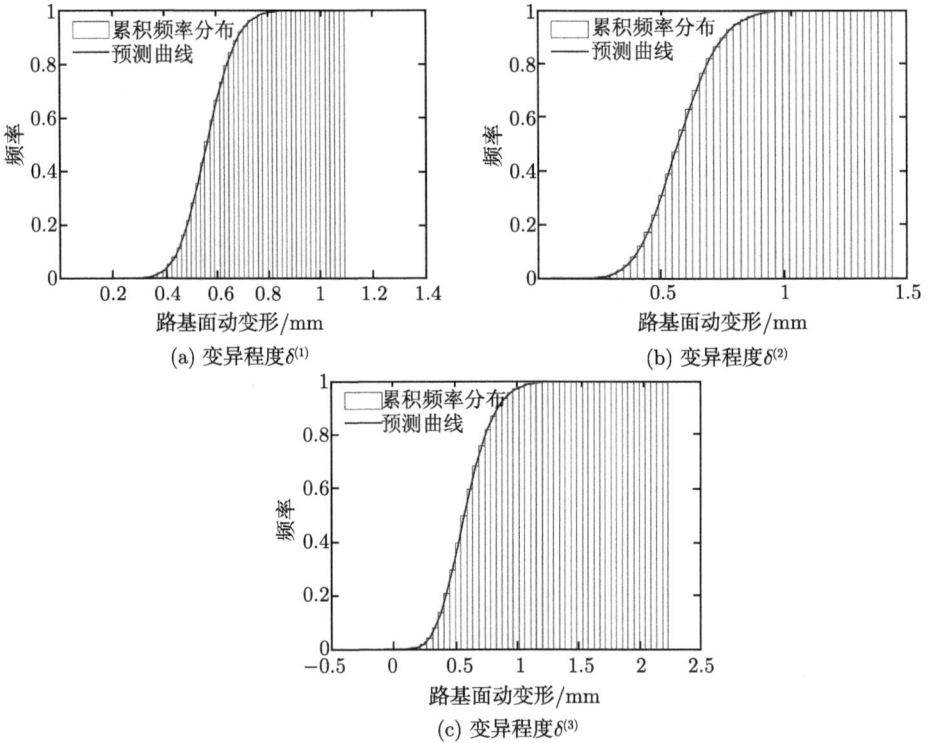

(a) 变异程度 $\delta^{(1)}$

(b) 变异程度 $\delta^{(2)}$

(c) 变异程度 $\delta^{(3)}$

图 10-22　路基面动变形累积频率分布

虑列车荷载和各结构层计算参数的不确定性后，路基面动变形在一定区间内变化，而不再是一个确定性的值。当各计算参数变异程度增大时，路基面动变形波动范围随着扩大，路基面动变形大于 1.0mm 的可能性和频率将增大，即路基动变形的失效概率将增大。

图 10-23 为不同变异条件下 (表 10-11) 路基面动变形的概率密度分布和累积

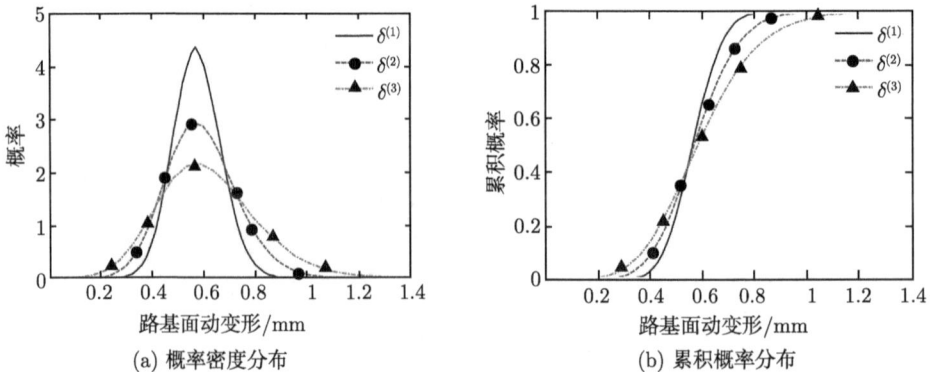

(a) 概率密度分布

(b) 累积概率分布

图 10-23　路基面动变形概率分布

概率分布。由图可得，考虑列车动荷载和各结构层计算参数的不确定性后，路基面动变形近似服从正态分布；在变异条件 $\delta^{(1)}$ 下，极限承载力分布范围为 $[0.3, 0.9]$，在变异条件 $\delta^{(2)}$ 下，极限承载力分布范围为 $[0.2, 1.1]$，在变异条件 $\delta^{(3)}$ 下，极限承载力分布范围为 $[0.1, 1.3]$；随着变量变异程度的增加，路基面动变形概率密度分布和累积概率分布范围扩大，但其峰值对应的路基面动变形与确定性分析到的结果是一致的，即变异程度越大，偏离确定性分析结果或不满足《规范》要求 (小于 1.0mm) 的概率增加。

(2) 以典型弱—中膨胀土路堑基床为例，基床换填厚度 0.5m，假设路面动荷载服从 4 种分布类型，路基各结构层弹性模量均服从对数正态分布或 Gumbel 分布，分别采用蒙特卡罗法计算路基可靠度指标，并进行对比分析，计算结果见表 10-12。由表可得，当路基面荷载 σ_{d0} 分别服从正态分布、对数正态分布、Gumbel 分布和 Weibull 分布时，路基可靠度指标依次为 4.189, 3.542, 3.003, 5.068，由此说明，路基面荷载分布类型对基于动变形控制的路基可靠度指标影响显著；当路基各结构层弹性模量分别服从对数正态分布 $(\delta^{(1)} \sim \delta^{(3)})$ 和 Gumbel 分布 $(\delta^{(7)} \sim \delta^{(9)})$ 时，计算所得的路基可靠度指标略有差异。基于上述分析可得，路基面荷载大小、变异程度、分布类型对路基面动变形影响较大，当其分布类型不确定的情况下，可假设其服从正态分布；假设路基各结构层弹性模量服从对数正态分布和 Gumbel 分布均是可行的。

表 10-12　可靠度计算结果对比 $(T^{(0.5)})$

变异条件	E_i 服从对数正态分布						E_i 服从 Gumbel 分布		
	$\delta^{(1)}$	$\delta^{(2)}$	$\delta^{(3)}$	$\delta^{(4)}$	$\delta^{(5)}$	$\delta^{(6)}$	$\delta^{(7)}$	$\delta^{(8)}$	$\delta^{(9)}$
蒙特卡罗法	4.189	2.606	1.795	3.542	3.003	5.068	4.356	2.761	1.851

(3) 以典型弱—中膨胀土路堑基床为例，基床换填厚度 0.5m，假设路基面动荷载服从正态分布，路基各结构层弹性模量服从对数正态分布，对不同均值和变异系数条件下的路基可靠度指标变化规律进行计算分析，计算结果如图 10-24 所示。

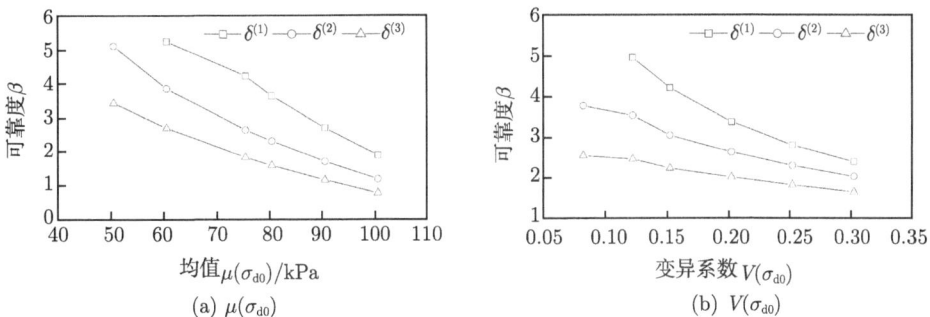

(a) $\mu(\sigma_{d0})$　　　　(b) $V(\sigma_{d0})$

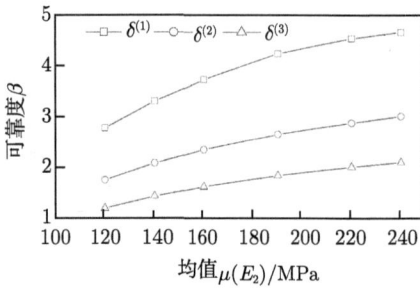

(c) $\mu(E_2)$

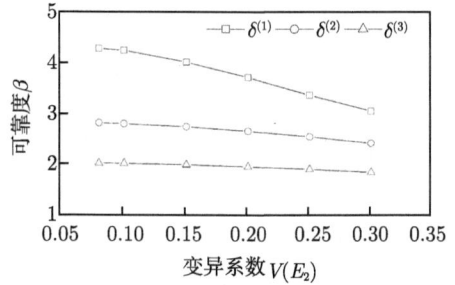

(d) $V(E_2)$

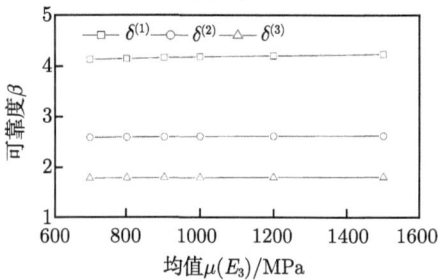

(e) $\mu(E_3)$

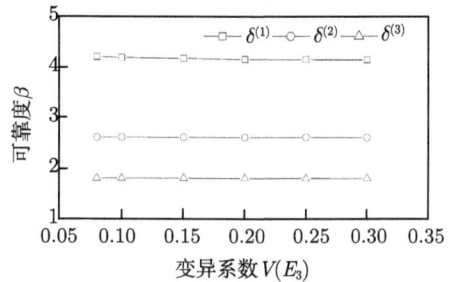

(f) $V(E_3)$

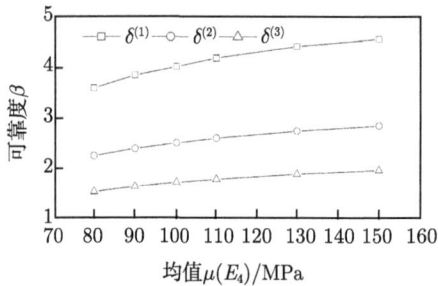

(g) $\mu(E_4)$

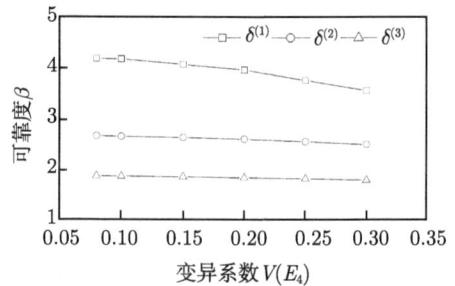

(h) $V(E_4)$

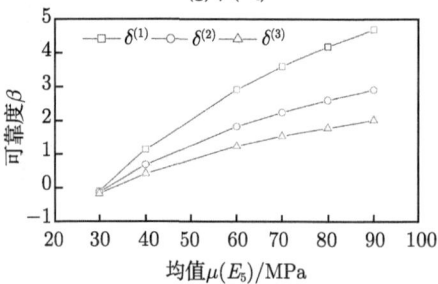

(i) $\mu(E_5)$

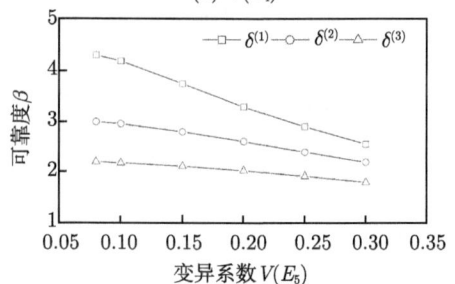

(j) $V(E_5)$

图 10-24　可靠度指标与各计算参数的关系

由图可得,路基面荷载均值和变异系数越大,可靠度指标越小;路基各结构层弹性模量均值越大可靠度指标越大,其变异系数越大可靠度指标越小;路基面荷载、基床表层弹模和膨胀土地基弹模均值和变异系数对路基可靠度指标的影响最为显著;基床底层弹模均值和变异系数对路基可靠度指标的影响次之;SAWI 层弹模均值和变异系数对路基可靠度指标的影响最小,这是由于 SAWI 层厚度较小,其参数变化对可靠度指标影响不显著;当基床换填厚度较小时,其对路基动变形的影响较小,转而由主要持力层的膨胀土地基承担 (3.0m 深度范围),故表现为膨胀土地基弹模均值和变异系数对路基可靠度指标的影响较为明显。因此,在实际工程中,合理控制路基面荷载和确定各结构层参数对控制路基面动变形具有关键意义。

(4) 假设路基面动荷载服从正态分布,路基各结构层弹性模量服从对数正态分布,根据路基面动变形不大于 1.0mm 的控制标准评价路基的可靠性,分别对 5 类基床换填厚度 0.5m, 0.8m, 1.0m, 1.2m, 1.6m 的路基进行可靠度计算,计算深度 z 分别对应为 1.4m, 1.7m, 1.9m, 2.1m, 2.5m,计算结果见表 10-13。由表可得,计算参数的变异程度越大,路基面动变形的失效概率越大,可靠度指标越低,且衰减变化较为显著;在相同地质条件下,增加基床换填厚度对提高路基可靠度指标效果明显;随机变量在变异程度 $\delta^{(1)}$ 条件下,路基可靠度指标 β 均大于 3.50,在变异程度 $\delta^{(3)}$ 条件下,路基可靠度指标 β 均小于 2.50。若取目标可靠度指标 $\beta_{\text{Target}} = 2.50$,由表 10-13 可知,在变异程度 $\delta^{(1)}$ 和 $\delta^{(2)}$ 条件下 $\beta \geqslant \beta_{\text{Target}}$,在变异程度 $\delta^{(3)}$ 条件下 $\beta < \beta_{\text{Target}}$,故若需满足目标可靠度指标,则计算参数的变异条件应低于 $\delta^{(2)}$。

表 10-13　基于动变形控制的膨胀土路基可靠度指标

类型	弱—中膨胀土		中—强膨胀土		
	$T^{(0.5)}$	$T^{(0.8)}$	$T^{(1.0)}$	$T^{(1.2)}$	$T^{(1.6)}$
$\delta^{(1)}$ 蒙特卡罗法	4.189	4.526	3.912	4.203	4.625
$\delta^{(2)}$ 蒙特卡罗法	2.606	2.844	2.453	2.651	2.926
$\delta^{(3)}$ 蒙特卡罗法	1.795	1.967	1.683	1.825	2.027

10.4　基于地基承载力控制的膨胀土路基可靠度计算

10.4.1　基于地基承载力控制的路基稳定性计算模式

1. 基于极限平衡理论的地基承载力计算模型

极限承载力公式最先由普朗特 (L. Prandtl) 提出,后来由赖斯诺 (H. Reissner)、太沙基 (K. Terzaghi) 和梅耶霍夫 (Meyerhof) 等进行了补充,计算模型如图 10-25 和图 10-26 所示。普朗特提出的均质地基极限承载力计算公式为

$$p_{u} = c \cot \varphi \left[\exp\left(\pi \tan \varphi \right) \left(\frac{1 + \sin \varphi}{1 - \sin \varphi} \right) - 1 \right] \tag{10-63}$$

式中：c 为土体黏聚力 (kPa)；φ 为土体内摩擦力 (°)。

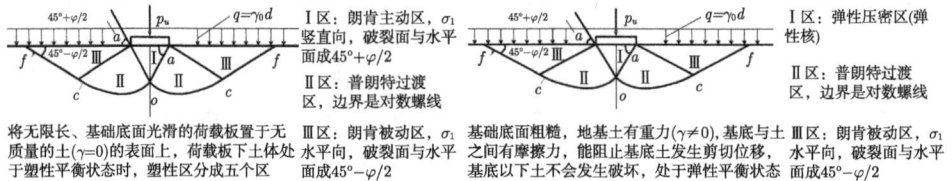

(a) 普朗特课题

(b) 太沙基课题

图 10-25　地基极限承载力课题

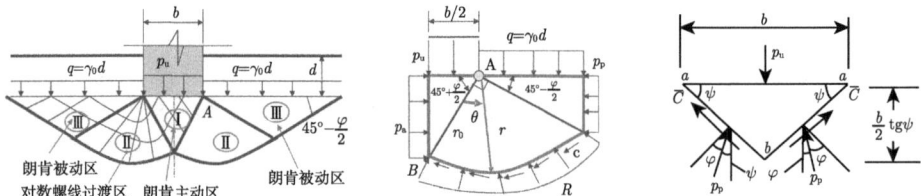

(a) 普郎特方法

(b) 太沙基方法

图 10-26　地基极限承载力计算表方法

赖斯诺提出的均质地基极限承载力计算公式：

$$\begin{cases} p_{u} = cN_{c} + qN_{q}, \\ N_{q} = \exp\left(\pi \tan \varphi \right) \tan^{2}(45° + \varphi/2), \quad N_{c} = (N_{q} - 1) \cot \varphi \end{cases} \tag{10-64}$$

太沙基提出的均质地基极限承载力计算公式：

$$\begin{cases} p_{u} = cN_{c} + \gamma_{0}dN_{q} + \frac{1}{2}\gamma bN_{\gamma} \\ N_{R,q} = \dfrac{\exp\left[3\pi/2 - \varphi \tan \varphi \right]}{2\cos^{2}\left(45° - \varphi/2 \right)}, \ N_{R,c} = (N_{q} - 1) \cot \varphi, \ N_{R,\gamma} = \dfrac{1}{2}\left(\dfrac{k_{p\gamma}}{\cos^{2}\varphi} - 1 \right) \tan \varphi \\ N_{S,q} = \exp\left(\pi \tan \varphi \right) \tan^{2}\left(45° + \dfrac{\varphi}{2} \right), \ N_{S,c} = (N_{q} - 1) \cot \varphi, \ N_{S,\gamma} = 1.8(N_{q} - 1) \tan \varphi \end{cases} \tag{10-65}$$

式中：$N_{i,c}$，$N_{i,\gamma}$，$N_{i,q}$ 为承载力系数，R，S 分别代表地基底面粗糙和光滑；γ_{0} 为基础两侧土重度 (kN/m^{3})；γ 为地基土重度 (kN/m^{3})；d 为基础埋深 (m)；b 为基础宽度 (m)；$k_{p\gamma}$ 为被动土压力系数。

在浅基础地基承载力计算中一般忽视基础以上土体的抗剪强度，必然低估了地基承载力，当基础埋深较小的时候，误差可以忽略不计，但对深基础就会带来过大误差。关于深基础的地基承载力通常采用梅耶霍夫提出的均质地基极限承载力计算公式：

$$p_{\text{u}} = cN_c + \sigma_0 N_q + 1/2\gamma b N_\gamma \tag{10-66}$$

式中：N_c, N_q, N_γ 为承载力系数；σ_0 为等代应力 (kPa)。

2. 铁路路基下膨胀土地基承载力计算模型

膨胀土对湿度状态十分敏感，不仅能引起胀缩变形，而且使强度发生显著变化。一些学者对膨胀土压力的分布规律、膨胀土地基承载力随含水率的变化规律以及膨胀土地基极限承载力计算方法进行了研究，一致认为膨胀土含水率将显著影响膨胀土地基的承载力，浸水后膨胀土地基极限承载力为浸水前的 12%~14%，并建议在实际过程中应尽量保持膨胀土中的含水率不变，在基底下铺设一层砂垫层可有效改善地基的承载力。

因此，针对膨胀土地基承载力确定问题，应该考虑膨胀土地基在服役过程受气候影响引起的含水率变化对地基承载力的影响。文献 [89] 中认为膨胀土地基极限承载力包括饱和土地基极限承载力和膨胀力引起的承载力两部分，并据此提出了修正的太沙基极限承载力计算方法，其计算表达式为

$$p_{\text{u}} = cN_c + \gamma_0 d N_q + 1/2\gamma b N_\gamma + P_s N_s \tag{10-67}$$

式中：N_c, N_q, N_γ 为太沙基承载力系数；P_s 为膨胀力 (kPa)；N_s 为膨胀力引起的承载力系数，一般取 $N_s = 5/3$；其他参数含义同上。

文献 [137] 中以宁夏膨胀土为例，膨胀土计算参数：容重 $\gamma = 19.6$ kN/m^3，干密度 $\rho_{\text{d}} = 1.59 \text{g/cm}^3$，黏聚力 $c = 19.0\text{kPa}$，内摩擦角 $\varphi = 23°$，膨胀力 $P_s = 90\text{kPa}$。假设膨胀土地基基底为完全光滑和完全粗糙两种类型，计算得到的地基承载力 $f_{\text{光滑}} = 244\text{kPa}$，$f_{\text{粗糙}} = 300\text{kPa}$，实测值 $f_{\text{实测}} = 250\text{kPa}$。以实测值为标准，两种类型地基的计算值与实测值相比误差分别为 -2.4% 和 20%，可见，假设膨胀土基底完全光滑条件下的计算值与实测值较吻合。

文献 [139] 中以南京灰白色膨胀土地基为例，对浸水条件下不同干密度的膨胀土地基极限承载力进行了模型试验和理论计算，其中干密度 $\rho_{\text{d}} = 1.60 \text{g/cm}^3$ 的膨胀土地基极限承载力实测值 $f_{\text{实测}} = 234.0$ kPa，计算值 $f_{\text{计算}} = 216.3$ kPa，计算值与实测值相比误差为 -7.6%。

诸多学者通过现场载荷试验等方法对膨胀土地基承载力进行了测试和分析，膨胀土地基极限承载力统计结果如图 10-27 所示。由图可得，膨胀土极限承载力随初始含水率增加呈衰减趋势，且采用线性函数和指数函数拟合均是可行的，拟

合函数详见图 10-27(a)；膨胀土极限承载力在 150~400kPa 范围出现的频率最高（图 10-27(b)），对应的含水率范围为 18%~28%；一般情况下，膨胀土的含水率约为 20%，其对应的极限承载力约为 370kPa；当在浸水状态下，膨胀土地基中的含水率超过 30% 后，其极限承载力衰减非常显著。因此，控制膨胀土中的湿度状态，对其强度和承载性能具有关键意义。

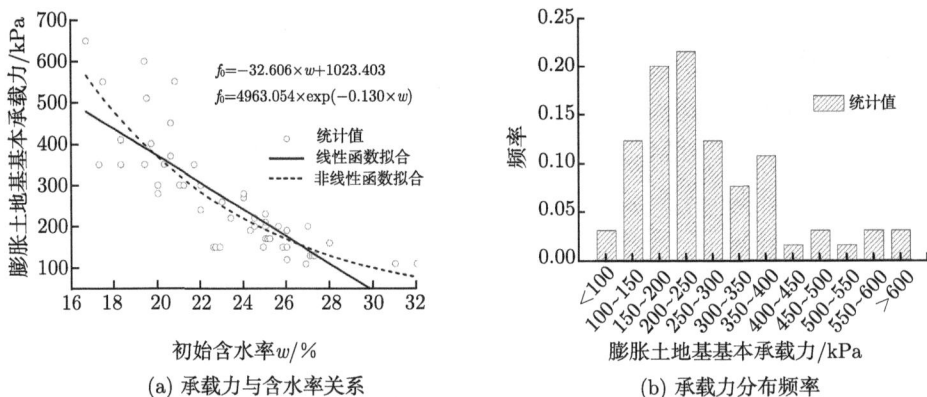

$f_0 = -32.606 \times w + 1023.403$

$f_0 = 4963.054 \times \exp(-0.130 \times w)$

(a) 承载力与含水率关系

(b) 承载力分布频率

图 10-27　膨胀土地基承载力统计值

以云桂线试验段典型弱—中膨胀土和中—强膨胀土地基为例，弱—中膨胀土计算参数为天然密度 $\rho = 1.87 \, \text{g/cm}^3$，天然含水率 $\omega = 15.9\%$，黏聚力 $c = 49.07\text{kPa}$，内摩擦角 $\varphi = 12.81°$，膨胀力 $P_s = 160\text{kPa}$，$d_1 = 3.0\text{m}$，$b_1 = 6.0\text{m}$；中—强膨胀土计算参数为天然密度 $\rho = 1.96 \, \text{g/cm}^3$，天然含水率 $\omega = 23.4\%$，黏聚力 $c = 57.78\text{kPa}$，内摩擦角 $\varphi = 12.07°$，膨胀力 $P_s = 230\text{kPa}$，$d_1 = 3.7\text{m}$，$b_1 = 7.5\text{m}$。采用公式 (10-67) 计算得到的膨胀土地基极限承载力见表 10-14。

表 10-14　云桂铁路膨胀土地基极限承载力对比

类型	N_c	N_q	N_γ	N_s	公式 (10-67) 不考虑 P_s/kPa	公式 (10-67) 考虑 P_s/kPa
弱—中膨胀土，基床厚 1.4m	9.70	3.20	0.90	$-5/3$	709.3	442.6
中—强膨胀土，基床厚 2.1m	9.34	3.00	0.77	$-5/3$	767.5	384.2

综上所述，采用公式 (10-67) 计算膨胀土地基极限承载力与实测结果比较接近，可采用此公式对实际工程进行计算分析。基于此，本书借助公式 (10-67) 对云桂铁路路基下膨胀土地基极限承载力进行深入分析。

3. 铁路路基下土质地基承载力的讨论

合理、准确确定地基承载力是工程地质勘查中的关键问题之一，也是工程结构安全可靠的基础保证，特别是在铁路工程中，需控制路基变形在允许的范围内，确保铁路运营的安全性和舒适性。目前我国铁路部门的相关规范和标准中关于铁路地基承载力的要求存在较大差异和不足，缺乏完整、具体的说明和基础理论，给工程应用带来诸多不便，也阻碍了铁路地基承载力问题理论研究的进一步发展，对铁路地基承载力问题的研究具有重要工程和理论意义。各规范对地基承载力的具体规定如下。

《铁路路基设计规范》(TB 10001—2005) 中 7.1.5 条规定 "地基表层为软弱土层，当其静力触探比贯入阻力 P_s 值：Ⅰ级铁路小于 1.2MPa；Ⅱ级铁路小于 1.0MPa 时；或天然地基基本承载力 σ_0：Ⅰ级铁路小于 0.15MPa，Ⅱ级铁路小于 0.12MPa 时，应根据软弱土层的性质、厚度、含水率、地表积水深度等，采取地基加固措施"，但没有明确写出处理后的复合地基承载力要求。其条文说明中说道 "如软弱土层较厚，按一般原则处理不能保证路基稳定时，应按软土地基处理方法加固地基"，说明这一条规定本质上还是对地基稳定性提出的要求。

《新建时速 200km 客货共线铁路设计暂行规定》(铁建设函 [2005]285 号) 中没有针对一般路堤地基承载力方面的规定，仅 4.4.7 条规定低矮路堤基床范围内的地基土 $P_s \geqslant 1.5$MPa，或允许承载力 $[\sigma] \geqslant 0.18$MPa，不能满足时，应采取土质改良或加固措施。

《新建时速 200~250 公里客运专线铁路设计暂行规定》(铁建设函 [2005]140 号) 中 4.4.4 条 "当路基基底压缩层范围内 (一般不小于 25m) 的地基土不符合表 4.4.4 要求时，应结合架梁和铺轨的施工组织安排和工期要求，进行工后沉降分析"，表 4.4.4 中 "黏性土比贯入阻力 $P_s > 1.20$MPa 或 $\sigma_0 \geqslant 0.15$MPa"。

《规范》中没有明确提出有关地基承载力方面的要求，仅在 6.5.2 条中给出 "路堑基床范围内的地基土 $P_s \geqslant 1.50$MPa 或 $\sigma_0 \geqslant 0.18$MPa"。不能满足时，应采取土质改良或加固措施。对于膨胀土路基，应计算路基变形，并分析路基的稳定性。《高速铁路设计规范条文说明》中，在 6.4.2 条中给出黏性土比贯入阻力 $P_s > 1.20$MPa 或 $\sigma_0 \geqslant 0.15$MPa"。

《铁路工程地基处理技术规程》(TB 10106—2010) 中 3.3.2 条规定，复合地基处理后的地承载力应满足：

$$p_k = \gamma H_0 + \frac{P - \gamma B^2/m}{H_0\left[\alpha + m/(1+m^2)\right]} \leqslant k\left[\sigma\right] \tag{10-68}$$

式中：p_k 为基底压力；$[\sigma]$ 为地基容许承载力；k 为计算修正系数，对于柔性基础地基可取 1.2~1.5；γ 为路基填料容重；H_0 为换算土柱高度；α 为边坡斜率 m 的反正切，以弧度计，$\alpha =\mathrm{arctan}m$；P 为列车活重和轨道静重组成的换算土柱荷载；B 为路基面对半宽；m 为边坡坡率。

10.4.2　基于地基承载力极限状态的膨胀土路基可靠度计算

综上所述，本书取高速铁路路基下土质地基基本承载力 $\sigma_0 =0.15\mathrm{MPa}$，考虑地基承载力修正取 $k =1.2$，故本书以 $[\sigma_0]=0.18\mathrm{MPa}$ 作为高速铁路膨胀土地基极限承载力控制标准。采用公式 (10-67) 计算膨胀土地基极限承载力，并在此基础上探讨高速铁路路堑膨胀土地基承载力可靠度及其影响因素分析。

1. 铁路膨胀土地基承载力极限状态方程

根据公式 (10-2) 和公式 (10-67) 可得，高速铁路膨胀土地基承载力极限状态方程可表示为

$$\begin{cases} Z = S - 180 = p_{\mathrm{u}} - 180 = 0; \\ p_{\mathrm{u}} = cN_c + \gamma_0 dN_q + \dfrac{1}{2}\gamma bN_\gamma - \dfrac{5}{3}P_s \end{cases} \tag{10-69}$$

式中：p_{u} 为膨胀土地基极限承载力 (kPa)；P_s 为膨胀力 (kPa)。

由可靠度理论可得，失效概率 p_{f} 和可靠度指标 β 分别为

$$p_{\mathrm{f}} = P\,(Z \leqslant 0) = P\,\{p_{\mathrm{u}} - 180 \leqslant 0\} \tag{10-70}$$

$$\beta = \varPhi^{-1}\,(1 - p_{\mathrm{f}}) \tag{10-71}$$

式中：$\varPhi(\cdot)$ 为标准正态累积分布函数。

2. 铁路膨胀土地基承载力可靠度计算分析

(1) 以典型弱—中膨胀土和中—强膨胀土路堑基床为例，基床换填厚度分别为 0.5m 和 1.2m，计算膨胀土地基极限承载力。结合膨胀土物理力学试验结果，取土体重度 $\gamma = \gamma_0 =19.0\mathrm{kN/m^3}$；弱—中膨胀土，黏聚力均值 $\mu(c) =49.07\mathrm{kPa}$，内摩擦角均值 $\mu(\varphi) = 12.81°$，膨胀力 $\mu(P_s) =160\mathrm{kPa}$；中—强膨胀土，黏聚力均值 $\mu(c) =57.78\mathrm{kPa}$，内摩擦角均值 $\mu(\varphi) = 12.07°$，膨胀力 $\mu(P_s) =230\mathrm{kPa}$。各随机变量 $(c, \varphi$ 和 $P_s)$ 相互独立。各随机变量取值和服从分布类型见表 10-15。

(2) 以典型弱—中膨胀土和中—强膨胀土路堑基床为例，基床换填厚度分别为 0.5m 和 1.2m，假设所有随机变量均服从正态分布，对膨胀土地基极限承载力概率分布进行计算分析。图 10-28 和图 10-29 分别为不同变异条件下弱—中膨胀土和中—强膨胀土地基极限承载力概率密度分布和累积概率分布。由图可知，对于弱—中膨胀土，在变异条件 $\delta^{(1)}$ 下，极限承载力分布范围为 [200,800] kPa，在变异条件 $\delta^{(2)}$ 下，极限承载力分布范围为 [0,1100] kPa，在变异条件 $\delta^{(3)}$ 下，极限承载力分布范围为 [−100,1400] kPa，见图 10-28；对于中—强膨胀土，在变异条件

$\delta^{(1)}$ 下, 极限承载力分布范围为 $[100,700]$ kPa, 在变异条件 $\delta^{(2)}$ 下, 极限承载力分布范围为 $[-100,1000]$ kPa, 在变异条件 $\delta^{(3)}$ 下, 极限承载力分布范围为 $[-200,1300]$

表 10-15　基于地基承载力控制的路基可靠度计算参数

变异条件	黏聚力 c/kPa			内摩擦角 φ/(°)			膨胀力 P_s/kPa		
	μ_X	V_X	PDF	μ_X	V_X	PDF	μ_X	V_X	PDF
$\delta^{(1)}$	49.07	0.10	正态分布	12.81	0.10	正态分布	160	0.10	正态分布
$\delta^{(2)}$	49.07	0.20	正态分布	12.81	0.20	正态分布	160	0.15	正态分布
$\delta^{(3)}$	49.07	0.30	正态分布	12.81	0.30	正态分布	160	0.20	正态分布
$\delta^{(4)}$	49.07	0.10	对数正态分布	12.81	0.10	对数正态分布	160	0.10	正态分布
$\delta^{(5)}$	49.07	0.10	Gumbel 分布	12.81	0.10	Gumbel 分布	160	0.10	正态分布
$\delta^{(6)}$	49.07	0.10	Weibull 分布	12.81	0.10	Weibull 分布	160	0.10	正态分布

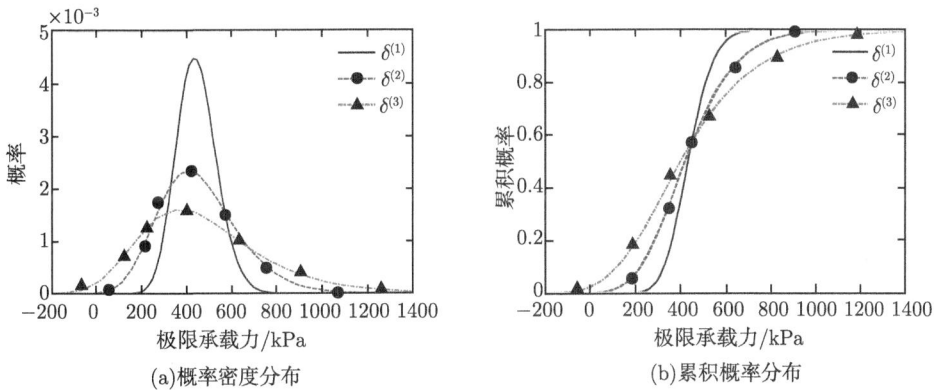

(a)概率密度分布　　　　　　　(b)累积概率分布

图 10-28　弱—中膨胀土地基极限承载力概率分布

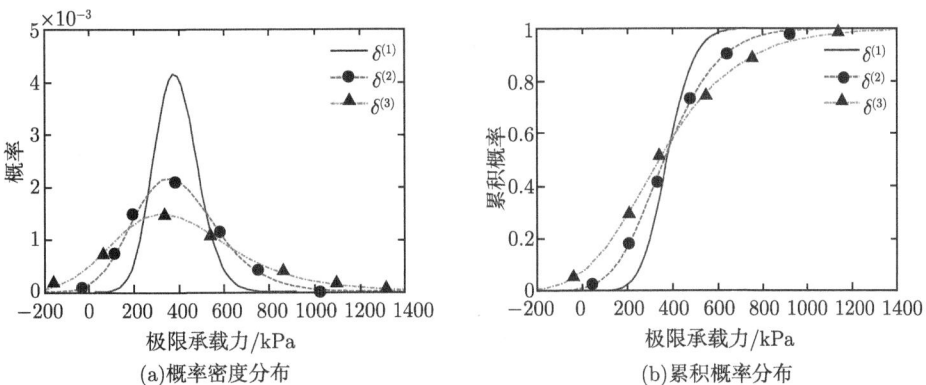

(a)概率密度分布　　　　　　　(b)累积概率分布

图 10-29　中—强膨胀土地基极限承载力概率分布

kPa，见图 10-29；计算结果表明，随机变量的变异程度对计算结果影响显著，变异程度越大，极限承载力分布范围越大。事实上，自然条件下膨胀土的强度和承载性能受膨胀土类别、含水率状态、矿物成分、固结程度和应力状态等因素影响，其力学指标和承载力可能在某一特定范围内变化，因此，采用概率分析方法预测和分析膨胀土的承载力变化，与确定性分析方法相比具有较大的优势。

(3) 以典型弱—中膨胀土和中—强膨胀土路堑基床为例，基床换填厚度分别为 0.5m 和 1.2m，假设膨胀土强度指标服从 4 种分布类型，膨胀力变化服从正态分布，采用蒙特卡罗法计算路基可靠度指标，并进行对比分析，计算结果见表 10-16。由表可得，在膨胀土强度指标服从 4 种分布类型条件下，计算得到的可靠度指标存在明显差异，但变量服从正态分布和对数正态分布情况下计算结果较为接近；相同变异条件下，弱—中膨胀土地基承载力可靠度高于中—强膨胀土，即从地基承载力角度分析，中—强膨胀土路基的失效概率大于地基为弱—中膨胀土情况。因此，在具体过程中，若路基下地基膨胀土工程性质较差或极不稳定，建议采取地基处理或加固措施，以保证膨胀土路基的长期稳定性和可靠性。

表 10-16　可靠度计算结果对比 $(T^{(0.5)}, T^{(1.2)})$

变异条件	$\delta^{(1)}$	$\delta^{(4)}$	$\delta^{(5)}$	$\delta^{(6)}$
蒙特卡罗法，$T^{(0.5)}$	3.447	3.776	4.730	2.932
蒙特卡罗法，$T^{(1.2)}$	2.673	2.707	3.155	2.305

(4) 以典型弱—中膨胀土路堑基床为例，基床换填厚度 0.5m，假设各随机变量均服从正态分布，对不同均值和变异系数条件下的路基可靠度指标变化规律进行计算分析，计算结果如图 10-30 所示。由图可得，膨胀土 c, φ 和膨胀力均值和变异系数均对路基可靠度指标的影响较为显著；膨胀土 c 和 φ 均值越大，可靠度指标越大，P_s 均值越大，可靠度指标越小；膨胀土 c, φ 和 P_s 变异系数越大，可靠度指标越小。因此，在基于地基承载力控制的膨胀土路基可靠度计算中，应重视膨胀土强度指标和膨胀力参数的合理确定。

(5) 假设各随机变量均服从正态分布，根据地基承载力标准评价路基稳定性，分别对 5 类基床换填厚度 0.5m, 0.8m, 1.0m, 1.2m, 1.6m 的路基进行可靠度计算，计算深度 z 分别对应为 1.4m, 1.7m, 1.9m, 2.1m, 2.5m，计算结果见表 10-17 所示。由表可得，随机变量在变异程度 $\delta^{(1)}$ 条件下，路基可靠度指标 β 均大于 2.50，在变异程度 $\delta^{(3)}$ 条件下，路基可靠度指标 β 均小于 2.50；计算参数的变异程度越大，地基极限承载力的失效概率越大，可靠度指标越低；在相同地质条件下，提高基床换填厚度，路基可靠度指标增加显著。

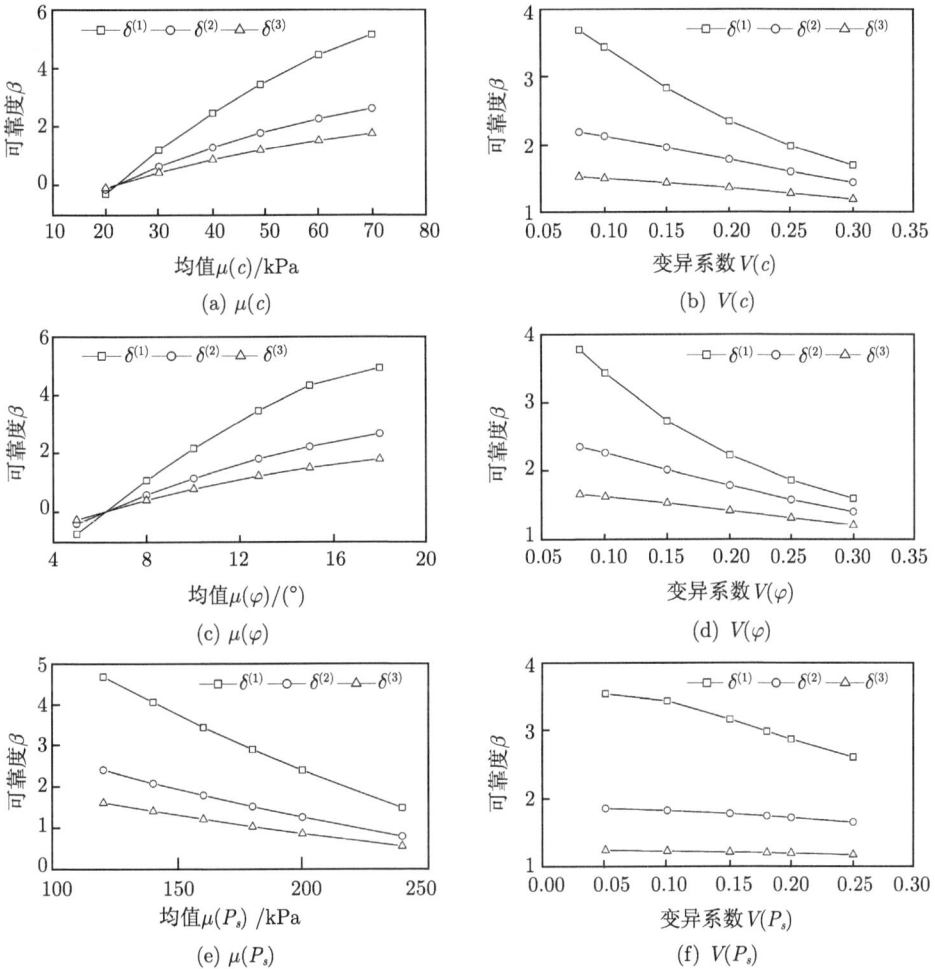

图 10-30 可靠度指标与各计算参数的关系

表 10-17 基于地基承载力控制的膨胀土路基可靠度指标 (相互独立)

类型	弱—中膨胀土		中—强膨胀土		
	$T^{(0.5)}$	$T^{(0.8)}$	$T^{(1.0)}$	$T^{(1.2)}$	$T^{(1.6)}$
计算参数 d,b,P_s	3.0,6.0,160	3.3,6.5,160	3.5,7.0,230	3.7,7.5,230	4.1,8.0,230
$\delta^{(1)}$ 蒙特卡罗法	3.447	3.686	2.533	2.673	2.922
$\delta^{(2)}$ 蒙特卡罗法	1.794	1.915	1.338	1.412	1.543
$\delta^{(3)}$ 蒙特卡罗法	1.212	1.295	0.911	0.961	1.050

10.4.3 考虑变量相关的膨胀土地基承载力可靠度计算

1. 考虑强度参数相关的地基承载力可靠度计算

土体的组成和性质极为复杂多变, 不同空间位置的土性质相差很大。大量研究表明, 空间任意两点的同一抗剪强度参数存在自相关性, 而且不同抗剪强度参数之间存在相互关系。因此, 对于形成于相同历史环境下的土体, 抗剪强度参数之间必然存在着某种联系, 将 c, φ 作为独立变量显然是不合理的, 在工程设计及计算中应该考虑其相关性。根据土力学强度理论, 土的抗剪强度一般用莫尔-库仑公式表示为

$$\tau = c + \sigma \tan \varphi \tag{10-72}$$

式中: τ 为土的强度; σ 为施加在土体上的正应力; c, φ 分别为土的黏聚力和内摩擦角。

目前, 工程中广泛使用的土体抗剪强度参数 c, φ 是由多个直剪试验结果按公式 (10-72) 回归求得 c, φ 的均值、方差, 根据实际统计结果表明 c, φ 一般呈负相关性。为考虑土体抗剪强度参数的相关性, 在抗剪强度参数可靠度计算中引入相关系数 $\rho_{c,\varphi}$, 若有基本随机变量 $X = (c, \varphi)^{\mathrm{T}}$, 利用正交变换法将相关正态随机变量变为独立的正态随机变量, 然后进行结构可靠度计算分析。其相关系数矩阵 D 为

$$\rho_{c,\varphi} = \frac{\operatorname{Cov}(c_i, \varphi_i)}{\sigma_{ci}\sigma_{\varphi i}} = \frac{E(c_i, \varphi_i) - E(c_i) E(\varphi_i)}{\sigma_{ci}\sigma_{\varphi i}} \tag{10-73}$$

$$D = \begin{bmatrix} 1 & \rho_{c,\varphi} \\ \rho_{c,\varphi} & 1 \end{bmatrix} \tag{10-74}$$

(1) 膨胀土强度参数随机分布特征。在进行地基承载力计算时, c, φ 值的准确性直接影响地基承载力的可靠性, 而二者的相关性又是一个重要的影响因素, 为讨论 c, φ 值相关性对地基承载力可靠度的影响程度, 本节分别考虑 c, φ 值的相关性和不考虑 c, φ 值的相关性进行计算分析。假设所有随机变量均服从正态分布, 考虑 c, φ 值的相关性随机生成一组样本 (样本容量 500), 根据公式 (10-72)~公式 (10-74) 可得弱—中膨胀土和中—强膨胀土强度参数样本, 如图 10-31、图 10-32 所示。由图可得, 变量变异系数越大, 样本离散性越大, 相关系数 $\rho_{c,\varphi}$ 越小, 线性分布特征越显著。

(2) 膨胀土地基极限承载力概率分布特征。以典型弱—中膨胀土和中—强膨胀土路堑基床为例, 基床换填厚度分别为 0.5m 和 1.2m, 假设所有随机变量均服从正态分布, 对膨胀土地基极限承载力概率分布进行计算分析。图 10-33 和图 10-34 分别为不同变异条件下 (表 10-13) 弱—中膨胀土和中—强膨胀土地基极限承载力概

率密度分布和累积概率分布。由图可知,考虑强度参数相关性的膨胀土地基极限承载力分布范围较相互独立情况集中。

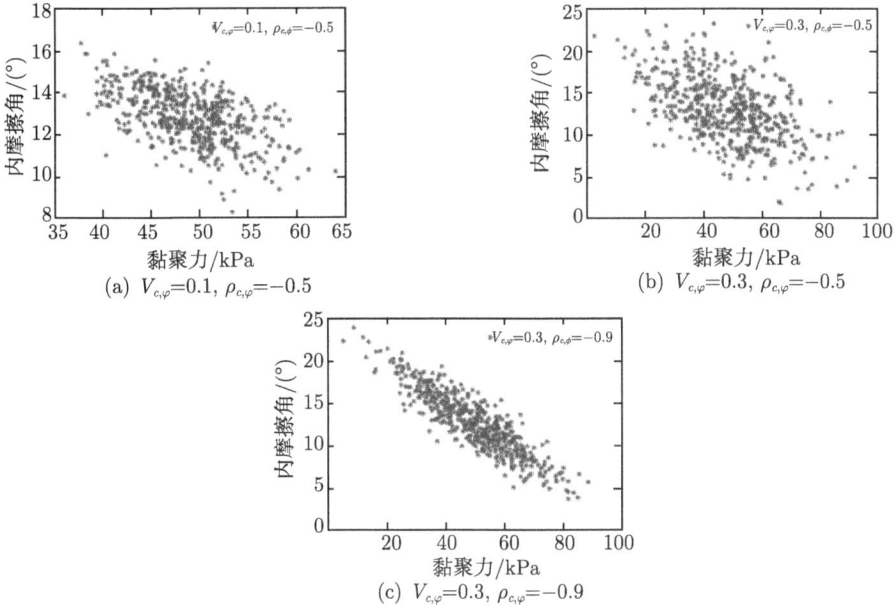

(a) $V_{c,\varphi}=0.1$, $\rho_{c,\varphi}=-0.5$

(b) $V_{c,\varphi}=0.3$, $\rho_{c,\varphi}=-0.5$

(c) $V_{c,\varphi}=0.3$, $\rho_{c,\varphi}=-0.9$

图 10-31 弱—中膨胀土强度参数分布

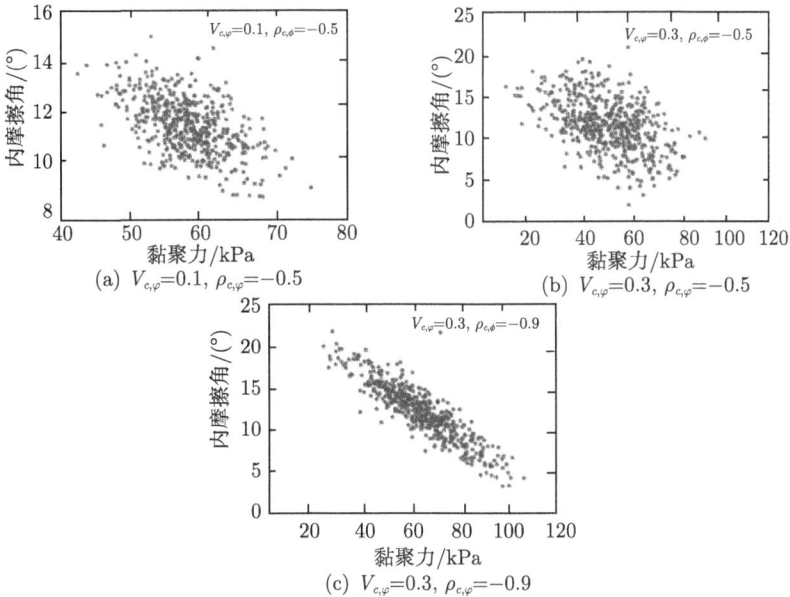

(a) $V_{c,\varphi}=0.1$, $\rho_{c,\varphi}=-0.5$

(b) $V_{c,\varphi}=0.3$, $\rho_{c,\varphi}=-0.5$

(c) $V_{c,\varphi}=0.3$, $\rho_{c,\varphi}=-0.9$

图 10-32 中—强膨胀土强度参数分布

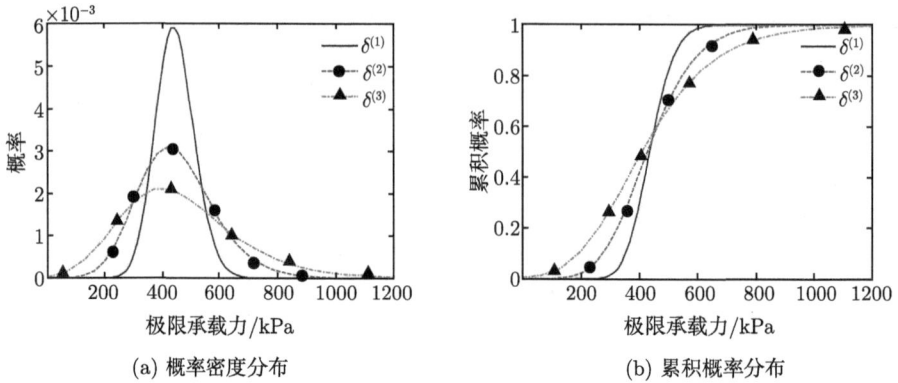

(a) 概率密度分布　　　　　　　　　　　　(b) 累积概率分布

图 10-33　弱—中膨胀土地基极限承载力概率分布 ($\rho_{c,\varphi} = -0.5$)

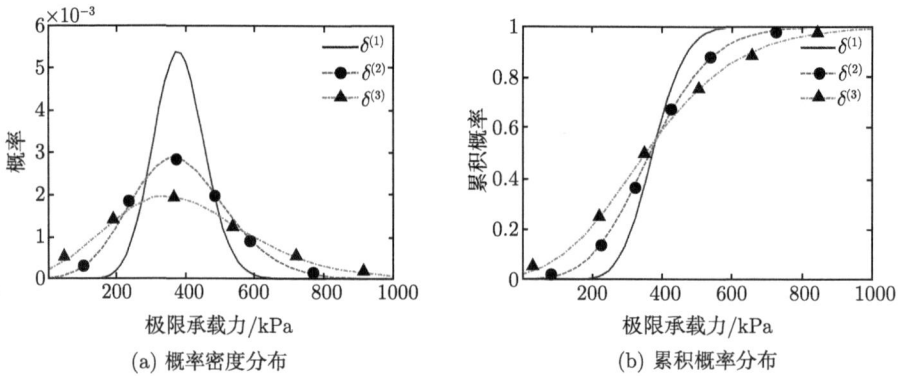

(a) 概率密度分布　　　　　　　　　　　　(b) 累积概率分布

图 10-34　中—强膨胀土地基极限承载力概率分布 ($\rho_{c,\varphi} = -0.5$)

（3）以典型弱—中膨胀土路堑基床为例，基床换填厚度 0.5m，假设各随机变量均服从正态分布，考虑 c,φ 值的相关性对地基承载力的影响，取相关系数 $\rho_{c,\varphi} = -0.5$ 为参照组，探讨相关系数 $\rho_{c,\varphi}$ 变化对地基极限承载力的影响。路基可靠度指标 β 与膨胀土强度参数相关系数 $\rho_{c,\varphi}$ 的关系如图 10-35 所示。由图可得，可靠度指标随相关系数 $\rho_{c,\varphi}$ 增大而减小。因此，在进行膨胀土地基承载力计算时，正确确定 c,φ 值的分布概型，并考虑二者之间的相关性，对地基承载力和可靠度的准确计算具有实际意义。

（4）假设各随机变量均服从正态分布，考虑 c,φ 值相关性的影响，根据地基承载力标准评价路基稳定性，分别对 5 类基床换填厚度 0.5m，0.8m，1.0m，1.2m，1.6m 的路基进行可靠度计算，计算深度 z 分别对应 1.4m，1.7m，1.9m，2.1m，2.5m，计算结果见表 10-18。由表可得，随机变量在变异程度 $\delta^{(1)}$ 条件下，路基可靠度指标 β 均大于 2.50，在变异程度 $\delta^{(3)}$ 条件下，路基可靠度指标 β 均小于 2.50；计算参数的变异程度越大, 可靠度指标越低。

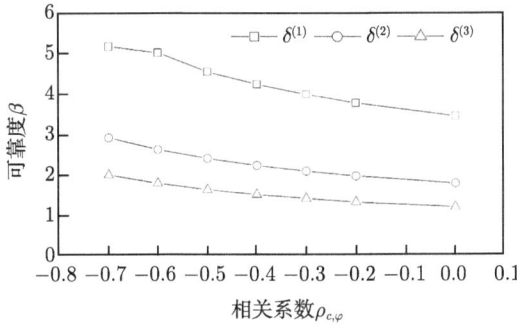

图 10-35 膨胀土强度参数相关系数 $\rho_{c,\varphi}$-β 关系

表 10-18 基于地基承载力控制的膨胀土路基可靠度指标 ($\rho_{c,\varphi} = -0.5$)

类型	弱—中膨胀土		中—强膨胀土		
	$T^{(0.5)}$	$T^{(0.8)}$	$T^{(1.0)}$	$T^{(1.2)}$	$T^{(1.6)}$
$\delta^{(1)}$ 蒙特卡罗法	4.554	4.753	3.237	3.419	3.728
$\delta^{(2)}$ 蒙特卡罗法	2.409	2.569	1.767	1.863	2.033
$\delta^{(3)}$ 蒙特卡罗法	1.641	1.751	1.213	1.281	1.397

2. 考虑多变量相关的地基承载力可靠度计算

膨胀土强度参数 c, φ 值与膨胀土中的含水率密切相关, 同时, 膨胀土对湿度变化十分敏感, 并因此产生膨胀土压力, 其相互关系见公式 (10-75) 和公式 (10-76)。因此, 地基承载力计算公式 (10-67) 中的变量 c, φ 和 P_s 是互相关的, 在计算膨胀土地基承载力时应予以考虑。如果在进行可靠度分析时不考虑这种相关性, 就有可能包含不可能发生的情况, 这将给可靠度计算结果带来很大的误差。

$$\begin{cases} c = A \exp(-B\omega) \\ \varphi = M \exp(-N\omega) \end{cases} \tag{10-75}$$

$$P_s = K\omega + Q \quad \text{(负相关)} \tag{10-76}$$

假设所有随机变量均服从正态分布, 变量 c, φ 和 P_s 是互相关的, 根据公式 (10-72)、公式 (10-75) 和公式 (10-76) 可知, c 和 P_s 与土体初始含水率 ω 是负相关关系, 即初始含水率 ω 越小, c 和 P_s 值越大, 故 c 和 P_s 是正相关的, φ 和 P_s 是负相关的, 则取相关系数 $\rho_{c,\varphi} = -0.5$, $\rho_{c,Ps} = 0.3$, $\rho_{\varphi,Ps} = -0.5$ 进行计算。利用正交变换法将相关正态随机变量变为独立的正态随机变量, 然后进行结构可靠度计

算分析。其相关系数矩阵 D 为

$$D = \begin{bmatrix} 1 & \rho_{c,\varphi} & \rho_{c,P_s} \\ \rho_{c,\varphi} & 1 & \rho_{\varphi,P_s} \\ \rho_{c,P_s} & \rho_{\varphi,P_s} & 1 \end{bmatrix} \tag{10-77}$$

(1) 膨胀土强度参数随机分布特征。假设所有随机变量均服从正态分布，考虑变量 c, φ 和 P_s 的相关性随机生成一组样本 (样本容量 500)，根据公式 (10-77) 可得，弱—中膨胀土和中—强膨胀土强度参数与膨胀力样本如图 10-36、图 10-37 所示。

(2) 膨胀土地基极限承载力概率分布特征。假设所有随机变量均服从正态分布，以弱—中膨胀土地基为分析对象，考虑随机变量 c, φ 和 P_s 的相关性，膨胀土地基极限承载力概率分布见图 10-38、图 10-39。与图 10-28、图 10-29、图 10-33 和图 10-34 对比可得，考虑三参数相关情况下的膨胀土地基极限承载力分布范围介于相互独立和仅强度参数相关两种情况之间。

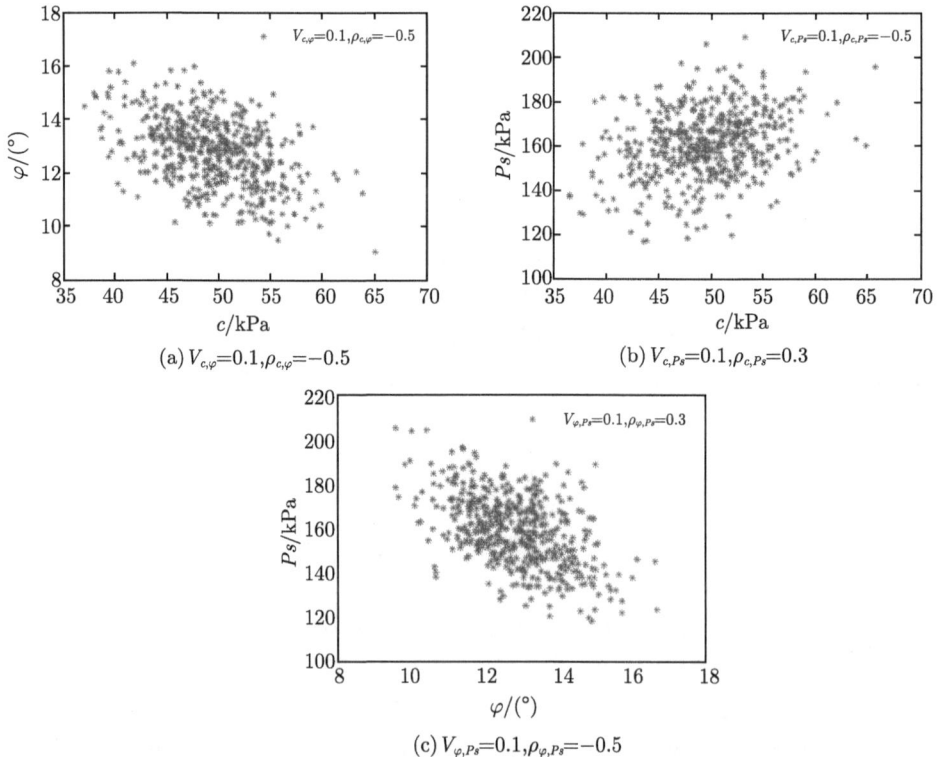

(a) $V_{c,\varphi}=0.1, \rho_{c,\varphi}=-0.5$

(b) $V_{c,P_s}=0.1, \rho_{c,P_s}=0.3$

(c) $V_{\varphi,P_s}=0.1, \rho_{\varphi,P_s}=-0.5$

图 10-36　弱—中膨胀土强度参数分布

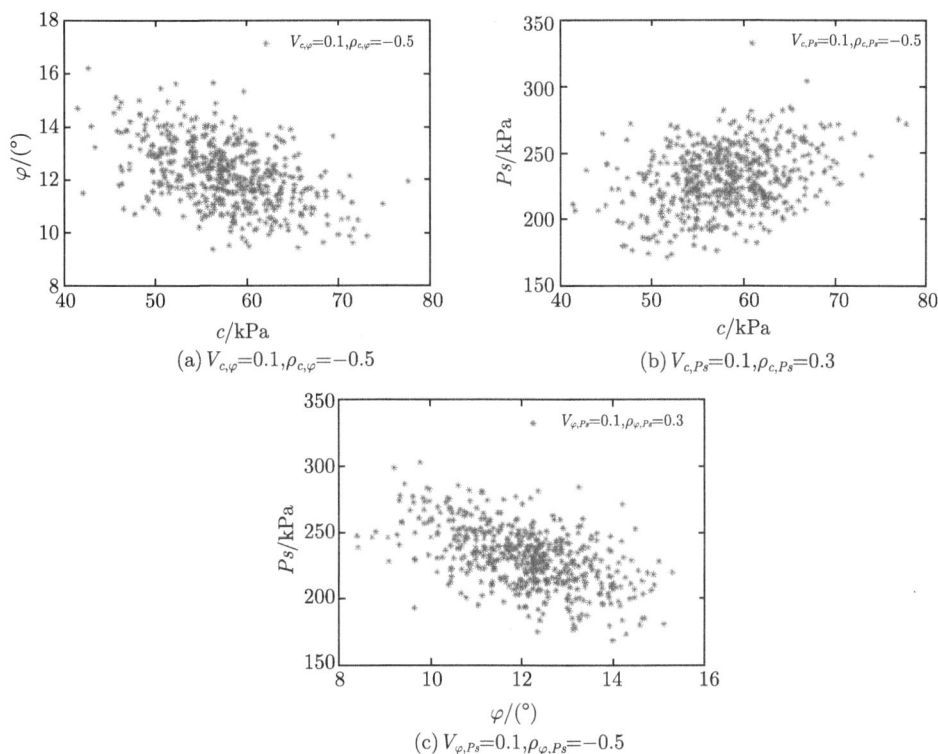

(a) $V_{c,\varphi}=0.1, \rho_{c,\varphi}=-0.5$

(b) $V_{c,Ps}=0.1, \rho_{c,Ps}=0.3$

(c) $V_{\varphi,Ps}=0.1, \rho_{\varphi,Ps}=-0.5$

图 10-37 中—强膨胀土强度参数分布

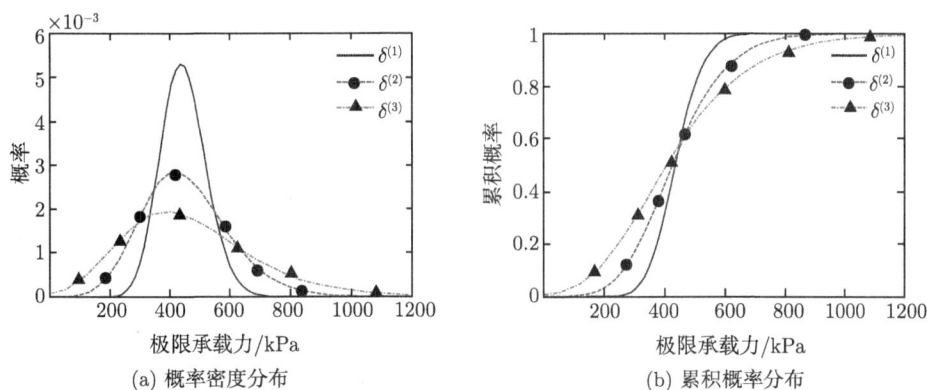

(a) 概率密度分布

(b) 累积概率分布

图 10-38 弱—中膨胀土地基极限承载力概率分布

$\rho_{c,\varphi}=-0.5; \rho_{c,Ps}=0.3; \rho_{\varphi,Ps}=-0.5$

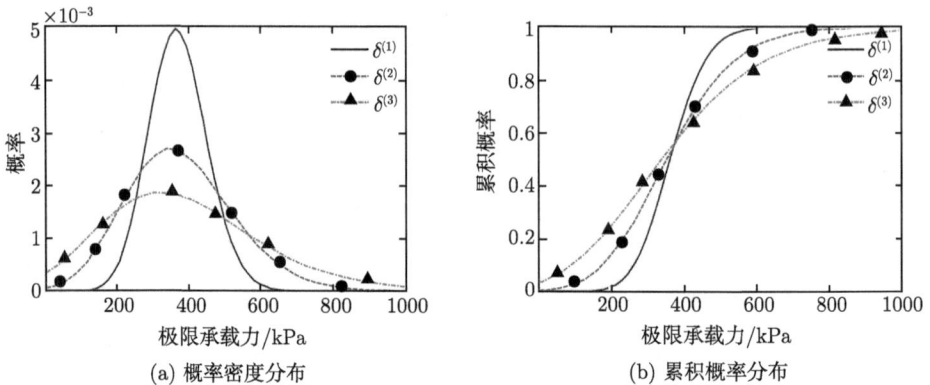

(a) 概率密度分布

(b) 累积概率分布

图 10-39　中—强膨胀土地基极限承载力概率分布

$$\rho_{c,\varphi} = -0.5;\ \rho_{c,Ps} = 0.3;\ \rho_{\varphi,Ps} = -0.5$$

(3) 以典型弱—中膨胀土路堑基床为例，基床换填厚度 0.5m，假设各随机变量均服从正态分布，考虑 c, φ 和 P_s 值的相关性对地基承载力的影响，取相关系数 $\rho_{c,\varphi} = -0.5$，$\rho_{c,Ps} = 0.3$，$\rho_{\varphi,Ps} = -0.5$ 为参照组，探讨各相关系数变化对地基极限承载力的影响。路基可靠度指标 β 与变量相关系数 $\rho_{x,y}$ 的关系如图 10-40 所示。由图可得，相关系数 $\rho_{c,\varphi}$ 越大，可靠度指标越小；相关系数 $\rho_{c,Ps}$ 和 $\rho_{\varphi,Ps}$ 越大，可靠度指标越大。因此，考虑三者之间的相关性，探讨其对地基承载力和路基可靠度的影响是十分必要的。

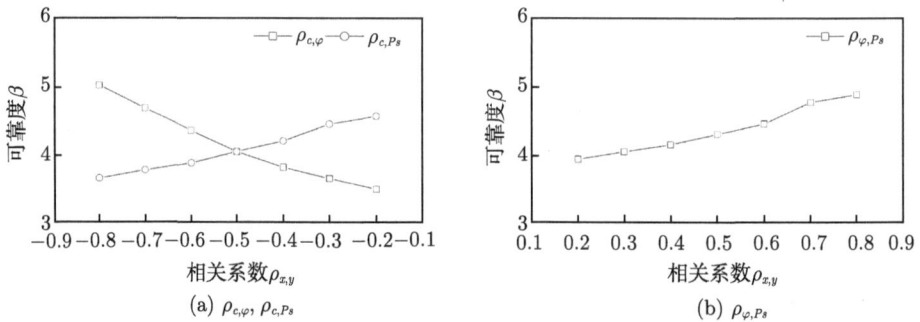

(a) $\rho_{c,\varphi}, \rho_{c,Ps}$

(b) $\rho_{\varphi,Ps}$

图 10-40　随机变量相关系数 $\rho_{x,y}$-β 关系

(4) 假设各随机变量均服从正态分布，考虑变量 c, φ 和 P_s 的相关性的影响，根据地基承载力标准评价路基稳定性，分别对 5 类基床换填厚度 0.5m，0.8m，1.0m，1.2m，1.6m 的路基进行可靠度计算，计算深度 z 分别对应 1.4m，1.7m，1.9m，2.1m，2.5m，计算结果见表 10-19。根据表 10-19 数据，对考虑变量相关性和不考虑变量相关性计算结果对比可知，随机变量在变异程度 $\delta^{(1)}$ 条件下，路基可靠度指标 β 均大于 2.50，在变异程度 $\delta^{(3)}$ 条件下，路基可靠度指标 β 均小于 2.50；考虑三参

数相关情况下的路基可靠度指标介于变量相互独立和仅强度参数相关两种情况之间。基于上述分析表明，考虑变量相关性计算所得的路基可靠度指标与实际更为吻合，建议在工程应用中应考虑变量间的相关性。

表 10-19　基于地基承载力控制的膨胀土路基可靠度指标对比

变量相互关系	类型	弱—中膨胀土		中—强膨胀土		
		$T^{(0.5)}$	$T^{(0.8)}$	$T^{(1.0)}$	$T^{(1.2)}$	$T^{(1.6)}$
相互独立	$\delta^{(1)}$ 蒙特卡罗法	3.447	3.686	2.533	2.673	2.922
	$\delta^{(2)}$ 蒙特卡罗法	1.794	1.915	1.338	1.412	1.543
	$\delta^{(3)}$ 蒙特卡罗法	1.212	1.295	0.911	0.961	1.050
强度参数相关 $\rho_{c,\varphi}=-0.5$	$\delta^{(1)}$ 蒙特卡罗法	4.554	4.753	3.237	3.419	3.728
	$\delta^{(2)}$ 蒙特卡罗法	2.409	2.569	1.767	1.863	2.033
	$\delta^{(3)}$ 蒙特卡罗法	1.641	1.751	1.213	1.281	1.397
三参数相关 $\rho_{c,\varphi}=-0.5$ $\rho_{c,Ps}=0.3$ $\rho_{\varphi,Ps}=-0.5$	$\delta^{(1)}$ 蒙特卡罗法	4.057	4.332	2.897	3.055	3.316
	$\delta^{(2)}$ 蒙特卡罗法	2.187	2.327	1.587	1.672	1.820
	$\delta^{(3)}$ 蒙特卡罗法	1.488	1.585	1.086	1.145	1.248

10.5　高速铁路膨胀土路基可靠度对比分析

10.5.1　膨胀土路基可靠度对比分析

高速铁路膨胀土路基动力稳定性需满足一定的强度和变形要求。综上所述，膨胀土路基稳定的失效模式可归纳为三类。

失效模式Ⅰ：路基动应力。高速列车荷载作用下引起的路基动应力不超过路基填料和地基土的临界动应力，即认为路基处于稳定状态，相反则认为路基处于失效状态。

失效模式Ⅱ：路基面动变形。为满足安全性、舒适性及永久性的要求，高速铁路规范规定路基面动变形不超过 1.0 mm。若路基面动变形不超过 1.0 mm，即认为路基处于稳定状态，相反则认为路基处于失效状态。

失效模式Ⅲ：膨胀土地基承载力。在列车动荷载和路基静载条件下，铁路膨胀土地基必须满足一定的承载力要求，而膨胀土地基承载性能与其含水率状态密切相关，且受服役环境和大气因素影响较大。若膨胀土地基在服役过程中 (大气环境因素引起的膨胀土湿度变化) 其承载力能够满足规范要求，即认为路基处于稳定状态，相反则认为路基处于失效状态。

基于动应力 (失效模式Ⅰ)、动变形 (失效模式Ⅱ) 和地基承载力 (失效模式Ⅲ) 控制的膨胀土路基可靠度对比见表 10-20。由表可得：随机变量在变异程度 $\delta^{(1)}$ 条件下，路基可靠度指标 β 均大于 2.50，在变异程度 $\delta^{(3)}$ 条件下，路基可靠度指标 β 均小于 2.50；若以 $\beta_{\text{Target}} =2.50$ 为目标可靠度指标，则在变异程度 $\delta^{(1)}$ 条件下 5 类基床结构的膨胀土路基均能满足目标可靠度要求；在相同地质条件下，通过增加基床换填厚度来提高路基可靠度指标是可行的，以充分保证路基动力稳定性要求。

表 10-20　膨胀土路基可靠度计算结果对比

控制标准	类型	弱 — 中膨胀土		中 — 强膨胀土		
		$T^{(0.5)}$	$T^{(0.8)}$	$T^{(1.0)}$	$T^{(1.2)}$	$T^{(1.6)}$
Ⅰ-路基动应力	$\delta^{(1)}$ 蒙特卡罗法	**2.520**	**3.581**	**2.625**	**3.270**	**4.417**
	$\delta^{(2)}$ 蒙特卡罗法	1.768	2.496	1.843	2.285	3.072
	$\delta^{(3)}$ 蒙特卡罗法	1.368	1.914	1.420	1.753	2.340
Ⅱ-路基动变形	$\delta^{(1)}$ 蒙特卡罗法	**4.189**	**4.526**	**3.912**	**4.203**	**4.625**
	$\delta^{(2)}$ 蒙特卡罗法	2.606	2.844	2.453	2.651	2.926
	$\delta^{(3)}$ 蒙特卡罗法	1.795	1.967	1.683	1.825	2.027
Ⅲ-地基承载力	$\delta^{(1)}$ 蒙特卡罗法	**4.057**	**4.332**	**2.897**	**3.055**	**3.316**
	$\delta^{(2)}$ 蒙特卡罗法	2.187	2.327	1.587	1.672	1.820
	$\delta^{(3)}$ 蒙特卡罗法	1.488	1.585	1.086	1.145	1.248

同时，根据上述分析可知，①可靠度分析方法考虑到了荷载、填料和岩土体参数的不确定性，基于可靠度理论的高速铁路路基稳定性评价方法更具广泛性和合理性；②路基面动荷载幅值可采用服从正态分布进行概率计算，则其变异系数在 0.15~0.30 范围内；③当目标可靠度指标为 2.5 时，可以将变异程度 $\delta^{(1)}$ 作为控制标准。

10.5.2　关于铁路路基目标可靠度的讨论

目标可靠指标是结构设计时的最低可靠指标 (简写为 β_{T})，反映一个国家或地区某种或某类结构安全度的水平。我国建筑工程、港口工程、公路工程、水利水电工程和铁路工程结构可靠设计统一标准，按照校准法确定的各结构承载力极限状态设计的目标可靠指标见表 10-21。该指标考虑了结构的破坏类型和安全等级，脆性破坏构建的可靠指标要比延性破坏机构的高 0.5，相邻安全等级构建的可靠指标也相差 0.5。对于正常使用极限状态，《建筑结构可靠度设计统一标准》(GB 50068—2001) 规定，根据可逆程度可取 0~1.5，对应的失效概率为 0~0.067。对于可逆的情况可取低值，不可逆的情况可取高值。

国外目标可靠度指标与我国的标准有所差异。梅耶霍夫通过对诸多发生破坏的基础工程、路堤、围护结构的分析，结合工程经验给出了不同结构的失效概率和对应的目标可靠度指标，见表 10-22。Baecher 和 Christian 认为基础设计对应的目标可靠度指标 β_{Target} 在 2.0~3.0，其中 $\beta_{\text{Target}} =2.0$ 适用于高冗余度的不重要的设计，$\beta_{\text{Target}} = 3.0$ 适用于低冗余度的重要设计。

表 10-21　我国工程结构承载能力极限状态设计的目标可靠指标

工程结构	设计基准期/a	破坏类型	安全等级		
			一级	二级	三级
建筑结构	50	延性破坏	3.7	3.2	2.7
		脆性破坏	4.2	3.7	3.2
公路桥梁	100	延性破坏	4.7	4.2	3.7
		脆性破坏	5.2	4.7	4.2
港口结构	50	—	4.0	3.5	3.0
水电结构	50	一类破坏	3.7	3.2	2.7
		二类破坏	4.2	3.7	3.2
铁路桥梁	100	延性破坏	5.2	4.7	4.2
		脆性破坏	5.7	5.2	4.7

表 10-22　工程结构失效概率和目标可靠指标

结构类型	失效概率 p_f	可靠度 β_T
钢结构	$< 1 \times 10^{-4}$	> 3.7
钢筋混凝土结构	$5 \times 10^{-4} \sim 1 \times 10^{-5}$	$3.3 \sim 4.3$
海洋结构基础	$1 \times 10^{-2} \sim 4 \times 10^{-3}$	$2.3 \sim 2.7$
土方工程	$4 \times 10^{-3} \sim 1 \times 10^{-3}$	$2.7 \sim 3.1$
支护工程	$1 \times 10^{-3} \sim 4 \times 10^{-4}$	$3.1 \sim 3.4$
建筑物基础	$4 \times 10^{-4} \sim 1 \times 10^{-4}$	$3.4 \sim 3.7$

国际标准《结构可靠性总原则》(ISO 2394—1998)，给出了目标可靠指标，见表 10-23。

表 10-23　国际标准 (ISO 2394—1998) 目标可靠指标

安全措施费	失效后果			
	小	较小	中	大
高	0	A 1.5	2.3	B 3.1
中	1.3	2.3	3.1	C 3.8
低	2.3	3.1	3.8	4.3

注：A 为使用极限状态：$\beta_{\text{Target}} = 0.0$；对于不可逆的使用极限状态，$\beta_{\text{Target}} = 1.5$；

　　B 为疲劳极限状态：取决于检验的可能性，$\beta_{\text{Target}} = 2.3 \sim 3.1$；

　　C 为承载能力极限状态：$\beta_{\text{Target}} = 3.1, 3.8$ 和 4.3

国际安全度联合委员会 (JCSS)《概率模式规范》(草案) 建议的可靠指标是根据结果失效的后果和采取措施的相对成本来确定的，建议的承载能力极限状态 1 年使用期的目标可靠指标见表 10-24。

　　欧洲规范《结构设计基础》(EN1990—2002) 的承载能力极限状态目标可靠指标的最小建议值见表 10-25。

表 10-24　JCSS《概率模式规范》承载能力极限状态 1 年使用期的目标可靠指标

安全措施相对成本	I	II	III
	轻微失效后果	中等失效后果	严重失效后果
高	3.1	3.3	3.7
中	3.7	4.2	4.4
低	4.2	4.4	4.7

表 10-25　EN1990—2002 承载能力极限状态可靠度指标的最小建议值

极限状态	可靠度等级	1 年基准期	50 年基准期
	RC3	5.2	4.3
承载能力极限状态	RC2	4.7	3.8
	RC1	4.2	3.3
疲劳极限状态	—	—	1.5～3.8
使用极限状态 (不可逆)	—	2.9	1.5

　　《铁路工程结构可靠性设计统一标准 (试行)》Q/CR 9007—2014 关于路基结构可靠度的规定：铁路工程结构设计要保证结构的计算可靠指标不小于目标可靠指标，才能保证结构在设计使用年限的安全性和可靠性。根据规范可行性研究项目"铁路工程结构目标可靠指标制定研究"(专项编制 2012-02) 的研究成果，给出的铁路路基目标可靠度指标建议值：承载能力极限状态，按结构安全等级不同，延性破坏为 3.2, 3.7, 4.2, 脆性破坏为 3.7, 4.2, 4.7；正常使用极限状态为 1.0～2.5。

10.6　高速铁路膨胀土路基系统可靠度计算

　　前文探讨的路基可靠度问题仅涉及一种失效模式，且功能函数也只有一个。实际中的工程结构可能由多个子系统组成，系统的失效概率不但与单个子系统的失效概率相关，还与这些子系统之间的相互关系相关，即可能出现多个失效模式或功能函数，此类问题称之为结构系统可靠度。假如结构中全部子系统失效后系统才会失效，该系统可称为并联系统；若结构中任何一个子系统失效，则整个系统就会失效，该系统可称为串联系统。在铁路工程结构中，诸多结构系统 (如路基系统、边坡系统、挡土墙系统等) 具有多个失效模式，只要有一个模式失效，该结构系统即失效，这类系统可以看作串联系统。下面将以 10.5 节内容为基础，重点探讨高速铁路膨胀土路基系统可靠度及其分析方法。

对于串联结构系统, 其系统的失效概率可表示为公式 (10-78); 对于并联结构系统, 其系统的失效概率可表示为公式 (10-79)。

$$p_{\mathrm{f}} = P_r\left(\bigcup_{i=1}^{m} Z_i \leqslant 0\right) = \int_{\bigcup_{i=1}^{m} Z_i \leqslant 0} f_X(x)\,\mathrm{d}x$$

$$= \int \cdots \int_{\bigcup_{i=1}^{m} Z_i \leqslant 0} f_{X_1 X_2 \cdots X_n}(x_1, x_2 \cdots x_n)\,\mathrm{d}x_1 \mathrm{d}x_2 \cdots \mathrm{d}x_n \qquad (10\text{-}78)$$

式中: i 为失效模式; m 为串联系统失效状态个数; $f_X(x)$ 为随机变量 X 的联合概率密度函数; Z_i 为功能函数。

$$p_{\mathrm{f}} = P_r\left(\bigcap_{i=1}^{q} Z_i \leqslant 0\right) = \int_{\bigcap_{i=1}^{q} Z_i \leqslant 0} f_X(x)\,\mathrm{d}x$$

$$= \int \cdots \int_{\bigcap_{i=1}^{q} Z_i \leqslant 0} f_{X_1 X_2 \cdots X_n}(x_1, x_2 \cdots x_n)\,\mathrm{d}x_1 \mathrm{d}x_2 \cdots \mathrm{d}x_n \qquad (10\text{-}79)$$

式中: q 为并联系统失效状态个数; $f_X(x)$ 为随机变量 x 的联合概率密度函数; Z_i 为功能函数。

10.6.1　结构系统可靠度的分析方法

精确计算结构系统的可靠度是比较困难的, 在实际工程中绕开精确计算结构系统的可靠度, 而确定其可能的上下界范围对工程决策也具有重要参考价值。假设结构各子系统之间存在一定的相关性 (正相关或负相关), 则根据公式 (10-80) 和 (10-81) 可得宽界限法 (一阶界限) 的串/并联系统的失效概率计算公式。

对于串联系统结构, 其失效概率宽界计算公式为

$$\begin{cases} \text{正相关: } \max_{1 \leqslant i,j \leqslant m} p_{\mathrm{f}ij} \leqslant p_{\mathrm{f}} \leqslant \sum_{i=1}^{m} p_{\mathrm{f}i} \\[4mm] \text{负相关: } \sum_{i=1}^{m} p_{\mathrm{f}i} \leqslant p_{\mathrm{f}} \leqslant 1 \end{cases} \qquad (10\text{-}80)$$

对于并联系统结构, 其失效概率宽界计算公式为

$$\begin{cases} \text{正相关: } \prod_{i=1}^{q} p_{\mathrm{f}i} \leqslant p_{\mathrm{f}} \leqslant \max_{1 \leqslant i,j \leqslant q} p_{\mathrm{f}ij} \\[4mm] \text{负相关: } 0 \leqslant p_{\mathrm{f}} \leqslant \prod_{i=1}^{q} p_{\mathrm{f}i} \end{cases} \qquad (10\text{-}81)$$

由公式 (10-80) 和 (10-81) 可以看出, 可靠度宽限仅考虑了子系统的相关系数 ρ_{ij} 的符号, 而未考虑相关系数大小 ρ_{ij} 的影响。因此, O. Ditlevsen 提出了一种可

以考虑子系统之间相关系数大小的串联界限计算方法, 即窄界限法 (二阶界限) 的系统失效概率计算公式, 其计算表达式为

$$\left\{ p_{f1} + \sum_{i=2}^{m} \max\left(p_{fi} - \sum_{j=1}^{i-1} p_{fij}, 0 \right) \right\} \leqslant p_f \leqslant \left\{ p_{f1} + \sum_{i=2}^{m} p_{fi} - \sum_{i=2}^{m} p_{fij} \right\} \quad (10\text{-}82)$$

假设子系统 i 和子系统 j 的可靠度指标分别为 β_i, β_j, 二者的相关系数为 ρ_{ij}, 则可按公式 (10-83) 进行计算。

$$\begin{cases} \text{正相关: } \max[a, b] \leqslant p_f \leqslant (a + b) \\ \text{负相关: } 0 \leqslant p_f \leqslant \min[a, b] \end{cases} \quad (10\text{-}83)$$

其中,

$$\begin{cases} a = \Phi\left(-\beta_i\right) \Phi\left(-\dfrac{\beta_j - \rho_{ij}\beta_i}{\sqrt{1 - \rho_{ij}^2}} \right) \\ b = \Phi\left(-\beta_j\right) \Phi\left(-\dfrac{\beta_i - \rho_{ij}\beta_j}{\sqrt{1 - \rho_{ij}^2}} \right) \end{cases} \quad (10\text{-}84)$$

10.6.2　铁路路基系统可靠度计算

根据 10.5 节分析可以看出, 路基系统无论是路基动应力、路基面动变形和地基承载力哪种情况发生都会导致路基系统失效, 故该系统可看作串联系统。路基填料和地基膨胀土的静动力性能对路基系统可靠性具有重要影响, 当其材料性能和稳定性参数提高或降低时, 三种失效模式发生的机会都会降低或增加, 因此三种失效模式之间是正相关的。在实际计算中, 常设定一个相关系数的界限值 ρ_0, 一般取 $\rho_0 = 0.7 \sim 0.8$。当相关系数 $\rho_{ij} \geqslant \rho_0$ 时为高级相关, 否则为非高级相关。根据不同失效模式下的膨胀土路基可靠度计算结果 (表 10-20), 取 $\rho_{ij} = 0.5$, 以随机变量服从 $\delta^{(1)}$ 情况为例进行膨胀土路基系统的失效概率计算分析, 计算结果见表 10-26。由表可得, 窄界失效概率范围较宽界失效概率范围小很多, 其界宽后者约为前者的100 倍; 随着基床厚度的增加, 路基系统失效概率显著降低。由此说明, 对路基系统的失效概率和可靠度进行分析是必要的, 且采用可靠度宽界和窄界评价路基系统可靠性也是可行的。

基于路基系统的动应力 (失效模式 I)、动变形 (失效模式 II) 和地基承载力 (失效模式III) 三种失效模式, 采用结构系统可靠度理论对路基系统可靠度进行计算分析, 计算所得的膨胀土路基系统可靠度宽界和窄界见表 10-27 和表 10-28。

根据表 10-27 结果计算可得, 在各变异条件下, 路基系统可靠度指标不再是一个定值, 而是一个范围; 随机变量变异程度越大, 路基系统可靠度指标区间变化程

度越显著。表 10-28 与表 10-27 结果对比可知，路基系统可靠度窄界较宽界更为集中，因此，其可靠度指标也更为准确；随机变量在变异程度 $\delta^{(1)}$ 条件下，路基系统可靠度窄界 β 均大于 2.50，在变异程度 $\delta^{(3)}$ 条件下，路基系统可靠度窄界 β 均小于 2.50；计算参数的变异程度越大，路基系统的可靠度指标越低；在相同地质条件下，提高基床换填厚度，路基系统可靠度指标增加显著。

表 10-26　膨胀土路基系统失效概率的界限法计算结果

$(\delta^{(1)}, \rho_{\mathrm{I},\mathrm{II}} = 0.5, \rho_{\mathrm{I},\mathrm{III}} = 0.5, \rho_{\mathrm{II},\mathrm{III}} = 0.5)$

类型	宽界 ($\times 10^{-3}$)				窄界 ($\times 10^{-3}$)			
	下界	上界	界宽	均值	下界	上界	界宽	均值
$T^{(0.5)}$	5.86774	5.90638	0.03864	5.88706	5.89312	5.89335	0.00023	5.89324
$T^{(0.8)}$	0.17114	0.18153	0.01039	0.17634	0.18076	0.18079	0.00003	0.18078
$T^{(1.0)}$	4.33245	6.25352	1.92107	5.29299	6.01646	6.02433	0.00787	6.02040
$T^{(1.2)}$	1.12530	1.67558	0.55028	1.40044	1.63452	1.63671	0.00219	1.63562
$T^{(1.6)}$	0.45658	0.46345	0.00687	0.46002	0.46253	0.46281	0.00028	0.46267

表 10-27　膨胀土路基系统可靠度宽界计算结果

类型	弱—中膨胀土		中—强膨胀土		
	$T^{(0.5)}$	$T^{(0.8)}$	$T^{(1.0)}$	$T^{(1.2)}$	$T^{(1.6)}$
$\delta^{(1)}$ 蒙特卡罗法	2.51769	3.56557	2.49751	2.93354	3.31182
	2.52000	3.58100	2.62500	3.05500	3.31600
$\delta^{(2)}$ 蒙特卡罗法	1.58319	2.08816	1.31921	1.54089	1.78585
	1.76800	2.31700	1.58700	1.67200	1.82000
$\delta^{(3)}$ 蒙特卡罗法	0.91873	1.25203	0.69850	0.88005	1.11000
	1.36800	1.58500	1.08600	1.14500	1.24800

表 10-28　膨胀土路基系统可靠度窄界计算结果

$(\rho_{\mathrm{I},\mathrm{II}} = 0.5, \rho_{\mathrm{I},\mathrm{III}} = 0.5, \rho_{\mathrm{II},\mathrm{III}} = 0.5)$

类型	弱—中膨胀土		中—强膨胀土		
	$T^{(0.5)}$	$T^{(0.8)}$	$T^{(1.0)}$	$T^{(1.2)}$	$T^{(1.6)}$
$\delta^{(1)}$ 蒙特卡罗法	2.51847	3.56663	2.51072	2.94082	3.31221
	2.51848	3.56669	2.51118	2.94124	3.31238
$\delta^{(2)}$ 蒙特卡罗法	1.63727	2.11451	1.37764	1.57265	1.79427
	1.62840	2.124473	1.39673	1.58713	1.80009
$\delta^{(3)}$ 蒙特卡罗法	1.01747	1.30855	0.79340	0.94114	1.15169
	1.06798	1.35637	0.87293	1.00734	1.17743

10.7　本章小结

本章运用结构可靠度理论对高速铁路路基可靠度计算进行了应用探索，建立了基于强度和变形控制的三种膨胀土路基稳定性失效模式及其极限状态方程，采用 MATLAB 语言编写了相应的路基可靠度计算程序，并结合云桂铁路工程实际，对膨胀土路基结构的可靠度和系统可靠度进行了计算分析，主要研究结论如下。

(1) 基于云桂铁路膨胀土物理力学参数室内/原位试验结果，给出了膨胀土六个常规物理力学指标的统计特征及分布概型。

(2) 基于本书提出的高速铁路膨胀土路基动应力衰减预测模型，并结合路基动力学计算理论，提出了基于动应力 (失效模式 I)、动变形 (失效模式 II) 和地基承载力 (失效模式 III) 控制的三种膨胀土路基稳定性失效模式，并建立了与其相对应的极限状态方程。

(3) 基于弹性理论的修正计算方法与基于衰减预测模型的计算方法用于预测高速铁路列车荷载作用下的路基动应力沿深度方向的衰减变化都是可行的，且在此基础上计算得到的路基可靠度指标基本相近，因此两种方法均可用于路基可靠度计算；路基面动荷载幅值可采用服从正态分布进行概率计算，则其变异系数在 0.15~0.30 范围内。

(4) 一次二阶矩法和蒙特卡罗法计算得到的可靠度指标总体是一致的；当路基面荷载均值和变异系数相同的情况下，以蒙特卡罗法计算结果为参照，4 种分布所对应的可靠度指标误差依次为 0.6%, 1.0%, 14.6% 和 -7.4%，即变量服从正态分布 ($\delta^{(1)}$) 和对数正态分布 ($\delta^{(2)}$) 情况下两种方法计算所得的可靠度指标基本吻合，但当变量服从 Gumbel 分布 ($\delta^{(3)}$) 和 Weibull 分布 ($\delta^{(4)}$) 情况下两种方法计算所得的可靠度指标差异较为明显。因此，合理确定随机变量分布类型、均值、变异系数等参数是非常关键的，且采用矩法和蒙特卡罗法计算路基可靠度均是可行的。

(5) 根据路基面动变形不大于 1.0 mm 的标准评价路基的可靠性，若取目标可靠度指标 β_{Target} =2.50，则随机变量在变异程度 $\delta^{(1)}$ 和 $\delta^{(2)}$ 条件下，路基可靠度指标 β 均大于 β_{Target}；计算参数的变异程度越大，路基面动变形的失效概率越大，可靠度指标越低，且衰减变化越显著。

(6) 膨胀土地基承载力受膨胀土土体强度指标和膨胀力大小影响显著，采用概率分析方法预测和分析膨胀土的承载力变化，与确定性分析方法相比具有较大的优势；考虑膨胀土强度指标和膨胀力三者相关，较变量相互独立和仅强度参数相关两种情况计算的路基可靠度指标更为合理，在工程应用中应予以考虑和重视。

(7) 基于三种失效模式计算的可靠度指标对比可得，随机变量在变异程度 $\delta^{(1)}$ 条件下，路基可靠度指标 β 均大于 2.50，在变异程度 $\delta^{(3)}$ 条件下，路基可靠度指

标 β 均小于 2.50;当目标可靠度指标 β_{Target} =2.50 时,可以将变异程度 $\delta^{(1)}$ 作为控制标准。

(8) 基于路基系统的动应力 (失效模式 I)、动变形 (失效模式 II) 和地基承载力 (失效模式III) 三种失效模式,采用结构系统可靠度理论对路基系统可靠度进行计算分析。分析结果表明:随机变量在变异程度 $\delta^{(1)}$ 条件下,路基系统可靠度窄界 β 均大于 2.50,在变异程度 $\delta^{(3)}$ 条件下,路基系统可靠度窄界 β 均小于 2.50;借助结构系统可靠度理论分析路基系统的失效概率和可靠度是十分必要的,且采用可靠度宽界和窄界评价路基系统可靠性是可行的。

参 考 文 献

[1] 张百一, 赵祥模. Kohonen 神经网络模型在膨胀土膨胀潜势分类中的应用 [J]. 交通与计算机, 2003, 21(6): 97–99.

[2] 李玉花, 冯晓腊, 严应征. 灰色聚类法在膨胀土分类中的应用 [J]. 岩土力学, 2003, 24(2): 304–306.

[3] 丁加明, 王永和. 基于粗糙集信息不完备系统的膨胀土分类规则提取 [J]. 铁道科学与工程学报, 2005, 2(4): 1–5.

[4] 史秀志, 胡海燕, 周健. 基于信息熵–未确知测度理论的膨胀土胀缩分级评价 [J]. 中南林业科技大学学报, 2010, 30(4): 144–149.

[5] 方崇, 陆克芬, 苏超. 基于蝴蝶突变评价理论的膨胀土分类新方法 [J]. 路基工程, 2009, 5: 5–6.

[6] 郭昱葵, 熊友山, 姚海林, 等. 模糊数学在当宜高速公路膨胀土判别和分类中的应用 [J]. 岩土力学, 1999, 20(3): 61–65.

[7] 张慧颖, 曾建民. 物元可拓模型的改进及其在膨胀土分类中的应用 [J]. 岩土力学, 2008, 29(6): 1681–1684.

[8] 马文涛. 支持向量机方法在膨胀土分类中的应用 [J]. 岩土力学, 2005, 26(11): 1790–1792.

[9] 夏连学, 张慧颖. 变权靶心贴近度在膨胀土分类中的应用 [J]. 长安大学学报 (自然科学版), 2008, 28(4): 32–34.

[10] 高卫东, 刘永建. 熵权可拓模型在膨胀土胀缩等级判别中的应用 [J]. 长江科学院院报, 2012, 29(11): 91–94.

[11] 卢国斌, 张瑾. 膨胀土胀缩等级分类的 Fisher 分析判别 [J]. 辽宁工程技术大学学报 (自然科学版), 2013, 32(11): 1476–1479.

[12] 姚海林, 程平, 杨洋, 等. 标准吸湿含水率对膨胀土进行分类的理论与实践 [J]. 中国科学 E 辑, 2005, 35(1): 43–52.

[13] 张锐, 郑健龙, 杨和平. 对新公路膨胀土判别分类指标和标准的试验验证 [J]. 中外公路, 2008, 28(6): 35–39.

[14] Kayabali K, Demir S. Measurement of swelling pressure: direct method versus indirect methods[J]. Can. Geotech. J., 2011, 48: 354–364.

[15] Steiner W. Swelling rock in tunnels: rock characterization, effect of horizontal stresses and construction procedures[J]. International Journal of Rock Mechanics and Mining Sciences, 1993, 30(4): 361–380.

[16] Chen F H, Huang D. Lateral expansion pressure on basement walls: Proc. 6th Int. Conf. Expansive Soils[C]. New Delhi, 1987, (1): 55–59.

[17] Ofer Z. Laboratory instrument for measuring lateral soil pressure and swelling pressure[J]. Geotechnical Testing Journal, 1981, 4(4): 177–182.

[18] Kabbaj M. Sols gonflants: mesure des propriètès en laboratoire[J]. Revue Marocaine du Gènie Civil, 1989, 26: 17–27.

[19] 李献民, 王永和, 杨果林, 等. 击实膨胀土工程变形特征的试验研究 [J]. 岩土力学, 2003, 24(5): 826–830.

[20] Franklin J A. A ring swell test for measuring swelling and shrinkage characteristics of rock[J]. International Journal of Rock Mechanics and Mining Sciences , 1984, 21(3): 113–121.

[21] 谢云, 陈正汉. 重塑膨胀土的三向膨胀力试验研究 [J]. 岩土力学, 2007, 28(8): 1636–1642.

[22] 李海涛, 刘军定, 闫蕊, 等. 新型膨胀土膨胀力测试仪器的研制及测试应用 [J]. 西安科技大学学报, 2013, 33(6): 674–679.

[23] Tang A M, Cui Y J, Trinh V N, et al. Analysis of the railway heave induced by soil swelling at a site in southern France[J]. Engineering Geology, 2009, 106: 68–77.

[24] 杨庆. 膨胀岩与巷道稳定 [M]. 北京: 冶金工业出版社, 1995.

[25] 丁振洲, 郑颖人, 李利晟. 膨胀力概念及其增湿规律试验研究 [J]. 工业建筑, 2006, 26(3): 67–70.

[26] 柳堰龙. 膨胀土含水率与力学特征的相互关系研究 [D]. 成都: 西南交通大学, 2010.

[27] 周博, 陈善雄, 余飞, 等. 膨胀土膨胀力原位测试方法 [J]. 岩土力学, 2008, 29(12): 3333–3336.

[28] 李凤起, 姚建平. 膨胀土地基原位膨胀力试验研究 [J]. 沈阳建筑大学学报, 2005, 21(1): 29–31.

[29] Desai C S. A consistent finite element technique for work softening behavior[C]. Proceedings of International Conference on Computational Methods in Nonlinear Mechanics. Austin, Texas: University of Texas, 1974.

[30] Desai C S, Park I J, Shao C. Fundamental yet simplified model for liquefaction instability[J]. International Journal for Numerical and Analytical Methods in Geomechanics, 1998, 22: 721–748.

[31] Desai C S. Evaluation of liquefaction using disturbed state and energy approaches[J]. Journal of Geotechnical and Geoenvironmental Engineering, ASCE, 2000, 126(7): 618–631.

[32] Nemat-Nasser S, Takahashi K. Liquefaction and fabric of sand[J]. Journal of Geotechnical Engineering, ASCE, 1984, 110(9): 1291–1316.

[33] Ibrahim A A, Kagawa T. Microscopic measurement of sand fabric from cyclic tests causing liquefaction[J]. Geotechnical Testing Journal, 1991, 14(4): 371–382.

[34] Ishibashi I, Capar O F. Anisotropy and its relation to liquefaction resistance of granular material[J]. Soils and Foundations, 2003, 43(5): 149–159.

[35] Motoharu J, Selcuk T, Sunao K. Visualization technique for liquefaction process in chamber experiments by using electrical resistivity monitoring[J].Soil Dynamics and Earthquake Engineering, 2007, 27(3): 191–199.

[36] 龚士良. 上海软黏土微观特性及在土体变形与地面沉降中的作用研究 [J]. 工程地质学报, 2002, 10(4): 378–384.

[37] 周宇泉, 洪宝宁. 黏性土压缩过程中的微细结构变化试验研究 [J]. 岩土力学,2005, 26 (增刊): 82.

[38] 单红仙, 刘媛媛, 贾永刚, 等. 水动力作用对黄河水下三角洲粉质土微结构改造研究 [J]. 岩土工程学报, 2004, 26(5): 654–658.

[39] 唐益群, 张曦, 周念清, 等. 地铁振动荷载作用下饱和软黏土性状微观研究 [J]. 同济大学学报 (自然科学版), 2005, 33(5): 626–630.

[40] 唐益群, 赵书凯, 杨坪, 等. 饱和软黏土在地铁荷载作用下微结构定量化研究 [J]. 土木工程学报, 2009, 42(8): 98–103.

[41] 唐益群, 张晓晖, 赵书凯, 等. 地铁荷载下软黏土微结构与宏观变形的相关性 [J]. 同济大学学报 (自然科学版), 2009, 37(7): 872-877.

[42] 杨永香, 周健, 贾敏才, 等. 饱和砂土液化特性的可视化试验研究 [J]. 岩土力学, 2011, 32(6): 1643–1648.

[43] 刘敬辉, 洪宝宁, 张海波. 一种土体微细结构连续变化过程的试验方法研究 [J]. 土木工程学报, 2004, 37(10): 59–62.

[44] 陈正汉, 卢再华, 蒲毅彬. 非饱和土三轴仪的 CT 机配套及其应用 [J]. 岩土工程学报, 2001, 23(4): 387–392.

[45] 孙世军. 重塑膨胀土宏细观结构演化 CT–三轴试验研究 [D]. 重庆: 西南大学, 2011.

[46] 崔颖, 缪林昌. 非饱和压实膨胀土渗透特性的试验研究 [J]. 岩土力学, 2011, 32(7): 2007–2012 .

[47] 张丹, 徐洪钟, 施斌, 等. 基于 FBG 技术的饱和膨胀土失水致裂过程试验研究 [J]. 工程地质学报, 2012, 20(1): 103–108.

[48] 贾景超, 毕庆涛, 黄志全. 考虑晶层表面电荷密度的蒙脱石膨胀力模型 [J]. 华北水利水电学院学报, 2013, 34(4): 31–33.

[49] 刘清秉, 项伟, 崔德山. 离子土固化剂对膨胀土结合水影响机制研究 [J]. 岩土工程学报, 2012, 34(10): 1887–1895.

[50] 孙世永, 姚海林, 董启朋, 等. 羟基铝及其聚合物对蒙脱土力学特性影响的试验研究 [J]. 上海交通大学学报, 2013, 47(9): 1363–1366.

[51] Bishop A W, Henkel D J. The measurement of soil properties in triaxial test[M]. London: Edward Arnold, 1962.

[52] Okochi Y, Tatsuoka F. Some factors affecting K_0-values of sand measured in triaxial cell[J]. Soils and Foundations, 1984, 24(3): 52-68.

[53] Lewin P I. Use of servo mechanisms for volume change measurement and K_0 consolidation[J]. Geo-technique, 1971, 21(3): 259.

[54] Berre T, Bjerrum L. Shear strength of normally consolidated clays[C]. Proceeding 8th International Conference on Soil Mechanics and Foundation Engineering, 1973, (1): 39–49.

[55] 艾英钵, 薛先棣. GS-1 型 K_0 固结三轴仪自动控制原理与试验 [J]. 河海大学科技情报. 1990, 10(4): 83–89.

[56] 姜朴, 方涤华, 宋永祥, 等. K_0 固结三轴仪的研制与试验研究 [J]. 岩土工程学报, 1991, 13(3): 43–52.

[57] 袁聚云, 杨熙章, 赵锡宏, 等. K_0 固结真三轴仪的研制及试验研究 [J]. 大坝观测与土工测试, 1995, 19(3): 28–32.

[58] Andersen K H, Kleven A, Helen D. Cyclic soil data for design of gravity structures[J]. Journal of Geo-technical Engineering, ASCE, 1988, 114(5): 517–539.

[59] Andersen K H, Pool J H, Brown S F ,et al. Cyclic and static laboratory tests on Drammen clay[J]. Geotech.Engrg. Div, ASCE, 1980, 106(GT5): 499–529.

[60] Aziz M. Behavior of foundation clays supporting compliant offshore structures[J]. Journal of Geotechnical Engineering, ASCE, 1989, 115(5): 615–635.

[61] Hyodo M. Undrained cyclic shear behavior of normally consolidated clay subjected to initial static shear stress[J]. Soils and Foundations, 1994, 34(4): 1–11.

[62] 王常晶, 陈云敏. 交通荷载引起的静偏应力对饱和软黏土不排水循环性状影响的试验研究 [J]. 岩土工程学报, 2007, 29(11): 1742–1747.

[63] 王建华, 廖智. K_0 固结饱和黏土的循环强度特性 [J]. 天津大学学报, 2011, 44(2): 113–119.

[64] 谢定义. 应用土动力学 [M]. 北京: 高等教育出版社, 2013.

[65] Hardin B O, Black W L. Vibrationmodulus of normally consolidated clay[J]. Journal of soilmechanics and foundation, 1968, 94(GT2): 353–369.

[66] Yasuhara K H, Yamanouchi T, Hirao K. Cyclic strength and deformation of norm ally consolidated clay[J] . Soils and Foundations, 1982, 22(3): 77–91.

[67] Procter D C, Khaffaf J H. Cyclic triaxial tests on remolded clays[J] . Journal of Geotechnical Engineering, ASCE, 1984, 110(10): 1431–1445.

[68] Ansal A M, Erken A. Und rained behavior of clay under cyclic shear stresses [J]. Journal of Geotechnical Engineering, ASCE, 1989, 115(7): 968–983.

[69] Chen Y M, Ji M X, Huang B. Effect of cyclic loading frequency on und rained behavior of und isturbed marine clay[J]. China Ocean Engineering, 2004, 18(4): 643–651.

[70] 张茹, 涂扬举, 费文平, 等. 振动频率对饱和黏性土动力特性的影响 [J]. 岩土力学, 2006, 27(5): 699–704.

[71] Hyodo M, Yasuhara K, Hirao K. Prediction of clay behaviour in undrained and partially drained cyclic tests [J].Soils and Foundations, 1992, 32(4): 117-127.

[72] 蒋军. 循环荷载作用下黏土及砂芯复合试件性状试验研究 [D]. 杭州: 浙江大学建筑工程学院, 2000.

[73] 刘添俊, 莫海鸿. 长期循环荷载作用下饱和软黏土的应变速率 [J]. 华南理工大学学报 (自然科学版), 2008, 36(10): 37–42.

[74] 周建, 龚晓南, 李剑强. 循环荷载作用下饱和软黏土特性试验研究 [J]. 工业建筑, 2000, 30(11): 43–47.

[75] 王军, 蔡袁强, 高玉峰. 初始剪应力与频率对超固结软土变形试验研究 [J]. 振动工程学报, 2010, 23(3): 260–268.

[76] 王建华, 赵致艺, 赵晨玲. 频率对 K_0 固结饱和黏土动力特性影响的试验分析 [J]. 世界地震工程, 2010, 26(增刊): 18–22.

[77] Idriss I M, Singh R D, Dobry R. Nonlinear behavior of soft clay during cyclic loading[J].Journal of Geotechnical Engineering, ASCE, 1978, 104(12): 1427–1447.

[78] Sangrey D A. Cyclic loading of sands, silts and clays[A]. Proc. Specialty Conf. on Earthquake Engrg. and Soil Dynamics. ASCE, 1978: 836–851.

[79] Matsui T, Ohara H, Ito T. Cyclic stress-strain history and shear characteristic of clay[J]. Journal of Geotechnical and Geoenviromental Engineering, ASCE, 1980, 10(8): 1101–1119.

[80] Ohara S, Matsuda H. Study on the settlement of saturated clay layer Induced by cyclic shear[J]. Soils and Foundations, 1988, 28(3): 103–113.

[81] 王军. 单、双向激振循环荷载作用下饱和软黏土动力特性研究 [D]. 杭州: 浙江大学, 2008.

[82] 王军, 吴延平, 蔡袁强. 强震下饱和软黏土残余变形理论与试验研究 [J]. 自然灾害学报, 2009.6, 18(3): 25–31.

[83] 祝龙根, 吴晓峰. 低幅应变条件下砂土动力特性的研究 [J]. 水电自动化与大坝监测, 1988, (1): 27–33.

[84] 刘功勋, 栾茂田, 郭莹, 等. 复杂应力条件下长江口原状饱和软黏土门槛循环应力比试验研究 [J]. 岩土力学, 2010, 31(4): 1123–1129.

[85] 唐益群, 黄雨, 叶为民, 等. 地铁列车荷载作用下隧道周围土体的临界动应力比和动应变分析 [J]. 岩石力学与工程学报, 2003, 22(9): 1566–1570.

[86] Prevost J H. Mathematical modelling of monotonic and cyclic undrained clay behavior[J]. International Journal for Numerical and Analytical Methods in Geomechanics, 1977, 1(2): 195–216.

[87] 熊玉春, 房营光. 循环荷载作用下饱和软黏土的损伤模型 [J]. 岩土力学, 2007, 28(3): 544–548.

[88] Iwan W D. On a class of model for the yielding behavior of continous and composite system[J]. Journal of applied mechanics, ASME, 1979, 105(6): 715.

[89] 李小军, 廖振鹏. 土应力–应变关系的黏–弹–塑模型 [J]. 地震工程与工程振动, 1989, 9(3): 65–72.

[90] 郑大同, 望惠昌. 循环荷载作用下土的非线性应力–应变模型 [J]. 岩土工程学报, 1983, 5(1): 65–76.

[91] 蔡袁强, 柳伟, 徐长节, 等. 基于修正 Iwan 模型的软黏土动应力–应变关系研究 [J]. 岩土工程学报, 2007, 29(9): 1314–1319.

[92] Dafalias Y F, Herrmann L R. Bounding surface formulation of soil plasticity[A]// Pande N G. Soil Mechanic Transient and Cyclic Loads[C]. New York: Wiley, 1982. 253–282.

[93] Bardet J P. Bounding surface plasticity model for sands[J]. Journal of Engineering Mechanics, ASCE, 1986, 112(11) : 1198–1217.

[94] 杨超, 杨林德, 季倩倩. 软黏土在循环荷载作用下动力本构模型的研究 [J]. 岩土力学, 2006, 27(4): 609–604.

[95] Valanis K C. Theory of visco-plasticity without a yield surface[J]. Archives of Mechaniscs, 1971, 23(4): 517–551.

[96] Mroz Z. On the description of anisotropic workharding[J]. Mechanisc and Physics of Soils, 1967, 15(3): 163–175.

[97] Mroz Z, Norris V A, Zienkrewicz O C. An anisotropic hardening model for soil and its application to cyclic loading[J]. International Journal For Numerical and Analytical Methods in Geomechanics, 1978, 17(3): 221–253.

[98] Prevost J H. Mathematical modeling of monotonic and cyclic undrained clay behavior[J]. International Journal for Numerical and Analytical Methods in Geomechanics, 1977, 1: 195–216.

[99] Roscoe K H, Burland J B. On the generalized stress-strain behavior of wet clay[J]. Engineering Plasticity, Cambridge University, Cambridge, England, 1968: 535–609.

[100] 高广运, 时刚, 顾中华, 等. 一个考虑循环荷载作用的简化模型 [J]. 岩土力学, 2008, 29(5): 1195–1199.

[101] 周成, 沈珠江, 陈水生, 等. 结构性土的次塑性扰动状态模型 [J]. 岩土工程学报, 2004, 26(4): 435–439.

[102] 杨强, 陈新, 周维垣. 岩土材料弹塑性损伤模型及变性局部化分析 [J]. 岩石力学与工程学报, 2004, 23(21): 3577–3588.

[103] 熊玉春, 房营光. 饱和软黏土地基的损伤模型与震陷计算 [J]. 振动工程学报, 2006, 19(3): 359–363.

[104] 王建华, 雪明伦. 软粘土不排水循环特性的弹塑性模拟 [J]. 岩土工程学报, 1996, 18(3): 11–18.

[105] Wang J H, Liu Y F, Xing Y, et al. Estimation of undrained bearing capacity for offshore soft foundation with cyclic loads[J]. China Ocean Engineering, 1998, 12(5): 213–222.

[106] Wang J H, Liu Z W. Pseudo-static elasto-plastic cyclic creep model and cyclic stability of offshore soft foundation[J]. China Ocean Engineering, 1999, 13(3): 247–256.

[107] 钟辉虹, 黄茂松, 吴世明, 等. 循环荷载作用下软黏土变形特性研究 [J]. 岩土工程学报, 2002, 24(5): 629–632.

[108] 胡存, 刘海笑, 黄维. 考虑循环载荷下饱和黏土软化的损伤边界面模型研究 [J]. 岩土力学, 2012, 33(2): 459–466.

[109] Bonin J P, Deleuil G P, Zaleski-Zamenhof L C. Foundation analysis of marine gravity structures submitted to cyclic loading[J]. Offshore Technology Conference, 1976, 2475: 571–579.

[110] Cathie D N. A soil model for the evaluation of displacements and pore pressure in foundation of offshore gravity structures subjected to cyclic loading[C]. Int. Symp. On Numerical Models in Geotechanics, Zurich, 1982: 368–376.

[111] Monismith C L, Ogawa N, Freeme C R. Permanent deformation characteristics of sub-grade soils due to repeated loading[J]. Washington D C: [s. n.], 1975: 1–17.

[112] Li D, Selig E T. Cumulative plastic deformation for fine-grained subgrade soils[J]. Journal of Geotechnical Engineering, 1996, 122(12): 1006–1013.

[113] Chai J C, Miura N. Traffic-load-induced permanent deformation of road on soft subsoil[J]. Journal of Geotechnical and Geoenvironmental Engineering, ASCE, 2002, 128(11): 907–916.

[114] 黄茂松, 李进军, 李兴照. 饱和软黏土的不排水循环累积变形特性 [J]. 岩土工程学报, 2006, 28(7): 891–895.

[115] 姚兆明, 黄茂松, 张宏博. 长期循环荷载下粉细砂的累积变形特性 [J]. 同济大学学报 (自然科学版), 2011, 39(2): 204–208.

[116] Niemunis A, Wichtmann T, Triantafyllidis T. A high-cycle accumulation model for sand[J]. Computer and Geotechnics, 2005, 32(4): 245-263.

[117] 姚兆明, 黄茂松. 考虑主应力轴偏转角影响的饱和软黏土不排水循环累积变形 [J]. 岩石力学与工程学报, 2011, 30(2): 391–399.

[118] Puzrin A, Frydman S, Talesnick M. Normalized nondegrading behavior of soft clay under cyclic simple shear loading[J]. Journal of Geotechnical Engineering, 1995, 121(12): 836–843.

[119] 王军, 陈张林, 蔡袁强, 等. 基于修正 Masing 准则的萧山软黏土动应力–应变关系研究 [J]. 岩石力学与工程学报, 2007, 26(1): 108–114.

[120] Andersen K H, Lauritzsen R. Bearing capacity for foundations with cyclic loads[J]. Journal of Geotechnical Engineering, ASCE, 1988, 104(5): 540–555.

[121] 谢定义, 张永华. 动荷作用下静应力耦合变化对孔隙压力发展规律的影响 [C] . 第四届全国土动力学学术会议论文集, 1994.

[122] 王建华, 刘振纹, 刘远峰. 动静耦合效应对软土地基循环承载力的影响 [J]. 水利学报, 2000, 6(6): 1–5.

[123] 杨果林, 刘义虎, 黄向京. 膨胀土处置理论与工程建造新技术 [M]. 北京: 人民交通出版社, 2008.

[124] 杨果林, 滕珂, 谢兰芳. 膨胀土强度的室内直剪和原位推剪对比试验研究 [J]. 中南大学学报 (自然科学版), 2014, 45(06): 1952–1959.

[125] 杨和平, 张锐, 郑健龙. 有荷条件下膨胀土的干湿循环胀缩变形及强度变化规律 [J]. 岩土工程学报, 2006, 28(11): 1936–1941.

[126] 郑健龙. 公路膨胀土工程理论与技术 [M]. 北京: 人民交通出版社, 2013.

[127] 卢再华, 陈正汉, 孙树国. 南阳膨胀土变形与强度特性的三轴试验研究 [J]. 岩石力学与工程学报, 2002, 21(05): 717–723.

[128] 谢云, 陈正汉, 孙树国, 等. 重塑膨胀土的三向膨胀力试验研究 [J]. 岩土力学, 2007, 28(08): 1636–1642.

[129] 王亮亮, 杨果林. 中–强膨胀土竖向膨胀力原位试验 [J]. 铁道学报, 2014, 36(01): 94–99.

[130] 王亮亮, 杨果林, 刘黄伟, 等. 云桂铁路弱–中膨胀土膨胀力试验研究 [J]. 中南大学学报 (自然科学版), 2013, 44(11): 4658–4663.

[131] 杨果林, 滕珂, 秦朝辉. 膨胀土侧向膨胀力原位试验研究 [J]. 中南大学学报 (自然科学版), 2014, 45(07): 2326-2332.

[132] 唐朝生, 施斌. 干湿循环过程中膨胀土的胀缩变形特征 [J]. 岩土工程学报, 2011, 33(09): 1376–1384.

[133] 刘特洪. 工程建设中膨胀土问题 [M]. 北京: 中国建筑工业出版社, 1997.

[134] 范臻辉. 膨胀土地基胀缩特性及桩–土相互作用研究 [D]. 长沙: 中南大学, 2007.

[135] 杨长青, 董东, 谭波, 等. 重塑膨胀土三向膨胀变形试验研究 [J]. 工程地质学报, 2014, 22(02): 188-195.

[136] 翟礼生, 甘厚义, 金谦, 等. 中国膨胀土地基承载力的选用. 地基基础论文集 (1980-1993)[C]. 北京: 中国建筑工业研究所地基基础研究所, 1994: 280–291.

[137] 徐永福. 膨胀土地基承载力研究 [J]. 岩石力学与工程学报, 2000, 19(03): 387–390.

[138] 吴礼年. 合肥地区膨胀土地基承载力的分析探讨 [J]. 岩土工程技术, 2001, (01): 31–33.

[139] 王年香, 章为民, 顾行文, 等. 浸水对膨胀土地基承载力影响的研究 [J]. 工程勘察, 2008, (06): 5–8.

[140] 蓝日彦, 刘宝东, 魏金, 等. 膨胀土地基承载力确定方法研究 [J]. 广西大学学报 (自然科学版), 2008, 33(01): 24–26.

[141] 魏永幸, 薛新华, 龚晓南. 柔性路堤荷载作用下的地基承载力研究 [J]. 铁道工程学报, 2010, 27(02): 22–26.

[142] 汪莹鹤, 赵新益, 曾长贤. 地基承载力确定方法综述 [J]. 铁道工程学报, 2013, 30(07): 16–21.

[143] Au W C, Chae Y S. Dynamic shear modulus of treated expansive soils[J]. Journal of the Geotechnical Engineering Division, ASCE, 1980, 106(3): 255–273.

[144] Fahoum K, Aggour M S, Amini F. Dynamic properties of cohesive soils treated with lime[J]. Journal of Geotechnical Engineering, ASCE, 1996, 122(5): 382–389.

[145] 郭志勇. 膨胀土改性试验及动力特性 [J]. 长安大学学报 (自然科学版), 2003, 23(04): 18-21.

[146] 雷胜友, 惠会清. 膨胀土及其改良土静动力特性对比分析 [J]. 岩石力学与工程学报, 2004, 23(17): 3003–3008.

[147] 白颢. 非饱和石灰土的工程性状与动力响应特征试验研究 [D]. 武汉: 中国科学院研究生院 (武汉岩土力学研究所), 2008.

[148] 周葆春, 白颢, 孔令伟. 循环荷载下石灰改良膨胀土临界动应力的探讨 [J]. 岩土力学, 2009, 30(S2): 163–168.

[149] 陈伟. 原状膨胀土非饱和强度特征与动力性能试验研究 [D]. 武汉: 中国科学院研究生院 (武汉岩土力学研究所), 2007.

[150] 王飞. 膨胀土动力特性的试验研究 [D]. 西安: 西北农林科技大学, 2014.

[151] 黄志全, 张茜, 吴超, 等. 膨胀土动力学特性变化规律试验研究 [J]. 华北水利水电大学学报 (自然科学版), 2016, 37(02): 78–82.

[152] 李庆鸿. 新建时速 200 公里铁路改良膨胀土路基施工技术 [M]. 北京: 中国铁道出版社,2007.

[153] 周小生. 双向循环荷载作用下膨胀土的动力特性与路基响应特征研究 [D]. 中国科学院研究生院 (武汉岩土力学研究所), 2010.

[154] 杨果林, 邱明明, 何旭, 等. 膨胀土路堑基床新型防水层振动荷载下服役性能试验研究 [J]. 振动与冲击, 2016, 35(05): 1–7.

[155] 邱明明, 杨啸, 杨果林, 等. 云桂高速铁路新型全封闭路堑基床动响应特性研究 [J]. 岩土力学, 2016, 37(02): 537–544.

[156] 周葆春, 孔令伟, 梁维云, 等. 压缩过程中非饱和膨胀土体变特征与持水特性的水力耦合效应 [J]. 岩土工程学报, 2015, 37(04): 629–640.

[157] 周葆春, 孔令伟, 陈伟, 等. 荆门膨胀土土–水特征曲线特征参数分析与非饱和抗剪强度预测 [J]. 岩石力学与工程学报, 2010, 29(05): 1052–1059.

[158] 吴珺华, 袁俊平, 杨松. 基于滤纸法的裂隙膨胀土土水特征曲线试验 [J]. 水利水电科技进展, 2013, 33(05): 61–64.

[159] 谭晓慧, 辛志宇, 沈梦芬, 等. 湿胀条件下合肥膨胀土土水特征研究 [J]. 岩土力学, 2014, 35(12): 3352–3360.

[160] 黄志全, 岳康兴, 李幻, 等. 滤纸法测定非饱和膨胀土土水特征曲线试验 [J]. 南水北调与水利科技, 2015, 13(03): 482–486.

[161] 张连杰. 降雨入渗条件下膨胀土边坡稳定性分析 [D]. 北京: 中国地质大学 (北京), 2016.

[162] Childs D, Collis G. The permeability of porous materials[C].Proceedings of the Royal Society of London, Series A, 1950, 201: 392–405.

[163] Green R E, Corey J C. Calculation of hydraulic conductivity: a further evaluation of some predictive method[J]. Soil Science Society of America Proceedings, 1971, 35: 3–8

[164] 沈珠江, 米占宽. 膨胀土渠道边坡降雨入渗和变形耦合分析 [J]. 水利水运工程学报, 2004, (03): 7–11.

[165] 郑少河, 姚海林, 葛修润. 裂隙性膨胀土饱和–非饱和渗流分析 [J]. 岩土力学, 2007, 28(S1): 281–285.

[166] Lam L, Fredlund D G. Transient seepage model for saturated-unsaturated soil systems a geotechnical engineering approach[J]. Canadian Geotechnical Journal, 1987, (24): 565–580.

[167] 姚海林, 郑少河, 陈守义. 考虑裂隙及雨水入渗影响的膨胀土边坡稳定性分析 [J]. 岩土工程学报, 2001, 23(05): 606–609.

[168] 包承纲, 詹良通. 非饱和土性状及其与工程问题的联系 [J]. 岩土工程学报, 2006, 28(02): 129–136.

[169] 谢云, 李刚, 陈正汉, 等. 复杂条件下膨胀土边坡渗流和稳定性分析 [J]. 后勤工程学院学报, 2006, 27(02): 6–11.

[170] 吴礼舟, 张利民, 黄润秋, 等. 非饱和土的变形与渗流耦合的一维解析分析及参数研究 [J]. 岩土工程学报, 2009, 31(09): 1450–1455.

[171] 吴礼舟, 黄润秋. 考虑地表变流量的非饱和土渗流耦合的解析分析 [J]. 岩土工程学报, 2011, 33(09): 1370–1375.

[172] 范臻辉, 张春顺, 肖宏彬. 基于流固耦合特性的非饱和膨胀土变形仿真计算 [J]. 中南大学学报 (自然科学版), 2011, 42(03): 758–764.

[173] Vucetic M. Cyclic threshold shear strain soils [J].Journal of Geotechnical Engineering, ASCE, 1994, 120(12): 2208–2228.

[174] 张千里, 韩自力, 吕宾林. 高速铁路路基基床结构分析及设计方法 [J]. 中国铁道科学, 2005, 26(06): 55–59.

[175] 陈虎, 罗强, 张良, 等. 高速铁路 CRTS Ⅱ型板式无砟轨道路桥过渡段振动特性测试分析 [J]. 振动与冲击, 2004, (1): 81-88.

[176] 杨果林, 王亮亮, 房以河, 等. 云桂高速铁路不同防水层基床动力特性现场试验 [J]. 岩石力学与工程学报, 2014, 33(08): 1672–1678.

[177] 王亮亮, 杨果林, 房以河, 等. 高速铁路膨胀土路堑全封闭基床动力特性现场试验 [J]. 岩土工程学报, 2014, 37(04): 640–645.

[178] 刘晓红. 高速铁路无砟轨道红黏土路基动力稳定性研究 [D]. 长沙: 中南大学, 2011.

[179] 屈畅姿. 高速铁路相邻过渡段路基动响应及长期动力稳定性研究 [D]. 长沙: 中南大学, 2013.

[180] 刘学毅, 王平. 车辆–轨道–路基系统动力学 [M]. 成都: 西南交通大学出版社, 2010.

[181] 杨果林, 刘晓红. 高速铁路无砟轨道红黏土地基沉降控制与动力稳定性 [M]. 北京: 中国铁道出版社出版, 2010.

[182] 孔祥辉. 高速铁路红层泥岩路基动态响应及动力变形特性的综合研究 [D]. 成都: 西南交通大学, 2013.

[183] 蒋关鲁, 孔祥辉, 孟利吉, 等. 无砟轨道路基基床的动态特性 [J]. 西南交通大学学报, 2010, 45(06): 855–862.

[184] Bian X C, Jiang H G, Cheng C, et al. Full-scale model testing on a ballastless high-speed railway under simulated train moving loads[J]. Soil Dynamics and Earthquake Engineering, 2014, 66: 368–384.

[185] 赵欣. 大秦线重载铁路路基质量评估理论与方法的研究 [D]. 北京: 北京交通大学, 2011.

[186] 吕文强. 大轴重重载铁路路基基床结构设计方法及技术标准研究 [D]. 成都: 西南交通大学, 2015.

[187] 刘文劼. 重载铁路粗颗粒土基床动力性能与提高轴重适应性研究 [D]. 长沙: 中南大学, 2015.

[188] 胡一峰, 李怒放. 高速铁路无砟轨道路基设计原理 [M]. 北京: 中国铁道出版社, 2010.

[189] 李铁夫. 铁路结构可靠度度 [M]. 北京: 中国铁道出版社, 2006.

[190] 曾召田. 膨胀土干湿循环效应与微观机制研究 [D]. 南宁: 广西大学, 2007.

[191]   杨和平, 张锐, 郑健龙. 有荷条件下膨胀土的干湿循环胀缩变形及强度变化规律 [J]. 岩土
        工程学报, 2006, 28(11): 1936–1941.

[192]   陈仁朋, 江朋, 段翔, 等. 高速铁路板式无砟轨道不平顺下路基动应力的概率分布特征 [J].
        铁道学报, 2016, 38(09): 86–91.

[193]   陈仁朋, 江朋, 叶肖伟, 等. 高铁单线路基循环累积变形分析方法及其可靠度分析 [J]. 岩
        石力学与工程学报, 2016, 35(01): 141–149.

彩　　图

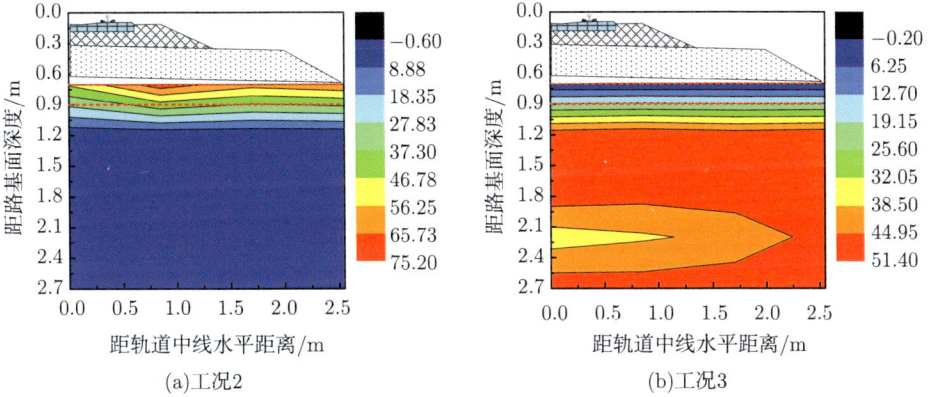

(a)工况2

(b)工况3

图 8-33　不同服役环境条件下路基内湿度随深度变化曲线

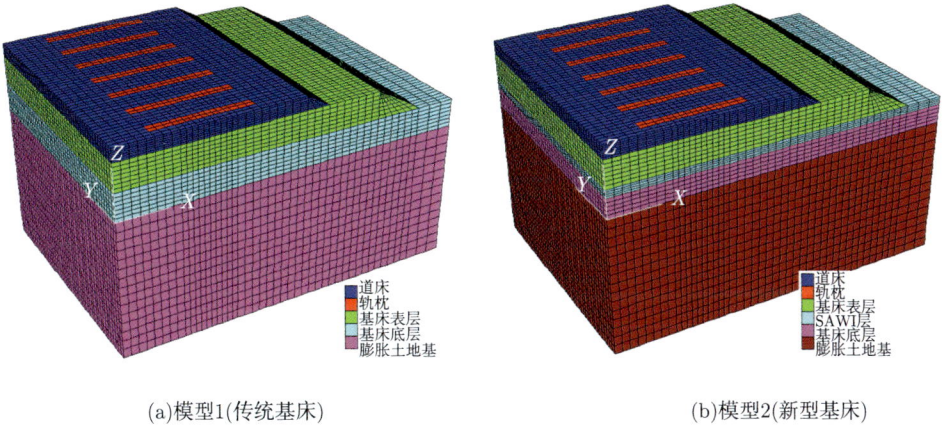

(a)模型1(传统基床)

(b)模型2(新型基床)

图 8-41　有砟轨道–路基–膨胀土地基系统三维数值计算模型